Thomas Hoeren, Stefan Pinelli
Datenrecht
De Gruyter Handbuch

Thomas Hoeren, Stefan Pinelli

Datenrecht

DE GRUYTER

Prof. Dr. *Thomas Hoeren*, Institut für Informations-, Telekommunikations- und Medienrecht, Universität Münster
Stefan Pinelli, Rechtsanwalt, Wolfsburg

ISBN 978-3-11-067211-4
e-ISBN (PDF) 978-3-11-067221-3
e-ISBN (EPUB) 978-3-11-067232-9

Library of Congress Control Number: 2024951798

Bibliografische Information der Deutschen Nationalbibliothek
Die Deutsche Nationalbibliothek verzeichnet diese Publikation in der Deutschen Nationalbibliografie; detaillierte bibliografische Daten sind im Internet über http://dnb.dnb.de abrufbar.

Einbandabbildung: Olemedia / E+ / Bildnachweis
Satz: jürgen ullrich typosatz, Nördlingen

www.degruyter.com
Fragen zur allgemeinen Produktsicherheit:
productsafety@degruyterbrill.com

Vorwort

Dieses Buch soll als Einführung in das sich allmählich herauskristallisierende Datenrecht dienen und dabei eine Brücke zwischen Wissenschaft und Praxis bauen. Das Datenrecht hat sich seit der Veröffentlichung der Europäischen Digital- und Datenstrategie rasant weiterentwickelt und beruht auf einer Vielzahl europäischer Rechtsakte, die auf die Regulierung und Steuerung der Nutzung, des Austauschs und der Sicherheit von Daten abzielen. Das Buch hat sich zum Ziel gesetzt, eine fundierte Einführung in das Datenrecht zu bieten und insbesondere Juristinnen und Juristen, die in der Praxis tätig sind, durch das Dickicht der europäischen Rechtsakte zu navigieren.

Das Buch gliedert sich in drei Kapitel und beginnt mit einem einführenden Kapitel in das Datenrecht, in dem wir die Querschnittsmaterie Datenrecht skizzieren und die rechtspolitischen Bezüge zur Digital- und Datenstrategie der Kommission aus dem Jahr 2020 erläutern. Das zweite Kapitel befasst sich dann im Einzelnen mit den verschiedenen Datenrechtsakten im engeren Sinne. Wir haben uns hier vom Klammerprinzip des Bürgerlichen Gesetzbuches (BGB) inspirieren lassen und das Datenrecht in einen Allgemeinen Teil und in einen Besonderen Teil unterteilt. Der Allgemeine Teil besteht aus den horizontalen Rechtsakten wie dem Data Act, dem Data Governance Act und der DS-GVO – diese Regelungen gelten für alle sektorspezifischen Rechtsakte, wie der Unionsgesetzgeber in den Erwägungsgründen der verschiedenen Rechtsakte regelmäßig betont. Der Besondere Teil besteht unter anderem aus den sektoralen Rechtsakten wie der Verordnung über den europäischen Gesundheitsraum (EHDS) oder der Verordnung über den Zugang zu Finanzdaten (FiDAR). Diese Strukturierung des Datenrechts findet sich in der Literatur in dieser Form bislang nicht, und wir hoffen, hiermit die noch junge Diskussion um die Systematisierung des Datenrechts bereichern zu können.

Das dritte Kapitel behandelt die europäische Regulierung datenbasierter Geschäftsmodelle. Datenbasierte Geschäftsmodelle sind aus unserer Sicht der gemeinsame Nenner aller Rechtsakte, die nicht das Datenrecht im engeren Sinne betreffen, aber dennoch Teil der übergeordneten Digital- und Datenstrategie sind und als Datenrecht im weiteren Sinne bezeichnet werden können. Bei der Regulierung datenbasierter Geschäftsmodelle verfolgt der Gesetzgeber entweder einen produktbezogenen Ansatz, der etwa der KI-Verordnung und dem Cyber Resilience Act zugrunde liegt, oder einen funktionsbezogenen Ansatz, der bei der Regulierung von Plattformen durch den Digital Services Act und dem Digital Markets Act zum Tragen kommt. Die Regulierungsstrategie des Gesetzgebers wird selbstverständlich eigenständig erläutert und mit entsprechenden Beispielen und Belegen versehen.

Die Darstellung der einzelnen Rechtsakte verfolgt im Wesentlichen folgende Struktur: Nach einer kurzen Einführung erläutern wir zunächst jeweils den Anwendungsbereich der Rechtsakte und stellen die jeweiligen Rechte und Pflichten der beteiligten Akteure dar. Darauf folgt in der Regel ein Abschnitt zur Aufsicht und Durchsetzung der Vorschriften, bevor wir den Abschnitt mit einer Zusammenfassung und den Auswirkungen auf die Praxis schließen. Wir haben uns dabei bemüht, die für die Praxis wichtigen

https://doi.org/10.1515/9783110672213-202

Fragen herauszustellen und unterbreiten hierzu vereinzelt Lösungsvorschläge. Dabei haben wir, wann immer möglich, mit Abbildungen und Schaubildern gearbeitet, um die Materie möglichst anschaulich darzustellen.

Gesetzgebung, Rechtsprechung und die unaufhörlich wachsende Literatur wurden bis Oktober 2024 berücksichtigt.

Ein besonderer Dank gilt den studentischen Hilfskräften der zivilrechtlichen Abteilung des ITM Münster, die durch ihre tatkräftige Unterstützung maßgeblich zur Fertigstellung dieses Werkes beigetragen haben. Für ihre Unterstützung bedanken wir uns daher bei Martin Bangard, Ann-Cathrin Barth, Lando Derouaux, Madita Haustein, Fritz Heilmaier, Nicklas Hollas, Florian Holste, Maximilian Jaques, Vitus Kirchner, Friederike Reissenberger, Anna-Luise Rode, Yva Scheer, Pascal Schleking, Felix Schmidt-Rhaesa, Jillian Shepherd, Pascal Sonak, Tabea Süllwold, Ole Varwick, Wiebke Wahler und Stella Wenzel. Für seine wertvolle Unterstützung und sein unermüdliches Engagement bei der Organisation, Betreuung und fortlaufenden Überarbeitung dieses Werkes danken wir schließlich Philip Mayer.

Wir wünschen Ihnen viel Freude und Erkenntnisgewinn bei der Lektüre.

Münster / Wolfsburg, im November 2024 — Thomas Hoeren / Stefan Pinelli

Inhaltsübersicht

Inhaltsverzeichnis

Abkürzungsverzeichnis

a.A.	anderer Ansicht
ABl. EU	Amtsblatt der Europäischen Union
Abs.	Absatz
a.E.	am Ende
AEUV	Vertrag über die Arbeitsweise der Europäischen Union
AGB	Allgemeine Geschäftsbedingungen
AI	Artificial Intelligence
AT	Allgemeiner Teil
BB	Betriebs-Berater (Zeitschrift)
BDSG	Bundesdatenschutzgesetz
BGB	Bürgerliches Gesetzbuch
BGBl.	Bundesgesetzblatt
BGH	Bundesgerichtshof
BGHZ	Entscheidungen des Bundesgerichtshofes in Zivilsachen
BR-Drs.	Bundesrats-Drucksache
BSIG	Gesetz über das Bundesamt für Sicherheit in der Informationstechnik
BT-Drs.	Bundestags-Drucksache
BT	Besonderer Teil
bzw.	beziehungsweise
B2B	Business to Business
B2C	Business to Consumer
c.i.c.	culpa in contrahendo
COM	Commission (Europäische Kommission)
CR	Computer und Recht (Zeitschrift)
CRA	Cyber Resilience Act
CRi	Computer Law Review International
CSA	Cybersecurity Act
DA	Data Act
DAV	Deutscher Anwaltverein
DB	Der Betrieb (Zeitschrift)
DDG	Digitale-Dienste-Gesetz
DGA	Data Governance Act
d.h.	das heißt
DGA	Data Governance Act
DMA	Digital Markets Act
DORA	Digital Operational Resilience Act
DSA	Digital Services Act
DS-GVO	Datenschutz-Grundverordnung
DuD	Datenschutz und Datensicherheit (Zeitschrift)
DV	Datenverarbeitung
DÖV	Die Öffentliche Verwaltung (Zeitschrift)
ECLR	European Comparative Law Review
EDIB	European Data Innovation Board

https://doi.org/10.1515/9783110672213-205

EGBGB	Einführungsgesetz zum Bürgerlichen Gesetzbuch
EHDS	European Health Data Space
ENISA	European Union Agency for Cybersecurity
EU	Europäische Union
EuG	Gericht der Europäischen Union
EuGH	Europäischer Gerichtshof
EuZ	Zeitschrift für Europarecht
EuZW	Europäische Zeitschrift für Wirtschaftsrecht
EWR	Europäischer Wirtschaftsraum
EZB	Europäische Zentralbank
FiDAR	Financial Data Access Regulation
gem.	gemäß
GeschGehG	Gesetz zum Schutz von Geschäftsgeheimnissen
GPS	Global Positioning System
GRUR	Gewerblicher Rechtsschutz und Urheberrecht (Zeitschrift)
GRUR Int.	Gewerblicher Rechtsschutz und Urheberrecht International (Zeitschrift)
GRUR-Prax	Gewerblicher Rechtsschutz und Urheberrecht in der Praxis (Zeitschrift)
GWB	Gesetz gegen Wettbewerbsbeschränkungen
h. M.	herrschende Meinung
Hrsg.	Herausgeber
HTML	Hypertext Markup Language
IaaS	Infrastructure-as-a-Service
IDC	International Data Corporation
i. H. v.	in Höhe von
inkl	inklusive
IKT	Informations- und Kommunikationstechnologie
IoT	Internet of Things
IPR	Internationales Privatrecht
IPRax	Praxis des Internationalen Privat- und Verfahrensrechts (Zeitschrift)
i. S. d.	im Sinne des/der
i. S. v.	im Sinne von
i. V. m.	in Verbindung mit
ITM	Institut für Informations-, Telekommunikations- und Medienrecht
ITRB	Der IT-Rechts-Berater (Zeitschrift)
JuS	Juristische Schulung (Zeitschrift)
JZ	Juristenzeitung (Zeitschrift)
KI	Künstliche Intelligenz
KIIR	Künstliche Intelligenz und Recht (Zeitschrift)
K&R	Kommunikation und Recht (Zeitschrift)
Kfz	Kraftfahrtzeug
LAN	Local Area Network
LG	Landgericht

Ls.	Leitsatz
LTZ	Zeitschrift für die digitale Rechtsanwendung
MDR	Monatsschrift für deutsches Recht (Zeitschrift)
m.E.	meines Erachtens
MMR	Multimedia und Recht (Zeitschrift)
m.w.N.	mit weiteren Nachweisen
NIS	Netzwerk- und Informationssicherheit
NJ	Neue Justiz (Zeitschrift)
NJW	Neue Juristische Wochenschrift (Zeitschrift)
NJW-RR	Neue Juristische Wochenschrift/Rechtsprechungsreport
NLF	New Legislative Framework
NN	Normalnull
NVwZ	Neue Zeitschrift für Verwaltungsrecht
NZKart	Neue Zeitschrift für Kartellrecht
OEM	Original Equipment Manufacturer
OECD	Organisation for Economic Cooperation and Development
OLG	Oberlandesgericht
PaaS	Platform-as-a-Service
PC	Personal Computer
PharmR	Pharma Recht (Zeitschrift)
RAW	Recht Automobil Wirtschaft (Zeitschrift)
RDi	Recht der digitalen Wirtschaft (Zeitschrift)
RDV	Recht der Datenverarbeitung (Zeitschrift)
RdW	Recht der Wirtschaft (Zeitschrift)
RDZ	Recht der Zahlungsdienste (Zeitschrift)
RegE	Regierungsentwurf
RIW	Recht der internationalen Wirtschaft (Zeitschrift)
RL	Richtlinie
S.	Satz, Seite
SaaS	Software as a Service
sog.	Sogenannte
SWD	Commission Staff Working Document
TRIPS	Übereinkommen über handelsbezogene Aspekte der Rechte des geistigen Eigentums (Agreement on Trade-Related Aspects of Intellectual Property Rights)
UrhDAG	Gesetz zur Anpassung des Urheberrechts an die Erfordernisse des digitalen Binnenmarktes
UrhG	Urheberrechtsgesetz
US	United States
UWG	Gesetz gegen den unlauteren Wettbewerb
VersR	Versicherungsrecht (Zeitschrift)

VO	Verordnung
VuR	Verbraucher und Recht (Zeitschrift)
WM	Wertpapier-Mitteilungen (Zeitschrift)
WRP	Wettbewerb in Recht und Praxis (Zeitschrift)
WuW	Wirtschaft und Wettbewerb (Zeitschrift)
z. B.	zum Beispiel
ZD	Zeitschrift für Datenschutz
ZdiW	Zeitschrift für die Digitalisierung der Wirtschaft
ZEuP	Zeitschrift für Europäisches Privatrecht
ZfDR	Zeitschrift für das Recht der Digitalisierung
ZfPC	Zeitschrift für Product Compliance
ZGE	Zeitschrift für Geistiges Eigentum
ZIP	Zeitschrift für Wirtschaftsrecht
Ziff.	Ziffer
ZIP	Zeitschrift für Wirtschaftsrecht
ZRP	Zeitschrift für Rechtspolitik
ZUM	Zeitschrift für Urheber- und Medienrecht
ZUM-RD	Zeitschrift für Urheber- und Medienrecht/Rechtsprechungsdienst
ZPO	Zivilprozessordnung

Kapitel 1
Einführung in das Datenrecht

Literatur: *Apel/Huber,* Das neue Datenrecht der EU – eine Übersicht, JuS 2024, 410; *Apel/Huber,* Das neue Datenrecht der EU – eine Übersicht, JuS 2024, 514; *Europäische Kommission,* Mitteilung der Kommission an das Europäische Parlament und den Rat, den Europäischen Wirtschafts- und Sozialausschuss und den Ausschuss der Regionen – Eine europäische Datenstrategie, COM(2020) 66 final (zitiert als: COM(2020) 66 final); *Europäische Kommission,* Mitteilung der Kommission an das Europäische Parlament, den Rat, den Europäischen Wirtschafts- und Sozialausschuss und den Ausschuss der Regionen – Gestaltung der digitalen Zukunft Europas, COM(2020) 67 final (zitiert als: COM(2020) 67 final); *Hennemann/Steinrötter,* Der Data Act, NJW 2024, 1; *International Data Corporation (IDC),* The Digitization of the World – From Edge to Core, 2018, abrufbar unter: https://www.seagate.com/files/www-content/our-story/trends/files/idc-seagate-dataage-whitepaper.pdf; *Podszun,* Der EU Data Act und der Zugang zu Sekundärmärkten am Beispiel des Handwerks, 2023; *Neuner,* Allgemeiner Teil des Bürgerlichen Rechts, 13. Auflage 2023; *Schmidt-Kessel/Bomhard,* MMR 2024, 69; *Schmitz,* Digitale-Gesetze-Strategie – Agilität oder „Act"ionismus? ZD 2022, 189; *Schreiber/Pommerening/Schoel,* Das neue Recht der Daten-Governance – Data Governance Act (DGA), 1. Auflage 2022; *Schreiber/Pommerening/Schoel,* Der neue Data Act, 2. Auflage 2024; *Specht/Hennemann,* Data Govenance Act, 1. Auflage 2023; *Specht-Riemenschneider,* Datennutz und Datenschutz: Zum Verhältnis zwischen Datenwirtschaftsrecht und DSGVO, ZEuP 2023, 638; *Specht-Riemenschneider/Werry/Werry,* Datenrecht in der Digitalisierung, 1. Auflage 2019; *Wolff/Brink/v. Ungern-Sternberg* (Hrsg.), Beck'scher Online-Kommentar Datenschutzrecht, 49. Edition (Stand: 01.08.2024).

A. Einführung

Dieses Buch bietet eine Einführung in das Rechtsgebiet des **Datenrechts**. Doch was verbirgt sich hinter diesem schillernden Begriff? Das Datenrecht bezeichnet die Gesamtheit aller Normen, die den Zugang, die Nutzung und den Schutz von Daten regeln, unabhängig davon, ob es sich um personenbezogene oder nicht-personenbezogene Daten handelt. Dabei handelt es sich um eine klassische Querschnittsmaterie mit Anleihen aus verschiedenen Rechtsgebieten wie dem Kartellrecht, dem Wettbewerbsrecht oder dem Verbraucherschutzrecht.[1] Das bislang bekannteste Teilgebiet des Datenrechts dürfte das Datenschutzrecht sein, das durch die Einführung der Datenschutz-Grundverordnung (DS-GVO) im Jahr 2017 bedeutende Weiterentwicklungen erfahren hat.[2] Gleichzeitig hat sich die der Generierung und Verarbeitung von Daten zugrundeliegende Technologie rasant weiterentwickelt. Beispielhaft zu nennen sind hier große Fortschritte im Bereich der Künstlichen Intelligenz, die durch Chatbots wie *ChatGPT* in das Zentrum gesamtgesellschaftlicher Diskussion gerückt sind. Nicht weniger dynamisch ist die technische Entwicklung im Bereich des *Internet-of-Things* (IoT), das eine Vielzahl mit dem Internet verbundener Produkte wie Smartphones, Smartwatches oder Smarthome-Assistenten

---

1 *Specht-Riemenschneider/Werry/Werry,* Datenrecht in der Digitalisierung, S. 5; *Apel/Huber,* JuS 2024, 410.
2 *Apel/Huber,* JuS 2024, 410.

https://doi.org/10.1515/9783110672213-001

hervorgebracht hat, deren Verwendung im Alltag der Verbraucherinnen und Verbraucher zu einer Selbstverständlichkeit geworden ist. Mit dem technologischen Fortschritt der Informationsgesellschaft Hand in Hand geht das Wachstum der Menge an generierten Daten. Zum Vergleich: Wurden im Jahr 2018 weltweit noch 33 Zettabyte Daten erzeugt, sind es im Jahr 2025 voraussichtlich schon 175 Zettabyte, also umgerechnet 175.000.000.000.000 Gigabyte.[3] Diesen Daten wohnt ein erhebliches Wertschöpfungspotenzial inne, weil sie für die Weiterentwicklung und Verbesserung von vernetzten Produkte auf dem Sekundärmarkt verwendet werden können.[4] Die Realität zeichnet indessen ein anderes Bild: Eine Studie im Auftrag der Europäischen Kommission hat ergeben, dass das wirtschaftliche Potenzial von Daten gegenwärtig nicht ausgeschöpft ist, da schätzungsweise 80 % der Industriedaten ungenutzt bleiben.[5]

B. Die europäische Digitalstrategie als rechtspolitischer Wendepunkt des Datenrechts

Die Europäische Kommission hat dieses Missverhältnis erkannt und mit der Vorstellung der **Digitalstrategie** im Februar 2020 die politischen Weichenstellungen für einen „grundlegenden gesellschaftlichen Wandel“[6] getroffen, der die fundamentale Bedeutung von Daten im wirtschaftlichen, sozialen und politischen Bereich neu definiert. Die Digitalstrategie ist ein umfassendes Strategiekonzept zur Gestaltung der digitalen Zukunft Europas, das sich aus insgesamt über 50 Schlüsselmaßnahmen zusammensetzt.[7] Ziel ist es, vertrauenswürdige Technologien zu entwickeln und einzusetzen, die den Alltag der Unionsbürgerinnen und Unionsbürger verbessern, ohne dabei europäische Werte zu unterminieren. Die Kommission ist zugleich bestrebt, eine faire und wettbewerbsfähige Wirtschaft zu fördern, die durch digitale Innovationen gestärkt wird und einen umfassenden Verbraucherschutz gewährleistet. Zudem soll eine offene, demokratische und nachhaltige Gesellschaft unterstützt werden, in der digitale Technologien dazu beitragen, demokratische Werte und Grundrechte zu wahren und zu stärken.[8]

Zur Umsetzung dieser Ziele hat die Kommission eine Reihe von Maßnahmen definiert, die den Ausbau digitaler Infrastrukturen, die Stärkung der Cybersicherheit sowie die Förderung digitaler Kompetenzen zum Ziel haben.[9] Die Digitalstrategie adressiert zugleich die Schattenseiten der Digitalwirtschaft. Hierzu zählen allen voran die Marktmacht großer (Tech-)Konzerne, die es aus Sicht der Kommission einzudämmen

3 *IDC*, The Digitization of the World, S. 3.

4 Vgl. *Podszun*, Der EU Data Act und der Zugang zu Sekundärmärkten am Beispiel des Handwerks, S. 10.

5 https://ec.europa.eu/commission/presscorner/detail/de/ip_22_1113 (zuletzt abgerufen am 1.11.2024).

6 COM(2020) 67 final, S. 1.

7 *Schreiber/Pommerening/Schoel*, Das neue Recht der Daten-Governance, § 1 Rn. 19.

8 COM(2020) 67 final, S. 3, 17.

9 COM(2020) 67 final, S. 8.

gilt und der fehlende Zugang zu Daten für eine Vielzahl von Marktteilnehmern, die eine gemeinsame Nutzung von Daten nahezu unmöglich machen.[10]

I. Die europäische Datenstrategie

Eine Schlüsselmaßnahme auf dem Weg zu einer fairen und wettbewerbsfähigen Wirtschaft ist die **europäische Datenstrategie**, die Europa eine „globale Führungsrolle in der datenagilen Wirtschaft“[11] verschaffen soll.[12] Die Datenstrategie verfolgt das Ziel, bis 2025 eine europäische Datenwirtschaft zu schaffen, die effizient, innovativ und eng an den europäischen Werten und Grundrechten ausgerichtet ist.[13] Im Zentrum dieser Strategie steht die Vorstellung eines **europäischen Datenraums** im Sinne eines **gemeinsamen Binnenmarktes für Daten**, in dem sowohl personenbezogene als auch nichtpersonenbezogene Daten unter vordefinierten Bedingungen zugänglich gemacht und genutzt werden können.[14]

Vom Ideal eines europäischen Datenraums ist die Europäische Union gegenwärtig noch weit entfernt, wie die Kommission in der Datenstrategie konstatiert.[15] Hierfür werden eine Reihe von Problemen ausgemacht: Ein zentrales Problem ist die **Fragmentierung des Binnenmarktes** durch unterschiedliche und zum Teil nicht vorhandene mitgliedstaatliche Regelungen betreffend den Zugang und die Nutzung von Daten. Während einige Mitgliedstaaten bereits über entsprechende Gesetze verfügen, fehlen derartige Regelungen in anderen Mitgliedstaaten.[16] Die dadurch entstehende Rechtsunsicherheit und das **unterschiedliche Niveau an Cybersicherheit** in der Europäischen Union führt zu fehlendem Vertrauen in das (freiwillige) Teilen der Daten sowohl zwischen Unternehmen untereinander als auch zwischen Unternehmen und Behörden oder Privaten.[17] Unabhängig von den rechtlichen Rahmenbedingungen stellt die **mangelnde Verfügbarkeit von Daten** ein weiteres Grundproblem dar. Obwohl immer mehr Daten erzeugt werden, stehen sie häufig nicht in ausreichendem Maß für die beteiligten (Wirtschafts-)Akteure zur Verfügung, was insbesondere für den Privatsektor gilt.[18] Ein Grund dafür und ein weiteres Problem zugleich ist das **Machtungleichgewicht** zwischen großen Plattformunternehmen auf der einen Seite, kleineren Unterneh-

10 COM(2020) 67 final, S. 10; COM(2020) 66 final, S. 9.
11 COM(2020) 67 final, S. 11.
12 COM(2020) 67 final, S. 11.
13 COM(2020) 66 final, S. 2ff.
14 COM(2020) 67 final, S. 9; COM(2020) 66 final, S. 5f.
15 COM(2020) 66 final, S. 7f.
16 COM(2020) 66 final, S. 7 mit weiteren Nachweisen.
17 COM(2020) 66 final, S. 8, 13.
18 COM(2020) 66 final, S. 7ff.

men wie KMU auf der anderen Seite.[19] Plattformunternehmen verfügen in der Regel bereits durch ihr Geschäftsmodell über erhebliche Datenmengen, die ihnen Wettbewerbsvorteile gegenüber weniger datenmächtigen Marktteilnehmern verschaffen, die kaum oder keinen Zugang zu derartigen Daten haben. Hinzu kommt, dass die **Qualität und Interoperabilität** der vereinzelt verfügbaren Daten oft unzureichend ist, was für im selben Sektor tätige Unternehmen eine überwindbare Hürde darstellen mag, zumindest aber die sektorübergreifende Nutzung von Daten massiv beeinträchtigt.[20] Nicht zuletzt mangelt es dem Europäischen Wirtschaftsraum auch an der für die Datenaufbereitung und -Analyse erforderlichen **Datenkompetenz**, da die Zugänglichmachung von Daten allein keine Vorteile für Unternehmen bringt.[21] Es braucht stets entsprechend qualifizierte Fachkräfte, um für Unternehmen die richtigen Schlussfolgerungen aus den Daten treffen zu können.

Die Datenstrategie fußt ihrerseits auf vier Säulen, die allesamt darauf abzielen, die soeben benannten Probleme im Binnenmarkt durch gezielte Maßnahmen zu überwinden.

1. Säule 1: Ein sektorübergreifender Governance-Rahmen für Datenzugang und Datennutzung

Die erste Säule besteht aus einem horizontalen Rechtsrahmen für den Datenzugang und die Datennutzung in der Europäischen Union, um sicherzustellen, dass Daten sektorübergreifend und europaweit auf harmonisierte Weise genutzt werden können.[22] Mit dem am 23.6.2022 in Kraft getretenen **Data Governance Act** hat der Europäische Gesetzgeber seinen Worten Taten folgen lassen und einen einheitlichen Governance-Rahmen für das freiwillige Teilen[23] von Daten und insbesondere für die Weiterverwendung von Daten im Besitz öffentlicher Stellen auf den Weg gebracht.[24]

Um die Qualität und Verfügbarkeit von Daten des öffentlichen Sektors zu verbessern, hat die Kommission zudem die in Art. 14 Abs. 1 PSR-RL vorgesehene Durchführungsverordnung zu hochwertigen Datensätzen verabschiedet. Die Verordnung ist seit dem 9. Juni 2024 anzuwenden und legt die Liste hochwertiger Datensätze, die thematisch zu den Kategorien Georaum, Erdbeobachtung, Umwelt, Meteorologie, Statistik, Unternehmen und Eigentümerschaft von Unternehmen sowie Mobilität gehören, fest und schreibt Qualitätsstandards vor. Die im Besitz von öffentlichen Stellen befindlichen Daten müssen nunmehr unter freien Lizenzen von den Mitgliedstaaten veröffentlicht werden.

---

19 COM(2020) 66 final, S. 9.

20 COM(2020) 66 final, S. 10.

21 COM(2020) 66 final, S. 12.

22 COM(2020) 66 final, S. 14.

23 Zum sog. Datenaltruismus siehe III. 4.

24 Zum Data Governance Act siehe Abschnitt III.

Was in der Datenstrategie noch vorsichtig als Prüfauftrag der Kommission angekündigt wurde, kann aus heutiger Sicht als das Herzstück der europäischen Datenwirtschaft bezeichnet werden.[25] Die Rede ist von dem am 11. Januar 2024 in Kraft getretenen Data Act. Der Data Act ist als umfassender horizontaler Regelungsrahmen zu verstehen, der – wie der Data Governance Act – über alle Sektoren hinweg gilt und deren Kernelement aus Datenzugangsansprüchen auf Daten aus vernetzten Produkten und verbundenen Diensten besteht.[26]

Schließlich plant die Kommission im Rahmen von Säule 1 die Einrichtung von Datenpools durch entsprechende Maßnahmen, um Daten für entsprechende Analysen und das maschinelle Lernen bereitzustellen. Im Zusammenhang mit dem Data Act steht auch die angekündigte Überarbeitung wettbewerbsrechtlicher Leitlinien mit relevanten Stakeholdern und die Überprüfung der Folgen von Datenakkumulation infolge von Unternehmensakquisitionen. Abschließend gelobt die Kommission verstärkt auf datengestützte Entscheidungsfindung in der Politik zurückzugreifen, um mit gutem Beispiel voranzugehen.

Während die Vorschriften des Data Governance Act und des Data Act dem Problem der rechtlichen Fragmentierung des Binnenmarktes entgegenwirken sollen, adressiert die Durchführungsverordnung zu hochwertigen Datensätzen das Problem der unzureichenden Datenqualität, wenngleich sich die Verordnung lediglich auf Daten im Besitz öffentlicher Stellen bezieht.

2. Säule 2: Investitionen in Dateninfrastrukturen und europäische Kapazitäten

Die zweite Säule der Datenstrategie fokussiert vermehrt die für den digitalen Wandel und datenbasierte Geschäftsmodelle erforderliche technische Infrastruktur. Im Bewusstsein der gigantischen Datenmengen, die künftig verarbeitet, gespeichert und genutzt werden sollen, sind entsprechende Investitionen in Cloud- und Recheninfrastrukturen notwendig.[27] Konkret zählen hierzu öffentliche Investitionen in dezentrale Rechenkapazitäten (Edge Computing), Hochleistungsrechner (High-Performance Computing), Quanteninformatik, Cybersicherheit, Prozessoren mit geringem Stromverbrauch und 6G-Netze.[28] Hiermit sollen insbesondere die technischen Voraussetzungen für einen interoperablen europäischen Datenraum geschaffen werden. Als Aushängeschild gilt das High-Impact Project, das Gesamtinvestitionen in Höhe von 4–6 Milliarden Euro mobilisieren soll, wovon etwa zwei Milliarden durch die Kommission beigesteuert werden. Im Rahmen des High Impact Projects sollen sich die Mitgliedstaaten zum Zwecke eines

25 *Podszun*, Der EU Data Act und der Zugang zu Sekundärmärkten am Beispiel des Handwerks, S. 19, spricht insoweit vom „Grundgesetz der Datenwirtschaft".

26 *Podszun*, Der EU Data Act und der Zugang zu Sekundärmärkten am Beispiel des Handwerks, S. 9.

27 COM(2020) 66 final, S. 18 f.

28 COM(2020) 66 final, S. 19.

Cloud-Zusammenschlusses zusammenfinden und unter anderem Synergieffekte mit dem Projekt Gaia-X herstellen.[29]

3. Säule 3: Stärkung der Datenkompetenzen und -fähigkeiten

Die dritte Säule der Datenstrategie zielt darauf ab, die Handlungskompetenzen der Unionsbürgerinnen und Unionsbürger und der Unternehmen im Umgang mit Daten zu stärken.[30] Dabei geht es nicht ausschließlich um die Verbesserung der fachlichen Expertise im Sinne von Bildungsmaßnahmen, sondern auch darum, die Datensouveränität des Einzelnen zu verbessern, indem sie mehr Kontrolle und Entscheidungsmacht über ihre Daten erhalten.[31] Dieses Anliegen kommt in dem als Schlüsselmaßnahme etikettierten Prüfauftrag zum Ausdruck, wonach die Kommission eine Erweiterung des in Art. 20 DS-GVO normierten Recht auf Datenübertragbarkeit erwägt.[32] Der Mangel an Fachkräften im digitalen Bereich soll demgegenüber durch die stärkere Berücksichtigung von Frauen und durch technologischen Fortschritt im Bereich Big Data und Lernanalytik überwunden werden.[33]

4. Säule 4: Schaffung gemeinsamer europäischer Datenräume

Die letzte Säule der Strategie bezieht sich auf die Schaffung von sektorspezifischen europäischen Datenräumen in strategisch wichtigen Bereichen wie Gesundheit, Mobilität, Energie und Landwirtschaft.[34] Die gemeinsamen europäischen Datenräume sollen die Datenverfügbarkeit in den jeweiligen Sektoren verbessern und den Austausch von Daten zwischen öffentlichen und privaten Akteuren erleichtern. Im Ergebnis erhofft sich die Kommission durch die Einrichtung der Datenräume die Stärkung der Innovationskraft in den entsprechenden Sektoren im Interesse des Gemeinwohls.[35] Ein Beispiel ist der geplante Europäische Gesundheitsdatenraum, der den sicheren Austausch von Gesundheitsdaten zwischen Forschung, Klinik und Patienten fördern soll.[36]

---

29 COM(2020) 66 final, S. 21.
30 COM(2020) 66 final, S. 23.
31 COM(2020) 66 final, S. 23.
32 COM(2020) 66 final, S. 25.
33 COM(2020) 66 final, S. 24.
34 COM(2020) 66 final, S. 25 f.
35 COM(2020) 66 final, S. 8, 28.
36 COM(2020) 66 final, S. 34.

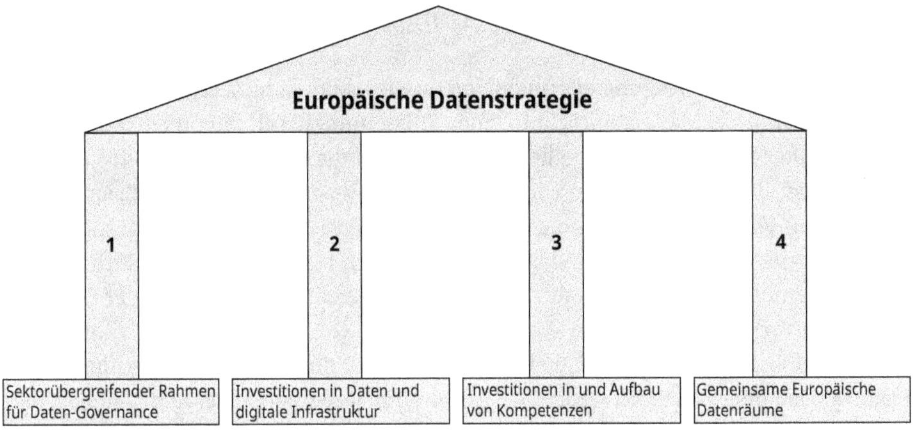

Abbildung 1: Europäische Datenstrategie.
Quelle: Eigene Abbildung.

II. Bewertung

Die politischen Bestrebungen der Europäischen Datenstrategie markieren einen überfälligen **Kurswechsel im Datenrecht**, da sie erstmals einen eindeutigen Schwerpunkt auf die Nutzung von Daten legen, statt wie bislang ausschließlich den Schutz personenbezogener Daten in den Vordergrund zu stellen – die Kommission stellt damit das Gleichgewicht zwischen dem seit Inkrafttreten der DS-GVO überbetonten Schutz der Privatspähre und der kommerziellen Datennutzung wieder her.[37] Während das unionsrechtlich harmonisierte Datenschutzrecht durch das Verbotsprinzip die Minimierung der Verarbeitung personbezogener Daten beabsichtigt, betont die Datenstrategie zu Recht den **wirtschaftlichen Wert und das Innovationspotenzial** von Daten, das unabhängig vom Personenbezug der Daten vorhanden ist. Diese Einsicht führt zu einer Abkehr von einer rein restriktiven Perspektive hin zu einer ausgewogenen Betrachtung, bei der der **freie Fluss von Daten** innerhalb des Binnenmarktes gefördert wird, ohne dabei die hochgezogenen Mauern der Datenschutzes wieder einzureißen. Inwieweit die einzelnen Schlüsselmaßnahmen tatsächlich den Weg für einen gemeinsamen Binnenmarkt für Daten ebnen, kann hier nicht abschließend beurteilt werden. Aus heutiger Sicht kann die Digitalstrategie jedenfalls mit Blick auf die zahlreichen verabschiedeten europäischen Rechtsakte der letzten Jahre zu Recht als rechtspolitischer Wendepunkt des Datenrechts bezeichnet werden.

37 Vgl. auch *Schmitz*, ZD 2022, 189, 190.

C. Datenrecht – Ein Systematisierungsversuch

Angelehnt an die Unterteilung des unionalen Gesetzgebers in horizontale und sektorale Rechtsakte, lässt sich das Datenrecht in einen **Allgemeinen Teil** und in einen **Besonderen Teil** untergliedern. Der Allgemeine Teil umfasst die horizontalen Rechtsakte, die sektorübergreifend für alle Arten von Daten und deren Nutzung maßgeblich sind.[38] Die horizontalen Vorschriften werden also gewissermaßen vor die Klammer gezogen und gelten vorbehaltlich anderslautender Regelungen auch für die sektoralen Rechtsakte.[39] Zu den horizontalen Rechtsakten des Allgemeinen Teils zählen allen voran der Data Act, der Data Governance Act und die Vorschriften der DS-GVO. Demgegenüber zählen zum Besonderen Teil des Datenrechts die Rechtsakte, die auf die Regulierung bestimmter Datenkategorien oder -sektoren abzielen.[40] Aus der jüngeren Vergangenheit sind hier insbesondere die Verordnungsvorschläge der Kommission zum Europäischen Gesundheitsdatenraum[41] oder der Vorschlag für eine Verordnung über einen Rahmen für den Zugang zu Finanzdaten[42] zu nennen. Daneben sind auch die sektorspezifischen Regelungen vom Besonderen Teil des Datenrechts umfasst, die bereits vor der Verabschiedung der Datenstrategie galten. Hierzu zählen insbesondere die Vorschriften der PSI-Richtlinie[43], der ITS-Richtlinie[44], der Zahlungsdienste-Richtlinie[45], der Elektrizitäts- und Erdgas-Richtlinie[46], der Typengenehmigung- und Fahrzeugemissionen-Verord-

38 Erwägungsgrund 42 VO (EU) 2023/2854; Erwägungsgrund 3 VO (EU) 2022/868; *Schreiber/Pommerning/Schoel*, Der neue Data Act, § 3 Rn. 34 sprechen stattdessen von einem „symmetrischen Regulierungsansatz".

39 Das Klammerprinzip findet sich auch Allgemeinen Teil des deutschen Bürgerlichen Gesetzbuches und dient der Systematisierung und Vermeidung von Wertungswidersprüchen. Eingehend dazu *Neuner*, Allgemeiner Teil des Bürgerlichen Rechts, § 7 Rn. 12 ff.

40 *Schreiber/Pommereining/Schoel*, Der neue Data Act, § 3 Rn. 34 verwenden hierfür den Begriff der asymmetrischen Regulierung.

41 COM(2022) 97 final; siehe auch die Pressemitteilung der Kommission zur Annahme des Verordnungstextes durch das Europäische Parlament vom 24.4.2024 https://ec.europa.eu/commission/presscorner/detail/de/ip_24_2250 (zuletzt abgerufen am 1.11.2024).

42 COM(2023) 360 final.

43 Richtlinie (EU) 2019/1024 des Europäischen Parlaments und des Rates vom 20. Juni 2019 über offene Daten und die Weiterverwendung von Informationen des öffentlichen Sektors, ABl. L 172 vom 26.6.2019, S. 56–83.

44 Richtlinie (EU) 2010/40 des Europäischen Parlaments und des Rates vom 7. Juli 2010 zum Rahmen für die Einführung intelligenter Verkehrssysteme im Straßenverkehr und für deren Schnittstellen zu anderen Verkehrsträgern, ABl. L 207 vom 6.8.2010.

45 Richtlinie (EU) 2015/2366 des Europäischen Parlaments und des Rates vom 25. November 2015 über Zahlungsdienste im Binnenmarkt, zur Änderung der Richtlinien 2002/65/EG, 2009/110/EG und 2013/36/EU und der Verordnung (EU) Nr. 1093/2010 sowie zur Aufhebung der Richtlinie 2007/64/EG ABl. L, Nr. 337 vom 23.12.2015, S. 35–127.

46 Richtlinie (EU) 2019/944 des Europäischen Parlaments und des Rates vom 5. Juni 2019 mit gemeinsamen Vorschriften für den Elektrizitätsbinnenmarkt und zur Änderung der Richtlinie 2012/27/EU, ABl. L 158 vom 14.6.2019, S. 125.

nung[47] oder der Datenverkehrs-Verordnung[48].[49] Allen Rechtsakten gemein ist, dass sie Regelungen zur Erhebung, zum Zugang oder zur Nutzung bestimmter Daten eines spezifischen Sektors beinhalten. Diese bereichsspezifischen Normen greifen ergänzend zu den allgemeinen Regeln des Datenrechts und tragen den jeweiligen sektoralen Besonderheiten Rechnung.

Für die Rechtsanwendung bedeutet diese Unterteilung des Datenrechts, dass im Falle des Fehlens sektoraler Vorschriften zu einem bestimmten Sachverhalt, auf entsprechende Bestimmungen der horizontalen Rechtsakte zurückgegriffen werden kann. So sollen etwa die horizontalen Vorgaben zur Gegenleistung für die Bereitstellung von Daten nach Art. 9 Abs. 2 DA gleichermaßen für die Bestimmung der Vergütung nach Art. 5 Abs. 2 FiDAR Anwendung finden.[50] Die Anwendung der horizontalen Vorschriften im Rahmen des Datenaustauschs auf Grundlage sektoraler Vorschriften wird durch den Gesetzgeber mitunter ausdrücklich angeordnet.[51] Sofern die Anwendung horizontaler Vorschriften in den sektoralen Rechtsakten nicht ausdrücklich vorgeschrieben ist, bedarf es stets einer Einzelfallprüfung der jeweiligen Vorschriften.

Zum Datenrecht im weiteren Sinne zählen darüber hinaus eine Reihe weiterer Rechtsakte, die nicht unmittelbar Daten zum Regelungsgegenstand haben, sondern auch andere Rechtsgebiete betreffen. Obwohl die NIS-2-Richtlinie, der Cyber Security Act und der Cyber Resilience Act primär auf produktspezifische oder funktionale Cybersicher-

47 Verordnung (EU) 2024/1257 des Europäischen Parlaments und des Rates vom 24. April 2024 über die Typgenehmigung von Kraftfahrzeugen und Motoren sowie von Systemen, Bauteilen und selbstständigen technischen Einheiten für diese Fahrzeuge hinsichtlich ihrer Emissionen und der Dauerhaltbarkeit von Batterien (Euro 7), zur Änderung der Verordnung (EU) 2018/858 des Europäischen Parlaments und des Rates und zur Aufhebung der Verordnungen (EG) Nr. 715/2007 und (EG) Nr. 595/2009 des Europäischen Parlaments und des Rates, der Verordnung (EU) Nr. 582/2011 der Kommission, der Verordnung (EU) 2017/1151 der Kommission, der Verordnung (EU) 2017/2400 der Kommission und der Durchführungsverordnung (EU) 2022/1362 der Kommission, ABl. L vom 8.5.2024.

48 Verordnung (EU) 2018/1807 des Europäischen Parlaments und des Rates vom 14. November 2018 über einen Rahmen für den freien Verkehr nicht-personenbezogener Daten in der Europäischen Union, ABl. L 303 vom 28.11.2018 S. 59.

49 Siehe die Aufzählung sektorspezifischer Rechtsvorschriften in der Datenstrategie, COM(2020) 66 final, S. 4f.

50 COM(2023) 360 final, S. 9.

51 Siehe Erwägungsgrund 47 FiDAR-E: Durch den Vorschlag für ein Datengesetz [Verordnung (EU)] wird ein horizontaler Rahmen für den Zugang zu und die Nutzung von Daten in der gesamten Union geschaffen. Die Vorschriften des Vorschlags für ein Datengesetz [Verordnung (EU)] werden durch die vorliegende Verordnung *ergänzt* und *präzisiert. Daher gelten diese Vorschriften auch für den in der vorliegenden Verordnung geregelten Austausch von Daten.* Dazu gehören Bestimmungen über die Bedingungen, unter denen Dateninhaber den Datenempfängern Daten zur Verfügung stellen, über die Vergütungen, über Streitbeilegungsstellen zur Erleichterung von Vereinbarungen zwischen Parteien, die Daten austauschen, über technische Schutzmaßnahmen, über den grenzüberschreitenden Zugang und die grenzüberschreitende Übertragung von Daten sowie über die zulässige Nutzung oder Offenlegung von Daten.

heitsstandards abzielen, verbindet sie das übergeordnete Ziel, Daten in digitalen Infrastrukturen zu schützen und somit das Vertrauen in den Binnenmarkt zu stärken. Ebenso adressieren der Digital Markets Act und der Digital Services Act datenbezogene Themen, indem sie Marktregeln für große digitale Plattformen festlegen, zu deren Kerngeschäftsmodell die Erhebung und Verarbeitung einer Vielzahl von (Nutzer-)Daten zählt. Untrennbar mit der Verarbeitung von Daten verknüpft ist zudem das Anbieten von KI-Modellen, das der europäische Gesetzgeber mit der im Juni 2024 verabschiedeten Verordnung über Künstliche Intelligenz zu regulieren beabsichtigt.

Das Buch greift diese Dreiteilung des Datenrechts auf: Im ersten Teil werden die grundlegenden Regelungen des Datenrecht AT bestehend aus dem Data Act und dem Data Governance Act vorgestellt. Im zweiten Teil wird das bereichsspezifische Datenrecht behandelt, das sich aus Kapazitätsgründen auf die neueren Rechtsakte im Bereich der europäischen Datenräume beschränkt. Abschließend werden in Kapitel 3 unter der Überschrift datenbasierte Geschäftsmodelle die Rechtsakte zum Europäischen Cybersicherheitsrecht, zur Regulierung Künstlicher Intelligenz und zur Plattformregulierung vorgestellt.

Kapitel 2
Datenrecht

A. Datenrecht Allgemeiner Teil

I. Data Act – Verordnung (EU) 2023/2854

Literatur: *Alpaydin*, Maschinelles Lernen, 2. Auflage 2019; *Antoine*, Datenzugang im Spannungsfeld zwischen DS-GVO, Geschäftsgeheimnisschutz und Datenbankherstellerrecht, CR 2024, 73; *Antoine*, Datenzugangsrechte im finalen Data Act – Fortschritt, Rückschritt, neue Fragen? Schlüssel zur Förderung datengetriebener Geschäftsmodelle?, CR 2024, 1; *Assion/Willecke*, Der EU Data Act – Die neuen Regelungen zu vernetzten Produkten und Diensten, MMR 2023, 805; *Beinke/Daute*, Der Fairnesstest des Data Act, RDi 2024, 69; *Bomhard*, Auswirkungen des Data Act auf die Geschäftsmodelle von Cloud-Anbietern, MMR 2024, 109; *Bomhard*, Der Anwendungsbereich des Data Act, MMR 2024, 71; *Bomhard*, Der EU Data Act – Neuer Rechtsrahmen für die Datenwirtschaft, GmbHR 2022, Heft 14, R212; *Bomhard/Merkle*, Der Entwurf eines EU Data Acts, RDi 2022, 168; *Borges*, Smart Contracts für Datentransaktionen und der Data Act, CR 2024, 425; *Dannhausen/Abel*, Spotlight auf den Nutzer – Wer ist Anspruchsberechtigter nach dem DA, MMR 2024, 931; *Danyeli*, Die grosse Freiheit über die Wolke? Die Regelungen des Data Act zum Wechsel von Cloud-Anbietern und zur Interoperabilität, DSRITB 2022, 427; *Deutscher Anwaltverein (DAV)*, Stellungnahme des Deutschen Anwaltvereins durch den Ausschuss Informationsrecht, den Ausschuss Geistiges Eigentum und den Ausschuss Europa zum Vorschlag für eine Verordnung des Europäischen Parlaments und des Rats über harmonisierte Vorschriften für einen fairen Datenzugang und eine faire Datennutzung (Datengesetz) vom 23. Februar 2022 – COM(2022) 68 final, abrufbar unter: https://anwaltverein.de/de/newsroom/sn-40-22-vorschlag-der-eu-kommission-fuer-ein-datengesetz?file=files/anwaltverein.de/downloads/newsroom/stellungnahmen/2022/dav-sn-40-2022-datengesetz.pdf (zuletzt abgerufen am 1.11.2024); *Deutscher Industrie- und Handelskammertag*, Stellungnahme zum Vorschlag für eine Verordnung über harmonisierte Vorschriften für einen fairen Datenzugang und eine faire Datennutzung (Datengesetz), Mai 2022, abrufbar unter: https://www.dihk.de/resource/blob/71822/4a99bc6537af818d2e5c456f0879dc95/dihk-stellungnahme-data-act-data.pdf (zitiert als: *DIHK*, Stellungnahme zum Data Act-E, zuletzt abgerufen am 1.11.2024); *Drexl/Banda/Gonzalez Otero/Hoffmann/Kim/Kulhari/Moscon/Richter/Wiedemann*, Position Statement of the Max Planck Institute for Innovation and Competition of 25 May 2022 on the Commission's Proposal of 23 February 2022 for a Regulation on harmonised rules on fair access to and use of data (Data Act), abrufbar unter: https://pure.mpg.de/rest/items/item_3388757_4/component/file_3395639/content (zuletzt abgerufen am 1.11.2024); *Ehlen/Sebulke*, Der Data Act – Zwischen Markt- und Vertragsgestaltung, CR 2024, 84; *Ehmann/Selmayr*, Datenschutz-Grundverordnung, 3. Auflage 2024; *Etzkorn*, (Vertragliche) Datenzugangsansprüche nach dem Data Act, RDi 2024, 116; *Europäische Kommission*, Datengesetz – Factsheet 2022, abrufbar unter: https://digital-strategy.ec.europa.eu/en/library/data-act-factsheet (zuletzt abgerufen am 1.11.2024); *Europäische Kommission*, Frequently Asked Questions Data Act, abrufbar unter: https://digital-strategy.ec.europa.eu/en/library/commission-publishes-frequently-asked-questions-about-data-act (zuletzt abgerufen am 1.11.2024); *Europäische Kommission*, Impact Assesment Report – Accompanying the document Proposal for a Regulation of the European Parliament and of the Council on harmonised rules on fair access to and use of data (Data Act), SWD(2022) 34 final; *Europäische Kommission*, Mitteilung der Kommission an das Europäische Parlament und den Rat, den Europäischen Wirtschafts- und Sozialausschuss und den Ausschuss der Regionen – Eine europäische Datenstrategie, COM(2020) 66 final (zitiert als: COM(2020) 66 final); *Fries/Paal*, Smart Contracts, 2019; *Funk*, Das Prinzip der Nutzerzentriertheit des Data Act – ein gravierender Strukturfehler, CR 2023, 421; *Gerpott*, Vorschlag für ein europäisches Datengesetz – Überblick und Analyse der Vor-

https://doi.org/10.1515/9783110672213-002

gaben für vernetzte Produkte, CR 2022, 271; *Hartl/Vogel*, Data Act und Legal Tech, LTZ 2024, 104; *Hayward/Mironescu/Cattaneo/Aguzzi/van der Wees/Stefanatou/van Sleen*, Switching of Cloud Services Providers, 2018, abrufbar unter: https://op.europa.eu/en/publication-detail/-/publication/799e50ff-6480-11e8-ab9c-01aa75ed71a1/language-en (zuletzt abgerufen am 1.11.2024); *Heinzke*, Data Act: Auf dem Weg zur europäischen Datenwirtschaft, BB 2023, 201; *Heinzke*, Data Act: Ein neuer Baustein des europäischen Datenrechts, GRUR-Prax 2023, 154; *Heinzke*, Data Act: Neue Regeln für Cloud-Service-Provider, BB 2023, 1291; *Heinzke/Herbers/Kraus*, Datenzugangsansprüche nach dem Data Act, BB 2024, 649; *Hennemann/Ebner/Karsten/Lienemann/Wienroeder*, Data Act – An Introduction, 1. Auflage 2024; *Hennemann/Sattler*, Immaterialgüter und Digitalisierung, 1. Auflage 2018; *Hennemann/Steinrötter*, Data-Act – Fundament eines neuen EU-Datenwirtschaftsrechts, NJW 2022, 1481; *Hennemann/Steinrötter*, Der Data-Act – Neue Instrumente, alte Friktionen, strukturelle Weichenstellungen, NJW 2024, 1; *Herrmann/Schlingloff*, Münchener Kommentar zum Lauterkeitsrecht, Band 2, 3. Auflage 2022; *Hoeren*, Alibaba und das Dateneigentum – 25 Jahre später, MMR 2023, 32; *Hoeren/Pinelli*, IT-Vertragsrecht, 4. Auflage 2024; *Hoeren/Sieber/Holznagel*, Handbuch Multimedia-Recht, 61. EL 2024; *Holznagel/Freese*, EU Data Act: Ein wichtiger Baustein in der Europäischen Datenstrategie, EuZ 2023, A 1–34; *Jung*, Die Missbrauchskontrolle von Vertragsklauseln nach Art. 13 Data Act, ZIP 2024, 1565; *Kaesling*, B2B- und B2C-Datennutzung nach dem Data Act, GRUR 2024, 821; *Karsten/Wienroeder*, Der Entwurf des Data Act – Auswirkungen auf die Automobilindustrie, RAW 2022, 99; *Kaulartz/Heckmann*, Smart Contracts – Anwendungen der Blockchain-Technologie, CR 2016, 618; *Keller/Schönknecht/Glinke*, Geschäftsgeheimnisschutzgesetz, Beck'sche Kurz-Kommentare, 1. Auflage 2021; *Keppeler/Schneider/Nickel*, Der Dateninhaber im Data Act – faktische Datenherrschaft als Ausweg aus der Definitionsmisere des Art. 2 Nr. 13 DA, ITRB 2024, 180; *Kerber*, EU Data Act: Will new user access and sharing rights on IoT data help competition and innovation?, JoAE 2024, 1; *Kerber*, Governance of IoT Data: Why the EU Data Act Will not Fulfill Its Objectives, GRUR Int. 2023, 120; *Kim*, Der Datenbankschutz sui generis nach dem Data Act, MMR 2024, 87; *Kipker/Birreck/Niewöhner/Schnorr*, Rechtliche und technische Rahmenbedingungen der „Smart Contracts" – Eine zivilrechtliche Betrachtung, MMR 2020, 509; *Köhler/Bornkamm/Feddersen*, Gesetz gegen den unlauteren Wettbewerb, 14. Auflage 2024, Band 13a; *Krämer*, Improving the effectiveness of the B2B and B2C data sharing obligations in the proposed Data Act, CERRE Report November 2022; *Lagoni*, Cloud Switching gemäß Data Act: Die Abschaffung von Switching Charges, CR 2024, 91; *Leeb/Liebhaber*, Grundlagen des Datenschutzrechts, JuS 2018, 534; *Lettl*, Rechtsfolgen der Missbräuchlichkeit einer Vertragsklausel nach Art. 6 Abs. 1 RL 93/13/EWG (Klausel-RL) und Art. 13 Abs. 1, 7 VO (EU) 2023/2854 (Datenverordnung oder Data-Act), WM 2024, 185; *Lorenzen*, Geschäftsgeheimnisschutz und Data Act, Zeitschrift für geistiges Eigentum (ZGE) 2022, 250; *Martens*, Methodenlehre des Unionsrechts, Tübingen, 2013; *Martens/Parker/Petropoulos/Van Alstyne*, Towards Efficient Information Sharing in Network Markets, TILEC DP 2021-014, abrufbar unter https://papers.ssrn.com/sol3/papers.cfm?abstract_id=3956256 (zuletzt abgerufen am 1.11.2024); *McGuire/Schulte-Nölke*, Ansprüche des Nutzers gegen den Dateninhaber nach dem Data Act, ZdiW 2024, 73; *McKinsey & Company*, The Internet of Things: Catching up to an accelerating opportunity, 2021, abrufbar unter: https://www.mckinsey.com/capabilities/mckinsey-digital/our-insights/iot-value-set-to-accelerate-through-2030-where-and-how-to-capture-it#/ (zuletzt abgerufen am 1.11.2024); *Metzger/Schweitzer/Wagner*, Datenschutz und Datenmarkt: Grundzüge einer Marktordnung für die europäische Datenwirtschaft, ZfPW 2023, 227; *Metzger/Schweitzer*, Shaping Markets: A Critical Evaluation of the Draft Data Act, ZEuP 2023, 42; *Möslein*, Dispositives Recht, 2011; *Müller*, Der Schutz faktischer Kontrolle durch die Rechtsordnung, RDi 2024, 297; *Niedermaier/Picht*, „Halbstarke" als Friedensstifter – alternative Streitbeilegung im Data Act und der SEP-Verordnung, EuZW 2023, 1035; *Ohly*, Das neue Geschäftsgeheimnisgesetz im Überblick, GRUR 2019, 442; *Niehaus/Siems*, Welche Daten fallen unter die Zugangs- und Weitergabeansprüche des EU Data Act? Eine Analyse des Anspruchsgegenstands, ZdiW 2024, 50; *Oster*, Nach der „Batterie-Mietbedingungen"-Entscheidung: Wie geht es weiter mit Smart Contracts?, ZfPW 2023, 387; *Otto/Steinbuß/Teuscher/Lohmann*, Reference Architecture Model, Version 3.0, 2019, abrufbar unter https://internationaldataspaces.org/wp-content/uploads/IDS-Reference-Architecture-Model-3.0-2019.pdf (zuletzt abgerufen am 1.11.2024); *Paal/Fenik*, Acess to Data in the Data Act Proposal, ZfDR 2023, 249; *Paulus*, Was ist eigentlich … ein Smart Contract?, JuS 2020, 107; *Pauly/Wichert/Baumann*, Schutz von Geschäftsgeheimnissen nach dem Data Act, MMR 2024, 211; *Pertot*, Rechte an Daten, 2020; *Picht*, Caught in the Acts – Framing Mandatory Data Access Transactions under the Data Act, further EU Digital Regulation Acts, and Competition Law, MPI Research Paper No. 22–12; *Piltz/Zwerschke*, Cloud Switching nach dem Data Act aus der Beratungsperspektive, CR 2024, 153; *Podszun/Pfeifer*, Datenzugang nach dem EU Data Act: Der Entwurf der Europäischen Kommission, GRUR 2022, 953; *Pommerening/Nickel*, Wechsel zwischen Datenverarbeitungsdiensten nach dem Data Act – Eine Herausforderung für die Vertragspraxis, RDi 2024, 289; *Redeker*, Handbuch IT-Verträge, 52. Lieferung, 03/2024; *Remke*, Rechtsdurchsetzung unter dem Data Act, MMR 2024, 117; *Riesenhuber*, Europäische Methodenlehre, 4. Auflage 2021; *Säcker/Rixecker/Oetker/Limperg*, Münchener Kommentar zum Bürgerlichen Gesetzbuch Band 2, 9. Auflage 2022; *Sattler*, Anbieterwechsel nach dem Data Act – Standardvertragsklauseln für Verträge über Cloud-Computing, CR 2024, 213; *Schmidt-Kessel*, Heraus- und Weitergabe von IoT-Gerätedaten, MMR 2024, 75; *Schmidt-Kessel*, Zahlungsverzug im Handelsverkehr – ein neuer Richtlinienentwurf, JZ 1998, 1135; *Schreiber*, Revolutioniert der Data Act die Datenwirtschaft, MMR 2023, 541; *Schreiber/Pommerening/Schoel*, Der neue Data Act – mit Data Governance Act, 2. Auflage 2024; *Schröder*, Bereitstellung von Daten wegen außergewöhnlicher Notwendigkeit, MMR 2024, 104; *Schwamberger*, Die Klauselkontrolle in Art. 13 Data Act, MMR 2024, 96; *Siglmüller*, Standardisierungsbestrebungen für das Rückgrat der europäischen Digitalwirtschaft, MMR 2024, 112; *Specht-Riemenschneider/Hennemann*, Data Governance-Act, Nomos-Handkommentar, 1. Auflage 2023; *Specht-Riemenschneider*, Der Entwurf des Data Act, MMR 2022, 809; *Staudenmayer*, Der Data Act im Gefüge des europäischen digitalen Privatrechts, NJW 2024, 1377; *Steinrötter*, Verhältnis von Data Act und DS-GVO, GRUR 2023, 216; *Stempel*, Treu und Glauben im Unionsprivatrecht, 2016; *Weinhold/Schröder*, (R)Evolution oder vergebene Chance?, ZD 2024, 306; *Weiß*, Streitbeilegung nach Art. 10 Data Act, MMR 2024, 101; *Wentzel/Lutz*, Zugangsanspruch zu Reparatur- und Wartungsinformationen nach der Typengenehmigungsverordnung und Data Act – Eine Gegenüberstellung, RAW 2024, 123; *v. Westphalen*, Der neue Data Act – Eine Kaskade AGB-rechtlicher Verbote im unternehmerischen Verkehr, BB 2024, 515; *v. Westphalen/Thüsing/Pamp*, Vertragsrecht und AGB-Klauselwerke, 50. EL. 2024; *Wiebe*, Der Data Act als vertragsrechtlicher Rahmen für Datennutzungsvorgänge Anwendungsbereich und Vorhaben der Missbrauchskontrolle nach Art. 13 Data Act-E, CR 2023, 777; *Wiebe*, Der Data Act – Innovation oder Illusion?, GRUR 2023, 1569; *Wiedermann/Conrad/Salemi*, Bereitstellung von Daten nach dem Data Act – offene Fragen und verbleibende Probleme, K&R 2024, 157; *Wilken/Rammos*, Der Data Act – Chancen und Risiken für Unternehmen durch das geplante europäische Datengesetz, DB 2022, 1241; *Wilkening/Müller*, Data Act – Neue Datenzugangs- und Datennutzungsregeln für die Daten- und Cloudwirtschaft, DB 2024, 166; *Witzel*, Der Entwurf des Data Act und seine Vorgaben an die Vertragsgestaltung, CR 2022, 561; *Wolff/Brink/v. Ungern-Sternberg* (Hrsg.), Beck'scher Online-Kommentar Datenschutzrecht, 49. Edition (Stand: 01.08.2024).

1. Einführung

Das *Internet-of-Things* (IoT) ist der infrastrukturelle Eckpfeiler der Digitalwirtschaft, da es durch die Vernetzung von physischen und virtuellen Objekten die Generierung großer Datenmengen ermöglicht, die ihrerseits die Grundlage für datengetriebene Geschäftsmodelle, innovative Dienstleistungen und eine effizientere Ressourcennutzung sind. Für den europäischen Binnenmarkt bedeuten die durch IoT-Technologien generierten Datenströme ein enormes Wertschöpfungspotential: So wird geschätzt, dass bis zum Jahr 2030 der Wert von IoT-bezogenen Produkten und Dienstleistungen weltweit zwischen 5,5 und 12,6 Billionen US-Dollar liegen könnte.[1] Dennoch bleiben bis zu 80 % der IoT-Daten ungenutzt, da der Zugang zu den Daten oft auf wenige große Akteure beschränkt ist, was zu einer Fragmentierung des Marktes und fehlendem Wettbewerb führt und schließlich Innovationen hemmt.[2] Vor diesem Hintergrund stellt der am 11.1.2024 in Kraft getretene **Data Act**[3] (deutsch: Datenverordnung) eine gesetzgeberische Weichenstellung dar, die darauf abzielt, den Zugang und die Nutzung der Daten zu erleichtern und sich dem in der **europäischen Datenstrategie** ausgerufenen Ziel, eines **europäischen Binnenmarkts für Daten**, anzunähern[4] – Europa soll eine führende Position in der globalen Datenwirtschaft einnehmen.[5] Der Data Act ist der weltweit erste horizontale Rechtsrahmen für den sektorübergreifenden Zugang, Austausch und die Nutzung von Daten und ergänzt den bereits 2022 in Kraft getretenen Data Governance Act[6] (DGA).[7]

Konkret statuiert der Data Act unionsweit verbindliche Rechte für Dateninhaber, Nutzer und Dritte, die den Zugang zu und die Nutzung von den durch smarte Produkte erzeugten Daten gewährleisten. Zugleich beinhaltet der Data Act Vorschriften, die unverhältnismäßige Vertragsbedingungen und den Missbrauch von Datenzugangsrechten verhindern sollen, sowie Maßnahmen zum Wechsel zwischen Cloud-Anbietern und zur Förderung der Interoperabilität von Daten und vernetzten Produkten. Um die Bewältigung gesellschaftlicher Notlagen und außergewöhnlicher Situationen zu verbessern, sieht der Data Act auch Vorschriften für den erleichterten Datenzugang durch öffentlichen Stellen vor.

2. Anwendungsbereich und Begriffsbestimmungen, Art. 1–2 DA

Der Anwendungsbereich des Data Acts wird maßgeblich durch die Vorschriften des ersten Kapitels bestimmt: Während Art. 1 Abs. 1–Abs. 3 DA den räumlichen, sachlichen und persönlichen Anwendungsbereich positiv beschreibt, statuiert Art. 2 Nr. 1–43 DA Legaldefinitionen für die in der Verordnung verwendeten unbestimmten Rechtsbegriffe. Art. 1 Abs. 5–9 DA stellt schließlich klar, dass die dort aufgeführten Rechtsakte und freiwillige Vereinbarungen über den Datenaustausch zwischen privaten und öffentlichen

---

1 *McKinsey & Company*, The Internet of Things, 2021, S. 9.

2 COM(2022) 68 final, S. 1.

3 Verordnung (EU) 2023/2854 des Europäischen Parlaments und des Rates v. 12.12.2023 über harmonisierte Vorschriften für einen fairen Datenzugang und eine faire Datennutzung sowie zur Änderung der Verordnung, ABl. L, 2023/2854 vom 22.12.2023 S. 1–71.

4 Erwägungsgrund 4 VO (EU) 2023/2854; *Europäische Kommission*, Impact Assessment Report Data Act, S. 24.

5 *Schreiber/Pommerening/Schoel*, Der neue DA, § 3 Rn. 2.

6 Verordnung (EU) 2022/868 des Europäischen Parlaments und des Rates v. 30.05.2022 über europäische Daten-Governance und zur Änderung der Verordnung (EU) 2018/1724 (Daten-Governance-Rechtsakt), ABl. L 152 vom 3.6.2022 S. 1–44.

7 *Hartl/Vogel*, LTZ 2024, 104; zum DGA siehe II.

Stellen (Abs. 6) durch den Data Act unberührt bleiben. Im Falle eines Widerspruchs zwischen Data Act und Datenschutz-Grundverordnung[8] (DS-GVO), hat letztere Vorrang, Art. 1 Abs. 5 S. 3 DA.

a) Räumlicher Anwendungsbereich

Der räumliche Anwendungsbereich ist durch das **Marktortprinzip** determiniert (Art. 1 Abs. 3 lit. a)–f) DA). Anknüpfungspunkt ist somit, unabhängig vom Sitz der natürlichen oder juristischen Person, die in Art. 1 Abs. 3 DA beschriebene Tätigkeit innerhalb der Union.[9] Auf die Niederlassung der juristischen Person kommt es folglich nicht an.[10] Maßgeblich ist allein das **Inverkehrbringen** eines vernetzten Produkts durch den Hersteller oder das Anbieten verbundener Dienste in der Union, also die erstmalige Bereitstellung eines vernetzten Produkts auf dem Unionsmarkt (Art. 2 Nr. 22 DA). Für den Zeitpunkt der erstmaligen Bereitstellung dürfte eine **tatsächliche Betrachtung** geboten sein, sodass es allein auf die tatsächliche Zugänglichmachung eines bestimmten Produkttyps oder einer Produktserie im Unionsmarkt ankommt und nicht etwa auf den Zeitpunkt des Vertragsschlusses oder der Erfüllung eines Kaufvertrags über ein konkretes vernetztes Produkt.[11]

b) Zeitlicher Anwendungsbereich

Die Vorschriften des Data Act gelten gem. Art. 50 DA **ab dem 12.9.2025**, wobei die Verpflichtung zur Zugänglichmachung von Produktdaten und verbundenen Dienstdaten an den Nutzer gem. Art. 3 Abs. 1 DA nur für vernetzte Produkte und verbundene Dienste, die nach dem 12.9.2026 in Verkehr gebracht wurden, gilt. Darüber hinaus gelten die Vorschriften des dritten Kapitels (Pflichten der Dateninhaber) nur für Datenbereitstellungspflichten, die nach dem 12.9.2025 in Kraft treten. Die Vorschriften des vierten Kapitels (Missbräuchliche Vertragsklauseln in Bezug auf den Datenzugang und die Datennutzung zwischen Unternehmen) gelten schließlich nur für Verträge, die nach dem 12.9.2025 geschlossen wurden beziehungsweise ab dem 12.9.2027 für Verträge, die am oder vor dem 12. September 2025 geschlossen wurden, sofern sie unbefristet sind (lit. a)) oder ihre Geltungsdauer frühestens 10 Jahre nach dem 11.1.2024 endet (lit. b)).

---

8 Verordnung (EU) 2016/679 des Europäischen Parlaments und des Rates vom 27. April 2016 zum Schutz natürlicher Personen bei der Verarbeitung personenbezogener Daten, zum freien Datenverkehr und zur Aufhebung der Richtlinie 95/46/EG; ABl. L 119 vom 4.5.2016, S. 1–88.

9 *Bomhard,* MMR 2024, 71, 72.

10 *Schreiber/Pommererining/Schoel,* Der neue DA, § 3 Rn. 14.

11 *Schreiber/Pommereining/Schoel,* Der neue DA, § 3 Rn. 27, 33.

c) Sachlicher Anwendungsbereich

Der sachliche Anwendungsbereich des Data Act wird zunächst deklaratorisch durch Art. 1 Abs. 2 1. Hs. DA bestimmt, wonach sich die Verordnung sowohl auf personenbezogene als auch nicht personenbezogene Daten erstreckt.[12] Art. 1 Abs. 2 2. Hs. DA erklärt sodann die Kapitel zwei bis sieben für verschiedene Kategorien von Daten für anwendbar:

- Kapitel 2 (Datenweitergabe von Unternehmen an Verbraucher und zwischen Unternehmen) für Daten, mit Ausnahme von Inhalten, die die Leistung, Nutzung und Umgebung von vernetzten Produkten und verbundenen Diensten betreffen (lit. a));
- Kapitel 3 (Pflichten der Dateninhaber, die gemäß dem Unionsrecht verpflichtet sind, Daten bereitzustellen) für alle Daten des Privatsektors, die rechtlichen Verpflichtungen mit Blick auf die Datenweitergabe unterliegen (lit. b));
- Kapitel 4 (Missbräuchliche Vertragsklauseln in Bezug auf den Datenzugang und die Datennutzung zwischen Unternehmen) für alle Daten des Privatsektors, die auf der Grundlage von Verträgen zwischen Unternehmen abgerufen und genutzt werden (lit. c));
- Kapitel 5 (Bereitstellung von Daten für öffentliche Stellen, die Kommission, die Europäische Zentralbank und Einrichtungen der Union wegen außergewöhnlicher Notwendigkeit) für alle Daten des Privatsektors, mit Schwerpunkt auf nicht-personenbezogene Daten (lit. d));
- Kapitel 6 (Wechsel zwischen Datenverarbeitungsdiensten) für alle von Anbietern von Datenverarbeitungsdiensten verarbeiteten Daten und Dienste (lit. e));
- Kapitel 7 (Unrechtmäßiger staatlicher Zugang zu und unrechtmäßige staatliche Übermittlung von nichtpersonenbezogenen Daten im internationalen Umfeld) für alle nicht-personenbezogenen Daten, die in der Union von Anbietern von Datenverarbeitungsdiensten gehalten werden (lit. f)).

Nachfolgend werden die wichtigsten Definitionen dargestellt, die den sachlichen Anwendungsbereich des Data Acts prägen.

aa) Daten, Art. 2 Nr. 1 DA

Den zentralen Begriff der **Daten** definiert Art. 2 Nr. 1 DA als

> jede digitale Darstellung von Handlungen, Tatsachen oder Informationen sowie jede Zusammenstellung solcher Handlungen, Tatsachen oder Informationen auch in Form von Ton-, Bild- oder audiovisuellem Material.

12 Kritisch zur Funktion der Norm *Schreiber/Pommerening/Schoel*, Der neue DA, § 3 Rn. 11; *Bomhard*, MMR 2024, 71, 72.

Ein Blick auf Art. 2 Nr. 1 DGA und Art. 2 Nr. 24 DMA zeigt, dass sich der europäische Gesetzgeber im Rahmen der Digitalrechtsakte für einen einheitlichen Datenbegriff entschieden hat.[13]

(1) Primärdaten

Ausweislich der Erwägungsgründe sind insbesondere **Primärdaten** vom Anwendungsbereich des Data Acts erfasst.[14] Primärdaten sind Daten in Rohform, die sich auf Datenpunkte beziehen und unverändert automatisch generiert werden, weshalb sie auch als **Quelldaten** oder **Rohdaten** bezeichnet werden.[15]

(2) Aufbereitete Daten

Neben Primärdaten werden auch **aufbereitete Daten** vom Datenbegriff des Art. 2 Nr. 1 DA erfasst.[16] Aufbereitete Daten sind solche Daten, die vor der Weiterverarbeitung im Rahmen des Aufbereitungsprozesses kontextualisiert werden, um sie verständlich und nutzbar zu machen.[17] Dabei kann es sich beispielsweise um Daten eines Mähroboters handeln, der mittels Sensoren die physischen Zustände der Umgebung wie die Temperatur oder den pH-Wert des zu mähenden Bodens misst.[18] Dies gilt jedoch nur dann, wenn die Aufbereitung der Daten nicht das Ergebnis **wesentlicher, zusätzlicher Investitionen** ist, wie es etwa bei der Aufbereitung durch proprietäre komplexe Algorithmen der Fall ist.[19] Derartige Daten berühren häufig Immaterialgüterrechte des Dateninhabers und können aufgrund des komplexen Verarbeitungsprozesses, den sie durchlaufen, auch als **hochverarbeitete Daten** bezeichnet werden.[20] In der Praxis werden derartige Investitionen häufig auf den Kunden umgelegt und in den Verkaufspreis einbezogen. Dies wirft die Frage auf, ob das Kriterium der wesentlichen zusätzlichen Investitionen erfordert, dass dem Dateninhaber laufende Kosten für den Datenaufbereitungsprozess entstehen oder bereits einmalige Kosten im Entwicklungsprozess genügen, selbst wenn die Kosten mittelbar vom Kunden getragen werden.

Wenngleich die im FAQ[21] erfolgte Klarstellung seitens der Kommission zur Konkretisierung des Datenbegriffs beiträgt, dürften sich in der Praxis weiterhin diffizile Ab-

---

13 In diese Richtung bereits *Wiebe*, GRUR 2023, 1569, 1570.
14 Erwägungsgrund 15 VO (EU) 2023/2854.
15 Erwägungsgrund 15 VO (EU) 2023/2854.
16 Erwägungsgrund 15 VO (EU) 2023/2854.
17 *Europäische Kommission*, FAQ DA, S. 6; *Niehaus/Siems*, ZdiW 2024, 50, 53.
18 Erwägungsgrund 15 VO (EU) 2023/2854.
19 Erwägungsgrund 15 VO (EU) 2023/2854; *Kim*, MMR 2024, 87, 89.
20 *Europäische Kommission*, FAQ DA, S. 7.
21 https://digital-strategy.ec.europa.eu/de/library/commission-publishes-frequently-asked-questions-about-data-act (zuletzt abgerufen am: 1.11.2024).

grenzungsfragen stellen, wie die nachfolgenden Beispiele verdeutlichen.[22] So dürfte etwa die Temperatur eines vernetzten Produkts unstreitig als Primärdatum angesehen werden. Die Einordnung des Ergebnisses einer auftretenden Temperatur-Fehlermeldung bereit indes Schwierigkeiten, da hier in einem gesonderten Schritt ein Abgleich zwischen Soll- und Ist-Temperatur stattfindet. Gegebenenfalls wird die Solltemperatur sogar unter Zuhilfenahme komplexer Algorithmen aus Daten anderer Sensoren (z.B. Höhe über N.N., Luftfeuchtigkeit, Luftdruck) errechnet, sodass es sich bei den Daten des vernetzten Produkts einmal um Primärdaten (Temperatur) und einmal um aufbereitete beziehungsweise hochverarbeitete Daten (Ergebnis der Fehlermeldung) handeln könnte. Für die Praxis wird daher entscheidend sein, wann das Kriterium der wesentlichen zusätzlichen Investitionen erfüllt ist.

Abgrenzungsschwierigkeiten ergeben sich darüber hinaus dann, wenn die **Aufbereitung der Daten innerhalb eines vernetzten Produkts** stattfindet: So sind die Längen- und Breitengrade eines GPS-Datums als Primärdaten einzuordnen. Allerdings kann durch proprietäre Software im vernetzten Produkt die konkrete Adresse ermittelt werden. Hier stellt sich erneut die Frage, ob es sich bei der Ermittlung der Adresse um aufbereitete Daten handelt oder die Software isoliert betrachtet einen verbundenen Dienst darstellt, womit die Adresse als verbundenes Dienstdatum zu qualifizieren wäre. Bei einer derartigen Betrachtung erübrigt sich gleichwohl die Abgrenzung zwischen aufbereiteten Daten und Primärdaten. Hilfreicher als das Investitionskriterium könnte in derartigen Fällen die Abgrenzung danach sein, ob die Aufbereitung der Daten innerhalb oder außerhalb des vernetzten Produkts stattfindet.

Des Weiteren dürfte das Abgrenzungskriterium der wesentlichen Investitionen in vielen Fällen keine Abhilfe schaffen, da der Aufbereitungsprozess zwar komplex sein mag, jedoch auf die Konzeption des Produkts zurückgeht und nicht immer einen hohen Investitionsbedarf erfordert. In einem vernetzten Produkt kann es beispielsweise zahlreiche Sensoren geben, die etwa die Einwirkungen auf das Produkt messen. Der Hersteller eines derartigen Produkts hat die Sensoren in Gruppen (Zonen) eingeteilt, um die Lokalisierung der Einwirkung auf dem Produkt besser beschreiben zu können. Die Einordnung der durch die Zoneneinteilung gefilterten Daten als aufbereitete Daten ist schwierig, da das Produkt lediglich eine aggregierte Information über die betroffenen Zonen und nicht die detaillierten Sensorinformationen an das Backend weitergibt. Ob diese Filterung als ausreichende Verarbeitung gilt, um von hochverarbeiteten Daten zu sprechen, bleibt fraglich, da keine komplexe und kostenintensive Aufbereitung im engeren Sinne stattfindet. In Fällen, in denen Daten innerhalb des Produkts lediglich gefiltert oder aggregiert werden, dürfte es sich daher eher um abgeleitete Daten oder sogar um Primärdaten handeln, die vom Datenbegriff des Art. 2 Nr. 1 DA erfasst sind.

22 *Wiedemann/Conrad/Salemi*, K&R 2024, 157, 161.

(3) Metadaten, Art. 2 Nr. 2 DA

Anders als aufbereitete Daten dienen Metadaten dazu, anderen Daten einen gewissen Kontext zu geben[23] und eine strukturierte Nutzung dieser Daten zu ermöglichen[24]. Sie sind eine strukturierte Beschreibung der Inhalte oder der Nutzung von Daten, die das Auffinden eben jener Daten beziehungsweise deren Verwendung erleichtert (Art. 2 Nr. 2 DA). Indem sie beispielsweise für die Wartung und Reparatur vernetzter Produkte zu Hilfe genommen werden können, können Metadaten einen positiven Einfluss auf Innovation und die Entwicklung digitaler Dienste haben.[25] Aus diesem Grund soll auch der grundlegende Kontext sowie gegebenenfalls Zeitstempel der Metadaten erfasst sein.[26] Werden Metadaten im Zusammenhang mit angebotenen Datenvermittlungsdiensten erhoben, dürfen diese nur für ausgewählte Zwecke genutzt werden, wie etwa der Weiterentwicklung des Dienstes oder zur Förderung der Informationssicherheit.[27] Vom Datenbegriff des Art. 2 Nr. 2 DA des DA nicht umfasst werden Metadaten, die bei der Erzeugung von Text-, Audio- oder audiovisuellen Inhalten anfallen.[28]

Abzugrenzen sind Metadaten von solchen Daten, die aus zusätzlich getätigten Aufwendungen hervorgegangen sind (abgeleitete Daten); derartige Daten sind vom Anwendungsbereich des DA ausgenommen.[29]

(4) Produktdaten, Art. 2 Nr. 15 DA

Eine weitere wichtige Kategorie von Daten ist zudem die der Produktdaten. Art. 2 Nr. 15 DA definiert diese als Daten, die durch die Nutzung eines vernetzten Produkts generiert werden und die der Hersteller so konzipiert hat, dass sie über einen elektronischen Kommunikationsdienst, eine physische Verbindung oder einen geräteinternen Zugang von einem Nutzer, Dateninhaber oder Dritten – gegebenenfalls einschließlich des Herstellers – abgerufen werden können. Umfasst werden nicht nur solche Daten die bei der aktiven Nutzung generiert werden, sondern auch Daten, die während der Inaktivität des Nutzers erzeugt werden.[30] Allerdings fallen rein das Produkt beschreibende Daten nicht unter die Produktdaten nach Art. 2 Nr. 15 DA.[31] Aus dem DA selbst ergeben sich dabei auch keine Ansprüche darauf, dass bestimmte Daten erhoben werden können; ein solcher Anspruch kann sich lediglich aus der sektorspezifischen Regulierung ergeben.[32]

---

23 *Niehaus/Siems*, ZdiW 2024, 50, 53.
24 *Schreiber/Pommerening/Schoel*, Der neue DA, § 4 Rn. 53.
25 Erwägungsgrund 15 VO (EU) 2023/2854.
26 Erwägungsgrund 15 VO (EU) 2023/2854.
27 *Schreiber/Pommerening/Schoel*, Der neue DA, § 12 Rn. 99.
28 *Heinzke/Herbers/Kraus*, BB 2024, 649, 650; Erwägungsgrund 16 VO (EU) 2023/2854.
29 BeckOK Datenschutzrecht/*Schild*, DA, Art. 2 Rn. 20.
30 *Wentzel/Lutz*, RAW 2024, 123, 126; Erwägungsgrund 15 VO (EU) 2023/2854.
31 *Europäische Kommission*, FAQ DA, S. 6.
32 *Niehaus/Siems*, ZdiW 2024, 50, 52.

(5) Verbundene Dienstdaten, Art. 2 Nr. 16 DA

Darüber hinaus betrifft der DA auch verbundene Dienstdaten, also Daten, die die Digitalisierung von Nutzerhandlungen oder Vorgängen im Zusammenhang mit dem vernetzten Produkt darstellen und vom Nutzer absichtlich aufgezeichnet oder als Nebenprodukt der Handlung des Nutzers während der Bereitstellung eines verbundenen Dienstes durch den Anbieter generiert werden (Art. 2 Nr. 16 DA). Ob die Daten durch die Handlungen des Nutzers absichtlich oder zufällig entstanden sind, ist für die Anwendung des DA unerheblich.[33] Es kommt für verbundene Dienstdaten aber gerade darauf an, dass sie durch den Nutzer in der vernetzten Verwendung generiert werden.[34] Daten, die im Zusammenhang mit einem Anschlussdienst entstehen, der aber selbst nicht dem eigentlichen Produkt zugeordnet werden kann, unterfallen nicht dem Data Act. Dazu gehören in etwa Reparatur- oder Wartungsdienste.[35]

(6) Ohne Weiteres verfügbare Daten, Art. 2 Nr. 17 DA

Ferner werden auch ohne Weiteres verfügbare Daten adressiert. Das sind solche Produktdaten und verbundene Dienstdaten, die ein Dateninhaber ohne unverhältnismäßigen Aufwand rechtmäßig von dem vernetzten Produkt oder verbundenen Dienst erhält oder erhalten kann, wobei über eine einfache Bearbeitung hinausgegangen wird (Art. 2 Nr. 17 DA). Dabei gibt es jedoch keine weiteren Anhaltspunkte im Data Act dafür, wann ein Datum ohne Weiteres verfügbar ist.[36] Fest steht lediglich, dass solche Daten ausgenommen sind, die bei der Produktnutzung generiert werden, sofern das Produkt nicht dafür ausgelegt ist, dass solche Daten gespeichert oder übermittelt werden.[37] Insofern bietet sich jedoch eine wirtschaftliche Betrachtungsweise an, die einen Vergleich zwischen dem wirtschaftlichen Aufwand für eine Zurverfügungstellung und dem Wert der Gegenleistung zieht.[38] Sofern der wirtschaftliche Aufwand sich als gering darstellt, ist das Datum eines, das ohne Weiteres verfügbar ist.

(7) Von virtuellen Assistenten generierte Daten, Art. 1 Abs. 4 DA

Zuletzt sind auch teilweise die von virtuellen Assistenten generierten Daten vom Anwendungsbereich des Data Acts umfasst. Dies stützt sich auf die gesetzliche Regelung des Art. 1 Abs. 4 DA, demzufolge die Regeln für vernetzte Produkte oder verbundene Dienste auch für virtuelle Assistenten gelten, sofern diese mit einem verbundenen Produkt oder verbundenen Dienst interagieren. Insofern sind die Daten, die vom virtuellen

33 *Schreiber/Pommerening/Schoel*, Der neue DA, § 4 Rn. 39.
34 BeckOK Datenschutzrecht/*Schild*, DA, Art. 2 Rn. 92.
35 *Niehaus/Siems*, ZdiW 2024, 50, 52.
36 *Wiedemann/Conrad/Salemi*, K&R 2024, 157, 161.
37 Erwägungsgrund 20 VO (EU) 2023/2854.
38 *Niehaus/Siems*, ZdiW 2024, 50, 53.

Assistenten aus dem Verhältnis zwischen Nutzer und dem verbundenen Dienst beziehungsweise dem verbundenen Produkt erhebt, auch vom Anwendungsbereich des Data Acts umfasst.[39] Dies ist auch dann der Fall, wenn der verwendete virtuelle Assistenzdienst weder vernetztes Produkt noch verbundener Dienst ist.[40]

(8) Nicht erfasste Daten und Inhalte

Eine Zusammenschau aus Art. 1 Abs. 2 lit. a) DA und Erwägungsgrund 16 ergibt, dass **Inhalte**, also Text-, Audio oder visuelle Darstellungen, nicht erfasst sind, was im Lichte der sehr vagen Definition der gesonderten Klarstellung bedarf.[41] Inhalte, die von vernetzten Produkten wie Smartphones, Tablets oder Computern generiert werden sowie die bei der Generierung der Inhalte entstehenden Metadaten, sind somit keine Daten im Sinne des Art. 2 Nr. 1 DA.[42] Gleichwohl stellen sich auch hier schwierige Abgrenzungsfragen insbesondere dann, wenn vernetzte Produkte aus vielen Komponenten bestehen. So beinhaltet nahezu jedes Smartphone eine Kamera. Eine Kamera erfasst nur Lichtsignale und wandelt diese elektrisch in ein Gesamtbild um. Hier stellt sich die Frage, ob die Bilder der Kamera, die in einem vernetzten Produkt verbaut ist, als abgeleitete Daten oder als Inhalte im Sinne von Erwägungsgrund 16 anzusehen sind. Für die Einordnung als abgeleitete Daten spricht, dass die Helligkeit der einzelnen Pixel Primärdaten darstellen, woraus das Gesamtbild abgeleitet wird. Demgegenüber spricht für die Einordnung des Gesamtbildes als Inhalt, dass der Kunde ein vernetztes Produkt (Smartphone) mit Kamera gekauft hat und dementsprechend ein Kamerabild erwartet. Entscheidend für die Frage, ob es sich um Inhalte oder abgeleitete Daten handelt, dürfte demnach die für die rechtliche Beurteilung einzunehmende Perspektive sein.

Wie dargestellt, fallen ebenfalls nicht in den Anwendungsbereich der Verordnung ausweislich Erwägungsgrund 15 aus aufbereiteten Daten **abgeleitete Informationen**.[43] Dies gilt insbesondere für Informationen, die aus der Aufbereitung der Daten mittels komplexer Algorithmen gewonnen wurden, weil es sich dabei um (möglicherweise) immaterialgüterrechtlich geschützte Informationen handelt. Beispielhaft genannt werden Informationen, die mittels Sensordatenfusion[44] gewonnen wurden.[45]

Zusammengefasst sind also Primärdaten, aufbereitete Daten, Metadaten, Produktdaten, verbundene Dienstdaten, ohne Weiteres verfügbare Daten sowie von virtuellen

---

39 *Niehaus/Siems*, ZdiW 2024, 50, 54.
40 Schreiber/*Pommerening/Schoel*, Der neue DA, § 4 Rn. 43.
41 *Heinzke/Herbers/Kraus*, BB 2024, 649.
42 *Heinzke/Herbers/Kraus*, BB 2024, 649.
43 Kritisch dazu *Kerber*, GRUR Int 2023, 120, 127; näher dazu unter A.I.2.c).aa).(2).
44 Sensordatenfusion ist ein Prozess, bei dem Daten von mehreren Sensoren kombiniert werden, um ein genaueres und umfassenderes Bild einer Situation oder eines Objekts zu erhalten als mit einem einzelnen Sensor, *Alpaydin*, Maschinelles Lernen, S. 553.
45 Erwägungsgrund 15 VO (EU) 2023/2854.

Assistenten generierte Daten vom Anwendungsbereich des Data Acts erfasst, nicht aber Inhalte und abgeleitete Daten.[46]

bb) Vernetztes Produkt, Art. 2 Nr. 5 DA

Ein weiterer zentraler Begriff des Data Acts ist der des vernetzten Produkts. Ein **vernetztes Produkt** bezeichnet nach Art. 2 Nr. 5 DA einen Gegenstand, der Daten über seine Nutzung oder Umgebung erlangt, generiert oder erhebt und der Produktdaten über einen elektronischen Kommunikationsdienst, eine physische Verbindung oder einen geräteinternen Zugang übermitteln kann und dessen Hauptfunktion nicht die Speicherung, Verarbeitung oder Übertragung von Daten im Namen einer anderen Partei – außer dem Nutzer – ist.

Konkretisiert wird der Begriff des vernetzten Produkts durch Erwägungsgrund 14, wonach vernetzte Produkte die Daten mittels ihrer Komponenten oder Betriebssysteme erlangen, generieren oder erheben. Als Beispiel für elektronische Kommunikationsdienste werden insbesondere terrestrische Telefonnetze, Fernsehkabelnetze, Satellitennetze und Nahfeldkommunikationsnetze genannt.[47] In der Praxis wird es sich dabei regelmäßig um **Internet of Things (IoT)**-Produkte wie Smartphones, Smart-Home-Geräte, Wearables, vernetzte Haushaltsgerät, Smart-TVs oder moderne Fertigungsmaschinen, die in Produktionsprozessen vernetzt sind, um Betriebsdaten auszutauschen, handeln.[48] Ausgenommen sind demgegenüber Daten von Prototypen.[49] Der Data Act umfasst allerdings nur solche vernetzen Produkte, die nach Art. 2 Nr. 22 DA auf dem Unionsmarkt in Verkehr gebracht worden sind. Dabei bezieht sich das Inverkehrbringen stets nur auf ein individuelles Produkt und niemals auf alle Erzeugnisse dieser Art oder die gesamte Produktkategorie.[50]

cc) Verbundener Dienst, Art. 2 Nr. 6 DA

Ein **verbundener Dienst** (engl. *related service*) wird nach Art. 2 Nr. 6 DA bezeichnet als ein digitaler Dienst, bei dem es sich nicht um einen elektronischen Kommunikationsdienst handelt, einschließlich Software, der zum Zeitpunkt des Kaufs, der Miete oder des Leasings so mit dem Produkt verbunden ist, dass das vernetzte Produkt ohne ihn eine oder mehrere seiner Funktionen nicht ausführen könnte oder der anschließend vom Hersteller oder einem Dritten mit dem Produkt verbunden wird, um die Funktionen des vernetzten Produkts zu ergänzen, zu aktualisieren oder anzupassen.

---

46 *Niehaus/Siems*, ZdiW 2024, 50, 52.
47 Erwägungsgrund 15 VO (EU) 2023/2854.
48 *Europäische Kommission*, FAQ DA, S. 8; *Sebulke/Ehlen*, CR 2024, 84, 85.
49 Erwägungsgrund 14 VO (EU) 2023/2854.
50 *Europäische Kommission*, FAQ DA, S. 8.

Verbundene Dienste sind demzufolge regelmäßig eine funktionale Ergänzung des vernetzten Produkts, die entweder bereits beim Erwerb des Produkts integriert sind oder später optional hinzugefügt werden können.[51] Für die Einordnung als verbundener Dienst ist weder die vertragstypologische Beurteilung des Dienstes noch von wem der Dienst erbracht wird, relevant. Es ist demnach nicht entscheidend, ob der Dienst vom Anbieter des vernetzten Produkts oder von einem unabhängigen Dritten erbracht wird.[52] Entscheidend für die rechtliche Beurteilung ist, dass der verbundene Dienst Daten oder Befehle an das vernetzte Produkt übermittelt, die Einfluss auf die Funktionen, das Verhalten oder den Betrieb des Produkts haben.[53] Erforderlich ist dabei, dass der Datenaustausch zwischen dem vernetzten Produkt und dem Anbieter zweiseitig ist.[54] Ein solcher Befehl des verbundenen Dienstes wäre etwa in der Übermittlung einer Softwareaktualisierung an das vernetzte Produkt zu sehen. Ein praxisrelevantes Beispiel stellen auch Cloud-basierte Dienste dar, die notwendig sind, um die Funktionen smarter Produkte wie vernetzte Haushaltsgeräte, Fahrzeuge oder Unterhaltungselektronik vollständig nutzen zu können.

Den Gerichten wird eine entscheidende Rolle bei der Bestimmung der Funktion eines vernetzten Produkts zukommen, insbesondere bei der Abgrenzung zwischen einem digitalen Dienst und einem verbundenen Dienst.[55] Kein verbundener Dienst im Sinne der Norm liegt vor, wenn sich der Dienst nicht unmittelbar auf den Betrieb oder die Funktion des Produkts auswirkt und wenn keine Daten oder Befehle an das Produkt übermittelt werden.[56] Hierzu führt Erwägungsgrund 17 beispielhaft Beratungsdienste, Analysen, Finanzdienstleistungen oder Wartungsdienste an – derartige Dienste stehen nicht in unmittelbarem Zusammenhang mit den Funktionen des vernetzten Produkts. Grundlegende Infrastrukturdienste wie die Stromversorgung oder die Bereitstellung einer Internetverbindung sind ebenfalls ausdrücklich kein verbundener Dienst im Sinne von Art. 2 Nr. 6 DA.[57]

Zusammengefasst handelt es sich bei verbundenen Diensten in der Regel um Dienstleistungen des Anbieters vernetzter Produkte oder eines unabhängigen Dritten, die in engem funktionalem Zusammenhang mit dem Betrieb eines vernetzten Produkts stehen, dessen Funktionen ermöglichen oder erweitern, indem sie Daten oder Befehle übermitteln, die das Verhalten des Produkts beeinflussen.

---

51 *Europäische Kommission*, FAQ DA, S. 9; *Apel/Huber*, JuS 2024, 410, 412.

52 Erwägungsgrund 17 VO (EU) 2023/2854.

53 *Europäische Kommission*, FAQ DA, S. 9; Erwägungsgrund 17 VO (EU) 2023/2854.

54 *Europäische Kommission*, FAQ DA, S. 9.

55 *Europäische Kommission*, FAQ DA, S. 9.

56 Erwägungsgrund 17 VO (EU) 2023/2854.

57 Erwägungsgrund 17 VO (EU) 2023/2854.

dd) Virtuelle Assistenten, Art. 2 Nr. 31 DA

Der DA erfasst nicht nur vernetzte Produkte und verbundene Dienste, sondern erstreckt sich auch auf sog. **virtuelle Assistenten**, soweit diese mit dem vernetzten Produkt oder verbundenen Dienst interagieren (Art. 1 Abs. 4 DA).

Dabei handelt es sich gem. der Legaldefinition in Art. 2 Nr. 31 DA um Software, die Aufträge, Aufgaben oder Fragen verarbeiten kann, auch aufgrund von Eingaben in Ton- und Schriftform, mit Gesten oder Bewegungen, und die auf der Grundlage dieser Aufträge, Aufgaben oder Fragen den Zugang zu anderen Diensten gewährt oder die Funktionen von vernetzten Produkten steuert.

Mit der Einbeziehung virtueller Assistenten in den Anwendungsbereich des Data Act trägt der Gesetzgeber der zunehmenden Bedeutung von Diensten wie *Apples Siri, Google Assistant* oder *Amazons Alexa* Rechnung, die immer mehr Bedeutung im digitalen Alltag der Menschen erlangen. Sie fungieren häufig als Kommunikationsmittel zwischen Menschen und den von ihnen genutzten vernetzten Produkten und verbundenen Diensten.[58] Auf Grundlage der erhobenen Daten können sie Aufschluss darüber geben, wie Menschen smarte Produkte nutzen und mit ihnen interagieren.[59] Dies soll ausdrücklich nicht für Daten gelten, die zwar vom virtuellen Assistenten erhoben werden, aber nicht im Zusammenhang mit dem vernetzten Produkt oder dem verbundenen Dienst stehen.[60]

Unklar ist allerdings, inwieweit virtuelle Assistenten von verbundenen Diensten abzugrenzen sind, da insofern Überschneidungen denkbar sind.[61]

ee) Datenverarbeitungsdienst, Art. 2 Nr. 8 DA

Ein **Datenverarbeitungsdienst** ist eine digitale Dienstleistung, die einem Kunden bereitgestellt wird und einen flächendeckenden und auf Abruf verfügbaren Netzzugang zu einem gemeinsam genutzten Pool konfigurierbarer, skalierbarer und elastischer Rechenressourcen zentralisierter, verteilter oder hochgradig verteilter Art ermöglicht, die mit minimalem Verwaltungsaufwand oder minimaler Interaktion des Dienstanbieters rasch bereitgestellt und freigegeben werden können (Art. 2 Nr. 8 DA).

Datenverarbeitungsdienste kennzeichnen sich in der Regel also dadurch, dass sie im Auftrag des Nutzers (große) Datenmengen speichern, verarbeiten oder analysieren und dem Nutzer auf Abruf bereitstellen.[62] Unter den Begriff des Datenverarbeitungsdienstes fallen demnach Anbieter von Cloud-Diensten wie *Amazon Web Services (AWS)* oder Webanalysedienste wie *Google Analytics*.[63]

58 Erwägungsgrund 17 VO (EU) 2023/2854.
59 Erwägungsgrund 17 VO (EU) 2023/2854.
60 Erwägungsgrund 17 VO (EU) 2023/2854.
61 *Bomhard*, MMR 2024, 71, 73.
62 Erwägungsgrund 80 VO (EU) 2023/2854.
63 Erwägungsgrund 81 VO (EU) 2023/2854.

Der Netzzugang, der über die Datenverarbeitungsdienste ermöglicht wird, soll dabei ortsunabhängig erfolgen, also sowohl über Webbrowser und mobile Geräte als auch über Arbeitsplatzcomputer.[64]

Vereinfacht gesagt bezeichnet der Wechsel einen Vorgang, bei dem ein Kunde von einem Datenverarbeitungsdienst zu einem anderen Dienst derselben oder einer ähnlichen Art wechselt. Dies kann entweder zwischen verschiedenen Anbietern von Datenverarbeitungsdiensten oder zu einer eigenen IKT-Infrastruktur erfolgen und beinhaltet die Extraktion, Umwandlung und Übertragung der Daten.

d) Persönlicher Anwendungsbereich

Der persönliche Anwendungsbereich ist durch das vom Data Act festgelegte Dreiecksverhältnis bestehend aus dem Nutzer, dem Dateninhaber und dem Datennutzer bestimmt.[65]

aa) Nutzer, Art. 2 Nr. 12 DA

Nutzer ist nach Art. 2 Nr. 12 DA eine natürliche oder juristische Person, die ein vernetztes Produkt besitzt oder der vertraglich zeitweilige Rechte für die Nutzung des vernetzten Produkts übertragen wurden oder die verbundene Dienste in Anspruch nimmt.

Nach der gesetzgeberischen Vorstellung wird es sich beim Nutzer nach Art. 2 Nr. 12 DA also regelmäßig um den Käufer und Eigentümer des vernetzten Produkts handeln[66], aber auch Mieter oder Leasingnehmer können Nutzer sein.[67] Für verbundene Dienste ist wiederum derjenige Nutzer, der den verbundenen Dienst in Anspruch nimmt.[68] Neben Verbrauchern als natürliche Personen kommen dabei auch Unternehmen im Sinne von juristischen Personen und öffentliche Stellen als Nutzer in Betracht.[69]

Der DA soll sicherstellen, dass der Nutzer einen zeitnahen Zugriff auf die Daten bekommt, die durch seine Nutzung des vernetzen Produkts oder des verbundenen Dienstes entstehen.[70] Neben der Verwendung der Daten darf der Nutzer diese auch an Dritte seiner Wahl bereitstellen.[71] Dem liegt der Gedanke zugrunde, dass der Nutzer zwar von

---

64 Erwägungsgrund 81 VO (EU) 2023/2854.

65 Siehe auch die Abbildung unter 4 Rechte und Pflichten.

66 So bereits *Hoeren*, MMR 2023, 32, 33; a.A. *Specht-Riemenschneider*, MMR 2022, 809, 814, nach der es lediglich auf den berechtigten Besitz ankommt.

67 Vgl. *Schmidt-Kessel*, MMR 2024, 75, 77; BeckOK Datenschutzrecht/*Raue*, DA, Art. 2 Rn. 12.

68 So *Schreiber/Pommerening/Schoel*, Der neue DA, § 4 Rn. 21.

69 Erwägungsgrund 18 VO (EU) 2023/2854.

70 Erwägungsgrund 5 VO (EU) 2023/2854.

71 Erwägungsgrund 5, 35 VO (EU) 2023/2854.

den Vorteilen der Nutzung profitiert, aber auch die Nutzungsrisiken trägt und daher einen Zugangsanspruch haben soll.[72]

Art. 2 Nr. 12 DA knüpft dabei sowohl an die dingliche Rechtslage (besitzt)[73] als auch alternativ (oder)[74] an das der Nutzung zugrundeliegende Kausalgeschäft („vertraglich zeitweilige Rechte für die Nutzung des vernetzten Produkts übertragen“) an. Widersprüchlich dazu erscheint Erwägungsgrund 18, wonach es nicht auf die vertraglich eingeräumte Nutzung des vernetzten Produkts ankommen soll, sondern auf befristete Rechte auf Zugang zu Daten aus dem vernetzten Produkt.[75] Diese Konkretisierung des Nutzerbegriffes kann aus folgendem Grund nicht überzeugen: Zentrales Regelungsziel des Data Acts ist es, die Position des Nutzers vernetzter Produkte zu stärken, da nur durch seine digitalen Nutzerhandlungen Daten generiert werden.[76] Die Einräumung befristeter Zugangsrechte zu Daten kann indes ohne Mitwirkung des Nutzers erfolgen, sodass die dinglichen und schuldrechtlichen Positionen des Nutzers an dem vernetzten Produkt belanglos für die Bestimmung des Nutzers im Sinne des Art. 2 Nr. 12 DA wären. Eine solche Betrachtung würde die Position des (tatsächlichen) Nutzers vielmehr schwächen als sie zu stärken.

Indem der Gesetzgeber sowohl an die dingliche als auch an die schuldrechtliche Position des Nutzers an dem vernetzten Produkt anknüpft, eröffnet sich die Möglichkeit, dass es mehrere Nutzer eines vernetzten Produkts geben kann, etwa infolge einer Miteigentümerschaft oder anderweitiger vertraglicher Vereinbarungen.[77] Für solche vernetzte Produkte sollten Hersteller Mechanismen einrichten, die entweder die Nutzung eines Kontos durch mehrere Personen oder die Einrichtung mehrerer Nutzerkonten ermöglichen.[78] Der Data Act trägt auf diese Weise dem Umstand Rechnung, dass in bestimmten Konstellationen mehrere Personen einen Beitrag zur Generierung der Daten leisten, wie etwa beim Car-Sharing: Hier sind sowohl der Automobilhersteller als auch der Car-Sharing-Anbieter und schließlich der Nutzer an der Generierung der Daten beteiligt.[79]

72 Erwägungsgrund 18 VO (EU) 2023/2854; *Schreiber/Pommerening/Schoel*, Der neue DA, § 4 Rn. 21.

73 Dabei handelt es sich um eine fehlerhafte Übersetzung des englischen Begriffs „owns“, *Antoine*, CR 2024, 1, 3 (Fn. 40).

74 A. A. *Sprecht-Riemenschneider*, MMR 2022, 809, 813f.

75 *Antoine*, CR 2024, 1, 3.

76 Erwägungsgrund 6 VO (EU) 2023/2854.

77 So auch ausdrücklich in Erwägungsgrund 18, 21 VO (EU) 2023/2854; *Schreiber/Pommerening/Schoel*, Der neue DA, § 4 Rn. 21; *Dannhausen/Abel*, MMR 2024, 931; *McGuire/Schulte-Nölke*, ZdiW 2024, 73, 75; ablehnend im Hinblick auf Gefälligkeitsverhältnisse *Antoine*, CR 2024, 1, 4.

78 Erwägungsgrund 21 VO (EU) 2023/2854.

79 Erwägungsgrund 18 VO (EU) 2023/2854; zur damit einhergehenden rechtlichen Komplexität *Antoine*, CR 2024, 1, 4.

Der Zugang zu den Produktdaten oder verbundenen Dienstdaten sollte dem Nutzer nur auf ausdrücklichen Wunsch gewährt werden.[80] Dies kann durch ein Antragsverfahren umgesetzt werden.[81]

In der Sphäre des Nutzers steht auch die betroffene Person im Sinne des Art. 4 Nr. 1 DS-GVO. Sie kann, muss aber nicht identisch mit der Person des Nutzers sein.[82] Wenn Nutzer und betroffene Person auseinanderfallen, kommt dem Nutzer die Rolle des Verantwortlichen nach Art. 4 Nr. 7 DS-GVO zu.[83] Denn durch die Geltendmachung des Zugangsanspruchs durch den Nutzer kommt es zu einer Datenverarbeitung gemäß Art. 4 Nr. 2 DS-GVO.[84]

bb) Dateninhaber, Art. 2 Nr. 13 DA

Dateninhaber werden nach Art. 2 Nr. 13 DA definiert als eine natürliche oder juristische Person, die nach dieser Verordnung, nach geltendem Unionsrecht oder nach nationalen Rechtsvorschriften zur Umsetzung des Unionsrechts berechtigt oder verpflichtet ist, Daten – soweit vertraglich vereinbart, auch Produktdaten oder verbundene Dienstdaten – zu nutzen und bereitzustellen, die sie während der Erbringung eines verbundenen Dienstes abgerufen oder generiert hat.

Die Legaldefinition des Dateninhabers nach der deutschen Übersetzung des Data Acts kann – wie in der Literatur bereits vielfach kritisch angemerkt wurde – im Gegensatz zur englischen Version des *Data Holder* den Eindruck entstehen lassen, es gehe lediglich um Daten, die während der Erbringung eines verbundenen Dienstes abgerufen oder generiert wurden wodurch Produktdaten von vernetzten Produkten aus dem Anwendungsbereich fielen.[85] Des Weiteren wird kritisiert, dass nach der deutschen Definition Produkt- und verbundene Dienstdaten fälschlicherweise nur im Kontext mit einer vertraglichen Vereinbarung bedeutsam scheinen.[86] Richtigerweise sei ein Dateninhaber gem. Art. 2 Nr. 14 DA daher entlang des englischen Wortlauts eine Person, die das Recht oder die Pflicht hat, Daten zu nutzen und bereitzustellen, einschließlich – soweit vertraglich vereinbart – Produktdaten oder verbundene Dienstdaten, die sie während der Erbringung eines verbundenen Dienstes abgerufen oder generiert hat.[87]

---

80 Erwägungsgrund 21, 35 VO (EU) 2023/2854.

81 Erwägungsgrund 21 VO (EU) 2023/2854.

82 Erwägungsgrund 7 VO (EU) 2023/2854; *Steinrötter* GRUR 2023, 216, 220.

83 *Schreiber/Pommerening/Schoel*, Der neue DA, § 4 Rn. 22.

84 *Schreiber/Pommerening/Schoel*, Der neue DA, § 4 Rn. 22.

85 Statt aller siehe *Wiedemann/Conrad/Salemi*, K&R 2024, 157, 160.

86 *Wiedemann/Conrad/Salemi*, K&R 2024, 157, 160.

87 *Wiedemann/Conrad/Salemi*, K&R 2024, 157, 160.

Die Definition des Dateninhabers wurde, ob ihrer fehlenden Präzision und Zirkelschlüssigkeit, zudem anderweitig stark kritisiert:[88] So wird eine Berechtigung oder Verpflichtung nach geltendem Unionsrecht vorausgesetzt, die allerdings erst durch den DA festgelegt wird.[89] Zur Bestimmung des Dateninhabers wird deshalb darauf abzustellen sein, wer die **faktische Kontrolle** über die Daten hat.[90] Es kommt zwar nicht darauf an, wer die Soft- oder Hardware hergestellt hat[91], doch in der Praxis wird regelmäßig der Hersteller des vernetzten Produkts Dateninhaber sein, da er die Herrschaft über die technische Konzeption des Produkts innehat.[92] Die Kontrolle über die technische Konzeption war ein Tatbestandsmerkmal des Dateninhabers, das noch im Kommissionsentwurf des DA vorgesehen war, woraus sich jedoch nicht zwangsweise schließen lässt, dass dies eine bewusste Abkehr von der faktischen Herrschaft als begrenzendes Merkmal ist.[93] Ohne eine faktische Zugriffsmöglichkeit ist die Einstufung als Dateninhaber jedoch unwahrscheinlich, da eine Kontrollmöglichkeit des Dateninhabers implizit in Art. 4 Abs. 1 und Art. 5 Abs. 1 DA vorausgesetzt wird.[94] In diesem Zusammenhang stellt sich darüber hinaus die Frage, inwieweit sich technische Leistungshindernisse auf die Einordnung als Dateninhaber auswirken.[95]

Denkbar ist jedoch auch, dass ein Unternehmen, das einen mit einem vernetzen Produkt verbundenen Dienst, also eine dazugehörige Dienstleistung, anbietet, Dateninhaber ist.[96]

cc) Datenempfänger und Dritte, Art. 2 Nr. 14 DA

Datenempfänger sind nach der Legaldefinition des Art. 2 Nr. 14 DA eine natürliche oder juristische Person, die zu Zwecken innerhalb ihrer gewerblichen, geschäftlichen, handwerklichen oder beruflichen Tätigkeit handelt, ohne Nutzer eines vernetzten Produktes oder verbundenen Dienstes zu sein, und dem vom Dateninhaber Daten bereitgestellt werden, einschließlich eines Dritten, dem der Dateninhaber auf Verlangen des Nutzers oder im Einklang mit einer rechtlichen Verpflichtung aus anderem Unionsrecht oder aus nationalen Rechtsvorschriften, die im Einklang mit Unionsrecht erlassen wurden, Daten bereitstellt. Im Gegensatz zum Nutzer und dem Dateninhaber stehen Datenempfänger also in keinem Verhältnis zum vernetzten Produkt oder dem verbundenen

88 *Heinzke/Herbers/Kraus*, BB 2024, 649; *Bomhard/Merkle*, RDi 2022, 168, 169; *Wiedemann/Conrad/Salemi*, K&R 2024, 157, 159; Stellungnahme des Deutschen Anwaltvereins, 2022, S. 12ff.

89 *Keppler/Schneider/Nickel*, ITRB 2024, 180, 181.

90 *Hartl/Vogel*, LTZ 2024, 104, 105.

91 *Europäische Kommission*, FAQ DA, S. 15.

92 *McGuire/Schulte-Nölke*, ZdiW 2024, 73, 75.

93 *Schmidt-Kessel*, MMR 2024, 75, 77.

94 *Europäische Kommission*, FAQ DA, S. 16; *Antoine*, CR 2024, 1, 4, *Schmidt-Kessel*, MMR 2024, 75, 77; *Heinzke/Herbers/Kraus*, BB 2024, 649.

95 Ablehnend *Schmidt-Kessel*, MMR 2024, 75, 77; *Heinzke/Herbers/Kraus*, BB 2024, 649, 650.

96 *Europäische Kommission*, FAQ DA, S. 15.

Dienst.[97] Ausweislich der Definition kann es sich bei Datenempfängern nicht um Verbraucher handeln, da stets eine gewerbliche, geschäftliche, handwerkliche oder berufliche Tätigkeit vorausgesetzt wird.[98]

Der DA sieht dem Wortlaut nach eine Trennung von Dateninhaber und Datenempfänger vor. Sie sollen und können nicht personenidentisch sein, stattdessen soll zwischen ihnen eine Beziehung bestehen.[99] Art. 8 DA behandelt näher gehend Bedingungen, unter denen Dateninhaber Datenempfängern Daten bereitstellen. Datenempfänger wird mithin derjenige, der von einem Dateninhaber Daten auf Verlangen des Nutzers erhält.[100] Da ein Dateninhaber kraft faktischer Beherrschung[101] *seine* Daten gem. Art. 2 Nr. 13 DA selbst abruft oder generiert – und sie insofern *kontrolliert*, kann er diese Daten demnach nicht gem. Art. 2 Nr. 14 DA empfangen. In ein und derselben Rechtsbeziehung kann ein Dateninhaber mithin nicht gleichzeitig Datenempfänger sein.[102] Anders liegt es nur, wenn einem Dateninhaber auf Verlangen eines Nutzers andere Daten von einem anderen Dateninhaber bereitgestellt werden: Dann erlischt für diese Beziehung die Rechtsnatur des Dateninhabers und er wird zum Datenempfänger, Art. 2 Nr. 14 DA.

Auf Verlangen des Nutzers können bestimmte Daten einem **Dritten** bereitgestellt werden.[103] Dann ist der Dritte Datenempfänger im Sinne des Art. 2 Nr. 14 DA.[104] Unter den Begriff des Datenempfängers fallen auch Dritte, denen Daten im Einklang mit einer rechtlichen Verpflichtung aus anderem Unionsrecht oder aus nationalen Rechtsvorschriften, die im Einklang mit Unionsrecht erlassen wurden, Daten bereitgestellt werden (Art. 2 Nr. 14 DA).[105]

dd) Hersteller

Der Begriff des Herstellers (engl.: *manufacturer*) wird nicht legaldefiniert, indes in diversen Vorschriften vorausgesetzt.[106] Teilweise Licht ins Dunkeln bringen demgegenüber die Erwägungsgründe, wonach der Hersteller die Herrschaft über die Konzeption und Entwicklung des vernetzten Produkts oder des verbundenen Dienstes ausübt und somit eine Schlüsselrolle bei der Generierung von IoT-Daten einnimmt.[107] Auf Grund-

---

97 *Kraft/Schumann*, GRUR Prax 2023, 324, 325.
98 *Kraft/Schumann*, GRUR Prax 2023, 324, 325.
99 Siehe Art. 1 Abs. 1 lit. b) DA: „Diese Verordnung enthält harmonisierende Vorschriften u. a. über die Bereitstellung von Daten durch Dateninhaber für Datenempfänger“.
100 BeckOK Datenschutzrecht/ *Schild*, DA, Art. 2 Rn. 86.
101 Siehe d.) bb) „Dateninhaber, Art. 2 Nr. 13 DA“.
102 Im Ergebnis auch *Schreiber/Pommerening/Schoel*, Der neue DA, § 4 Rn. 13–23.
103 Art. 5 Abs. 1 DA.
104 *Schreiber/Pommerening/Schoel*, Der neue DA, § 4 Rn. 23.
105 *Schreiber/Pommerening/Schoel*, Der neue DA, § 4 Rn. 23.
106 Etwa Art. 1 Abs. 3 lit. a) DA oder Art. 3 Abs. 1 DA.
107 Erwägungsgrund 6, 14, 15, 20, 21 VO (EU) 2023/2854.

lage der Erwägungsgründe ist der Hersteller also diejenige juristische oder natürliche Person, die ein vernetztes Produkt entwickelt und konzeptioniert und die Gestaltung des Produkts kraft tatsächlicher oder rechtlicher Verhältnisse beeinflussen kann.[108]

ee) Vertragspartner des Nutzers

Eine vergleichsweise untergeordnete Rolle im Personengefüge des Data Act spielen Vertragspartner des Nutzers. Bei ihnen kann es sich um die Verkäufer, Vermieter oder Leasingeber eines vernetzten Produkts oder eines verbundenen Dienstes handeln. Der Gesetzgeber geht ausweislich des Wortlauts von Art. 3 Abs. 2 DA davon aus, dass Vertragspartner und Hersteller identisch sein können. Für die Bestimmung des Vertragspartners des Nutzers dürften allein die rechtlichen Verhältnisse zum Nutzer maßgeblich sein.[109] Für sie gelten die Informationspflichten des Art. 3 Abs. 2, Abs. 3 DA.

3. Rechte und Pflichten von Dateninhabern, Nutzern und Datenempfängern

a) Einführung

Das Herzstück des Data Acts besteht aus den Rechten und Pflichten der beteiligten Akteure im Hinblick auf den Zugang, die Nutzung und die Weitergabe der Daten (Kapitel II, III, IV, X DA). Die Beziehungen zwischen Dateninhabern, Nutzern und Datenempfängern lassen sich vereinfacht wie folgt darstellen:[110]

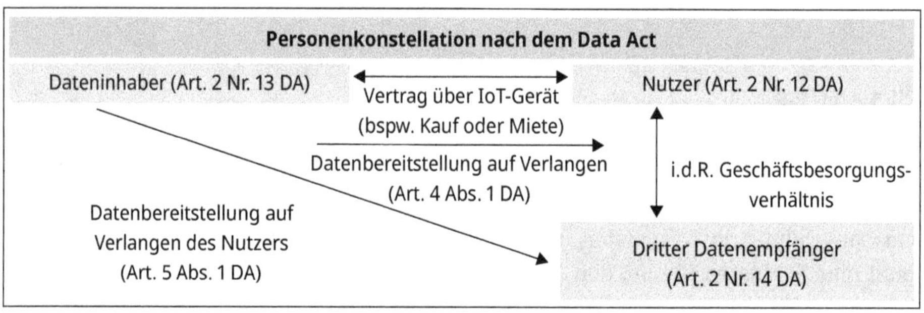

Abbildung 2: Personenkonstellation nach dem Data Act.
Quelle: Eigene Abbildung.

Alle diese Personen können – und dürfen nach den Voraussetzungen des Data Acts – die betreffenden Daten nutzen, verlangen oder weitergeben. Die nachfolgende Darstellung versucht, ihre Rechte und Pflichten an den betroffenen Daten und zwischen einander

---

108 *Schreiber/Pommerening/Schoel*, Der neue DA, § 4 Rn. 15 bezeichnen dies als ergebnisorientierte Auslegung.

109 *Schreiber/Pommerening/Schoel*, Der neue DA, § 4 Rn. 20.

110 Das Schaubild entstammt *Hoeren/Pinelli*, IT-Vertragsrecht, S. 413.

entsprechend der dem Data Act zugrundeliegenden Vorstellung abzubilden: Zunächst hat der Dateninhaber eine *de-facto*-Kontrolle[111] über die generierten Daten[112]. Er kann die Daten auch nutzen, allerdings nur auf Grundlage eines Vertrages mit dem Nutzer.[113] Der Nutzer hat anders als der Dateninhaber eine umfassende Nutzungsbefugnis.[114] Um an die Daten zu gelangen, muss ihm allerdings vom Dateninhaber Zugang gewährt werden. Auf Verlangen des Nutzers können Datenempfänger ebenfalls Zugang zu den betreffenden Daten erhalten. Kommt es über die einzelnen Rechtsbeziehungen zum Streit, sieht der Data Act Streitbeilegungsverfahren vor sogenannten Streitbeilegungsstellen vor.

b) Pflichten des Dateninhabers bei der Nutzung der Daten

Der Data Act bezweckt insbesondere, dem Nutzer eines vernetzen Produkts oder verbundenen Dienstes mehr Kontrolle über die durch seine Nutzung generierten Daten zu ermöglichen.[115] Ausgangspunkt ist zunächst die ***de-facto*-Kontrolle** des Dateninhabers über die generierten Daten.[116] Das entspricht der bisherigen Industriepraxis, da Hersteller durch Designentscheidungen frei über alle generierten Daten verfügen können.[117] Der Gesetzgeber hat nicht darauf abgezielt, die Kontrolle des Dateninhabers durch Gewährung absoluter Zugangs- und Nutzungsrechte des Nutzers auszuschließen.[118] Insoweit hat man sich auf exekutiver Ebene gegen die Anerkennung des sog. **Dateneigentums**[119] entschieden.[120] Vielmehr wird dem Nutzer ein Zugang zu den Daten neben dem Dateninhaber zugesprochen, entweder durch einen direkten Zugang (sog. *accessibility-by-design*, Art. 3 Abs. 1 DA) oder durch Zugang auf Anfrage (Art. 4 Abs. 1 DA). Der Data Act steht der technischen Datenherrschaft des Dateninhabers nicht im Weg.[121] Manche verstehen in der Verordnung sogar ihre Billigung.[122]

---

111 Erwägungsgrund 5 VO (EU) 2023/2854; *Antoine*, CR 2024, 1, 2; *Keppeler/Schneider/Nickel*, ITRB 2024, 180, 183; *Kerber*, JoAE 2024, 1, 2f.; *Specht-Riemenschneider*, MMR 2022, 809, 815.

112 Siehe Gliederungspunkt 2 c) aa).

113 Das folgt für nicht-personenbezogene Daten aus Art. 4 Abs. 13 DA. Für personenbezogene Daten kommen alle Rechtfertigungsgründe nach Art. 4 Abs. 12 DA in Verbindung mit Art. 6, 9 DS-GVO in Betracht; siehe BeckOK Datenschutzrecht/*Raue*, DA, Art. 4 Rn. 76.

114 Erwägungsgrund 30 VO (EU) 2023/2854.

115 Erwägungsgrund 5 VO (EU) 2023/2854; *Kerber*, GRUR Int. 2023, 120, 122.

116 Erwägungsgrund 5, 20 VO (EU) 2023/2854; *Antoine*, CR 2024, 1, 2; *Keppeler/Schneider/Nickel*, ITRB 2024, 180, 183; *Kerber*, JoAE 2024, 1, 2f.; *Podszun/Pfeifer*, GRUR 2022, 953, 956; *Specht-Riemenschneider*, MMR 2022, 809, 815.

117 *Kerber*, JoAE 2024, 1, 2f.

118 Erwägungsgrund 6 VO (EU) 2023/2854; zum schon im Kommissionsentwurf inkonsequenten Wortlaut von Art. 4 Abs. 13 DA (Art. 4 Abs. 6 COM(2022) 68 final) *Drexl et al.*, Data Act, Rn. 44–55.

119 Eingehend zum Dateneigentum *Hoeren*, in Pertot (Hrsg.), Rechte an Daten, 2020, S. 37ff.

120 Zustimmend *Specht-Riemenschneider*, MMR 2022, 809, 818.

121 *Kerber*, GRUR Int. 2023, 120, 130f.; *Specht-Riemenschneider*, MMR 2022, 809, 815.

122 *Kerber*, GRUR Int. 2023, 120, 128; *Specht-Riemenschneider*, MMR 2022, 809, 818.

Klärungsbedürftig ist, inwiefern der Dateninhaber die durch ihn kontrollierten Daten selbst und zu welchem Zweck nutzen darf. Grundsätzlich darf der Dateninhaber ohne Weiteres verfügbare, nicht personenbezogene Daten nach Art. 4 Abs. 13 S. 1 DA nur auf Grundlage eines Vertrages mit dem Nutzer nutzen. Dritten dürfen die Daten nach Art. 4 Abs. 14 S. 1 DA nur zur Erfüllung des Vertrags mit dem Nutzer bereitgestellt werden. Die erneute Weitergabe der Daten kann Dritten durch den Dateninhaber vertraglich untersagt werden, Art. 4 Abs. 14 S. 2 DA. Für personenbezogene Daten gelten aufgrund der Anwendung der DS-GVO neben dem Data Act (Art. 1 Abs. 5 DA) die Anforderungen des Art. 6 Abs. 1 DS-GVO.

Im Folgenden soll die Nutzung der Daten durch den Dateninhaber anhand praxisrelevanter Fragen näher beleuchtet werden. *De-facto* hat der Dateninhaber die Kontrolle über die Daten. Für deren Nutzung ist aber eine Nutzungsvereinbarung nach Art. 4 Abs. 13 S. 1 DA erforderlich (siehe 3.b)aa)); auch die Löschung der Daten kann im weitesten Sinne als Nutzung gewertet werden.[123] Ob der Dateninhaber ohne ausdrückliche Vereinbarung zur Datenlöschung berechtigt beziehungsweise zur Datenspeicherung verpflichtet ist, muss ebenfalls erörtert werden (siehe 3.b)bb)). Schließlich stellt sich die Frage, welche technischen Schutzmaßnahmen Dateninhaber ergreifen können (Art. 11 DA), um die eigene Nutzung der Daten und ihre sonstigen Interessen zu schützen (siehe 3.b)cc)).

aa) Nutzungsvereinbarungserfordernis für ohne Weiteres verfügbare Daten (Art. 4 Abs. 13 S. 1 DA)

Das Nutzungsvereinbarungserfordernis bezieht sich nach Art. 4 Abs. 13 S. 1 DA nur auf **ohne Weiteres verfügbare Daten**. Gemäß Art. 2 Nr. 17 DA sind damit Daten gemeint, die ein Dateninhaber ohne unverhältnismäßig hohen Aufwand rechtmäßig von dem vernetzten Produkt oder verbundenen Dienst erhält oder erhalten kann. Daten, die außerhalb der sie generierenden Komponenten oder des Produkts insgesamt nicht gespeichert oder übermittelt werden, sollen nach dem Willen des Verordnungsgebers keine ohne Weiteres verfügbaren Daten sein.[124] Eine andere Einordnung erscheint zumindest hinsichtlich des Nutzungsvereinbarungserfordernisses nach Art. 4 Abs. 13 S. 1 DA ohnehin sinnwidrig, da der Dateninhaber Daten nicht nutzen kann, die er vom Gerät nicht abrufen kann.

Dem Tatbestandsmerkmal „ohne unverhältnismäßigen Aufwand“ dürfte im Rahmen des Art. 4 Abs. 13 S. 1 DA keine besondere Bedeutung beikommen; es ist vielmehr unklar, warum der Dateninhaber gerade schwerer zu erlangende Daten ohne eine Nutzungsvereinbarung nutzen dürfen soll. Dieses Merkmal dürfte eher für das Daten-

123 Vgl. zur Löschung als Verarbeitung im datenschutzrechtlichen Sinne BeckOK Datenschutzrecht/*Schild*, DS-GVO, Art. 4 Rn. 53 ff.

124 Erwägungsgrund 20 VO (EU) 2023/2854.

herausgabeverlangen nach Art. 4 Abs. 1 DA relevant sein.[125] Im Ergebnis bedarf nach hier vertretener Ansicht die Nutzung aller generierten, zugänglichen (nicht-personenbezogenen) Daten durch den Dateninhaber der Einwilligung des Nutzers in Form eines Vertrages.[126]

(1) Buy-out Verträge

Denkbar sind Fälle, in denen der Dateninhaber das vernetzte Produkt nur überlässt beziehungsweise die Nutzung des Dienstes dem Nutzer nur gewährt, wenn der Nutzer seinerseits eine vollumfängliche Datennutzung im Sinne von Art. 4 Abs. 13 DA erlaubt (sog. **Buy-out Verträge**[127]). Verschärft wird die Lage, wenn sich dieser Vertrag auf die Veräußerung der generierten Daten erstreckt.[128]

Der Kommissionsentwurf sah sich der Kritik ausgesetzt, dass dieser das Problem der *Buy-out-Verträge* nicht hinreichend adressiert.[129] Nach dem Kommissionsentwurf wäre der Dateninhaber in der einseitigen Auferlegung derartiger Verträge frei.[130] Entsprechende Maßnahmen wurden in die finale Fassung des Data Acts nicht aufgenommen. Damit sind nach geltendem Recht beispielsweise Kaufverträge über vernetzte Produkte, die an umfassend gewährte Nutzungs- und Veräußerungsrechte gekoppelt sind, rechtlich zulässig.[131]

(2) Stellungnahme

Besonders im B2C-Geschäft erscheinen *Buy-out-Verträge* als Hindernis für weitreichenden Schutz der Nutzerinteressen.[132] Ursprünglich wurden vonseiten der Kommission „Fairness im digitalen Umfeld“[133] und Mitspracherechte der Verbraucher als Ziele ausgewiesen.[134] Auch Erwägungsgrund 5 S. 5 DA spricht von der „[Verhinderung der] Ausnutzung vertraglicher Ungleichgewichte […], die einen fairen Datenzugang […] erschwer[t]“. Erwägungsgrund 1 DA lässt aber eine Absicht erkennen, durch mehr Datennutzung allgemein ein nachhaltiges Wirtschaftswachstum zu fördern. Mit dem Data Act

---

125 Siehe 3 b) bb).
126 *Antoine*, CR 2024, 1, 2.
127 *Specht-Riemenschneider*, MMR 2022, 809, 817.
128 Vgl. *Kerber*, GRUR Int. 2023, 120, 132.
129 *Specht-Riemenschneider*, MMR 2022, 809, 820.
130 *Specht-Riemenschneider*, MMR 2022, 809, 817.
131 Übersetzt aus *Hennemann et al.*, Data Act, S. 75; *Kerber*, JoAE 2024, 1, 4; *Steinrötter*, GRUR 2023, 216, 219; *Specht-Riemenschneider*, MMR 2022, 809, 809.
132 *Kerber*, JoAE 2024, 1, 4.
133 Pressemitteilung der Kommission vom 23.2.2022, https://ec.europa.eu/commission/presscorner/detail/de/ip_22_1113 (zuletzt abgerufen am: 1.11.2024); vgl. *Europäische Kommission*, Impact Assessment Report Data Act, S. 2f.
134 COM(2022) 68 final, S. 3; *Assion/Willecke*, MMR 2023, 805, 805.

wollte die Kommission Investitionen in die Entwicklung vernetzter Produkte attraktiv halten.[135] Der Data Act ist als eine stark wirtschaftlich motivierte Verordnung zu verstehen.[136] Während *Buy-out-Verträge* nur schwer vereinbar mit dem Benachteiligungsverbot des Art. 7 Abs. 2 DA sein dürften, weil sie den Nutzer benachteiligen, indem ihm hierdurch die Möglichkeit genommen wird, die Rechte an den durch ihn entstehenden Daten unter besseren Bedingungen zu verhandeln, fördern sie die wirtschaftlich lukrative Datennutzung durch den Dateninhaber.[137] Der Data Act bleibt damit im Hinblick auf das eigens formulierte Ziel der „Fairness im digitalen Umfeld"[138] zumindest im B2C-Bereich hinter seinen Erwartungen.

Im Unternehmensverkehr hingegen gibt es keine oder zumindest weniger informationelle und verhaltensbezogene Ungleichheit.[139] Zum Teil wird sogar von einer schwächeren Position des Produktherstellers in den Vertragsverhandlungen ausgegangen.[140] Jedenfalls ist kein sachlicher Grund erkennbar, *Buy-out-Verträge* in B2B- anders als in B2C-Geschäften für unzulässig zu halten.

Ist eine Vertragspartei Verbraucher, insbesondere der Nutzer, findet die Klausel-Richtlinie[141] in ihrer geltenden Fassung Anwendung (Art. 1 Abs. 9 DA)[142] und setzt der Vertragsfreiheit des Dateninhabers Grenzen. Im B2B-Kontext findet Art. 13 DA Anwendung.

bb) Keine Berechtigung zur Löschung der Daten durch den Dateninhaber

Eine besondere Form der Datennutzung im weitesten Sinne stellt die Löschung der Daten dar.[143] Ob Dateninhaber über Art. 4 Abs. 13 S. 1 DA hinaus zur Löschung berechtigt sind, ergibt sich nicht unmittelbar aus dem Verordnungstext. Die Frage nach einer Berechtigung zur Datenlöschung ist sehr praxisrelevant, stellt eine fehlende Berechtigung praktisch eine Pflicht zur Datenspeicherung dar.

---

135 *Europäische Kommission*, Impact Assessment Report Data Act, S. 26f.; *Kerber*, JoAE 2024, 1, 2.

136 *Europäische Kommission*, Impact Assessment Report Data Act, S. 2f.; *Kerber*, GRUR Int. 2023, 120, 127f.; *Specht-Riemenschneider*, MMR 2022, 809, 826; siehe auch *Europäische Kommission*, Eine europäische Datenstrategie, S. 5.

137 Für „abgemildert" hält die Einschränkungen für die Hersteller die Kommission in COM(2022) 68 final, S. 16.

138 Pressemitteilung der Kommission vom 23.2.2022, https://ec.europa.eu/commission/presscorner/detail/de/ip_22_1113 (zuletzt abgerufen am: 1.11.2024); vgl. *Europäische Kommission*, Impact Assessment Report Data Act, S. 2f.

139 *Kerber*, JoAE 2024, 1, 4.

140 *Kerber*, JoAE 2024, 1, 4.

141 Richtlinien 93/13/EWG, 2005/29/EG und 2011/83/EU in ihrer konsolidierten Fassung.

142 *Schwamberger*, MMR 2024, 96, 98.

143 Vgl. Art. 4 Nr. 2 DS-GVO.

Im Kommissionsentwurf des Data Acts war Inhaber von nicht-personenbezogenen Daten, wer sie insbesondere anderen bereitstellen kann.[144] Damit hätte sich der Dateninhaber von seinen Verpflichtungen lösen können, indem er die generierten Daten löscht, da der Kommissionsentwurf keine Pflicht zur Speicherung der generierten Daten vorsah.[145]

Die finale Fassung des Data Acts definiert Dateninhaber in Art. 2 Nr. 13 DA anders als noch im Entwurf: Die Eigenschaft des Dateninhabers ist lediglich an die Rechtspflicht geknüpft, Daten bereitzustellen. Warum der Gesetzgeber die Norm umgestaltet hat, ist nicht eindeutig bestimmbar; die finale Legaldefinition ist jedenfalls deutlich kompakter. Das Ziel kann also gewesen sein, die Vorschrift verständlicher für den Rechtsanwender zu gestalten. Andererseits sind – zumindest im Wortlaut – ganze Tatbestandselemente weggefallen.

Der Data Act lässt das nationale Vertragsrecht unberührt.[146] Hätte der Gesetzgeber die Verordnung nicht nur redaktionell, sondern auch materiell-rechtlich durch die Umgestaltung ändern wollen, stünde eine Haftung auf Schadensersatz nach nationalem Vertragsrecht[147] im Raum. Damit könnte sich der Dateninhaber zumindest einer sekundären Haftung nicht entziehen. Das erscheint interessengerecht, da er bei vorsätzlicher oder fahrlässiger Löschung der Daten nicht schutzwürdiger als der Inhaber des dadurch erlöschenden[148] Anspruchs auf Datenzugang ist. Ursprünglich hatte *Specht-Riemenschneider* zwar noch einen Anspruch des Nutzers auf Datenzugang vor der Löschung vorgeschlagen.[149] Auf ihre dahinterstehende Kritik an fehlenden Rechtsfolgen einer eigenmächtigen Haftungsbefreiung des Dateninhabers wurde aber durch die Ermöglichung einer Sekundärhaftung eingegangen.

Insgesamt ist davon auszugehen, dass im finalen Data Act die Löschung der Daten durch den Dateninhaber zumindest unmittelbar nach der Generierung unzulässig ist. Der Wortlaut ist mittlerweile eindeutig. Dateninhaber ist der, der Daten *generiert hat* (Art. 2 Nr. 13 DA). Daneben würde es den Zweck eines Datenzugangs des Nutzers zunichtemachen, wenn eine (sofortige) Löschung rechtmäßig wäre. Sollte es doch zu einer schuldhaften Löschung kommen, haftet der Dateninhaber.

cc) Technische Schutzmaßnahmen, Art. 11 DA

Der Dateninhaber ist berechtigt, sich durch die Anwendung von geeigneten **technischen Schutzmaßnahmen** vor unbefugtem Zugang zu Daten und Verletzungen der Art. 5, 6, 8 und 9 DA zu schützen (Art. 11 Abs. 1 S. 1 DA). Die weitreichenden Möglichkei-

144 Art. 2 Nr. 6 COM(2022) 68 final.
145 Erwägungsgrund 20 VO (EU) 2023/2854; *Specht-Riemenschneider*, MMR 2022, 809, 820.
146 Erwägungsgrund 9 VO (EU) 2023/2854.
147 Im deutschen Recht nach §§ 280 Abs. 1, 3, 283 BGB.
148 Im deutschen Recht wegen Unmöglichkeit, § 275 Abs. 1 BGB.
149 *Specht-Riemenschneider*, MMR 2022, 809, 820.

ten des Dateninhabers, seine Interessen zu schützen, sollen durch die Vorschrift jedoch nicht erweitert werden; vielmehr sollen ihnen Grenzen gesetzt werden.[150] Besondere Relevanz hat in diesem Zusammenhang Art. 11 Abs. 1 S. 2 DA, der technische Schutzmaßnahmen verbietet, die Datenempfänger unterschiedlich behandeln oder die Rechte der Nutzer beschränken.[151] Zu unterscheiden sind technische Schutzmaßnahmen nach Art. 11 Abs. 1 DA von technischen und organisatorischen Maßnahmen zum Schutz von Geschäftsgeheimnissen (Art. 4 Abs. 6 S. 2 DA).[152]

Als zulässige Schutzmaßnahmen nennt Art. 11 Abs. 1 S. 1 DA beispielhaft intelligente Verträge[153] und die Verschlüsselung der Daten.

Verletzt der Nutzer seine Pflichten nach Art. 11 Abs. 3 DA, kann der Dateninhaber die Löschung der so erlangten Daten verlangen (Art. 11 Abs. 3, 2 lit. a) DA). Hat der Nutzer durch die Daten Kenntnisse erlangt und sie zur Entwicklung einer Ware verwendet, kann der Dateninhaber die Einstellung der Warenherstellung und die Vernichtung etwaiger Warenbestände fordern (Art. 11 Abs. 3, 2 lit. b) DA); die geschädigte Partei, meist der Dateninhaber, ist zu entschädigen (Art. 11 Abs. 3, 2 lit. d) DA).[154] Demgegenüber enthält Art. 11 Abs. 2 DA keinen Anspruch auf Rückruf in Verkehr gebrachter Waren oder Regelungen hinsichtlich Daten, die sich dem Zugriff des unbefugten Datenempfängers bereits entzogen haben. Dies ergibt sich gesetzessystematisch aus der nicht-absoluten Wirkung der Rechte des Dateninhabers an den Daten.[155]

Die Maßnahmen nach Art. 11 Abs. 2 DA stehen dem Dateninhaber auch dann zur Verfügung, wenn technische Schutzmaßnahmen oder technische und organisatorische Maßnahmen zum Schutz von Geschäftsgeheimnissen[156] geändert oder aufgehoben beziehungsweise nicht aufrechterhalten werden. Von den Rechten des Dateninhabers nach Art. 11 DA kann nicht zu dessen Nachteil abgewichen werden (Art. 12 Abs. 12 DA).

c) Nutzung der Daten durch Nutzer

Der Data Act verfolgt ein nutzerbezogenes Konzept – der Nutzer trägt die Risiken der Verwendung vernetzter Produkte und der Inanspruchnahme verbundener Dienste und soll aus diesem Grund auch von seinen digitalisierten Nutzerhandlungen, die durch IoT-Daten abgebildet werden, profitieren.[157] Nutzer müssen daher gegenüber den Inhabern der Daten einen Anspruch auf Bereitstellung derselben an sich selbst oder an Dritte ha-

---

150 Übersetzt aus *Hennemann et al.*, Data Act, S. 131; *Antoine*, CR 2024, 73, 77; *Specht-Riemenschneider*, MMR 2022, 809, 822f.
151 *Specht-Riemenschneider*, MMR 2022, 809, 823.
152 Zu letzteren 3 b) ee).
153 Dazu 2 c) aa).
154 *Specht-Riemenschneider*, MMR 2022, 809, 821.
155 *Specht-Riemenschneider*, MMR 2022, 809, 821.
156 Siehe dazu c.5 c).
157 Erwägungsgrund 18 VO (EU) 2023/2854; *Funk*, CR 2023, 421, 421f.

ben.[158] Konzeptionell verfolgt der Data Act ein **duales Datenzugangsmodell** für den Nutzer: Der Datenzugang erfolgt entweder kraft (technischer) Konzeption (Art. 3 Abs. 1 DA) oder auf einfaches Verlangen des Nutzers auf elektronischem Wege (Art. 4 Abs. 1 DA). Zugang kann dabei beispielsweise die Übermittlung einer Datenkopie oder eine Übertragung in Echtzeit bedeuten.[159] Für das Zugangsrecht spielt es keine Rolle, ob die Daten absichtlich oder indirekt generiert werden; selbst bei Inaktivität generierte Daten unterliegen den Anforderungen der Nutzbarmachung.[160] Von dieser freigestellt sind jedoch Daten, die abgeleitet wurden, etwa durch Zusammensetzung mehrerer Sensorsignale zu einem Gesamtbild. Die Interpretation durch eine solche Zusammensetzung sorgt für eine eigene (schützenswerte) Wertschöpfung.[161]

Explizit regelt der Data Act für Nutzer keine konkreten Datennutzungsbefugnisse.[162] Allerdings soll es dem Nutzer freistehen, die Daten zu jedem rechtmäßigen Zweck zu verwenden.[163] Der Nutzer darf die Daten sogar an Dritte weitergeben.[164] Gem. Art. 4 Abs. 10 DA besteht jedoch auf dem Primärmarkt ein Wettbewerbsverbot bezüglich der erlangten Daten.[165]

Kleine und mittlere Unternehmen (KMU) sind von der Pflicht zur Nutzbarmachung der Daten nach Art. 7 Abs. 1 DA befreit.

Zusammengefasst unterliegt der Nutzer – anders als der Dateninhaber – bei der Nutzung der Daten keinen Restriktionen, sofern die Daten nicht zur Entwicklung von Konkurrenzprodukten verwendet werden oder Geschäftsgeheimnisse des Dateninhabers betroffen sind.

aa) Datenzugang *by design*, Art. 3 Abs. 1 DA

Nach Art. 3 Abs. 1 DA müssen vernetzte Produkte so konzipiert und hergestellt und verbundene Dienste so konzipiert und erbracht werden, dass die generierten Daten für den Nutzer einfach, sicher, unentgeltlich in einem umfassenden, strukturierten, gängigen und maschinenlesbaren Format zugänglich sind. Soweit relevant und technisch durchführbar, ist ein direkter Zugang einzurichten.

Anders als die meisten anderen Pflichten nach dem Data Act trifft die Konzeptionspflicht nach Art. 3 Abs. 1 DA den Hersteller, der nicht zwangsläufig auch späterer Dateninhaber ist.[166] Da zwischen Hersteller und Nutzer kein Vertrag vorliegen muss, bewirkt

158 Erwägungsgrund 18 VO (EU) 2023/2854.
159 *Hennemann/Steinrötter*, NJW 2024, 1, 3.
160 *Specht-Riemenschneider*, MMR 2022, 809, 815.
161 Vgl. Erwägungsgrund 15 VO (EU) 2023/2854; *Hennemann/Steinrötter*, NJW 2024, 1, 3.
162 *Heinzke*, BB 2023, 201, 207.
163 Erwägungsgrund 30 VO (EU) 2023/2854.
164 Übersetzt aus *Hennemann et al.*, Data Act, S. 76 f.
165 *Wiebe*, CR 2023, 777, 778.
166 *Assion/Willecke*, MMR 2023, 805, 805; *Steinrötter*, GRUR 2023, 216, 220.

Art. 3 Abs. 1 DA ein gesetzliches Schuldverhältnis.[167] Sogenannte *by-design*-Regelungsmodelle sind bereits aus dem europäischen Datenschutzrecht bekannt.[168] Bei Lichte betrachtet zeigen sich jedoch beträchtliche Unterschiede: Anders als etwa Art. 25 Abs. 1 DS-GVO, beabsichtigt Art. 3 Abs. 1 DA durch die technische Gestaltung vernetzter Produkte und verbundener Dienste nicht den Schutz vor Risiken für die Rechte und Freiheiten natürlicher Personen.[169] Vielmehr statuiert Art. 3 Abs. 1 DA ein **gesetzliches Leitbild** im Sinne eines *Defaults*[170] für einen effizienten Datenzugang: Nutzer sollen im besten Fall ohne weiteren Zwischenschritt die relevanten Produkt- und verbundenen Dienstdaten vom entsprechen Produkt oder Dienst abrufen können.

Damit ist die sogenannte ***accessibility-by-design***-Regelung im Data Act ein gänzlich neues Instrument, dessen praktische Auswirkungen nur schwer absehbar sind. Allerdings könnte die Unbestimmtheit der Datenzugangsmodalitäten dazu führen, dass die Produktkonzeption sich nicht wesentlich verändert.[171] Das gilt insbesondere deshalb, weil Art. 3 Abs. 1 DA den direkten Datenzugang von der technischen Durchführbarkeit abhängig macht. Wann der direkte Datenzugang technisch durchführbar ist, konkretisiert Art. 3 Abs. 1 DA freilich nicht. Die technische Durchführbarkeit kann folglich als rechtliche und tatsächliche Grenze des Datenzugangs *by design* betrachtet werden, die die Position des Nutzers eher schwächen als stärken dürfte.[172]

Schließlich müssen die Daten in der gleichen Qualität wie für den Dateninhaber verfügbar sein, spätestens nach Verlangen des Nutzers (Art. 4 Abs. 1 DA).[173] Anders als die Art. 4 Abs. 1, 5 Abs. 1 DA regelt Art. 3 Abs. 1 DA keinen Zugang zu Daten in Echtzeit.[174]

(1) Rechtsfolge einer Pflichtverletzung

Unklar bleibt die Rechtsfolge eines Verstoßes der Hersteller gegen die Rechtspflichten nach Art. 3 Abs. 1 DA. Implizit ergeben sich diese aus dem nationalen Vertragsrecht.[175] Da die Norm dazu ebenfalls keine Bestimmungen enthält, trifft die Beweislast für ihre Verletzung nach den allgemeinen Vorschriften wohl den Nutzer.[176] Das spricht für einen lediglich appellativen Charakter der Norm.[177] Eine gerichtliche Kontrolle der Pflicht aus Art. 3 Abs. 1 DA könnte sich am Ende auf evidente Verstöße begrenzen: Eine Löschung der Daten, bevor der Nutzer den Zugang nach Art. 4 Abs. 1 DA verlangen kann, wäre un-

167 *Metzger/Schweitzer*, ZEuP 2023, 42, 52.
168 BeckOK Datenschutzrecht/*v. Lewinski*, DS-GVO, Art. 20 Rn. 117c.
169 BeckOK Datenschutzrecht/*Paulus*, DS-GVO, Art. 25 Rn. 7.
170 *Hennemann/Steinrötter*, NJW 2022, 1481, 1483.
171 *Gerpott*, CR 2022, 271, 275.
172 *Kaesling*, GRUR 2024, 821, 823.
173 *Antoine*, CR 2024, 1, 5.
174 *Antoine*, CR 2024, 1, 5.
175 *Hennemann/Steinrötter*, NJW 2022, 1481, 1483.
176 *BGH*, Urt. v. 13.11.1998 – V ZR 386-97, NJW 1999, 352, 353.
177 *Gerpott*, CR 2022, 271, 275; *Specht-Riemenschneider*, MMR 2022, 809, 815.

zweifelhaft pflichtwidrig.[178] Im Kern soll Art. 3 Abs. 1 DA daher die Durchsetzbarkeit der Datenzugangsansprüche aus Art. 4 f. DA schützen.

Nach Art. 7 Abs. 1 lit. d) RL 2019/771/EU[179] (beziehungsweise Art. 8 Abs. 1 lit. b) RL 2017/770/EU) könnte der Verkäufer eines Art. 3 Abs. 1 DA-widrig konzipierten Produktes in Mängelhaftung genommen werden.[180] Dem Verkäufer wäre nach Art. 18 S. 1 RL 2019/771/EU[181] wiederum der Rückgriff bis zum Hersteller möglich.[182] Durch die Unbestimmtheit des Art. 3 Abs. 1 DA und der Anknüpfung von Art. 7 Abs. 1 lit. d) RL 2019/771/EU an das vernünftigerweise zu Erwartende kommt der Verkehrssitte hier eine große Bedeutung zu. Was darunter im Einzelfall zu verstehen sein wird, kann letztinstanzlich nur der Europäische Gerichtshof klären. Weil Art. 3 Abs. 1 DA als Marktverhaltensregel gesehen werden kann,[183] ist daneben auch eine wettbewerbsrechtliche Haftung nach § 3a UWG denkbar.[184]

(2) Direkter Zugang bei Relevanz und technischer Durchführbarkeit, Art. 3 Abs. 1 Hs. 3 DA

Soweit relevant und technisch durchführbar (Art. 3 Abs. 1 Hs. 3 DA), ist dem Nutzer ein direkter Zugang durch den Hersteller einzuräumen. Ist ein direkter Zugang nicht relevant und durchführbar, greift der Datenzugangsanspruch nach Art. 4 Abs. 1 DA. Der direkte Datenzugang und der Datenzugangsanspruch schließen sich gegenseitig aus.[185] Der Datenzugangsanspruch ist auch Rechtsfolge eines Verstoßes gegen eine Direktzugangspflicht nach Art. 3 Abs. 1 DA.[186]

Der direkte Zugang gemäß Art. 3 Abs. 1 DA darf nicht als Zuordnung der Daten zum Nutzer missverstanden werden. Die Daten sind und bleiben durch den Data Act dem Dateninhaber technisch-faktisch zugeordnet; er hat weiterhin die sogenannte *de-facto*-Kontrolle über die Daten.[187] Vielmehr wird die faktische Herrschaft des Dateninhabers durch die Vorschriften zugunsten des Nutzers beschränkt, wenngleich der Nutzer zur Ausübung seiner Rechte selbst tätig werden muss.[188] Der Gesetzgeber ging davon aus, dass Daten nur bereitgestellt werden, wenn der Nutzer tatsächlich Zugang

---

178 *Metzger/Schweitzer*, ZEuP 2023, 42, 52.
179 Die Norm wurde im deutschen Recht in § 434 Abs. 3 S. 1 Nr. 2 lit. a) BGB umgesetzt.
180 *Antoine*, CR 2024, 1, 5; *Metzger/Schweitzer*, ZEuP 2023, 42, 52; zur Anwendbarkeit der Warenkauf-Richtlinie allgemein *Drexl et al.*, Data Act, Rn. 74.
181 Umsetzung im deutschen Recht in § 445a BGB.
182 *Metzger/Schweitzer*, ZEuP 2023, 42, 52.
183 *Metzger/Schweitzer*, ZEuP 2023, 42, 52; vgl. *Drexl et al.*, Data Act, Rn. 76.
184 *Antoine*, CR 2024, 1, 5; *Metzger/Schweitzer*, ZEuP 2023, 42, 52.
185 *Heinzke*, BB 2023, 201, 207; *Specht-Riemenschneider*, MMR 2022, 809, 815.
186 *Specht-Riemenschneider*, MMR 2022, 809, 815.
187 Erwägungsgrund 5 VO (EU) 2023/2854; *Antoine*, CR 2024, 1, 2; *Specht-Riemenschneider*, MMR 2022, 809, 815.
188 *Müller*, RDi 2024, 297, 303; *Specht-Riemenschneider*, MMR 2022, 809, 815.

wünscht[189]. Möglich sind Modelle wie einfach[190] zu bedienende Benutzeroberflächen oder die Speicherung der Daten auf nutzerzugänglichen Servern oder dem Gerät selbst.[191] Dabei lässt der Data Act die Frage unbeantwortet, auf welche Sicht es zur Einstufung eines Zugangs als direkt gemäß Art. 3 Abs. 1 DA ankommt. Je nachdem, ob es auf den Durchschnittsnutzer in Gestalt eines Verbrauchers oder den technisch qualifizierten Experten ankommt, unterscheidet sich die Rechtsfolge, also der zu gewährende Zugangsmodus, erheblich.[192] Klärungsbedürftig ist, was Relevanz und technische Durchführbarkeit im Sinne von Art. 3 Abs. 1 Hs. 3 DA bedeuten.

Zurückgegriffen hat der Verordnungsgeber auf einen der technischen Durchführbarkeit ähnlichen Rechtsbegriff in Art. 20 Abs. 2 a.E. DS-GVO. Danach sind Daten direkt an einen Verantwortlichen im Sinne der DS-GVO zu übermitteln, soweit das technisch machbar ist. Genauso wie bei Art. 20 Abs. 2 DS-GVO ist die Pflicht nach Art. 3 Abs. 1 DA unentgeltlich. Deshalb ist der infrage stehende Rechtsbegriff für objektiv unübliche Bereitstellungsmodi oder Datenformate enger auszulegen.[193] Auf der anderen Seite spricht die Verwendung im Verkehr üblicher Dateiformate oder einer friktionsarmen Bereitstellung über das Internet, etwa durch Cloudanbieter, objektiv für eine technische Durchführbarkeit.[194]

Für Abwägungen im Rahmen des Art. 20 Abs. 2 DS-GVO werden vermehrt subjektive Umstände wie die Größe und Leistungsfähigkeit des Dateninhabers (beziehungsweise Verantwortlichen) ins Feld geführt.[195] Subjektive Aspekte können in der erforderlichen Gesamtabwägung jedenfalls nicht außer Betracht gelassen werden. Sie eröffnen aber eine sehr enge Einzelfallabwägung, die die Durchsetzbarkeit und praktische Bedeutung des Rechts auf direkten Zugang aus Art. 3 Abs. 1 Hs. 3 DA wesentlich erschweren könnte.[196]

Daneben darf das Merkmal der Relevanz nicht vernachlässigt werden. Besonders relevant ist ein direkter Datenzugang dort einzustufen, wo der Bezug zu den Zwecken des Datenzugangs hoch ist: Das sind die bessere Geräte- oder Dienstnutzung,[197] die Stärkung eines Sekundärmarkts zugunsten der Nutzer,[198] die Förderung der Innovation[199] und die Erschließung einer neuen Datenwirtschaft.[200]

---

189 Erwägungsgrund VO (EU) 2023/2854.

190 Art. 3 Abs. 1 DA.

191 Erwägungsgrund 22 VO (EU) 2023/2854; *Specht-Riemenschneider*, MMR 2022, 809, 815.

192 DAV, Stellungnahme 40/2022 zum Datengesetz-Entwurf, S. 15.

193 BeckOK Datenschutzrecht/*v. Lewinski*, DS-GVO, Art. 20 Rn. 88.

194 Entsprechend zu Art. 20 DS-GVO BeckOK Datenschutzrecht/*v. Lewinski*, DS-GVO, Art. 20 Rn. 88.

195 BeckOK Datenschutzrecht/*v. Lewinski*, DS-GVO, Art. 20 Rn. 88.

196 Siehe zu Art. 20 DS-GVO *Antoine*, CR 2024, 1, 5.

197 *Kaesling*, GRUR 2024, 821, 821.

198 https://digital-strategy.ec.europa.eu/en/library/data-act-factsheet (zuletzt abgerufen am: 1.11.2024); *Kerber*, GRUR Int. 2023, 120, 122.

199 *Kerber*, GRUR Int. 2023, 120, 122.

200 *Heinzke*, BB 2023, 201, 202f.

(3) Informationspflichten, Art. 3 Abs. 1, 2, 3 DA

Die Konzeptionspflicht des Dateninhabers (Art. 3 Abs. 1 DA) wird flankiert von umfangreichen Informationspflichten nach Art. 3 Abs. 2 und Abs. 3 DA. Der Nutzer hat gegen den Vertragspartner einen Anspruch auf eine vorvertragliche, einmalige Informationsbereitstellung. Welche Informationen vor Vertragsschluss bereitgestellt werden müssen, hängt davon ab, ob es sich um einen Vertrag über vernetzte Produkte (Art. 3 Abs. 2 DA) oder verbundene Dienste handelt (Art. 3 Abs. 3 DA). In den meisten Fällen wird es sich beim Vertragspartners des Nutzers um einen (Groß-)Händler, nicht um den Dateninhaber selbst handeln.[201] Insbesondere ist es zur Durchsetzung der sonstigen Nutzerrechte essenziell, dass der Vertragspartner den Nutzer über die Identität des Dateninhabers aufklärt.[202] In der Praxis könnte sich die Vereinbarkeit mit dem nach Art. 1 Abs. 9 DA unberührten Verbrauchervertragsrecht als schwierig gestalten.[203]

bb) Datenzugangsanspruch des Nutzers für ohne Weiteres verfügbare Daten, Art. 4 DA

Gem. Art. 4 Abs. 1 DA ist der Dateninhaber auf Verlangen des Nutzers diesem gegenüber zur Herausgabe der ohne Weiteres verfügbaren Daten verpflichtet, wenn der Nutzer diese nicht direkt vom Produkt oder Dienst erlangen kann (Art. 3 Abs. 1 DA). Eine Übertragung des gesetzlichen Datenzugangsanspruchs ist nach dessen Sinn und Zweck nicht möglich.[204]

(1) Bereitstellungsmodalitäten

Die Bereitstellung hat einfach, sicher, unentgeltlich, und, soweit relevant und technisch durchführbar, kontinuierlich und in Echtzeit zu erfolgen. Soweit möglich muss die Datenbereitstellung in der gleichen Qualität wie für den Dateninhaber erfolgen.[205] Die verwendeten Rechtsbegriffe sind autonom vom nationalen Recht auszulegen.[206]

Dabei kommt es nicht darauf an, ob die Daten dem Nutzer faktisch bereitgestellt werden oder ein Zugang zu einem Rechner des Dateninhabers eingerichtet wird.[207] Dieser sogenannte **in-situ-Zugang**[208] bedeutet für den Nutzer allerdings einen wesentli-

201 *Wilkening/Müller*, DB 2024, 166, 169.
202 Vgl. *Ehlen/Sebulke*, CR 2024, 84, 89.
203 *Ehlen/Sebulke*, CR 2024, 84, 89.
204 *Wiebe*, GRUR 2023, 1569, 1572.
205 *Assion/Willecke*, MMR 2023, 805, 807.
206 Übersetzt aus *Hennemann et al.*, Data Act, S. 87; *Schmidt-Kessel*, MMR 2024, 75, 79.
207 Erwägungsgrund 22 VO (EU) 2023/2854.
208 Die Idee eines *in-situ*-Zugangsrechts wurde entwickelt von *Martens/Parker/Petropoulos/Van Alstyne*, Towards Efficient Information Sharing in Network Markets, TILEC DP 2021-014, S. 4.

chen Mehraufwand.[209] Zwar wäre ein kontinuierlicher Zugang in Echtzeit in-situ für den Dateninhaber wohl leicht realisierbar. Andererseits bieten Anwendungsprogrammierschnittstellen (API) einen gleichsam direkten Zugang und auch im Hinblick auf Interoperabilität vorzugswürdig.[210] Im Ergebnis sollte ein in-situ-Zugang also möglich, aber die Ausnahme sein. Anderenfalls würde die Förderung von Innovation und einer Datensekundärwirtschaft wesentlich behindert werden.[211] Dafür spricht nicht zuletzt der Wortlaut von Erwägungsgrund 22 („kann"). Außerdem bergen in-situ-Lösungen die Gefahr, dass der Dateninhaber die Nutzung der Daten auf seinem Server überwacht und Wettbewerbsvorteile gegenüber Nutzern und Dritten erhält.[212] Denkbar erscheint auch eine richterliche Klärung dahingehend, dass die in-situ-Bereitstellung als Standardmodell betrachtet wird.[213]

(2) Begriff der ohne Weiteres verfügbaren Daten

Wie bereits das Nutzungsvereinbarungserfordernis (Art. 4 Abs. 13 DA),[214] knüpft der Datenzugangsanspruch an den Rechtsbegriff der **ohne Weiteres verfügbaren Daten** (Art. 2 Nr. 17 DA) an.[215] Nur den Zugang zu solchen Daten kann der Nutzer nach Art. 4 Abs. 1 DA verlangen. Aus der Parallele kann geschlossen werden, dass vom Dateninhaber genutzte Daten Gegenstand eines Zugangsverlangens sein können.

Bestimmtheitsprobleme ergeben sich im Hinblick auf die zweite Alternative der ohne Weiteres verfügbareren Daten nach Art. 2 Nr. 17 DA: Nämlich solche, die der Dateninhaber erhalten kann. Hier kommt, anders als noch im Rahmen der ersten Alternative und damit auch im Rahmen von Art. 4 Abs. 13 DA,[216] dem Merkmal des nicht unverhältnismäßig hohen Aufwandes Bedeutung zu. Denn der Nutzer soll auch den Zugang zu Daten verlangen können, die der Dateninhaber zwar bisher nicht erhalten hat, dies aber ohne unverhältnismäßigen Aufwand nachholen kann.[217] Was unter einem unverhältnismäßig hohen Aufwand zu verstehen ist, kann nur anhand einer Einzelfallabwägung ermittelt werden.

Im Übrigen sind wie im Rahmen von Art. 4 Abs. 13 DA Daten ausgeschlossen, die nicht dazu ausgelegt waren, außerhalb der sie generierenden Komponente oder dem Produkt als Ganzem gespeichert oder übermittelt zu werden.[218]

---

209 Vgl. *Drexl et al.*, Data Act, Rn. 66; *Specht-Riemenschneider*, MMR 2022, 809, 816.

210 Übersetzt aus *Hennemann et al.*, Data Act, S. 88.

211 *Kaesling*, GRUR 2024, 821, 825.

212 *Kerber*, GRUR Int. 2023, 120, 124.

213 So etwa *Kaesling*, GRUR 2024, 821, 824; *Kerber*, GRUR Int. 2023, 120, 124.

214 Siehe Gliederungspunkt b) aa).

215 Zur Definition siehe 2 c) aa) (6).

216 Siehe Gliederungspunkt b) aa).

217 Vgl. Erwägungsgrund 20 VO (EU) 2023/2854.

218 Erwägungsgrund 20 VO (EU) 2023/2854.

Eine Beschränkung des Zugangs kann nur vertraglich vereinbart werden, wenn die Verarbeitung der Daten die gesetzlich festgelegten Sicherheitsanforderungen des vernetzten Produkts beeinträchtigt und dies zu schwerwiegenden Auswirkungen auf die Gesundheit oder Sicherheit von natürlichen Personen führen könnte, Art. 4 Abs. 2 DA. Bei einer vollständigen Verweigerung der Weitergabe durch den Dateninhaber muss dieser die zuständige Behörde (Art. 37 DA) informieren. Gegen unzulässige Beschränkungen kann der Nutzer Beschwerde einlegen (Art. 4 Abs. 3 lit. a) DA) oder vereinbaren, dass sich eine Streitbeilegungsstelle mit der Angelegenheit befasst (Art. 4 Abs. 3 lit. b) DA).

Die Ausübung der Rechte gem. Art. 4 DA darf dem Nutzer durch den Dateninhaber nicht unangemessen erschwert werden. Eine unangemessene Erschwerung liegt unter anderem. dann vor, wenn dem Nutzer in nicht neutraler Weise Wahlmöglichkeiten angeboten werden, Art. 4 Abs. 4 DA.

(3) Auseinanderfallen von Hersteller und Dateninhaber

Dateninhaber und Hersteller sind im Regelfall, nicht aber in allen Fällen identisch.[219] Zwar ist es eher unwahrscheinlich, dass Daten durch ein vernetztes Produkt generiert und in einem System gesammelt werden, das ein Dritter Dateninhaber steuert, der nicht Hersteller ist.[220] Sind Hersteller und Dateninhaber nicht identisch, ergeben sich folgende Probleme:

Nach der Legaldefinition in Art. 2 Nr. 13 DA kann Dateninhaber sein, wer die Daten nur nutzen darf, sie aber nicht bereitstellen kann. Zur Herausgabe der Daten an den Nutzer, wozu der Dateninhaber nach Art. 4 Abs. 1 DA auf Verlangen des Nutzers verpflichtet ist, ist damit unter Umständen die technische Unterstützung des Herstellers erforderlich.[221] Eine ausdrückliche Verpflichtung des Herstellers hierzu fehlt aber im Data Act.[222]

Möglich ist, dass nun das Merkmal der Verfügbarkeit ohne Weiteres Bedeutung erlangt. Daten, die der Inhaber nur mit Mithilfe des Herstellers erlangen kann, die letzterer mangels Rechtspflicht aber verweigert, wären nach Maßgabe des Art. 4 Abs. 1 DA nicht ohne Weiteres verfügbar – der Dateninhaber wäre folglich nicht zur Herausgabe verpflichtet. Dadurch würde die Regelungslücke im Data Act aber stark zulasten des Nutzers gehen. Einem Datenherausgabeanspruch könnte sich der Hersteller entziehen, indem er einen Dateninhaber ohne Bereitstellungsmöglichkeit einsetzt. Das könnte im Sinne eines Sekundärmarktes, wie ihn der Data Act beabsichtigt,[223] nicht vom Verordnungsgeber gewollt sein.

---

219 *Kerber*, GRUR Int. 2023, 120, 123; *Steinrötter*, GRUR 2023, 216, 219.
220 *Podszun/Pfeifer*, GRUR 2022, 953, 956.
221 *DAV*, Stellungnahme 40/2022 zum Datengesetz-Entwurf, S. 15.
222 *DAV*, Stellungnahme 40/2022 zum Datengesetz-Entwurf, S. 15.
223 *Europäische Kommission*, Datengesetz – Factsheet 2022; *Kerber*, GRUR Int. 2023, 120, 122.

Eine Lösung könnte eine weite Auslegung von Art. 3 Abs. 1 DA bieten: So ließe sich argumentieren, dass ein die Nutzerrechte umgehendes Modell einen umfassenden Zugang des Nutzers ausschließe, dieser aber in Herstellung und Konzeption gemäß Art. 3 Abs. 1 DA bedacht werden müsste. Als Rechtsfolge wäre ein Rückgriff des Nutzers auf den Hersteller oder eine (Dritt-)Wirkung der Norm im Verhältnis zwischen Hersteller und Dateninhaber im Einzelfall denkbar. Überträgt der Hersteller die Datenverwaltung auf einen Dateninhaber, geschieht das regelmäßig auf Basis eines Vertrags. Diesem könnte durch Auslegung im Lichte von Art. 3 Abs. 1 DA eine Ermöglichungspflicht entnommen werden.

Dass auf lange Sicht Unsicherheiten zulasten des Nutzers dort entstehen, wo Hersteller und Dateninhaber auseinanderfallen, ist aber höchst unwahrscheinlich. Denn zumindest in seinem Ziel eines freien Datenflusses ist der Data Act eindeutig.[224]

(4) Prüfung der Nutzereigenschaft

Verlangt eine Person Datenzugang nach Art. 4 Abs. 1 DA, muss der Dateninhaber prüfen, ob es sich bei ihr auch um den Nutzer im Sinne des Art. 2 Nr. 12 DA handelt. Dazu darf der Dateninhaber allerdings nur die dafür erforderlichen Informationen verlangen (Art. 4 Abs. 5 S. 1 DA). Damit dürfen Dateninhaber die Feststellung der Identität zumindest nicht durch aktives Verhalten erschweren.[225] Ausweislich der Erwägungsgründe soll die Nutzeridentifikation in der Regel durch ein Nutzerkonto erfolgen.[226]

Sind mehrere Personen Nutzer im Sinne von Art. 4 Abs. 1 DA, wächst der Aufwand einer Identitätsfeststellung.[227] Insbesondere die Prüfung, welche Person durch ihre Nutzung eines vernetzten Produkts oder Dienstes die infrage stehenden Daten generiert hat (Art. 2 Nr. 15, 16 DA), kann sich als sehr aufwendig gestalten.[228] Das spricht dafür, den Nutzerbegriff interessenbasiert enger auszulegen: Es kommt im Einzelfall darauf an, wer ein legitimes Interesse an den Daten hat.[229] Beispielsweise wäre bei einer Autofahrt eines Arbeitnehmers mit dem Auto seines Arbeitgebers nur letzterer Nutzer im Sinne des Art. 4 Abs. 1 DA.[230] Im Zweifel hält aber auch der Verordnungsgeber Fälle mehrerer Nutzer für möglich, etwa bei Car-Sharing-Diensten.[231] Zur Beurteilung, ob ein legitimes Interesse vorliegt, bleibt nach Art. 4 Abs. 5 S. 1 DA der Dateninhaber verpflichtet.

---

224 *Kerber*, GRUR Int. 2023, 120, 122.
225 *Gerpott*, CR 2022, 271, 271.
226 Erwägungsgrund 21 VO (EU) 2023/2854.
227 *Antoine*, CR 2024, 1, 4.
228 *Antoine*, CR 2024, 1, 4.
229 *Drexl et al.*, Data Act, Rn. 59.
230 *Bomhard/Merkle*, RDi 2022, 168, 170.
231 Erwägungsgrund 18 VO (EU) 2023/2854.

Art. 4 Abs. 5 DA steht ferner in Zusammenhang mit Art. 4 Abs. 12 DA. Danach darf der Dateninhaber personenbezogene Daten, die bei der Nutzung eines vernetzten Produkts oder verbundenen Dienstes generiert werden, dem Nutzer auch dann bereitstellen, wenn eine gültige Rechtsgrundlage gem. Art. 6 DS-GVO besteht und gegebenenfalls die Voraussetzungen von Art. 9 DS-GVO sowie Art. 5 Abs. 3 ePrivacy-RL[232] erfüllt sind. Art. 4 Abs. 5 DA und Art. 4 Abs. 12 DA enthalten indes keine spezifischen Angaben, auf welchem Weg die Verifizierung einschließlich der Prüfung der Rechtsgrundlage nach der DS-GVO durchzuführen ist. Die Anforderungen an Verifizierungskriterien bedürfen einer verhältnismäßigen Abwägung zwischen einfachem Zugang und der Vorbeugung von Missbrauch. Sollten die zuständigen Behörden sowohl in Bezug auf den Data Act als auch in Bezug auf die DS-GVO hohe Anforderungen an die Verifizierung stellen, befinden sich Dateninhaber in einem nahezu unauflösbaren Zielkonflikt, wie das folgende Beispiel verdeutlicht: Der Dateninhaber könnte im Rahmen der Verifizierung vom Nutzer verlangen, dass dieser seinen Mietvertrag eingescannt über eine App zur Prüfung übermittelt und versichert, berechtigter Nutzer zu sein. Anschließend würde der Dateninhaber die Wirksamkeit des Mietvertrags prüfen, was im Massengeschäft schwierig und zeitaufwendig ist. Erst nach positivem Prüfergebnis dürfte der Nutzer Datenausleitung verlangen; diese Prüfung müsste regelmäßig wiederholt werden. Das Beispiel zeigt, dass bei strenger Anwendung des Data Acts und der DS-GVO prohibitiv hohe Hürden für den Nutzer entstehen könnten, die ihn zum Verzicht des Datenbereitstellungsverlangens drängen.

(5) Umgang mit Geschäftsgeheimnissen, Art. 4 Abs. 6–9 DA

Nach Art. 4 Abs. 6 S. 1 DA werden **Geschäftsgeheimnisse** gewahrt und nur offengelegt, wenn vom Dateninhaber und vom Nutzer vor der Offenlegung alle Maßnahmen getroffen worden sind, die erforderlich sind, um die Vertraulichkeit der Geschäftsgeheimnisse, insbesondere gegenüber Dritten, zu wahren. Welche Daten als Geschäftsgeheimnisse gelten, wird durch den Inhaber des Geschäftsgeheimnisses ermittelt (Art. 4 Abs. 6 S. 2 DA). Das ist nach dem Data Act im Regelfall der Dateninhaber.[233]

(a) Begriffsbestimmung Geschäftsgeheimnis

Die Begriffsbestimmung des Geschäftsgeheimnisses richtet sich gemäß Art. 2 Nr. 18 DA nach Art. 2 Nr. 1 der Richtlinie (EU) 2016/943 (Richtlinie zum Schutz vertraulichen Know-hows und vertraulicher Geschäftsinformationen (Geschäftsgeheimnisse) vor rechtswidrigem Erwerb sowie rechtswidriger Offenlegung; im Folgenden: Geschäftsgeheimnis-RL).

---

232 Richtlinie 2002/58/EG des Europäischen Parlaments und des Rates vom 12. Juli 2002 über die Verarbeitung personenbezogener Daten und den Schutz der Privatsphäre in der elektronischen Kommunikation (Datenschutzrichtlinie für elektronische Kommunikation).

233 Erwägungsgrund 31 VO (EU) 2023/2854.

Demnach sind Geschäftsgeheimnisse Information[en], die alle nachstehenden Kriterien erfüllen:

a) Sie sind in dem Sinne geheim, dass sie weder in ihrer Gesamtheit noch in der genauen Anordnung und Zusammensetzung ihrer Bestandteile den Personen in den Kreisen, die üblicherweise mit dieser Art von Information umgehen, allgemein bekannt oder ohne weiteres zugänglich sind;
b) sie sind von kommerziellem Wert, weil sie geheim sind;
c) sie sind Gegenstand von den Umständen entsprechenden angemessenen Geheimhaltungsmaßnahmen durch die Person, die die rechtmäßige Kontrolle über die Information besitzt.

Die in der Definition genannten Voraussetzungen müssen kumulativ gegeben sein.

Im deutschen Recht werden dabei Informationen aller Art, unter anderem Angaben, Formeln und Bilder, erfasst.[234] Dabei kommt es für das Merkmal der geheimen Information auf die praktische Zugangsmöglichkeit für Personenkreise an, die für gewöhnlich diese Art von Information verarbeiten.[235] Der wirtschaftliche Wert einer Information ist gegeben, wenn wirtschaftliche oder unternehmensstrategische Interessen von ihr ausgehen.[236]

(b) Beweislast des Geschäftsgeheimnisinhabers, Art. 4 Abs. 6 S. 2 Var. 1 DA

Der Daten- beziehungsweise Geschäftsgeheimnisinhaber ermittelt die als Geschäftsgeheimnis geschützten Daten, Art. 4 Abs. 6 S. 2 DA. Die Darlegungsanforderungen an das Vorhandensein solcher Daten sind niedrig, da eine vorzeitige Veröffentlichung von Daten, die als Geschäftsgeheimnis eingestuft werden, schwerwiegende wirtschaftliche und rechtliche Folgen haben kann. Im Rahmen der Geschäftsgeheimnis-RL werden die Anforderungen an die Darlegung von Geschäftsgeheimnissen für Anträge auf prozessuale Schutzmaßnahmen ebenfalls niedrig angesetzt, sodass ein Glaubhaftmachen des Vorliegens die Anforderungen schon überschreiten würde. Im Rahmen des Data Acts, der über Art. 2 Nr. 18 DA auf die Geschäftsgeheimnis-Richtlinie verweist, höhere Anforderungen an die Darlegung zu stellen, wäre ein Wertungswiderspruch.[237]

(c) Offenlegung unter technischen und organisatorischen Maßnahmen, Art. 4 Abs. 6 S. 2 Var. 2 DA

Daten, die Geschäftsgeheimnisse darstellen, sind nur unter den dafür erforderlichen **technischen und organisatorischen Maßnahmen** (TOMs) offenzulegen. Auf diese

234 *Köhler/Bornkamm/Feddersen/Alexander*, UWG, GeschGehG § 2 Rn. 25.
235 *Ohly*, GRUR 2019, 441, 443; Köhler/Bornkamm/Feddersen/*Alexander*, UWG, GeschGehG § 2, Rn. 33.
236 LAG Baden-Württemberg, Urteil vom 18.08.2021 – 4 SaGa 1/21, Rn. 37.
237 *Pauly/Wichter/Baumann*, MMR 2024, 211, 212.

Weise soll sichergestellt werden, dass die Vertraulichkeit der Geschäftsgeheimnisse insbesondere gegenüber Dritten gewahrt wird.[238]

Welche erforderlichen TOMs der Nutzer zur Sicherstellung der Vertraulichkeit zu treffen hat, ist Gegenstand einer Vereinbarung zwischen dem Dateninhaber beziehungsweise dem Inhaber des Geschäftsgeheimnisses und dem Nutzer, Art. 4 Abs. 6 S. 2 DA. Die TOMs haben dabei den Standards der Angemessenheit zu entsprechen. Der unbestimmte Rechtsbegriff der Angemessenheit wird durch Regelbeispiele konkretisiert (Art. 4 Abs. 6 S. 2 a.E. DA). Die Unbestimmtheit des Begriffs führt auch im Hinblick auf Vertraulichkeitsvereinbarungen zwischen Dateninhabern und Datennutzern zu Unsicherheiten.[239] Unklar bleibt, wer die Vertraulichkeitsvereinbarung stellt und an welche Modalitäten sich dabei gehalten werden muss.[240] Es stellt sich die Frage, wie weitgehend solche Vereinbarungen getroffen werden können.[241] In der Praxis wird denen von der Kommission nach Art. 41 DA zu erarbeitenden Mustervertragsklauseln entscheidende Bedeutung zukommen.[242]

Der Dateninhaber hat gem. Art. 4 Abs. 7 S. 1 DA das Recht, die Weitergabe von als Geschäftsgeheimnissen klassifizierten Daten zu verweigern oder nachträglich auszusetzen. Voraussetzung dafür ist, dass sich nicht an die vereinbarten TOMs gehalten wurde, von vornherein keine vereinbart worden sind oder die Vertraulichkeit des Geschäftsgeheimnisses dennoch verletzt wurde. Entscheidet sich der Dateninhaber für eine Verweigerung oder Aussetzung der Weitergabe, ist er dazu verpflichtet, seine Entscheidung ordnungsgemäß zu begründen und dem Nutzer diese unverzüglich schriftlich mitzuteilen (Art. 4 Abs. 7 S. 2 DA). Ebenfalls hat eine Mitteilung an die gem. Art. 37 DA benannte zuständige Behörde zu erfolgen, in der unter anderem dargestellt wird, bei welchem Geschäftsgeheimnis die Vertraulichkeit untergraben wurde (Art. 4 Abs. 7 S. 3 DA).

Eine Ablehnung des Datenzugangsverlangens ist auch dann möglich, wenn der Dateninhaber nachweisen kann, dass er trotz der Vereinbarungen erforderlicher TOMs nach Art. 4 Abs. 6 DA und deren Einhaltung durch den Nutzer durch eine Weitergabe der Daten einen schweren wirtschaftlichen Schaden zu befürchten hätte (Art. 4 Abs. 8 DA). Der Data Act geht schon von seinem Wortlaut („unter außergewöhnlichen Umständen“) davon aus, dass ein Verweigerungsrecht nach Art. 4 Abs. 8 DA die krasse Ausnahme ist. Im Regelfall bleibt es bei dem Regime der Art. 4 Abs. 6, 7 DA. Auch bei einer Verweigerung nach Art. 4 Abs. 8 DA hat der Dateninhaber die begründete Entscheidung dem Nutzer schriftlich vorzulegen und die benannte zuständige Behörde gem. Art. 37 DA zu informieren. Anders als bei einer Verweigerung nach Art. 4 Abs. 7 DA sind der Begründung objektive Fakten zugrunde zu legen. Als Regelbeispiele dafür nennt Art. 4 Abs. 8 S. 2 DA die Durchsetzbarkeit des Schutzes von Geschäftsgeheimnissen in Drittlän-

238 Erwägungsgrund 31 VO (EU) 2023/2854.

239 *Holznagel/Freese*, EuZ 2023, A 17; *Bomhard/Merkle*, RDi 2022, 168, 171.

240 *Bomhard/Merkle*, RDi 2022, 168, 171.

241 Kritisch in Bezug auf Geheimhaltungsmaßnahmen auch *Lorenzen*, ZGE 2022, 250, 265.

242 In diese Richtung auch BeckOK Datenschutzrecht/*von Roenne*, DA, Art. 41 Rn. 15.

dern, die Art und den Vertraulichkeitsgrad der verlangten Daten und die Einzigartigkeit und Neuartigkeit des vernetzten Produkts.

Gegen die Verweigerung der Weitergabe ist die Beschwerde und Streitbeilegung zulässig, Art. 4 Abs. 9 DA.[243] Die benannte zuständige Behörde entscheidet mit Wirkung für und gegen die Parteien, ob und unter welchen Bedingungen die Weitergabe der Daten erfolgt. Durch Art. 33 DA könnten Mitgliedstaaten ergänzende Vorschriften zum Geschäftsgeheimnisschutz erlassen.[244]

cc) Datenmissbrauchsverbot, Art. 4 Abs. 10 DA

Art. 4 Abs. 10 DA begrenzt die Verwendung von erlangten Daten. Der Nutzer darf die Daten, die er vom Dateninhaber nach Art. 4 Abs. 1 DA erhält, nicht nutzen oder an Dritte weitergeben, um ein vernetztes Produkt im Wettbewerb mit dem vertragsgegenständlichen vernetzten Produkt zu entwickeln. Des Weiteren ist dem Nutzer die Nutzung und Weitergabe Daten untersagt, um Rückschlüsse auf die wirtschaftliche Lage, die Vermögenswerte und die Produktionsmethoden des Herstellers (des vertragsgegenständlichen vernetzten Produktes) zu ziehen.

Eine kommerzielle Nutzung von Daten durch den Nutzer ist allerdings nicht per se ausgeschlossen. Grundsätzlich gilt, dass der Nutzer die ihm durch Art. 4 Abs. 1 DA bereitgestellten Daten sowohl zu kommerziellen, als auch zu nicht-kommerziellen Zwecken nutzen darf.[245] Unter Einhaltung der datenschutzrechtlichen Bestimmungen (Art. 1 Abs. 5 DA) steht einer Kommerzialisierung der Daten nichts entgegen. Allerdings dürfen durch den Datenzugangsanspruch nach Art. 4 Abs. 1 DA erhaltene Daten nicht an Torwächter im Sinne von Art. 3 DMA weitergegeben werden.[246]

dd) Pflicht zur redlichen Geräte- beziehungsweise Dienstnutzung, Art. 4 Abs. 11 DA

Nutzer dürfen sich den Zugang zu Daten nicht durch Zwangsmittel eröffnen oder Lücken in der zum Schutz der Daten bestehenden Infrastruktur des Dateninhabers ausnutzen (Art. 4 Abs. 11 DA). Damit steht dem Nutzer kein sogenanntes *right to hack* zu.[247] Zwar steht die Verbotsnorm nach den Vorschriften über Geschäftsgeheimnisse (Art. 4 Abs. 6–9 DA). Nach seinem Wortlaut bezieht sich Art. 4 Abs. 11 DA aber auf alle Daten. Damit manifestiert die Vorschrift die Anerkennung und den Schutz der *de-facto*-Kontrolle des Dateninhabers über alle generierten Daten.[248]

---

243 Zur Streitbeilegung siehe e).

244 *Lorenzen*, ZGE 2022, 250, 266.

245 *Antoine*, CR 2024, 1, 5.

246 *Antoine*, CR 2024, 1, 5.

247 Vgl. *Specht-Riemenschneider*, MMR 2022, 809, 821.

248 *Drexl et al.*, Data Act, Rn. 116; *Kerber*, GRUR Int. 2023, 120, 124f.

Um Verletzungen dieser Pflicht entgegenzuwirken, kann der Dateninhaber technische Schutzmaßnahmen ergreifen (Art. 11 Abs. 1 S. 1 DA).[249]

d) Nutzung durch und Bereitstellung der Daten an Dritte

Der Begriff des Dritten wird im Data Act nicht definiert. Aus der Definition des Datenempfängers gem. Art. 2 Nr. 14 DA folgt jedoch, dass ein Dritter im Sinne des Data Acts zu gewerblichen, geschäftlichen, handwerklichen oder beruflichen Zwecken handelt. Der Dritte darf kein Nutzer sein, was sich aus einem Umkehrschluss aus Art. 5 Abs. 1 DA ergibt („auf Verlangen des Nutzers"). Er hat im Gegensatz zum durchschnittlichen Nutzer Interesse an der Verarbeitung der Daten und die entsprechenden Mittel dazu.[250] Durch das Verwerten der Daten, etwa für die Entwicklung innovativer Produkte, steigert der Dritte insgesamt das wirtschaftliche Potential der Daten. Damit ist der Einbezug des Dritten in das Regime des Data Acts elementar für die Schaffung einer europäischen Datenwirtschaft als dem zentralen Ziel der Verordnung.[251]

aa) Datenbereitstellung nur auf Verlangen des Nutzers, Art. 8 Abs. 4 DA

Die Nutzung der Daten durch Dritte ist grundsätzlich verboten, wie sich aus einem Erst-Recht-Schluss[252] aus Art. 4 Abs. 13 S. 1 DA ergibt: Wenn bereits der Dateninhaber ohne Weiteres verfügbare Daten nicht ohne vertragliche Grundlage nutzen darf, gilt dies erst recht für am originären Wertschöpfungsprozess nicht beteiligte Dritte. Des Weiteren spricht auch die Systematik der im Data Act abschließend geregelten Datenzugangs- und -nutzungsansprüche für ein grundsätzliches Verbot der Nutzung durch Dritte, da der europäische Gesetzgeber offenkundig auf einen solchen Tatbestand verzichtet hat.[253]

Die Daten stehen zunächst dem Nutzer zu.[254] Dateninhaber, die im Regelfall die faktische Kontrolle über die Daten haben,[255] können die Daten aber Dritten bereitstellen. Das muss entweder der „Erfüllung ihres Vertrages mit dem Nutzer"[256] als Form einer Datennutzung durch den Dateninhaber (Art. 4 Abs. 13 S. 1 DA) dienen oder der Nutzer muss die Bereitstellung verlangt haben (Art. 8 Abs. 4 DA). Hat der Nutzer die Kontrolle

249 Zu technischen Maßnahmen im Sinne des Data Acts Gliederungspunkt 3.b.cc].

250 *Heinzke/Herbers/Kraus*, BB 2024, 649, 650; *Heinzke*, BB 2023, 201, 204.

251 *Heinzke*, BB 2023, 201, 202f.

252 Zum *argumentum a fortiori* in der Methodenlehre des Unionsrechts *Martens*, Methodenlehre des Unionsrechts, S. 327f.

253 Siehe auch *Hennemann/Steinrötter*, NJW 2024, 1, 7.

254 Erwägungsgrund 18 VO (EU) 2023/2854; *Hennemann/Steinrötter*, NJW 2024, 1, 7.

255 Erwägungsgrund 5 VO (EU) 2023/2854; *Antoine*, CR 2024, 1, 2; *Specht-Riemenschneider*, MMR 2022, 809, 815.

256 Erwägungsgrund 26 VO (EU) 2023/2854.

über die Daten *by-design* (Art. 3 Abs. 1 DA) oder durch Verlangen (Art. 4 Abs. 1 DA) erlangt, kann er die Daten an Dritte weitergeben.

bb) Bereitstellung ohne Weiteres verfügbarer Daten an Dritte auf Verlangen des Nutzers, Art. 5 Abs. 1 DA

Der Dateninhaber hat auf Verlangen eines Nutzers ohne Weiteres verfügbare Daten sowie die zu deren Nutzung erforderlichen Metadaten einem Dritten bereitzustellen (Art. 5 Abs. 1 DA). Der Nutzer kann einen Datenzugang zugunsten des Dritten verlangen, der seinem eigenen Datenzugang entspricht.[257] Kleine und Mittlere Unternehmen sind von der Pflicht gem. Art. 7 Abs. 1 DA befreit.

(1) Modalitäten der Bereitstellung, Art. 8–13 DA

Verlangt der Nutzer eine Bereitstellung der Daten an einen Dritten nach Art. 5 Abs. 1 DA, müssen deren Modalitäten den in Art. 8f. DA statuierten Anforderungen entsprechen.

(a) Vereinbarung angemessener Bedingungen, Art. 8 Abs. 1 DA

Für Geschäftsbeziehungen zwischen Unternehmen, bei denen sich ein Dateninhaber verpflichtet, Daten bereitzustellen (Art. 5 Abs. 1 DA), sieht der Data Act einen **Kontrahierungszwang** vor. Da dieser nach dem Wortlaut nur im Rahmen von Geschäftsbeziehungen zwischen Unternehmen gilt, kann Art. 8 Abs. 1 DA nicht angewendet werden, wenn ein Verbraucher die Daten empfängt.[258] Sofern ein Vertrag nach dieser Bestimmung geschlossen werden muss, ist die Ausgestaltung für die Bereitstellung der Daten zu vereinbaren. Dem Datenempfänger sind die Daten zudem zu fairen, angemessen und nichtdiskriminierenden Bedingungen und in transparenter Weise bereitzustellen.[259] Die Bereitstellung muss außerdem im Einklang mit dem Kapitel IV DA erfolgen (Art. 8 Abs. 1 DA). Art. 8 Abs. 1 DA nimmt damit Bezug auf die **AGB-Kontrolle** nach Art. 13 DA.[260] Da eine volle Kontrolle vereinbarter Bedingungen an den AGB- und den FRAND-Maßstäben sowohl impraktikabel[261] als auch allgemein zu weitgehend[262] wäre, bedarf das Verhältnis der Kontrollmaßstäbe besonderer Betrachtung. Art. 13 DA setzt inhaltliche Vorgaben, von denen die Wirksamkeit der Vertragsklauseln abhängt.[263] Diese Vorgaben gel-

257 *Wiedemann/Conrad/Salemi*, K&R 2024, 157.
258 *Wiedemann/Conrad/Salemi*, K&R 2024, 157, 162.
259 Siehe auch Erwägungsgrund 42 VO (EU) 2023/2854.
260 Siehe Kapitel 5.
261 Für einen die dynamische Effizienz von Datenmärkten dämpfenden Effekt *Picht*, Mandatory Data Access Transactions, S. 29; *Wiebe*, GRUR 2023, 1569, 1573.
262 *Antoine*, CR 2024, 1, 7.
263 Übersetzt aus *Hennemann et al.*, Data Act, S. 141.

ten indes nur, wenn die Klauseln einseitig auferlegt wurden (Art. 13 Abs. 1 DA); eine solche Einschränkung findet sich in Art. 8 Abs. 1 DA nicht. Eine inhaltliche Kontrolle anhand der **FRAND-Kriterien** würde damit eine massive Einschränkung der Vertragsfreiheit bedeuten. Der Verordnungsgeber wollte den Parteien die freie Aushandlung der Bereitstellungsmodalitäten aber im Sinne der Privatautonomie offenlassen.[264] Die FRAND-Kriterien sind daher nicht als inhaltliche Wirksamkeitsvorgaben, sondern als Verfahrensvorgaben für die Aushandlung von Bedingungen als Verhandlungsbasis oder Orientierungshilfe für Entscheidungen von Streitbeilegungsstellen (Art. 10 Abs. 1 DA), Gerichten oder Behörden, konzipiert.[265] Sollte eine Verhandlung scheitern und als Folge eine nach Art. 5 Abs. 1 DA verpflichtende Datenbereitstellung unterbleiben, soll eine Behörde oder ein Gericht in der Lage sein, eine Bereitstellung nach FRAND-Maßgabe zu erzwingen.[266] In seiner *Huawei*-Entscheidung zu Telekommunikationstechnologiepatenten stellte der EuGH mehrere FRAND-Verfahrensvorgaben wie Hinweis- und Anhörungspflichten von Patentinhabern auf.[267] Dass Einzelheiten der Entscheidung Anwendung finden, ist eher unwahrscheinlich. Es ist indes davon auszugehen, dass der EuGH auch für Art. 8 Abs. 1 DA Verfahrensvorgaben entwickeln wird.[268]

Art. 8 Abs. 2 Var. 1 DA erklärt missbräuchliche Klauseln im Sinne von Art. 13 DA für nicht bindend.[269] Das könnte auch der Fall sein, wenn die Klausel nicht einseitig bestimmt wurde.[270] Art. 8 Abs. 2 Var. 1 DA würde aber – auch wenn nicht ausdrücklich so angeordnet – nur für unionsrechtlich verpflichtende Datenbereitstellungen, etwa nach Art. 5 DA, nicht aber für freiwillige Bereitstellungen gelten.[271] Damit verbliebe für Art. 13 DA ein dem Willen des Verordnungsgebers entsprechender eigener Anwendungsbereich, wenngleich dieser sehr beschränkt ist. So verstanden handelt es sich bei Art. 8 Abs. 2 Var. 1 DA also um einen partiellen Rechtsgrundverweis.

Eingedenk des hohen Stellwerts der Privatautonomie im Unionsrecht und des Tatbestandsmerkmals des einseitigen Auferlegens, erscheint auch die Interpretation als vollständiger Rechtsgrundverweis[272] auf alle Voraussetzungen von Art. 13 DA, einschließlich des einseitigen Auferlegens, denkbar. Dass der vorangestellte erste Absatz die FRAND-Kriterien behandelt, spricht systematisch betrachtet dafür, dass Art. 8 Abs. 2 Var. 1 DA keinen selbstständigen Kontrollmaßstab aufstellt, sondern die Missbräuchlich-

---

264 Erwägungsgrund 43 VO (EU) 2023/2854.

265 *Metzger/Schweitzer*, ZEuP 2023, 42, 70; *Wiebe*, GRUR 2023, 1569, 1573.

266 *Drexl et al.*, Data Act, Rn. 101; *Metzger/Schweitzer*, ZEuP 2023, 42, 70f.; vgl. Erwägungsgrund 42 VO (EU) 2023/2854.

267 *EuGH*, Urt. v. 16. Juli 2015, C-170/13, EU:C:2015:477, Rn. 51–68 – Huawei Technologies/ZTE= EuGH NJW 2015, 2783.

268 *Drexl et al.*, Data Act, Rn. 102; Übersetzt aus *Hennemann et al.*, Data Act, S. 115f.

269 Siehe zum Nachfolgenden auch Kapitel 5.

270 *Wiebe*, GRUR 2023, 1569, 1573; siehe auch *Drexl et al.*, Data Act, Rn. 128.

271 Übersetzt aus *Hennemann et al.*, Data Act, S. 116.

272 Siehe Erwägungsgrund 59 VO (EU) 2023/2854.

keit zum zusätzlichen FRAND-Kriterium erklärt.[273] Somit werden wiederum vor allem Streitbeilegungsstellen angesprochen.[274]

Nach Art. 8 Abs. 2 Var. 2 DA darf von den Nutzerrechten aus Art. 3 bis 7 DA nicht zum Nachteil des Nutzers abgewichen werden.

Die Verordnung spricht in Art. 8 Abs. 1 DA vom Datenempfänger statt wie in Art. 5 Abs. 1 DA vom Dritten. Das ist der wörtlich angeordneten Anwendbarkeit von Art. 8 Abs. 1 DA auf Datenbereitstellungsansprüche aus anderen Rechtsquellen geschuldet. Im Rahmen einer Betrachtung von Art. 8 Abs. 1 DA in der typischen Personenkonstellation unter dem Data Act können daher Datenempfänger und Dritter praktisch synonym verwendet werden.

(b) Diskriminierungsverbot, Art. 8 Abs. 3 DA

Dem Dateninhaber ist es untersagt, zwischen vergleichbaren Kategorien von Datenempfängern zu diskriminieren, indem er die jeweiligen Modalitäten der Datenbereitstellung verändert (Art. 8 Abs. 3 S. 1 DA). Dem Datenempfänger, der sich durch die vom Dateninhaber gestellten Modalitäten diskriminiert fühlt, sind auf sein begründetes Ersuchen hin unverzüglich Informationen bereitzustellen, aus denen hervorgeht, dass keine Diskriminierung vorliegt (Art. 8 Abs. 3 S. 2 DA). Die Beweislast liegt beim Dateninhaber, da der Datenempfänger in aller Regel keinen Einblick in die typischen Strukturen und Modalitäten der Bereitstellung des Dateninhabers hat.[275]

(c) Gegenleistung für die Bereitstellung der Daten, Art. 9 DA

Dem Dateninhaber wird durch Art. 9 DA ermöglicht eine **Gegenleistung für die Bereitstellung der Daten** zu vereinbaren. Diese muss diskriminierungsfrei und angemessen sein. Dabei darf die Gegenleistung auch eine Marge enthalten, also über die eigentlichen Kosten der Datenbereitstellung hinausgehen (Art. 9 Abs. 1 DA). Die Gegenleistung kann monetärer Art sein, ist aber nicht darauf beschränkt.

Die Voraussetzungen der Diskriminierungsfreiheit können aus Art. 8 Abs. 3 DA übernommen werden.[276]

Der Data Act definiert auch für die Gegenleistung nicht, was angemessen bedeutet. Für die Bestimmung einer angemessenen Gegenleistung können zur Orientierung neben den Maßnahmen des Art. 6 Abs. 2, Abs. 3 DA auch vergleichbare Marktpreise oder marktorientierte Ansätze aus der Praxis herangezogen werden.[277] Damit kann sich die Gegenleistung an Umständen wie den Produktentwicklungskosten, Beiträgen zur Gene-

273 *Drexl et al.*, Data Act, Rn. 128; *Schwamberger*, MMR 2024, 96, 97.

274 Vgl. *Drexl et al.*, Data Act, Rn. 101, 128.

275 Übersetzt aus *Hennemann et al.*, Data Act, S. 117.

276 Übersetzt aus *Hennemann et al.*, Data Act, S. 121; siehe dazu Gliederungspunkt d) bb) (1) (b).

277 Übersetzt aus *Hennemann et al.*, Data Act, S. 120.

rierung der betroffenen Daten (beides Art. 9 Abs. 2 lit. b) DA) oder dem Datenumfang (Art. 9 Abs. 3 DA) orientieren.[278] Zwar setzt Art. 9 DA keinen Rahmen für die Höhe der Gegenleistung fest, sodass diese in beide Richtungen unbeschränkt sein könnte. Allerdings folgt aus den Anforderungen des Art. 9 DA ein Verbot der Überkompensation, sodass ausschließlich für die Bereitstellung der Daten selbst eine Entschädigung gefordert werden kann.[279] Der Umfang der Gegenleistung kann nach Art. 9 Abs. 6 DA ebenfalls durch Vorschriften der Mitgliedsstaaten oder der Union beschränkt werden. Damit ist das Merkmal der Angemessenheit im Rahmen von Art. 9 Abs. 1 DA bestimmter als noch für die Vereinbarung der Bereitstellungsmodalitäten nach Art. 8 DA.[280]

Kleine und Mittlere Unternehmen werden auch im Rahmen der Gegenleistung entlastet.[281] Für sie gilt, dass eine Gegenleistung die Kosten für die Bereitstellung der Daten, einschließlich und insbesondere der notwendigen Kosten für die Formatierung der Daten, die Verarbeitung auf elektronischem Wege und die Speicherung (Art. 9 Abs. 2 lit. a) DA) nicht überschreiten darf, Art. 9 Abs. 4 DA. Gleiches gilt für gemeinnützige Forschungseinrichtungen.

Der Dateninhaber ist nach Art. 9 Abs. 7 DA dazu verpflichtet, dem Datenempfänger Informationen bereitzustellen, die ihm ermöglichen, die Berechnung der Gegenleistung sowie die Einhaltung der Anforderungen der Abs. 1–4 nachzuvollziehen.

(d) Umgang mit Geschäftsgeheimnissen (Art. 8 Abs. 6 DA)

Die Pflicht zur Bereitstellung von Daten verpflichtet nicht automatisch zur Offenlegung von Geschäftsgeheimnissen (Art. 8 Abs. 6 DA). Die Norm wird vor dem Hintergrund der von ihr ausgehenden Anreize für den Dateninhaber, den Datenzugang zu vereiteln, kritisch betrachtet.[282]

(2) Pflichten Dritter, die Daten auf Verlangen des Nutzers erhalten (Art. 6 DA)

Dritte, die Daten auf Verlangen des Nutzers erhalten haben, treffen die in Art. 6 DA bezeichneten Pflichten. Die Vorschriften in Art. 6 DA sind teilweise zwingend, Art. 7 Abs. 2 DA. Das erscheint unzweckmäßig, sind mit Torwächtern im Sinne des DMA die potentiell mächtigsten Dritten von vornherein nicht Normadressat und können Nutzer auch Unternehmer oberhalb der KMU-Schwelle sein.[283] Der Wortlaut von Art. 6 DA gibt aber kein Differenzierungskriterium her.

---

278 *Antoine*, CR 2024, 1, 7.
279 Übersetzt aus *Hennemann et al.*, Data Act, S. 119–121.
280 *Antoine*, CR 2024, 1, 7.
281 Übersetzt aus *Hennemann et al.*, Data Act, S. 121.
282 Übersetzt aus *Hennemann et al.*, Data Act, S. 118 f.
283 *Metzger/Schweitzer*, ZEuP 2023, 42, 60.

Ob die jeweiligen Vorschriften in Art. 6 DA zwingendes Recht darstellen, muss im Wege der Auslegung ermittelt werden, im Rahmen derer dem Sinn und Zweck der Norm entscheidende Bedeutung zukommt.[284] Zwingend sind wohl Art. 6 Abs. 1 S. 1, Abs. 2 lit. a), b) DA.[285] Dagegen ist nicht ersichtlich, warum der Nutzer sich des Schutzes der Art. 6 Abs. 1 S. 2, Abs. 2 lit. c), f) DA nicht entledigen können sollte. Diese Bestimmungen sind daher wohl dispositiv.[286] Da sonst der Zweck des Art. 5 Abs. 3 DA unterlaufen werden würde, sollte es sich bei Art. 6 Abs. 2 lit. d) DA um eine zwingende Regelung handeln.

(a) Einzelne Pflichten des Dritten

Wie der Nutzer darf der Dritte keine Zwangsmittel verwenden oder Schutzlücken ausnutzen, um Datenzugang zu erlangen (Art. 5 Abs. 5 DA). Nach Art. 6 Abs. 1 lit. a) DA ist der Dritte verpflichtet, dem Nutzer die Ausübung seiner Rechte nach Art. 5 und 6 DA nicht übermäßig zu erschweren, in etwa durch Täuschung oder Manipulation. Durch diese Vorschrift soll die Autonomie des Nutzers weitreichend geschützt werden.[287]

Dem Dritten ist untersagt, die bereitgestellten Daten zum Zwecke des Profilings zu nutzen, mit der Ausnahme der Erforderlichkeit zur Erbringung des vom Nutzer gewünschten Dienstes (Art. 6 Abs. 2 lit. b) DA). Spezifiziert wird dies in Erwägungsgrund 39, der festlegt, dass Verarbeitungstätigkeiten unbedingt erforderlich sein müssen, um den Dienst zu erbringen und dies auch im Kontext von automatisierten Entscheidungen.

Dem Dritten obliegt die Pflicht, erhaltene Daten nicht zur Entwicklung eines Produkts zu nutzen, das mit dem Produkt, von dem die Daten stammen, im Wettbewerb steht oder zu diesem Zweck die Daten an andere Dritte weiterzugeben. Auch dürfen die Produktdaten nicht genutzt werden, um unter anderem Einblicke in die wirtschaftliche Lage oder Produktionsmethoden des Inhabers zu erlangen (Art. 6 Abs. 2 lit. e) DA). Allerdings dürfen innovative vernetzte Produkte oder verbundene Dienste mithilfe der bereitgestellten Daten entwickelt werden, solange kein konkurrierendes vernetztes Produkt dadurch entwickelt wird.[288] Auf diese Weise wird die Innovationsförderung auf dem Anschlussmarkt gefördert.[289] Wann es sich um ein **konkurrierendes vernetztes Produkt** handelt, bleibt freilich in mehrerlei Hinsicht unklar: Beispielsweise stellt sich die Frage, ob etwa Daten aus einem Kühlschrank für die Entwicklung eines Eisschranks genutzt werden dürfen, wobei sich diese Problematik analog auch für die Nutzung von Daten aus einem Pkw für die Entwicklung eines Lkw stellt. Zudem ist unklar, ob Daten aus einem Auslaufmodell für die Entwicklung eines zukünftigen Modells herangezogen

284 *Möslein*, Dispositives Recht, S. 179.
285 *Metzger/Schweitzer*, ZEuP 2023, 42, 60.
286 *Metzger/Schweitzer*, ZEuP 2023, 42, 60.
287 Übersetzt aus *Hennemann et al.*, Data Act, S. 113.
288 Erwägungsgrund 39 VO (EU) 2023/2854.
289 Übersetzt aus *Hennemann et al.*, Data Act, S. 112.

werden dürfen. Weiterhin bleibt offen, ob Daten aus einem innerhalb der EU hergestellten Produkt für ein vergleichbares Produkt in einem Drittstaat, wie etwa China, verwendet werden können.[290] Ähnliche Unsicherheiten bestehen hinsichtlich der Nutzung von Daten aus einem herkömmlichen Produkt zur Entwicklung eines Produkts, das auf Künstlicher Intelligenz basiert, oder zur bloßen Verbesserung eines konkurrierenden Produkts. Schließlich stellt sich die Frage, ob eine Prüfung der Datenherkunft im Rahmen eines Unternehmenskaufs erforderlich ist.

Art. 6 Abs. 2 lit. f) DA verpflichtet den Dritten dazu, durch die Verwendung der Daten keine nachteiligen Auswirkungen auf die Sicherheit des vernetzten Produkts oder verbundenen Diensts herbeizuführen.

Außerdem ist der Dritte dazu verpflichtet, alle Maßnahmen, die nach Art. 5 Abs. 9 DA zur Wahrung von Geschäftsgeheimnissen vereinbart wurden, sowie die Vertraulichkeit der Geschäftsgeheimnisse zu wahren (Art. 6 Abs. 2 lit. g) DA).

Der Data Act normiert für den Dritten in Art. 6 Abs. 1 S. 2 DA eine Pflicht zur Löschung von Daten; diese richtet sich nach Art. 17 DS-GVO. Der Dritte ist zur Löschung verpflichtet, sobald die Daten nicht mehr zur Erfüllung des vereinbarten Zwecks erforderlich sind.[291]

(b) Erneute Weitergabe von Daten an andere Dritte, Art. 6 Abs. 2 lit. c) DA

Grundsätzlich ist Dritten die Weitergabe der Daten an einen anderen Dritten untersagt, es sei denn, die Bereitstellung basiert auf einer vertraglichen Vereinbarung mit dem Nutzer (Art. 6 Abs. 2 lit. c) 1. Hs. DA). Außerdem muss auch der andere Dritte alle erforderlichen Maßnahmen treffen, um für die Vertraulichkeit von Geschäftsgeheimnissen zu sorgen (Art. 6 Abs. 2 lit. c) Hs. 2 DA). Aus Art. 6 Abs. 2 lit. d) DA ergibt sich die Pflicht, keine Daten an Torwächter im Sinne des Art. 3 DMA weiterzugeben. Damit wird das Verbot der Weitergabe aus Art. 5 Abs. 3 DA stringent weitergeführt.[292] Indes ergibt sich aus der Systematik des Art. 6, dass Art. 6 Abs. 2 lit. c) DA lediglich die nach Art. 5 Abs. 1 DA bereitgestellten ohne Weiteres verfügbaren Daten meint.[293] Stellt der Dateninhaber selbst Daten an Dritte bereit, verpflichtet er sie *gegebenenfalls* vertraglich, die Daten nicht erneut weiterzugeben (Art. 4 Abs. 14 S. 2 DA). Der Wortlaut der Bestimmung („gegebenenfalls werden" statt beispielsweise „der Dateninhaber kann") legt nahe, dass unter Umständen die Pflicht zu einer derartigen Vertragsabrede bei der Datenweitergabe besteht. Jedenfalls unterstreicht die Norm, dass Art. 6 Abs. 2 lit. c) DA für direkte Weitergaben durch den Dateninhaber auf Grundlage des Vertrages mit dem Nutzer nicht gelten kann. Es erscheint schlüssig, eine Verpflichtung zur Verabredung eines Weitergabe-

290 Ähnlich bereits *Lorenzen*, ZGE 2022, 250, 261.

291 Erwägungsgrund 39 VO (EU) 2023/2854; Übersetzt aus *Hennemann et al.*, Data Act, S. 113.

292 Übersetzt aus *Hennemann et al.*, Data Act, S. 112.

293 Siehe Art. 6 Abs. 1 DA, wo es heißt „Ein Dritter verarbeitet die ihm nach Artikel 5 bereitgestellten Daten".

verbots dann anzunehmen, wenn der Vertrag mit dem Nutzer keine Ermächtigung zur mehrmaligen Datenweitergabe enthält. Dabei muss die erneute Weitergabe wohl nicht ausdrücklich vorgesehen werden. Beispielsweise würde die vertragliche Ermächtigung des Dateninhabers zur Veräußerung der Daten durch den Nutzer wohl beinhalten, dass der Datenerwerber die Daten seinerseits frei verwenden, also auch weitergeben darf.[294]

(3) Ausschluss für Torwächter (Art. 5 Abs. 3 DA)

Von dieser Möglichkeit sind Unternehmen, die gem. Art. 3 DMA als **Torwächter** benannt worden sind, ausgeschlossen.[295] Denn nach Art. 5 Abs. 3 lit. b) DA sind sie nicht berechtigt Nutzer aufzufordern, eine Datenbereitstellung im Sinne des Art. 5 Abs. 1 DA an sie zu verlangen; dasselbe gilt für den Datenzugang nach Art. 4 Abs. 1 DA. In diesem Punkt mangelt es dem Data Act freilich an Stringenz und Regelungsdichte, da ein Verbot für Torwächter, vom Nutzer *by-design* (direkt) zugängliche Daten (Art. 3 Abs. 1 DA) zu erhalten, nicht vorgesehen ist. Ein Verbot der direkten Datenweitergabe vom Dateninhaber an einen Torwächter fehlt ebenfalls.[296]

Torwächter sind solche Unternehmen, mit einem erheblichen Einfluss auf den Binnenmarkt, die einen zentralen Plattformdienst bereitstellen, der gewerblichen Nutzern als wichtigstes Zugangstor zu Endnutzern dient, und hinsichtlich ihrer Tätigkeiten eine gefestigte und dauerhafte Position innehaben oder absehbar ist, dass sie eine solche Position in naher Zukunft erlangen werden (Art. 3 Abs. 1 DMA). Welche Unternehmen als Torwächter im Sinne des DMA anzusehen sind, wird durch die Kommission im Wege der Benennung festgelegt (Art. 3 Abs. 1 DMA). Dazu zählen gegenwärtig *Amazon* (bereitgestellter zentraler Plattformdienst: *Amazon* und *Amazon Marketplace*) und *ByteDance* (bereitgestellter zentraler Plattformdienst: *TikTok*).[297] Folglich dürfen Daten auch auf Verlangen eines Nutzers vom Dateninhaber nicht an die (noch) sechs von der Kommission benannten Torwächter bereitgestellt werden.

Der Ausschluss für Torwächter basiert auf der Auffassung, dass es unverhältnismäßig sei, Unternehmen einen Datenzugang zu gewähren, die bereits eine einzigartige Fähigkeit haben, Daten zu erwerben.[298] Außerdem würde durch einen Datenzugang die gerechte Verteilung der Datenwertschöpfung auf dem Markt behindert werden.[299]

---

294 Zur Einwilligung in die Weiterveräußerung Gliederungspunkt b) aa).

295 Übersetzt aus *Hennemann et al.*, Data Act, S. 106 f.

296 *Drexl et al.*, Data Act, Rn. 92.

297 https://ec.europa.eu/commission/presscorner/api/files/document/print/de/ip_23_4328/IP_23_4328_DE.pdf, (zuletzt abgerufen am: 1.11.2024).

298 Erwägungsgrund 40 VO (EU) 2023/2854.

299 Erwägungsgrund 40 VO (EU) 2023/2854. Der Ausschluss für Torwächter war während des Gesetzgebungsverfahrens sehr umstritten; dafür beispielsweise *Drexl et al.*, Data Act, Rn. 91; dagegen etwa *Krämer*, Effectiveness of data sharing obligations, S. 25 f.; *Kerber*, JoAE 2024, 1, 6.

Bevor ein Unternehmen als Torwächter ernannt wird, wird nach Art. 17 DMA eine Marktuntersuchung durchgeführt. Wenn ein Unternehmen dann als Torwächter ernannt wird, ist mindestens alle drei Jahre eine Prüfung des Torwächterstatus durchzuführen, um für alle Marktteilnehmer, inklusive der Torwächter, für Rechtssicherheit zu sorgen.[300]

In der Praxis kann das Verbot, nutzungsgenerierte Daten an Torwächter weiterzugeben, für sonstige Dateninhaber zu Schwierigkeiten führen. Es ist ein hoher (organisatorischer) Aufwand erforderlich, um bei der Nutzung von bereitgestellten Plattformdiensten sicherzustellen, dass eine Zurückübermittlung der nutzungsgenerierten Daten, beispielsweise bei einer Wartung durch einen Torwächter, ausgeschlossen wird.[301] Auch die Rechte der Nutzer werden stark beschnitten, da sie sich dritte Dienstleister nicht mehr frei aussuchen können.[302] Das schadet dem öffentlich ausgerufenen Ziel der Stärkung eines Sekundärmarktes zum Vorteil der Nutzer.[303] Der umfassende Ausschluss der Torwächter kann mangels Wettbewerb auch der Innovation schaden[304] – einem erklärten Ziel des Data Acts.[305] Da der Ausschluss für Torwächter nur deren Datenzugang als Dritte im Sinne von Art. 5 Abs. 1 DA erfasst, nicht denjenigen als Dateninhaber, kann Art. 5 Abs. 3 DA auch dazu führen, dass Torwächter Betreiber vernetzter Produkte aufkaufen und ihre marktbeherrschende Stellung weiter ausbauen.[306] Andererseits ist anzumerken, dass zwar die Möglichkeiten der Datenweitergabe an Torwächter des Nutzers massiv eingeschränkt sind, Dateninhaber und Hersteller aber keinen Einschränkungen unterliegen.[307] Inwieweit die Vorschrift praktikabel ist, bleibt daher fragwürdig.[308]

cc) Weitergabe der Daten an Dritte durch den Nutzer selbst

Denkbar sind auch Fälle, in denen die Daten direkt vom Nutzer an den Dritten weitergegeben werden.

Ist ein Dateninhaber gegenüber einem Dritten zur Datenbereitstellung nach Art. 5 Abs. 1 DA verpflichtet, kann er eine diskriminierungsfreie und angemessene Gegenleistung verlangen (Art. 9 Abs. 1 DA). Datenverträge zwischen dem Dateninhaber und dem Nutzer dürfen allerdings keine Gegenleistung vorsehen (Art. 3 Abs. 1, Art. 4 Abs. 1 DA).

---

300 Erwägungsgrund 30 VO (EU) 2022/1925.

301 *Wilken/Rammos*, DER BETRIEB, 1241, 1243; *Heinzke/Herbers/Kraus*, BB 2024, 649, 655.

302 *Drexl et al.*, Data Act, Rn. 92.

303 *Europäische Kommission*, Datengesetz – Factsheet 2022; *Kerber*, GRUR Int. 2023, 120, 122.

304 *Drexl et al.*, Data Act, Rn. 92; *Kerber*, JoAE 2024, 1, 6.

305 *Kerber*, GRUR Int. 2023, 120, 122; *Kerber*, GRUR Int. 2023, 120, 130.

306 *Drexl et al.*, Data Act, Rn. 92; *Kerber*, GRUR Int. 2023, 120, 130.

307 *Kerber*, JoAE 2024, 1, 6.

308 Allgemein kritisch äußerten sich auch *Metzger/Schweitzer*, ZEuP 2023, 42, 59, die als Gegenentwurf einen Zugang von Torwächtern im Gegenzug zu einer Öffnung derer Datensammlungen vorsahen.

Das Recht auf eine Gegenleistung mit Gewinnmarge des Dateninhabers könnte umgegangen werden, wenn Nutzer und Dritte (kollusiv) zusammenarbeiten, indem der Nutzer als Geschäftsbesorgung für den Dritten die Daten zunächst selbst vom Dateninhaber einfordert und dann weitergibt. Durch ein derartiges Zusammenwirken könnte letztlich zugunsten Dritter und zulasten der Dateninhaber von den Art. 5 Abs. 1, Art. 9 Abs. 1 DA abgewichen werden.[309] Davon würde auf dem Papier ebenfalls nicht der Nutzer profitieren. Denn auch dem für die direkte Bereitstellung der Daten an einen Dritten erforderlichen Nutzerverlangen liegt ganz regelmäßig schon ein entgeltliches Geschäftsbesorgungsverhältnis zugrunde.[310]

Andererseits soll dem Nutzer die Bereitstellung der Daten an Dritte freistehen.[311] Danach könnte die Umgehungsmöglichkeit vom Verordnungsgeber intendiert sein oder wurde zumindest in Kauf genommen: Da dem Dateninhaber kein zusätzlicher Aufwand entsteht, ist ihm auch der Verzicht auf seine Vergütung nach Art. 9 Abs. 1 a.E. DA zuzumuten. Eine Einschränkung gilt aber jedenfalls für Geschäftsgeheimnisse, deren Weitergabe der Dateninhaber verbieten kann (Art. 4 Abs. 6, 7 DA), was die Interessen des Dateninhabers bereits wahren könnte.

Manches spricht außerdem dafür, dass der Verordnungsgeber die Datenweitergabe an Dritte durch Nutzer offenlassen wollte.[312] Denn Art. 5 Abs. 3 lit. c) DA verbietet es Torwächtern Daten zu erhalten, die Nutzer nach Art. 4 Abs. 1 DA erlangt haben. Das bedeutet im Umkehrschluss, dass eine direkte Datenbereitstellung durch den Nutzer an Nicht-Torwächter grundsätzlich zulässig ist.[313] Das entspräche auch der grundsätzlichen Datenverwendungsfreiheit des Nutzers zu „jedem rechtmäßigen Zweck“[314].

In der Praxis dürften Datenweitergaben durch den Nutzer an Dritte wohl nur in seltenen Fällen möglich sein und an praktischen Hürden scheitern, da dies eine gute technische Infrastruktur und Ausstattung des Nutzers voraussetzt und generell besonders aufwendig sein dürfte.[315]

Im Übrigen ist keine Vereinbarung zwischen dem Dateninhaber und dem Dritten erforderlich, da keine Bereitstellungsverpflichtung nach Art. 5 DA oder anderem Recht vorliegt (Art. 8 Abs. 1 DA).

---

309 *Bomhard/Merkle*, RDi 2022, 168, 171; *Holznagel/Freese*, EuZ 2023, A 17; zum an dieser Stelle unveränderten DA-Entwurf *Specht-Riemenschneider*, MMR 2022, 809, 822.

310 Vgl. *Etzkorn*, RDi 2024, 116, 121.

311 Erwägungsgrund 30 VO (EU) 2023/2854.

312 *Holznagel/Freese*, EuZ 2023, A 23f.

313 *Holznagel/Freese*, EuZ 2023, A 24; siehe auch *Hennemann/Steinrötter*, NJW 2022, 1481, 1484.

314 Erwägungsgrund 30 VO (EU) 2023/2854.

315 Übersetzt aus *Hennemann et al.*, Data Act, S. 119; ähnlich bereits *Bomhard/Merkle*, RDi 2022, 168, 173.

e) Streitbeilegung durch Streitbeilegungsstellen (Art. 10 DA)

Nutzer, Dateninhaber und Datenempfänger (Dritte) haben gemäß Art. 10 Abs. 1 DA Zugang zu zertifizierten Streitbeilegungsstellen. **Streitbeilegungsstellen** sind für Streitigkeiten über die Reichweite des Geschäftsgeheimnisschutzes im Verhältnis zwischen Dateninhaber und Nutzer und Dateninhaber und Drittem zuständig (Art. 10 Abs. 1 i.V.m. Art. 4 Abs. 9, 5 Abs. 12 DA). Im Verhältnis zwischen Dateninhaber und Nutzer kann das Anrufen einer Streitbeilegungsstelle bei Streitigkeiten über eine Verweigerung des Datenzugangs nach Art. 4 Abs. 1 DA wegen Beeinträchtigung staatlich festgelegter Sicherheitsanforderungen vereinbart werden (Art. 4 Abs. 2, 3 DA). Kommt es zwischen einem Dritten und dem Dateninhaber zu Streitigkeiten über die Festlegung von FRAND-Bedingungen, haben beide ebenfalls Zugang zu einer Streitbeilegungsstelle (Art. 10 Abs. 1 DA). Die Parteien können sich die Streitbeilegungsstelle frei aussuchen. Ob sie innerhalb oder außerhalb ihres Niederlassungsmitgliedstaats liegt, ist unbeachtlich.[316]

Zum Teil wird vertreten, dass sich die Prüfungskompetenz der Streitbeilegungsstellen materiell auch auf die Frage erstreckt, *ob* ein Datenzugangsanspruch besteht.[317] Hierfür wird allen voran der im Vergleich zum Kommissionsentwurf geänderte Wortlaut der Norm ins Feld geführt.[318] Gleichwohl sind beide Textfassungen des Art. 10 Abs. 1 DA nahezu wortgleich und beziehen sich aufgrund der mit Art. 8 Abs. 1 DA übereinstimmenden Bezeichnung auf die FRAND-Bedingungen nach Art. 8 Abs. 1 DA, und nicht auf die „Bedingungen" eines Datenzugangsanspruchs.[319] Mit der behaupteten Textänderung kann daher nur die englische Textfassung gemeint sein, die in Art. 10 Abs. 1 DA-E ursprünglich wie folgt lautete:

> *„disputes in relation to the determination of fair, reasonable and non-discriminatory terms for and the transparent manner of making data available"* sowie
>
> *„disputes relating to the fair, reasonable and non-discriminatory terms and conditions for, and transparent manner of, making data available"*.

Damit wird die für das Argument maßgebliche Änderung deutlich: Die Wendung *„conditions for* [...] *making data available"* wird dahingehend ausgelegt, dass auch die rechtlichen Voraussetzungen der Datenbereitstellung zum Prüfungsgegenstand der Streitbeilegungsstellen zählen. Dabei wird aber verkannt, dass in Art. 10 Abs. 1 DA von *„terms and conditions"* die Rede ist. Der Rechtsbegriff stimmt mit dem in Art. 8 Abs. 1 DA verwendeten *„terms and conditions"* überein. In Art. 8 Abs. 1 COM(2022) 68 FINAL hieß die Bezeichnung noch nur *„terms"*. Die Änderung in Art. 10 Abs. 1 DA soll somit nach dem Willen des Verordnungsgebers nur die Norm zum veränderten Art. 8 Abs. 1 DA anglei-

---

316 Erwägungsgrund 53 VO (EU) 2023/2854.
317 Übersetzt aus *Hennemann et al.*, Data Act, S. 126; *Weiß*, MMR 2024, 101.
318 *Weiß*, MMR 2024, 101.
319 So für den DA-Entwurf auch Übersetzt aus *Hennemann et al.*, Data Act, S. 126; *Weiß*, MMR 2024, 101.

chen. Die Begriffe *„terms and conditions“* und *„terms“* meinen die in der deutschen Fassung einheitlich bezeichneten FRAND-Bedingungen.

Materiell-rechtlich beabsichtigte der Verordnungsgeber mit der redaktionellen Änderung der englischen Sprachfassung des Art. 10 Abs. 1 DA keine Änderung. Folglich verfängt das in der Literatur vorgebrachte Argument nicht. Die Beurteilung, ob ein Datenzugangsanspruch materiell-rechtlich besteht, liegt nicht in der Prüfungskompetenz der Streitbeilegungsstellen.

Die Möglichkeit, gegen die die Entscheidung einer Streitbeilegungsstelle gerichtlich vorzugehen, bleibt für alle Beteiligten unberührt (Art. 4 Abs. 3, 9, Art. 5 Abs. 12, Art. 10 Abs. 13 DA).[320] Die Entscheidungen sind außerdem nur dann bindend, wenn die Parteien das vor Beginn des Verfahrens ausdrücklich vereinbart haben (Art. 10 Abs. 12 DA). Damit erschließt sich der Zweck des neuen Verfahrens: Die überaus arbeits- und kostenaufwendigen FRAND-Streitigkeiten würden die Gerichte immens belasten.[321] Streitbeilegungsstellen sollen andererseits besonders effizient und kostengünstig sein und,[322] ähnlich wie Schiedsgerichte, staatliche Gerichte entlasten.[323] Die Bedeutung der Verfahrenseffizienz kommt nicht zuletzt in Art. 10 Abs. 7 und 9 DA zum Ausdruck.[324] Ein Antrag, der bereits bei einer anderen Stelle oder einem mitgliedsstaatlichen[325] Gericht eingereicht wurde, ist abzulehnen (Art. 10 Abs. 7 DA). Entscheidungen haben innerhalb von 90 Tagen zu erfolgen (Art. 10 Abs. 9 DA).

Vorteilhaft für Nutzer und Dritte ist auch die Kostentragungsregelung nach Art. 10 Abs. 3 DA. Von der Streitbeilegungsstelle erhobene Gebühren oder sonstige Kosten müssen bei einer für sie nachteiligen Entscheidung dem Dateninhaber nur erstattet werden, wenn sie bösgläubig gehandelt haben (Art. 10 Abs. 3 S. 2 DA). Andererseits können sie bei einer Entscheidung zu ihren Gunsten sowohl die Erstattung der Gebühren als auch aller sonstigen angemessenen Ausgaben verlangen (Art. 10 Abs. 3 S. 1 DA). Wie hoch die Entgelte sind, ist den Parteien im Vorfeld des Verfahrens mitzuteilen. Dadurch können sie die finanziellen Vorteile und Risiken des Verfahrens frühzeitig einschätzen.[326] Dass die Kostentragungsregelung den Dateninhaber benachteiligt, könnte seine Bereitschaft, einem Streitbeilegungsverfahren zuzustimmen, erheblich verringern und dadurch der praktischen Relevanz des Mechanismus schaden.[327]

---

320 Übersetzt aus *Hennemann et al.*, Data Act, S. 124.

321 Übersetzt aus *Hennemann et al.*, Data Act, S. 124.

322 Siehe Art. 10 Abs. 5 lit. d) DA und Erwägungsgrund 52 VO (EU) 2023/2854.

323 *Niedermaier/Picht*, EuZW 2023, 1035, 1036.

324 *Weiß*, MMR 2024, 101, 102, 104.

325 Es ließe sich auch argumentieren, dass sich die Norm aufgrund ihres Wortlauts („Gericht eines Mitgliedsstaats“) nur auf den Mitgliedsstaat bezieht, in dem sich auch die Streitbeilegungsstelle befindet. Aufgrund der Ausrichtung des Art. 10 DA in Richtung Verfahrenseffizienz muss sich der Begriff aber auf alle mitgliedstaatlichen Gerichte beziehen. Dazu *Weiß*, MMR 2024, 101, 102.

326 Übersetzt aus *Hennemann et al.*, Data Act, S. 126.

327 Übersetzt aus *Hennemann et al.*, Data Act, S. 127; *Weiß*, MMR 2024, 101, 104.

Um von einem Mitgliedstaat zertifiziert zu werden, muss die Streitbeilegungsstelle unparteiisch sein, über das erforderliche Fachwissen verfügen und über elektronische Kommunikationsmittel leicht erreichbar sein (Art. 10 Abs. 5 lit. a)–c) DA). Sie muss zusätzlich in der Lage sein, in mindestens einer Amtssprache der Union rasch, effizient und kostengünstig zu entscheiden (Art. 10 Abs. 5 lit. d) DA). Die Kommission veröffentlicht eine Liste aller zertifizierten Streitbeilegungsstellen (Art. 10 Abs. 6 DA). Im Data Act-Kommissionsentwurf sah in Art. 10 Abs. 2 S. 2 COM(2022) 68 FINAL noch eine Pflicht zur Einrichtung von Streitbeilegungsstellen für Mitgliedsstaaten vor für den Fall, dass im Mitgliedsstaat noch keine Streitbeilegungsstelle zugelassen wurde. Diese Bestimmung wurde in der finalen Fassung des Data Acts ersatzlos gestrichen. Damit sind zunächst keine staatlichen Streitbeilegungsstellen mehr vorgesehen.[328] Möglich sind staatliche Streitbeilegungsstellen – soweit sie die Anforderungen nach Art. 10 Abs. 5 DA erfüllen – mangels abweichender Bestimmungen indes weiterhin.[329] Denn den Zweck des Verfahrens vor einer Streitbeilegungsstelle, eine effiziente,[330] die Gerichte entlastende Streitbeilegung, können auch sie grundsätzlich erfüllen.[331]

4. Missbräuchliche Vertragsklauseln, die einem anderen Unternehmen einseitig auferlegt werden, Art. 13 DA

a) Hintergrund

Art. 13 DA regelt den Umgang mit missbräuchlichen Vertragsklauseln, die einem Unternehmen einseitig auferlegt werden. Hintergrund der Regelung sind potentielle Machtgefälle zwischen den durch den Data Act betroffenen Akteuren.[332] Im Rahmen ihrer Zusammenarbeit, die teils freiwilliger Natur, teils durch gesetzliche Vorgaben verpflichtend ist, soll so verhindert werden, dass eine Partei ihre marktbeherrschende Stellung missbrauchen könnte.[333] Dieser Gedanke tritt besonders deutlich dadurch hervor, dass in den Art. 3 bis 12 DA Pflichten statuiert werden, durch die konkurrierende Unternehmen zur Zusammenarbeit gezwungen werden (Kontrahierungszwang), um die Ansprüche des Nutzers auf Datenweitergabe von Produktdaten und verbundenen Dienstdaten an Datenempfänger zu erfüllen.

Um ihren Pflichten nachzukommen, schließen Unternehmen Verträge ab. Dabei sollen sie nach der Vorstellung des Gesetzgebers grundsätzlich privatautonom agieren.[334] Um faire Vertragsbedingungen im Hinblick auf den obligatorischen Datenzugang sicher-

328 *Weiß*, MMR 2024, 101, 102.

329 *Niedermaier/Picht*, EuZW 2023, 1035, 1036; siehe auch Wortlaut von Erwägungsgrund 52 VO (EU) 2023/2854.

330 Art. 10 Abs. 5 lit. d) DA und Erwägungsgrund 52 VO (EU) 2023/2854.

331 Vgl. *Niedermaier/Picht*, EuZW 2023, 1035, 1036.

332 *Schwamberger*, MMR 2024, 96.

333 Erwägungsgrund 58 VO (EU) 2023/2854.

334 Erwägungsgrund 59 VO (EU) 2023/2854.

zustellen und die Ausnutzung gegebenenfalls bestehender Marktmacht durch eine Vertragspartei zu verhindern, hielt der Gesetzgeber eine Regelung für notwendig, die der Verwirklichung der genannten Risiken vorbeugt.[335] Art. 13 DA kann mithin als umfassende Klauselkontrolle für B2B-Verträge verstanden werden. Insoweit verweisen die Vorschriften aus den Art. 3 bis 12 DA auf die Klauselkontrolle des Art. 13 DA.[336]

Die Formulierung und Struktur der Klauselkontrolle orientieren sich an verschiedenen bereits bestehenden Regelungen: So wurde in der Literatur schon die Ähnlichkeit zu Anhang 1 Kapitel 8 des gescheiterten Vorschlags zum Gemeinsamen Europäischen Kaufrecht (GEK) bemerkt.[337] Zudem werden Parallelen zur Zahlungsverzugs-Richtlinie[338] augenfällig, wenngleich Art. 13 DA lediglich das Instrument der Klauselkontrolle beinhaltet und nicht nachteilige Geschäftspraktiken generell oder die Intransparenz von Vertragsbedingungen adressiert.[339] Andere sehen Art. 13 DA in Systematik und Wortlaut weitgehend der RL 93/13/EWG[340] nachgebildet.[341] Letzteres ist insofern beachtlich, als dass die RL 93/13/EWG erheblichen Einfluss auf die Normen des deutschen AGB-Rechts hatte.[342] Aufgrund der ähnlichen Regelungsstruktur ließe sich daher erwägen, große Teile der zu der RL 93/13/EWG ergangenen Dogmatik und Rechtsprechung auf Art. 13 DA zu übertragen, wenn man bei der Wertung die Einschränkung berücksichtigt, dass die RL 93/13/EWG lediglich im B2C-Verhältnis gilt, während Art. 13 Abs. 1 DA nur eine Geltung im B2B-Verhältnis anordnet.[343]

b) Anwendungsbereich der Klauselkontrolle: B2B-Verträge

Art. 13 Abs. 1 DA bestimmt einerseits die Rechtsfolge für den Fall der Verwendung missbräuchlicher Vertragsklauseln und andererseits den Anwendungsbereich der Klauselkontrolle: Danach sind Vertragsklauseln in Bezug auf den Datenzugang und die Datennutzung oder die Haftung und die Rechtsbehelfe bei Verletzung oder Beendigung datenbezogener Pflichten, die **ein Unternehmen** einem **anderen Unternehmen** einseitig auferlegt, für letzteres nicht bindend, wenn sie missbräuchlich sind. Die Vorschrift steht nicht zur Disposition der Vertragspartner (Art. 13 Abs. 9 DA). Im Gegensatz zum

---

335 Erwägungsgrund 44 VO (EU) 2023/2854; zur Vermeidung von Gatekeeper-Effekten siehe Erwägungsgrund 58 VO (EU) 2023/2854.

336 Siehe Art. 8 Abs. 1, Abs. 2 DA.

337 *Staudenmayer*, NJW 2024, 1377, 1378; Vorschlag für eine Verordnung des Europäischen Parlaments und des Rates über ein Gemeinsames Europäisches Kaufrecht, KOM (2011) 635.

338 Richtlinie 2011/7/EU des Europäischen Parlaments und des Rates vom 16. Februar 2011 zur Bekämpfung von Zahlungsverzug im Geschäftsverkehr, ABl. L 48 vom 23.2.2011, S. 1ff.

339 Vgl. Art. 7 und Art. 8 RL 2011/7/EU; *Schwamberger*, MMR 2024, 96; *v. Westphalen*, BB 2024, 515.

340 Richtlinie 93/13/EWG des Rates vom 5. April 1993 über missbräuchliche Klauseln in Verbraucherverträgen, ABl. L 95 vom 21.4.1993, S. 29ff.

341 *Lettl*, WM 2024, 185; *Schwamberger*, MMR 2024, 96.

342 MüKO BGB/*Fornasier*, Vor. § 305 Rn. 23.

343 *Lettl*, WM 2024, 185; dazu näher in Gliederungspunkt 4.d.

ersten Kommissionsentwurf des Data Acts werden Kleinstunternehmen und KMU nicht privilegiert.[344] Dort hieß es noch, dass die Missbrauchskontrolle nur anwendbar sei, wenn aufseiten des mit der Klausel Beschwerten ein Kleinstunternehmen oder KMU stehe, sodass sich größere Unternehmen nicht auf deren Vorzüge hätten berufen können.[345] Diese Differenzierung ist nun nicht mehr vorhanden.

Art. 13 Abs. 1 DA statuiert über den B2B-Kontext hinaus zwei weitere Tatbestandsvoraussetzungen, die kumulativ vorliegen müssen. Demnach muss es sich (aa) um Vertragsklauseln in Bezug auf den Datenzugang und die Datennutzung oder die Haftung und Rechtsbehelfe bei Verletzung oder Beendigung datenbezogener Pflichten handeln, die (bb) ein Unternehmen dem anderen Unternehmen **einseitig auferlegt.**

aa) Vertragsklauseln in Bezug auf den Datenzugang und die Datennutzung oder die Haftung und Rechtsbehelfe bei Verletzung oder Beendigung datenbezogener Pflichten

Die erste Voraussetzung ist Ausdruck des Gedankens, dass die Klauselkontrolle nur für diejenigen Bestandteile eines Vertrages gelten soll, die sich auf die Bereitstellung von Daten beziehen.[346] Das kann in der Praxis dazu führen, dass eine **„gespaltene Inhaltskontrolle“** vorzunehmen ist.[347] Demnach wären für manche Klauseln eines Vertrags die Vorschriften von Art. 13 DA anwendbar, während für andere Klauseln auf allgemeines AGB-Recht zurückgegriffen werden muss. Die Vertragsklauseln müssen zudem nicht für eine Vielzahl von Verträgen vorformuliert sein.[348]

Der ersten Voraussetzung lässt sich der bereits angesprochene Bezug zu den Art. 3 bis 12 DA entnehmen, welche Datenzugangs- und Datennutzungsansprüche näher regeln. Art. 8 Abs. 1 und 2 DA erklärt Art. 13 DA für diese Kapitel, insbesondere für Art. 5 DA, unmittelbar anwendbar. Wie genau das Verhältnis der Kontrolle nach Art. 13 DA zu den in Art. 8 Abs. 1 DA bestimmten **FRAND-Bedingungen** steht, ist zweifelhaft. Es wird vertreten, dass in solchen Fällen Art. 13 DA als Ausdifferenzierung der FRAND-Bedingungen gelten soll, unabhängig davon, ob eine Klausel einseitig auferlegt ist.[349] Diese Ansicht verkennt jedoch, dass der Anwendungsbereich ausweislich des Wortlauts ausdrücklich nur für einseitig auferlegte Klauseln eröffnet sein soll.[350] Würde man dagegen

---

344 Erwägungsgrund 45 VO (EU) 2023/2854; *v. Westphalen*, BB 2024, 515.
345 Siehe Art. 13 Abs. 1 COM(2022) 68 final.
346 Erwägungsgrund 60 VO (EU) 2023/2854.
347 *Wiebe*, GRUR 2023, 1569, 1574.
348 *Jung*, ZIP 2024, 1565, 1567.
349 So unter Verweis auf die Systematik des Art. 8 Abs. 2 DA *Schwamberger*, MMR 2024, 96, 97; *Drexl et al.*, Position Statement, Rn. 128f.
350 Erwägungsgrund 59 VO (EU) 2023/2854; entscheidend ist schließlich, ob Art. 8 Abs. 2 DA eine partielle oder vollständige Rechtsgrundverweisung darstellen soll. Näheres dazu auch in Kapitel A. I. 4. d) bb) (2) (a).

die generelle Anwendbarkeit des Art. 13 DA auf die Art. 3 bis 12 DA ablehnen, verbliebe lediglich ein stark eingeschränkter Anwendungsbereich.

Problematisch ist zudem die Frage, ob der Wechsel von Datenverarbeitungsdiensten nach Art. 23 DA ebenfalls als Datenzugang oder -nutzung angesehen werden kann. Vereinzelt wird vorgeschlagen, auf die Wertungen des Art. 13 DA abzustellen, um etwa die Unangemessenheit eines „Wechselentgelts" näher zu charakterisieren.[351] Die Beantwortung dieser Frage wird freilich in weiten Teilen dahinstehen können, da auch Vertragsklauseln in Bezug auf die Haftung und Rechtsbehelfe bei Verletzung oder Beendigung datenbezogener Pflichten gem. Art. 13 Abs. 1 DA der Klauselkontrolle nach diesem Artikel unterfallen; die Vorschriften zu Datenverarbeitungsdiensten aus Art. 23ff. DA beinhalten unzweifelhaft datenbezogene Pflichten.

bb) Einseitig auferlegt

Die zweite Tatbestandsvoraussetzung des Art. 13 Abs. 1 DA betrifft das einseitige Auferlegen durch ein Unternehmen. Eine Vertragsklausel gilt nach Art. 13 Abs. 6 S. 1 DA als einseitig auferlegt, wenn sie von einer Vertragspartei eingebracht werden und die andere Vertragspartei ihren Inhalt trotz des Versuchs, hierüber zu verhandeln, nicht beeinflussen kann.

Fragt man nach dem Zweck dieser Regelung, lässt sich auf das bereits zur Stellung marktbeherrschender Unternehmen Gesagte zurückverweisen.[352] Besteht für Unternehmen eine gesetzliche Pflicht zur Zusammenarbeit oder geht es um Fälle in denen neue oder kleine Unternehmen um Partizipation an einem Markt bemüht sind, so wird man in vielen Situationen die Zustimmung zu Konditionen erteilen müssen, denen man als ebenbürtiger Partner nicht zugestimmt hätte. Der Gesetzgeber hatte bei der Konzeption des Art. 13 DA offenbar sog. **„*take-it-or-leave-it* Situationen"**[353] vor Augen, wie in Erwägungsgrund 59 deutlich wird. Gemeint sind

> Situationen ohne Verhandlungsspielraum, in denen eine Partei eine bestimmte Vertragsklausel einbringt und das andere Unternehmen den Inhalt dieser Klausel trotz Verhandlungsversuchs nicht beeinflussen kann. Vertragsklauseln, die lediglich von einer Partei eingebracht und von dem anderen Unternehmen akzeptiert werden, oder Klauseln, die zwischen den Vertragsparteien ausgehandelt und anschließend in geänderter Form vereinbart werden, sollten nicht als einseitig auferlegt gelten.

351 *v. Westphalen*, BB 2024, 515, 521.
352 Hierzu auch Erwägungsgrund 58 VO (EU) 2023/2854.
353 Erwägungsgrund 59 VO (EU) 2023/2854; *Wiebe*, GRUR 2023, 1569, 1574.

(1) Erfordernis eines Verhandlungsversuchs?

Dieser Grundsatz spiegelt sich auch in Art. 13 Abs. 6 DA wider. Indes wird der Anwendungsbereich der Klauselkontrolle durch die Beschränkung auf derartige Situation erheblich eingeschränkt: Das Unternehmen, welchem die Klausel auferlegt wurde, muss demnach zumindest einen **Verhandlungsversuch** unternehmen, die entsprechende Klausel zu ändern. Es kommt insofern nicht darauf an, ob der Verwender subjektiv tatsächlich bereit war, Verhandlungen zu unternehmen.[354] Entscheidend ist vielmehr, ob bei objektiver Betrachtung Verhandlungsversuche stattgefunden haben. Die Verwenderpartei kann sich nicht auf die Missbräuchlichkeit der Klausel berufen, Art. 13 Abs. 6 S. 3 DA. Ferner obliegt der Partei, die die Klausel eingebracht hat, die Beweislast dafür, dass die Klausel nicht einseitig eingebracht wurde, Art. 13 Abs. 6 S. 2 DA. Der negativ formulierte Wortlaut könnte ein Indiz für eine gesetzliche Vermutung dahingehend sein, dass eingebrachte Klauseln grundsätzlich als einseitig auferlegt betrachtet werden.

In der Praxis könnte das Erfordernis des Verhandlungsversuchs bewirken, dass man jenen formaliter unternimmt, um den Anwendungsbereich der Klauselkontrolle zu eröffnen. Dieses Vorgehen birgt das Risiko, dass weniger erfahrene Vertragspartner Klauseln einbringen und erfahrenere Vertragspartner Verhandlungsversuche vortäuschen, um nachträglich auf dem Rechtsweg den Vertrag zu ihren Gunsten der Klauselkontrolle zu unterwerfen, was dem bezweckten Schutz von Marktneulingen entgegenlaufen würde.[355] Will die einbringende Partei dagegen die Klauselkontrolle vermeiden, so wird vertreten, dass sich die Einbindung eines schlichten ***Accept-Buttons*** anbietet, was zur Folge hat, dass kein Verhandlungsversuch stattfinden kann.[356] Diese Ansicht stützt sich auf den Wortlaut des Erwägungsgrund 59, in dem es heißt, dass eingebrachte Vertragsklauseln, die von dem anderen Unternehmen *akzeptiert* werden nicht als einseitig auferlegt gelten.[357] Der Wortlaut „akzeptieren" wird folglich als eine äußerlich wahrnehmbare Handlung interpretiert. Stellt man dagegen eine subjektive Komponente in den Vordergrund, wonach akzeptieren ein tatsächliches, inneres Einverständnis voraussetzt, ließe sich im Sinne eines Erst-Recht-Schlusses argumentieren, dass derjenige, dem lediglich ein *Accept-Button* angeboten wird, schützenswerter ist als derjenige, dem sogar ein Verhandlungsversuch möglich war. Für ein derartiges Verständnis spricht nicht zuletzt der Umstand, dass es dem Gesetzgeber gerade darum ging, *take-it-or-leave-it* Situationen durch Art. 13 DA zu erfassen.[358] Im Übrigen wird auf diese Weise noch stärker das Ausnutzen marktbeherrschender Stellungen vermieden.[359]

Schließlich stellt sich die Frage, ob ein Verhandlungsversuch für jede einzelne Klausel vorgenommen werden muss oder der Verhandlungsversuch hinsichtlich einer ein-

---

354 *Beinke/Daute*, RDi 2024, 70.
355 *Wiebe*, GRUR 2023, 1569, 1575; Erwägungsgrund 58 VO (EU) 2023/2854.
356 *Wiebe*, GRUR 2023, 1569, 1575.
357 In der englischen Version des DA wird der Wortlaut „accept" genutzt.
358 Siehe Wortlaut von Erwägungsgrund 59 VO (EU) 2023/2854 (Englische Version).
359 Erwägungsgrund 58 VO (EU) 2023/2854.

zigen Klausel genügt. Hierfür streitet der im Plural formulierte Wortlaut des Art. 13 Abs. 6 S. 1 DA („Vertragsklauseln“).[360] Dabei muss es sich allerdings, angesichts des im Singular formulierten Wortlauts in anderen Sprachfassungen, um einen Übersetzungsfehler handeln.[361] Hierfür spricht auch das enge Verständnis von Erwägungsgrund 59.[362] Daher muss für die Anwendbarkeit von Art. 13 DA für jede Klausel ein Verhandlungsversuch unternommen werden.

(2) Stellungnahme

Nach hier vertretener Auffassung folgt aus Art. 13 Abs. 6 S. 1 DA, dass Vertragsklauseln erst dann als einseitig auferlegt im Sinne der Norm betrachtet werden können, wenn die andere Vertragspartei zuvor einen Verhandlungsversuch unternommen hat. Wann ein Verhandlungsversuch unternommen worden ist, ist anhand objektiver Umstände zu ermitteln. Die subjektive Verhandlungsbereitschaft der anderen Vertragspartei hat dabei allenfalls indizielle Bedeutung. Diese Wertung ist im Hinblick auf den klaren Wortlaut des Art. 13 Abs. 6 DA geboten, auch wenn der Gesetzgeber den Anwendungsbereich von Art. 13 DA hiermit stark beschränkt und das verfolgte Ziel, Marktneulinge bei Verhandlungen mit marktbeherrschenden Unternehmen zu stärken, zumindest teilweise verfehlt wird. Die Vornahme oder Nichtvornahme eines Verhandlungsversuchs kann so als Instrument einer oder beider Parteien dienen, die Klauselkontrolle beliebig zu umgehen. Verhandlungsversuche sind für jede Klausel zu unternehmen; der Verhandlungsversuch über eine einzige Klausel genügt nicht.

Die Verwendung von *Accept-Buttons* hat zur Folge, dass keine Verhandlungsversuche unternommen worden sind und die Klauseln nicht als einseitig auferlegt anzusehen sind. *Accept-Buttons* stellen vielmehr regelmäßig *take-it-or-leave-it* Situationen dar, die Art. 13 DA ausweislich der Erwägungsgründe verhindern möchte.

In zeitlicher Hinsicht gelten die Vorschriften des Art. 13 DA gem. Art. 50 UAbs. 5 DA für alle Verträge, die nach dem 12. September 2025 geschlossen wurden. Zudem gilt nach Art. 50 UAbs. 6 DA, dass Art. 13 DA für Verträge, die am oder vor dem 12. September 2025 geschlossen wurden, ab dem 12. September 2027 gilt, sofern sie unbefristet sind (lit. a)) oder ihre Geltungsdauer frühestens 10 Jahre nach dem 11. Januar 2024 endet (lit. b)).

cc) Verhältnis zur AGB-Kontrolle nach nationalem Recht, Art. 1 Abs. 9 DA

Neben der Kontrolle missbräuchlicher Vertragsklauseln für B2B-Verträge über Datenzugang und Datennutzung nach Art. 13 DA, existiert im nationalen Recht der Mitgliedstaaten eine allgemeine AGB-Kontrolle, die auf die Richtlinie 93/13/EWG des Rates vom

360 *Jung*, ZIP 2024, 1565, 1568.

361 Im Englischen: „A contractual term“; Im Französischen: „Une clause contractuelle“; Im Spanischen: „una clásula contractual“; *Jung*, ZIP 2024, 1565, 1568 f.

362 *Jung*, ZIP 2024, 1565, 1568.

5. April 1993 über missbräuchliche Klauseln in Verbraucherverträgen zurückgeht. Die Richtlinie zielte darauf ab, in der Europäischen Union einheitliche Mindeststandards zum Schutz von Verbrauchern vor unfairen Vertragsklauseln festzulegen. Sie verpflichtet die Mitgliedstaaten, Regelungen zu schaffen, die missbräuchliche Klauseln in Verträgen zwischen Unternehmen und Verbrauchern für unwirksam erklären.

Es stellt sich die Frage, in welchem Verhältnis die nationalen Vorschriften zur AGB-Kontrolle und Art. 13 DA zueinanderstehen. Nach Art. 1 Abs. 9 DA werden die Regelungen durch den Data Act lediglich ergänzt und bleiben im Übrigen unberührt. Während die RL 93/13/EWG nur Vorgaben für das B2C-Verhältnis aufstellt, gilt Art. 13 DA lediglich im B2B-Bereich (Art. 13 Abs. 1 DA). Daher sind direkte Überschneidungen zwischen beiden Rechtsakten zunächst ausgeschlossen.

Für das deutsche Recht ergibt sich die Besonderheit, dass der nationale Gesetzgeber die RL 93/13/EWG überschießend umgesetzt und den Anwendungsbereich der AGB-Kontrolle in den §§ 305 ff. BGB auf B2B-Verhältnisse erweitert hat.[363] Hier stellt sich tatsächlich die oben aufgeworfene Frage nach dem Verhältnis der §§ 305 ff. BGB zu Art. 13 DA. Die bereits angesprochene Differenzierung angesichts der Datenbezogenheit wird nämlich durch das Merkmal des einseitigen Auferlegens weiter fortgeführt. Handelt es sich allerdings um eine einseitig auferlegte Klausel mit Datenbezug, so ist das Verhältnis zum deutschen AGB-Recht problematisch. Die Unterscheidung wird vor allem im Hinblick auf unterschiedliche Wertungen und Rechtsfolgen beider Regelungsregime im Falle einer missbräuchlichen Klausel virulent, wie das nachfolgende Beispiel verdeutlicht: Eine Klausel, die die Haftung für (einfach) fahrlässig verursachte Pflichtverletzungen in einem datenbezogenen Pflichtenkontext ausschließt, wäre als unangemessene Benachteiligung im Sinne des § 307 Abs. 2 Nr. 2 BGB anzusehen und folglich unwirksam.[364] Dieselbe Klausel wäre demgegenüber mit Art. 13 DA vereinbar, weil Art. 13 Abs. 4 lit. a) DA lediglich den Ausschluss der Haftung für vorsätzliche und grob fahrlässige Handlungen untersagt beziehungsweise als missbräuchlich einstuft. Für einen derartigen Kollisionsfall mit abweichenden Ergebnissen hält der Data Act keine Bestimmungen bereit, sodass das Ergebnis bis zur Klärung durch die Rechtsprechung offenstehen würde.[365]

Ist der Anwendungsbereich von §§ 305 ff. BGB und Art. 13 DA eröffnet, was aufgrund der ähnlichen Voraussetzungen in vielen Konstellationen der Fall sein dürfte, stellt sich die Frage nach dem Konkurrenzverhältnis. Mangels expliziter Regelung im Data Act ließe sich auf den Anwendungsvorrang des Unionsrechts rekurrieren, wobei im Einzelnen problematisch sein könnte, wie weit der Anwendungsvorrang des Data

---

363 *Riesenhuber/Habersack/Mayer*, Europäische Methodenlehre, § 14 Rn. 46; *v. Westphalen/Thüsing/Pamp/Thüsing*, Vertragsrecht und AGB-Klauselwerke, 50. EL 2024, Teil: Klauselwerke, Europäische Grundlagen des AGB-Rechts, Rn. 103.

364 *Beinke/Daute*, RDi 2024, 69, 71.

365 *Beinke/Daute*, RDi 2024, 69, 71; Art. 13 Abs. 4 lit. b) DA betrifft nur die Haftung für die Nichterfüllung vertraglicher Pflichten, nicht aber die Schlechterfüllung.

Acts gegenüber dem deutschen AGB-Recht reicht.[366] Zudem stellt sich die Frage, ob nationale Vorschriften europäische Verordnungen ohne Öffnungsklausel konkretisieren können; dies ist seit jeher umstritten.[367] Verneint man das, so führt dies in einigen Mitgliedstaaten, die bislang keine AGB-Kontrolle im B2B-Bereich hatten, dazu, dass nun erstmals eine solche, wenn auch nur im Bereich datenbezogener Nutzungen, möglich ist, während in anderen Mitgliedsstaaten wie Deutschland, ein bereits bestehendes System durch eine Bereichsausnahme aufgesprengt wird.[368] Im Ergebnis wird diese Frage durch den EuGH zu klären sein.

c) Missbrauchskontrolle

Soweit der Anwendungsbereich eröffnet ist, stellt sich die Frage danach, ob der Inhalt der Klausel im Einzelnen missbräuchlich ist.

Art. 13 Abs. 2 und Abs. 8 DA nehmen Klauseln mit bestimmten Inhalten von der Missbrauchskontrolle aus. Einleuchtend ist dies zunächst für solche Klauseln, in denen *essentialia negotii* des Vertrags (Art. 13 Abs. 8 DA) festgelegt sind. Demnach ist insbesondere die Angemessenheit des Preises nicht einer Kontrolle am Maßstab des Art. 13 DA nicht zugänglich. Im Umkehrschluss unterfallen allenfalls Klauseln, die vertragliche Nebenpflichten betreffen, dem Anwendungsbereich des Art. 13 DA. Schwieriger ist die Einordnung des Art. 13 Abs. 2 DA, wonach Vertragsklauseln, die zwingenden Bestimmungen des Unionsrechts entsprechen (1. Alt.) oder bei Fehlen von Vertragsklauseln zur Regelung der Angelegenheit geltenden Bestimmungen des Unionsrechts (2. Alt.), nicht als missbräuchlich gelten. Die Bestimmung des Normgehalts der zweiten Alternative bereitet auf den ersten Blick Schwierigkeiten. Licht ins Dunkel bringt die englische Übersetzung des Normtextes: Daraus ergibt sich, dass diejenigen Klauseln nicht als missbräuchlich gelten, die (1.) zwingenden Bestimmungen des Unionsrechts entsprechen oder (2.) Bestimmungen des Unionsrechts lediglich wiedergeben, also rein deklaratorischer Art sind.[369] Kontrolliert werden können also nur Regelungen, zu denen das Unionsrecht keine Vorgaben trifft und solche, die Abweichungen vom dispositiven Unionsrecht darstellen, nicht aber das dispositive Recht selbst.[370]

Erfüllt eine Klausel diese Voraussetzungen, so statuiert Art. 13 Abs. 3–5 DA Maßstäbe, anhand derer die Missbräuchlichkeit der Klauseln zu beurteilen ist. Die Regelungsstruktur ähnelt dabei den Vorschriften im deutschen Recht, namentlich den §§ 307–309 BGB, mit der Besonderheit, dass die konkreten Klauselverbote, anders als im BGB, auch im B2B-Verhältnis gelten.

---

366 *Beinke/Daute*, RDi 2024, 69, 71f.
367 *Schmidt-Kessel*, JZ 1998, 1135, 1136ff.; *Beinke/Daute*, RDi 2024, 69, 71f.
368 *Beinke/Daute*, RDi 2024, 69, 72.
369 *Schwamberger*, MMR 2024, 96, 98.
370 *Schwamberger*, MMR 2024, 96, 98.

Die Systematik der Missbrauchskontrolle stellt sich wie folgt dar: Art. 13 Abs. 3 DA enthält eine **Generalklausel**, wann eine Vertragsklausel als missbräuchlich gelten soll. Art. 13 Abs. 4 lit. a)–c) DA führt hierfür einen nicht abschließenden („insbesondere") Katalog verschiedener Klauseln ohne Wertungsmöglichkeiten auf („**schwarze Liste**").[371] Art. 13 Abs. 5 lit. a)–g) DA enthält dagegen einen Katalog verschiedener Klauseln mit Wertungsmöglichkeit, bei deren Vorliegen die Missbräuchlichkeit vermutet wird („**graue Liste**").[372]

Die Systematik der Missbrauchskontrolle und der Spezialitätsgrundsatz[373] geben die Prüfungsreihenfolge der Klauselkontrolle vor: Zunächst sind die gegenständlichen Vertragsklauseln auf ihre Vereinbarkeit mit den speziellen Vorgaben des Art. 13 Abs. 5 lit. a)–g) DA zu prüfen, gefolgt vom Katalog der Klauseln mit Wertungsmöglichkeiten nach Art. 13 Abs. 4 lit. a)–c) DA. Sofern die Klausel weder gegen Art. 13 Abs. 5 DA, noch gegen Abs. 4 verstößt, ist die Klausel auf Ihre Vereinbarkeit mit der (subsidiären) Generalklausel des Art. 13 Abs. 3 DA zu prüfen.

aa) „Schwarze Liste" (Art. 13 Abs. 4 lit. a)–c))

Nach Art. 13 Abs. 4 DA gilt eine Vertragsklausel insbesondere dann als missbräuchlich, wenn sie einen Haftungsausschluss für grob fahrlässige Pflichtverletzungen durch eine Partei (lit. a)) bezweckt oder bewirkt.[374] Dasselbe gilt bei Klauseln, die den Ausschluss von Rechtsschutzmöglichkeiten der Partei, der die Klausel auferlegt wird, beziehungsweise den Haftungsausschluss für Pflichtverletzungen der auferlegenden Partei (lit. b)) bezwecken oder bewirken.[375]

Ferner unterfallen Art. 13 Abs. 4 DA solche Klauseln, die bezwecken oder bewirken, dass die auferlegende Partei die Möglichkeit hat, zu bestimmen, ob die gelieferten Daten vertragsgemäß sind und ihr somit einseitig die Auslegung des Vertrags ermöglichen (lit. c)).[376]

bb) „Graue Liste" (Art. 13 Abs. 5 lit. a)–g) DA)

Nach Art. 13 Abs. 5 DA gilt eine Klausel als missbräuchlich, wenn sie die Rechtsmittel der Partei, der die Klausel auferlegt wird oder die Haftung der auferlegenden Partei bei

---

371 *Schwamberger,* MMR 2024, 96, 99; *Staudenmayer,* NJW 2024, 1377, 1380.

372 Auch hier ergibt sich die Einordnung, ob Wertungsmöglichkeiten bestehen oder nicht, nicht ohne Weiteres aus dem Normtext („insbesondere"), sondern aus Erwägungsgrund 62 VO (EU) 2023/2854; *v. Westphalen,* BB 2024, 515, 516; *Schwamberger,* MMR 2024, 96, 98f.; *Etzkorn,* RDi 2024, 116, 122.

373 Zum Spezialitätsgrundsatz *Riesenhuber,* Europäische Methodenlehre, § 10 Rn. 31.

374 BeckOK Datenschutzrecht/*Raue,* DA, Art. 13 Rn. 44ff.

375 BeckOK Datenschutzrecht/*Raue,* DA, Art. 13 Rn. 48f.

376 BeckOK Datenschutzrecht/*Raue,* DA, Art. 13 Rn. 50ff.

Nicht- oder Schlechtleistung unangemessen beschränkt oder die Haftung ersterer Partei erweitert (lit. a)).[377]

Gleiches gilt, wenn die Klausel Zugangsrechte für die auferlegende Partei beinhaltet und dies der Partei, der die Klausel auferlegt wird, erheblich schadet, vor allem durch Zugang zu Geschäftsgeheimnissen (lit. b)),[378] sowie wenn dem Unternehmen, welches die Daten bereitstellt und dem die Klausel auferlegt wurde, der Zugang zu seinen Daten beziehungsweise deren Nutzung verhindert oder unangemessen behindert wird (lit. c)).[379]

Das gilt auch bei Verhinderung einer Kündigung innerhalb einer angemessenen Frist (lit. d))[380] oder der Hinderung der Partei während der Vertragslaufzeit oder innerhalb einer angemessenen Frist nach Kündigung eine Kopie der von ihr bereitgestellten Daten zu erhalten (lit. e)).[381] Zudem ist die Einräumung einer unangemessen kurzen Kündigungsfrist durch die auferlegende Partei mit den damit einhergehenden Folgen ohne Vorliegen schwerwiegender Gründe (lit. f)) erfasst.[382]

Ein einseitiges Vertragsänderungsrecht in Bezug auf bestimmte Inhalte des Vertrags (lit. g)) ist ebenfalls umfasst, jedoch nicht, wenn die auferlegende Partei unter Angabe stichhaltiger Gründe im Vertrag darlegt, warum es eines einseitigen Vertragsänderungsrechts bedarf und die andere Partei mit einer angemessenen Vorlaufsfrist über beabsichtigte Änderungen benachrichtigt wird und ihr ein unentgeltliches Kündigungsrecht in einem solchen Falle zusteht, Art. 13 Abs. 5 UAbs. 2 DA.[383]

Die gegenständliche Vertragsklausel muss den Inhalt der vorgenannten Verbote *bezwecken* oder *bewirken*, Art. 13 Abs. 5 DA. Der Wortlaut legt nahe, dass es gerade nicht auf die Absicht der die Klausel auferlegenden Partei ankommt, sondern allein eine objektive Betrachtung der Klauseln maßgeblich ist. Unerheblich ist zudem, ob die Klausel die Vertragsgegenseite tatsächlich beeinträchtigt hat. Dies führt insgesamt zu Erleichterungen für die Partei, der die Klausel auferlegt wurde, da ihr nicht der Nachweis einer böswilligen Verwendungsabsicht der Vertragsgegenseite oder einer tatsächlichen Benachteiligung gelingen muss.

cc) Generalklausel (Art. 13 Abs. 3 DA)

Greift keines der Klauselverbote aus Art. 13 Abs. 4, 5 DA, so ist die Vertragsklausel am Maßstab der Generalklausel des Art. 13 Abs. 3 DA zu prüfen.[384] Danach sind Vertrags-

377 BeckOK Datenschutzrecht/*Raue*, DA, Art. 13 Rn. 54ff.
378 BeckOK Datenschutzrecht/*Raue*, DA, Art. 13 Rn. 57ff.
379 BeckOK Datenschutzrecht/*Raue*, DA, Art. 13 Rn. 61.
380 BeckOK Datenschutzrecht/*Raue*, DA, Art. 13 Rn. 62f.
381 BeckOK Datenschutzrecht/*Raue*, DA, Art. 13 Rn. 64.
382 BeckOK Datenschutzrecht/*Raue*, DA, Art. 13 Rn. 65.
383 BeckOK Datenschutzrecht/*Raue*, DA, Art. 13 Rn. 66ff.
384 Erwägungsgrund 62 VO (EU) 2023/2854.

klauseln missbräuchlich, wenn ihre Anwendung eine grobe Abweichung von der guten Geschäftspraxis bei Datenzugang und Datennutzung darstellt oder gegen das Gebot von Treu und Glauben verstößt.

Anders als im deutschen AGB-Recht wird also nicht an den Grundgedanken der gesetzlichen Regelung, die Transparenz der Klausel oder die Verhinderung der Erreichung des Vertragszwecks angeknüpft, sondern an „gute Handelsbräuche und Gepflogenheiten."[385] In der Literatur wurde richtigerweise bereits problematisiert, dass unklar ist, was als **gute Geschäftspraxis** angesehen werden kann oder ob eine solche gegenwärtig überhaupt existiert.[386] Letzteres könnte man insofern besonders infrage stellen, als dass für Datenzugang und -verwendung weder dispositive Rechtsvorschriften noch (zumindest gegenwärtig) Mustervertragsklauseln existieren, aus denen die Wertungen des Gesetzgebers abzuleiten wären, was gemeinhin als gute Geschäftspraxis anzusehen ist.[387] Zur Auslegung lässt sich auch Erwägungsgrund 61 heranziehen: Dort heißt es, dass im Regelfall Klauseln nicht missbräuchlich sind und die Missbräuchlichkeit nicht alleine daraus hergeleitet werden kann, dass eine Klausel für eine Partei günstiger ist als für die andere Partei. Eingedenk dieser Wertung erscheint eine Abweichung von der guten Geschäftspraxis insbesondere dann denkbar, wenn die Partei, der die Klausel auferlegt wird, in ihrer Fähigkeit, ihr berechtigtes geschäftliches Interesse an den betreffenden Daten zu schützen, beeinträchtigt wird.[388]

d) Rechtsfolgen und Durchsetzung

Gelangt man im Anschluss an die Klauselkontrolle zu dem Ergebnis, dass die Klausel tatsächlich missbräuchlich ist, stellt sich die Frage nach der daraus resultierenden Rechtsfolge. Art. 13 Abs. 1 DA ordnet insoweit an, dass missbräuchliche Klauseln für die Partei, der die Klausel auferlegt wird, nicht bindend sind. Diese Rechtsfolge gilt kraft Gesetzes und bedarf keiner vorherigen gerichtlichen Feststellung.[389] Wie dargestellt, kann sich nur die Partei, der die Klausel einseitig auferlegt wurde, auf die Missbräuchlichkeit einer Klausel berufen, die einbringende Partei dagegen nicht, Art. 13 Abs. 6 S. 3 DA.

Nach Art. 13 Abs. 7 DA bleiben die übrigen Vertragsklauseln wirksam, wenn die missbräuchliche Klausel von den übrigen Klauseln abtrennbar ist.[390] Hieraus ergeben sich mehrere Fragen. Zunächst ist offen, wann eine Klausel als *abtrennbar* anzusehen ist. Ausgehend vom allgemeinen Sprachgebrauch muss der Vertrag noch in irgendeiner Weise sinnvoll bestehen können. Dem Gesetzgeber war es ein Anliegen, möglichst viele

385 *Witzel,* CR 2022, 561, 564.
386 *Witzel,* CR 2022, 561, 564; *Schwamberger,* MMR 2024, 96, 99.
387 *Schwamberger,* MMR 2024, 96, 99.
388 Erwägungsgrund 61 VO (EU) 2023/2854.
389 *EuGH,* Urt. v. 4. Juni 2009, C-243/08, EU:C:2009:350, Rn. 28 – Pannon GSM = EuGH NJW 2009, 2367 Rn. 28; *Lettl,* WM 2024, 185, 187.
390 BeckOK Datenschutzrecht/*Raue,* DA, Art. 13 Rn. 75ff.

Verträge in ihrer Geltung zu erhalten.[391] Diese Interpretation wird auch durch Erwägungsgrund 62 gestützt, in dem es heißt, der Vertrag im Falle der Missbräuchlichkeit einer Klausel weiter gelten **sollte, es sei denn** die missbräuchliche Klausel ist nicht von den übrigen Vertragsklausen abtrennbar. Wann genau der Vertrag noch bestehen kann, geht – anders als aus Art. 6 Abs. 1 Hs. 1 RL 93/13/EWG, welcher auf nationale Rechtsvorschriften verweist – aus Art. 13 DA nicht hervor, sodass allein auf europarechtliche Bestimmungen abzustellen ist.[392] In Anlehnung an die Rechtsprechung zu Art. 6 Abs. 1 RL 93/13/EWG ist daher maßgeblich, ob der Vertrag nach seinem Zweck auch ohne die missbräuchliche Klausel bei objektiver Betrachtung eine ausgewogene Regelung der gegenseitigen Rechte und Pflichten darstellt.[393] Das gilt insbesondere, wenn der Vertrag noch erfüllbar ist.[394] Dies muss aus objektiver Sicht beurteilt werden. Es ist insbesondere nicht darauf abzustellen, ob die auferlegende Partei den Vertrag sonst nicht geschlossen hätte oder ob sie aus wirtschaftlicher Sicht weniger Gewinn erzielen würde.[395]

Ist eine Klausel von den übrigen Vertragsklauseln abtrennbar, so stellt sich die Frage, was anstelle der missbräuchlichen Klausel gilt. Hierzu trifft der Data Act keine explizite Regelung, weshalb wohl bis zu einer Klärung auf allgemeine Regelungen zum AGB-Recht zurückgegriffen werden kann.[396] Insbesondere sollte geklärt werden, ob rein nationale Vorschriften zur ergänzenden Vertragsauslegung herangezogen werden können. In der Vergangenheit stellte der EuGH klar, dass Art. 6 Abs. 1 Hs. 2 RL 93/13/EWG nicht zur Schließung von Vertragslücken durch allgemeine nationale Vorschriften herangezogen werden kann.[397] Für Art. 13 Abs. 7 DA könnte aufgrund der ähnlichen Formulierung daher dasselbe gelten.[398]

Ist die Klausel dagegen nicht abtrennbar, so gilt im Umkehrschluss zu Art. 13 Abs. 7 DA, dass der Vertrag als Ganzes nicht bindend für die Parteien ist. Hierdurch könnte sich aber eine besondere Härte für den „benachteiligten" Vertragsgegner ergeben, wenn er ungeachtet dessen am Vertrag festhalten möchte.[399] Er kann daher, wenn es für ihn zumutbar scheint, unter bestimmten Umständen darauf verzichten, die Unwirksamkeit der Klausel geltend zu machen, wenn er bei Nichtbestehen des Vertrags schlechter stünde, als bei dessen Bestehen mit einer missbräuchlichen Klausel.[400]

---

391 *Lettl,* WM 2024, 185, 188.

392 *Lettl,* WM 2024, 185, 188.

393 *EuGH,* Urt. v. 27. April 2023, C-705/21, EU:C:2023:352, Rn. 37 – AxFina = EuGH WM 2023, 1118 Rn. 37; *Lettl,* WM 2024, 185, 187f.

394 Leitlinien zur Auslegung und Anwendung der Richtlinie 93/13/EWG, ABl. EU vom 27.9.2019, C 323, S. 41; *Lettl,* WM 2024, 185, 188.

395 *Lettl,* WM 2024, 185, 188.

396 Näheres dazu *Lettl,* WM 2024, 185, 188f.

397 *EuGH,* Urt. v. 12. Oktober 2023, C-645/22, EU:C:2023:774, Rn. 36 – R.A. u.a./Luminor Bank = EuGH, WM 2023, 2226 Rn. 36.

398 *Lettl,* WM 2024, 185, 189.

399 *Lettl,* WM 2024, 185, 189.

400 *Lettl,* WM 2024, 185, 189.

Ergibt die Klauselkontrolle des Art. 13 DA, dass die gegenständliche Vertragsklausel missbräuchlich ist, stellt sich die Frage, ob die Durchsetzung durch die benachteiligte Vertragspartei selbst ***(Private Enforcement)*** oder gegebenenfalls durch öffentliche Stellen erfolgt ***(Public Enforcement)***. Grundsätzlich sind gem. Art. 37 Abs. 1 S. 1 DA für die Anwendung und Durchsetzung der Verordnung von jedem Mitgliedstaat eine oder mehrere Behörden zu benennen.[401] Insgesamt erscheint zweifelhaft, ob der Gesetzgeber bei der Konzeption des Data Acts die private Durchsetzung der Vorschriften vor Augen hatte.[402]

Ungeachtet dessen kommen gleichwohl Maßnahmen nach nationalem Recht infrage: Für das deutsche Recht ließe sich etwa über die Rücksichtnahmepflicht aus § 241 Abs. 2 BGB eine Pflicht zur Nichtverwendung missbräuchlicher Klauseln herleiten, sodass Schadensersatzansprüche aus §§ 280 Abs. 1, 241 Abs. 2, (311 Abs. 2, 3) BGB in Betracht kommen.[403] Denkbar erscheint in bestimmten Konstellationen auch eine vorsätzliche sittenwidrige Schädigung nach § 826 BGB.[404] Auch kommen Ansprüche aus § 8 UWG für Anspruchsberechtigte nach § 8 Abs. 3 UWG infrage, da das Verbot missbräuchlicher Klauseln eine Marktverhaltensregelung im Sinne des § 3a UWG darstellt.[405]

e) Praxisempfehlungen

Bis die Kommission gem. Art. 41 DA Mustervertragsklauseln erlässt, herrscht für Unternehmen also eine gewisse Unsicherheit hinsichtlich dessen, was als missbräuchliche Klausel im Sinne des Art. 13 DA anzusehen ist. Die Mustervertragsklauseln werden nicht nur hilfreich sein, weil sie den Begriff der Missbräuchlichkeit (indirekt) konkretisieren, sondern auch, weil sie ein Indiz dafür sein werden, was nach Ansicht der Kommission als gute Geschäftspraxis nach Art. 13 Abs. 3 DA anzusehen ist.[406] Aus ökonomischer Sicht tragen Mustervertragsklauseln schließlich zur Reduktion der Transaktionskosten für die beteiligten Unternehmen bei, die durch das Aushandeln komplexer Verträge entstehen.[407] Bis zu ihrer Veröffentlichung bietet es sich an, auf Soft-Law-Instrumente wie **die ALI-ELI Principles for a Data Economy**[408] oder die sich noch bei UNCITRAL in der Bearbeitung befindenden **Default rules for data provision contracts**[409] zurückzugreifen.[410]

---

401 Zur strukturellen Ähnlichkeit der Governance-Vorgaben der DS-GVO und dem DGA *Schwamberger,* MMR 2024, 96, 99 f.; näheres zu Art. 37 ff. DA im Kapitel I 9).
402 *Schwamberger,* MMR 2024, 96, 100.
403 *Lettl,* WM 2024, 185, 191.
404 *Lettl,* WM 2024, 185, 191.
405 *Lettl,* WM 2024, 185, 191.
406 *v. Westphalen,* BB 2024, 515, 516.
407 In diesem Sinne auch *Hennemann*/Sattler/*König*, Immaterialgüter und Digitalisierung, S. 90.
408 https://principlesforadataeconomy.org/the-project/the-current-draft/data-contracts/ (zuletzt abgerufen am: 1.11.2024).
409 https://uncitral.un.org/en/working_groups/4/electronic_commerce (zuletzt abgerufen am: 1.11.2024).
410 *Schwamberger,* MMR 2024, 96, 99.

Nicht, beziehungsweise nur in engen Grenzen, zurückgegriffen werden kann auf „**Ersatzklauseln**", die im Falle der Missbräuchlichkeit der Klausel eine andere Klausel vereinbaren sollen, die dem Zweck der missbräuchlichen Klausel weitestgehend entsprechen.[411] Unzulässig sind ferner **salvatorische Klauseln**, die die Aufrechterhaltung des Rests des Vertrags vorsehen, sofern eine Klausel nichtig sein soll.[412] Hier gilt allein die Regelung des Art. 13 Abs. 7 DA. Will der Verwendungsgegner in den Anwendungsbereich der Klauselkontrolle gelangen, muss er einen Verhandlungsversuch unternehmen; nicht zurückgreifen lässt sich auf die gängige Verhandlungstaktik, auf die Verhandlungen zu verzichten, um in den Genuss der AGB-Kontrolle zu kommen.[413]

5. Bereitstellung von Daten für öffentliche Stellen, die Kommission, die Europäische Zentralbank und Einrichtungen der Union wegen außergewöhnlicher Notwendigkeit, Art. 14–22 DA

Kapitel V DA regelt die Bereitstellung von Daten für öffentliche Stellen, die Kommission, die Europäische Zentralbank (EZB) oder eine Einrichtung der Union wegen außergewöhnlicher Notwendigkeit.[414] Zur Auslegung der Art. 14ff. DA lassen sich die Erwägungsgründe 63 bis 77 heranziehen. Im Folgenden sollen die zentralen Regelungen dargestellt werden, wobei zunächst der Anwendungsbereich umrissen werden soll und anschließend die Vorschriften zur Art und Weise des Datenbereitstellungsverlangens und seiner Erfüllung sowie der Umgang mit den Daten auf Empfängerseite thematisiert werden sollen.

a) Anwendungsbereich

Der Anwendungsbereich wird maßgeblich durch Art. 14, 15 DA bestimmt. Art. 14 DA konstituiert dabei die Verpflichtung, Daten auf Verlangen einer öffentlichen Stelle, der Kommission, der EZB oder einer Einrichtung der Union bei außergewöhnlicher Notwendigkeit bereitzustellen.

aa) Außergewöhnliche Notwendigkeit der Datennutzung, Art. 15 DA

Art. 14 DA setzt für die Datenbereitstellung an die benannten Stellen zunächst die **außergewöhnliche Notwendigkeit** der Nutzung bestimmter Daten voraus. Der unbestimmte Rechtsbegriff der außergewöhnlichen Notwendigkeit wird näher in Art. 15 DA

---

411 BGH, Urteil vom 26.3.2015 – VII ZR 92/14, BGHZ 204, 346 = NJW 2015, 1952; *Lettl*, WM 2024, 185, 188 mit weiteren Nachweisen.

412 *Lettl*, WM 2024, 185, 188.

413 *Jung*, ZIP 2024, 1565, 1569.

414 Im Folgenden auch „die verlangende Partei" oder „die verlangende Stelle" genannt.

konkretisiert und differenziert zwischen zwei Szenarien, in denen eine außergewöhnliche Notwendigkeit der Nutzung bestimmter Daten bestehen soll.

(1) Bewältigung eines öffentlichen Notstands, Art. 15 Abs. 1 lit. a) DA

Nach Art. 15 Abs. 1 lit. a) DA liegt diese vor, wenn die verlangten Daten (i.) zur Bewältigung eines öffentlichen Notstands erforderlich sind und (ii.) die verlangende Partei diese Daten unter gleichwertigen Bedingungen auf andere Weise nicht rechtzeitig und wirksam beschaffen kann. Beide Merkmale müssen zur Erfüllung dieser Variante kumulativ vorliegen. Der Begriff des öffentlichen Notstands ist in Art. 2 Nr. 29 DA definiert als

> eine zeitlich begrenzte Ausnahmesituation – wie etwa Notfälle im Bereich der öffentlichen Gesundheit, Notfälle infolge von Naturkatastrophen sowie von Menschen verursachte Katastrophen größeren Ausmaßes, einschließlich schwerer Cybersicherheitsvorfälle –, die sich negativ auf die Bevölkerung der Union oder eines Mitgliedstaats beziehungsweise eines Teils davon auswirkt, das Risiko schwerwiegender und dauerhafter Folgen für die Lebensbedingungen, die wirtschaftliche Stabilität oder die finanzielle Stabilität oder die Gefahr einer erheblichen und unmittelbaren Beeinträchtigung wirtschaftlicher Vermögenswerte in der Union oder in dem betroffenen Mitgliedstaat birgt und die nach den einschlägigen Verfahren des Unionsrechts oder des nationalen Rechts festgestellt und amtlich ausgerufen wurde.

Die zeitlich begrenzte Ausnahmesituation soll, anders als Umstände, die geplant oder terminiert sind oder regelmäßig oder häufig eintreten, Umstände erfassen, die nicht vorhersehbar und zeitlich begrenzt sind.[415] Problematisch ist die Tatsache, dass in manchen nationalen Rechtsordnungen ein Notstand nicht zwingend festgestellt und ausgerufen werden muss, was zu Wertungswidersprüchen mit dem Tatbestandsmerkmal führen könnte.[416] Die in der englischen Fassung des Data Acts verwendete Formulierung *or* beziehungsweise *oder*[417] legt nahe, dass es sich bei der Übersetzung von Art. 2 Nr. 29 DA um einen Übersetzungsfehler handelt, sodass die Feststellung oder amtliche Ausrufung des Notstands nicht kumulativ erfolgen muss, sondern alternativ möglich ist.[418]

Daneben verlangt Art. 15 Abs. 1 lit. a) DA, dass die benannte Einrichtung die Daten unter gleichwertigen Bedingungen auf andere Weise nicht rechtzeitig und wirksam beschaffen kann. Das soll ausweislich der Erwägungsgründe nicht der Fall sein, wenn die Daten durch ein anderes Unternehmen freiwillig bereitgestellt werden oder durch Abfrage öffentlicher Datenbanken erlangt werden können.[419]

---

415 Schluss aus dem Begriff der außergewöhnlichen Notwendigkeit in Erwägungsgrund 63 VO (EU) 2023/2854.

416 BeckOK Datenschutzrecht/*Richter*, DA, Art. 15 Rn. 8.

417 Erwägungsgrund 64 VO (EU) 2023/2854.

418 BeckOK Datenschutzrecht/*Richter*, DA, Art. 15 Rn. 8.

419 Erwägungsgrund 64 VO (EU) 2023/2854; *Europäische Kommission*, FAQ DA, S. 28.

(2) Ermöglichung der Aufgabenerfüllung, Art. 15 Abs. 1 lit. b) DA

Das zweite Szenario, in der eine außergewöhnliche Notwendigkeit der Datennutzung vorliegt, ist in Art. 15 Abs. 1 lit. b) DA angeführt. Danach kann sich auch außerhalb von den in lit. a) erfassten Umständen und soweit nur nicht personenbezogene Daten betroffen sind, eine außergewöhnliche Notwendigkeit ergeben, wenn (i.) der verlangenden Partei spezifische Daten fehlen, die sie im Rahmen einer ihr durch Unions- oder nationalen Recht übertragenen Aufgabe zur Erfüllung dieser Aufgabe benötigt und wenn (ii.) sie alle anderen Möglichkeiten ausgeschöpft hat, um solche Daten rechtzeitig zu erlangen.

Aus dem Wortlaut („und“) lässt sich zunächst ableiten, dass beide Voraussetzungen kumulativ vorliegen müssen. Praktische Probleme könnte der Umstand bereiten, dass die verlangende Stelle der Norm nach alle anderen ihr zur Verfügung stehenden Mittel ausschöpfen muss, Art. 15 Abs. 1 lit. b) ii) DA. Nach Erwägungsgrund 65 hat die verlangende Stelle vorrangig zu versuchen, über freiwillige Vereinbarungen, einschließlich des Erwerbs von nicht-personenbezogenen Daten auf dem Markt, wobei der jeweilige Marktkurs geboten wird, oder durch Rückgriff auf bestehende Verpflichtungen zur Bereitstellung von Daten oder den Erlass neuer Rechtsvorschriften, die die rechtzeitige Verfügbarkeit der Daten gewährleisten könnten, an die von ihr benötigten Daten zu gelangen, sodass ein Verlangen nach Kapitel V DA das letzte Mittel sein sollte.[420] Das wirft die Frage auf, ob die Daten tatsächlich auf dem Markt zur Verfügung stehen müssen oder ob die verlangende Partei Angebote von potentiellen Vertragspartnern einzuholen hat.[421] Zudem ist fraglich, wie der **Marktpreis** zu ermitteln ist, insbesondere wenn über spezifische Daten nur einige wenige Unternehmen verfügen, sodass die Gefahr des Ausnutzens von Monopolstellungen virulent wird.[422] Darüber hinaus könnte die Möglichkeit des Erlasses von Rechtsvorschriften, die zur Verfügbarmachung von Daten erlassen werden, in dem Sinne problematisch werden, als dass sie keine genauen Aussagen darüber trifft, ob und inwieweit die erlassenen Rechtsvorschriften Erfolg versprechen, noch darüber, ob die legislativen Maßnahmen tatsächlich eingeleitet werden müssen, um in den Anwendungsbereich von Art. 15 Abs. 1 lit. b) ii) DA zu gelangen.[423]

(3) Ausnahme für Kleinst- und Kleinunternehmen und Befreiung von Nachweispflicht, Art. 15 Abs. 2, Abs. 3 DA

Art. 15 Abs. 1 lit. b) DA gilt nicht für Kleinst- und Kleinunternehmen, Art. 15 Abs. 2 DA. Diese sind in Art. 2 Nr. 25, Nr. 26 DA mit Verweis auf Art. 2 Abs. 2 des Anhangs der Empfehlung 2003/361/EG näher definiert.

---

420 BeckOK Datenschutzrecht/*Richter*, DA, Art. 15 Rn. 21.

421 BeckOK Datenschutzrecht/*Richter*, DA, Art. 15 Rn. 22; Übersetzt aus *Hennemann et al.*, Data Act, S. 156.

422 BeckOK Datenschutzrecht/*Richter*, DA, Art. 15 Rn. 22; *Drexl et al.*, Position Statement Rn. 137; Übersetzt aus *Hennemann et al.*, Data Act, S. 156.

423 BeckOK Datenschutzrecht/*Richter*, DA, Art. 15 Rn. 24.

Beachtlich ist auch Art. 15 Abs. 3 DA, der festlegt, dass die öffentliche Stelle nicht verpflichtet ist nachzuweisen, dass sie nicht in der Lage war, die nicht-personenbezogenen Daten durch den Erwerb auf dem Markt zu erhalten, wenn die spezifische, im öffentlichen Interesse ausgeübte Aufgabe in der Erstellung amtlicher Statistiken besteht und der Erwerb solcher Daten nach nationalem Recht nicht zulässig ist. Die Nachweispflicht des Art. 15 Abs. 3 DA gilt demnach nicht für die Kommission, die EZB oder andere Einrichtungen der EU.[424]

bb) Antragsberechtigte, Art. 14 DA

Zur Geltendmachung eines Bereitstellungsverlangens sind gem. Art. 14 DA öffentliche Stellen, die Kommission, die EZB oder eine Einrichtung der Union berechtigt.

Danach ist eine öffentliche Stelle gem. Art. 2 Nr. 28 DA eine nationale, regionale oder lokale Behörde, Körperschaft oder Einrichtungen des öffentlichen Rechts der Mitgliedstaaten oder Verbände, die aus einer oder mehreren dieser Behörden, Körperschaften oder Einrichtungen besteht.

Dagegen sind Einrichtungen der Union gem. Art. 2 Nr. 27 DA solche Einrichtungen, Stellen und Agenturen der Union, die gemäß Rechtsakten eingerichtet wurden, die auf der Grundlage des EUV, des AEUV oder des Vertrags zur Gründung der Europäischen Atomgemeinschaft angenommen wurden. Die Unterscheidung zwischen mitgliedstaatlichen öffentlichen Stellen und überstaatlichen Einrichtungen der Union ist relevant, da Art. 15 Abs. 3 DA die Kommission, die EZB und andere Einrichtungen gewissermaßen privilegiert. Öffentliche Unternehmen in Privatrechtsform sind vom Wortlaut des Art. 2 Nr. 28 DA ausgeschlossen.[425] Forschungseinrichtungen und Forschungsförderungseinrichtungen können auch als öffentliche Stellen oder Einrichtungen des öffentlichen Rechts eingerichtet sein.[426]

cc) Verpflichtete

Verpflichtet zur Datenbereitstellung sind die Dateninhaber, bei denen sich die Daten befinden und bei denen es sich um andere juristische Personen als öffentliche Stellen handelt, Art. 14 DA. Der Dateninhaber ist in Art. 2 Nr. 13 DA legaldefiniert.[427] Man kann der Formulierung der Definition entnehmen, dass nur juristische Personen Verpflichtete im Sinne des Art. 14 DA sein können.[428] Dies umfasst auch öffentliche Unternehmen.[429] Aus-

424 BeckOK Datenschutzrecht/*Richter*, DA, Art. 15 Rn. 27.
425 BeckOK Datenschutzrecht/*Richter*, DA, Art. 14 Rn. 18.
426 Erwägungsgrund 63 VO (EU) 2023/2854; Übersetzt aus *Hennemann et al.*, Data Act, S. 152.
427 Siehe dazu ausführlich unter 2 d) bb).
428 BeckOK Datenschutzrecht/*Richter*, DA, Art. 14 Rn. 16; *Schröder*, MMR 2024, 104, 105.
429 Erwägungsgrund 63 VO (EU) 2023/2854; BeckOK Datenschutzrecht/*Richter*, DA, Art. 14 Rn. 16.

genommen sind indes solche, die als öffentliche Stellen im Sinne des Art. 2 Nr. 28 DA handeln.

Die Daten müssen sich ferner bei dem Dateninhaber befinden, was im Umkehrschluss eine Datenbeschaffungsverpflichtung ausschließt.[430] Schließlich stellt sich auch die Frage, ob Dateninhaber berechtigt sein müssen, über die Daten zu verfügen.[431] Befinden sich die Daten nicht beim Verpflichteten, so kann er gem. Art. 18 Abs. 2 lit. a) DA deren Zurverfügungstellung ablehnen.

dd) Weitere Voraussetzungen

Die verlangende Partei muss die Daten im Hinblick auf die Erfüllung ihrer rechtlichen Aufgaben im öffentlichen Interesse benötigen, Art. 14 DA. Hierüber muss sie einen Nachweis erbringen. Die Anforderungen an den Nachweis sind in Art. 17 DA näher benannt. Gleichzeitig setzt das Bereitstellungsverlangen einen ordnungsgemäß begründeten Antrag voraus. Die Anforderungen dafür sind ebenso in Art. 17 DA aufzufinden.

ee) Ausnahmen, Art. 16 DA

Art. 16 DA konstituiert Ausnahmen, in denen Kapitel V DA nicht anwendbar sein sollen. Durch Art. 16 Abs. 1 DA wird der Subsidiaritätscharakter von Kapitel V DA gegenüber bestehendem Recht unionaler oder nationaler Art in Bezug auf die Berichterstattung, die Erfüllung von Informationszugangsverlangen oder den Nachweis und die Überprüfung der Einhaltung rechtlicher Pflichten bekräftigt.[432] Ferner wird in Art. 16 Abs. 2 DA eine Sperrung von Kapitel V DA bei Tätigkeiten der genannten Stellen in Bezug auf Straftaten und Ordnungswidrigkeiten ausgesprochen.[433]

b) Anforderung an Datenbereitstellungsverlangen und Verbot der Weiterverwendung, Art. 17 Abs. 1–Abs. 3 DA

Art. 17 DA führt in Absatz 1 lit. a)–j) einen Katalog inhaltlicher und formaler Anforderungen für die Datenbereitstellungsverlangen nach Art. 14 DA auf, um das Datenbereitstellungsverlangen spezifisch, transparent und verhältnismäßig zu gestalten und die Kosten und den Verwaltungsaufwand für Dateninhaber so gering wie möglich zu halten.[434] Art. 17 Abs. 1 DA statuiert hierzu inhaltliche Informationspflichten, die die verlangende Partei dem Dateninhaber bereitstellen muss, während Art. 17 Abs. 2 DA di-

430 BeckOK Datenschutzrecht/*Richter*, DA, Art. 14 Rn. 23.

431 Zustimmend, jedoch ohne nähere Begründung: BeckOK Datenschutzrecht/*Richter*, DA, Art. 14 Rn. 23.

432 Hierzu näher Erwägungsgrund 66 f. VO (EU) 2023/2854; BeckOK Datenschutzrecht/*Barczak*, DA, Art. 16 Rn. 2 f.

433 *Schröder*, MMR 2024, 104, 105.

434 Erwägungsgrund 69 VO (EU) 2023/2854.

verse weitere Anforderungen aufführt.[435] Zu den Informationspflichten zählen unter anderem Angaben zu den benötigten Daten und Metadaten (lit. a)), ein Nachweis für das Bestehen der außergewöhnlichen Notwendigkeit (lit. b)) sowie Angaben über den Zweck des Verlangens und die beabsichtigte Nutzung (lit. c)).

Die verlangende Partei darf die bereitgestellten Daten nicht zur Weiterverwendung bereitstellen (Art. 17 Abs. 3 DA), um den Schutz von potentiellen Geschäftsgeheimnissen des Dateninhabers angemessen zu berücksichtigen.[436] Ausgeschlossen werden soll daher unter anderem die Weiterverwendung der Daten nach dem Data Governance Act (DGA) und der PSI-Richtlinie[437], Art. 17 Abs. 3 S. 2 DA.[438]

Nicht vom Weiterverwendungsverbot berührt ist die Weitergabe an andere öffentliche Stellen, die Kommission, die EZB oder eine andere Einrichtung der EU, um sich mit diesen bezüglich des Umstands nach Art. 15 DA auszutauschen, oder die Daten an einen Dritten weiterzugeben, an den die verlangende Partei die Aufgabe delegiert hat, Art. 17 Abs. 4 DA. Dem Dateninhaber steht das Recht der Beschwerde zu, sofern er der Ansicht ist, dass seine Rechte nach Kapitel V durch die Übermittlung oder Bereitstellung der Daten verletzt wurden, Art. 17 Abs. 5 DA i.V.m. Art. 37 DA. Zudem soll die Kommission ein Musterformular für Bereitstellungsverlangen entwickeln, das den Anforderungen von Art. 17 DA entspricht, Art. 17 Abs. 6 DA.

c) Erfüllung von Datenverlangen, Art. 18 DA

Erhält ein Dateninhaber ein Datenzugangsverlangen nach Art. 14 ff. DA, so stellt er der anfragenden Partei die Daten unverzüglich unter Beachtung der erforderlichen technischen, organisatorischen und rechtlichen Maßnahmen bereit, Art. 18 Abs. 1 DA. Das Bereitstellen umfasst nach überwiegender Auffassung nicht die Pflicht, die Daten an die verlangende Partei zu übermitteln, sondern vielmehr lediglich ein „***in-situ*-Recht**".[439] Dadurch soll der Aufwand für das bereitstellende Unternehmen verringert werden.[440]

Der Dateninhaber kann das Bereitstellungsverlangen unter den Voraussetzungen von Art. 18 Abs. 2, 3 DA ablehnen oder seine Änderung beantragen. Nach Art. 18 Abs. 2 lit. a) DA kann er das Verlangen ablehnen, wenn er keine Kontrolle über die verlangten Daten hat, nach Art. 18 Abs. 2 lit. b) DA, wenn ein ähnliches Verlangen zu demselben Zweck bereits von einer anderen Partei gestellt und der Dateninhaber nicht über die Lö-

---

435 Übersetzt aus*Hennemann et al.*, Data Act, S. 159 f.

436 Erwägungsgrund 70 VO (EU) 2023/2854.

437 Richtlinie (EU) 2019/1024 des Europäischen Parlaments und des Rates vom 20. Juni 2019 über offene Daten und die Weiterverwendung von Informationen des öffentlichen Sektors, ABl. L 172 vom 26.6.2019, S. 56–83.

438 BeckOK Datenschutzrecht/*Barczak*, DA, Art. 17 Rn. 8.

439 Übersetzt aus *Hennemann et al.*, Data Act, S. 163; *Schröder*, MMR 2024, 104, 106; *Specht-Riemenschneider*, MMR 2022, 809, 826.

440 Erwägungsgrund 69 VO (EU) 2023/2854; BeckOK Datenschutzrecht/*Barczak*, DA, Art. 18 Rn. 1.

schung der zuvor bereitgestellten Daten informiert wurde (die verlangende Partei also angehalten ist, zuvorderst die Daten bei anderen Berechtigten nach Art. 17 Abs. 4 DA zu erlangen), oder nach Art. 18 Abs. 2 lit. c) DA, das Verlangen nicht den Anforderungen nach Art. 17 Abs. 1, 2 DA entspricht. Liegt einer diese Fälle vor, so hat der Dateninhaber im Falle eines öffentlichen Notstands (Art. 15 Abs. 1 lit. a) DA) unverzüglich und in jedem Fall innerhalb von fünf Arbeitstagen nach Eingang des Datenverlangens und in anderen Fällen (Art. 15 Abs. 1 lit. b) DA) unverzüglich und in jedem Fall innerhalb von 30 Arbeitstagen nach Eingang des betreffenden Datenverlangens dieses abzulehnen oder seine Änderung zu beantragen, Art. 18 Abs. 2 DA. Die Ablehnung oder die Änderung sind zu begründen.[441] Beruft sich der Dateninhaber auf Art. 18 Abs. 2 lit. b) DA, so hat er die öffentliche Stelle oder die Kommission, die EZB oder die Einrichtung der Union zu benennen, die zuvor zu demselben Zweck Daten verlangt hatte, Art. 18 Abs. 3 DA.

Personenbezogene Daten sind zu anonymisieren durch den Dateninhaber oder falls die Offenlegung personenbezogener Daten erforderlich sein sollte, zumindest zu pseudonymisieren, Art. 18 Abs. 4 DA. Bei divergierenden Ansichten der verlangenden Partei und des Dateninhabers hinsichtlich der Rechtmäßigkeit des Widerspruchs des Dateninhabers wird die nach Art. 37 DA zuständige Behörde des Mitgliedstaats, in dem der Dateninhaber niedergelassen ist, mit der Angelegenheit befasst, Art. 18 Abs. 5 DA.

d) Pflichten im Umgang mit den erhaltenen Daten, Art. 19 DA

Hat die öffentliche Stelle, die Kommission, die EZB oder die Einrichtung der Union die Daten erhalten, so hat sie die Regelungen des Art. 19 DA beim Umgang mit den Daten zu berücksichtigen. Art. 19 Abs. 1 DA trifft die Maßgabe, dass die verlangende Partei die Daten nicht zweckfremd nutzen darf (lit. a)), Schutzmaßnahmen treffen muss (lit. b)) und die Daten löschen muss, sobald sie für den angegebenen Zweck nicht mehr erforderlich sind und dies dem Dateninhaber auch mitzuteilen (lit. c)). Von der Löschungspflicht kann aufgrund unionaler und nationaler Regelungen im Rahmen von Transparenzverpflichtungen abgewichen werden (Art. 19 Abs. 1 lit. c) DA); ebenso kann von ihr vertraglich abgewichen werden.[442]

Zum Kernbereich der zweckgebundenen Nutzungspflicht gehört nach Art. 19 Abs. 2 DA auch, dass die erlangten Daten nicht zur Entwicklung oder Verbesserung von Produkten genutzt werden dürfen, die mit denen des Dateninhabers in Konkurrenz stehen oder sie zu diesem Zwecke an einen Dritten weiterzugeben. Sind unter den bereitzustellenden Daten unerlässlicher Weise auch Geschäftsgeheimnisse im Sinne des Art. 2 Nr. 18 DA, so sind sie vom Inhaber des Geschäftsgeheimnisses als solche besonders zu kennzeichnen – die verlangende Partei hat vor der Offenlegung der Geschäftsgeheimnisse geeignete und erforderliche Maßnahmen zu treffen, um die Vertraulichkeit zu wahren,

441 Erwägungsgrund 71 VO (EU) 2023/2854.
442 Erwägungsgrund 73 VO (EU) 2023/2854.

Art. 19 Abs. 3 DA. Als profitierende Partei ist sie für die Sicherheit der erhaltenen Daten verantwortlich, Art. 19 Abs. 4 DA.

e) Ausgleich im Falle einer außergewöhnlichen Notwendigkeit, Art. 20 DA

Art. 20 DA regelt die Möglichkeit für Dateninhaber, einen Ausgleich für die Bereitstellung zu verlangen. Nach Art. 20 Abs. 1 DA gilt, dass im Falle eines öffentlichen Notstands im Sinne des Art. 15 Abs. 1 lit. a) DA kein Ausgleichsanspruch besteht, es sei denn, der Dateninhaber ist ein Kleinst- oder Kleinunternehmen. Dahinter steckt die Überlegung, dass man bei selten auftretenden Fällen von Bedrohungen für bedeutende öffentliche Güter, im Grunde keine Gegenleistung erwarten dürfe, und dass aufgrund des Ausnahmecharakters, zu große negative Auswirkungen auf die Geschäftstätigkeiten der Dateninhaber unwahrscheinlich seien.[443] Häufiger träten Bereitstellungsverlangen nach Art. 15 Abs. 1 lit. b) DA auf.[444] Daher besteht für den Dateninhaber nach Art. 20 Abs. 2 DA ein Anspruch auf faire Gegenleistung für die Datenbereitstellung, die zwar nicht als Bezahlung und nicht als obligatorisch verstanden werden solle, die jedoch mindestens die technischen und organisatorischen Kosten, die durch die Erfüllung des Verlangens entstehen, gegebenenfalls einschließlich der Kosten einer Anonymisierung, Pseudonymisierung, Aggregation und technischen Anpassung, und einer angemessenen Marge, erfassen sollte.[445] Auf Anfrage der verlangenden Stelle sind die Grundlagen der Berechnung zu übermitteln, Art. 20 Abs. 2 DA.

Erläuterungsbedürftig ist Art. 20 Abs. 3 DA: Dieser bezieht sich nämlich nicht allein auf Art. 20 Abs. 2 DA, dem Kleinst- und Kleinunternehmen ohnehin unterfallen; vielmehr ist dieser im Zusammenhang mit Art. 20 Abs. 1 DA zu lesen und so zu verstehen, dass für Fälle des öffentlichen Notstands nach Art. 15 Abs. 1 lit. a) DA, die Maßstäbe über faire Gegenleistungen aus Art. 20 Abs. 2 DA auf Kleinst- und Kleinunternehmen zu übertragen sind.[446] Das ist aus Sicht des Verordnungsgebers im Hinblick auf die größere Belastung für kleinere Unternehmen gerechtfertigt.[447]

Für die Erstellung amtlicher Statistiken ist unter den Voraussetzungen des Art. 20 Abs. 4 DA keine Gegenleistung vorgesehen. Ist die verlangende Partei mit der Höhe der geforderten Gegenleistung des Dateninhabers nicht einverstanden, besteht die Möglichkeit der Beschwerde bei der nach Art. 37 DA benannten zuständigen Behörde des Mitgliedsstaats, in dem der Dateninhaber niedergelassen ist, Art. 20 Abs. 5 DA.

Die öffentliche Stelle, die Kommission, die EZB oder die Einrichtung der Union ist berechtigt, die Daten bei Erforderlichkeit zu Forschungszwecken oder Statistikzwecken weiterzugeben, wenn diese mit dem Zweck des Datenverlangens vereinbar sind, Art. 21

---

443 Erwägungsgrund 75 VO (EU) 2023/2854.

444 Erwägungsgrund 75 VO (EU) 2023/2854.

445 Erwägungsgrund 75 VO (EU) 2023/2854.

446 Übersetzt aus Hennemann *et al.*, Data Act, S. 168.

447 Erwägungsgrund 75 VO (EU) 2023/2854.

Abs. 1 DA.[448] Voraussetzung hierfür ist, dass der Empfänger der Daten gemeinnützig ist oder im öffentlichen Interesse im Sinne einer nach nationalem Recht anerkannten Aufgabe handelt und keinem erheblichen Einfluss gewerblicher Unternehmen unterliegt, welche potentiell Zugang zu den Forschungsergebnissen erhalten könnten, Art. 21 Abs. 2 DA.

Die empfangenden Stellen müssen sich an die Vorschriften zum Umgang mit den Daten nach Art. 17 Abs. 3 und Art. 19 halten, Art. 21 Abs. 3 DA. Sie dürfen die Daten bis zu sechs Monate nach ihrer Löschung durch die öffentliche Stelle, die Kommission, die EZB oder der Einrichtung der Union aufbewahren, Art. 21 Abs. 4 DA. Ist eine Weitergabe nach Art. 21 Abs. 1 DA beabsichtigt, so teilt die weitergebende Partei dies dem Dateninhaber unverzüglich mit, Art. 21 Abs. 5 DA, und dem Dateninhaber steht die Möglichkeit der Beschwerde bei der nach Art. 37 DA benannten zuständigen Behörde des Mitgliedstaats, in dem der Dateninhaber niedergelassen ist, zu.

Art. 22 Abs. 1 DA enthält dem Wortlaut nach lediglich den Hinweis, dass die öffentlichen Stellen, die Kommission, die EZB und die Einrichtungen der Union im Hinblick auf die Umsetzung der Vorschriften von Kapitel V DA zusammenarbeiten. Allerdings soll darin auch eine Grundlage für einen mitgliedstaatsübergreifenden Anspruch auf Datenübermittlung liegen.[449] Die im Wege der Amtshilfe ausgetauschten Daten dürfen nicht zweckwidrig genutzt werden, Art. 22 Abs. 2 DA. Art. 22 Abs. 3 und Abs. 4 DA beschreiben das für die Übermittlung vorgesehene Verfahren.

6. Wechsel zwischen Datenverarbeitungsdiensten, Art. 23–31 DA

a) Vorüberlegungen und Hintergründe der Regulierung von Datenverarbeitungsdiensten

Der Data Act enthält harmonisierte Vorschriften über die Erleichterung des **Wechsels zwischen Datenverarbeitungsdiensten** (Art. 1 Abs. 1 lit. d) DA). Diese sind in Kapitel VI DA (Art. 23 bis 31 DA) geregelt, welche für alle von Anbietern von Datenverarbeitungsdiensten verarbeitete personenbezogene und nicht-personenbezogene Daten und Dienste gelten (Art. 1 Abs. 2 lit. e) DA). In räumlich-persönlicher Hinsicht findet Kapitel VI DA Anwendung auf **Anbieter von Datenverarbeitungsdiensten**, unabhängig vom Ort der Niederlassung, die Kunden in der Union solche Dienste anbieten (Art. 1 Abs. 3 lit. f) DA).[450] Kapitel VI DA gliedert sich wie folgt:

- Beseitigung von Hindernissen für einen wirksamen Wechsel (Art. 23 DA)
- Eingrenzung bestimmter Pflichten auf den ursprünglichen Anbieter (Art. 24 DA)
- Vertragsklauseln für den Wechsel (Art. 25 DA)

448 Erwägungsgrund 76 VO (EU) 2023/2854.

449 Vgl. Art. 22 Abs. 2 DA und Erwägungsgrund 77 VO (EU) 2023/2854; *Europäische Kommission*, FAQ DA, S. 29.

450 Zum Marktortprinzip, *Sattler*, CR 2024, 213, 215.

- Informationspflichten für den Anbieter von Datenverarbeitungsdiensten (Art. 26 DA)
- Pflicht zum Handeln nach Treu und Glauben (Art. 27 DA)
- Vertragliche Transparenzpflichten (Art. 28 DA)
- Abschaffung von Wechselentgelten (Art. 29 DA)
- Technische Aspekte des Wechsels (Art. 30 DA)
- Ausnahmetatbestände für bestimmte Datenverarbeitungsdienste (Art. 31 DA)

Mit seinen Vorschriften adressiert Kapitel VI DA das allgemeine **Vertragsverhältnis** zwischen Anbietern von Datenverarbeitungsdiensten und deren Kunden, sodass im Gegensatz zu Kapitel II und III DA weniger die Datennutzung oder der Datenzugang reguliert werden.[451] Kapitel VI DA kommt somit eine weitgehend eigenständige Bedeutung zu.[452] Gleichwohl erfolgt eine Einbettung in die Systematik des Data Acts, indem durch Kapitel VI DA die Schaffung von **Datenräumen** und die **Interoperabilität** zwischen diesen insbesondere in rechtlicher Hinsicht reguliert wird.[453]

Aktuell kann der Cloud-Markt als **Oligopol** beschrieben werden, der von sog. **Hyperscalern** wie *Amazon Web Services, Microsoft Azure* und *Google Cloud Platform* dominiert wird.[454] Zweck dieses Kapitels ist es, diejenigen Hindernisse abzuschaffen, die den „effektiven Vollzug des Wechsels zwischen Datenverarbeitungsdiensten verhindern"[455]. Der Wettbewerb soll gesteigert und dem (Vendor-)**Lock-in-Effekt** entgegengewirkt werden, indem leichtere Exit-Möglichkeiten für Kunden geschaffen und Marktzutrittsschranken für neue Anbieter abgebaut werden.[456]

Die Vorschriften des Kapitels VI DA gelten sowohl im B2B- als auch B2C-Geschäft[457] und differenzieren nicht zwischen unentgeltlichen[458] und entgeltlichen Angeboten (Art. 23 S. 2 lit. c) DA). Sofern der Nutzer den Wechsel in Bezug auf einen Datenverarbeitungsdienst derselben Dienstart vollzieht, soll dieser nach dem Wechsel von Funktionsäquivalenz profitieren (Art. 23 S. 2 lit. d) DA).[459]

---

451 *Bomhard*, MMR 2024, 109, 109.
452 *Pommerening/Nickel*, RDi 2024, 289, 289; *Sattler*, CR 2024, 213, 214.
453 *Schmidt-Kessel*, MMR 2024, 75, 76; siehe unten Kapitel A.8.
454 Sattler, CR 2024, 213, 213; *Lagoni*, CR 2024, 91, 91; *Staudenmayer*, NJW 2024, 1377, 1382.
455 Erwägungsgrund 79 VO (EU) 2023/2854.
456 COM(2022) 68 final, S. 17; *Bomhard*, GmbHR 2022, Heft 14, R212, R213; *Bomhard/Merkle*, RDi 2022, 168, 175; *Heinke*, BB 2024, 1291, 1291; *Heinzke*, BB 2023, 201, 203; *Karsten/Wienroeder*, RAW 2022, 99, 105; *Weinhold/Schröder*, ZD 2024, 306, 310; *Wiebe*, GRUR 2023, 1569, 1576; auch als „Provider-Lock-in" in Redeker/*Bomhard/Siglmüller*, Handbuch der IT-Verträge, 9.6 Datenlizenzvertrag, Rn. 47; Erwägungsgrund 79 VO (EU) 2023/2854 spricht auch von Abhängigkeitssituationen.
457 *Staudenmayer*, NJW 2024, 1377, 1382; das folgt auch aus der Definition des Kunden gemäß Art. 2 Nr. 30 DA, *Heinzke*, BB 2024, 1291, 1292.
458 Dazu gehören auch die sog. *cloud credits*, *Europäische Kommission*, FAQ DA, S. 32.
459 *Hennemann/Steinrötter*, NJW 2024, 1, 5.

Hintergrund dieser Vorschriften aus Kapitel VI DA ist, dass die Entwicklung von Verhaltensregeln für die Selbstregulierung nach der Free-Flow-of-Data-VO[460] zurückhaltend ausfiel und es an offenen Schnittstellen und Standards mangelt.[461] Gemäß Art. 1 Abs. 7 DA wird die Verordnung deshalb jetzt um die Mindestpflichten des Kapitel VI DA ergänzt.[462]

b) Datenverarbeitungsdienst, Art. 2 Nr. 8 DA

Ein **Datenverarbeitungsdienst**[463] (engl. *data processing service*) ist eine digitale Dienstleistung[464], die einem Kunden bereitgestellt wird und einen flächendeckenden und auf Abruf verfügbaren Netzzugang zu einem gemeinsam genutzten Pool konfigurierbarer, skalierbarer und elastischer Rechenressourcen zentralisierter, verteilter oder hochgradig verteilter Art ermöglicht, die mit minimalem Verwaltungsaufwand oder minimaler Interaktion des Diensteanbieters rasch bereitgestellt und freigegeben werden können (Art. 2 Nr. 8 DA).[465] Diese Definition stimmt in weiten Teilen mit der Definition des National Institute of Standards and Technology (NIST)[466] überein. Sie wird lediglich um die Eigenschaften zentralisiert, verteilt oder hochgradig verteilt" erweitert.

aa) Reichweite des gegenständlichen Anwendungsbereichs

Im Ausgangspunkt ist die Definition sehr weit zu verstehen.[467] Unter Datenverarbeitungsdiensten sind eine Vielzahl von Diensten mit diversen Anwendungsbereichen, Funktionen und technischen Strukturen zu verstehen,[468] die in verschiedenen Berei-

---

460 Verordnung (EU) 2018/1807 des Europäischen Parlaments und des Rates vom 14. November 2018 über einen Rahmen für den freien Verkehr nicht-personenbezogener Daten in der Europäischen Union, ABl. L 303 vom 28.11.2018, S. 59.

461 Erwägungsgrund 79 VO (EU) 2023/2854. Kritik daran und zur Möglichkeit der Unternehmen, Rechtsschutz zu suchen in BeckOK Datenschutzrecht/*Schmidt-Wudy*, DA, Art. 23 Rn. 4.

462 Es gilt der Grundsatz lex posterior derogat legi priori. Die Vorschriften der Free-Flow-of-Data-VO gelten subsidiär, *Piltz-Zwerschke*, CR 2024, 153, 154.

463 Auch bezeichnet als Cloud-Services, *Hennemann/Steinrötter*, NJW 2024, 1, 1, und die Anbieter dann als Cloud-Service-Provider *Heinzke*, BB 2024, 1291, 1291.

464 Vgl. Art. 2 Nr. 2 der Verordnung (EU) 2019/770 des Europäischen Parlaments und des Rates vom 20. Mai 2019 über bestimmte vertragliche Aspekte der Bereitstellung digitaler Inhalte und digitaler Dienstleistungen (Digitale-Inhalte-RL), ABl L 136 S. 1.

465 Der dem Datenverarbeitungsdienst ähnliche Begriff „Cloud-Computing-Dienst" ist definiert in Art. 6 Nr. 30 der Richtlinie (EU) 2022/2555 des Europäischen Parlaments und des Rates vom 14. Dezember 2022 über Maßnahmen für ein hohes gemeinsames Cybersicherheitsniveau in der Union, zur Änderung der Verordnung (EU) Nr. 910/2014 und der Richtlinie (EU) 2018/1972 sowie zur Aufhebung der Richtlinie (EU) 2016/1148 (NIS-2-Richtlinie), ABl. L 333 S. 80.

466 *Mell/Grace*, NIST Special Publication 800-145 2011, S. 2.

467 *Weinhold/Schröder*, ZD 2024, 306, 310.

468 Erwägungsgrund 81 VO (EU) 2023/2854.

chen verwendet werden und hinsichtlich ihrer Komplexität und Dienstart unterschiedlich sein können.[469]

Der DA nimmt im gegenständlichen Anwendungsbereich keine Einschränkung hinsichtlich der Anbietergröße vor, sodass nicht nur die oben genannten großen Cloud-Anbieter wie *Google, Amazon* und *Microsoft*, sondern auch kleinere Diensteanbieter unter den Anwendungsbereich fallen.[470] Es wäre allerdings verfehlt, eine pauschale Einordnung vorzunehmen, da die Anbieter aus technisch-funktioneller Perspektive voneinander abgrenzbar sind.[471]

Der DA füllt die Definition mit Beispielen zu denen Cloud- und Edge-Dienste gehören.[472] Letzteres ist bemerkenswert, weil die hochgradige Dezentralität der Datenverarbeitung bei **Edge-Computing** und die überwiegende Zentralität der Datenverarbeitung bei **Cloud-Computing** in einem Spannungsverhältnis stehen. Der Begriff des Datenverarbeitungsdienstes dürfte regelmäßig Cloud-Computing meinen.[473] Ob ein Datenverarbeitungsdienst in Form des Edge-Computing unter Art. 23ff. DA fällt, bedarf daher einer genauen Einzelfallprüfung.[474] Ferner dürften Online-Speicherplätze sowie Datendienstleister ebenfalls darunter zu fassen sein.[475]

Nicht als Datenverarbeitungsdienst aufgrund mangelnder Konfigurierbarkeit einzuordnen sind ebenso regelmäßig Online-Suchmaschinen (Art. 3 lit. j) DSA) und Online-Plattformen (Art. 3 lit. i) DSA) sowie Telekommunikationsdienste.[476]

Weiterhin dürften Dienste, die Inhalte bereitstellen, wie Videosharingplattform-Dienste (§ 1 Abs. 4 Nr. 8 Digitale-Dienste-Gesetz (DDG)[477]) und Online-Inhaltedienste (Art. 2 Nr. 5 VO (EU) 2017/1128 (Portabilitäts-VO)[478])[479] nicht als Datenverarbeitungsdienste anzusehen sein.[480]

---

469 Erwägungsgrund 87 VO (EU) 2023/2854.
470 *Weinhold/Schröder*, ZD 2024, 306, 308.
471 *Weinhold/Schröder*, ZD 2024, 306, 308.
472 Erwägungsgrund 78 VO (EU) 2023/2854.
473 *Staudenmayer*, NJW 2024, 1377, 1382; vgl. Art. 41 DA.
474 *Pommerening/Nickel*, RDi 2024, 289, 292.
475 *Podszun/Pfeifer*, GRUR 2022, 953, 958.
476 *Weinhold/Schröder*, ZD 2024, 306, 308; a.A. Telekommunikationsdienste sind als digitale Dienste Datenverarbeitungsdienste, BeckOK Datenschutzrecht/*Schmidt-Wudy*, DA, Art. 2 Rn. 58.
477 Der Begriff entstammt Art. 1 Abs. 1 lit. aa) der Richtlinie 2010/13/EU des Europäischen Parlaments und des Rates vom 10. März zur Koordinierung bestimmter Rechts- und Verwaltungsvorschriften der Mitgliedstaaten über die Bereitstellung audiovisueller Mediendienste, ABl. L 95 vom 15.4.2010, zuletzt geändert durch Art. 28 VO (EU) 2024/1083.
478 Verordnung (EU) 2017/1128 des Europäischen Parlaments und des Rates vom 14. Juni 2017 zur Gewährleistung der grenzüberschreitenden Portabilität von Online-Inhaltediensten im Binnenmarkt, ABl. C 264 vom 20.7.2016, S. 186.
479 *Piltz/Zwerschke*, CR 2024, 153, 154; *Podszun/Pfeifer*, GRUR 2022, 953, 958.
480 *Weinhold/Schröder*, ZD 2024, 306, 308f.

Bei *Application Service Provisioning* und *Shared-Hosting* dürfte es sich ebenfalls nicht um Datenverarbeitungsdienste handeln, da diese nicht elastisch oder skalierbar bereitgestellt werden.[481]

Im Gegensatz zu den Intermediären und deren Datenvermittlungsdienste des Data Governance Acts[482] zielt der DA auf die Einbeziehung der Cloud-Provider ab.[483]

bb) Weitere Tatbestandsmerkmale des Datenverarbeitungsdienstes

Die Legaldefinition des Art. 2 Nr. 8 DA wird durch Erwägungsgrund 80 konkretisiert, indem dort die übrigen Tatbestandsmerkmale des Datenverarbeitungsdienstes genauer beschrieben werden. Zunächst wird dort auf die übliche Kategorisierung anhand der Modelle für die Bereitstellung von **Infrastructure-as-a-Service** (IaaS), **Platform-as-a-Service** (PaaS) und **Software-as-a-Service** (SaaS) verwiesen.[484] Dabei handelt es sich um speziell vorgefertigte Kombinationen von IKT-Ressourcen. Daneben können weitere Varianten wie **Storage-as-a-Service** und **Database-as-a-Service** hinzutreten.[485] Ferner werden folgende Tatbestandsmerkmale beschrieben:

- *Rechenressourcen* sind Netze, Server oder sonstige virtuelle oder physische Infrastrukturen, Software – einschließlich Tools zur Entwicklung von Software –, Speicher, Anwendungen und Dienste;
- *Minimaler Verwaltungsaufwand* meint, dass Kunden sich selbst, ohne Interaktion mit dem Anbieter von Datenverarbeitungsdiensten Rechenkapazitäten wie Serverzeit oder Netzwerkspeicherplatz zuweisen können;
- *Ortsunabhängig* beschreibt, dass die Bereitstellung der Rechenkapazitäten über das Netz und der Zugang zu ihnen über Mechanismen erfolgt, die den Einsatz heterogener Thin- oder Thick-Client-Plattformen (von Webbrowsern bis hin zu mobilen Geräten und Arbeitsplatzrechnern) fördern;
- *Skalierbar* bezeichnet Rechenressourcen, die unabhängig von ihrem geografischen Standort vom Anbieter von Datenverarbeitungsdiensten flexibel zugewiesen werden, um Nachfrageschwankungen auszugleichen;
- *Elastisch* meint Rechenressourcen, die entsprechend der Nachfrage bereitgestellt und freigegeben werden, um je nach Arbeitsaufkommen zügig verfügbare Ressourcen auf- beziehungsweise abbauen zu können;[486]

---

481 *Pommerening/Nickel*, RDi 2024, 289, 291.

482 Art. 2 Nr. 11 DGA.

483 *Heinzke*, GRUR-Prax 2023, 154.

484 Erwägungsgrund 81 VO (EU) 2023/2854; für eine ausführlichere Beschreibung der „as-a-Service“-Varianten siehe *Mell/Grace*, NIST Special Publication 800-145 2011, S. 2 f; zur Unterscheidung zwischen PaaS und SaaS instruktiv *Heinzke*, BB 2024, 1291, 1295.

485 Erwägungsgrund 81 VO (EU) 2023/2854.

486 Der Data Act definiert nicht, ob die Skalierbarkeit mittelbar in der Wertschöpfungskette vorliegen kann oder unmittelbar beim Anbieter gegeben sein muss. Dazu *Bomhard*, MMR 2024, 109, 110.

- *Gemeinsam genutzter Pool* beschreibt Rechenressourcen, die mehreren Nutzern bereitgestellt werden, die über einen gemeinsamen Zugang auf den Dienst zugreifen, wobei die Verarbeitung jedoch für jeden Nutzer getrennt erfolgt, obwohl der Dienst über dieselbe elektronische Ausrüstung erbracht wird;[487]
- *Verteilt* beschreibt Rechenressourcen, die sich auf verschiedenen vernetzten Computern oder Geräten befinden und die untereinander durch Nachrichtenaustausch kommunizieren und sich koordinieren;
- *Hochgradig verteilt* beschreibt Datenverarbeitungsdienste, bei denen Daten näher an dem Ort verarbeitet werden, an dem sie generiert oder erhoben werden, z.B. in einem vernetzten Datenverarbeitungsgerät. Edge-Computing, eine Form dieser hochgradig verteilten Datenverarbeitung, dürfte neue Geschäftsmodelle und Cloud-Dienste hervorbringen, die von Anfang an offen und interoperabel sein sollten;

In der Definition des Datenverarbeitungsdienstes wurde *ubiquitous* mit flächendeckend, in den Erwägungsgründen hingegen mit ortsunabhängig übersetzt. Ungeachtet dieses redaktionellen Versehens dürfte das Tatbestandsmerkmal als *geräteunabhängig* zu verstehen sein.[488] Die Kriterien konfigurierbar, skalierbar und elastisch beziehen sich vor allem auf das Konzept der **Virtualisierung**, das im DA nicht weiter definiert ist. Virtualisierung bezeichnet allgemein eine Technik, bei der mehrere Betriebssysteme oder Programme gleichzeitig auf einem Computer ausgeführt werden, indem Ressourcen wie der Prozessor und der Speicher aufgeteilt werden. Dadurch können verschiedene Anwendungen unabhängig voneinander auf derselben Hardware laufen, als ob sie auf eigenen Computern arbeiten würden.[489]

Fraglich ist dann vor allem, ob die Bereitstellung technisch oder vertraglich zu verstehen ist und inwiefern über das Kriterium der Konfigurierbarkeit ein Datenverarbeitungsdienst in der Wertschöpfungskette – etwa durch Weiterreichen von App-Anbietern – aus dem Anwendungsbereich fällt.[490]

Von den vier klassischen Deployment-Modellen **Private Cloud**, **Community Cloud**, **Public Cloud** und **Hybrid Cloud**[491] dürfte die Private Cloud nicht als Datenverarbeitungsdienst zu werten sein, weil dort der genutzte Pool an Rechenressourcen für nur einen speziellen Kunden betrieben und somit nicht gemeinsam genutzt wird. Schließlich dürfte SaaS nur dann in den Anwendungsbereich des DA fallen, wenn der Kunde die Rechenressourcen wie Speicherplatz, Arbeitsspeicher oder Prozessoren konfigurieren kann.

---

487 Dieses Tatbestandsmerkmal zielt auf Multi-Client-Anbieter ab und ist nicht allein durch die getrennte Verarbeitung für jeden Nutzer ausgeschlossen, *Bomhard*, MMR 2024, 109, 110.

488 Ähnlich bereits *Pommerening/Nickel*, RDi 2024, 289, 290.

489 https://www.golem.de/specials/virtualisierung/ (zuletzt abgerufen am: 1.11.2024).

490 Siehe Erwägungsgrund 91 VO (EU) 2023/2854.

491 *Mell/Grace*, NIST Special Publication 800-145 2011, S. 3.

c) Der Wechselprozess

Der Wechselprozess ist von zentraler Bedeutung für die vom DA angestrebte Erleichterung der Exit-Optionen für Kunden. Ein Grundverständnis über den Wechselprozess ist nicht zuletzt auch Voraussetzung, um die vertraglichen Vorgaben des Art. 25 DA umsetzen zu können.[492] Zu diesem Grundverständnis gehört auch die vertragstypologische Einordnung des Wechsels.[493] Obwohl der DA diese Frage offen lässt, ist teleologisch von einem Werkvertrag auszugehen.[494]

Der **Wechselprozess** ergibt sich als **Drei-Phasen-Modell**[495] im Wesentlichen aus den Definitionen des Art. 2 Nr. 34 DA sowie des Art. 23 S. 1 und ist gemäß Art. 25 DA vertraglich abzubilden.[496] Die drei Phasen stellen sich zusammen erstens aus dem Wechselverlangen und der sich daran anschließenden Kündigungsfrist, zweitens dem Übergangszeitraum für den Vollzug des Wechsels und drittens einem an den Wechsel anschließenden Zeitraum für den weiteren Datenabruf. Der Wechsel findet zwischen Datenverarbeitungsdiensten statt, weshalb die vom Gesetzgeber in Art. 1 Abs. 7 DA gewählte Bezeichnung **Cloud-Wechsel** wohl als Redaktionsfehler zu interpretieren ist, der sich auch in der englischen Fassung des DA findet („cloud switching“).

aa) Wechsel, Art. 2 Nr. 34 DA

Ausgangspunkt ist die Definition des **Wechsels**, der den Prozess meint, an dem ein Quellenanbieter[497] von Datenverarbeitungsdiensten, ein Kunde eines Datenverarbeitungsdienstes und gegebenenfalls ein übernehmender Anbieter von Datenverarbeitungsdiensten beteiligt sind und bei dem der **Kunde** eines Datenverarbeitungsdienstes von der Nutzung eines Datenverarbeitungsdienstes zur Nutzung eines anderen Datenverarbeitungsdienstes der gleichen Dienstart oder eines anderen Dienstes, der von einem anderen Anbieter von Datenverarbeitungsdiensten oder der einem einer **IKT-Infrastruktur** in eigenen Räumlichkeiten angeboten wird, auch durch Extraktion, Umwandlung und Hochladen der Daten, wechselt (Art. 2 Nr. 34 DA).

Damit lassen sich vier Wechselkonstellationen darstellen, wobei nicht ganz klar ist, ob der Wechsel zu einem anderen Dienst umfasst ist[498]:

- Bei gleicher Dienstart zu einem anderen Anbieter;
- Bei gleicher Dienstart zur IKT-Infrastruktur in den eigenen Räumlichkeiten;

492 Unter Verweis auf die Cloud-AGB *Heinzke*, BB 2024, 1291, 1293f.
493 *Sattler*, CR 2024, 213, 217.
494 *Sattler*, CR 2024, 213, 218.
495 *Heinzke*, BB 2024, 1291, 1293f.
496 Siehe unten A.6.e)bb).
497 In der Legaldefinition abweichend so benannt, ansonsten aber als ursprünglicher Anbieter bezeichnet.
498 Die dazu im Data Act enthaltenen Widersprüche sind unten in A.6.c)ff) aufgeführt.

- Zu einem anderen Dienst eines anderen Anbieters;
- Zu einem anderen Dienst der IKT-Infrastruktur in den eigenen Räumlichkeiten.

bb) Kunde, Art. 2 Nr. 30 DA

Der **Kunde** ist gemäß Art. 2 Nr. 30 DA eine natürliche oder juristische Person, die mit einem Anbieter von Datenverarbeitungsdiensten eine vertragliche Beziehung eingegangen ist, um einen oder mehrere Datenverarbeitungsdienste in Anspruch zu nehmen. Der Anbieterbegriff ist hingegen nicht definiert.

cc) IKT-Infrastruktur in den eigenen Räumlichkeiten, Art. 2 Nr. 33 DA

Die **IKT-Infrastruktur in den eigenen Räumlichkeiten** (beim Wechsel sog. „Insourcing“[499]) wird in Art. 2 Nr. 33 DA definiert als IKT-Infrastruktur und Rechenressourcen, die im Eigentum des Kunden stehen oder vom Kunden gemietet oder geleast werden und die sich im Rechenzentrum des Kunden befinden und von ihm oder einem Dritten betrieben wird beziehungsweise werden.

dd) Gleiche Dienstart, Art. 2 Nr. 9 DA

Die **gleiche Dienstart** ist gemäß Art. 2 Nr. 9 DA eine Reihe von Datenverarbeitungsdiensten, die dasselbe Hauptziel haben und dasselbe Dienstmodell für die Datenverarbeitung sowie dieselben Hauptfunktionen aufweisen. Erwägungsgrund 81 ergänzt beispielhaft, dass Dienste, die der gleichen Dienstart angehören, zwar dasselbe Modell für die Bereitstellung von Datenverarbeitungsdiensten aufweisen können, doch während zwei Datenbanken dem Anschein nach dasselbe Hauptziel haben können, könnten sie nach Berücksichtigung ihres Datenverarbeitungsmodells, ihres Vertriebsmodells und der Anwendungsfälle, auf die sie ausgerichtet sind, in eine detailliertere Unterkategorie vergleichbarer Dienste fallen.

Das Tatbestandsmerkmal desselben Dienstmodells kann demnach so verstanden werden, dass ein Wechsel beispielsweise von IaaS zu SaaS nicht unter den Anwendungsbereich der gleichen Dienstart fällt.[500] Dennoch können Dienste der gleichen Dienstart „unterschiedliche und konkurrierende Merkmale wie Leistung, Sicherheit, Robustheit und Qualität des Dienstes aufweisen“.[501] Ziel ist, dass der Wechsel „unter Wahrung eines Mindestumfangs von Dienstfunktionen“ vollzogen werden kann.[502]

499 *Sattler*, CR 2024, 213, 217.
500 *Pommerening/Nickel*, RDi 2024, 289, 293.
501 Erwägungsgrund 81 VO (EU) 2023/2854.
502 Erwägungsgrund 78 VO (EU) 2023/2854.

Der Begriff der Dienstart bestimmt sich somit im Wesentlichen durch die Leistung gegenüber dem Kunden.[503] Trotz der Definition und der weiteren Ausführungen der Erwägungsgründe bleibt der Begriff der gleichen Dienstart klärungsbedürftig.[504]

ee) Funktionsäquivalenz, Art. 2 Nr. 37 DA

Eng mit dem Wechsel zur gleichen Dienstart verbunden ist das Ziel des Erreichens der **Funktionsäquivalenz.**[505] Diese wird in Art. 2 Nr. 37 DA definiert als die Wiederherstellung – auf der Grundlage der **exportierbaren Daten** und **digitalen Vermögenswerte** des Kunden – eines Mindestmaßes an Funktionalität in der Umgebung eines neuen Datenverarbeitungsdienstes der gleichen Dienstart nach dem Wechsel, wenn der übernehmende Datenverarbeitungsdienst als Reaktion auf dieselbe Eingabe für gemeinsame Funktionen, die dem Kunden im Rahmen des Vertrags bereitgestellt werden, ein materiell vergleichbares Ergebnis erbringt.

Hier zeigt sich einmal mehr die Janusköpfigkeit der Vorschriften des DA: Einerseits schafft der DA eine Pflicht zur Erreichung der Funktionsäquivalenz beim Bereitstellungsmodell IaaS (Erwägungsgrund 86, Art. 30 Abs. 1 DA),[506] gleichzeitig sollen die Anbieter durch den DA nicht dazu verpflichtet sein, neue Kategorien von Datenverarbeitungsdiensten zu entwickeln, um die Funktionsäquivalenz gewährleisten zu können.[507]

ff) Abgrenzungen zum Wechselprozess

Vom Wechselbegriff des Art. 2 Nr. 34 DA abzugrenzen ist die **parallele Nutzung mehrerer Anbieter von Datenverarbeitungsdiensten**, wie sie in Art. 23 S. 1 DA angedeutet wird („[...] oder gegebenenfalls mehrere Anbieter von Datenverarbeitungsdiensten gleichzeitig in Anspruch zu nehmen").[508] Art. 23 S. 1 DA steht insofern in einem Widerspruch zur Wechseldefinition des Art. 2 Nr. 34 DA. Während Art. 2 Nr. 34 DA keine parallele Nutzung, aber den Wechsel zu einem anderen Dienst respektive Dienstart vorsieht, beschränkt sich Art. 23 S. 1 DA auf den Wechsel innerhalb der gleichen Dienstart, eröffnet indes gleichzeitig den Anwendungsbereich der Pflichten nach Art. 23 ff. DA für die parallele Nutzung. In letzterem ist der Zweck schon deshalb fragwürdig, weil die parallele Nutzung von Datenverarbeitungsdiensten der gleichen Dienstart – außer aus Gründen der (Daten-)Sicherheit – weniger sinnvoll ist. Diese Divergenzen unterstreichen die

---

503 *Piltz/Zwerschke*, CR 2024, 153, 155.

504 *Piltz/Zwerschke*, CR 2024, 153, 155.

505 Siehe Art. 23 S. 2 lit. d), Art. 30 Abs. 1 DA sowie Erwägungsgrund 86 VO (EU) 2023/2854.

506 Siehe dazu auch A.6.g).

507 Erwägungsgrund 92 VO (EU) 2023/2854.

508 Die parallele Nutzung wird auch in Erwägungsgrund 79 VO (EU) 2023/2854 angedeutet: „[...] ohne unangemessene Erschwernisse und Datenübertragungskosten Dienste mehrere Anbieter zu nutzen".

„Zwitterstellung“[509] des Kapitel VI DA: Bei paralleler Nutzung von Datenverarbeitungsdiensten ist vor allem die Interoperabilität zu gewährleisten. Art. 34 DA sieht hierfür die entsprechende Anwendung ausgewählter Pflichten des Kapitel VI DA vor.[510]

Ebenfalls vom Wechselbegriff abzugrenzen, ist das **Löschen der exportierbaren Daten und digitalen Vermögenswerte** nach Beendigung des Dienstes (Art. 25 Abs. 2 lit. c) Ziff. Ii und Abs. 3 lit. c) DA). Das Löschen kann dabei allerdings im Zuge des Wechsels vorgenommen werden, wie sich aus Art. 25 Abs. 3 DA ergibt.[511]

Schließlich ist der Wechsel von **On-Premises** hin zur Cloud nicht von der Definition des Wechsels umfasst. On-Premises bezeichnet ein Modell, bei dem die IKT-Infrastrukturen, direkt vor Ort in einem Unternehmen betrieben und verwaltet werden, anstatt auf externe Cloud-Dienste zurückzugreifen, sodass die Hard- und Software in den eigenen Räumlichkeiten unter vollständiger Kontrolle des Unternehmens gehostet wird.[512] Diese Privilegierung der On-Premises-Anbieter ist weder aus systematischen Gründen noch aus teleologischen Erwägungen nachvollziehbar.[513]

gg) Gegenstand des Wechsels

Nach Art. 23 S. 2 lit. c) DA werden beim Wechsel die **exportierbaren Daten** des Kunden und digitale Vermögenswerte zu einem anderen Anbieter oder zu einer IKT-Infrastruktur in eigenen Räumlichkeiten übertragen; beide Begriffe werden nur in Kapitel VI DA verwendet.

(1) Exportierbare Daten, Art. 2 Nr. 38 DA

Exportierbare Daten sind nach Art. 2 Nr. 38 DA die Eingabe- und Ausgabedaten einschließlich der Metadaten, die unmittelbar oder mittelbar durch die Nutzung des Datenverarbeitungsdienstes durch den Kunden oder gemeinsam generiert werden, mit Ausnahme der Vermögenswerte oder Daten eines Anbieters von Datenverarbeitungsdiensten oder Dritter, die durch Rechte des geistigen Eigentums geschützt sind oder ein Geschäftsgeheimnis darstellen.[514] Demgegenüber deutet Art. 25 Abs. 2 lit. e) DA durch die Formulierung „eine erschöpfende Auflistung aller Kategorien von Daten […], die während des Wechselvollzugs übertragen werden können, einschließlich mindestens aller exportierbaren Daten“ widersprüchlich an, dass darüber hinaus noch weitere Daten Gegenstand des Wechsels sein können.

---

509 *Heinzke*, BB 2024, 1291.

510 Siehe dazu unten A.7; vgl. Erwägungsgrund 99 VO (EU) 2023/2854; *Heinzke*, BB 2024, 1291.

511 Dort heißt es „[…] eine oder mehrere der […] Maßnahmen durchzuführen“.

512 https://www.gdata.de/ratgeber/was-ist-eigentlich-on-premises?srsltid=AfmBOoqQrcVMaaWV_2rwnGbxNGQ3Tx08iUVE_mNLtgaAmlLBcHiF79w9 (zuletzt abgerufen am: 1.11.2024).

513 *Lagoni*, CR 2024, 91, 94 f.

514 Erwägungsgrund 82 VO (EU) 2023/2854.

Nicht unter den Begriff der exportierbaren Daten fallen ausweislich Erwägungsgrund 82 und Art. 30 Abs. 6 DA Daten, die im Zusammenhang mit der Integrität und Sicherheit des Dienstes [stehen], bei denen der Anbieter [...] im Falle eines Exports Cybersicherheitsrisiken ausgesetzt ist. Dazu zählen etwa Daten zur Sicherheitsarchitektur des Dienstes wie Firewalls, Verschlüsselungsverfahren oder Authentifizierungssysteme, aber auch Zugangsdaten, Protokolldaten sowie kryptografische Schlüssel und Sicherheitszertifikate. Die Ausnahmen sollten den Vollzug des Wechsels nicht behindern und auch nicht verzögern.[515]

(2) Digitale Vermögenswerte, Art. 2 Nr. 32 DA

Unter **digitalen Vermögenswerten** sind gemäß Art. 2 Nr. 32 DA Elemente in digitaler Form – einschließlich Anwendungen –, für die der Kunde ein Nutzungsrecht hat, unabhängig von der vertraglichen Beziehung mit dem Datenverarbeitungsdienst, den er wechseln möchte, zu verstehen. Erwägungsgrund 83 ergänzt den Begriff um Metadaten, die im Zusammenhang mit der Konfiguration von Einstellungen, der Sicherheit und der Verwaltung von Zugangs- und Kontrollrechten, sowie andere Elemente wie Darstellungen von Virtualisierungstechnologien, einschließlich virtueller Maschinen und Container stehen. Wenn der Kunde unabhängig vom Vertrag mit dem Anbieter ein Nutzungsrecht hat, können die digitalen Vermögenswerte übertragen werden.[516] Unmittelbar daran anknüpfend stellt sich die Frage, ob dem Anbieter ein Verweigerungsrecht hinsichtlich des Wechsels zusteht oder er dieses sogar ausführen muss, wenn der Kunde die eigenständigen Nutzungsrechte nicht nachweisen kann.[517] Auch in Bezug auf digitale Vermögenswerte sind Anbieter gem. Art. 30 Abs. 6 DA nicht verpflichtet, diese, wenn die durch Rechte des geistigen Eigentums geschützt sind oder ein Geschäftsgeheimnis darstellen, gegenüber einem Kunden oder anderem Anbieter offenzulegen.

d) Wechselhindernisse, Art. 23 DA

Vorkommerzielle, gewerbliche, technische, vertragliche und organisatorische Hindernisse können den Kunden daran hindern, den wirksamen Wechsel im Sinne der Art. 23 S. 2 lit. a)–e) DA zu vollziehen.[518] Die in Art. 23 S. 2 DA gewählte Formulierung „insbesondere" insinuiert zwar im ersten Zugriff einen nicht abschließenden Katalog an Wechselhindernissen, sodass Anbieter verpflichtet sein könnten, jedes Wechselhindernis abzubauen. Indes handelt es sich bei denen vom Gesetzgeber gewählten Kategorien um sehr dehnbare unbestimmte Rechtsbegriffe, die vom Gesetzgeber nicht näher beschrieben werden und dem Rechtsanwender daher viel Auslegungsspielraum lassen. Nahelie-

515 Erwägungsgrund 82 VO (EU) 2023/2854.

516 Erwägungsgrund 83 VO (EU) 2023/2854.

517 *Sattler*, CR 2024, 213, 217.

518 Zu den Pflichten siehe Gliederungspunkt 6 e).

gender ist demzufolge, dass ausschließlich die genannten Kategorien vorkommerziell, gewerblich, technisch, vertraglich und organisatorisch in Verbindung mit dem enumerativen Katalog (lit. a)–e)) Wechselhindernisse darstellen, die vonseiten der Anbieter zu beachten sind.[519] Der offene Wortlaut der Abgrenzungskategorien dürfte zu inhaltlichen Überschneidungen und schwierigen Abgrenzungsfragen führen.

Im Einzelnen dürften unter den vorkommerziellen und kommerziellen Hindernissen insbesondere monetäre Aspekte wie Wechselentgelte fallen. Zu den technischen Hindernissen dürften insbesondere Themen der Datenübertragung,[520] API-Kompatibilität, die Verwendung proprietärer Technologien sowie (Daten-)Sicherheitsaspekte zählen. Vertragliche Hindernisse könnten unter anderem Klauseln darstellen, die die Kündigung erschweren oder den Wechselprozess insgesamt rechtlich übermäßig komplex gestalten. Schließlich können auch organisatorische Hindernisse wie Personalmangel oder auch prozedurale Aspekte der Planung den Wechsel behindern.

e) Pflichten für Datenverarbeitungsdienste, Art. 23–31 DA

Durch den weiten Begriff des Datenverarbeitungsdienstes sind auch eine Vielzahl von Anbietern von den in den Art. 23ff. DA statuierten Pflichten betroffen. Art. 23 S. 1 DA eröffnet das Kapitel und formuliert den Wechselprozess eigenständig, statt auf die in Art. 2 Nr. 34 DA verwendeten Definitionen zu rekurrieren.[521] Zudem nimmt Art. 23 S. 1 DA auf die Pflichten aus Art. 25, 26, 27, 29 und 30 DA Bezug. Derweil werden Art. 24 und 31 DA nicht genannt, da es sich hier bei diesen nicht um Pflichten im engeren Sinne, sondern um Eingrenzungen des Anwendungsbereichs von Kapitel VI DA handelt; ähnliches gilt für Art. 28 DA, der keinen Bezug zum Wechsel aufweist. Gemäß Art. 24 DA gelten die Pflichten aus Art. 23, 25, 29, 30 und 34 DA nur für Dienste, Verträge oder Geschäftsgepflogenheiten, die vom ursprünglichen Anbieter des Datenverarbeitungsdienstes angeboten werden; Art. 31 DA formuliert Ausnahmetatbestände.[522]

Dritte sind von den Pflichten der Art. 23ff. DA nur betroffen, soweit sie den Wechsel im Namen des Kunden vollziehen.[523] Abhängig vom Verfahrensabschnitt im Wechselprozess tragen die beteiligten Akteure ein unterschiedliches Maß an Verantwortung.[524]

aa) Aufzwingungsverbot und Beseitigungspflicht, Art. 23 S. 2 DA

Art. 23 S. 2 DA konkretisiert Art. 23 S. 1 DA („insbesondere“). Die Anbieter von Datenverarbeitungsdiensten dürfen keine vorkommerziellen, gewerblichen, technischen, ver-

519 *Piltz/Zwerschke*, CR 2024, 153, 155; *Danyeli*, DSRITB 2022, 427, 431.
520 Erwägungsgrund 79 VO (EU) 2023/2854.
521 Für die sich daraus ergebenden Unstimmigkeiten siehe oben A.6.c).
522 Siehe dazu unten A.6.h).
523 Erwägungsgrund 85 VO (EU) 2023/2854.
524 Erwägungsgrund 85 VO (EU) 2023/2854.

traglichen und organisatorischen Hindernisse aufzwingen (Art. 23 S. 2 Alt. 1 DA).[525] Gleichzeitig besteht eine Beseitigungspflicht der Hindernisse, wenn sie die Kunden an den in lit. a)–e) genannten Handlungen hindern (Art. 23 S. 2 Alt. 2 DA). Dazu gehören:

- die Hinderung der Kündigung (lit. a)), mit Verweis auf die Kündigungsfrist[526] in Art. 25 Abs. 2 lit. d) DA;
- die Hinderung am Abschluss neuer Verträge (lit. b)) als Klauselverbot[527];
- die Hinderung der Datenübertragung (lit. c)), welche durch Vorschriften aus Art. 25 sowie Art. 26 lit. b) und Art. 30 Abs. 5 DA konkretisiert wird und insbesondere auch bei unentgeltlichen Angeboten gilt;
- die Hinderung der Erreichung der Funktionsäquivalenz (lit. d))[528];
- sowie ein „**Unbundling**“[529] bei IaaS[530] vorzunehmen (lit. e)).

Unter Unbundling ist das Herauslösen eines bestimmten Dienstes aus anderen erbrachten Datenverarbeitungsdiensten zu verstehen,[531] soweit dies technisch durchführbar ist (Art. 23 S. 2 lit. e) DA).

bb) Vertragsklauseln für den Wechsel, Art. 25 DA

Art. 25 DA sieht umfassende vertragliche Mindestinhaltspflichten für den Wechsel zwischen Datenverarbeitungsdiensten vor.[532] Die damit verbundene Einschränkung der Privatautonomie ist im B2B-Geschäft schwerer zu rechtfertigen.[533] Bei der Umsetzung der Inhaltspflichten sollen die von der Kommission bis zum 12.9.2025 zu erarbeitenden unverbindlichen Standardvertragsklauseln[534] (Art. 41 DA) helfen – sie sollen zugleich das Vertrauen in Datenverarbeitungsdienste stärken, für ein ausgewogenes (Vertrags-) Verhältnis zwischen Nutzern und Anbietern sorgen und die Rechtssicherheit hinsichtlich der Bedingungen für den Wechsel erhöhen.[535]

Die Rechte des Kunden und die Pflichten des Anbieters sind in einem schriftlichen Vertrag festzulegen, der vor Vertragsschluss so bereitgestellt wird, dass der Kunde diesen

---

525 Siehe dazu oben A.6.d).

526 Zur längeren Kündigungsfrist nach dem Kommissionsentwurf *Karsten/Wienroeder*, RAW 2022, 99, 105.

527 Parallel dazu gilt Art. 25 Abs. 2 lit. a) DA als Klauselgebot.

528 Siehe dazu oben A.6.c)ee).

529 *Bomhard*, MMR 2024, 109, 110.

530 Siehe dazu unten 6 b).

531 Erwägungsgrund 93 VO (EU) 2023/2854; *Bomhard*, MMR 2024, 109, 110.

532 Zum Vergleich der Norm mit Art. 28 Abs. 3 DS-GVO, *Piltz/Zwerschke*, CR 2024, 153, 156.

533 *Weinhold/Schröder*, ZD 2024, 306, 310.

534 Die Standardvertragsklauseln werden einer Expertengruppe entwickelt, anschließend von der Kommission geprüft und von dieser vor dem 12.9.2027 veröffentlicht, *Europäische Kommission*, FAQ DA, S. 33; *Sattler*, CR 2024, 213, 220 ff. bereits jetzt mit Vorschlägen.

535 Erwägungsgrund 98, 111 VO (EU) 2023/2854.

speichern und reproduzieren kann (Art. 25 Abs. 1 DA). Das Schriftformerfordernis ist unionsrechtlich autonom auszulegen und dürfte somit auch die elektronische Form[536] umfassen, wobei in der Praxis die Verwendung einer elektronischen Signatur zu empfehlen ist.[537]

Die Klauseln sind zwingend, sodass von diesem „vertraglichen Grundgerüst“[538] **keine Abweichungen** zulässig sind.[539] Diese Klauseln unterliegen in B2B-Vertragsbeziehungen der Kontrolle nach Art. 13 DA; ist der Vertragspartner ein Verbraucher, kommt eine Kontrolle nach nationalen Vorschriften, die die Vorgaben der Klausel-Richtlinie[540] umsetzen, in Betracht.[541]

(1) Klauseln zur Wechselentscheidung, Art. 25 Abs. 3 DA

Gem. Art. 25 Abs. 3 DA muss der in Art. 25 Abs. 1 DA genannte Vertrag Klauseln enthalten, wonach der Kunde den Anbieter von Datenverarbeitungsdiensten nach Ablauf der maximalen Kündigungsfrist gemäß Art. 25 Abs. 2 lit. d) DA über seine Entscheidung unterrichten kann, eine oder mehrere der folgenden Maßnahmen durchzuführen:

- den Wechsel zu einem anderen Anbieter unter Angabe des neuen Anbieters, welche durch den Kunden zu erfolgen hat (lit. a));
- den Wechsel zu einer IKT-Infrastruktur in eigenen Räumlichkeiten (lit. b));
- die Löschung der exportierbaren Daten und digitalen Vermögenswerte des Kunden (lit. c))

(2) Mindestinhaltspflichten, Art. 25 Abs. 2 DA

Neben den nach Art. 25 Abs. 3 DA erforderlichen Klauseln statuiert Art. 25 Abs. 2 DA weitere vertragliche Mindestinhaltspflichten, die unbeschadet der Digitale-Inhalte-Richtlinie[542] gelten. Ausweislich des Wortlauts handelt es sich um Mindestinhaltspflichten, was im Umkehrschluss bedeutet, dass Anbieter auch weitere Klauseln in ihre Verträge aufnehmen können.

---

536 Gerade das Kriterium der Speicherbarkeit deutet auf die elektronische Form hin, BeckOK Datenschutzrecht/*Schmidt-Wudy*, DA, Art. 25 Rn. 15.

537 *Piltz/Zwerschke*, CR 2024, 153, 156; a. A. BeckOK Datenschutzrecht/*Schmidt-Wudy*, DA, Art. 25 Rn. 12.

538 *Piltz/Zwerschke*, CR 2024, 153, 156.

539 *Piltz/Zwerschke*, CR 2024, 153, 156.

540 Richtlinie 93/13/EWG des Rates vom 5. April 1993 über mißbräuchliche Klauseln in Verbraucherverträgen, ABl. L 095 vom 21.4.1993, S. 29–34.

541 *Piltz/Zwerschke*, CR 2024, 153, 156.

542 Richtlinie (EU) 2019/770 des Europäischen Parlaments und des Rates vom 20. Mai 2019 über bestimmte vertragsrechtliche Aspekte der Bereitstellung digitaler Inhalte und digitaler Dienstleistungen, ABl. L 136 vom 22.5.2019, S. 1–27.

(a) Wechselverlangen und Übergangszeitraum, Art. 25 Abs. 2 lit. a) DA

Gemäß Art. 25 Abs. 2 lit. a) DA muss der Vertrag eine Wechselklausel enthalten, nach der der Kunde auf Verlangen wechseln oder alle exportierbaren Daten und digitalen Vermögenswerte auf eine IKT-Infrastruktur in eigenen Räumlichkeiten innerhalb eines Übergangszeitraums von höchstens 30 Kalendertagen übertragen kann.

Der Wechselprozess wird durch den Kunden im Wege eines an den ursprünglichen Anbieter gerichteten Antrags eingeleitet; dies ergibt sich implizit aus Art. 25 Abs. 4 DA, der die Beantragung des Wechsels voraussetzt und den Anbieter über den Wechselwunsch des Kunden informieren (deshalb auch sog. Informationsphase[543]) soll.[544]

Was genauer unter dem Tatbestandsmerkmal *Verlangen* zu verstehen ist, dürfte – ebenso wie in Art. 4 Abs. 1 S. 1 DA und Art. 5 Abs. 1 S. 1 DA – für die Gestaltung des Wechselprozesses Schwierigkeiten bereiten, weil unklar ist, welche Anforderungen an das Verlangen zu stellen sind und ob in diesem Zusammenhang jedwede Handlung des Kunden gegenüber dem Anbieter genügt.[545] Für letzteres spricht zunächst der Wortlaut der Norm, der keine inhaltlichen Anforderungen das Verlangen festlegt und insbesondere keine Kundenidentifizierung verlangt.[546] Auch die Gesetzgebungshistorie lässt sich hierfür heranziehen, die von einer „Veranlassung des Anbieterwechsels“[547] spricht.

Darüber hinaus stellt sich in Ermangelung einer ausdrücklichen gesetzlichen Bestimmung die Frage, in welcher Form der Kunde dem Anbieter seinen Wechselwunsch mitteilen muss. Ein Ausschluss bestimmter, marktüblicher Kommunikationskanäle wie E-Mail oder Telefon durch den Anbieter dürfte insbesondere mit Blick auf das Gebot zur Zusammenarbeit nach Treu und Glauben gemäß Art. 27 DA unzulässig sein.[548] Hinsichtlich der Form des Verlangens empfiehlt es sich für den Anbieter einen Haupt-Kommunikationskanal auszuwählen, der für beide Vertragsparteien das entsprechende Verlangen (elektronisch) dokumentiert.[549]

Die Unterstützungspflicht wird für diesen Übergangszeitraum in Art. 25 Abs. 2 lit. a) Ziff. i–iv DA weiter ausgestaltet: Innerhalb dieses Zeitraums soll der Anbieter dem Kunden und von ihm autorisierten Dritten angemessene Unterstützung für den Vollzug des Wechsels leisten (i).[550] Insbesondere ist Sorgfalt für die Kontinuität[551] des Geschäftsbetriebs geboten (ii) und über bekannte Risiken zu unterrichten (iii). Insgesamt soll ein

543 *Wiebe*, GRUR 2023 1569, 1576.

544 Erwägungsgrund 85 VO (EU) 2023/2854.

545 *Piltz/Zwerschke*, CR 2024, 153, 156; es ist explizit keine Kündigung gemeint, BeckOK Datenschutzrecht/*Schmidt-Wudy*, DA, Art. 25 Rn. 18.

546 Siehe oben (4) zur Nutzeridentifizierung gemäß Art. 4 Abs. 5 beziehungsweise Art. 5 Abs. 4 DA.

547 Art. 24 Abs. 1 S. 2 lit. a) COM(2022) 68 final – 2022/0047 (COD); *Piltz/Zwerschke*, CR 2024, 153, 156.

548 *Piltz/Zwerschke*, CR 2024, 153, 157.

549 *Piltz/Zwerschke*, CR 2024, 153, 157.

550 Als Klausel regelmäßig so in Outsourcing-Verträgen zu finden, BeckOK Datenschutzrecht/*Schmidt-Wudy*, DA, Art. 25 Rn. 21.

551 Die im Kommissionsentwurf noch als „uneingeschränkt“ bezeichnete Kontinuität ging weit über die in der Praxis üblichen Zusagen hinaus, siehe *Bomhard*, GmbHR 2022, Heft 14, R212, R213.

hohes Maß an (Daten-)Sicherheit gewährleistet werden (iv). Diese Datensicherheit soll sich ebenso auf einen Datenabrufzeitraum erstrecken, der mind. 30 Kalendertage dauert und nach dem Übergangszeitraum beginnt (Art. 25 Abs. 2 lit. g) DA).

Der eigentliche Wechsel wird dann innerhalb eines Übergangszeitraums vollzogen, der höchstens 30 Kalendertage betragen darf (Art. 25 Abs. 2 lit. a) DA). Während dieses Übergangszeitraums hat der Kunde weiterhin die Vergütung zu entrichten.[552]

(b) Ausstiegstrategie, Art. 25 Abs. 2 lit. b) DA

Art. 25 Abs. 2 lit. b) DA formuliert für den Wechsel eine allgemeine Verpflichtung, die in einer Klausel festgehalten werden soll. Der Anbieter muss die **Ausstiegsstrategie** des Kunden unterstützen und hierfür alle einschlägigen Informationen bereitstellen. In Art. 25 Abs. 2 lit. e) und f) DA wird diese Informationspflicht konkretisiert: Der Anbieter muss eine erschöpfende Auflistung aller Datenkategorien und digitaler Vermögenswerte vornehmen, die während des Wechsels übertragen werden können, sowie diejenigen Datenkategorien, die für die interne Funktionsweise des Datenverarbeitungsdienstes spezifisch sind und von den exportierbaren Daten gemäß lit. e) ausgenommen werden, wenn die Gefahr der Verletzung von Geschäftsgeheimnissen des Anbieters besteht, vorausgesetzt solche Ausnahmen behindern den Wechsel nach Art. 23 S. 2 lit. c) DA nicht.

(c) Vertragsbeendigung und Unterrichtung über Kündigung, Art. 25 Abs. 2 lit. c) DA

Nach Art. 25 Abs. 2 lit. c) DA muss der Vertrag eine Kündigungsklausel enthalten, gemäß der Vertrag als beendet gilt und der Kunde über die Kündigung unterrichtet werden muss, nachdem er erfolgreich[553] gewechselt hat (Art. 25 Abs. 2 lit. c) Ziff. i DA) oder die maximale Kündigungsfrist abgelaufen ist (Art. 25 Abs. 2 lit. c) Ziff. ii DA).[554]

(d) Maximale Kündigungsfrist, Art. 25 Abs. 2 lit. d) DA

Die maximale Kündigungsfrist für die Einleitung des Wechsels darf zwei Monate nicht überschreiten. Die dadurch mangelnde Planbarkeit wird sich erheblich auf die kommerzielle Preisgestaltung (auch *revenue recognition*[555]) der Anbieter auswirken.[556]

---

552 *Heinzke*, BB 2024, 1291, 1294; a.A. *Bomhard*, MMR 2024, 109, 111.

553 In der Praxis wohl schwer festzustellen oder wenigstens streitbar, wann ein Wechsel erfolgreich vollzogen ist, BeckOK Datenschutzrecht/*Schmidt-Wudy*, DA, Art. 25 Rn. 36f.

554 Zu Unsicherheiten, die sich aus den begrifflichen Differenzen zwischen Beendigung und Kündigung ergeben sowie zu dem Verhältnis zwischen diesem und einem vertraglichen Kündigungsrecht, siehe BeckOK Datenschutzrecht/*Schmidt-Wudy*, DA, Art. 25 Rn. 33f.

555 *Bomhard/Merkle*, RDi 2022, 168, 175.

556 *Bomhard*, GmbHR 2022, Heft 14, R212, R213; Durch die Anhebung auf 2 Monate dürfte sich die Planbarkeit etwas verbessert haben, vgl. *Bomhard/Merkle*, RDi 2022, 168, 175.

(e) Auflistung von Datenkategorien, digitalen Vermögenswerten und Beschränkung bei Geschäftsgeheimnissen, Art. 25 Abs. 2 lit. e) und f) DA

Gemäß Art. 25 Abs. 2 lit. e) DA muss der Vertrag eine Klausel enthalten, nach der eine erschöpfende Auflistung aller Kategorien von Daten und digitalen Vermögenswerten, die während des Wechselvollzugs übertragen werden können, einschließlich mindestens aller exportierbaren Daten, als Inhalte aufzuführen sind. Art. 25 Abs. 2 lit. f) DA ergänzt diese um eine erschöpfende Liste der Datenkategorien, die für die interne Funktionsweise des Datenverarbeitungsdienstes des Anbieters spezifisch sind und von den exportierbaren Daten gemäß Art. 25 Abs. 2 lit. e) DA ausgenommen werden, wenn die Gefahr einer Verletzung von Geschäftsgeheimnissen des Anbieters besteht, vorausgesetzt solche Ausnahmen behindern oder verzögern den Wechsel nach Art. 23 lit. c) DA nicht.

(f) Mindestfrist für Datenabruf von 30 Tagen, Art. 25 Abs. 2 lit. g) DA

Der Vertrag muss eine Mindestfrist für den Datenabruf von mindestens 30 Kalendertagen enthalten – wobei die Länge verhandelbar ist (Art. 25 Abs. 2 lit. g) DA) –, der nach dem Ablauf des zwischen dem Kunden und dem Anbieter der Datenverarbeitungsdienste gemäß Art. 25 Abs. 2 lit. a) DA und Art. 25 Abs. 4 DA vereinbarten Übergangszeitraums beginnt.

(g) Löschung der Daten, Art. 25 Abs. 2 lit. h) DA

Das Löschen der Daten ist durch eine Klausel gem. Art. 25 Abs. 2 lit. h) DA in den Vertrag aufzunehmen. Alle exportierbaren Daten und digitalen Vermögenswerte, die direkt vom Kunden generiert werden oder sich auf diesen beziehen, sind nach Ablauf des Datenabrufzeitraums vollständig zu löschen. Fraglich ist hier, ob es sich hierbei um eine Garantie oder Zusicherung handelt und inwiefern der Löschprozess technisch auszugestalten ist.[557]

(h) Wechselentgelte, Art. 25 Abs. 2 lit. i) DA

Der Vertrag muss eine Klausel zu den Wechselentgelten enthalten (Art. 25 Abs. 2 lit. i) DA).[558]

(3) Verlängerung des Übergangszeitraums, Art. 25 Abs. 4 und 5 DA

Soweit der Wechsel innerhalb der 30 Tage nicht technisch durchführbar ist, muss der Anbieter dies dem Kunden innerhalb von 14 Tagen nach Wechselverlangen mitteilen –

557 Siehe dazu BeckOK Datenschutzrecht/*Schmidt-Wudy*, DA. Art. 25 Rn. 54f.

558 Siehe dazu unten 6 f).

demnach noch innerhalb der Kündigungsfrist – und kann sodann einen alternativen Übergangszeitraum von maximal 7 Monaten vorschlagen (Art. 25 Abs. 4 DA). Der Anbieter muss hierbei die technische Undurchführbarkeit begründen. Der Gesetzgeber betont, dass auch hier die Kontinuität des Dienstes unbedingt gewährleistet sein muss.

Auch dem Kunden steht ein Verlängerungsrecht zu (Art. 25 Abs. 5 DA). Im Gegensatz zum Anbieter kann dieser aber den Übergangszeitraum auf einen unbestimmten Zeitraum verlängern, den er für seine eigenen Zwecke für angemessen hält. Gerade weil den Kunden keine ausdrücklichen Beistellungs- oder Mitwirkungspflichten treffen, könnte dieses Verlängerungsrecht zum Konflikt führen.[559] Jedenfalls ist deshalb dieses Recht in die Schranken des Art. 27 DA zu setzen, wonach die Beteiligten am Wechsel nach Treu und Glauben zu handeln haben. Die Interessen beider Parteien in Ausgleich bringend und unter Berücksichtigung von Art. 25 Abs. 4 DA dürfte hier ebenfalls eine maximale Verlängerung von 7 Monaten angemessen sein.[560]

Neben der Frage der Beschränkung durch den Anbieter dieses weitreichenden Rechts ist insbesondere ungeklärt, wie sich Art. 25 Abs. 4 und 5 DA zueinander verhalten, wobei der Wortlaut „unbeschadet" ein Hinzutreten des Verlängerungsrechts des Kunden andeutet. Wenngleich der Vertrag während des (verlängerten) Übergangszeitraums weiterhin gilt,[561] stellt sich in beiden Fällen die Frage der Vergütung während des verlängerten Übergangszeitraums.[562]

cc) Informationspflichten, Art. 26 DA

Art. 26 DA ergänzt die in Art. 25 DA formulierten **Informationspflichten,**[563] die nur gegenüber den Kunden Wirkung entfalten, der entweder bereits einen Vertrag abgeschlossen hat oder sich der Abschluss eines solchen Vertrages anbahnt.[564] Diese Informationspflichten gehen über die Dateninformationen des Art. 25 DA hinaus und zielen auf die Entscheidungsfindung im Rahmen des Wechselverlangens ab.[565] Die Informationen sollen der Beseitigung von Wissensmängeln und der Unterstützung der Ausstiegsstrategie des Kunden dienen.[566] Ein bestehender Kunde soll einerseits Infor-

559 *Sattler*, CR 2024, 213, 218.
560 BeckOK Datenschutzrecht/*Schmidt-Wudy*, DA, Art. 25 Rn. 76.
561 Erwägungsgrund 87 VO (EU) 2023/2854.
562 Während des alternativen Übergangszeitraums durfte der Anbieter gemäß Art. 24 Abs. 1 lit. a), Abs. 2 COM(2022) 68 final noch ein ermäßigtes Entgelt verlangen; vgl. *Heinzke*, BB 2023, 201, 203; für eine Vergütung auch *Sattler*, CR 2024, 213, 218; für keine Vergütung während des verlängerten Übergangszeitraums argumentiert *Bomhard*, MMR 2024, 109, 111, und siehe dem nicht widersprechend BeckOK Datenschutzrecht/*Schmidt-Wudy*, DA, Art. 25 Rn. 74.
563 Weitere Informationspflichten ergeben sich aus Art. 28, Art. 29 Abs. 4 (siehe unten A.6.f)bb)) und Art. 31 Abs. 3 DA.
564 *Heinzke*, BB 2024, 1291, 1292.
565 Vgl. *Heinzke*, BB 2024, 1291, 1292.
566 Erwägungsgrund 95 VO (EU) 2023/2854, *Heinzke*, BB 2024, 1291, 1292.

mationen über die verfügbaren Verfahren für den Wechsel und die Übertragung erhalten (Art. 26 lit. a) DA). Andererseits soll der Kunde über einen Verweis auf ein aktuelles Online-Register der Anbieter mit Einzelheiten zu allen Datenstrukturen und Datenformaten sowie zu den einschlägigen Normen und offenen Interoperabilitätsspezifikationen informiert werden (Art. 26 lit. b) DA).[567] Dieses Online-Register ist nicht als von einer zentralen Stelle betriebenes Register zu verstehen, sondern vielmehr als frei verfügbare Online-Ressource – allerdings nicht unbedingt für die Allgemeinheit, sondern per Zugang abrufbar –, auf die der Anbieter verweisen kann.[568]

dd) Zusammenarbeit nach Treu und Glauben, Art. 27 DA

Art. 27 DA formuliert die Zusammenarbeit nach **Treu und Glauben** als allgemeine Handlungspflicht für *alle Beteiligten* am Wechselprozess und nennt dabei ausdrücklich den übernehmenden Anbieter von Datenverarbeitungsdiensten. Zusätzlich dürften auch der ursprüngliche Anbieter und der Kunde (Art. 2 Nr. 34 DA) von der Pflicht betroffen sein. Erwägungsgrund 85 erweitert diesen Adressatenkreis zusätzlich um Dritte, die im Namen des Kunden den Wechsel vollziehen.

Durch die Verpflichtung zur Zusammenarbeit nach Treu und Glauben soll der Wechsel effektiv vollzogen werden, sodass die Daten rechtzeitig übertragen und die Kontinuität des Datenverarbeitungsdienstes aufrechterhalten werden können. Bemerkenswert ist, dass diese Handlungspflicht zur Zusammenarbeit nach Treu und Glauben als wichtiges Prinzip aus B2C-Verträgen bekannt ist, in B2B-Verträgen aber nur selten zu finden ist.[569] Der unbestimmte Rechtsbegriff *Treu und Glauben* ist dabei unionsrechtlich autonom auszulegen[570] und lässt sich anhand der Kriterien des Verbots des Rechtsmissbrauchs, das Verbot widersprüchlichen Verhaltens sowie dem Verhältnismäßigkeitsprinzip konkretisieren.[571] Es bleibt abzuwarten, inwiefern sich die in der Rechtsprechung und Literatur zum Teil bereits herausgeformte Praxis hier festigt und die Unsicherheiten für die Beteiligten Parteien minimiert.[572] Bis dahin können für die Auslegung Art. 8 GRC und Art. 5 Abs. 1 lit. a) DS-GVO vergleichend herangezogen werden.[573] Offen ist schließlich, inwiefern diese Pflicht durchsetzbar ist und Schadensersatzansprüche eingeklagt oder Bußgelder verhängt werden können.[574]

---

567 Siehe dazu unten A.7.

568 *Heinzke*, BB 2024, 1291, 1292.

569 *Staudenmayer*, NJW 2024, 1377, 1382.

570 BeckOK Datenschutzrecht/*Schmidt-Wudy*, DA, Art. 27 Rn. 13; *Pommerening/Nickel*, RDi 2024, 289, 294.

571 BeckOK Datenschutzrecht/*Schmidt-Wudy*, DA, Art. 27 Rn. 13.

572 *Piltz/Zwerschke*, CR 2024, 153, 157; umfassend zum Begriff Treu und Glauben im Unionsrecht: *Stempel*, Treu und Glauben im Unionsprivatrecht, 2016.

573 BeckOK Datenschutzrecht/*Schmidt-Wudy*, DA, Art. 27 Rn. 13.

574 BeckOK Datenschutzrecht/*Schmidt-Wudy*, DA, Art. 27 Rn. 15; *Bomhard*, MMR 2024, 109. 111f.; *Pommerening/Nickel*, RDi 2024, 289, 294.

ee) Transparenzpflichten, Art. 28 DA

Gemäß Art. 28 Abs. 1 DA sind Anbieter von Datenverarbeitungsdiensten dazu verpflichtet, auf ihren Websites die Gerichtsbarkeit aufzuführen, der die IKT-Infrastruktur unterliegt (lit. a))[575] sowie eine Beschreibung der TOMs und vertraglichen Maßnahmen, die der Anbieter getroffen hat, um einen internationalen staatlichen Zugang von nicht-personenbezogenen Daten oder die Übermittlung derer zu verhindern (lit. b)).[576]

Die Websites sind im Vertragsangebot der Anbieter von Datenverarbeitungsdiensten aufzuführen (Art. 28 Abs. 2 DA). Die Informationen sind auf dem neusten Stand zu halten.[577] Der Aufwand hierfür ist für die Benennung des Gerichtsstands noch vertretbar, für die Informationen aus Art. 28 Abs. 1 lit. b) DA allerdings mit erheblichem Aufwand verbunden.[578]

Art. 28 DA mutet wie ein Fremdkörper in Kapitel VI an, da die Norm keinen unmittelbaren Bezug zum Wechsel zwischen Datenverarbeitungsdiensten aufweist. Zudem ist die Normüberschrift irreführend, weil zwar von vertraglichen Transparenzpflichten die Rede ist, die Pflicht jedoch gegenüber der Allgemeinheit zu erfüllen ist.[579] Ergänzt wird Art. 28 DA durch Art. 32 DA.[580]

f) Schrittweise Abschaffung von Wechselentgelten, Art. 29 DA

Art. 29 DA verfolgt das Ziel, dass **Wechselentgelte** schrittweise abgeschafft werden. Der Gesetzgeber sieht in der Erhebung von Wechselentgelten wie Datenextraktionsentgelten (Art. 2 Nr. 35 DA), die in keinem Zusammenhang mit den tatsächlichen Kosten des Anbieters stehen, eine Behinderung für einen effizienten Anbieterwechsel.[581] Aus diesem Grund sollen Wechselentgelte in einem **zweistufigen Prozess** dauerhaft abgeschafft werden: Gemäß Art. 29 Abs. 1 DA dürfen Anbieter für den Vollzug des Wechsels **ab dem 12. Januar 2027** keine Wechselentgelte – darunter auch Datenextraktionsentgelte, soweit nicht bei paralleler Nutzung mehrerer Anbieter[582] – mehr erheben; vom **11. Januar 2024** bis zum **12. Januar 2027** dürfen Anbieter nur ermäßigte Wechselentgelte erheben (Art. 29 Abs. 2 DA). Diese ermäßigten Wechselentgelte dürfen die Kosten, die dem Anbieter im unmittelbaren Zusammenhang mit dem Wechsel entstehen, nicht übersteigen (Art. 29 Abs. 3 DA). Die Abschaffung der Wechselentgelte und die ordnungs-

---

575 Diese Pflicht ist nicht immer einfach umzusetzen, wenn die IKT-Infrastruktur verteilt oder hochgradig-verteilt ist (siehe oben A.6.b)) oder mehrere Gerichtsbarkeiten sich aufgrund extraterritorialer Wirkung nationalen Rechts wie dem CLOUD Act ergeben (*Heinzke*, BB 2024, 1291, 1293).

576 Für personenbezogene Daten gelten Art. 13 Abs. 1 lit. f) DS-GVO und Art. 14 Abs. 1 lit. f) DS-GVO, *Heinzke*, BB 2024, 1291, 1293.

577 Art. 28 Abs. 1 Hs. 2 DA; vgl. *Piltz/Zwerschke*, CR 2024, 153, 157.

578 *Piltz/Zwerschke*, CR 2024, 153, 157.

579 *Heinzke*, BB 2024, 1291, 1292.

580 *Heinzke*, BB 2024, 1291, 1293.

581 Erwägungsgrund 88 VO (EU) 2023/2854.

582 So der Wortlaut des Art. 2 Nr. 36 DA und bestätigt durch *Europäische Kommission*, FAQ DA, S. 31f.

gemäße Erhebung von Entgelten im Übergangszeitraum wird durch die Kommission überwacht. Hierzu überträgt Art. 29 Abs. 7 DA der Kommission die Befugnis zum Erlass eines delegierten Rechtsaktes im Sinne des Art. 45 DA.

aa) Wechselentgelte (Art. 2 Nr. 36 DA) und Datenextraktionsentgelte (Art. 2 Nr. 35 DA)

Wechselentgelte (engl.: *switching charges*) sind gemäß Art. 2 Nr. 36 DA andere Entgelte als Standarddienstentgelte oder Sanktionen bei vorzeitiger Kündigung, die ein Anbieter von Datenverarbeitungsdiensten bei einem Kunden für die Handlungen erhebt, die im DA für den Wechsel zu den Systemen eines anderen Anbieters oder IKT-Infrastruktur in eigenen Räumlichkeiten vorgeschrieben sind, einschließlich Datenextraktionsentgelten.[583] Aus Erwägungsgrund 88 ergibt sich, dass von der eher vagen Definition insbesondere Datenextraktionsentgelte und Kosten für spezifische Unterstützungstätigkeiten des Anbieters während des Wechselprozesses erfasst sein sollen. Was wiederum unter den spezifischen Unterstützungstätigkeiten zu verstehen ist, wird offengelassen. Indes spricht ein systematischer Vergleich mit anderen im DA statuierten Zahlungspflichten dafür, die Kategorie der spezifischen Unterstützungstätigkeiten eng auszulegen.[584]

Für den Wechsel sind die konkreten Ist-Kosten zu ermitteln und auf die variablen Kosten ausschließlich der Gemeinkosten zu begrenzen.[585] Eine Eigenkapitalverzinsung sowie Fremdkapitalkosten können berücksichtigt werden.[586]

Datenextraktionsentgelte (engl.: *data egress charges*) sind gemäß Art. 2 Nr. 35 DA Datenübertragungsentgelte, die den Kunden dafür in Rechnung gestellt werden, dass ihre Daten über das Netz aus der IKT-Infrastruktur eines Anbieters von Datenverarbeitungsdiensten in die Systeme anderer Anbieter oder in IKT-Infrastruktur in eigenen Räumlichkeiten extrahiert werden. In der Praxis handelt es sich dabei häufig um Kosten, die durch den Transport von Daten über das öffentliche Internet entstehen, wobei die Höhe dieser Kosten von der Datenmenge, der Bandbreite und dem geografischen Standort abhängt.[587] Ein anderes Beispiel sind Kosten, die anfallen, wenn archivierte Daten abgerufen werden, da dies teurer ist als der Zugriff auf häufig genutzte, an virtuelle Maschinen angeschlossene Daten.[588] Datenextraktionsentgelte können unter bestimmten Voraussetzungen gemäß Art. 34 Abs. 2 DA weiterhin erhoben werden.[589]

---

583 Zu den unmittelbaren und potentiellen mittelbaren Ausnahmen von den Wechselentgelten siehe *Sattler*, CR 2024, 213, 219 f.

584 Erwägungsgrund 85, 89 VO (EU) 2023/2854; *Lagoni*, CR 2024, 91, 92 mit weiteren Nachweisen.

585 *Schreiber/Pommerening/Schoel*, Der neue DA, § 6 Rn. 65.

586 *Schreiber/Pommerening/Schoel*, Der neue DA, § 6 Rn. 65.

587 Siehe dazu die Studie von *Hayward et. al*, Switching of Cloud Services Providers, 2018, Abschnitt 3.1.

588 *Hayward et. al*, Switching of Cloud Services Providers, 2018, Abschnitt 3.1.

589 Siehe unten Gliederungspunkt 7 c).

Ob **Standarddienstentgelte**[590] entstehen, dürfte sich regelmäßig aus Rahmenverträgen oder Websiteinformationen der Anbieter ergeben; gemäß Art. 29 Abs. 4 DA muss der Anbieter den potentiellen Kunden vor Abschluss des Vertrags eindeutig über erhobene Standarddienstentgelte unterrichten.[591] Entgelte für Übergangsdienste sind ebenfalls keine Wechselentgelte, vor allem weil solche Dienste durch den Kunden und übernehmenden Anbieter erbracht werden.[592] Insbesondere Erwägungsgrund 85 verdeutlicht das Erfordernis der Entgeltlichkeit dadurch, dass spezielle professionelle Übergangsdienste auch von dem ursprünglichen Anbieter oder Dritten erbracht werden können.[593] Andere spezielle professionelle Dienste als die Übergangs- und Migrationsdienste hindern den Wechsel nicht und können somit Gegenstand von Entgelten sein.[594] Im Ergebnis dürften Datenextraktionsentgelte in Ermangelung weiterer vom Gesetzgeber genannten Beispiele den Hauptanwendungsfall für Wechselentgelte im Sinne des Art. 2 Nr. 36 DA darstellen.[595]

Sanktionen, die bei vorzeitiger Kündigung erhoben werden, sind ebenfalls als Wechselentgelte zu sehen (Art. 2 Nr. 36 DA).[596] Diese, besser als Stornierungsgebühren[597] zu verstehende Entgelte, sind gemäß Art. 29 Abs. 4 DA zulässig,[598] soweit der potentielle Kunde vor Vertragsschluss eindeutig über diese unterrichtet wird. Ob Stornierungsgebühren anfallen können, ist je nach Vertragsmodell unterschiedlich. Bei dem *pay-as-you-go*-Modell entstehen Kosten nur bei Nutzung.[599] Hier dürften regelmäßig keine Stornierungsgebühren anfallen.[600] Das *commitment*-Modell hingegen sieht eine Abnahmeverpflichtung für eine Menge an Rechenleistung vor.[601] Hier haben die Stornierungsgebühren Strafcharakter.[602]

bb) Informationspflichten zu den Wechselentgelten, Art. 29 Abs. 4–6 DA

Der Anbieter muss gemäß Art. 29 Abs. 4 DA vor Abschluss des Vertrags den potentiellen Kunden über die möglichen Entgelte, Stornierungsgebühren und ermäßigten Entgelte nach Abs. 2 unterrichten[603]. Darüber hinaus sind dem Kunden gegebenenfalls Informa-

---

590 Dazu auch *Sattler*, CR 2024, 213, 219.
591 *Lagoni*, CR 2024, 91, 92f.
592 *Lagoni*, CR 2024, 91, 93.
593 *Lagoni*, CR 2024, 91, 93.
594 *Lagoni*, CR 2024, 91, 93.
595 *Lagoni*, CR 2024, 91, 94.
596 Allerdings nur im B2B-Verhältnis, siehe *Sattler*, CR 2024, 213, 219.
597 *Lagoni*, CR 2024, 91, 94; in *Weinhold/Schröder*, ZD 2024, 306, 310 „Abstandszahlung".
598 Siehe auch Erwägungsgrund 89 VO (EU) 2023/2854.
599 *Lagoni*, CR 2024, 91, 94.
600 *Lagoni*, CR 2024, 91, 94.
601 *Lagoni*, CR 2024, 91, 94.
602 *Lagoni*, CR 2024, 91, 94.
603 Zur Ausgestaltung und zum Umfang des Unterrichtens siehe BeckOK Datenschutzrecht/*Schmidt-Wudy*, DA, Art. 29 Rn. 20.

tionen über Datenverarbeitungsdienste bereitzustellen, bei denen der Wechsel sehr kompliziert oder kostspielig ist oder dieser ohne nennenswerte Eingriffe in die Daten, digitalen Vermögenswerte oder die Dienstarchitektur unmöglich ist, Art. 29 Abs. 5 DA.[604] Diese Informationen müssen gegebenenfalls gemäß Art. 29 Abs. 6 DA auf einem gesonderten Abschnitt der Website der Anbieter oder auf eine andere leicht zugängliche Weise für den Kunden veröffentlicht werden. Art. 29 Abs. 6 DA konkretisiert insoweit Abs. 4 und 5 dahingehend, dass die Unterrichtung in Textform spätestens unmittelbar vor Vertragsabschluss zu erfolgen hat.[605]

g) Technische Aspekte des Wechsels, Art. 30 DA

Art. 30 Abs. 1 DA formuliert zunächst die Pflicht zur Schaffung der **Funktionsäquivalenz**[606] bei IaaS, wenn der Nutzer zu einem Dienst der gleichen Dienstart wechselt. Die Einschränkung auf das IaaS-Modell für diese Pflicht ergibt sich aus der im Vergleich zu anderen as-a-service-Modellen einfacheren Substituierbarkeit zwischen diesen.[607] Gleichzeitig bleibt offen, ob unter der Substituierbarkeit auch nicht-funktionale Anforderungen wie beispielsweise die Performance gefasst werden können. Ob die dadurch angestrebte Konvergenz der Datenverarbeitungsdienste und das Ziel der Funktionsäquivalenz generell sinnvoll sind, erscheint zumindest aus marktwirtschaftlicher Sicht zweifelhaft.[608]

Überwiegend verantwortlich für die Funktionsäquivalenz ist der übernehmende Anbieter, wobei der ursprüngliche Anbieter den Wechsel unterstützt, indem dieser angemessene Informationen, Dokumentationsmaterial, technische Unterstützung und gegebenenfalls die erforderlichen Instrumente bereitstellt (Art. 30 Abs. 1 S. 2 DA).[609] Übernehmender und ursprünglicher Anbieter ergreifen hierbei ihre Maßnahmen im Einklang mit Art. 27 DA (Art. 30 Abs. 1 S. 1 DA).

Art. 30 Abs. 2 bis 4 DA nennt weitere Pflichten für Anbieter von Datenverarbeitungsdiensten, die keine IaaS sind, um *Open Innovation* umzusetzen.[610] Auch wenn der Anwendungsbereich durch die negative Formulierung durchaus offen gestaltet ist, dürfte es sich dabei regelmäßig um PaaS und SaaS handeln.[611] Anbieter treffen insbesondere folgende Pflichten:

---

604 Art. 29 Abs. 5 DA.

605 BeckOK Datenschutzrecht/*Schmidt-Wudy*, DA, Art. 29 Rn. 20 f.

606 Siehe dazu oben Gliederungspunkt 6 c).

607 *Heinzke*, BB 2024, 1291, 1295.

608 *Heinzke*, BB 2024, 1291, 1295.

609 Zur für den Anbieter nachteiligeren Vorschrift im Kommissionsentwurf, *Heinzke*, GRUR-Prax, 154, 156.

610 *Wiebe*, GRUR 2023, 1569, 1576.

611 *Heinzke*, BB 2024, 1291, 1294.

- Bereitstellung unentgeltlicher **offener Schnittstellen**, die ausreichende Informationen über den Dienst enthalten, damit Software für die Datenübertragbarkeit und Interoperabilität entwickelt werden kann (Abs. 2);
- Gewährleistung der Kompatibilität mit gemeinsamen Spezifikationen auf Grundlage **offener Interoperabilitätsspezifikationen** (Art. 2 Nr. 41 DA) oder harmonisierter Interoperabilitätsnormen (Abs. 3) sowie
- die Aktualisierung des in Art. 26 lit. b) DA genannten Online-Registers entsprechend den Vorgaben des Art. 25 Abs. 3 DA (Abs. 4).

Insbesondere die Pflicht zur Bereitstellung unentgeltlicher offener Schnittstellen dürfte sich für den ursprünglichen Anbieter auf die für die Implementierung der offenen Schnittstelle notwendige Dokumentation beschränken, da dieser nicht zur Handlung in der fremden Infrastruktur verpflichtet ist.[612]

Sofern keine gemeinsamen Spezifikationen für den Wechsel zwischen Diensten der gleichen Dienstart vorliegen oder keine harmonisierten Normen für die Interoperabilität veröffentlicht wurden, exportiert der Anbieter auf Verlangen des Kunden alle exportierbare Daten in einem strukturierten, gängigen und maschinenlesbaren Format (Art. 30 Abs. 5 DA).

Abschließend formuliert Art. 30 Abs. 6 DA einschränkend, dass Anbieter durch die beschriebenen Pflichten nicht dazu verpflichtet werden, neue Technologien oder Dienste zu entwickeln. Außerdem müssen digitale Vermögenswerte, die durch Rechte des geistigen Eigentums geschützt sind oder ein Geschäftsgeheimnis darstellen, gegenüber einem Kunden oder dem anderen Anbieter nicht offengelegt werden. Schließlich sind Anbieter nicht verpflichtet, die Sicherheit und Integrität des Kunden oder Anbieters zu beeinträchtigen.

h) Ausnahmen, Art. 31 DA

Art. 31 DA formuliert abschließend Bereichsausnahmen für bestimmte Datenverarbeitungsdienste, für die ausgewählte Pflichten (Abs. 1) beziehungsweise alle Pflichten (Abs. 2) nicht gelten sollen. Der Anbieter muss dann vor Abschluss des Vertrags den potentiellen Kunden über die nicht geltenden Pflichten informieren (Art. 31 Abs. 3 DA). Anhand welcher Kriterien Datenverarbeitungsdienste nach Abs. 1 und Abs. 2 bestimmt werden sollen, wird wohl in Ermangelung einer entsprechenden Bestimmung Aufgabe der Praxis sein.[613] Ausnahmen für KMU sieht Art. 30 DA indes nicht vor.[614]

---

612 *Heinzke*, BB 2024, 1291, 1295.

613 Anhand welcher Kriterien genau sich kommerzielle von individuellen Angeboten trennen lassen, wird sich in der Praxis zeigen müssen (*Heinzke*, BB 2024, 1291, 1296).

614 So bereits *Piltz/Zwerschke*, CR 2024, 153, 154.

aa) Individuallösungen, Art. 31 Abs. 1 DA

Voraussetzung für die Ausnahme nach Art. 31 Abs. 1 DA ist, dass die meisten zentralen – ab einer Schwelle von mehr als 50 %[615] – Funktionen auf die spezifischen Bedürfnisse eines einzelnen Kunden zugeschnitten oder alle Komponenten für die Zwecke eines einzelnen Kunden entwickelt wurden, wobei die Individualisierung über ein **Customizing** hinausgehen muss.[616] Dies ergibt sich bereits aus dem Tatbestandsmerkmal konfigurierbar und einem Vergleich mit der englischen Fassung der Vorschrift (*custom-built* sowie *developed*). Zusätzlich muss hinzutreten, dass diese Individuallösung nicht im größeren kommerziellen Maßstab über den Dienstleistungskatalog der Anbieter angeboten werden (Art. 31 Abs. 1 DA). Auf Rechtsfolgenseite ordnet Art. 31 Abs. 1 DA insoweit an, dass die in Art. 23 [S. 2] Buchstabe d, Art. 29 und Art. 30 Absätze 1 und 3 DA festgelegten Verpflichtungen, also die Pflichten betreffend die Funktionsäquivalenz, die Wechselentgelte und Interoperabilität, nicht gelten.

bb) Datenverarbeitungsdienste zu Test- und Bewertungszwecken, Art. 31 Abs. 2 DA

Eine weitere Ausnahme formuliert Art. 31 Abs. 2 DA für Datenverarbeitungsdienste, die keine Vollversion darstellen, sondern für einen begrenzten Zeitraum zu Test- und Bewertungszwecken bereitgestellt werden. Im Gegensatz zu Art. 31 Abs. 1 DA soll keine der Pflichten des Kapitel VI DA gelten.

Die Entgeltlichkeit kann jedenfalls kein maßgebendes Kriterium zur Abgrenzung der Vollversion von Datenverarbeitungsdiensten zu Test- und Bewertungszwecken sein, da die Vorschriften des Kapitel VI DA auch für unentgeltliche Angebote gelten (Art. 23 S. 2 lit. c) DA).[617] Auch der Funktionsumfang ist untauglich zur Abgrenzung, weil bei Datenverarbeitungsdiensten zu Test- und Bewertungszwecken womöglich ebenso alle Funktionen zur Verfügung stehen müssen. Ob es sich um eine Vollversion handelt, ist somit anhand der Einzelfallumstände und dem objektiven Zweck der Verwendung zu ermitteln.[618] Entscheidend könnte hierbei sein, ob der Dienst bereits vollständig entwickelt wurde oder ob der Kunde noch von dem Datenverarbeitungsdienst überzeugt werden soll, sich also noch im Verkaufsprozess befindet.[619]

---

615 So *Pommerening/Nickel*, RDi 2024, 289, 292; a.A. 75 %, BeckOK DatenschutzR/*Schmidt-Wudy*, DA, Art. 31 Rn. 14.

616 *Pommerening/Nickel*, RDi 2024, 289, 292; *Sattler*, CR 2024, 213, 215 f.

617 Erwägungsgrund 78 VO (EU) 2023/2854.

618 BeckOK Datenschutzrecht/*Schmidt-Wudy*, DA, Art. 31 Rn. 21.

619 *Sattler*, CR 2024, 213, 215.

cc) Unterrichtungspflicht des Anbieters über nicht geltende Verpflichtungen, Art. 31 Abs. 3 DA

Gemäß Art. 31 Abs. 3 DA muss der Anbieter des Datenverarbeitungsdienstes den potentiellen Kunden vor Vertragsschluss über die Pflichten unterrichten, die nicht gelten. Ungeklärt ist erstens, welche Rechtsfolge sich bei Nichteinhaltung der Unterrichtungspflicht ergibt und zweitens, wie diese Unterrichtungspflicht konkret auszugestalten ist; insoweit ließe sich auf die Vorgaben zu Art. 29 Abs. 4, Abs. 6 DA abstellen, wenngleich die Vorschrift nicht ausdrücklich für Art. 31 DA gilt.[620] Praktisch betrachtet dürfte es einen erheblichen Unterschied machen, ob der Anbieter angibt, dass ihn keine Pflichten gemäß Art. 29 DA treffen oder aber, dass er – positiv formuliert – Wechselentgelte erheben darf. Ratio leges dürfte sein, dass auf die Einhaltung der durch den DA geschaffenen Standards vertraut werden kann, ohne dass es einer vorherigen Unterrichtung bedarf.[621] Sollten Anbieter in der Zukunft von diesen Standards abweichen, ist der Kunde hierüber zum Zwecke der Entscheidungsfindung zu informieren.[622]

i) Sanktionen und Durchsetzung

Hervorzuheben ist, dass die Nicht-Einhaltung der Vorschriften des Kapitel VI DA nicht nach Maßgabe des Art. 40 Abs. 4 DA sanktioniert wird und ebenso keine Bußgelder gemäß Art. 83 Abs. 5 DS-GVO verhängt werden können. Es bleibt somit den Mitgliedstaaten überlassen, geeignete Vorschriften über Sanktionen zu verhängen sowie die erforderlichen Maßnahmen für deren Anwendung zu ergreifen (Art. 40 Abs. 1 S. 1 DA). Diese Sanktionen müssen wirksam, verhältnismäßig und abschreckend sein (Art. 40 Abs. 1 S. 2 DA). Es ist zu erwarten, dass die Sanktionierung allerdings zunächst aufgrund der höheren Arbeitslast der Aufsichtsbehörden im Rahmen von Art. 4 f. DA zurückhaltend ausfällt, sodass die zivilrechtliche Auseinandersetzung von größerer Bedeutung ist.[623]

Die zivilrechtliche Durchsetzung erfolgt gemäß Art. 39 Abs. 1 DA, wobei der nach Art. 25 DA zu schließende Vertrag den zivilprozessualen Vorschriften des jeweiligen Mitgliedstaates unterliegt, wobei im Hinblick auf Gerichtsstandsvereinbarungen die Brüssel Ia-Verordnung[624] zu berücksichtigen ist.[625] Darüber hinaus steht den Vertragsparteien das Recht auf Beschwerde gemäß Art. 38 DA zu.[626] Aus wettbewerbsrechtlicher Sicht ist § 3a UWG relevant, sofern es sich bei Art. 23 ff. DA um Marktverhaltensregelungen

620 So BeckOK Datenschutzrecht/*Schmidt-Wudy*, DA, Art. 31 Rn. 25.
621 *Heinzke*, BB 2024, 1291, 1293.
622 *Heinzke*, BB 2024, 1291, 1293.
623 *Piltz/Zwerschke*, CR 2024, 153, 158.
624 Verordnung (EU) Nr. 1215/2012 des Europäischen Parlaments und des Rates vom 12. Dezember 2012 über die gerichtliche Zuständigkeit und die Anerkennung und Vollstreckung von Entscheidungen in Zivil- und Handelssachen, ABl. L 351, 20. Dezember 2012, S. 1–32.
625 *Piltz/Zwerschke*, CR 2024, 153, 157 f.
626 Dazu vertiefend *Piltz/Zwerschke*, CR 2024, 153, 158.

handelt.[627] Somit dürften Kunden Individualansprüche haben und die Mitbewerber wettbewerbsrechtliche Ansprüche.[628] Diese zivilrechtliche Durchsetzung ist allerdings allgemein und insbesondere bei Vorschriften wie Art. 31 Abs. 3 DA sowie Art. 27 DA eher fraglich.[629]

7. Unrechtmäßiger staatlicher Zugang zu und unrechtmäßige staatliche Übermittlung von nicht-personenbezogenen Daten im internationalen Umfeld, Art. 32 DA

a) Hintergrund und Anwendungsbereich

Art. 32 DA zielt – ähnlich wie bereits Art. 31 DGA[630] und Art. 62 EHDS-E[631] – bei internationalen Datentransfers nicht personenbezogener Daten auf einen Schutz vor dem staatlichen Zugriff durch Drittstaaten ab. Dadurch soll gewährleistet werden, dass die Daten nicht ohne entsprechende Sicherheitsvorkehrungen in Drittstaaten abfließen.[632] Dabei beschränkt sich der Gesetzgeber bewusst auf nicht-personenbezogene Daten, da personenbezogenen Daten bereits dem Schutz nach den Art. 41ff. DS-GVO unterfallen. Diese Dichotomie kann praktische Abgrenzungsfragen aufwerfen, wenn etwa für Datenverarbeitungsdienste unklar ist, ob die zu übermittelnden Daten auch Personenbezug aufweisen.[633]

Ferner sind von Art. 32 DA nur solche Daten umfasst, die in der Union gehalten werden, Art. 32 Abs. 3 DA, was bedeutet, dass die Daten auf Servern in der EU liegen müssen.[634] Verpflichtet werden lediglich Anbieter von Datenverarbeitungsdiensten im Sinne des Art. 2 Nr. 8 DA.[635] Nach dem Wortlaut von Art. 32 DA kann die verlangende Partei nur eine staatliche Stelle, also ein Gericht oder eine Verwaltungsbehörde eines Drittlands sein.[636]

Nicht-personenbezogene Daten sollen nicht unbeschränkt transferiert werden, was wiederum die lokalen Märkte und Unternehmen schützt. Hintergrund sind Erwägungen, die im Lichte der Schrems-Urteile[637] auch schon in Bezug auf Datensicherheit insbesondere vor Überwachungsprogrammen der US-Nachrichtendienste geäußert wur-

---

627 *Piltz/Zwerschke,* CR 2024, 153, 158.

628 *Heinzke,* BB 2024, 1291, 1293.

629 *Bomhard,* MMR 2024, 109, 110ff.

630 Siehe vertiefend zum DGA unter II.

631 Siehe COM(2022)197 final.

632 Siehe zum rechtspolitischen Hintergrund der Vorschrift BeckOK Datenschutzrecht/*Beyer-Katzenberger*, DA, Art. 32 Rn. 2.

633 BeckOK Datenschutzrecht/*Beyer-Katzenberger*, DA, Art. 32 Rn. 4.

634 BeckOK Datenschutzrecht/*Beyer-Katzenberger*, DA, Art. 32 Rn. 5.

635 BeckOK Datenschutzrecht/*Beyer-Katzenberger*, DA, Art. 32 Rn. 7.

636 BeckOK Datenschutzrecht/*Beyer-Katzenberger*, DA, Art. 32 Rn. 6.

637 *EuGH,* Urt. v. 6. Oktober 2015, C-362/14, EU:C:2015:650, Schrems I = EuGH NJW 2015, 3151; *EuGH,* Urt. v. 16. Juli 2020, C-311/18, EU:C:2020:559, Schrems II = NJW 2020, 2613.

den.[638] Anders als nach der DS-GVO, die ein präventives Verbot mit Erlaubnisvorbehalt für den Datentransfer vorsieht, ist der Datentransfer nach der Konzeption des Data Acts grundsätzlich zulässig und lediglich durch Art. 32 DA beschränkt.[639]

b) Pflicht zur Verhinderung internationaler Übertragung und Zugang durch Regierungsorganisationen, Art. 31 Abs. 1 DA

Zunächst besteht eine Verpflichtung der Anbieter von Datenverarbeitungsdiensten, technische, organisatorische und rechtliche Maßnahmen zu treffen, um einen Zugriff durch einen Drittstaat zu verhindern, der dem EU-Recht oder dem Recht des Mitgliedsstaates widerspricht (Art. 32 Abs. 1 DA). Derartige Vorkehrungen dienen dazu, sowohl offene Aufforderungen zur Datenherausgabe durch staatliche Behörden, als auch verdeckte Überwachungsmaßnahmen zu vereiteln, wobei es den Verpflichteten obliegt, welche Maßnahmen konkret ergriffen werden.[640] Dabei wird teilweise bezweifelt, ob sich die Maßnahmen lediglich auf den Datenzugang oder den Datentransfer als solchen beziehen müssen, oder ob lediglich solche Fälle erfasst sind, in denen der Zugriff durch staatliche Stellen verboten wird.[641]

c) Ausnahmen, Art. 31 Abs. 2, 3 DA

Entscheidungen und Urteile von Gerichten sowie Verwaltungsbehörden aus Drittstaaten verpflichten nur dann zur Datenübermittlung, wenn eine entsprechende Übereinkunft zwischen dem Drittstaat und der EU oder einem Mitgliedsstaat besteht (Art. 32 Abs. 2 DA). Hierunter dürften auch Entscheidungen der Staatsanwaltschaft und vergleichbaren Behörden fallen.[642]

Sofern kein entsprechendes Abkommen im Sinne des Art. 32 Abs. 2 DA besteht, statuiert Art. 32 Abs. 3 UAbs. 1 lit. a)–c) DA Voraussetzungen, bei deren Vorliegen auch bei Fehlen einer internationalen Übereinkunft im Sinne des Art. 31 Abs. 2 DA zulässig ist. Die Voraussetzungen nach Art. 31 Abs. 3 UAbs. 1 lit. a)–c) DA müssen kumulativ vorliegen, was sich aus dem Wortlaut „und“ in lit. b) ergibt. Nach lit. a) muss das Rechtssystem des Drittlands, aus dem das Datenverlangen gestellt wird, so ausgestaltet sein, dass die Entscheidung oder das Urteil, was dem Verlangen zugrunde liegt, begründet, verhältnismäßig und hinreichend bestimmt sein muss. Zudem ist der begründete Einwand des Adressaten von einem zuständigen Gericht des Drittlands zu prüfen (lit. b)). Ferner müssen die einschlägigen rechtlichen Interessen des Bereitstellers, die ihm nach dem Uni-

638 BeckOK Datenschutzrecht/*Beyer-Katzenberger*, DA, Art. 32 Rn. 1f.
639 Übersetzt aus *Hennemann et al.*, Data Act, S. 230.
640 BeckOK Datenschutzrecht/*Beyer-Katzenberger*, DA, Art. 32 Rn. 9.
641 Übersetzt aus *Hennemann et al.*, Data Act, S. 231.
642 Erwägungsgrund 101 VO (EU) 2023/2854.

onsrecht oder nach dem nationalen Recht des betreffenden Mitgliedstaats gebühren, vom Drittland berücksichtigt werden (lit. c)).

Der Adressat der Entscheidung kann sich an die zuständige nationale Stelle wenden, die ihm beantworten kann, ob die Voraussetzungen des Art. 32 Abs. 3 UAbs. 1 lit. a)–c) DA erfüllt sind (Art. 32 Abs. 3 UAbs. 2 DA).

Sofern daher nach den Art. 32 Abs. 2 oder 3 DA eine Verpflichtung des Datenverarbeitungsdienstes besteht, die Daten zu übermitteln, ist sicherzustellen, dass lediglich die zwingend benötigte Menge an Daten zur Verfügung gestellt wird (Datenminimierung; Art. 32 Abs. 4 DA).[643] Darüber hinaus wird, außer in Fällen der Strafverfolgung, dem Kunden durch den Datenverarbeitungsdienst mitgeteilt, dass ein Datenzugangsverlangen bezüglich dessen Daten vorliegt (Art. 32 Abs. 5 DA), um somit Transparenz gegenüber den vom Verlangen eigentlich betroffenen natürlichen oder juristischen Personen zu schaffen.[644]

8. Interoperabilität, Art. 33–36 DA

a) Überblick und Systematik

Kapitel VIII DA setzt mit seinen Vorschriften auf technischer Ebene zur Regulierung von Datenräumen an. Die Vorschriften der Art. 33–36 DA[645] über die Interoperabilität[646] von Datenräumen und Datenverarbeitungsdiensten sowie intelligente Verträge wirken damit maßgeblich auf die Umsetzung von Kapitel VI DA hin.[647] Insbesondere die durch harmonisierte Normen und gemeinsame Spezifikationen für Datenstrukturen und -dienste geschaffene Interoperabilität ermöglicht die Nutzung von Daten in der Union.[648]

Ebenso wie Kapitel VI DA[649] soll das Konzept der Interoperabilität Innovation und Wettbewerb fördern.[650] Vor allem wird durch das Schaffen von Interoperabilität das Kippen von Märkten hin zu Monopolen vermieden und das Aufbrechen bestehender Monopole ermöglicht.[651]

Die Systematik der Art. 33–36 DA kann entweder als Nebeneinanderstehen[652] der Normen oder als gestuftes Verhältnis, in dem von Art. 33 DA als Grundnorm ausgegangen wird, verstanden werden.[653] Dem Wortlaut des DA kann Letzteres nicht entnom-

643 BeckOK Datenschutzrecht/*Beyer-Katzenberger*, DA, Art. 32 Rn. 14.
644 BeckOK Datenschutzrecht/*Beyer-Katzenberger*, DA; Art. 32 Rn. 15.
645 Für die Systematik innerhalb dieser Vorschriften siehe *Siglmüller*, MMR 2024, 112, 112f.
646 Definiert in Art. 2 Nr. 40 VO (EU) 2023/2854, siehe oben 2 c) gg).
647 *Siglmüller*, MMR 2024, 112, 112.
648 *Siglmüller*, MMR 2024, 112, 112.
649 Siehe oben 6 a).
650 Erwägungsgrund 99 VO (EU) 2023/2854; *Schreiber/Pommerening/Schoel*, Der neue DA, § 7 Rn. 1.
651 *Paal/Fenik*, ZfDR 2023, 249, 261.
652 So angedeutet durch das Schaubild von *Schreiber/Pommerening/Schoel*, Der neue DA, § 7 Rn. 2.
653 *Siglmüller*, MMR 2024, 112, 112f.

men werden.[654] Für die Begründung einer gestuften Systematik kommt es wesentlich auf das Verständnis der Datenräume an, der nicht im DA definiert wird.[655] Im Ergebnis überzeugend ist hier eine funktionale Auslegung, die Datenräume als „sämtliche offenen Angebote von Daten oder datenbasierten Diensten am Markt von privater oder staatlicher Seite"[656] versteht, sodass Datenverarbeitungsdienste und intelligente Verträge als Spezialfall zu diesen zu betrachten sind.

b) Interoperabilität von Datenräumen, Art. 33 DA

Art. 33 DA dient der Entwicklung von Interoperabilitätsstandards.[657] Angeknüpft wird hierbei an die Idee eines Datenbinnenmarktes, in dem Datenräume (engl.: *„data spaces"*) – so beispielsweise der Gesundheitsdatenraum[658] – entstehen.[659] Die Interoperabilität von Datenräumen soll auf einen besseren Datenzugang hinwirken, damit die Daten von Wirtschaft und Gesellschaft nutzbar gemacht werden können.[660]

aa) Teilnehmer an Datenräumen (Abs. 1)

Gemäß Art. 1 Abs. 3 lit. g) DA gilt der DA für Teilnehmer an Datenräumen. Art. 33 DA konkretisiert den Anwendungsbereich dahingehend, dass Teilnehmer an Datenräumen erfasst werden, die anderen Teilnehmern Daten oder Datendienste anbieten. Im DA ist weder definiert, was ein Datenraum ist, noch wer als Teilnehmer an solchem gilt. Art. 33 Abs. 1 DA führt aus, dass es sich bei Datenräumen um „zweck- oder sektorspezifische oder sektorübergreifende interoperable Rahmen für gemeinsame Normen und Verfahren für die Weitergabe oder die gemeinsame Verarbeitung von Daten"[661] handelt.[662] Vor allem sollen Datenräume in den Bereichen Industrie, Mobilität, Gesundheit, Finanzwesen, Energie, Agrarwirtschaft und öffentliche Verwaltung entstehen.[663]

Als Teilnehmer kommen grundsätzlich die Rollen des Anbieters, des Empfängers und des Intermediärs in Betracht.[664] Anbieter von Daten oder Datendiensten sind erfasst, soweit sie anderen Teilnehmern an Datenräumen diese anbieten.[665] Dazu gehören

654 *Siglmüller*, MMR 2024, 112, 112.
655 *Siglmüller*, MMR 2024, 112, 113.
656 *Siglmüller*, MMR 2024, 112, 113.
657 *Schmidt-Kessel*, MMR 2024, 75, 76.
658 Siehe dazu vertiefend unter B. II.
659 *Schmidt-Kessel*, MMR 2024, 75, 76.
660 COM(2020) 66 final, Ziff. 3.
661 Wortgleich Erwägungsgrund 103 VO (EU) 2023/2854.
662 Zu den Auslegungsmöglichkeiten des Datenraums siehe *Siglmüller*, MM 2024, 112, 113.
663 COM(2020) 66 final, Ziff. 5.D.
664 *Otto et al.*, Reference Architecture Model, S. 26.
665 Art. 30 Abs. 1 VO (EU) 2023/2854.

insbesondere Dateninhaber.[666] Soweit der Empfänger nicht gleichzeitig auch Anbieter von Daten oder Datendiensten ist, wird dieser nicht von Art. 33 DA erfasst. Intermediäre erleichtern die Datenweitergabe zwischen Anbieter und Empfänger.[667] Da der Wortlaut des Art. 33 Abs. 1 DA ausdrücklich auch von Anbietern von Datendiensten spricht, können diese Intermediäre als Teilnehmer zu verstehen sein. Zu berücksichtigen ist allerdings, dass hier vor dem Hintergrund der Gesetzgebungshistorie von einem engen datenbezogenen Verständnis auszugehen ist und nicht jeder operativ unterstützende Dienst erfasst wird.[668]

bb) Wesentliche Anforderungen (Abs. 1)

Art. 33 Abs. 1 lit. a)–d) DA formuliert für die Teilnehmer an Datenräumen, die anderen Teilnehmern Daten oder Datendienste anbieten, Pflichten in Form von wesentlichen Anforderungen. Diese lassen sich in Dokumentationspflichten (lit. a)–c)) – darunter Beschreibungen der Datensatzinhalte, Lizenzen aber auch technisch detaillierter die der Datenstrukturen und Datenformate – und Interoperabilitätspflichten (lit. d)) aufteilen.[669] Damit setzt der DA insbesondere auf Transparenz als Prinzip und Mittel zur Schaffung von Interoperabilität.[670]

Darüber hinaus sind die wesentlichen Anforderungen von den europäischen Normungsorganisationen (Art. 33 Abs. 4 DA) beziehungsweise der Europäischen Kommission (Art. 33 Abs. 5 DA) bei deren Ausarbeitungen zu berücksichtigen. Soweit Teilnehmer an Datenräumen diese wesentlichen Anforderungen umsetzen, profitieren diese von der Vermutungswirkung in Art. 33 Abs. 3 DA.[671]

cc) Konkretisierung durch delegierte Rechtsakte (Abs. 2)

Art. 33 Abs. 2 DA überträgt gemäß Art. 45 DA der Kommission die Befugnis, delegierte Rechtsakte für die nähere Bestimmung der in Art. 33 Abs. 1 DA genannten wesentlichen Anforderungen zu erlassen.

dd) Vermutung der Konformität, harmonisierte Normen, gemeinsame Spezifikationen (Abs. 3–11)

In Art. 33 Abs. 3–10 DA sieht die Vermutung der Konformität durch zwei Alternativen vor. Primär wird durch das Einhalten harmonisierter Normen, die den Anforderungen

---

666 Erwägungsgrund 103 VO (EU) 2023/2854.
667 Erwägungsgrund 103 VO (EU) 2023/2854.
668 In Art. 28 Abs. 1 COM(2022) 68 final ist noch die Rede von Betreibern von Datenräumen.
669 *Siglmüller*, MMR 2024, 112, 113.
670 *Schreiber/Pommerening/Schoel*, Der neue DA, § 7 Rn. 6.
671 Siehe dazu unten Gliederungspunkt 7 b) dd).

des Art. 33 Abs. 1 DA entsprechen, die Konformität mit diesen vermutet (Art. 33 Abs. 3 DA). Sekundär kann dies durch Einhalten gemeinsamer Spezifikationen erfolgen, die ebenfalls den Anforderungen entsprechen (Art. 33 Abs. 8 DA). Ferner werden Verfahren beschrieben, wann und wie harmonisierte Normen beziehungsweise gemeinsame Spezifikationen zu schaffen sind.

Die Konformität mit den Anforderungen aus Art. 33 Abs. 1 DA wird bei den Teilnehmern an Datenräumen vermutet, deren Daten oder Datendienste ganz oder teilweise den harmonisierten Normen entsprechen – jedenfalls soweit die Anforderungen durch die harmonisierten Normen erfasst werden (Art. 33 Abs. 3).

Die harmonisierten Normen, die den wesentlichen Anforderungen genügen, werden durch die von der Kommission beauftragten europäischen Normungsorganisationen erarbeitet (Art. 33 Abs. 4 DA).

Darüber hinaus kann die Kommission in Form von Durchführungsrechtsakten gemeinsame Spezifikationen erlassen, die die wesentlichen Anforderungen erfassen (Art. 33 Abs. 5 DA). Dafür gelten folgende Voraussetzungen:

- Die harmonisierten Normen wurden nicht oder nicht fristgerecht erarbeitet oder erfüllen ihren Auftrag nicht (lit. a));
- Im Amtsblatt ist für die harmonisierten Normen keine Fundstelle veröffentlicht beziehungsweise wird nicht veröffentlicht (lit. b)).

Vor Ausarbeitung eines Entwurfs des in Absatz 5 genannten Durchführungsrechtsaktes teilt die Kommission mit, dass diese Voraussetzungen vorliegen (Art. 33 Abs. 6 DA). Bei der Ausarbeitung des Entwurfs des Durchführungsrechtsaktes berücksichtigt die Kommission den Rat des EDIB sowie die Standpunkte anderer Gremien oder Expertengruppen und konsultiert einschlägige Interessenträger (Art. 33 Abs. 7).

Ferner wird die Konformität der Daten oder Datendienste mit den Anforderungen gemäß Art. 33 Abs. 1 DA vermutet, wenn sie ganz oder teilweise den gemeinsamen Spezifikationen entsprechen und soweit diese Anforderungen durch die Spezifikationen erfasst werden (Art. 33 Abs. 8 DA).

Sobald eine harmonisierte Norm von der Kommission bewertet und die Fundstelle im Amtsblatt veröffentlicht wurde, werden die Durchführungsrechtsakte, die diesen harmonisierten Normen entsprechen, aufgehoben (Art. 33 Abs. 9 DA).

Mitgliedstaaten können die Kommission über die Mangelhaftigkeit einer gemeinsamen Spezifikation im Hinblick auf die Anforderungen der Kommission übermitteln. Nach deren Bewertung kann der Durchführungsrechtsakt angepasst werden (Art. 33 Abs. 10 DA).

Schließlich kann die Kommission zur Festlegung von interoperablen Rahmen für gemeinsame Normen und Verfahren für das Funktionieren gemeinsamer europäischer Datenräume Leitlinien annehmen (Art. 33 Abs. 11 DA).

c) Interoperabilität zur parallelen Nutzung von Datenverarbeitungsdiensten, Art. 34 DA

Die Frage der Datenübertragbarkeit ist eng mit der Frage der Dateninteroperabilität verbunden,[672] sodass sich in Kapitel VIII DA Vorschriften zur Interoperabilität von Datenverarbeitungsdiensten finden. Art. 34 DA – sowie Art. 35 Abs. 2 lit. a) DA – adressiert die parallele Nutzung verschiedener komplementärer Dienste. Durch diese sog. Multi-Cloud-Strategien[673] soll der Betrieb stabilisiert werden, insbesondere bei Anbietern von Finanzdienstleistungen gemäß der VO (EU) 2022/2554[674], aber auch die Planung zukunftssicherer IT-Strategien ermöglichen und die Abhängigkeit von einzelnen Anbietern verringern.[675]

Art. 34 Abs. 1 DA verweist auf diejenigen Vorschriften (Art. 23, 24, 25, Abs. 2 lit. a) Ziff. ii und iv, lit. e) und f), Art. 30 Abs. 2–5 DA), die entsprechend für Anbieter von Datenverarbeitungsdiensten bei paralleler Nutzung gelten sollen. Nicht unter die parallele Nutzung fällt die gleichzeitige Verwendung eines Datenverarbeitungsdienstes und der IKT-Infrastruktur in eigenen Räumlichkeiten.

Ferner sieht Art. 34 Abs. 2 DA bei der parallelen Nutzung Datenextraktionsentgelte vor, die nicht schrittweise abgeschafft werden, solange diese Entgelte nicht die entstandenen Extraktionskosten übersteigen.[676]

d) Interoperabilität von Datenverarbeitungsdiensten, Art. 35 DA

Mit dem DA soll durch die Interoperabilität von Datenverarbeitungsdiensten[677] gleicher Dienstart[678] der Bindung an bestimmte Anbieter zulasten des Wettbewerbs und der Entwicklung neuer Dienste entgegengewirkt werden.[679] Für die Schaffung der Interoperabilität sind Schnittstellen und Infrastrukturebenen sowie Software erforderlich und der Aufbau dieser von einer Kosten-Nutzen-Analyse abhängig.[680] Für Art. 35 DA ist die Norm ISO/IEC 19941:2017 wichtiger Bezugspunkt.[681] Anders als Art. 33 und 36 DA werden in Art. 35 DA keine wesentlichen (materiellen) Anforderungen an die Interoperabilität for-

672 COM(2017) 9 final, Ziff. 5.2.

673 Bei paralleler Nutzung auch Multi-Homing genannt, siehe COM(2017) 9 final, Ziff. 5.2.

674 Verordnung (EU) 2022/2554 des Europäischen Parlaments und des Rates vom 14. Dezember 2022 über die digitale operationale Resilienz im Finanzsektor und zur Änderung der Verordnungen (EG) Nr. 1060/2009, (EU) Nr. 648/2012, (EU) Nr. 600/2014, (EU) Nr. 909/2014 und (EU) 2016/1011, ABl L 333/1 S. 1.

675 Erwägungsgrund 99 VO (EU) 2023/2854.

676 Zu den Entgelten siehe 6 f); kritisch dazu im Zusammenhang mit der Multi-Cloud-Strategie *Sattler*, CR 2024, 213, 216; zur Auswirkung auf variable Ist-Kosten und Gemeinkosten siehe *Schreiber/Pommerening/Schoel*, Der neue DA, § 7 Rn. 10.

677 Zum Begriff des Datenverarbeitungsdienstes siehe oben 6 b).

678 Zum Begriff der gleichen Dienstart siehe oben 6 c) dd).

679 Erwägungsgrund 90 VO (EU) 2023/2854.

680 Erwägungsgrund 90 VO (EU) 2023/2854.

681 Erwägungsgrund 90 VO (EU) 2023/2854.

muliert, sondern stattdessen Anforderungen an offene Interoperabilitätsspezifikationen und harmonisierte Normen gestellt. Neben der Interoperabilität wird in Art. 35 DA auch die (Daten-)Übertragbarkeit (engl: *portability*) adressiert.

aa) Regelungsziele und Mindestanforderungen (Abs. 1 und 2)

In Art. 35 Abs. 1 und 2 DA werden Ziele und Anforderungen an die Interoperabilitätsstandards formuliert. Als Ziele sind die Interoperabilität zwischen Datenverarbeitungsdiensten (Abs. 1 lit. a)), die Übertragbarkeit digitaler Vermögenswerte (Abs. 1 lit. b)), die Erleichterung der Funktionsäquivalenz[682] (Abs. 1 lit. c)) vorgegeben sowie weitere unterstützende Zielvorgaben formuliert (Abs. 1 lit. d) und e)).

Die Anforderungen müssen noch entwickelt werden. Aus Art. 35 Abs. 2 DA geht hervor, dass die Interoperabilität als Überbegriff für Interoperabilität im engeren Sinne (Abs. 2 lit. a)), Datenübertragbarkeit (Abs. 2 lit. b)) und Anwendungsübertragbarkeit (Abs. 2 lit. c)) gilt. Alle drei beziehen sich auf konkretere Interoperabilitätsaspekte. Die Interoperabilität im engeren Sinne ist beispielsweise in Bezug auf Transportinteroperabilität, syntaktische Interoperabilität, semantische Dateninteroperabilität, verhaltensbezogene Interoperabilität und die Interoperabilität der Regeln und Vorgaben durch offene Interoperabilitätsspezifikationen und harmonisierte Normen angemessen zu regeln (Abs. 2 lit. a)).

bb) Schaffung von Standards (Abs. 3–9)

Art. 35 DA zeigt zwei Möglichkeiten zur Schaffung von Standards auf: offene Interoperabilitätsspezifikationen und harmonisierte Normen. Beim Normungsprozess sind die Bedürfnisse von KMU zu berücksichtigen.[683]

Gemäß Art. 35 Abs. 5 DA kann die Kommission im Wege von Durchführungsrechtsakten gemeinsame Spezifikationen auf der Grundlage offener Interoperabilitätsspezifikationen festlegen, die den Anforderungen der Art. 35 Abs. 1–3 DA entsprechen. Dabei sind die Standpunkte einschlägiger Behörden sowie anderer einschlägiger Gremien oder Expertengruppen zu berücksichtigen und alle einschlägigen Interessenträger zu konsultieren (Art. 35 Abs. 6 DA). Ein Mitgliedstaat kann die Kommission bei Nichterfüllung der Anforderungen der Art. 35 Abs. 1 und 2 DA in Kenntnis davon setzen und die Kommission wiederum den Durchführungsrechtsakt nach Prüfung ändern (Art. 35 Abs. 6 DA).

Daneben kann die Kommission Normungsorganisationen mit der Ausarbeitung harmonisierter Normen entsprechend der Anforderungen aus Art. 35 Abs. 1 und 2 DA

---

682 Zum Begriff der Funktionsäquivalenz oben Gliederungspunkt 6 c) ee) sowie zu den technischen Aspekten des Wechsels oben 6 g).

683 Erwägungsgrund 100 VO (EU) 2023/2854.

beauftragen. Der Wortlaut „nach Berücksichtigung“ sowie Erwägungsgrund 100 können so verstanden werden, dass es sich um ein subsidiäres Verhältnis zu Art. 35 Abs. 3 und 5 handelt.

Die gemeinsamen Spezifikationen und harmonisierten Normen sind in einer zentralen Datenbank – als *„one-stop-shop“*[684] – zu veröffentlichen (Art. 35 Abs. 8 DA). Nach Veröffentlichung müssen die Anbieter innerhalb von 12 Monaten die Konformität mit den Spezifikationen oder Normen herstellen (Art. 30 Abs. 3 DA).

e) Smart Contracts, Art. 36 DA

Art. 36 DA reguliert intelligente Verträge (*smart contracts*). Das sind nach Art. 2 Nr. 39 DA Computerprogramme, die für die automatisierte Ausführung einer Vereinbarung oder eines Teils davon verwendet werden, wobei eine Abfolge elektronischer Datensätze verwendet wird und die Integrität dieser Datensätze sowie die Richtigkeit ihrer chronologischen Reihenfolge gewährleistet werden.

An sie werden wesentliche Anforderungen gestellt (Art. 36 Abs. 1 DA) und sie werden einer Konformitätsbewertung unterzogen (Art. 36 Abs. 2 f). DA) beziehungsweise die Konformität wird vermutet (Art. 36 Abs. 4–11 DA). Gemäß Art. 1 Abs. 3 lit. g) DA gilt der DA für Teilnehmer an Datenräumen und Anbieter von Anwendungen, die intelligente Verträge verwenden, und Personen, deren gewerbliche, geschäftliche oder berufliche Tätigkeit die Einführung intelligenter Verträge für andere im Zusammenhang mit der Durchführung einer Vereinbarung umfasst. Art. 36 DA knüpft zwar an Art. 33 Abs. 1 lit. d) DA an, kann aber als „Fremdkörper“[685] im DA bezeichnet werden.[686]

Die Anwendbarkeit der Vorschriften des Zivil-, Vertrags- und Verbraucherschutzrechts auf Vereinbarungen über die Datenweitergabe von der Nutzung intelligenter Verträge für die automatisierte Ausführung solcher Vereinbarung bleibt unberührt.[687]

aa) Verpflichteter, Anwendung, Datenweitergabevereinbarung

Gemäß Art. 36 Abs. 1 DA wird der Anbieter einer Anwendung, in der intelligente Verträge verwendet werden, oder – in dessen Ermangelung – die Person, deren gewerbliche, geschäftliche oder berufliche Tätigkeit den Einsatz intelligenter Verträge für Dritte im Zusammenhang mit der vollständigen oder teilweisen Ausführung einer Datenbereitstellungsvereinbarung[688] beinhaltet, erfasst.

---

684 *Europäische Kommission*, FAQ DA, S. 31.

685 *Siglmüller*, MMR 2024, 112, 115.

686 *Siglmüller*, MMR 2024, 112, 115.

687 Erwägungsgrund 104 VO (EU) 2023/2854.

688 Abweichend davon heißt es in der Überschrift des Art. 36 und Art. 36 Abs. 1 lit. e) DA *Datenweitergabevereinbarung*.

Verpflichtet ist hiernach primär der **Anbieter** einer Anwendung. Für das Begriffsverständnis kann § 1 Abs. 4 Nr. 5 DDG herangezogen werden, der den Diensteanbieter als Anbieter digitaler Dienste definiert. Sekundär ist in Ermangelung eines Anbieters die Person, deren gewerbliche, geschäftliche oder berufliche Tätigkeit den Einsatz intelligenter Verträge für Dritte im Zusammenhang mit der vollständigen oder teilweisen Ausführung einer Datenbereitstellungsvereinbarung beinhaltet, verpflichtet.

Im Kontext des DA ist der Begriff der **Anwendungen** weit zu verstehen. Darunter fällt Software unabhängig davon, ob sie in Hardware eingebettet ist.[689] In der Anwendung muss ein intelligenter Vertrag verwendet werden. Ausgenommen sind hiervon Anwendungen, die intelligente Verträge auswerten, die ausschließlich für den internen Gebrauch bestimmt sind.[690]

Der Begriff des **intelligenten Vertrags** beziehungsweise der des *Smart Contract* ist umstritten, erfasst jedoch nach überwiegender Ansicht automatisierte Rechtsvorgänge und Geschäftsabläufe sowie deren Dokumentation.[691] Beispiele hierfür sind die Erfüllung von Vertragspflichten oder Sekundäransprüchen.[692] Vor dem Hintergrund des DA könnten intelligente Verträge ihren praktischen Anwendungsbereich insbesondere bei der Automatisierung von Datentransaktionen finden.[693] Im IoT-Bereich können intelligente Verträge etwa beim Leasing eines vernetzten Fahrzeugs eingesetzt werden, indem die Zahlung der Leasingrate ausgelöst wird, sobald der Kilometerstand des Autos eine bestimmte Grenze überschreitet oder eine bestimmte Zeitspanne verstrichen ist.[694]

Intelligente Verträge sind hingegen nicht als Verträge im rechtlichen Sinne zu verstehen – sie selbst sind nur ein Computerprogramm und können einen Vertrag lediglich abbilden, jedoch nicht selbst ein Vertrag sein.[695]

Von der Erfindung der *Blockchain* beflügelt werden Smart Contracts regelmäßig mit dieser Technologie in Verbindung gesetzt.[696] Der Gesetzgeber betont jedoch ein technologieneutrales Verständnis des Begriffs „intelligenter Vertrag".[697]

In diesem Kontext ist die Definition eines intelligenten Vertrages in Art. 2 Nr. 39 DA zu verstehen.

---

689 Siehe Erwägungsgrund 15 VO (EU) 2023/2854.

690 Erwägungsgrund 104 VO (EU) 2023/2854.

691 *Paulus*, JuS 2020, 107, 107; *Kaulartz/Heckmann*, CR 2016, 618, 618; *Borges*, CR 2024, 425, 429; Hoeren/Sieber/Holznagel/*Guggenberger*, Handbuch Multimedia-Recht, Teil. 13.7, Rn. 1; zur Begriffshistorie siehe Fries/Paal/*Finck*, Smart Contracts, S. 1.

692 *Paulus*, JuS 2020, 107, 107.

693 Dazu eingehend *Borges*, CR 2024, 425, 428 f.

694 *Oster*, ZfPW 2023, 387, 389.

695 *Paulus*, JuS 2020, 107, 107; *Kaulartz/Heckmann*, CR 2016, 618, 621; *Kipker/Birreck/Niewöhner*/Schnorr, MMR 2020, 509, 509; Hoeren/Sieber/Holznagel/*Guggenberger*, Handbuch Multimedia-Recht, Teil. 13.7, Rn. 4.

696 *Paulus*, JuS 2020, 107, 108; *Borges*, CR 2024, 425, 429; Fries/Paal/*Finck*, Smart Contracts, S. 4 ff.

697 Erwägungsgrund 104 VO (EU) 2023/2854.

bb) Wesentliche Anforderungen (Abs. 1)

Die wesentlichen Anforderungen an intelligente Verträge umfassen gemäß Art. 36 Abs. 1 lit. a)–e) DA:

- Robustheit und Zugangskontrollmechanismen, um Funktionsfehler zu vermeiden und Manipulation durch Dritte standzuhalten (lit. a) und lit. d));
- Eine „Stop-Taste"[698], die die sichere Beendigung und Unterbrechung einer Transaktionsausführung ermöglicht (lit. b));
- Datenarchivierung, sodass bei Beendigung oder Unterbrechung eines intelligenten Vertrags die Transaktionsdaten, die Logik und der Programmcode des intelligenten Vertrags archiviert werden können (lit. c));
- Kohärenz, damit die Übereinstimmung mit den Bedingungen der Datenweitergabevereinbarung, die mit dem intelligenten Vertrag umgesetzt wurde, gewährleistet wird (lit. e)).

cc) Konformitätsbewertung (Abs. 2–3)

Die Erfüllung der wesentlichen Anforderungen wird im Rahmen einer Konformitätsbewertung gemäß Art. 36 Abs. 1 DA durchgeführt und gemäß Art. 36 Abs. 2 DA ausgestellt.[699]

dd) Vermutung der Konformität (Abs. 4–11)

Die Vorschriften des Art. 36 Abs. 4–11 DA entsprechen nahezu wortgleich denen des Art. 33 Abs. 4–10 DA, sodass an dieser Stelle auf die Ausführungen in b)dd) verwiesen wird.

9. Anwendung und Durchsetzung, Art. 37–42 DA

Art. 37–42 DA regeln die Maßnahmen zur Durchsetzung und Anwendung der Vorschriften des Data Acts und legen die Zuständigkeiten der Mitgliedstaaten, die Verhängung von Sanktionen sowie die Rolle des Europäischen Dateninnovationsrats (EDIB) fest. Darüber hinaus normiert Kapitel IX Rechtsschutzmöglichkeiten für natürliche und juristische Personen (Art. 38, 39 DA) und einen Arbeitsauftrag an die Europäische Kommission zur Erstellung und Empfehlung von Mustervertragsklauseln zur effektiven Umsetzung der durch den Data Act begründeten Pflichten (Art. 41 DA).

---

698 *Siglmüller*, MMR 2024, 112, 115 f.

699 Siehe auch Erwägungsgrund 105 VO (EU) 2023/2854 mit weiteren Hinweisen, wonach diese Konformitätsbewertung durchgeführt werden sollte.

a) Zuständige Behörden und Datenkoordinatoren, Art. 37 DA

Im Bereich der Anwendung und Durchsetzung des Data Act, setzt der Verordnungsgeber vorrangig auf das sog. **Public Enforcement** durch mitgliedstaatliche Behörden.[700]

aa) Zuständige Behörden, Art. 37 Abs. 1 DA

Hierzu gehört im Wesentlichen die Einrichtung zuständiger Behörden in den Mitgliedstaaten, die zur Anwendung und Durchsetzung des Data Acts berufen sind, Art. 37 Abs. 1 DA. Die Mitgliedstaaten können auch mehrere Behörden bestimmen oder bereits bestehende Behörden mit den Aufgaben und Kompetenzen betrauen, Art. 37 Abs. 1 S. 2 DA. Die Benennung der Behörde ist dabei nicht als formaler Akt im Sinne einer Notifizierung oder dergleichen zu verstehen, sondern als organisationsrechtliche Errichtung der Behörde.[701] Der Name der zuständigen Behörde sowie ihre Kompetenzen und Befugnisse sind der Kommission mitzuteilen, die hierüber ein öffentliches Register führt (Art. 37 Abs. 7 DA). Für Deutschland wird diese Aufgabe aller Voraussicht nach die Bundesnetzagentur übernehmen.[702]

Art. 37 Abs. 3 DA sieht (deklaratorisch) vor, dass die bereits nach der DS-GVO zuständigen Aufsichtsbehörden auch für den Schutz personenbezogener Daten im Rahmen des Data Acts verantwortlich sind. Ihre Befugnisse und Aufgaben entsprechen dabei den in den Kapiteln VI und VII der DS-GVO festgelegten Regelungen. Gleichzeitig bleibt die Zuständigkeit spezifischer sektoraler Behörden, etwa für Fragen des Datenzugangs und der Datennutzung (Art. 37 Abs. 4 lit. a) DA), unberührt.

bb) Aufgaben der zuständigen Behörden, Art. 37 Abs. 5, 8, 9, 14 DA

Art. 37 Abs. 5 DA beinhaltet einen Katalog an Aufgaben und Befugnissen, mit denen die Mitgliedstaaten die zuständigen Behörden ausstatten sollen. Dazu zählen

- die Förderung von Datenkompetenz und die Sensibilisierung von Nutzern und Stellen, die in den Anwendungsbereich des Data Acts fallen, in Bezug auf die Rechte und Pflichten (lit. a));
- die Bearbeitung von Beschwerden über mutmaßliche Verstöße gegen die Vorschriften des Data Acts (lit. b));
- die Durchführung von Untersuchungen (lit. c));
- die Verhängung von Sanktionen (lit. d));
- die Beobachtung technologischer und wirtschaftlicher Entwicklungen (lit. e));
- die Zusammenarbeit mit den zuständigen Behörden anderer Mitgliedstaaten und gegebenenfalls der Kommission oder dem EDIB (lit. f), g), h));

---

700 Übersetzt aus *Hennemann et al.*, Data Act, S. 237; *Schwamberger*, MMR 2024, 96, 99f.
701 BeckOK Datenschutzrecht/*Roth-Isigkeit*, DA, Art. 37 Rn. 3.
702 *Remke*, MMR 2024, 117, 118; *Holznagel*, MMR 2024, 639,640.

- die Gewährleistung der Abschaffung von Wechselentgelten (Art. 29 DA) sowie
- die Prüfung von Datenverlangen nach Art. 14ff. DA.

Demgegenüber beinhaltet der hiesige Aufgaben- und Kompetenzkatalog **keine explizite Befugnis,** die Unterlassung von Verstößen gegen die Vorschriften des Data Acts **anzuordnen.**[703] Erwägungsgrund 109 führt hierzu lediglich auf, dass die nach Art. 40 DA zu verhängenden Sanktionen auch Warnungen, Verweise oder Anordnungen, die die Geschäftspraxis mit den in dieser Verordnung festgelegten Verpflichtungen in Einklang zu bringen, einschließen.

Darüber hinaus haben die zuständigen Behörden nach Art. 37 Abs. 14 DA in den Grenzen des Verhältnismäßigkeitsgrundsatzes das Recht, **alle erforderlichen Informationen** von Nutzern, Dateninhabern oder Datenempfängern **anzufordern**, um die Einhaltung der Verordnung zu überprüfen, wobei das Informationsverlangen stets begründet sein muss.[704] Dies dürfte in der Regel der Fall sein, wenn die Behörde dem Nutzer, Dateninhaber oder Datenempfänger die Umstände des Verlangens hinreichend schriftlich dargelegt hat.[705]

Bei der Wahrnehmung ihrer Aufgaben dürfen die zuständigen Behörden **keiner externen, direkten oder indirekten Einflussnahme** unterliegen; dies betrifft insbesondere die Annahme und Einholung von Weisungen von anderen Behörden oder von privaten Parteien (Art. 37 Abs. 8 DA). Art. 37 Abs. 9 DA verpflichtet die Mitgliedstaaten dazu, die zuständigen Behörden personell und technisch sowie mit dem notwendigen Fachwissen auszustatten, um die wirksame Aufgabenwahrnehmung zu ermöglichen.

cc) Datenkoordinator, Art. 37 Abs. 2 DA

Werden im jeweiligen Mitgliedstaat mehrere Behörden benannt, muss gem. Art. 37 Abs. 2 DA zur Unterstützung zusätzlich ein **Datenkoordinator** *aus ihrer Mitte* benannt werden, Art. 37 Abs. 2 DA. Wann ein Datenkoordinator sich in der Mitte der Behörden befindet, bleibt ungewiss. Mit Blick auf Art. 37 Abs. 4 lit. a) DA, der festlegt, dass die Zuständigkeit der sektoralen Behörde bei besonderen Angelegenheiten des Datenzugangs und der Datennutzung gewahrt bleiben muss, wollte der Gesetzgeber mutmaßlich klarstellen, dass der Datenkoordinator nicht zugleich zuständige Behörde in Personalunion sein kann.[706]

Das Aufgabenheft des Datenkoordinators wird in Art. 37 Abs. 6 DA konkretisiert: Danach dient er als zentrale Anlaufstelle für alle Fragen im Zusammenhang mit der An-

---

703 BeckOK Datenschutzrecht/*Roth-Isigkeit,* DA, Art. 37 Rn. 12; *Remke,* MMR 2024, 117.

704 Erwägungsgrund 107 VO (EU) 2023/2854.

705 BeckOK Datenschutzrecht/*Roth-Isigkeit,* DA, Art. 37 Rn. 14.

706 BeckOK Datenschutzrecht/*Roth-Isigkeit,* DA, Art. 37 Rn. 5; ähnlich auch *Remke,* MMR 2024, 117, 118.

wendung der Verordnung (lit. a)). Des Weiteren sorgt er dafür, dass Datenzugangsverlangen öffentlicher Stellen, die aufgrund außergewöhnlicher Notwendigkeit nach Kapitel V gestellt wurden, öffentlich zugänglich gemacht werden und fördert die freiwillige Datenweitergabe zwischen öffentlichen Stellen und privaten Dateninhabern (lit. b)). Darüber hinaus hat der Datenkoordinator die Ablehnung von Datenzugangs- und Weitergabeverlangen zu protokollieren und der Kommission jährlich über diese Ablehnungen Bericht zu erstatten (lit. c)). Schließlich unterstützt der Datenkoordinator die zuständigen Behörden auf deren Ersuchen hin bei allen Aufgaben, die im Bereich der Verwaltungszusammenarbeit anfallen, Art. 37 Abs. 5 S. 2 DA.

dd) Zuständigkeiten für Rechtsträger, Art. 37 Abs. 10–13 DA

Im Einzelfall ist immer diejenige Behörde zuständig, in deren Mitgliedstaat die betroffenen Rechtsträger ihre Niederlassung (**Niederlassungsprinzip**) haben, Art. 37 Abs. 10 DA, wobei bei Sitzen in mehreren Mitgliedstaaten auf den Hauptsitz abgestellt wird. Zur Ermittlung des Hauptsitzes kann wiederum auf die dazu entwickelten Grundsätze nach Art. 4 Nr. 16 DS-GVO zurückgegriffen werden.[707] Entscheidend ist demzufolge der Sitz der Hauptverwaltung; der vom Rechtsträger gewählten Bezeichnung kommt dabei allenfalls eine untergeordnete Rolle zu.[708]

Werden vernetzte Produkte oder verbundene Dienste in der Europäischen Union bereitgestellt oder angeboten und hat der Rechtsträger keinen Sitz in der Union, ist ein Vertreter in einem der Mitgliedstaaten zu bestimmen (Art. 37 Abs. 11 DA), sodass sich – im Widerspruch zum in Art. 37 Abs. 10 DA angeordneten Niederlassungsprinzip – die Zuständigkeit der Behörde nach dem Sitz des Vertreters ergibt, Art. 37 Abs. 13 DA.[709] Jeder Anbieter von vernetzten Produkten oder Diensten hat einen Vertreter zu bestimmen, an den sich die zuständigen Behörden im Einzelfall wenden können und der mit ihnen zusammenarbeitet, Art. 37 Abs. 12 DA.

ee) Verwaltungszusammenarbeit zwischen mitgliedstaatlichen Behörden, Art. 37 Abs. 15, 16 DA

Art. 37 Abs. 15 DA regelt das Verfahren zur Verwaltungszusammenarbeit zwischen den mitgliedstaatlichen Behörden und unterscheidet hierbei zwischen Unterstützung und Vollstreckungsmaßnahmen. Beides wird jeweils durch ein begründetes Ersuchen der Behörde eingeleitet, das die wesentlichen Hintergründe und die konkret angeforderte Unterstützung darlegen muss. Die Behörde des angefragten Mitgliedstaates ist verpflichtet, das Ersuchen unverzüglich nach dessen Eingang zu beantworten und mitzuteilen,

---

707 BeckOK Datenschutzrecht/*Roth-Isigkeit*, DA, Art. 37 Rn. 29.
708 Ehmann/Selmayr/ *Klabunde/Horváth*, DS-GVO, Art. 4 Nr. 16 Rn. 69, 70.
709 BeckOK Datenschutzrecht/*Roth-Isigkeit*, DA, Art. 37 Rn. 32.

welche Maßnahmen ergriffen wurden oder geplant sind (Art. 37 Abs. 15 S. 2 DA).[710] Die in diesem Zusammenhang ausgetauschten und bereitgestellten Informationen dürfen von den Behörden nur für die Zwecke des Ersuchens verwendet werden, Art. 37 Abs. 16 S. 2 DA.

b) Recht auf Beschwerde, Art. 38 DA

Art. 38 Abs. 1 DA sieht ein individuelles Beschwerderecht gegenüber den zuständigen Behörden vor, das weitgehend dem Recht auf Beschwerde bei einer Aufsichtsbehörde nach Art. 77 Abs. 1 DS-GVO nachgebildet ist.[711] Nach Art. 38 Abs. 1 DA hat jede natürliche und juristische Person das Recht, einzeln oder gegebenenfalls gemeinsam mit der Behauptung einer Verletzung ihrer Rechte nach dem Data Act bei der für sie zuständigen Behörde Beschwerde einzulegen, Art. 38 Abs. 1 DA. Die betroffenen Personen müssen folglich hinreichend substantiiert den Verstoß gegen ein durch die Vorschriften des Data Acts verliehenes subjektives Recht darlegen.[712] Weitere verfahrensrechtliche oder prozessuale Vorgaben, etwa zur Form der Beschwerde oder einer einzuhaltenden Frist, macht Art. 38 Abs. 1 DA nicht – insoweit dürften in Ermangelung eines europäischen Verwaltungsverfahrensrechts die mitgliedstaatlichen Regelungen zum Verwaltungsverfahren Anwendung finden.[713] Für Deutschland findet folglich das VwVfG des Bundes oder der Länder Anwendung.[714] Die zuständigen Behörden haben die Beschwerden wirksam und fristgemäß zu bearbeiten und zu lösen, Art. 38 Abs. 3 DA.

aa) Möglichkeit des Private Enforcement?

Das Beschwerderecht gilt ausweislich Art. 38 Abs. 2 DA *unbeschadet eines anderen verwaltungsrechtlichen oder gerichtlichen Rechtsbehelfs*. Die vom Gesetzgeber gewählte Formulierung wirft die Frage auf, ob neben dem Public Enforcement durch nationale Behörden auch Rechtsdurchsetzung im Wege des **Private Enforcement** zulässig ist.

bb) Stellungnahme

Hiergegen spricht zum einen, dass der Gesetzgeber derartige Rechtsdurchsetzungsmöglichkeiten – anders als in anderen Rechtsakten[715] – im Data Act nicht ausdrücklich vor-

---

710 Zum Tatbestandsmerkmal unverzüglich siehe BeckOK Datenschutzrecht/*Roth-Isigkeit*, DA, Art. 37 Rn. 22.

711 BeckOK Datenschutzrecht/*Roth-Isigkeit*, DA, Art. 38 Rn. 2.

712 BeckOK Datenschutzrecht/*Roth-Isigkeit*, DA, Art. 38 Rn. 3.

713 BeckOK Datenschutzrecht/*Roth-Isigkeit*, DA, Art. 38 Rn. 4; *Remke*, MMR 2024, 117, 119.

714 *Remke*, MMR 2024, 117, 119.

715 Siehe etwa Art. 54 DSA; vertiefend dazu Gliederungspunkt B.II.4.b.

gesehen hat.[716] Zum anderen hat der Verordnungsgeber sich im Rahmen der Durchsetzungsvorschriften in weiten Teilen an den Art. 77ff. DS-GVO orientiert.[717] Im Gegensatz zu Art. 77ff. DS-GVO hat er aber gerade kein System zivilrechtlicher Durchsetzungsvorschriften, wie in Art. 79ff. DS-GVO geschaffen, sondern sich vielmehr sogar bewusst gegen eine ähnliche Regelung entschieden.[718]

Nichtsdestotrotz sprechen verschiedene Gründe für die Zulässigkeit des Private Enforcement im Rahmen des Data Acts: So legt dieser etwa fest, dass es den Parteien nicht möglich sein soll, die Anwendung von der Klauselkontrolle nach Art. 13 DA auszuschließen (Art. 13 Abs. 9 DA), was aufgrund der Tatsache, dass privatrechtliche Vereinbarungen keine Verwaltungsverfahren ausschließen können, bei Ablehnung eines Private Enforcement sinnlos wäre.[719] Darüber hinaus bilden privatrechtliche Vereinbarungen auf Datenzugang und -nutzung das Herzstück des Data Acts, sodass auch das konzeptionelle Gesamtgefüge des Data Acts eine private Rechtsdurchsetzung nahelegt. Aus systematischer Sicht spricht auch die in Art. 10 DA angelegte Möglichkeit der privatrechtlichen Streitbeilegung für die Billigung privater Rechtsdurchsetzung.[720] Die private Rechtsdurchsetzung vor mitgliedstaatlichen (Zivil-)Gerichten käme schließlich auch der Effektivität des Unionsrechts (Art. 4 Abs. 3 EUV) zugute. Nicht zuletzt spricht auch der offene Wortlaut von Art. 38 Abs. 1 DA für die Zulässigkeit des Private Enforcement, da hiernach die private Rechtsdurchsetzung zumindest nicht ausdrücklich ausgeschlossen ist.[721] Insgesamt sprechen daher die besseren Argumente dafür, die Durchsetzung der Vorschriften des Data Acts im Wege des Private Enforcement für zulässig zu erachten.[722]

c) Recht auf einen wirksamen gerichtlichen Rechtsbehelf, Art. 39 DA

Neben anderer verwaltungsrechtlicher oder außergerichtlicher Rechtsbehelfe hat jeder Betroffene gegen rechtsverbindliche Entscheidungen hinsichtlich der Beschwerde das **Recht auf einen wirksamen gerichtlichen Rechtsbehelf**, Art. 39 Abs. 1 DA. Dieses Recht gilt auch bei Nichttätigwerden der zuständigen Behörde in Bezug auf eine Beschwerde nach Art. 38 Abs. 1 DA, wobei alternativ („oder“) auch die Möglichkeit besteht, den Vorgang einer unparteiischen Stelle mit entsprechender Sachkenntnis vorzulegen (Art. 39 Abs. 2 DA). Der Begriff der Entscheidung ist nicht definiert – es ist jedoch davon auszugehen, dass nicht jedes Handeln einer Behörde eine Entscheidung im Sinne der Norm darstellt. Vielmehr muss das Handeln der Behörde ein gewisses Maß an Regelungsqualität für den Adressaten der Entscheidung mit sich bringen, die bei behördli-

716 *Schwamberger,* MMR 2024, 96, 100.
717 BeckOK Datenschutzrecht/*Roth-Isigkeit,* DA, Art. 38 Rn. 2; *Schwamberger,* MMR 2024, 96, 100.
718 *Schwamberger,* MMR 2024, 96, 100.
719 *Schwamberger,* MMR 2024, 96, 100.
720 *Remke,* MMR 2024, 117, 121.
721 *Schwamberger,* MMR 2024, 96, 100.
722 Im Ergebnis auch *Remke,* MMR 2024, 117, 119; zurückhaltend *Schwamberger,* MMR 2024, 96, 101.

chen Untersuchungen (Art. 37 Abs. 5 lit. c) DA) oder Berichten (Art. 37 Abs. 5 lit. e) DA) fehlen dürfte.[723] Wird eine Beschwerde für unzulässig oder unbegründet erklärt oder dem Beschwerdeführer Sanktionen auferlegt, wird es sich dabei regelmäßig um eine Entscheidung im Sinne des Art. 39 Abs. 1 DA handeln.[724] Im deutschen Recht dürften in erster Linie Verwaltungsakte (§ 35 VwVfG) Gegenstand derartiger Klagen sein.[725]

Die in Art. 39 Abs. 2 DA eingeräumte Option zur Klärung der Angelegenheit durch eine unparteiische Stelle, soll den Mitgliedstaaten die Möglichkeit eröffnen, unabhängige Stellen einzurichten, um die Gerichte davon entlasten, unzählige Untätigkeitsklagen zu behandeln.[726] Auch gegen Entscheidungen der unparteiischen Stellen muss der Rechtsweg offenstehen, sodass das Verfahren vor diesen als eine Art Vorverfahren zu sehen ist.[727] Mangels näherer Bestimmungen zur Frist, in der ein Rechtsbehelf wegen Untätigkeit eingelegt werden muss oder ab der er eingelegt werden kann, steht es den Mitgliedsstaaten offen, innerhalb der Grenzen von Art. 47 GR-Ch eigene Regelungen diesbezüglich zu treffen.[728] Zuständig für den Rechtsbehelf sind die Gerichte des Mitgliedstaats der zuständigen Behörde, Art. 39 Abs. 3 DA.

d) Sanktionen, Art. 40 DA

Art. 40 Abs. 1 S. 1 DA sieht vor, dass die Mitgliedstaaten Vorschriften über Sanktionen für Verstöße gegen die Vorschriften des Data Acts erlassen und alle für die Anwendung der Sanktionen erforderlichen Maßnahmen treffen; die vorgesehenen Sanktionen müssen wirksam, verhältnismäßig und abschreckend sein (Art. 40 Abs. 1 S. 2 DA). Die Vorschriften und Maßnahmen sind der Kommission bis zum **12. September 2025** mitzuteilen, die darüber ein öffentliches und leicht zugängliches Register führt, das laufend aktualisiert wird, Art. 40 Abs. 2 DA.

Im Hinblick auf die vorgeschriebene **Trias wirksam, verhältnismäßig und abschreckend**, wird man auf die zu Art. 84 DS-GVO entwickelten Grundsätze zurückgreifen können.[729] Danach sind Sanktionen in Form von Bußgeldern insbesondere dann **abschreckend**, wenn sie den durch den Rechtsverstoß erlangten wirtschaftlichen Vorteil übersteigen.[730] Die **Wirksamkeit** der Sanktionen muss demgegenüber dem allgemeinen unionsrechtlichen Effektivitätsgrundsatz (Art. 4 Abs. 3 EUV) entsprechen.[731] Die Verhält-

---

723 BeckOK Datenschutzrecht/*Roth-Isigkeit,* DA, Art. 39 Rn. 3; *Remke,* MMR 2024, 117, 120.
724 BeckOK Datenschutzrecht/*Roth-Isigkeit,* DA, Art. 39 Rn. 3; *Remke,* MMR 2024, 117, 120.
725 *Remke,* MMR 2024, 117, 120.
726 BeckOK Datenschutzrecht/*Roth-Isigkeit,* DA, Art. 39 Rn. 11.
727 BeckOK Datenschutzrecht/*Roth-Isigkeit,* DA, Art. 39 Rn. 11.
728 BeckOK Datenschutzrecht/*Roth-Isigkeit,* DA, Art. 39 Rn. 8 stellt auf § 75 VwGO im deutschen Recht ab.
729 BeckOK Datenschutzrecht/*Roth-Isigkeit,* DA, Art. 40 Rn. 2.
730 BeckOK Datenschutzrecht/*Roth-Isigkeit,* DA, Art. 40 Rn. 3.
731 BeckOK Datenschutzrecht/*Roth-Isigkeit,* DA, Art. 40 Rn. 3.

nismäßigkeit der Sanktionen wird durch Einhaltung des Über- und Untermaßverbotes gewahrt.[732]

Art. 40 Abs. 3 DA beinhaltet einen nicht abschließenden Katalog verschiedener Kriterien, die die Behörden[733] bei der Verhängung von Sanktionen berücksichtigen müssen; der Kriterienkatalog kann insoweit als Ermessensdirektive[734] verstanden werden. Der Kriterienkatalog legt fest, dass nicht nur der Verstoß selbst, sondern auch die individuellen Umstände der betroffenen Partei berücksichtigt werden müssen, etwa der Jahresumsatz (lit. f)) sowie frühere Verstöße der Partei (lit. c)). Darüber hinaus sind die Empfehlungen des EDIB zu berücksichtigen.[735]

Für Verstöße gegen die Vorschriften der Kapitel II, III, IV und V DA, können Datenschutzaufsichtsbehörden innerhalb ihres Zuständigkeitsbereiches Bußgelder nach den Vorgaben des Art. 83 Abs. 5 DS-GVO verhängen, also in der Höhe von bis zu 20 Millionen Euro oder 4 % des weltweiten Jahresumsatzes, wobei der höhere Betrag maßgeblich ist, was der Sanktionspraxis der DS-GVO entspricht (Art. 40 Abs. 4 DA).

In ähnlicher Weise wird in Art. 40 Abs. 5 DA der Europäische Dateninnovationsrat (EDIB) ermächtigt, Geldbußen innerhalb seines Zuständigkeitsbereichs zu verhängen, wobei diese jedoch entsprechend Art. 66 DS-GVO auf 50.000 Euro pro Verstoß und insgesamt auf 500.000 Euro beschränkt sind.

e) Mustervertragsklauseln und Standardvertragsklauseln, Art. 41 DA

Ferner erstellt und empfiehlt die Kommission bis zum 12. September 2025 unverbindliche Mustervertragsklauseln für Verträge im Anwendungsbereich des Data Act, Art. 41 DA.[736] Diese Klauseln sollen insbesondere KMUs unterstützen, und ihnen eine praktische Handhabung ermöglichen, Vertragsabschlüsse zu erleichtern.[737] Dabei stehen insbesondere zwei Ziele im Fokus: Zum einen sollen Mustervertragsklauseln für Datenzugang und -nutzung, zum anderen Standardvertragsklauseln für Cloud-Computing Verträge entwickelt werden, welche jeweils unverbindlich sind.[738] Die Mustervertragsklauseln sollen den FRAND-Bedingungen entsprechen, Art. 41 DA. Die Kommission verfolgt durch Art. 41 DA einen der DS-GVO ähnlichen Ansatz, wo etwa die Verwendung bestimmter Mustervertragsklauseln in der Praxis im Bereich des internationalen Datentransfers durchaus Anklang gefunden hat.[739]

---

732 BeckOK Datenschutzrecht/*Roth-Isigkeit*, DA, Art. 40 Rn. 3.

733 Art. 40 Abs. 3 DA nimmt zwar die Mitgliedstaaten in die Pflicht, dabei handelt es sich allerdings um einen redaktionellen Fehler, BeckOK Datenschutzrecht/*Roth-Isigkeit*, DA, Art. 40 Rn. 4.

734 BeckOK Datenschutzrecht/*Roth-Isigkeit*, DA, Art. 40 Rn. 6.

735 Erwägungsgrund 109 VO (EU) 2023/2854.+

736 *Europäische Kommission*, FAQ DA, S. 26.

737 Erwägungsgrund 111 VO (EU) 2023/2854.

738 BeckOK Datenschutzrecht/*v. Roenne*, DA, Art. 41 Rn. 4f.

739 BeckOK Datenschutzrecht/*v. Roenne*, DA, Art. 41 Rn. 2.

Zur Ausarbeitung wurde von der Kommission bereits eine Expertengruppe, bestehend aus 17 Mitgliedern, eingesetzt.[740] Zum Teil wird kritisiert, dass sie fast alle einen juristischen Hintergrund haben und somit mangels fehlender Experten in der Gruppe aus anderen Gebieten, etwa aus der Technik oder aus bestimmten Branchen, nicht die für die Praxis tauglichste und technischste Lösung gefunden werden könnte.[741] Im Hinblick auf den Umfang des Auftrags Mustervertragsklauseln zu entwickeln, werden unterschiedliche Ansichten insbesondere auch in der Frage vertreten, ob die Expertengruppe ganze Verträge ausarbeiten oder lediglich einzelne Klauselvorschläge unterbreiten solle.[742] Nach Ansicht der Expertengruppe ist das Formulieren gesamter Vertragsvorschläge im Ergebnis sinnvoll, um KMUs besser zu schützen.[743]

f) Rolle des European Data Innovation Board (EDIB) Art. 42 DA

Neben dieser Aufgabe nimmt der EDIB noch die Aufgaben des Art. 42 DA wahr. Ihm kommt damit eine Schlüsselrolle zu, eine einheitliche Anwendung des Data Act zu gewährleisten.[744] Der EDIB wurde durch Art. 29 DGA eingeführt, sodass Art. 42 DA den in Art. 30 DGA genannten Aufgabenkatalog ergänzt.[745] Das EDIB nimmt im Rahmen des Data Act zum einen eine beratende und unterstützende Funktion für die Kommission ein, Art. 42 lit. a) und c) DA, zum anderen soll es die Zusammenarbeit zwischen verschiedenen Behörden unterstützen und somit die Einheitlichkeit und die Effizienz dieser Zusammenarbeit stärken, Art. 42 lit. b) DA.

10. Datenbanken, die bestimmte Daten enthalten, Art. 43 DA

Art. 43 DA verfolgt den Zweck, die wirksame Ausübung des Rechts der Nutzer auf Datenzugang und Datennutzung sowie das Recht auf die Weitergabe von Daten an Dritte im Wege des Data Acts zu schützen.[746] Dateninhaber, die durch physische Komponenten wie Sensoren eines vernetzten Produkts oder eines verbundenen Dienstes Daten erlangen, sollen sich daher nicht auf das Schutzrecht sui generis eines Datenbankherstellers nach Art. 7 der RL 96/9/EG (Datenbank-RL) berufen dürfen, Art. 43 DA, und damit die im Data Act vorgesehenen Rechte auf Datennutzung und -weitergabe nicht beschränken können.[747]

---

740 https://ec.europa.eu/transparency/expert-groups-register/screen/expert-groups/consult?lang=en&groupID=3840 (zuletzt abgerufen am: 1.11.2024).

741 BeckOK Datenschutzrecht/*v. Roenne*, DA, Art. 41 Rn. 41.

742 BeckOK Datenschutzrecht/*v. Roenne*, DA, Art. 41 Rn. 11f.

743 https://ec.europa.eu/transparency/expert-groups-register/core/api/front/document/95647/download (zuletzt abgerufen am: 1.11.2024); BeckOK Datenschutzrecht/*v. Roenne*, DA, Art. 41 Rn. 12.

744 Erwägungsgrund 110 VO (EU) 2023/2854.

745 BeckOK Datenschutzrecht/*Roth-Isigkeit*, DA, Art. 41 Rn. 11f.

746 Erwägungsgrund 112 VO (EU) 2023/2854.

747 Erwägungsgrund 112 VO (EU) 2023/2854.

Erste Unklarheiten bestehen in Bezug darauf, ob Art. 43 DA eine Klarstellung oder eine gesetzliche Änderung der Datenbank-RL sein soll.[748] Insbesondere ergeben sich Schwierigkeiten daraus, dass Art. 7 Abs. 1 RL 96/9/EG die „Beschaffung" von Daten unter Schutz stellt und der EuGH daraus geschlossen hat, dass die Erzeugung von Daten nicht unter diesen Schutz fällt.[749] In Bezug auf maschinengenerierte Daten, wie auch solche, die durch vernetzte Produkte und verbundene Dienste erlangt oder erzeugt werden, wirft dies die Frage auf, ob das Ablesen von Daten als Erzeugung neuer Daten angesehen wird und somit Art. 43 DA nur klarstellt, dass diese Daten nicht unter Art. 7 RL 96/9/EG fallen, oder aber als Beschaffung bereits vorhandener Daten im Sinne des Art. 7 Abs. 1 RL 96/9/EG, sodass Art. 43 DA ein Sonderregime für durch vernetzte Produkte oder verbundene Dienste erlangte oder erzeugte Daten darstellt.[750]

Praktisch schwierig könnte zudem die Anwendung der Norm im Rahmen von „gemischten" Datenbanken sein, deren Daten einerseits dem Anwendungsbereich des Data Act unterfallen, andererseits aber auch Daten enthalten, die einem Schutzrecht nach Art. 7 RL 96/9/EG zugänglich sind.[751] Zudem könnte es weitergehend problematisch sein, ob nur die von Art. 43 DA ausgenommen Daten selbst oder auch auf ihrer Grundlage generierte Daten dem Schutz des Art. 7 RL 96/9/EG nicht unterfallen.[752] Art. 43 DA ist nicht im B2G-Verhältnis anzuwenden.[753]

11. Schlussbestimmungen, Art. 44–50 DA

Pflichten zur Bereitstellung von Daten aufgrund von Rechtsvorschriften der Union, die bis zum 11. Januar 2024 in Kraft getreten sind, sowie darauf beruhende delegierte Rechts- oder Durchführungsakte bleiben vom Anwendungsbereich des Data Act unberührt, Art. 44 Abs. 1 DA. Besonderes Datenrecht ist vorrangig, Art. 44 Abs. 2 DA.[754] Das gilt mit Ausnahme von Kapitel V DA insbesondere für Datenrecht mit Bezug zu wissenschaftlicher Forschung, Art. 44 Abs. 3 DA.

Die für den Erlass delegierter Rechtsakte notwendigen Befugnisse werden der Kommission auf unbestimmte Zeit übertragen, Art. 45 Abs. 1, 2 DA. Diese Übertragung ist allerdings widerruflich, Art. 45 Abs. 3 DA. Es gelten weitere Verfahrensvorschriften, Art. 45 Abs. 4–6 DA.

---

748 *Kim,* MMR 2024, 87, 88.

749 *EuGH,* Urt. v. 9. November 2004, C-203/02, EU:C:2004:695, The British Horseracing Board Ltd & Ots vs. William Hill Organization Ltd = EuGH MMR 2005, 29; *Kim,* MMR 2024, 87, 88.

750 *Kim,* MMR 2024, 87, 88 ff; BeckOK Datenschutzrecht/*Richter,* DA, Art. 43 Rn. 13.

751 Hierzu ausführlich: BeckOK Datenschutzrecht/*Richter,* DA, Art. 43 Rn. 26ff.; *Wiebe,* GRUR 2023, 227, 230.

752 BeckOK Datenschutzrecht/*Richter,* DA, Art. 43 Rn. 30.

753 BeckOK Datenschutzrecht/*Richter,* DA, Art. 43 Rn. 1, 31.

754 Erwägungsgrund 115 VO (EU) 2023/2854.

Ferner werden bestimmte Rechtsakte in dem Maße geändert, dass der Data Act nunmehr ebenfalls erfasst wird, Art. 47, 48 DA. Die Kommission wird den Data Act bis zum 12.9.2028 bewerten, Art. 49 DA. Aufgrund dieser Bewertung kann sie einen Gesetzgebungsvorschlag zur Änderung des Data Act unterbreiten. Art. 49 Abs. 4 DA. Der Data Act trat gem. Art. 50 DA am 11.1.2024 in Kraft und gilt mit einigen wenigen Ausnahmen ab dem 12.9.2025.

12. Zusammenfassung und Auswirkungen auf die Praxis

Der Data Act verfolgt das Ziel, einen Binnenmarkt für Daten durch ein differenziertes Regelwerk von Rechten und Pflichten für die Akteure des IoT-Datenkreislaufs zu schaffen. Die Europäische Kommission hat dabei ehrgeizige Prognosen aufgestellt: So soll durch einen effizienteren Datenzugang im B2B-Bereich ein Mehrwert von 185 Milliarden Euro zwischen 2021 und 2030 erzielt werden.[755] Im optimalen Szenario könnte das EU-weite Bruttoinlandsprodukt um bis zu 273,1 Milliarden Euro steigen.[756] Ob diese Ziele jedoch tatsächlich erreicht werden, lässt sich gegenwärtig nicht abschließend beurteilen. Wissenschaft und Praxis sind in ihrer Einschätzung des Data Act gespalten, wobei die Kritik überwiegt. Einige Experten bemängeln die mangelnde Ambition des Rechtsakts, da Dateninhaber und Hersteller weiterhin die Vertragsbedingungen diktieren können.[757] Andere sehen im Data Act die Festigung bestehender Machtverhältnisse[758] oder sogar deren Billigung[759]. Zudem wird eine Gefährdung von Geschäftsgeheimnissen befürchtet.[760]

Dennoch wird der Data Act in Teilen der Wissenschaft als ein „Schritt in die richtige Richtung“[761] und als „innovatives und auch mutiges Rechtsinstrument“[762] positiv bewertet. Der wirtschaftliche Aufwand, den die Umsetzung mit sich bringt, wird jedoch als erheblich eingeschätzt und ist erwartungsgemäß Gegenstand von Kritik aus der Praxis.[763] Im Hinblick auf die praktische Umsetzung werden bereits Parallelen zur Umsetzung der Vorgaben der DS-GVO aus dem Jahr 2017 gezogen.[764]

Trotz der möglichen Erleichterungen durch zukünftige Mustervertragsklauseln der Kommission bleiben wesentliche Rechtsfragen ungeklärt, was zu erheblicher Rechtsunsicherheit führt. Eine der zentralen Fragen ist, wie die Rechtsprechung mit den so-

755 *Europäische Kommission*, Impact Assessment Report Data Act, S. 12.
756 *Europäische Kommission*, Impact Assessment Report Data Act, S. 40.
757 *Kerber*, JoAE 2024, 1, 6 f.
758 *Müller*, RDi 2024, 297, 304.
759 *Kerber*, GRUR Int. 2023, 120, 128; *Specht-Riemenschneider*, MMR 2022, 809, 818.
760 *Pauly/Wichter/Baumann*, MMR 2024, 211, 216.
761 Übersetzt aus *Hennemann et al.*, Data Act, S. 15.
762 *Antoine*, CR 2024, 1, 8.
763 *Weinhold/Schröder*, ZD 2024, 306, 311.
764 *DIHK*, Stellungnahme zum Data Act-E, S. 2.

genannten **Buy-out-Verträgen** umgehen wird.[765] Dabei handelt es sich um Vereinbarungen, bei denen Dateninhaber den Zugang zu Daten davon abhängig machen, dass der Nutzer seine Rechte umfassend an den Daten abtritt. Es kann gegenwärtig nicht abschließend beurteilt werden, ob solche Klauseln im Widerspruch mit dem übergeordneten Ziel des Data Act stehen, einen fairen Zugang zu Daten zu gewährleisten und daher insbesondere unter Berücksichtigung von Art. 7 Abs. 2 DA als rechtlich unzulässig anzusehen sein dürften.

Ein weiteres Problem stellt sich in Bezug auf die Pflicht zur technischen Umsetzung eines **direkten Datenzugangs** nach Art. 3 Abs. 1 DA.[766] Es ist unklar, unter welchen Voraussetzungen Hersteller dazu verpflichtet sind, technische Schnittstellen für den unmittelbaren Zugriff auf Daten einzurichten, und welche Folgen Verstöße gegen diese Pflicht haben könnten.[767]

Zudem wirft die Situation, in der Dateninhaber und Hersteller nicht personenidentisch sind, rechtliche Fragen auf.[768] In der Praxis könnte dies zu Konflikten führen, wenn der Hersteller nicht bereit ist, dem Dateninhaber den notwendigen Zugang zu den durch das Produkt generierten Daten zu gewähren. Dies betrifft auch das Spannungsfeld zwischen den Rechten des Nutzers und den Rechten des Herstellers.

Das **Missbrauchsverbot** nach Art. 4 Abs. 10 DA stellt eine weitere Herausforderung dar.[769] Der Umfang dieses Verbots und die Frage, wann ein missbräuchlicher Datenzugang oder -gebrauch vorliegt, müssen noch durch die Rechtsprechung präzisiert werden. Besonders unklar ist, inwieweit Unternehmen durch vertragliche Regelungen versuchen können, den Zugang zu den Daten zu kontrollieren, ohne die Voraussetzungen des Missbrauchstatbestands zu erfüllen.

Darüber hinaus ist die Konkretisierung des **FRAND-Maßstabs** (Art. 8 Abs. 1 DA) unklar, der einen fairen, angemessenen und diskriminierungsfreien Zugang zu Daten gewährleisten soll.[770] Es bleibt offen, wie dieser Maßstab in der Praxis angewendet wird und welche Kriterien herangezogen werden, um zu entscheiden, ob ein Zugang zu Daten unter diesen Bedingungen gewährt werden muss.

Schließlich stellt sich die Frage, ob das Recht des Dateninhabers auf eine Gegenleistung nach Art. 9 Abs. 1 DA umgangen werden kann, wenn der Nutzer Daten gemäß Art. 4 Abs. 1 DA herausverlangt und diese an einen Dritten weitergibt.[771] Dies könnte in der Praxis dazu führen, dass der Dateninhaber für seine Daten keine angemessene Gegenleistung erhält, was zu erheblichen wirtschaftlichen Nachteilen führen könnte.

---

765 Siehe 4 b) aa).

766 Siehe 4 c) aa) (1).

767 Siehe 4 c).aa) (2).

768 Siehe 4 c) bb) (3).

769 Siehe 4 c) cc).

770 Siehe 4 d) bb) (1) (a).

771 Siehe 4 d) cc).

Die Vorschriften über den Wechsel zwischen Datenverarbeitungsdiensten werden erhebliche Auswirkungen auf die Praxis haben und einen wichtigen Beitrag zum entstehenden Datenwirtschaftsrecht leisten. Unternehmen sollten bereits jetzt ihre Dienstleistungen an die ab dem 12. September 2025 wirksamen Vorschriften anpassen. Dies gilt insbesondere für den Wechsel und die Gestaltung von Vertragsklauseln im Sinne des Art. 25 DA.[772] In der Praxis kann hier auf Checklisten oder Anforderungskataloge zurückgegriffen werden.[773] Ebenso sind technische Anpassungen sowie die Berücksichtigung von Ausnahmen nach Art. 31 DA von Bedeutung.[774] Darüber hinaus sollten Unternehmen die von der Kommission geschaffene zentrale Datenbank für die harmonisierten Normen und gemeinsamen Spezifikationen fortlaufend im Blick behalten, da diese ständig aktualisiert werden wird.[775]

Mit Spannung werden auch die nach Art. 41 DA von der Kommission zu erstellenden Standardvertragsklauseln erwartet; erste Konsulationen hierzu finden bereits statt.[776] Die Klauseln sollen Unsicherheiten bei der Anwendung von Art. 13 DA beseitigen und Transaktionskosten für Dateninhaber und -Nutzer reduzieren. Bis dahin wird empfohlen, Soft-Law-Instrumente wie die ALI-ELI Principles oder UNCITRAL-Regeln heranzuziehen. Für die sich aus Kapitel VI ergebenden Informationspflichten empfiehlt sich die Verwendung eines Informationserstellungs und -managementsystems.[777] Für die Unterrichtungs- und Bereitstellungspflichten könnten die Anbieter diese Information in einem Kundenbereich – nach erfolgter Registrierung seitens des Kunden – auf der Website verfügbar machen und sich die Bestätigung der Kenntnisnahme der Informationen durch ein Pop-up-Fenster oder ein Kontrollkästchen einholen.[778]

II. Das Verhältnis des Data Acts zum Datenschutzrecht und zum Geschäftsgeheimnisschutz

Literatur: *Andjic*, Geheimnisschutz Ade? – Auswirkungen der Datenzugangsansprüche nach dem Data Act auf den Schutz von Geschäftsgeheimnissen, ZdiW 2024, 68; *Antoine*, Datenzugang im Spannungsfeld zwischen DS-GVO, Geschäftsgeheimnisschutz und Datenbankherstellerrecht – Achillesferse des Data Act in der Praxis?, CR 2024, 73; *Antoine*, Datenzugangsrechte im finalen Data Act – Fortschritt, Rückschritt, neue Fragen? – Schlüssel zur Förderung datengetriebener Geschäftsmodelle?, CR 2024, 1; *Assion/Willecke*, Der EU Data Act – Die neuen Regelungen zu vernetzten Produkten und Diensten, MMR 2023, 805; *Bomhard*, Der Anwendungsbereich des Data Act, MMR 2024, 71; *Borges/Keil*, Rechtshandbuch Big Data –

772 *Piltz/Zwerschke*, CR 2024, 153, 156 f.

773 *Piltz/Zwerschke*, CR 2024, 153, 155 f.

774 *Heinzke*, BB 2024, 1291, 1296.

775 *Europäische Kommission*, FAQ DA, S. 32.

776 https://digital-strategy.ec.europa.eu/en/events/series-webinars-data-act-contracts (zuletzt abgerufen am: 1.11.2024).

777 *Piltz/Zwerschke*, CR 2024, 153, 157.

778 BeckOK Datenschutzrecht/*Schmidt-Wudy*, Art. 26 DA, Rn. 12.1.

Grundlagen, Rechtsfragen, Vertragspraxis, 1. Auflage 2023; *Ehmann/Selmayr*, Datenschutz-Grundverordnung – Kommentar, 3. Auflage 2024; *Europäische Kommission*, Study on the legal protection of trade secrets in the context of the data economy – final report, 2022, abrufbar unter: https://op.europa.eu/en/publication-detail/-/publication/c0335fd8-33db-11ed-8b77-01aa75ed71a1/language-en; *Franzen/Gallner/Oetker*, Kommentar zum europäischen Arbeitsrecht, 5. Auflage 2024; *Götz*, Data Act-Entwurf und Ansprüche auf den Zugang zu Fahrzeugdaten – Im Spannungsverhältnis von Automobilhersteller, Fahrzeugflottenbetreiber und Fahrzeugführer unter besonderer Berücksichtigung der Vorgaben der DS-GVO, RAW 2023, 98; *Götz/Blöink*, Datenvertrag: Lösungsansatz für das Spannungsfeld zwischen Data Act und DS-GVO – Bewältigung datenschutzrechtlicher Herausforderungen bei Datenzugangsansprüchen, MMR 2024, 451; *Grapentin*, Datenzugangsansprüche und Geschäftsgeheimnisse der Hersteller im Lichte des Data Act, RDi 2023, 173; *Grützmacher*, Datenzugang und Geschäftsgeheimnisschutz, CR 2024, 281; *Hartl/Jetzen*, Der Data Act, Datenzugangsrechte und Art. 6 DS-GVO, ZdiW 2023, 65; *Heermann/Schlingloff*, Münchener Kommentar zum Lauterkeitsrecht, 1. Bd., 3. Auflage 2020; *Hennemann/Steinrötter*, Der Data Act – Neue Instrumente, alte Friktionen, strukturelle Weichenstellungen, NJW 2024, 1; *Hoeren/Münker*, Gesetz zum Schutz von Geschäftsgeheimnissen (GeschGehG) – Kommentar, 1. Auflage 2021; *Hoeren/Sieber/Holznagel*, Handbuch Multimedia-Recht, 62. Ergänzungslieferung, Stand: Juni 2024; *Koós*, Die europäische Geschäftsgeheimnis-Richtlinie – ein gelungener Wurf? – Schutz von Know-how und Geschäftsinformationen – Änderungen im deutschen Wettbewerbsrecht, MMR 2016, 224; *Krause/Maasjost*, Vereinbarkeit von Data Act und DS-GVO, ZD-Aktuell 2024, 01494; *Köhler/Bornkamm/Feddersen*, Gesetz gegen den unlauteren Wettbewerb, 14. Auflage 2024, Band 13a; *Kühling/Buchner*, DS-GVO, BDSG – Kommentar, 4. Auflage 2024; *Leistner/Antoine*, IPR and the use of open data and data sharing initiatives by public and private actors – Study requested by the JURI committee, 2022, abrufbar unter: https://www.europarl.europa.eu/RegData/etudes/STUD/2022/732266/IPOL_STU(2022)732266_EN.pdf; *Metzger/Schweitzer*, Shaping Markets: A Critical Evaluation of the Draft Data Act, ZEuP 2023, 42; *Pauly/Wichert/Baumann*, Schutz von Geschäftsgeheimnissen nach dem Data Act, MMR 2024, 211; *Sattler*, Notwendige Synchronisierung von Data Act und DS-GVO – Auf die Einwilligung kommt es an, CR 2024, 383; *Schemmel*, Data Act und DS-GVO: Ziemlich beste Feinde?, CB 2024, 301; *Specht-Riemenschneider*, Der Entwurf des Data Act – Eine Analyse der vorgesehenen Datenzugangsansprüche im Verhältnis B2B, B2C und B2G, MMR 2022, 809; *Specht-Riemenschneider*, Datennutz und Datenschutz: zum Verhältnis zwischen Datenwirtschaftsrecht und DS-GVO, ZEuP 2023, 638; *Steinrötter*, Verhältnis von Data Act und DS-GVO, GRUR 2023, 216; *Taeger/Gabel*, DS-GVO, BDSG, TTDSG – Kommentar, 4. Auflage, 2022; *Tinnefeld/Vogel*, Auswirkungen des Datenschutzrechtes auf Datennutzungs- und Datenzugangsrechte nach dem Data Act, ZdiW 2024, 61; *Wiebe*, Der Data Act – Innovation oder Illusion? GRUR 2023, 1569; *Wiedemann/Conrad/Salemi*, Bereitstellung von Daten nach dem Data Act – offene Fragen und verbleibende Probleme, K&R 2024, 157; *Wolff/Brink/v. Ungern-Sternberg*, Beck'scher Online-Kommentar Datenschutzrecht, 49. Edition (Stand: 1.8.2024).

1. Einführung

Art. 1 Abs. 5 S. 1 DA bestimmt, dass die Vorschriften des Data Act unbeschadet des Unionsrechts und des nationalen Rechts über den Schutz personenbezogener Daten, die Privatsphäre, die Vertraulichkeit der Kommunikation und die Integrität von Endgeräten, die für personenbezogene Daten, gelten.[779] Mit anderen Worten sind also insbesondere die Vorschriften der DS-GVO und der ePrivacy-RL uneingeschränkt auch im Rahmen des Data Act anzuwenden. Da die Vorschriften des Data Act gem. Art. 1 Abs. 2 DA sowohl für

779 Siehe auch Erwägungsgrund 7 VO (EU) 2023/2854.

personenbezogene als auch für nichtpersonenbezogene Produkt- und verbundene Dienstdaten gelten, ist im Falle des Vorliegens personenbezogener Daten regelmäßig auch der Anwendungsbereich der DS-GVO eröffnet. Für die Weitergabe von IoT-Daten mit Personenbezug auf Grundlage des Data Acts ist mithin stets eine Verarbeitungsgrundlage im Sinne des Art. 6 DS-GVO erforderlich. Zugleich offenbart sich bedingt durch den umfassenden Ansatz des Data Act ein Spannungsverhältnis mit den datenschutzrechtlichen Verarbeitungsgrundsätzen der Art. 5ff. DS-GVO.[780] Der Data Act löst dieses Spannungsverhältnis (vermeintlich) durch die Vorrangsregelung des Art. 1 Abs. 5 S. 3 DA, wonach die Regelungen der DS-GVO im Falle eines Widerspruchs Vorrang genießen sollen.

Konfliktpotenzial besteht ferner im Verhältnis zwischen den Datenzugangsregelungen des Data Act und den Vorschriften zum Schutz von Geschäftsgeheimnissen, die in der Europäischen Union ihre rechtliche Grundlage in der Richtlinie zum Schutz von Geschäftsgeheimnissen (im Folgenden: Geheimnisschutz-RL) finden. Die Geheimnisschutz-RL, die in Deutschland mit dem Gesetz zum Schutz von Geschäftsgeheimnissen (GeschGehG) umgesetzt wurde, ist insbesondere Ausdruck der in Art. 16 GR-Ch grundrechtlich gewährleisteten unternehmerischen Freiheit.[781] Ein Konflikt zwischen beiden Regelungsregimen tut sich regelmäßig dann auf, wenn die auf Grundlage des Data Act zur Verfügung zu stellenden Daten Geschäftsgeheimnisse des Dateninhabers berühren. Trotz erheblicher Kritik im Rahmen des Gesetzgebungsverfahrens entschied sich der Unionsgesetzgeber – anders als etwa bei der Open-Data-RL und trotz entsprechender Vorschläge – gegen die Schaffung einer grundsätzlichen Ausnahme vom Anwendungsbereich des DA für Geschäftsgeheimnisse.[782] Stattdessen sieht der DA nun ein System an Einzelregelungen und punktuellen Ausnahmen bezüglich einzelner Zugangsansprüche, etwa in Art. 4 Abs. 6–8 DA oder Art. 5 Abs. 9–11 DA, vor. Folglich können auch Daten, die Gegenstand der im DA geregelten Zugangsansprüche sind, Geschäftsgeheimnisse im Sinne der Geheimnisschutz-RL sein und dem Datenzugang Grenzen setzen.

Das Datenschutzrecht in Gestalt der DS-GVO und die Regelungen zum Schutz von Geschäftsgeheimnissen nehmen also gewissermaßen die Funktion einer Schrankenbestimmung in Bezug auf die Datenzugangsregelungen der Art. 4ff. DA ein. Für Unternehmen ist die Einhaltung datenschutzrechtlicher Vorgaben von besonderer Bedeutung, da in Anbetracht des in Art. 1 Abs. 5 S. 1 DA normierten „Unberührtheitspostulat“[783] auch eine Haftung auf Grundlage der DS-GVO in Betracht kommt. Demgegenüber sind die Vorschriften zum Umgang mit Geschäftsgeheimnissen für Unternehmen relevant, weil sie unter Umständen die im Data Act geregelten Datenzugangsansprüche vereiteln können (Art. 4 Abs. 7 S. 1 DA). Vor diesem Hintergrund bedarf es einer differenzierten Betrachtung des Verhältnisses beider Vorschriften zum Data Act.

---

780 *Bomhard*, MMR 2024, 71, 72; *Götz/Blöink*, MMR 2024, 451, 452; *Wiebe*, GRUR 2023, 1569, 1573.

781 Erwägungsgründe 1, 2, 34 RL (EU) 2016/943; Hoeren/Münker/*Hoeren*, § 1 GeschGehG Rn. 2, 5.

782 *Pauly/Wichert/Baumann*, MMR 2024, 211.

783 Zum Kommissionsentwurf *Specht-Riemenschneider*, ZEuP 2023, 636, 663.

2. Data Act und DS-GVO

a) Kollision von Data Act und DS-GVO bei gemischten Datensätzen

Ein zentrales Problem stellt die Konkurrenzregelung in Art. 1 Abs. 5 DA dar, die einerseits betont, dass der Data Act „unbeschadet" des Datenschutzrechts gilt, gleichzeitig aber in Erwägungsgrund 7 eine Vorrangregelung zu Gunsten der DS-GVO statuiert. Dieser Vorrang gilt immer dann, wenn personenbezogene Daten betroffen sind, was in der Praxis zu erheblichen Abgrenzungsproblemen führt. Das ist insbesondere für sog. **gemischte Datensätze** relevant, die sowohl personenbezogene als auch nicht-personenbezogene Daten beinhalten und damit den Anwendungsbereich beider Rechtsakte berühren.[784] In der Praxis können gemischte Datensätze in verschiedenen Kontexten auftreten: Ein Beispiel hierfür sind die Nutzungsdaten vernetzter Fahrzeuge, bei denen Daten wie Standortverlauf, Fahrverhalten und Geschwindigkeit erfasst werden. Die Kombination technischer Daten mit Standortinformationen ermöglicht es oft, Rückschlüsse auf den Halter oder den Fahrer zu ziehen.[785] Unter Berücksichtigung der in Rechtsprechung[786] und Schriftum herrschenden Meinung zum relativen Personenbezug[787] stellt sich in diesem Zusammenhang auch die Frage, ob es für die Beurteilung des Personenbezugs von Daten auf die Sicht des Dateninhabers oder auf die Sicht des Datennutzers ankommt.[788]

Ein weiteres Beispiel betrifft virtuelle Assistenten, die Sprach- und Interaktionsdaten des Nutzers sammeln, um spezifische Dienste bereitzustellen. Derartige Daten können Informationen über die Interaktionen des Nutzers mit anderen verbundenen Geräten enthalten und erlauben ebenfalls Rückschlüsse auf die Identität des Nutzers, wodurch sie teilweise personenbezogen werden.

b) Kollisionsfall, Art. 1 Abs. 5 S. 3 DA

Das Verhältnis von DA und DS-GVO wird primär durch Art. 1 Abs. 5 DA festgelegt. Demnach gilt der DA zunächst unbeschadet der DS-GVO und der e-Privacy-RL; im Falle eines Widerspruchs zwischen beiden Regelungen genießt die DS-GVO jedoch gem. Art. 1 Abs. 5 S. 3 DA Vorrang.[789] Von einem Widerspruch im Sinne des Art. 1 Abs. 5 S. 3 DA ist – auf Grundlage der Rechtsprechung des EuGH zum Lauterkeitsrecht – jedoch nur dann auszugehen, wenn ein Nebeneinanderstehen der Regelungen (sog. **Kollisionsfall**) unter keinen Umständen möglich ist.[790] Beide Bestimmungen müssen nachgerade unverein-

784 Erwägungsgrund 34 VO(EU) 2023/2854.

785 BeckOK Datenschutzrecht/*Schild*, DS-GVO, Art. 4 Rn. 21; *Götz*, RAW 2023, 98, 102.

786 Siehe zuletzt *EuGH*, Urt. v. 9.11.2023 – C-319/22, ZD 2024, 173, 174 Rn. 49.

787 Zum Meinungsstand siehe *Gola*/Heckmann, DS-GVO, Art. 4 Rn. 20ff.

788 *Assion*/*Willecke*, MMR 2023, 805, 810.

789 *Sattler*, CR 2024, 383, 384.

790 *EuGH*, 13.9.2018 – C-54/17 und C-55/17 = GRUR 2018, 1156, Rn. 60; *Specht-Riemenschneider*, ZEuP 2023, 643.

bar miteinander sein und dürfen auch nicht durch entsprechende Formeln in einen Ausgleich gebracht werden können.[791] Für das Verhältnis des Datenzugangsanspruch des Nutzers nach Art. 4 DA zum Recht auf Datenportabilität (Art. 20 DS-GVO) und dem Recht auf Löschung aus Art. 17 DS-GVO stellt der Gesetzgeber klar, dass ersteres als Ergänzung der datenschutzrechtlichen Betroffenenrechte zu verstehen ist.[792] Inwieweit ein Nebeneinanderstehen der Vorschriften des Data Act mit dem Grundsatz der Datenminimierung (Art. 5 Abs. 1 lit. b) DS-GVO), dem Grundsatz der Zweckbindung (Art. 5 Abs. 1 lit. c) DS-GVO) und dem Grundsatz der Speicherbegrenzung (Art. 5 Abs. 1 lit. e) DS-GVO) möglich ist, erscheint zweifelhaft.[793] Für den Grundsatz der Datenminimierung verweist der Gesetzgeber in den Erwägungsgründen wenig hilfreich auf technische und organistorische Maßnahmen, die die beteiligten Personen bei der Verarbeitung wahren sollen.[794] Für alle anderen Fälle gilt, dass jeder Kollisionsfall einer Einzelfallprüfung bedarf.[795]

Spiegelbildlich besteht auch die Möglichkeit, dass der Data Act oder auch der DGA im Vergleich zur DS-GVO strengere Vorgaben an die Verarbeitung personenbezogener Daten stellen, solange die Vorgaben neben die der DS-GVO treten und nicht an ihrer Stelle gelten sollen.[796] Insofern können die Vorschriften des Data Act und des DGA auch Öffnungsklauseln der DS-GVO ausfüllen oder bei der Auslegung unbestimmter Rechtsbegriffe und im Rahmen von Abwägungsentscheidungen der DS-GVO berücksichtigt werden.[797]

c) Personenrollen

Die zentralen Akteure des Data Act unterscheiden sich von jenen der DS-GVO; zum Teil kann es auch zu Überschneidungen kommen. Während die DS-GVO das Verhältnis von (datenschutzrechtlich) Verantwortlichen und betroffenen Personen regelt, normieren die Zugangsansprüche der Art. 4 DA und Art. 5 DA das Verhältnis von Nutzer, Dateninhaber und gegebenenfalls Drittem.

aa) Zentrale Akteure der DS-GVO

Verantwortlicher ist der Legaldefinition des Art. 4 Nr. 7 DS-GVO zufolge jede natürliche oder juristische Person, Behörde, Einrichtung oder andere Stelle, die allein oder gemeinsam mit anderen über Zweck und Mittel der Verarbeitung von personenbezogenen Daten

791 *EuGH*, 13.9.2018 – C-54/17 und C-55/17 = MMR 2019, 163, 166 Rn. 60.
792 Erwägungsgrund 35, 39 VO (EU) 2023/2854.
793 *Götz/Blöink*, MMR 2024, 451, 452; *Sattler*, CR 2024, 383, 390.
794 Erwägungsgrund 8 VO (EU) 2023/2854.
795 *Schemmel*, CB 2024, 301, 302.
796 *Specht-Riemenschneider*, ZEuP 2023, 638, 643.
797 *Specht-Riemenschneider*, ZEuP 2023, 638, 643.

entscheidet [...]. Wesentliches Merkmal eines Verantwortlichen ist also seine Entscheidungsgewalt über die Zwecke und (zumindest im Sinne einer Auswahlentscheidung)[798] über die Mittel der Verarbeitung.[799] Der Verantwortliche einer Datenverarbeitung unterliegt insbesondere den in Art. 26, 28 f. DS-GVO normierten Pflichten der DS-GVO.[800]

Die **betroffene Person** dagegen ist gem. Art. 4 Nr. 1 DS-GVO derjenige, wessen personenbezogene Daten von der Verarbeitung betroffen sind.

bb) Zentrale Akteure im DA

Auch der DA definiert seine zentralen Akteure, die er berechtigt und verpflichtet eigenständig.

So ist **Dateninhaber** gem. Art. 2 Nr. 13 DA „eine natürliche oder juristische Person, die [...] berechtigt oder verpflichtet ist, Daten [...] zu nutzen und bereitzustellen, die sie während der Erbringung eines verbundenen Dienstes abgerufen oder generiert hat."

Nutzer dagegen ist gem. Art. 2 Nr. 12 DA eine „natürliche oder juristische Person, die ein vernetztes Produkt besitzt oder der vertraglich zeitweilige Rechte für die Nutzung des vernetzten Produkts übertragen wurden oder die verbundenen Dienste in Anspruch nimmt."

Zudem definiert der DA den Begriff des **Datenempfängers** in Art. 2 Nr. 14 DA als Person, der vom Dateninhaber Daten zu gewerblichen, geschäftlichen, handwerklichen oder beruflichen Zwecken bereitgestellt werden, ohne dass sie Nutzer ist.

Überschneidungen ergeben sich beim Begriff der betroffenen Person. Hier hat der Gesetzgeber in Art. 2 Nr. 11 DA ausdrücklich auf Definition des Art. 4 Nr. 1 DS-GVO Bezug genommen.

cc) Spannungsverhältnis der Personenrollen

Die Abgrenzung zwischen personenbezogenen und nicht-personenbezogenen Daten wirkt sich auch auf das Personengefüge im Data Act aus, da Verantwortlicher im Sinne von Art. 4 Nr. 7 DS-GVO häufig auch Dateninhaber im Sinne des Art. 2 Nr. 13 DA sein wird.[801] Der Nutzer (Art. 2 Nr. 12 DA) kann zudem auch mit der betroffenen Person im Sinne der DS-GVO personenidentisch sein, wird dies oft aber gerade nicht sein.[802] In Betracht kommt sogar eine gemeinsame Verantwortlichkeit im Sinne des Art. 26 DS-GVO in den Fällen, in denen der Nutzer nicht zugleich Betroffener ist, aber dennoch Zugriff auf die durch das Produkt erzeugten Daten hat.[803]

---

798 Kühling/Buchner/*Hartung*, DS-GVO, Art. 26 Rn. 13.
799 Hoeren/Sieber/Holznagel/*Helfrich*, Handbuch Multimedia-Recht, 16.1 Rn. 36.
800 Hoeren/Sieber/Holznagel/*Helfrich*, Handbuch Multimedia-Recht, 16.1 Rn. 36.
801 *Steinrötter*, GRUR 2023, 216, 219.
802 *Sattler*, CR 2024, 383, 390; *Tinnefeld*/*Vogel*, ZdiW 2024, 61, 63.
803 *Steinrötter*, GRUR 2023, 216, 220.

Ein Spannungsfeld zwischen DS-GVO und DA liegt insbesondere dort, wo Nutzer und betroffene Person nicht personenidentisch sind.[804] So wird sich ein Dritter, der personenbezogene Daten gem. der Zielsetzung des DA nutzen möchte, meist schon aus ökonomischen Gründen nicht an alle betroffenen Personen selbst wenden, sondern stattdessen seinen Zugangs- und Nutzungsanspruch gegenüber professionellen Nutzern, wie etwa Anbietern von IoT-Leasing- oder Vermietungsdiensten, deren Datensätze eine Vielzahl personenbezogener Daten beinhalten, geltend machen.[805]

d) Zugangsansprüche des Art. 4, 5 DA

Gem. Art. 4 Abs. 12 DA und Art. 5 Abs. 7 DA besteht die Bereitstellungspflicht des Dateninhabers nur insoweit, als es für die Verarbeitung eine gültige Rechtsgrundlage des Art. 6 DS-GVO oder Art. 9 DS-GVO gibt. In dieser Regelung kommt die dem Datenschutzrecht zugrundeliegende Systematik eines Verbots mit Erlaubnisvorbehalt zum Ausdruck. Art. 1 Abs. 5 DA stellt hierzu klar, dass die Regelungen des DA keine eigenständigen Erlaubnistatbestände für die Verarbeitung personenbezogener Daten darstellen und auch nicht etwa eine unbegrenzte Speicherung rechtfertigen können.[806]

Folglich erfordert die Rechtmäßigkeit der Nutzung, Bereitstellung und Weitergabe personenbezogener Daten das Vorliegen eines Erlaubnistatbestands des Art. 6 oder 9 DS-GVO.[807]

Für den Praxisanwender dürfte sich die Auswahl des richtigen Erlaubnistatbestands aus den infrage kommenden Tatbeständen des Art. 6 Abs. 1 S. 1 DS-GVO als eine Gratwanderung erweisen.[808]

aa) Einwilligung, Art. 6 Abs. 1 UAbs. 1 lit. a) DS-GVO

Relevant, aber nicht unproblematisch, ist in diesem Zusammenhang der Erlaubnistatbestand der Einwilligung gem. Art. 6 Abs. 1 UAbs. 1 lit. a) DS-GVO. Demnach ist die Verarbeitung personenbezogener Daten rechtmäßig, wenn die betroffene Person ihre Einwilligung zu der Verarbeitung für einen oder mehrere bestimmte Zwecke gegeben hat. Art. 6 Abs. 1 UAbs. 1 lit. a) DS-GVO kommt als Erlaubnistatbestand für die Bereitstellung und Nutzung personenbezogener Daten im Sinne des DA nicht nur in Betracht,[809] sondern wird ausweislich Erwägungsgrund 7 bevorzugt. Danach heißt es: „In diesen Fällen könnte es im Interesse des Nutzers liegen, die Erfüllung der Anforderungen des Artikels 6 der Verordnung (EU) 2016/679 zu ermöglichen."

---

804 *Antoine*, CR 2024, 73, 74; *Sattler*, CR 2024, 383, 390; *Wiedemann/Conrad/Salemi*, K&R 2024, 157, 158.
805 *Sattler*, CR 2024, 383, 390.
806 *Hennemann/Steinrötter*, NJW 2024, Rn. 28; *Sattler*, CR 2024, 383, 384.
807 *Götz/Blöink*, MMR 2024, 451, 454.
808 *Schemmel*, CB 2024, 301, 305.
809 Erwägungsgrund 34 VO (EU) 2023/2854.

(1) Freiwilligkeit

Der datenschutzrechtliche Grundsatz der informationellen Selbstbestimmung und Transparenz erfordert, dass die Einwilligung betroffener Personen freiwillig erfolgt. Den Betroffenen muss also tatsächlich die Wahl bleiben, in die Verarbeitung einzuwilligen oder nicht.[810] Eine derartige freie Wahl hat die betroffene Person nur, wenn sie in der Lage ist, die Einwilligung zu verweigern oder zurückzuziehen, ohne Nachteile zu erleiden.[811]

Unfreiwillig erfolgt eine Einwilligung etwa bei einem Ungleichgewicht zwischen der betroffenen Person und dem Verantwortlichen oder bei einem Verstoß gegen das sog. **Kopplungsverbot** des Art. 7 Abs. 4 DS-GVO.[812] Demnach muss im Rahmen der Beurteilung, ob die Einwilligung freiwillig erteilt wurde, dem Umstand in größtmöglichem Umfang Rechnung getragen werden, ob unter anderem die Erfüllung eines Vertrags von der Einwilligung zu einer Verarbeitung von personenbezogenen Daten abhängig ist, die für die Erfüllung des Vertrags nicht erforderlich sind. Ein Vertrag soll also nicht von einer Einwilligung, die nicht notwendig zur Erfüllung des Vertrags ist, abhängig gemacht werden.[813]

Die Reichweite und der Umfang des Art. 7 Abs. 4 DS-GVO sind allerdings umstritten. Während ein Teil der Literatur das Kopplungsverbot als striktes Verbot begreift,[814] hat sich in der wohl herrschenden Auffassung der Literatur die Ansicht herausgebildet, dass Art. 7 Abs. 4 DS-GVO nicht als absolutes Verbot, sondern vielmehr als Gebot dahingehend auszulegen sei, die spezifischen Umstände des Einzelfalls zu berücksichtigen und, insbesondere bei einer Verknüpfung von Vertrag und Einwilligung, besonderes Augenmerk auf das Erfordernis der Freiwilligkeit zu legen.[815]

Die Einwilligung muss zudem nicht nur freiwillig, sondern auch hinreichend spezifisch sein und sich auf konkrete Verarbeitungszwecke beziehen. Insbesondere in komplexen Verarbeitungs- und Zugangsstrukturen dürfte das regelmäßig problematisch sein.[816]

(2) Praxisrelevanz

Handelt es sich bei dem Nutzer zugleich um den Betroffenen, ist sowohl beim Bereitstellungsverlangen nach Art. 4 Abs. 1 DA als auch beim Weitergabeverlangen nach Art. 5 Abs. 1 DA – wie Bundesdatenschutzbeauftragte *Specht-Riemenschneider* annimmt[817] –

---

810 Taeger/Gabel/*Arning*/*Rothkegel*, DS-GVO Art. 4 Rn. 303.
811 Erwägungsgrund 42 (DS-GVO) Nr. 2016/679.
812 Erwägungsgrund 43 (DS-GVO) Nr. 2016/679.
813 Taeger/Gabel/*Arning*/*Rothkegel*, DS-GVO Art. 4 Rn. 304–307.
814 Taeger/Gabel/*Arning*/*Rothkegel*, DS-GVO Art. 4 Rn. 307, Art. 7 Rn. 97 f.
815 *Sattler*, CR 2024, 383, 391.
816 *Antoine*, CR 2024, 73, 74.
817 *Specht-Riemenschneider*, MMR 2022, 809, 810.

von einer konkludenten Einwilligung des Betroffenen auszugehen.[818] Dafür spricht insbesondere der Wortlaut des Art. 4 Abs. 12, Art. 5 Abs. 7 DA, wonach der Dateninhaber „nur" dann eine Rechtsgrundlage für die Bereitstellung oder Weitergabe personenbezogener Daten benötigt, wenn Nutzer und betroffene Person nicht zusammenfallen. Aus dem Umkehrschluss folgt, dass wenn der Nutzer zugleich der Betroffene ist, zwar weiterhin eine Rechtsgrundlage im Sinne der Erwägungsgründe 7 und 34 DA benötigt wird, diese aber in einer konkludenten Einwilligung liegt, von der man in diesen Fällen immer ausgehen kann.[819]

Da der Dateninhaber die Erteilung der Einwilligung und ihr Bestehen im Zeitpunkt der Bereitstellung nachweisen müsste, kommt Art. 6 Abs. 1 UAbs. 1 lit. a) DS-GVO aus praktischen Erwägungen nicht uneingeschränkt als Erlaubnistatbestand in Betracht.[820]

Insbesondere wenn es sich bei Nutzer und Betroffenem nicht um dieselbe Person handelt, bietet die Einwilligung, die stets im Sinne des Art. 7 DS-GVO freiwillig, informiert und widerruflich sein muss, keinen rechtssicheren, praxistauglichen Erlaubnistatbestand.[821]

bb) Erfüllung eines Vertrags, Art. 6 Abs. 1 UAbs. 1 lit. b)

Gem. Art. 6 Abs. 1 UAbs. 1 lit. b) DS-GVO ist die Verarbeitung personenbezogener Daten auch dann rechtmäßig, wenn sie zur Erfüllung eines Vertrags, dessen Vertragspartei die betroffene Person ist, oder zur Durchführung vorvertraglicher Maßnahmen erforderlich ist. Damit scheint die Norm als Rechtsgrundlage für die Verwendung von Daten im Sinne des DA besonders gut geeignet, da Art. 13 S. 1 DA und Art. 14 DA ohnehin eine vertragliche Vereinbarung zwischen Nutzern und Dateninhaber voraussetzen.[822]

Voraussetzung ist jedoch, dass der Betroffene Vertragspartei im Verhältnis zum Dateninhabern sein muss, was nur auf die Fälle zutrifft, in denen der Betroffene zugleich Nutzer ist und mithin den Anwendungsbereich stark einschränkt.[823]

Darüber hinaus hat der EuGH entschieden, dass bezüglich des Art. 6 Abs. 1 UAbs. 1 lit. b) DS-GVO eine restriktive Auslegung erforderlich ist. Die Norm sei dahingehend auszulegen, dass „die Verarbeitung personenbezogener Daten nur dann als im Sinne dieser Vorschrift für die Erfüllung eines Vertrags […] erforderlich angesehen werden kann, wenn diese Verarbeitung objektiv unerlässlich ist, um einen Zweck zu verwirklichen, der notwendiger Bestandteil der für diese Nutzer bestimmten Vertragsleistung ist, so

818 *Schemmel*, CB 2024, 305.
819 *Schemmel*, CB 2024, 305.
820 *Tinnefeld/Vogel*, ZdiW 2024, 61, 66.
821 *Schemmel*, CB 2024, 305.
822 Dass auch der Gesetzgeber in Art. 6 Abs. 1 UAbs. 1 lit. b) DA eine mögliche Rechtsgrundlage für Verwendungen im Sinne des DA sieht, ergibt sich aus Erwägungsgrund 34 VO (EU) 2023/2854; *Sattler*, CR 2024, 383, 387.
823 *Schemmel*, CB 2024, 305.

dass der Hauptgegenstand des Vertrags ohne diese Verarbeitung nicht erfüllt werden könnte."[824] Diese enge Auslegung der Erforderlichkeit im Sinne des Art. 6 Abs. 1 UAbs. 1 lit. b) DS-GVO trägt der Wertung des EuGH Rechnung, dass die Einwilligung gem. Art. 6 Abs. 1 UAbs. 1 lit. a) DS-GVO als Erlaubnistatbestand grundsätzlich vorrangig gelten soll. Deshalb bleibt die Anwendungsmöglichkeit des Art. 6 Abs. 1 UAbs. 1 lit. b) DS-GVO als Erlaubnistatbestand im Sinne des Art. 4 Abs. 12 DA und Art. 5 Abs. 7 DA in erster Linie auf die Fälle der sog. **Einwilligungsmüdigkeit** beschränkt.[825] Ist etwa aufgrund eines Vertrages eine regelmäßige Datenverarbeitung erforderlich, wäre es eine unangemessene und erschöpfende Belastung, für jede einzelne Verarbeitung eine Einwilligungserklärung zu verlangen.[826] Darüber hinaus stellt Art. 6 Abs. 1 UAbs. 1 lit. b) DS-GVO aufgrund der restriktiven Auslegung des EuGHs meist keine geeignete Rechtsgrundlage dar.[827]

cc) Erfüllung einer rechtlichen Verpflichtung, Art. 6 Abs. 1 UAbs. 1 lit. c)

Der Rechtmäßigkeitstatbestand des Art. 6 Abs. 1 UAbs. 1 lit. c) DS-GVO dagegen ist im Rahmen der Nutzung, Bereitstellung und Weitergabe personenbezogener Daten auf Grundlage des DA von vergleichsweise geringer Relevanz. Zwar erlaubt lit. c) die Verarbeitung, wenn sie zur Erfüllung einer rechtlichen Verpflichtung des Verantwortlichen erforderlich ist, jedoch kann der DA selbst nicht als Rechtsgrundlage dienen.[828] Das ergibt sich aus dem Wortlaut der Art. 4 Abs. 12 DA und Art. 5 Abs. 7 DA. Danach muss eine Rechtsgrundlage für die Verarbeitung nach Art. 6 DS-GVO vorliegen, damit personenbezogene Daten dem Nutzer vom Dateninhaber bereitgestellt werden dürfen.[829] Es wäre widersprüchlich, wenn wiederum der DA selbst als rechtliche Verpflichtung im Sinne des Art. 6 Abs. 1 UAbs. 1 lit. c) DS-GVO in Betracht käme. Dass diese Wertung der des Unionsgesetzgebers entspricht, verdeutlicht auch Erwägungsgrund 7 des DA. Danach stellt die DS-GVO ausdrücklich „keine Rechtsgrundlage für die Erhebung oder Generierung personenbezogener Daten durch den Dateninhaber dar." Zudem „bietet die vorliegende Verordnung keine Rechtsgrundlage für die Gewährung des Zugangs zu personenbezogenen Daten oder für deren Bereitstellung an Dritte und sollte nicht so verstanden werden, dass sie dem Dateninhaber ein neues Recht auf die Nutzung personenbezogener Daten, die bei der Nutzung eines vernetzten Produkts oder verbundenen Dienstes generiert wurden, verleiht, wenn „es sich bei dem Nutzer nicht um die betroffene Person [handelt]."[830]

---

824 *EuGH*, Urt. v. 4.7.2023 – C-252/21, NJW 2023, 2997.
825 *Sattler*, CR 2024, 383, 388.
826 *Sattler*, CR 2024, 383, 388.
827 *Tinnefeld/Vogel*, ZdiW 2024, 61, 66.
828 *Sattler*, CR 2024, 383, 385.
829 *Sattler*, CR 2024, 383, 385.
830 Erwägungsgrund 7 VO (EU) 2023/2854.

Da die DS-GVO als Rechtsgrundlage im Sinne des Art. 4 Abs. 12 DA und Art. 5 Abs. 7 DA nicht in Betracht kommt, kann sie außerdem auch kein öffentliches Interesse im Sinne des Art. 6 Abs. 1 lit. e) und Art. 9 Abs. 2 lit. g) DS-GVO begründen.[831]

dd) Berechtigtes Interesse, Art. 6 Abs. 1 UAbs. 1 lit. f) DS-GVO

Für die Konstellationen, in denen die betroffene Person und der Nutzer nicht identisch sind, verbleibt als Zugangsanspruch faktisch nur das überwiegende berechtigte Interesse im Sinne des Art. 6 Abs. 1 UAbs. 1 lit. f) DS-GVO.[832]

Dieser Erlaubnistatbestand berechtigt den Verantwortlichen zur Verarbeitung personenbezogener Daten, wenn die Verarbeitung zur Wahrung der berechtigten Interessen des Verantwortlichen oder eines Dritten erforderlich ist, sofern nicht die Interessen oder Grundrechte und Grundfreiheiten der betroffenen Person, die den Schutz personenbezogener Daten erfordern, überwiegen. Die Norm erfordert als Auffangtatbestand also eine Interessenabwägung unter Berücksichtigung der Umstände des konkreten Einzelfalls.[833] Die Datenverarbeitung ist rechtmäßig, wenn das Verarbeitungsinteresse des Verantwortlichen das Schutzinteresse des Betroffenen überwiegt.

Das dem Data Act zugrundeliegende Interesse einer weitgehenden und effizienten Nutzung und Weitergabe personenbezogener Daten, das auch den Bereitstellungspflichten des Dateninhabers gem. Art. 4 Abs. 12 DA und Art. 5 Abs. 7 DA zugrunde liegt, kommt als taugliches Verarbeitungsinteresse im Sinne des Art. 6 Abs. 1 UAbs. 1 lit. f) DS-GVO grundsätzlich in Betracht.[834] Bundesdatenschutzbeauftragte *Specht-Riemenschneider* sieht in der Normierung der Zugangs-, Bereitstellungs- und Weiterleitungsansprüche den Ausdruck des Gesetzgebers, dass das Datenverarbeitungsinteresse grundsätzlich dem Betroffeneninteresse „mindestens gleichrangig“ sein soll und die Voraussetzungen des Art. 6 Abs. 1 lit. f) DS-GVO damit in der Regel erfüllt sein werden.[835] Allerdings bedarf es letztlich, wie bei jeder Interessenabwägung, auch hier einer Einzelfallentscheidung.[836]

Die Bereitstellung personenbezogener Daten auf Art. 6 Abs. 1 UAbs. 1 lit. f) DS-GVO zu stützen, birgt einige Risiken.

Einerseits fehlt es bislang an verlässlichen und differenzierten Anwendungsvoraussetzungen. Zwar hat die Rechtsprechung des EuGH den Anwendungsbereich dahingehend konkretisiert, dass Art. 6 Abs. 1 UAbs. 1 lit. f) DS-GVO als Verarbeitungsgrundlage nur insoweit in Betracht kommt, als Betroffene die Verarbeitung vernünftigerweise er-

831 *Tinnefeld/Vogel*, ZdiW 2024, 61, 66; *Sattler*, CR 2024, 383, 385.
832 *Steinrötter*, GRUR 2023, 216, 226.
833 Ehmann/Selmayr/*Heberlein*, DS-GVO, Art. 6 Rn. 40.
834 *Sattler*, CR 2024, 383, 388.
835 *Specht-Riemenschneider*, MMR 2022, 809, 811; zweifelnd *Steinrötter*, GRUR 2023, 223.
836 *Schemmel*, CB 2024, 301, 306.

warten können,[837] jedoch verbleibt ein weiter potentieller Anwendungsbereich, der die praktische Anwendung erschwert.[838]

Andererseits hält der EuGH grundsätzlich eine enge Auslegung von Art. 6 Abs. 1 UAbs. 1 lit. f) DS-GVO für erforderlich.[839] Wenn nicht eindeutig das Interesse an der Verarbeitung überwiegt, ist es deshalb oft nur schwer für den Verantwortlichen absehbar, ob die Verarbeitung im Sinne einer Bereitstellung gem. Art. 4 Abs. 12 DA und Art. 5 Abs. 7 DA rechtmäßig ist oder nicht. Insbesondere aufgrund des hohen Haftungsrisikos, das im Rahmen der Schnittstelle von DA und DS-GVO deshalb besteht, da beide Verordnungen für Verstöße jeweils Bußgelder vorsehen, ist die praktische Anwendbarkeit des Erlaubnistatbestands meist risikobehaftet.[840]

ee) Zusammenfassung

Das bußgeldbewehrte Gebot nicht-personenbezogene Daten gem. Art. 4 Abs. 1, 5 Abs. 1 DA bereitzustellen liegt eng neben dem ebenfalls bußgeldbewehrten, präventiven Verbot der DS-GVO personenbezogene Daten zu verarbeiten.[841] Die DS-GVO schränkt die Zugangsansprüche des Data Acts so ein, dass „derzeit keine datenschutzrechtliche Rechtsgrundlage ersichtlich ist [ist], welche die Umsetzung von Nutzerbegehren nach Art. 4 Abs. 1 DA, Art. 5 Abs. 1 DA rechtssicher gewähren könnte."[842] Da das Kernziel des Data Acts das Teilen von Daten und die Schaffung eines europäischen Binnenmarkts ist, kann sich der Dateninhaber nicht auf eine fehlende DS-GVO-Rechtsgrundlage berufen, wenn er Zugangs-, Bereitstellungs- und Weiterleitungsansprüche des Data Act verweigern will.[843] Mithin ist der Dateninhaber gezwungen, sich in dem Spannungsverhältnis zwischen DS-GVO und Data Act um eine datenschutzrechtliche Rechtsgrundlage zu bemühen.

Handelt es sich bei Nutzer und Betroffenem um dieselbe Person, liegt im Datenzugangsverlangen gem. Art. 4 Abs. 1 S. 2, Art. 5 Abs. 1 DA zugleich eine konkludente Einwilligung gem. Art. 6 Abs. 1 lit. a) DS-GVO, Art. 7 DS-GVO vor. Aber auch hier können die hohen Voraussetzungen, die die DS-GVO in Art. 6, 7 DS-GVO an die Einwilligung stellt, und die strenge Rechtsprechungslinie es erschweren, Einwilligungen als verlässliche Rechtsgrundlage in der Praxis anzuwenden. Die Datenverarbeitung zur Vertragserfüllung gem. Art. 6 Abs. 1 lit. b) DS-GVO kommt aufgrund des engen Anwendungsbereichs und dessen restriktiven Auslegung durch den EuGH nur in den klar abgegrenzten Fällen von regelmäßigen Datenverarbeitungen ohne Spielraum für weitergehende Verarbei-

837 *EuGH*, Urt. v. 4.7.2023 – C-252/21, NJW 2023, 2997.
838 *Sattler*, CR 2024, 383, 388f.
839 *EuGH*, Urt. v. 4.7.2023 – C-252/21, NJW 2023, 2997; *EuGH*, Urt. v 24.2.2022 – C-175/20, EuZW 2022, 527.
840 *Tinnefeld/Vogel*, ZdiW 2024, 61, 66.
841 *Steinrötter*, GRUR 2023, 216, 223.
842 *Steinrötter*, GRUR 2023, 216, 223.
843 *Schemmel*, CB 2024, 301, 306.

tungen infrage und ist mithin von geringer praktischer Relevanz. Da die DS-GVO selbst keine Grundlage für Datenzugriffe im Sinne des Data Act darstellt, sind die Erlaubnistatbestände Art. 6 Abs. 1 lit. c) und lit. e) DS-GVO ebenfalls von geringer praktischer Bedeutung.

Der einzige mögliche Erlaubnistatbestand für die Konstellationen, in denen Nutzer und Betroffener auseinanderfallen, verlangt, selbst wenn von einer Gleichstellung des Datenverarbeitungsinteresses und des Betroffeneninteresses ausgegangen wird, eine Einzelfallabwägung, die mangels klar definierter Anwendungsvoraussetzungen und durch die restriktive Rechtsprechung des EuGHs sich in der Praxis als schwierig gestalten wird und von Rechtsunsicherheit geprägt ist.

e) Besondere Kategorien personenbezogener Daten gem. Art. 9 DS-GVO

Art. 9 DS-GVO normiert die Verarbeitung besonderer Kategorien personenbezogener Daten und knüpft diesbezüglich im Verhältnis zu Art. 6 DS-GVO engere Voraussetzungen an die Rechtmäßigkeit der Datenverarbeitung (Art. 9 Abs. 2 DS-GVO). Seinen Anwendungsbereich definiert Art. 9 DS-GVO in seinem Abs. 1, wo Daten, aus denen die rassische und ethnische Herkunft, politische Meinungen, religiöse oder weltanschauliche Überzeugungen oder die Gewerkschaftszugehörigkeit hervorgehen, sowie genetische und biometrische Daten zur eindeutigen Identifizierung einer natürlichen Person und Gesundheitsdaten oder Daten zum Sexualleben oder der sexuellen Orientierung einer natürlichen Person als besonders sensible Daten aufgeführt werden.

Die Abgrenzung zwischen besonders sensiblen personenbezogenen Daten und sonstigen personenbezogenen Daten wird durch die Rechtsprechung des EuGH jedoch erschwert.[844] Im Urteil zu Meta/BKartA wird Art. 9 DS-GVO bereits angewandt, sofern der Datensatz „ sowohl sensible als auch nicht sensible Daten enthält“ und „als Ganzes erhoben wird, ohne dass die Daten zum Zeitpunkt dieser Erhebung voreinander getrennt werden können“.[845] Mithin genügt für einen Verstoß, wenn in einem größeren Datensatz nur „ein sensibles personenbezogenes Datum“ vorhanden ist und keine Ausnahme des Art. 9 Abs. 2 DS-GVO greift.[846]

Datensätze enthalten nach Ansicht des EuGH bereits dann sensible Daten, wenn Nutzer Websites besuchen, deren Betreiber mithilfe von Cookies, integrierten Schnittstellen oder ähnlichen Speichertechnologien Daten über den Website-Besuch und die vom Nutzer auf der Website eingegebenen Informationen erhebt, die Rückschlüsse auf besonders sensible Daten, wie beispielsweise die sexuelle Orientierung oder politische Meinung des Nutzers zulassen.[847] Dabei ist die Richtigkeit der durch die Verarbeitung

---

844 *Sattler*, CR 2024, 383, 389.

845 *EuGH*, Urt. v. 4.7.2023 – C-252/21, NJW 2023, 2997, Rn. 89.

846 Wolff/Brink/Ungern-Sternberg/*Albers*/*Veit*, DS-GVO, Art. 9 Rn. 17a.

847 *Sattler*, CR 2024, 383, 390.

erhobenen sensiblen Information unerheblich.[848] Ebenso ist unerheblich, ob der Verantwortliche bei der Datenerfassung beabsichtigt, sensible Daten zu erheben.[849]

Problematisch ist, dass der Dateninhaber selten Einfluss darauf haben wird, ob ein Nutzer, der zugleich Datensubjekt ist, das betroffene Produkt oder den verbundenen Dienst so nutzt, dass (automatisch) sensible Daten erzeugt werden.

Aufgrund der weiten Auslegung des sensibler personenbezogener Daten werden Dateninhaber von Nutzern die Vorlage eine ausdrückliche Einwilligung in Bezug auf sensible Daten fordern müssen, bevor sie den Zugang zu oder die Nutzung von Daten gestatten können.[850]

f) Datenzugangsrechte (Art. 4, 5 DA) und Datenportabilität (Art. 20 DS-GVO)

Ein weiteres Problemfeld betrifft die Datenzugangsrechte gem. Art. 4 und 5 des Data Act, die über die Rechte zur Datenportabilität nach Art. 20 DS-GVO hinausgehen. Während die DS-GVO lediglich ein Recht auf einmalige Datenübertragung gewährt, sieht der Data Act eine kontinuierliche Datenbereitstellung in Echtzeit vor. Dies stellt Unternehmen vor erhebliche Herausforderungen, da die technische und rechtliche Durchführbarkeit solcher kontinuierlichen Datenbereitstellungen oft nicht gegeben ist. Die Abgrenzung zwischen dem Recht zur Datenportabilität nach Art. 20 DS-GVO und den Datenzugangs- und Weitergaberechten nach Art. 4 und 5 Data Act (DA) gestaltet sich schwierig, da beide Regime teilweise denselben Anwendungsbereich betreffen. Art. 4 und 5 DA können nicht dahingehend interpretiert werden, dass sie nur nicht-personenbezogene Daten umfassen, da die weite Definition von „Daten“ in Art. 2 Nr. 1 DA dies ausschließt.[851] Die Bereitstellung personenbezogener Daten muss sowohl nach Art. 20 DS-GVO als auch nach Art. 4 Abs. 1 DA in einem strukturierten, gängigen und maschinenlesbaren Format erfolgen, jedoch unterscheidet sich der Data Act durch die Möglichkeit zur kontinuierlichen und in Echtzeit erfolgenden Bereitstellung. Während Art. 12 Abs. 3 S. 1 DS-GVO eine Frist von bis zu einem Monat vorsieht, verlangt der Data Act in Art. 4 Abs. und Art. 5 Abs. 1 eine kontinuierliche unverzügliche Bereitstellung, sofern relevant und technisch durchführbar. Gerade die erforderliche technische Infrastruktur (beispielsweise standardisierte APIs, Datenformate, etc.) ist entscheidend für die Bereitstellung der Daten in der Praxis und wird Unternehmen vor Herausforderungen stellen. Die Regelungen zur Interoperabilität, beispielsweise Art. 33 DA, adressieren diese Problematik nur bedingt.[852]

---

848 *EuGH*, Urt. v. 4.7.2023 – C-252/21, NJW 2023, 2997, Rn. 89.
849 *EuGH*, Urt. v. 4.7.2023 – C-252/21, NJW 2023, 2997, Rn. 89.
850 *Sattler*, CR 2024, 383, 390.
851 *Krause/Maasjost*, ZD-Aktuell, 2024, 01494; so aber *Drexl et al.*, Position Statement MPI, S. 105 Rn. 293.
852 *Antoine*, CR 2024, 1, 5.

g) Rechtsgrundlage für die Verarbeitung personenbezogener Daten im Rahmen der Datenzugangsansprüche nach Art. 4, 5 DA und dem B2G-Datenzugang nach Art. 14ff. DA

Ein weiteres großes Problem ist die fehlende Rechtsgrundlage im Data Act für die Verarbeitung personenbezogener Daten. Der Data Act selbst schafft keine eigenständige Rechtsgrundlage für die Verarbeitung personenbezogener Daten, sondern verweist auf die DS-GVO, insbesondere Art. 6 DS-GVO. Das bedeutet, dass jede Verarbeitung personenbezogener Daten, die im Rahmen des Data Act erfolgt, eine separate Rechtsgrundlage nach der DS-GVO benötigt. Dies kann zu erheblichen praktischen Problemen führen, insbesondere bei der Weitergabe von Daten an Dritte oder öffentlichen Stellen. Art. 4 Abs. 12 und Art. 5 Abs. 7 des Data Act unterstreichen diese Notwendigkeit. Im Fall der Datenweitergabe bleibt die Einwilligung des Betroffenen gem. Art. 6 Abs. 1 lit. a) DS-GVO das häufigste Mittel, was jedoch in der Praxis oft schwierig zu handhaben ist.

In der Literatur wurde hierzu bereits vor einiger Zeit vorgeschlagen, Art. 4, 5 DA als rechtliche Verpflichtung im Sinne des Art. 6 Abs. 1 UAbs. 1 lit c) DS-GVO zu qualifizieren.[853] Dagegen spricht jedoch die fehlende Erwähnung in den Erwägungsgründen des DA[854] und in der finalen Fassung des Data Acts wurde dies ausdrücklich in den Erwägungsgründen 7, 34 klargestellt.

Am praxisgerechtesten erscheint die Einwilligung des Betroffenen nach Art. 6 Abs. 1 UAbs. 1 lit. a) DS-GVO.[855]

Für den B2G-Datenzugang sind ausweislich Erwägungsgrund 69 die Vorschriften des Data Act die erforderliche Verarbeitungsgrundlage nach Art. 6 Abs. 1, Abs. 3 DS-GVO. Nach vereinzelter Ansicht in der Literatur kommt auch Art. 6 Abs. 1 UAbs. 1 lit. d) DS-GVO in Betracht.[856]

h) Bußgeldrisiko

Das Zusammenspiel von DA und DS-GVO birgt in der Praxis ein erhebliches Haftungsrisiko. Sowohl DS-GVO als auch DA sehen für Verstöße gegen ihre Vorschriften Art. 83 DS-GVO beziehungsweise Art. 40 DA Bußgelder vor. Unterlaufen Unternehmen Fehler bei der Klassifizierung der Daten, setzen sie sich mithin einer **doppelten Bußgeldhaftung** aus. Wenn personenbezogene Daten fälschlicherweise als nicht-personenbezogen eingestuft und daher ohne datenschutzrechtliche Rechtsgrundlage zur Verarbeitung genutzt werden, drohen Bußgelder nach der DS-GVO (Art. 83 DS-GVO). Umgekehrt droht ein Verstoß gegen den Data Act, wenn Unternehmen Datenzugangs- oder Weitergabeverlangen mit Verweis auf fehlende datenschutzrechtliche Grundlagen ablehnen. Dieses

853 *Leistner/Antoine*, IPR and the use of open data, PE 732.266, 2022, S. 69.
854 *Assion/Willecke*, MMR 2023, 805, 810; *Hartl/Jetzen*, ZDiW 2023, 65, 67; *Metzger/Schweitzer*, ZEuP 2023, 42, 77.
855 *Krause/Maasjost*, ZD-Aktuell, 2024, 01494.
856 *Leistner/Antoine*, IPR and the use of open data, PE 732.266, 2022, S. 111.

„Haftungsdilemma“ erfordert eine sorgfältige Abwägung im Einzelfall, um Verstöße gegen eines der beiden Regime zu vermeiden.

Um das Haftungsrisiko wegen Datenschutzverstößen im Sinne der DS-GVO zu minimieren, war es bis zum Inkrafttreten des DA üblich, bei Unsicherheiten hinsichtlich der Klassifizierung von Daten als personenbezogen oder nicht-personenbezogen im Zweifel von einer Personenbezogenheit der Daten auszugehen.[857]

Diese Praxis ist nun seit dem Inkrafttreten des DA allerdings jedenfalls dann nicht mehr ratsam, wenn der Personenbezug von Daten einem Datenzugangsanspruchs des DA entgegengehalten werden soll.[858] Sollten nämlich nicht-personenbezogene Daten fälschlicherweise als personenbezogene eingeordnet werden und aus diesem Grund ein Datenzugangsbegehren abgelehnt werden, so liegt zwar kein Verstoß gegen die DS-GVO, sehr wohl aber ein Verstoß gegen den DA, vor, der seinerseits bußgeldbewehrt ist.[859]

Mit der Einhaltung des Data Acts und der DS-GVO gleichzeitig, würde sich die mitunter schwierige Bestimmung des Personenbezugs erübrigen. Allerdings stellen DS-GVO und Data Act unterschiedliche Anforderungen an Informationspflichten und die Voraussetzungen einer wirksamen datenschutzrechtlichen Einwilligung sind streng, sodass diese „One-size-fits-all“-Herangehensweise nicht praktikabel ist.

Im Spannungsfeld von DS-GVO und DA liegen Gebot und Verbot nah beieinander. Ein Bußgeldrisiko bleibt nur bei einer korrekten Klassifizierung von Daten als personenbezogen oder nicht-personenbezogen aus. Diese ist jedoch oft komplex und für Dateninhaber oder Verantwortliche kaum absehbar. Zudem bedarf die Abgrenzung weiterer Konkretisierungen der Rechtsprechung.[860]

Daher wird das Haftungsdilemma und die „Bußgeldfalle“ wahrscheinlich am besten durch Anonymisierung der Daten und das damit einhergehende „Ausschalten“ der DS-GVO umgangen;[861] diese Möglichkeit wird auch explizit in Erwägungsgrund 7 DA aufgegriffen. Der Data Act fordert in bestimmten Fällen sogar eine Anonymisierung der Daten (Art. 18 Abs. 4 DA). Allerdings stellt die Anonymisierung in der Praxis erhebliche technische Anforderungen, die nicht immer leicht umzusetzen sind.

i) Fazit

Das Verhältnis zwischen dem Data Act und der DS-GVO ist komplex und durch zahlreiche ungelöste Abgrenzungsfragen geprägt. Trotz der eingeführten Vorrangklausel zugunsten der DS-GVO bleiben viele praktische und rechtliche Unsicherheiten bestehen. Unternehmen müssen darauf achten, sowohl die Anforderungen des Data Act als auch der DS-GVO einzuhalten, was in der Praxis oft schwierig ist. Die Anonymisierung stellt

857 *Götz/Blöink*, MMR 2024, 451, 452.
858 *Götz/Blöink*, MMR 2024, 451, 452.
859 *Hennemann/Steinrötter*, NJW 2024, Rn. 27; *Götz/Blöink*, MMR 2024, 451, 452.
860 *Bomhard*, MMR 2024, 71, 74; *Tinnefeld/Vogel*, ZdiW 2024, 61, 64f.
861 *Schemmel*, CB 2024, 301, 303f.

eine wichtige Möglichkeit dar, Konflikte zu vermeiden, ist jedoch in vielen Fällen nicht einfach umzusetzen. Letztlich erfordert die Anwendung beider Regime eine sorgfältige Einzelfallprüfung und eine klare rechtliche Strategie, um die Risiken von Bußgeldern und Haftung zu minimieren.

3. Data Act und Geschäftsgeheimnisschutzrecht

Mit der Geheimnisschutz-RL beabsichtigte der europäische Gesetzgeber eine Mindestharmonisierung des zivilrechtlichen Geschäftsgeheimnisschutzes in der EU.[862] Sie beruht auf der Ermächtigungsgrundlage des Art. 114 AEUV und trat am 5.7.2016 in Kraft. Bis zum 9.6.2018 war diese Richtlinie in den Mitgliedstaaten umzusetzen.

Primärrechtlich knüpft die Geschäftsgeheimnis-RL an verschiedene Grundrechte der europäischen Grundrechte-Charta an. Zentral sind hier unter anderem der Schutz personenbezogener Daten (Art. 8 GRC), die Meinungsäußerungs- und Informationsfreiheit (Art. 11 GRC), die Berufsfreiheit (Art. 15 GRC), die unternehmerischen Freiheit (Art. 16 GRC) und der Schutz des Eigentums (Art. 17 GRC).[863] Insbesondere die sachlichen Schutzbereiche von Art. 16 GRC und Art. 17 GRC sind von der Geschäftsgeheimnis-RL betroffen, da es sich bei Geschäftsgeheimnissen um wirtschaftliche Ressourcen handelt, deren Verwendung grundsätzlich den Unternehmen selbst obliegt.[864] Insofern dient die Geschäftsgeheimnis-RL dem Schutz von Unternehmen und deren Innovation und – daraus resultierend – ihrer Wettbewerbsfähigkeit, was dem europäischen Wettbewerb und Binnenmarkt zugutekommen soll.[865]

Die Geschäftsgeheimnis-RL ist in vier Kapitel mit insgesamt 21 Artikeln gegliedert. Das erste Kapitel (Art. 1–2 Geschäftsgeheimnis-RL) legt Gegenstand und Anwendungsbereich der Richtlinie fest und sieht Begriffsbestimmungen vor. Das zweite Kapitel (Art. 3–5 Geschäftsgeheimnis-RL) trifft Regelungen zum Erwerb und zur Nutzung und Offenlegung von Geschäftsgeheimnissen und differenziert zwischen dem rechtmäßigen und rechtswidrigen Erwerb. In ihrem dritten Kapitel (Art. 6–15 Geschäftsgeheimnis-RL) sieht die Geschäftsgeheimnis-RL Bestimmungen zu Maßnahmen, Verfahren und Rechtsbehelfen vor. In drei Unterabschnitten sind diese in allgemeine Bestimmungen, vorläufige und vorbeugende Maßnahmen und Maßnahmen aufgrund einer Sachentscheidung gegliedert. Das vierte und letzte Kapitel der Richtlinie sieht in den Art. 16–21 Geschäftsgeheimnis-RL Sanktionen, Berichterstattungspflichten sowie Schlussbestimmungen fest. Der Richtlinie vorangestellt sind 40 Erwägungsgründe.

In Deutschland trat als zentrales Umsetzungswerk der Geschäftsgeheimnis-RL am 26.4.2019 das Gesetz zum Schutz von Geschäftsgeheimnissen (GeschGehG) in Kraft.

---

862 Hoeren/Münker/*Hoeren*, § 1 GeschGehG Rn. 6, 8; Hoeren/Sieber/Holznagel/ *Drescher*, Handbuch Multi-media-Recht, Teil 7.9 vor § 1 Rn. 20.

863 Erwägungsgrund 34 RL (EU) 2016/943.

864 Köhler/Bornkamm/Feddersen/*Alexander*, UWG, GeschGehG vor § 1 Rn. 7.

865 Erwägungsgründe 1–4 RL (EU) 2016/943.

a) Geschäftsgeheimnis-RL

aa) Anwendungsbereich

Einen persönlichen Anwendungsbereich sieht die Geschäftsgeheimnis-RL nicht ausdrücklich vor. Gem. Art. 1 Abs. 1 S. 1 Geschäftsgeheimnis-RL soll die Richtlinie jedoch Vorschriften „für den Schutz von Geschäftsgeheimnissen vor rechtswidrigem Erwerb, rechtswidriger Nutzung und rechtswidriger Offenlegung" festlegen. Subjektiv betroffen sind deshalb einerseits die Inhaber von Geschäftsgeheimnissen im Sinne des Art. 2 Nr. 2 Geschäftsgeheimnis-RL und andererseits die Rechtsverletzer im Sinne des Art. 2 Nr. 3 Geschäftsgeheimnis-RL.[866]

Den Grundstein des sachlichen Anwendungsbereichs legt die Geschäftsgeheimnis-RL in ihrem Art. 1 Abs. 1. Sie legt „Vorschriften für den Schutz von Geschäftsgeheimnissen vor rechtswidrigem Erwerb, rechtswidriger Nutzung und rechtswidriger Offenlegung fest." Der Begriff des Geschäftsgeheimnisses wird in Art. 2 Nr. 1 Geschäftsgeheimnis-RL legaldefiniert. Demnach sind Geschäftsgeheimnisse:

> *„Information[en], die alle nachstehenden Kriterien erfüllen:*
> *a) Sie sind in dem Sinne geheim, dass sie weder in ihrer Gesamtheit noch in der genauen Anordnung und Zusammensetzung ihrer Bestandteile den Personen in den Kreisen, die üblicherweise mit dieser Art von Information umgehen, allgemein bekannt oder ohne weiteres zugänglich sind;*
> *b) sie sind von kommerziellem Wert, weil sie geheim sind;*
> *c) sie sind Gegenstand von den Umständen entsprechenden angemessenen Geheimhaltungsmaßnahmen durch die Person, die die rechtmäßige Kontrolle über die Information besitzt."*

Die in der Definition genannten Voraussetzungen müssen kumulativ gegeben sein.[867]

Die Begriffe des Erwerbs sowie der Nutzung und Offenlegung definiert die Geschäftsgeheimnis-RL allerdings nicht ausdrücklich, sodass diesbezüglich Auslegungspraxis und Rechtsprechung vom Unionsgesetzgeber zur Arbeit berufen sind.[868]

Der sachliche Anwendungsbereich ist also zunächst recht weit gefasst und erfordert mitgliedstaatliche Konkretisierungen.[869] Relevante Einschränkungen ergeben sich aus Art. 1 Abs. 2 und 3 Geschäftsgeheimnis-RL. Hier normiert die Geschäftsgeheimnis-RL ausdrücklich verschiedene Rechte und Vorschriften, die von ihr nicht berührt werden sollen.

Gem. Art. 1 Abs. 2 lit. a) Geschäftsgeheimnis-RL soll „die Ausübung des Rechts der freien Meinungsäußerung und der Informationsfreiheit [...]" nicht berührt werden, was Art. 11 GRC entspricht. Insofern ist die Norm als deklaratorisches Bekenntnis zu Art. 11 GRC, dessen Bedeutung im Rahmen der Geschäftsgeheimnis-RL auch in Art. 5 lit. a) Geschäftsgeheimnis-RL zum Ausdruck kommt, einzuordnen.[870] Von Relevanz ist insbeson-

866 MüKoUWG/*Namysłowska*, Geheimnisschutz-RL Art. 1 Rn. 10.
867 *Koós*, MMR 2016, 224, 225.
868 MüKoUWG/*Namysłowska*, Geheimnisschutz-RL Art. 1 Rn. 13.
869 EuArbRK/*Schubert*, RL (EU) 2016/943 Art. 2 Rn. 3.
870 MüKoUWG/*Namysłowska*, Geheimnisschutz-RL Art. 1 Rn. 16f.

dere auch die in Art. 1 Abs. 3 Geschäftsgeheimnis-RL geschützte Mobilität der Arbeitnehmer. Mit dieser Einschränkung des Anwendungsbereichs der Geschäftsgeheimnis-RL soll die Berufsfreiheit der Arbeitnehmer geschützt werden. Einerseits sollen sie in der Lage sein können, den Betrieb, bei dem sie beschäftigt sind, zu wechseln. Andererseits sollen sie im Rahmen der neuen Beschäftigung aber auch die im vorherigen Betrieb erworbenen Kompetenzen und Erfahrungen nutzen können. Sogenannte „lock-in"-Effekte, also dass Arbeitnehmer durch faktische Beschränkungen in ihrer Mobilität und damit in ihrer Berufsfreiheit eingeschränkt werden, sollen vermieden werden.[871]

Trotz der recht kleinteiligen Beschränkungen des Anwendungsbereichs der Geschäftsgeheimnis-RL verbleibt bezüglich des sachlichen Anwendungsbereichs ein nicht unerheblicher Ausgestaltungsspielraum bei den Mitgliedstaaten, da Art. 1 Abs. 2 und 3 Geschäftsgeheimnis-RL nicht eindeutig bestimmte Handlungen als rechtmäßig beziehungsweise rechtmäßig deklarieren, wie es etwa Art. 3 bis 5 Geschäftsgeheimnis-RL tun.[872]

bb) Rechtmäßige und rechtswidrige Verwendung, Art. 3, 4, 5 Geschäftsgeheimnis-RL

Geschäftsgeheimnisse werden nicht als absolute Recht geschützt; stattdessen ist die unlautere Verwertung und Offenlegung untersagt.[873] In Abgrenzung zu den Rechten des geistigen Eigentums sieht die Geschäftsgeheimnis-RL keine Exklusivrechte an Geschäftsgeheimnissen vor,[874] sondern legt die Umstände fest, unter denen Geschäftsgeheimnisse rechtmäßig (Art. 3 Geschäftsgeheimnis-RL) oder rechtswidrig (Art. 4 Geschäftsgeheimnis-RL) erworben, genutzt oder offengelegt werden können. Art. 5 Geschäftsgeheimnis-RL sieht zudem Ausnahmen von Art. 4 Geschäftsgeheimnis-RL vor. Insofern bilden die Art. 3–5 den Kernteil der Geschäftsgeheimnis-RL.

Art. 3 Abs. 1 Geschäftsgeheimnis-RL legt als Positivliste (**Whitelist**)[875] fest, wann der Erwerb eines Geschäftsgeheimnisses ohne weitere Abwägung rechtmäßig ist. Erwerb meint dabei einem weiten Verständnis nach „jede Art von Inbesitzgelangung"[876] oder, bei unkörperlichen Informationen, die Kenntnisnahme.[877] Die Rechtmäßigkeitstatbestände des Art. 3 Abs. 1 Geschäftsgeheimnis-RL scheinen zunächst sehr ausdifferenziert, eröffnen den Mitgliedstaaten allerdings insbesondere aufgrund der Vorschrift des Art. 3

871 MüKoUWG/*Namysłowska*, Geheimnisschutz-RL Art. 1 Rn. 22.

872 MüKoUWG/Namysłowska, Geheimnisschutz-RL Art. 1 Rn. 15.

873 Insofern entspricht die Geschäftsgeheimnis-RL dem Art. 39 Abs. 2 des TRIPS-Übereinkommens (= Agreement on Trade-Related Aspects of Intellectual Property Rights); *Koós*, MMR 2016, 224, 225; MüKoUWG/*Namysłowska*, Geheimnisschutz-RL Vorbemerkungen Rn. 4f.

874 Erwägungsgrund 16 RL (EU) 2016/943; MüKoUWG/*Namysłowska*, Geheimnisschutz-RL Vorbemerkungen Rn. 8.

875 EuArbRK/*Schubert*, RL (EU) 2016/943 Art. 2 Rn. 2.

876 MüKoUWG/*Namysłowska*, Geheimnisschutz-RL Art. 3 Rn. 4.

877 MüKoUWG/*Namysłowska*, Geheimnisschutz-RL Art. 3 Rn. 4.

Abs. 1 lit. d) Geschäftsgeheimnis-RL, demzufolge jede andere Vorgehensweise, die unter den gegebenen Umständen mit einer seriösen Geschäftspraxis vereinbar ist, als rechtmäßig gilt, einen nicht unerheblichen Ermessensspielraum der Mitgliedstaaten. Die Aufzählung des Art. 3 Abs. 1 Geschäftsgeheimnis-RL ist, abgesehen von Art. 3 Abs. 2 Geschäftsgeheimnis-RL, abschließend.[878] Art. 3 Abs. 2 Geschäftsgeheimnis-RL regelt über den rechtmäßigen Erwerb hinaus auch die rechtmäßige Offenlegung und Nutzung von Geschäftsgeheimnissen und eröffnet den Mitgliedstaaten die Möglichkeit, andere vorrangige Interessen in ihrem Kompetenzbereich zu schützen.[879]

Art. 4 Geschäftsgeheimnis-RL sieht als Negativliste (auch **Blacklist**)[880] Regelungen zur rechtswidrigen Verwendung von Geschäftsgeheimnissen vor. Art. 4 Abs. 1 Geschäftsgeheimnis-RL kommt dabei primär eine deklaratorische Bedeutung hinsichtlich des Umsetzungsauftrags der Mitgliedstaaten zu.[881] Die Abs. 2–5 sehen konkrete Rechtswidrigkeitstatbestände vor. Dabei sehen die Abs. 2 und 3, anders als die Abs. 4 und 5 kein subjektives Element vor. Es genügt das Vorliegen der objektiven Merkmale.

Art. 5 Geschäftsgeheimnis-RL sieht insgesamt vier Rechtfertigungsgründe vor, bei deren Vorliegen Erwerb, Offenlegung und Nutzung eines Geschäftsgeheimnisses ausnahmsweise nicht rechtswidrig ist. Insofern bietet die Geschäftsgeheimnis-RL an dieser Stelle die Möglichkeit einer einzelfallgerechten Interessenabwägung.[882]

b) Verhältnis der Geschäftsgeheimnis-RL zum Data Act

Der Data Act definiert Daten in seinem Art. 2 Nr. 1 DA so weit, dass letztlich wohl jedes Datum unter den DA fällt.[883] Aus diesem weiten sachlichen Anwendungsbereich resultiert eine Schnittstelle zwischen DA und Geschäftsgeheimnis-RL; auch einzelne Daten können unter den Geschäftsgeheimnisschutz fallen.[884] Für die Zugrundelegung eines einheitlichen Begriffsverständnisses verweist Art. 2 Nr. 18, 19 DA auf die Geschäftsgeheimnis-RL.[885] Die tatsächliche und wirtschaftliche Bedeutung von Daten, die der Geschäftsgeheimnis-RL unterfallen und von Unternehmen in der Praxis untereinander getauscht werden, nimmt zu.[886]

---

878 MüKoUWG/*Namysłowska*, Geheimnisschutz-RL Art. 3 Rn. 5.
879 MüKoUWG/*Namysłowska*, Geheimnisschutz-RL Art. 3 Rn. 16.
880 EuArbRK/*Schubert*, RL (EU) 2016/943 Art. 4 Rn. 2.
881 MüKoUWG/*Namysłowska*, Geheimnisschutz-RL Art. 4 Rn. 2.
882 MüKoUWG/*Namysłowska*, Geheimnisschutz-RL Art. 5 Rn. 1.
883 *Bomhard*, MMR 2024, 71, 72.
884 *Wiebe*, GRUR 2023, 1569, 1573.
885 BeckOK Datenschutzrecht/*Schild* DA Art. 2 Rn. 99.
886 *Europäische Kommission*, Study on the legal protection of trade secrets in the context of the data economy – final report, 2022, S. 94.

Das Verhältnis von DA und Geschäftsgeheimnis-RL ergibt sich maßgeblich aus Art. 4 Abs. 6, 7, 8 DA und Art. 5 Abs. 9, 10, 11, 12 DA und räumt dem Datenzugangsrecht des DA einen Vorrang gegenüber dem Geschäftsgeheimnisschutz ein.[887]

Dass der DA keine generelle Ausnahme von den Zugangsrechten des DA für Geschäftsgeheimnisse normiert, wird den unterschiedlichen Schutzdimensionen von DA und Geschäftsgeheimnisschutz gerecht. Während die Zugriffsansprüche des DA faktische Herrschaftspositionen bezüglich Daten zuweisen, betrifft der Geschäftsgeheimnisschutz die Art und Weise, wie die faktische Herrschaft geschützt wird.[888] Die Schutzdimension des DA läuft der der Geschäftsgeheimnis-RL nicht notwendigerweise zuwider.

aa) Voraussetzungen der Bereitstellung von Geschäftsgeheimnissen, Art. 4 DA

Art. 4 Abs. 6, 7, 8 DA regeln die Voraussetzungen der Bereitstellung von Geschäftsgeheimnissen an den Nutzer. Demnach müssen Geschäftsgeheimnisse nur offengelegt werden, wenn die erforderlichen Schutzmaßnahmen getroffen wurden. Im Vergleich zu dem Art. 4 Abs. 3 DA-E, der insbesondere dafür kritisiert wurde, dass unklar sei, wann ein Verstoß vorliegen und welche Folgen er nach sich ziehen soll, stellt die finale Fassung des DA eine deutliche Konkretisierung der Anforderungen dar.[889] Nach wie vor konkretisiert indes Art. 4 Abs. 6 DA den Erforderlichkeitsmaßstab nicht.[890] Als erforderliche Schutzmaßnahmen sieht Art. 4 Abs. 6 DA vertragliche Vereinbarungen, insbesondere die Vereinbarung angemessener technischer und organisatorischer Maßnahmen zwischen dem Inhaber des Geschäftsgeheimnisses und dem Nutzer zum Schutz der Geschäftsgeheimnisse vor.[891] Gemäß der Erwägungsgründe des DA sind das unter anderem etwa Mustervertragsklauseln, Vertraulichkeitsvereinbarungen, strenge Zugangsprotokolle.[892] Überdies kommen auch Verhaltenskodizes in Betracht.[893]

Gem. Art. 4 Abs. 6 S. 2 DA obliegt es dem Dateninhaber, die als Geschäftsgeheimnis geschützten Daten *ex ante* zu ermitteln, bevor davon ausgehend eine Nutzungsvereinbarung getroffen wird. Aus dieser Pflicht erwächst im Verhältnis zum Nutzer ein Ungleichgewicht, da der Dateninhaber ohne weiteres zunächst große Datensätze als Geschäftsgeheimnisse einordnen und davon ausgehend den Zugang beschränken kann. Zwar darf der Dateninhaber die Ausübung der Rechte des Nutzers gem. Art. 4 Abs. 4 DA nicht unangemessen erschweren. Ob diese Bestimmung dem festgestellten Ungleichgewicht allerdings gerecht werden kann, ist fraglich.[894]

---

887 *Hennemann/Steinrötter*, NJW 2024, 1, 6; *Wiebe*, GRUR 2023, 1569, 1573.
888 *Müller*, RDi 2024, 297, 298 f.
889 *Wiedemann/Conrad/Salemi*, K&R 2024, 157, 162.
890 Kritisch dazu Hennemann/*Lienemann*/*Wienroeder*, Data Act, S. 96.
891 *Hennemann/Steinrötter*, NJW 2024, 1, 6; *Andjic*, ZdiW 2024, 68, 71.
892 Erwägungsgrund 31 VO (EU) Nr. 2023/2854.
893 Hennemann/*Lienemann*/*Wienroeder*, Data Act, S. 97.
894 *Grützmacher*, CR 2024, 292.

Art. 4 Abs. 7 und Abs. 8 DA sehen dann von diesem „grundsätzlichen Vorrang des Datenzugangs“[895] unter engen Voraussetzungen Ausnahmen vor. Die Geltendmachung eines Zugangsverweigerungsrechts ist dabei als *ultima ratio* letztes Mittel, wenn der Schutz von Geschäftsgeheimnissen auf andere Weise nicht gewährleistet werden kann.[896] Wenn ein Dateninhaber von den Versagungsgründen Gebrauch macht, ist von ihm sowohl nach Art. 4 Abs. 7 als auch nach Art. 4 Abs. 8 DA die zuständige Behörde zu benachrichtigen. Die Art. 4 Abs. 9 lit. a) und b DA eröffnen dem Nutzer davon ausgehend die Möglichkeit, gegen die Weigerung des Dateninhabers bei der zuständigen Behörde Beschwerde einzureichen oder eine Streitbeilegungsstelle gem. Art. 10 Abs. 1 DA mit der Angelegenheit zu befassen. Das Beschwerderecht gilt unbeschadet des Rechts des Nutzers, jederzeit vor einem mitgliedstaatlichen Gericht Rechtsmittel einzulegen, Art. 4 Abs. 9 DA.

(1) Verweigerungsrecht gem. Art. 4 Abs. 7 DA

Gem. Art. 4 Abs. 7 DA kann der Dateninhaber die Weitergabe von Geschäftsgeheimnissen verweigern oder aussetzen, wenn eine Einigung nach Art. 4 Abs. 6 DA nicht zustande kommt, der Nutzer die vereinbarten Maßnahmen nicht umsetzt oder die Vertraulichkeit der Geschäftsgeheimnisse verletzt wird. Die Verweigerung oder Suspendierung ist ordnungsgemäß zu begründen, Art. 4 Abs. 7 S. 2 DA, was folglich eine hinreichend konkrete und einzelfallspezifische Begründung erforderlich macht.[897] Mit der Verweigerung oder Aussetzung der Weitergabe geht außerdem eine Mitteilungspflicht des Dateninhabers an die zuständige Behörde einher, Art. 4 Abs. 7 S. 3 DA.

(2) Verweigerungsrecht gem. Art. 4 Abs. 8 DA

Art. 4 Abs. 8 DA erlaubt es dem Dateninhaber zudem, ein Datenzugangsverlangen im Einzelfall für die betreffenden spezifischen Daten abzulehnen, wenn mit der Offenlegung trotz der Maßnahmen des Art. 4 Abs. 6 DA mit hoher Wahrscheinlichkeit ein schwerer wirtschaftlicher Schaden des Dateninhabers einhergehen wird. Diese Wahrscheinlichkeitsprognose soll auf Grundlage objektiver Fakten nachgewiesen und sowohl dem Nutzer als auch der zuständigen Aufsichtsbehörde hinreichend begründet und schriftlich mitgeteilt werden (Art. 4 Abs. 8 S. 2, 3).

Was genau ein schwerer wirtschaftlicher Schaden im Sinne der Norm ist, definiert der DA nicht. Jedoch ergibt sich aus Erwägungsgrund 31[898], dass ein schwerer wirtschaftlicher Schaden mit irreparablen wirtschaftlichen Verlusten einhergehen muss. Einen solchen Schaden in einer zukunftsorientierten Wahrscheinlichkeitsprognose hinreichend substantiiert aufgrund objektiver Nachweise darzulegen, dürfte Dateninhaber

---

895 *Wiebe*, GRUR 2023, 1569, 1573.

896 *Andjic*, ZdiW 2024, 68, 71.

897 *Pauly/Wichert/Baumann*, MMR 2024, 211, 213.

898 Erwägungsgrund 31 VO (EU) 2023/2854.

regelmäßig vor erhebliche Herausforderungen stellen. Inwiefern Art. 4 Abs. 8 DA deshalb tatsächlich zu einem effektiven Geschäftsgeheimnisschutz und zum Aufrechterhalten von Investitionsanreizen beiträgt, ist aufgrund dieser hohen Anforderungen zweifelhaft.[899]

bb) Weitergabe von Geschäftsgeheimnissen an Dritte, Art. 5 DA

Die Struktur des Art. 5 Abs. 9, 10, 11 DA ähnelt der des Art. 4 Geschäftsgeheimnis-RL und regelt die Weitergabe von Geschäftsgeheimnissen an Dritte.

Gem. Art. 5 Abs. 1 DA hat der Dateninhaber auf Verlangen eines Nutzers ohne Weiteres verfügbare Daten sowie die zu deren Nutzung erforderlichen Metadaten einem Dritten bereitzustellen. Diesem Anspruch setzen die Abs. 9–11 DA bezüglich des Zugangs zu Geschäftsgeheimnissen Grenzen.

(1) Einschränkung des Datenzugangs von Dritten gem. Art. 5 Abs. 9 DA

Art. 5 Abs. 9 DA sieht insofern eine Einschränkung vor, als die Offenlegung für den zwischen dem Nutzer und dem Dritten vereinbarten Zweck unbedingt erforderlich sein muss. Um die Vertraulichkeit der weitergegebenen Daten zu wahren, sollen Dateninhaber und Dritter, wie in Art. 4 Abs. 6 DA Dateninhaber und Nutzer, angemessene technische und organisatorische Maßnahmen vereinbaren. Davor sind wiederum die betroffenen Geschäftsgeheimnisse von Dateninhaber zu ermitteln, Art. 5 Abs. 9 S. 2 DA.[900]

In der Literatur wird das Schutzpotential der Norm in Zweifel gezogen, da der Dateninhaber keinerlei Einfluss auf den zwischen Nutzer und Dritten vereinbarten Zweck hat.[901] Dem Wortlaut nach könnte jeder Zweck vereinbart werden, aus dem sich dann eine Weitergabepflicht des Dateninhabers ergeben könnte. Zudem könnten künstlich weite Zweckvereinbarungen getroffen werden, aus denen sich eine Weitergabepflicht herleiten lassen würde. Es besteht insofern ein erhebliches Missbrauchsrisiko.[902]

Das (eingeschränkte) Schutzpotential ergibt sich in erster Linie aus dem Erfordernis, dass die Weitergabe unbedingt erforderlich sein muss. Ein – orientiert an Art. 6 Abs. 1 lit. b) DS-GVO – restriktiver Erforderlichkeitsmaßstab könnte die Risiken für Dateninhaber begrenzen. Darüber hinaus könnte zudem ein eng gefasstes Bestimmtheitsgebot hinsichtlich der zwischen Nutzer und Drittem getroffenen Zweckvereinbarung eine unsachgemäße und missbräuchliche Ausweitung des vereinbarten Zwecks verhindern.[903]

---

899 *Pauly/Wichert/Baumann*, MMR 2024, 211, 213.
900 BeckOK Datenschutzrecht/*Raue*, Art. 5 DA Rn. 48.
901 *Pauly/Wichert/Baumann*, MMR 2024, 211, 214; *Grapentin* RDi 2023, 173, 177; *Metzger/Schweitzer* ZEuP 2023, 42, 75f.
902 *Andjic*, ZdiW 2024, 68, 72; *Pauly/Wichert/Baumann*, MMR 2024, 211, 214.
903 *Pauly/Wichert/Baumann*, MMR 2024, 211, 214.

Nichtsdestotrotz verbleibt aber ein nicht unerhebliches Risiko, da auch hinreichend bestimmte Zweckvereinbarungen unter Umständen sehr weitreichende Zugangsansprüche begründen können, gegen die der DA keinerlei Schutzmechanismen vorsieht.[904]

(2) Verweigerungsrechte gem. Art. 5 Abs. 10 und 11 DA

Die Abs. 10 und 11 Geschäftsgeheimnis-RL sehen von der Pflicht des Dateninhabers zur Offenlegung gegenüber Dritten wiederum Ausnahmen vor, die den Verweigerungsmöglichkeiten des Art. 4 Abs 7 und 8 DA gegenüber dem Nutzer im Wesentlichen entsprechen.[905] Um jedoch eine unbefugte Weitergabe und Verwendung durch Dritte zu verhindern, werden regelmäßig strengere Maßnahmen zur Sicherung der Geschäftsgeheimnisse erforderlich sein. Eine diesbezügliche Möglichkeit liegt etwa in der Verwendung von **Non-Disclosure Agreements**, die, gesichert durch Vertragsstrafen, die Weitergabebefugnis des Dritten begrenzen.[906]

cc) Zusammenfassung

Angesichts der zunehmenden Relevanz der Daten, die in den Anwendungsbereich der Geschäftsgeheimnis-RL und nun gleichzeitig unter den des DA fallen,[907] wächst auch die Relevanz des Zusammenspiels beider Rechtsakte. Dabei fällt auf, dass der DA das Verhältnis von Zugangsansprüchen und Geschäftsgeheimnissen klar zugunsten des Zugangs bestimmt. Einen umfassenden und effektiven Geschäftsgeheimnisschutz für den Kollisionsfall sucht man im DA vergeblich.[908] Um das tatsächliche Ausmaß der Gefährdung abschätzen zu können, bleibt die praktische Anwendung des DA abzuwarten.[909]

Um Geschäftsgeheimnisse zu sichern, dürfte es für Unternehmen in der Praxis es zunächst zentral sein, sich auf die Wirkungen des DA vorzubereiten und insbesondere Daten im Vorhinein etwaiger Zugangsverlangen gem. Art. 4 Abs 6 DA als Geschäftsgeheimnisse zu ermitteln, um sich eventuell auf die Versagungsgründe der Art. 4 Abs 7 und 8 DA berufen zu können.[910] Schon die Identifizierung von Daten als Geschäftsgeheimnisse dürfte oftmals jedoch bereits eine Herausforderung darstellen.[911] Angesichts der weitgehenden Zugangsansprüche des DA kann diese Einordnung jedoch ein

904 *Pauly/Wichert/Baumann*, MMR 2024, 211, 215.
905 Erwägungsgrund 31 VO (EU) 2023/2854.
906 *Pauly/Wichert/Baumann*, MMR 2024, 211, 215.
907 *Europäische Kommission*, Study on the legal protection of trade secrets in the context of the data economy – final report, 2022, S. 94.
908 *Andjic*, ZdiW 2024, 68, 73.
909 *Andjic*, ZdiW 2024, 68, 73.
910 *Grützmacher*, CR 2024, 281, 281.
911 *Grützmacher*, CR 2024, 281, 292.

bedeutender Schutzmechanismus für Geschäftsgeheimnisse sein,[912] auch wenn ein Zugangsverweigerungsrecht nur bei zutreffend identifizierten Geschäftsgeheimnissen Bestand hat.[913]

4. Zusammenfassung und Auswirkungen auf die Praxis

Das Verhältnis zwischen dem Data Act und der Datenschutz-Grundverordnung ist durch zahlreiche ungeklärte Abgrenzungsfragen geprägt, die in der Praxis oft zu Unsicherheiten führen dürfte, was inbesondere mit Blick auf die parallele Anwendbarkeit der Bußgeldvorschriften der DS-GV problematisch erscheint; die Vorrangklausel des Art. 1 Abs. 5 DA bringt bedauerlicherweise nur wenig Licht ins Dunkel. Für Unternehmen besteht daher die Herausforderung, die Anforderungen beider Regime einzuhalten, was stets einer genauen Einzelfallprüfung der zur Verfügung stellenden Datensätze bedarf. Abhilfe kann hier unter Umständen die Anonymisierung der entsprechenden Daten schaffen.

Zusätzlich gewinnt das Zusammenspiel des Data Act mit der Geschäftsgeheimnis-Richtlinie bzw. mit den nationalen Umsetzungsgesetzen an Bedeutung, da der Data Act grundsätzlich den Vorrang des Datenzugangs gegenüber Geschäftsgeheimnissen festlegt, ohne hinreichend gesetzliche Schutzinstrumente im Kollisionsfall zu bieten. Unternehmen sollten daher intern prüfen, welche Daten in den Anwendungsbereich des Data Act fallen und gleichzeitig Geschäftsgeheimnisse berühren, um sich gegebenenfalls auf die Versagungsgründe des DA berufen zu können.

III. Rechtliche Rahmenbedingungen der Daten-Governance nach dem Data Governance Act (DGA) – Verordnung (EU) 2022/868

Literatur: *Apel/Huber*, Das neue Datenrecht der EU – Eine Übersicht, JuS 2024, 410; *Bayerischer Landesbeauftragte für den Datenschutz*, Daten-Governance-Rechtsakt Auf dem Weg zu einem europäischen Binnenmarkt für Daten – Orientierungshilfe, https://www.datenschutz-bayern.de/infothek/OH_DGA.pdf (zuletzt abgerufen am 1.11.2024); Beschluss der Kommission vom 30.5.2016 zur Festlegung horizontaler Bestimmungen über die Einsetzung und Arbeitsweise von Expertengruppen der Kommission, COM (2016) 3301 final; *Borges/Keil* (Hrsg,), Rechtshandbuch Big Data – Grundlagen, Rechtsfragen, Vertragspraxis, 2024; *Bostelmann*, Specht/Hennemann Data Governance Act, EuZW 2024, 414; *Brieske/Schweitzer/Müller/Pfeiffer/Zihlmann*, Zeitenwende beim Datenzugang? Struktur, Inhalte und Abstimmungsbedarf der aktuellen Regelungsvorschläge, ZD-Aktuell 2024, 04505; *Brink/Eckhardt*, Wann ist ein Datum ein personenbezogenes Datum? – Anwendungsbereich des Datenschutzrechts, ZD 2015, 205; *von Ditfurth*, Datenmärkte, Datenintermediäre und der Data Governance Act – Eine Analyse der europäischen Regulierung von B2B-Datenvermittlungsdiensten, 2024; *von Ditfurth/Lienemann*, The Data Governance Act: – Promoting or Restricting Data Intermediaries?, CRNI (Competition and Regulation in Network Industries) 2022, 270; *Ehmann/Selmayr*, DS-GVO – Datenschutz-Grundverordnung, 3. Auflage, 2024; *Europäische Kommis-*

912 *Hennemann/Steinrötter*, NJW 2024, 1, 4.

913 BeckOK Datenschutzrecht/*Raue*, Art. 5 DA Rn. 59.

sion, Commission staff working document impact assessment report accompanying the document Proposal for a regulation aof the eruopean parliament and of the council on European data governance (Data Governance Act), SWD(2020) 295 final; *Europäische Kommission*, Mitteilung der Kommission an das europäische Parlament, den Rat, den europäischen Wirtschafts- und Sozialausschuss und den Ausschuss der Regionen, Eine europäische Datenstrategie, EU COM(2020) 66 final; *Europäische Kommission*, Umsetzung des DGA – Leitfaden, https://digital-strategy.ec.europa.eu/en/library/new-practical-guide-data-governance-act (zuletzt abgerufen am 1.11.2024); *Europäische Kommission*, Vorschlag für eine Verordnung des Europäischen Parlaments und des Rates über europäische Daten-Governance, EU COM(2020) 767 final; *Falkhofen*, Infrastrukturrecht des digitalen Raums, EuZW 2021, 787; *Faustmann*, Der deliktische Datenschutz, VuR 2006, 260; *Gellert/Graef*, The European Commissions's proposed Data Governance Act: some initial reflections on the increasingly complex EU regulatory puzzle of stimulating data sharing, TILEC Discussion Papaer No. DP2021-006, 1; *von Hagen/Völzmann*, Datenaltruismus aus datenschutzrechtlicher Perspektive – Wechselwirkung zwischen DGA und DS-GVO, MMR 2022, 176; *Hartl/Ludin*, Recht der Datenzugänge, Was die Datenstrategien der EU sowie der Bundesregierung für die Gesetzgebung erwarten lassen, MMR 2021, 534; *Hennemann/Ditfurth*, Datenintermediäre und Data Governance Act, NJW 2022, 1905; *Hoeren*, MMR 2019, 5; *Hornungt/Schomberg*, Datensouveränität im Spannungsfeld zwischen Datenschutz und Datennutzung: Das Beispiel des Data Governance Acts, CR 2022, 508; Vorläufige Stellungnahme der Bundesrepublik Deutschland zum Vorschlag der Europäischen Kommission für eine Verordnung des Europäischen Parlaments und des Rates über europäische Daten-Governance, https://www.bmwk.de/Redaktion/DE/Downloads/S-T/stellungnahme-bundesrepublik-deutschland-zu-daten-governance-gesetz.pdf?__blob=publicationFile&v=4 (zuletzt abgerufen am 1.11.2024); *Kühling/Buchner*, Datenschutz-Grundverordnung/BDSG – Kommentar, 4. Auflage, 2024; *Kühling/Schildbach*, Corona-Apps – Daten- und Grundrechtsschutz in Krisenzeiten, NJW 2020, 1545; *Marx*, Verhaltenspflichten für Anbieter von Datenvermittlungsdiensten – Das Verhältnis zwischen DGA und DS-GVO, ZD, 2023, 430; *OECD*, Enhancing Access to an Sharing of Data – Reconciling Risks and Benefits for Data Re-Use Across Societies, OECD 2019; *Paschke/Rücker*, Data Governance Act – Kommentar, 2024; *Picht/Richter*, EU Digital Regulation 2022: Data Desiderata, GRUR Int. 2022, 395; *Rachut*, Datenaltruismus unter dem Data Governance Act – Verpasste Chance beim Zusammenspiel von DGA und DS-GVO, ZD 2024, 248; Referentenentwurf des Bundesministeriums für Wirtschaft und Klimaschutz, Entwurf eines Gesetzes zur Durchführung der EU-Verordnung über europäische Daten-Governance; *Richter*, Ankunft im Post-Open-Data-Zeitalter – Datenwirtschaftsrecht II: Die Zukunft der Regulierung von Daten des öffentlichen Sektors, ZD 2022, 3; *Richter*, Europäisches Datenprivatrecht: Lehren aus dem Kommissionsvorschlag für eine „Verordnung über europäische Daten-Governance“, ZEuP 2021, 634; *Roßnagel*, Datenlöschung und Anonymisierung – Verhältnis der beiden Datenschutzinstrumente nach DS-GVO, ZD 2021, 188; *Säcker/Rixecker/Oetker/Limperg*, Münchener Kommentar zum Bürgerlichen Gesetzbuch, Band 1, 9. Auflage, 2021; *Schildbach*, Zugang zu Daten der öffentlichen Hand und Datenaltruismus nach dem Entwurf des Daten-Governance-Gesetzes, ZD 2022, 148; *Schreiber/Pommerening/Schoel*, Das neue Recht der Daten-Governance, Data Governance-Act (DGA), 2023; *Schreiber/Schoel*, Data Governance Act: Mehr Daten für Legal Tech-Anwendungen?, LTZ 2024, 3; *Schweitzer*, The Art to Make Gatekeeper Positions Contestable and the Challenge to Know What Is Fair: A Discussion of the Digital Markets Act Proposal, ZEuP 2021, 503; *Simitis/Hornung/Spiecker*, Datenschutzrecht – DS-GVO mit BDSG, 2019; *Specht-Riemenschneider*, Datennutz und Datenschutz: Zum Verhältnis zwischen Datenwirtschaftsrecht und DS-GVO, ZEuP 2023, 638; *Specht-Riemenschneider/Blankertz*, Lösungsoption Datentreuhand: Datennutzbarkeit und Datenschutz zusammen denken, MMR 2021, 369; *Specht/Hennemann*, Data Governance Act – Handkommentar; *Specht-Riemenschneider/Blankertz/Sierek/Schneider/Knapp/Henne*, Ein Beitrag zur Modellbildung und rechtlichen Strukturierung zwecks Identifizierung der Regulierungserfordernisse für Datentreuhandmodelle, MMR-Beil. 2021, 25; *Spindler*, Schritte zur europaweiten Datenwirtschaft – der Vorschlag einer Verordnung zur europäischen Daten Governance, CR 2021, 98; *Steinrötter*, Das Konzept einer datenaltruistischen Organisation, DuD 2021, 794; *Steinrötter*, Datenaltruismus, ZD 2021, 61; *Steinrötter*, Europäische Plattformregulierung, 2023; *Sydow/Marsch*,

DS-GVO, BDSG – Handkommentar, 3. Auflage, 2022; *Taeger/Gabel*, DS-GVO – BDSG – TTDSG, 4. Auflage, 2022; *Tolks*, Die finale Fassung des Data Governance Act: Erste Schritte in Richtung einer europäischen Datenwirtschaft, MMR 2022, 444; *Weber*, Rechtswörterbuch, 32. Auflage, 2024; *Veil*, Data Governance Act III: Datenaltruismus, https://www.cr-online.de/blog/2021/10/28/data-governance-act-iii-datenaltruismus/ (zuletzt abgerufen am 1.11.2024); *Wolff/Brink/v.Ungern-Steinberg*, BeckOK Datenschutzrecht, 49. Edition.

1. Einführung

Die Verordnung EU 2022/868, genannt „Data Governance Act“ (DGA)[914], bereichert das Datenrecht als „Marktdesignrecht“[915] um die Struktur einer Daten-Governance. Das seit 23.6.2023 größtenteils[916] geltende Gesetz soll Datensilos aufbrechen und eine Infrastruktur der Zugänglichmachung etablieren.[917] Inwieweit der Data Governance Act dem Anspruch als „Marktdesignrecht“ tatsächlich gerecht wird, kann gegenwärtig noch nicht beurteilt werden.[918] Feststeht jedenfalls, dass sich der DGA nicht friktionslos in das bisherige europäische Datenschutzregime einfügt.[919]

a) Problemanalyse des Status Quo

Die Problemanalyse der EU-Kommission im Vorfeld des DGA hat ergeben, dass in der europäischen Gesellschaft ein niedriges Vertrauen in das Teilen von Daten vorherrscht – und dass nicht nur Unklarheit über das Teilen von öffentlichen Daten für Gemeinwohlzwecke besteht, sondern auch technische Hürden einer effizienten Datennutzung im Wege stehen.[920] Das habe dazu geführt, dass weniger Daten geteilt werden als möglich, wodurch das wirtschaftliche und gesellschaftliche Potential der Daten nicht ausgeschöpft würde. Dabei legen Schätzungen nahe, dass der verstärkte Austausch von Unternehmensdaten eine gesamteuropäische BIP-Steigerung von ein bis zweieinhalb Prozent bedeuten könnte.[921]

Die Leerstelle einer Daten-Governance war nach Ansicht der Kommission in vierfacher Hinsicht problematisch: Erstens konsolidiere sich einiges an Marktmacht bei wenigen dominanten Unternehmen wie *Alphabet, Microsoft, Meta* und *Apple*, was den Wett-

---

914 Verordnung (EU) 2022/868 des Europäischen Parlaments und des Rates vom 30. Mai 2022 über europäische Daten-Governance und zur Änderung der Verordnung (EU) 2018/1724 (Daten-Governance-Rechtsakt), ABl. L 152 vom 3.6.2022, S. 1–44.

915 *Specht/Hennemann*, HK-DGA, Einleitung Rn. 5, 26; zustimmend *Bostelmann*, EuZW 2024, 414; *Specht-Riemenschneider*, ZEuP 2023, 638, 641.

916 Gem. Art. 37 DGA sind die Verpflichtungen der noch näher zu beschreibenden Datenvermittlungsdienste erst ab dem 24.9.2025 verbindlich.

917 *Ehmann/Selmayr*, Datenschutz-Grundverordnung, Einleitung Rn. 136; *Apel/Huber*, JuS 2024, 410, 411.

918 Zum Überblick über die Kritik am DGA statt aller *Specht/Hennemann*, HK-DGA, Einleitung Rn. 115ff.

919 Siehe zum Verhältnis von DGA und Datenschutzrecht *Paschke*/Rücker, DGA, Einleitung, Rn. 38ff.

920 *Hennemann/von Ditfurth*, NJW 2022, 1905, 1906; SWD(2020) 295 final, S. 8, 15.

921 OECD, Enhancing Access to and Sharing of Data, 2019, S. 11, 62ff; SWD(2020) 295 final, S. 9.

bewerb auf dem Datenmarkt verzerre und Start-ups schon den Markteintritt selbst erschwere, weil für den Zugang und die Verwendung von Daten prohibitiv hohe Transaktionskosten aufgewendet werden müssen.[922] Gleichzeitig dürften diejenigen wenigen Unternehmen, die wertvolle Daten bei sich anhäufen konnten, aus Angst vor Verlust von Wettbewerbsvorteilen bislang Scheu vor einer Weitergabe gehabt haben.[923] Zweitens läge ein allzu großer Teil der vorhandenen Daten brach. Diese Daten fehlen nach Ansicht der Kommission bei Dienstleistungen, die mit ihrer Hilfe schon heute besser sein könnten. Sie würden nicht genutzt, um Innovation voranzutreiben (etwa Daten-Training von KI) und nähmen zudem Schwung aus dem europäischen Arbeitsmarkt, der von einer florierenden Datenwirtschaft profitieren könnte.[924] Drittens sei der Binnenmarkt im Hinblick auf Daten regulatorisch fragmentiert. Ein gemeinsamer harmonisierter Markt auch für Daten sei wichtig, um die intereuropäische Innovation voranzutreiben.[925] Und viertens habe der Status quo dazu geführt, dass die EU in zukunftsträchtigen Branchen, insbesondere die der datengetriebenen Geschäftsmodelle, abhängig von Drittstaaten (gemeint sind wohl die USA) geworden ist. Die besonders dort stattfindende Innovation könne sogar für einen *„Brain-drain“*, also die Abwanderung europäischer Daten-Experten, sorgen.[926]

An der Problemanalyse der EU-Kommission wird deutlich, dass den europäischen Gesetzgeber bei Rechtsakten wie dem DGA auch geopolitische Sorgen umtreiben, angesichts des rasanten technologischen Wandels ohne eine effiziente Datennutzung gesellschaftlich und wirtschaftlich abgehängt zu werden.[927] In diesem Kontext betrachtet stellt der DGA einen Schachzug im „Wettbewerb der Rechtsordnungen“ dar, in dem sich die EU als Akteur auf Augenhöhe mit China und den USA zu positionieren versucht.[928]

b) Bedeutung und Funktion von Daten-Governance

Der DGA ist grundlegender beziehungsweise einführender Teil der **Datenstrategie** der EU-Kommission. Der erste Verordnungsvorschlag erging bereits 2020.[929] Als strukturierendes Element der Datenwirtschaft soll der DGA eine **„Daten-Governance“** etablieren. Der Begriff der Daten-Governance meint ein System der Regelung und Organisation des Umgangs mit Daten.[930] Konkret lässt sich der Begriff der Daten-Governance definieren als ein umfassender datenbezogener Blick auf Technik, Ökonomie, Gesellschaft, Politik

---

922 SWD(2020) 295 final, S. 8.
923 *Hennemann/von Ditfurth*, NJW 2022, 1905, 1906.
924 SWD(2020) 295 final, S. 8.
925 SWD(2020) 295 final, S. 17f.
926 SWD(2020) 295 final, S. 8.
927 *Specht/Hennemann*, HK-DGA, Einleitung Rn. 16.
928 *Specht/Hennemann*, HK-DGA, Einleitung Rn. 17.
929 *Schreiber/Pommerening/Schoel*, DGA, § 1 Rn. 4.
930 *Paschke*/Rücker, DGA, Einleitung., Rn. 6; *Schreiber/Pommerening/Schoel*, DGA, § 1 Rn. 3.

und Regulierung.[931] Nach dieser Definition sind Daten ein „Rohstoff“, der je nach Kontext und „Erkenntnisziel“ in unterschiedlichen „Datenökosystemen“ einen unterschiedlichen Wert annimmt. Die Aufgabe der Daten-Governance ist es daher Anreize für die verantwortungsvolle Nutzung und Weitergabe von Daten zu setzen und gleichzeitig die Grenzen und Bedingungen des Datenaustausches festzulegen.[932]

Das Hauptziel des DGA ist die Entwicklung eines grenzfreien Binnenmarktes[933] gerade auch in Bezug auf die Datenwirtschaft.[934] Der DGA – wie alle Rechtsakte der Datenstrategie von 2020 – soll eine regulative Fragmentierung der digitalen Bereiche einzelner Branchen vermeiden.[935] Neben der Entwicklung des Binnenmarkts wird auch das Ziel verfolgt, dass die EU-Bürger von einer vertrauenswürdigen und sicheren Datengesellschaft und -wirtschaft[936] profitieren.[937]

Insgesamt beabsichtigt der DGA also, die Hemmschwelle von Einzelpersonen und Unternehmen dahingehend zu senken, ihre Daten an die Allgemeinheit weiterzugeben.[938] Ferner soll die Marktmacht der Big-Tech-Konzerne, welche aufgrund ihrer beherrschenden Stellung über eine große Menge an Daten verfügen, gebrochen werden, indem auch kleinere Unternehmen Zugriff auf große Datenmengen erhalten.[939] Eines der Ziele des DGA ist daher, das Potential einer gemeinsamen Datennutzung auszuschöpfen.[940]

Der DGA ist rechtssystematisch ein Zwitter und fügt sich nicht ohne Weiteres in die klassische Dreiteilung des Deutschen Rechtssystems ein, da er die Vielschichtigkeit einer Datennutzung im gesellschaftlichen wie wirtschaftlichen Bezug zu berücksichtigen versucht und neben Behörden und Privatpersonen auch Unternehmen, die kommerziell tätig werden, adressiert.[941] Die Regulierungsform, mit der die EU per DGA eine Data Governance betreiben möchte, wird gemeinhin als „Marktdesign“[942] bezeichnet.

Im Einzelnen zielt der DGA zunächst darauf ab, Vertrauen in das Teilen von Daten bei den Adressierten zu erreichen. Das soll insbesondere durch die Vorschriften der Kapitel 3 und 4 geschehen.[943] Gleichzeitig soll der DGA die rechtliche Infrastruktur zum Datenteilen etablieren, wobei Kapitel 2 und 4 hierbei eine besondere Rolle zu-

---

931 *Specht/Hennemann*, HK-DGA, Einleitung Rn. 1.
932 *Specht/Hennemann*, HK-DGA, Einleitung Rn. 1–3.
933 Erwägungsgrund 3 VO (EU) 2022/868; *Paschke*/Rücker, DGA, Einleitung., Rn. 6.
934 *Tolks*, MMR 2022, 444, 448.
935 COM(2020) 66 final, S. 14.
936 Erwägungsgrund 5 VO (EU) 2022/868.
937 COM(2020) 66 final, S. 5.
938 *Hennemann/von Ditfurth*, NJW 2022, 1905, 1907.
939 https://digital-strategy.ec.europa.eu/en/policies/data-governance-act-explained (zuletzt abgerufen am: 1.11.2024); *Hennemann/von Ditfurth*, NJW 2022, 1905, 1905, 1907.
940 *Schreiber/Pommerening/Schoel*, DGA, § 1 Rn. 3; *Hennemann/von Ditfurth*, NJW 2022, 1905, 1905.
941 *Specht/Hennemann*, HK-DGA, Einleitung Rn. 5.
942 *Specht/Hennemann*, HK-DGA, Einleitung Rn. 5.
943 *Specht/Hennemann*, HK-DGA, Einleitung Rn. 41–42.

kommt.[944] Schließlich soll der DGA mit den Vorschriften der Art. 16–25 (Kapitel 4) auch die altruistische Preisgabe von Daten im Sinne des Allgemeinwohls fördern.[945]

Die Bedeutung des DGA wird in Erwägungsgrund 3 auf den Punkt gebracht. Beim DGA geht es um eine horizontale Regelung für die Weiterverwendung geschützter und im Besitz öffentlicher Stellen befindlicher Daten bestimmter Kategorien sowie für die Erbringung von Datenvermittlungsdiensten und von auf Datenaltruismus beruhenden Diensten innerhalb der EU.[946]

c) Prinzipien und Systematik des DGA

Zunächst definiert der DGA im ersten Kapitel seinen Gegenstand und Anwendungsbereich sowie alle relevanten Begriffsbestimmungen. Die hierfür relevanten Regelungen des DGA lassen sich in folgende drei Bereiche unterteilen:

1. Weiterverwendung von Daten im Besitz öffentlicher Stellen (Art. 3–9 DGA)
2. Erbringung und Nutzung von Datenvermittlungsdiensten (Art. 10–15 DGA)
3. Datenaltruismus (Art. 16–25 DGA)

Der **Weiterverwendung von Daten im Besitz öffentlicher Stellen** widmet sich der DGA im zweiten Kapitel. Mithilfe öffentlicher Gelder generierte oder gesammelte Daten sollen nach der gesetzgeberischen Vorstellung weiterverwendet werden und der Allgemeinheit zugutekommen.[947] Hier werden allerdings keine Ansprüche auf Weiterverwendung gewährt, sondern die Bedingungen dafür aufgezeigt, zu welchen Daten, in welcher Weise und durch wen ein Zugang hergestellt werden *kann*.

Das dritte Kapitel etabliert sodann Vorschriften für einen neuen Akteur auf dem Markt der Datenwirtschaft: **Datenvermittlungsdienste**. Die durch den DGA rechtlich neu auf den Plan gerufenen Dienste sollen den Datenmarkt als neutrale Dritte betreten. Datenvermittlungsdienste sollen Einzelpersonen sowie Unternehmen mit Datennutzern zusammenzubringen, um Geschäftsbeziehungen entstehen zu lassen.[948] Anders gewendet haben Datenvermittlungsdienste eine Transaktionskosten senkende Brückenfunktion zwischen denjenigen, die über Daten verfügen und denjenigen, die Daten benötigen, indem sie die zu teilende Daten treuhänderisch sammeln und zugänglich machen.[949] Da es sich bei Datenvermittlungsdiensten um einen durch den DGA erschaffenen Akteur der Datenwirtschaft handelt, sind die diesbezüglichen Verpflichtungen des

---

944 *Specht/Hennemann*, HK-DGA, Einleitung Rn. 46.
945 *Specht/Hennemann*, HK-DGA, Einleitung Rn. 50.
946 Erwägungsgrund 3 VO (EU) 2022/868.
947 Erwägungsgrund 6 VO (EU) 2022/868.
948 https://digital-strategy.ec.europa.eu/en/policies/data-governance-act-explained (zuletzt abgerufen am: 1.11.2024).
949 SWD(2020) 295 final, S. 12; *Hennemann/von Ditfurth*, NJW 2022, 1905, 1906; *Tolks*, MMR 2022, 444, 446 m.w.N.

dritten Kapitels gem. Art. 37 DGA erst ab dem 24. 9.2025 verpflichtend, sofern von der Einrichtung bereits vor dem 23.6.2022 die in Art. 10 DGA genannten Datenvermittlungsdienste erbracht wurden. Erbringt eine Einrichtung dagegen nach dem 23.6.2022 erstmals die in Art. 10 DGA genannten Datenvermittlungsdienste, so gelten die Verpflichtung des dritten Kapitels sofort. Es besteht keine Übergangsregelung.

Im vierten Kapitel führt der DGA in die Konstellationen des **Datenaltruismus** ein. Hierbei werden nach den Vorstellungen des Verordnungsgebers Daten auf freiwilliger Grundlage ohne kommerzielles Interesse zugänglich gemacht und weiterverwendet.[950] In Fällen von Datenaltruismus fließt kein Entgelt als Gegenleistung; der Zugang wird zwecks Allgemeinwohl gewährt.

Das fünfte Kapitel gibt Regelungen vor, die von den nationalen Behörden, die die Einhaltung des DGA überwachen, einzuhalten sind und sieht für die betroffenen Personen eine Beschwerderecht sowie ein Recht auf einen wirksamen gerichtlichen Rechtsbehelf vor. Als neue Institution wird im sechsten Kapitel der **Europäische Dateninnovationsrat** eingeführt. Dessen Aufgabenschwerpunkt soll dabei die Beratung und Unterstützung der Kommission bei der Entwicklung einheitlicher Praxen und Leitlinien in Bezug auf die Daten-Governance sein.[951] Abschließend wird durch das siebte Kapitel die internationale Anwendung des DGA geregelt, im achten Kapitel die Kommission zu eigenen Rechtsakten ermächtigt und das neunte Kapitel sieht die Schlussbestimmungen insbesondere mögliche Sanktionen vor.

Entlang dieser vom DGA vorgegebenen Systematik, orientiert sich auch der Aufbau dieses Kapitels. Zunächst werden die Regelungen bei Daten im Besitz öffentlicher Stellen thematisiert (3.) Anschließend werden die Datenvermittlungsdienste (4.) sowie der Datenaltruismus (5.) vorgestellt.

d) Abgrenzung des DGA zur DS-GVO

Um den DGA als Teil der umfassenden Datenstrategie der EU-Kommission zu verstehen, ist er in einem Zug mit anderen Rechtsakten des Digitalrechts zu lesen.[952] Von besonderer Bedeutung ist dabei das Verhältnis und die Abgrenzung des DGA zur DS-GVO[953]. Der DGA führt zu einer nicht unbedeutenden Ausweitung der Verarbeitung von Daten, einschließlich personenbezogener Daten, sodass es zu einer teilweisen Überschneidung der Anwendungsbereiche von DGA und DS-GVO kommt.[954]

---

950 *Specht/Hennemann*, HK-DGA, Einleitung Rn. 68.

951 Paschke/Rücker/*Keppeler/Poncza*, DGA, Art. 29 Rn. 6.

952 *Specht/Hennemann*, HK-DGA, Einleitung Rn. 37.

953 Verordnung (EU) 2016/679 des Europäischen Parlaments und des Rates vom 27. April 2016 zum Schutz natürlicher Personen bei der Verarbeitung personenbezogener Daten, zum freien Datenverkehr und zur Aufhebung der Richtlinie 95/46/EG (Datenschutz-Grundverordnung), ABl. L 119 vom 4.5.2016, S. 1–88.

954 *Schreiber/Pommerening/Schoel*, DGA, § 1 Rn. 23.

Neben der DS-GVO muss der DGA ferner im Kontext der Free Flow of Data-VO[955], der PSI-RL[956] sowie der Geschäftsgeheimnis-RL[957] gesehen werden. Insbesondere soll der DGA auch mit den anderen Rechtsakten der Datenstrategie korrespondieren, namentlich vor allem DA[958], DSA[959] und DMA[960].

aa) Gesetzliche Vorgaben zur Abgrenzung

Für den DGA gilt – wie für viele unionale Rechtsakte auch – im Hinblick auf die Abgrenzung zur DS-GVO das „Primat der Unberührtheit"[961] (Art. 1 Abs. 3 S. 3 DGA).[962] In der Folge genießt die DS-GVO lediglich im Konfliktfall Vorrang.[963] Der DGA statuiert indes zahlreiche Vorschriften über die Nutzbarmachung von Daten, die im Spannungsverhältnis zur DS-GVO stehen. Der legislative Paradigmenwechsel von Datenschutz zu Datennutz tritt beim DGA dadurch hervor, dass sich der Rechtsakt grundsätzlich mit gemeinsamer Datennutzung auseinandersetzt, ohne im Ausgangspunkt zwischen personenbezogenen- und nicht personenbezogenen Daten zu unterscheiden.[964] Somit stehen sich die Zielrichtungen des bislang und weiterhin geltenden EU-Datenschutzregimes und die des DGA (und des Datenrechts insgesamt) mehr oder weniger konträr gegenüber.[965] Die Konsequenz ist, dass die pauschale Aussage in Art. 1 Abs. 3 S. 3 DGA, wonach die DS-GVO unberührt bleibt, nicht zur Auflösung des Spannungsverhältnisses

---

955 Verordnung (EU) 2018/1807 des Europäischen Parlaments und des Rates vom 14. November 2018 über einen Rahmen für den freien Verkehr nicht-personenbezogener Daten in der Europäischen Union, ABl. L 305 vom 28.11.2018, S. 59–68.

956 Richtlinie (EU) 2019/1024 des Europäischen Parlaments und des Rats vom 20. Juni 2019 über offene Daten und die Weiterverwendung von Informationen des öffentlichen Sektors, ABl. L 172 vom 26.6.2019, S. 56–83.

957 Richtlinie (EU) 2016/943 des Europäischen Parlaments und des Rates vom 8. Juni 2016 über den Schutzvertraulichen Know-hows und vertraulicher Geschäftsinformationen (Geschäftsgeheimnisse) vor rechtswidrigem Erwerb sowie rechtswidriger Nutzung und Offenlegung, ABl. L 157 vom 15.6.2016, S. 1–18.

958 Verordnung (EU) 2023/2854 des Europäischen Parlaments und des Rates vom 13. Dezember 2023 überharmonisierte Vorschriften für einen fairen Datenzugang und eine faire Datennutzung sowie zur Änderung der Verordnung (EU) 2017/2394 und der Richtlinie (EU) 2020/1828, ABl. L vom 22.12.2023, S. 1–71.

959 Verordnung (EU) 2022/2065 des Europäischen Parlaments und des Rates vom 19. Oktober 2022 über einen Binnenmarkt für digitale Dienste und zur Änderung der Richtlinie 2000/31/EG, ABl. L 277 vom 27.10.2022, S. 1–102.

960 Verordnung (EU) 2022/1925 des Europäischen Parlaments und des Rates vom 14. September 2022 über bestreitbare und faire Märkte im digitalen Sektor und zur Änderung der Richtlinien (EU) 2019/1937 und (EU) 2020/1828, ABl. L 265 vom 12.10.2022, S. 1–66.

961 *Specht/Hennemann*, HK-DGA, Einleitung Rn. 87.

962 Ziel des Gesetzgebers ist es gewesen die Bestimmungen der DS-GVO zu stärken, *Europäische Kommission*, Umsetzung des DGA Leitfaden, S. 2.

963 https://digital-strategy.ec.europa.eu/en/policies/data-governance-act-explained (zuletzt abgerufen am: 1.11.2024).

964 *Specht/Hennemann*, HK-DGA, Einleitung Rn. 37.

965 Zu Befürchtungen im Rahmen des Beschlussverfahrens *Tolks*, MMR 2022, 444, 444.

führt. Stattdessen stellen sich im Einzelfall regulatorisch-konzeptionelle Rang- und Abgrenzungsfragen.[966]

In der Literatur gilt nach verbreiteter Auffassung, dass der DGA so auszulegen und hinsichtlich seiner Tragweite so zu lesen ist, dass seine Vorschriften nicht in Konflikt mit der DS-GVO geraten. Tun sie es doch, was bei personenbezogenen Daten regelmäßig der Fall ist, hat die DS-GVO Vorrang.[967]

Bei unklaren Sachverhalten ist daher zunächst die Frage zentral, ob der Sachverhalt zwei Vorschriften der DS-GVO und des DGA in einen Konfliktfall drängt. Kann dagegen ein „Kooperationsverhältnis“[968] zwischen zwei Normen geschaffen werden, etwa durch die Anwendung einer Öffnungsklausel der DS-GVO, stellt sich die Abgrenzungsfrage nicht. Unter Berücksichtigung jüngerer EuGH-Rechtsprechung[969] zum Konfliktfall unionsrechtlicher Normen, kann man zu dem Ergebnis kommen, dass der DGA gegenüber der DS-GVO lediglich in zwei Fällen zurücktritt: Zum einen, wenn der DGA weniger strenge Anforderungen am die DS-GVO stellt, ohne dass sich diese für eine Abweichung geöffnet hätte und zum anderen, wenn der DGA eine gänzliche andere Voraussetzung an die Datenverarbeitung stellt und Vorgaben der DS-GVO dabei abbedungen würden, ohne dass eine Öffnungsklausel vorliegt.[970]

bb) Kritik

Diese abstrakte Regel löst praktische Kleinteiligkeiten allerdings nur selten: Schwierigkeiten kann im Einzelfall schon der Umstand bereiten, dass dem DGA und der DS-GVO ein in Teilen uneinheitliches Vokabular zugrunde liegt und sich bei Schutzmaßnahmen wie der Anonymisierung offen widersprochen wird.[971] Die Uneinheitlichkeit zieht sich auch sprachlich-konzeptionell fort: Kategorisiert die DS-GVO etwa in betroffene Personen, Verantwortliche, Auftragsverarbeiter oder Empfänger, ist im DGA von Dateninhabern, Datennutzern und Datenvermittlern die Rede. Wem hier in Kollisionsfällen welche Rollen und Verpflichtungen trennscharf und praktikabel zugeschrieben werden können, dürfte nicht immer auf Anhieb einleuchten.[972]

Dass das Verhältnis von DGA und DS-GVO von Beginn an unklar ist, zeigt sich schon an der Begriffsbestimmung „Daten“: Grundsätzlich definiert Art. 2 Nr. 1 DGA abschließend den Begriff der Daten als jede digitale Darstellung von Handlungen, Tatsachen oder Informationen sowie jede Zusammenstellung solcher Handlungen, Tatsachen oder Informationen auch in Form von Ton-, Bild- oder audiovisuellem Material. Für den Be-

---

966 *Specht/Hennemann*, HK-DGA, Einleitung Rn. 8.

967 *Specht/Hennemann*, HK-DGA, Einleitung Rn. 89; *Marx*, ZD 2023, 430, 431; *Rachut*, ZD 2024, 248, 250.

968 *Specht/Hennemann*, HK-DGA, Einleitung Rn. 92.

969 Siehe etwa *EuGH*, Urt. v. 13.9.2018 – C-54/17, C-55/17, EU:C:2018:710, Rn. 60 – Wind Tre.

970 *Specht/Hennemann*, HK-DGA, Einleitung Rn. 92.

971 *Brieske/Müller/Pfeiffer/Zihlmann*, ZD-Aktuell 2024, 04505; *Marx*, ZD 2023, 430, 431.

972 *Marx*, ZD 2023, 430, 431f.

griff der personenbezogenen Daten wird in Art. 2 Nr. 3 DGA aber auf die DS-GVO verwiesen, welche nach Art. 4 Nr. 1 DS-GVO auch grundsätzlich analoge Informationen erfasst.[973] Es stellt sich daher die Frage, ob diese analogen Daten auch im Rahmen des DGA umfasst sind oder nicht.[974] Eine weitere vom Gesetzgeber nicht geklärte Rang- und Abgrenzungsfrage ist, was mit dem Begriff der Zustimmung im Rahmen von Art. 12 lit. e) DGA gemeint ist. Gegen die Annahme, dass es sich dabei um eine Einwilligung nach Art. 4 Nr. 11 DS-GVO handelt, spricht, dass Art. 2 Nr. 5 DGA die Einwilligung legal definiert und sie lediglich in Art. 12 lit. m), n) DGA ausdrücklich erwähnt ist.[975]

Neben den technischen Abgrenzungsfragen bedeutet das Primat der Unberührtheit außerdem einen immensen Effektivitäts-Dämpfer, sofern man den von der Kommission vorgesehenen Innovationsmaßstab der Datenstrategie anlegt: Denn hierdurch muss jeder Datenvermittlungsdienst – eigentlich als das Novum zur Etablierung einer **agilen Datenweitergabe** gedacht – jeden zu vermittelnden Datensatz einzelfallbezogen auf personenbezogene Daten prüfen.[976] Ein immenser Arbeitsaufwand, der sich in Sachen Innovation wohl gerade einmal dahingehend vom Status quo unterscheidet, dass er an neu geschaffener Stelle stattfindet. Ferner wird, sofern es sich um wettbewerbsrelevante personenbezogene Informationen handelt, das Schutzniveau der DS-GVO sogar überschritten. Der Anbieter muss gem. Art. 12 lit. l) DGA das höchste Sicherheitsniveau sicherstellen, während nach Art. 32 Abs. 1, 1. Hs. DS-GVO für personenbezogene Daten nur die Pflicht besteht, geeignete technische und organisatorische Maßnahmen zum Schutz der Daten zu treffen.[977] Dabei ist nicht geklärt, welche Maßnahmen das höchste Sicherheitsniveau erfüllen können. Sollte tatsächlich der beste denkbare Schutz geschuldet sein, dürfte dies die meisten Anbieter sowohl technisch als auch finanziell überfordern.[978]

2. Daten im Besitz öffentlicher Stellen, Art. 3–9 DGA

Kapitel 2 des DGA regelt die Weiterverwendung bestimmter Kategorien geschützter Daten im Besitz öffentlicher Stellen.

a) Sinn und Zweck der Regelungen

Der DGA etabliert Bedingungen für die Weitergabe von Daten, die im Besitz öffentlicher Stellen sind, Art. 1 Abs. 1 lit. a) DGA.

---

973 Taeger/Gabel/*Arning*/*Rothkegel*, DS-GVO – BDSG – TTDSG, Art. 4 Rn. 7.

974 *Schreiber*/*Pommerening*/*Schoel*, DGA, § 1 Rn. 27; *Marx*, ZD 2023, 430, 431.

975 *Marx*, ZD 2023, 430, 433; weitere einzelne Abgrenzungsschwierigkeiten bei *Tolks*, MMR 2022, 444, 448 f.

976 *Marx*, ZD 2023, 430, 434.

977 So auch *Rachut*, ZD 2024, 248, 252; *Marx*, ZD 2023, 430, 433.

978 *Schreiber*/*Pommerening*/*Schoel*, DGA, § 3 Rn. 113 f.; *Marx*, ZD 2023, 430, 433.

Zunächst stellt sich vor diesem Hintergrund die Frage, wieso gerade **öffentliche Stellen** in Kapitel 2 vom DGA adressiert werden. Ein Hauptanliegen des DGA ist es unter anderem, Daten, die aus öffentlichen Geldern finanziert wurden, zugänglich zu machen.[979] Im Rahmen dessen sollen Verwaltungsdaten von öffentlichen Stellen für die Allgemeinheit zu nichtstaatlichen Zwecken bereitgestellt werden.[980] Dabei wird unter dem Begriff „nicht staatliche Zwecke" ein dem Gemeinwohl zugutekommender Zweck verstanden, wobei das Gemeinschaftswohl ausschlaggebend ist.[981] So sieht man in der Weiterverwendung der Daten die Chance, dass neue Geschäftsmodelle etabliert werden können oder sie einen wertvollen Beitrag für die öffentliche Daseinsvorsorge leisten werden.[982]

Würde man Daten, die im Besitz öffentlicher Stellen sind, nicht unter die Regelungen des DGA fallen lassen, befürchten manche, dass faktische Hindernisse für die Datennutzung entstehen könnten, weil die im Besitz öffentlicher Stellen befindliche Datensätze besonders groß sind.[983] Sinn und Zweck des DGA ist es aber gerade, eine gemeinsame Datennutzung im Binnenmarkt und einen harmonisierten Rechtsrahmen für einen Datenaustausch zu schaffen[984], um das Potential, welches in der Nutzung von Daten liegt, voll ausschöpfen zu können. Dieses Potential wiederum kann nur erreicht werden, wenn man möglichst viele Daten mit in die Regelungen des DGA einbezieht – somit also auch die vielen Daten, die sich im Besitz öffentlicher Stellen befinden.

Die Vorschriften des DGA reihen sich damit in die europäische Regulierung der Weitergabe von Daten öffentlicher Stellen ein, die durch die PSI-RL begonnen hat. Ziel des DGA ist es dabei gerade, die Schwachstellen der PSI-RL auszugleichen, da die PSI-RL nur die Weiterverwendung öffentlich zugänglicher Informationen im Besitz des öffentlichen Sektors regelte, die ohne spezifische Einschränkungen oder Einschränkungen weitergegeben werden können. Bei Datenbanken, die personenbezogene Daten oder vertrauliche Geschäftsinformationen enthalten, hatte dies zur Folge, dass eine Weitergabe als öffentliche Daten nur dann möglich war, wenn sie anonymisiert oder aggregiert wurden, so dass kein potentieller Weiterverwender Personen oder vertrauliche Informationen erneut identifizieren kann.[985]

b) Adressaten der Vorschriften des zweiten Kapitels

Das zweite Kapitel des DGA behandelt die Weiterverwendung von Daten im Besitz öffentlicher Stellen, Art. 3 Abs. 1 DGA. Die genauen Adressaten und Gegenstände des Kapi-

979 *Schreiber/Pommerening/Schoel*, DGA, § 2 Rn. 1.
980 Erwägungsgrund 6 VO (EU) 2022/868.
981 *Specht*/Hennemann, HK-DGA, Art. 3 Rn. 11.
982 *Falkhofen*, EuZW 2021, 787, 789.
983 BeckOK Datenschutzecht/*Wischmeyer*, DGA, Art. 3 Rn. 6.
984 *Schreiber/Pommerening/Schoel*, DGA, § 1 Rn. 3.
985 *Europäische Kommission*, Umsetzung des DGA – Leitfaden, S. 3.

tels sind im Definitionsteil (Art. 2 DGA) begrifflich festgehalten. Dabei wurden die Begriffsbestimmungen z.T. der Open Data-RL entnommen, die sich begrifflich wiederum aus den EU-Vergaberichtlinien bedient.[986]

Der Begriff öffentlicher Stellen ist in Art. 2 Nr. 17 DGA gesetzlich normiert. Demnach sind gem. Art. 2 Nr. 17 DGA **öffentliche Stellen** der Staat, Gebietskörperschaften, Einrichtungen des öffentlichen Rechts oder Verbände, die aus einer oder mehreren dieser Körperschaften oder einer oder mehreren dieser Einrichtungen des öffentlichen Rechts bestehen. Diese Definition wurde ohne inhaltliche Änderung aus Nr. 11 des Verordnungsentwurfes übernommen.[987]

Darüber hinaus sind aber auch ebenfalls sog. **Einrichtungen des öffentlichen Rechts** von den Bestimmungen des zweiten Kapitels erfasst[988], die in Art. 2 Nr. 18 DGA näher beschrieben werden. Demnach liegt eine Einrichtung des öffentlichen Rechts vor, wenn diese kumulativ eine im Allgemeininteresse liegende Aufgabe wahrnimmt (lit. a)) und eine Rechtspersönlichkeit (lit. b)) sowie eine „besondere Staatsgebundenheit"[989] im Sinne einer überwiegend staatlichen Finanzierung (lit c)) aufweist.

Weiterhin legt Art. 3 Abs. 2 lit. a)–e) DGA fest, für welche Adressaten die Regelungen des zweiten Kapitels ausnahmsweise nicht gelten, obwohl es sich eigentlich um öffentliche Stellen handelt.

Die erste Rückausnahme gilt gem. Art. 3 Abs. 2 lit. a) DGA für **öffentliche Unternehmen**. Ein Öffentliches Unternehmen ist gem. Art. 2 Nr. 19 DGA eines, auf das öffentliche Stellen aufgrund ihres Eigentums, ihrer finanziellen Beteiligung oder der für das Unternehmen geltenden Bestimmungen unmittelbar oder mittelbar einen beherrschenden Einfluss ausüben können. Dabei liegt die Betonung insbesondere auf dem Kriterium des beherrschenden Einflusses. Zur Konkretisierung dieses Merkmals nennt Nr. 19 Hs. 2 lit. a)–c) DGA Regelbeispiele, in denen ein solcher beherrschender Einfluss unzweifelhaft gegeben ist.[990]

Gem. Art. 3 Abs. 2 lit. b) DGA gilt das zweite Kapitel im Übrigen auch nicht für **öffentlich-rechtliche Rundfunkanstalten**. Demnach sind Stellen sowie deren Zweigstellen für solche Daten, die der Wahrnehmung eines öffentlichen Sendeauftrags dienen, von einer Beachtung der Vorgaben des Kapitels 2 des DGA entbunden.[991]

Schließlich nimmt Art. 3 Abs. 2 lit. c) DGA auch Kultur- und Bildungseinrichtungen vom Anwendungsbereich aus. Nach Erwägungsgrund 12 DGA sind das etwa Bibliotheken, Museen, Opern, Universitäten oder Schulen.[992] Die Ratio hinter diesen Rückausnahmen ist, dass in diesen Einrichtungen häufig die Rechte Dritter in Form von Immaterial-

---

986 *Schreiber/Pommerening/Schoel*, DGA, § 2 Rn. 8.
987 *Specht*/Hennemann, HK-DGA, Art. 2 Rn. 24.
988 *Schreiber/Pommerening/Schoel*, DGA, § 2 Rn. 7.
989 *Schreiber/Pommerening/Schoel*, DGA, § 2 Rn. 18.
990 *Specht*/Hennemann, HK-DGA, Art. 2 Rn. 153.
991 BeckOK Datenschutzrecht/*Wischmeyer*, Art. 3 Rn. 26.
992 Erwägungsgrund 12 VO (EU) 2022/868.

güterrechten betroffen sind.[993] Ist eine der Ausnahmen einschlägig, sind Art. 4ff. DGA folglich nicht anwendbar.

c) Keine Pflicht der öffentlichen Stellen zur Herausgabe, Art. 1 Abs. 2 DGA

Anders als es die nicht-amtliche Überschrift möglicherweise suggeriert, statuiert Art. 1 Abs. 2 DGA gerade keine Pflicht öffentlicher Stellen, die Weiterverwendung von Daten zu erlauben, sodass sich etwaige Zugangsrechte zu bestimmten Datensätzen oder Dokumenten weiterhin ausschließlich nach nationalem Recht richten.[994] Art. 1 Abs. 2 DGA verdeutlicht somit, dass der DGA – anders als der Data Act – weder Datenzugangsansprüche noch Offenlegungspflichten von Dokumenten begründet; vielmehr geht es dieser Verordnung um eine Schaffung einer funktionierenden Datennutzungsinfrastruktur.[995] Dies wiederum geht aus Erwägungsgrund 11 hervor. Insbesondere stellt der DGA auch keine neue Rechtsgrundlage im Sinne der DS-GVO für die Weiterverwendung personenbezogener Daten dar.[996]

Darüber hinaus befreit der DGA die öffentlichen Stellen nicht von ihrer Geheimhaltungspflicht nach dem Unionsrecht oder dem nationalen Recht. Was genau unter Geheimhaltungspflichten verstanden wird, konkretisiert der DGA nicht; allerdings werden sowohl gesetzliche als auch durch Vertrag begründete Geheimhaltungspflichten erfasst sein.[997] Dies dürften nicht zuletzt kommerzielle Geheimhaltungspflichten zum Schutz des geistigen Eigentums, aber auch gesetzliche Geheimhaltungspflichten wie das Steuergeheimnis[998] sein. Der DGA enthält in Zuge dessen auch keine Ausnahmen oder anderweitige Erlaubnistatbestände.

Vor dem Hintergrund, dass öffentliche Stellen nicht verpflichtet sind, Daten bereitzustellen, drängt sich jedoch die Frage auf, wie dieser Aspekt im Verhältnis zu den gerichtlich durchsetzbaren Anträgen auf Weiterverwendung, die in Art. 9 Abs. 1 DGA geregelt sind, genau einzuordnen ist.[999] Hier wären nähere Ausführungen seitens der Kommission wünschenswert gewesen.

---

993 Erwägungsgrund 12 VO (EU) 2022/868; *Schreiber/Pommerening/Schoel*, DGA, § 2 Rn. 22.

994 *Schreiber/Pommerening/Schoel*, DGA, § 2 Rn. 2; *Tolks*, MMR 2022, 444.

995 Erwägungsgrund 12 VO (EU) 2022/868; *Specht*/Hennemann, HK-DGA, Art. 1 Rn. 32.

996 *Europäische Kommission*, Umsetzung des DGA – Leitfaden, S. 3f.

997 *Specht*/Hennemann, HK-DGA, Art. 1 Rn. 37.

998 Für das nationale Recht bestimmt § 30 AO die Geheimhaltungspflicht.

999 https://www.bmwk.de/Redaktion/DE/Downloads/S-T/stellungnahme-bundesrepublik-deutschland-zu-daten-governance-gesetz.pdf?__blob=publicationFile&v=4 (zuletzt abgerufen am: 1.11.2024).

d) Sachlich erfasste Daten und Handlungen, Art. 3 Abs. 1 DGA

Gem. Art. 3 Abs. 1 S. 1 DGA regelt das zweite Kapitel die Weiterverwendung von Daten, die sich im Besitz öffentlicher Stellen befinden und nach bestimmten Kriterien geschützt sind.

aa) Die Weiterverwendung der Daten

Bevor die unterschiedlichen Kategorien von Daten des Art. 3 Abs. 1 lit. a)–d) erörtert werden, muss zunächst der für das zweite Kapitel zentrale Begriff der **Weiterverwendung** präzisiert werden.

Gem. Art. 2 Nr. 2 DGA meint Weiterverwendung die Nutzung von Daten durch natürliche oder juristische Personen für kommerzielle oder nichtkommerzielle Zwecke, die sich von dem ursprünglichen Zweck im Rahmen des öffentlichen Auftrags, für den die Daten erstellt wurden, unterscheiden. Der Begriff der Weiterverwendung im Sinne des DGA weist damit erhebliche Ähnlichkeiten zu dem Begriff der Weiterverarbeitung im Sinne des Art. 6 Abs. 4 DS-GVO auf.[1000] In beiden Fällen unterscheidet sich der ursprüngliche Zweck der Datenerhebung von dem nun verfolgtem Zweck der Datenweiterverwendung. Dabei ist alleine entscheidend, dass der Zweck der Weiterverwendung ein anderer ist als der ursprünglich von der öffentlichen Stelle verfolgte.[1001] Allerdings sind nur nicht-staatliche Zwecke erfasst, weshalb keine Weiterverwendung vorliegt, wenn öffentliche Stellen ihre Daten ausschließlich im Rahmen der Erfüllung ihres öffentlichen Auftrags austauschen.[1002] Des Weiteren knüpft der Begriff der Weiterverwendung an den Begriff der Nutzung an, wobei Nutzung nicht näher durch den DGA definiert wird.[1003] Aufgrund dieser fehlenden Konkretisierung dürfte eine weite Auslegung des Begriffes der Nutzung geboten sein.[1004]

bb) Daten im Besitz öffentlicher Stellen

Neben dem Weiterverwenden kommt es zudem darauf an, ob die **Daten** auch **im Besitz** der öffentlichen Stellen sind. Wann genau Daten im Besitz öffentlicher Stellen sind, ist nicht weiter im DGA definiert. Zur Konkretisierung des Tatbestandsmerkmals im Besitz liegt es nach einer Ansicht in der Literatur aufgrund des Wortlautes nahe, dass angelehnt an § 854 BGB von einer tatsächlichen Gewalt über die Daten ausgegangen werden muss, damit von im Besitz gesprochen werden kann.[1005] Kann also eine öffentliche Stelle faktisch über eine mögliche Verwendung der Daten bestimmen, sind diese in deren Be-

1000 *Specht*/Hennemann, HK-DGA, Art. 5 Rn. 36.
1001 *Specht*/Hennemann, HK-DGA, Art. 5 Rn. 37.
1002 *Schreiber*/*Schoel*, LTZ 2024, 3, 5.
1003 *Specht*/Hennemann, HK-DGA, Art. 2 Rn. 39.
1004 Paschke/Rücker/*Keppeler*/*Poncza*, DGA, Art. 2 Rn. 7.
1005 Paschke/Rücker/*Keppeler*/*Poncza*, DGA, Art. 2 Rn. 8.

sitz.[1006] Nach § 854 BGB kommt es nämlich im Unterschied zum Eigentum beim Besitz auf die tatsächliche Herrschaft einer Sache an, nicht aber auf die rechtliche.[1007]

Andere hingegen knüpfen nicht an § 854 BGB an, sondern argumentieren, dass der Begriff „im Besitz“ vielmehr unionsrechtlich ausgelegt werden muss.[1008] Als Argument spricht dafür einerseits, dass viele EU Mitgliedstaaten das deutsche zivilrechtliche Verständnis, wonach der Besitz an das Abstraktionsprinzip geknüpft ist, nicht in unserer Form kennen.[1009] Daher kommt es auf dessen Verständnis als eine technisch-faktische Datenherrschaft an, die durch eine tatsächliche Einwirkungsmöglichkeit auf die Daten gekennzeichnet ist.[1010] Für diesen Maßstab spricht auch die englische Version, nach der von „data held by public sector“ gesprochen wird.[1011] Letztlich werden aber wohl beide Begründungen in den meisten Fällen zu demselben Ergebnis kommen, da der § 854 BGB ebenfalls auf eine faktische Herrschaft abstellt.[1012]

Wer aber sichergehen möchte, dem ist zu empfehlen, den Begriff „im Besitz“ gem. Art. 2 Nr. 2 DGA unionsrechtlich auszulegen und hiernach zu subsumieren.

Die „Sachherrschaft“ der Daten bei ihrer Entstehung (Erzeugung) ist nach Ansicht der Literatur nicht erheblich für die Anwendbarkeit des Art. 3 DGA.[1013]

cc) Besonders geschützte Daten

Kapitel II des DGA gilt gem. Art. 3 Abs. 1 lit. a)–d) DGA für bestimmte, besonders geschützte Daten, die im Folgenden nun näher erläutert werden:

(1) Erste Datengruppe: Geschäftliche Geheimhaltung gem. Art. 3 Abs. 1 lit. a) DGA

Hiermit sind all jene Daten gemeint, die „Umstände privater Dritter, regelmäßig juristische Personen“ beschreiben, die „vertraulich zu behandeln sind“, also jedenfalls alle Informationen, die auch ein Geschäftsgeheimnis im Sinne des GeschGehG darstellen würden.[1014] Ein **Geschäftsgeheimnis** wiederum ist jede Information, die nicht ohne Weiteres zugänglich, nicht allgemein bekannt und daher von wirtschaftlichem Wert ist. Die Daten sind durch ihren Inhaber durch Geheimhaltungsmaßnahmen geschützt, da der Inhaber ein berechtigtes Interesse an der Geheimhaltung hat.[1015]

1006 Paschke/Rücker/*Keppeler/Poncza*, DGA, Art. 2 Rn. 8.

1007 *Hoeren*, MMR 2019, 5, 6.

1008 *Specht*/Hennemann, HK-DGA, Art. 2 Rn. 37.

1009 Paschke/Rücker/*Keppeler/Poncza*, DGA, Art. 2 Rn. 8.

1010 BeckOK Datenschutzrecht/*Schild/Richter/Schmidt-Wudy*, DGA, Art. 2 Rn. 27; *Specht*/Hennemann, HK DGA, Art. 2 Rn. 37.

1011 Paschke/Rücker/*Keppeler/Poncza*, DGA, Art. 2 Rn. 8.

1012 BeckOK Datenschutzrecht/*Schild/Richter/Schmidt-Wudy*, DGA, Art. 2 Rn. 27.

1013 *Schreiber/Pommerening/Schoel*, DGA, § 2 Rn. 37.

1014 *Schreiber/Pommerening/Schoel*, DGA, § 2 Rn. 28.

1015 Vgl. Art 2 Nr. 1 lit. a)–c) Geschäftsgeheimnis-RL.

Dabei schließt der Begriff der geschäftlichen Geheimhaltung auch Betriebsgeheimnisse, Berufsgeheimnisse und Unternehmensgeheimnisse mit ein, wie in Art. 3 Abs. 1 lit. a) DGA festgelegt wird.

(2) Zweite Datengruppe: Statistische Geheimhaltung gem. Art. 3 Abs. 1 lit. b) DGA

Darüber hinaus sind gem. Art. 3 lit. b) DGA Daten, die aus Gründen der **statistischen Geheimhaltung** geschützt sind, von Kapitel 2 erfasst. Gemeint sind vertrauliche Daten, die primärrechtlich durch Art. 339 Abs. 2 AEUV und präziser durch die Statistikverordnung (EG 223/2009) geschützt sind.[1016] Unter Daten der statistischen Geheimhaltung sind Daten gemeint, die über bestimmte Personen oder Unternehmen verwendet werden dürfen, wobei Vorschriften angewendet werden müssen, um die Offenlegung dieser Daten zu verhindern.[1017] Rechtlich ist der statistische Geheimhaltungsschutz auf nationaler sowie auf unionsrechtlicher Ebene insbesondere durch die Statistik-VO[1018] verankert.[1019]

(3) Dritte Datengruppe: Geistiges Eigentum gem. Art. 3 Abs. 1 lit. c) DGA

Das 2. Kapitel gilt gem. Art. 3 Abs. 1 lit. c) DGA auch für Daten, die sich im Besitz öffentlicher Stellen befinden und aus Gründen des Schutzes geistigen Eigentums Dritter geschützt sind. Dabei ist Art. 3 Abs. 1 lit. c) DGA ein Verweis auf die europäischen und nationalen Vorschriften des Urheberrechts. Zwar soll der DGA eine Zugänglichkeit auch zu solchen Daten, die urheberrechtlich relevant sind, schaffen. Der DGA stellt aber keine Ausnahme zur Gültigkeit des bereits bestehenden Urheberrechts dar. Eine Zugänglichkeit von besonders geschützten Daten nach Art. 3 Abs 1 lit. c) DGA kann daher auch nur erfolgen, wenn die entsprechenden urheberrechtlichen Vorschriften eingehalten werden.[1020] Im Zuge dessen wird insbesondere das urheberrechtlich geschützte Datenbankwerk, das Datenbankherstellerrecht und der patentrechtliche Schutz von Bedeutung sein.[1021]

1016 *Schreiber/Pommerening/Schoel*, DGA, § 2 Rn. 31.

1017 *Specht*/Hennemann, HK-DGA, Art. 3 Rn. 30.

1018 Verordnung (EG) Nr. 223/2009 des Europäischen Parlaments und des Rates vom 11. März 2009 über europäische Statistiken und zur Aufhebung der Verordnung (EG, Euratom) Nr. 1101/2008 des Europäischen Parlaments und des Rates über die Übermittlung von unter die Geheimhaltungspflicht fallenden Informationen an das Statistische Amt der Europäischen Gemeinschaften, der Verordnung (EG) Nr. 322/97 des Rates über die Gemeinschaftsstatistiken und des Beschlusses 89/382/EWG, Euratom des Rates zur Einsetzung eines Ausschusses für das Statistische Programm der Europäischen Gemeinschaften, ABl. L 87 vom 31.3.2009, S. 164–173.

1019 *Specht*/Hennemann, HK-DGA, Art. 3 Rn. 30.

1020 Erwägungsgründe 17, 18 DGA; *Schreiber/Pommerening/Schoel*, DGA, § 2 Rn. 32.

1021 *Specht*/Hennemann, HK-DGA, Art. 3 Rn. 32; anders BeckOK Datenschutzrecht/*Wischmeyer*, DGA, Art. 3 Rn. 19.

(4) Vierte Datengruppe: Schutz personenbezogener Daten gem. Art. 3 Abs. 1 lit. d) DGA

Als vierte und letzte Gruppe spricht Art. 3 noch von den besonders geschützten personenbezogenen Daten, Art. 3 Abs. 1 lit. d) DGA. Der Begriff der personenbezogenen Daten ist mit dem aus Art. 4 Nr. 1 DS-GVO gleichzusetzen. Demnach sind personenbezogene Daten alle Informationen, die sich auf eine identifizierte oder identifizierbare natürliche Person beziehen. Nicht mehr erfasst sind aber solche Daten, die in den Anwendungsbereich der PSI-RL fallen. Dadurch kommt der DGA in diesen Fällen nur subsidiär zur Anwendung.[1022] Konkret knüpft Art. 3 Abs. 1 lit. d) DGA an den Art. 1 Abs. 2 lit. h) PSI-RL an. Dieser wiederum schließt die Anwendung der Richtlinie aus für Dokumente, die nach den Zugangsregelungen der Mitgliedstaaten aus Gründen des Schutzes personenbezogener Daten nicht oder nur eingeschränkt zugänglich sind, und Teile von Dokumenten, die nach diesen Regelungen zugänglich sind, wenn sie personenbezogene Daten enthalten, deren Weiterverwendung gesetzlich nicht mit dem Recht über den Schutz natürlicher Personen in Bezug auf die Verarbeitung personenbezogener Daten vereinbar ist oder gesetzlich als Beeinträchtigung des Schutzes der Privatsphäre und der Integrität der betroffenen Personen definiert ist, insbesondere im Einklang mit dem Unionsrecht oder dem nationalen Recht im Hinblick auf den Schutz personenbezogener Daten. Da also gerade diese personenbezogenen Daten nicht von der PSI-RL reguliert werden, erstreckt sich die Anwendung des DGA auf eben besonders diese Daten.[1023]

Dabei definiert Art. 2 Nr. 6 DGA die Anforderungen an ein Dokument im Sinne der PSI-RL: Dokument meint jeden Inhalt unabhängig von der Form des Datenträgers oder einen beliebigen Teil eins solchen Inhalts.

e) Ausschluss bestimmter Arten von Daten in Art. 3 Abs. 2 lit. d), e) DGA

Wie bereits oben dargestellt, beziehen sich die Ausnahmetatbestände des 2. Kapitels auf verschiedene Arten von Institutionen, die die geschützten Daten besitzen und ohne weiteres eigentlich als öffentliche Stellen eingestuft werden müssten, Art. 3 Abs. 2 lit. a)–d) DGA. Liegt eine solche Institution vor, wie beispielsweise ein öffentliches Unternehmen, Museen, Schulen und Universitäten, sind die Regelungen des Kapitels 2 DGA nicht anwendbar.[1024] Daneben sind auch bestimmte Arten von Daten in Art. 3 Abs. 2 lit. d) und e) DGA von der Rückausnahme mit umfasst, die nicht an den Besitzer der Daten anknüpft, sondern auf die Qualität der Daten abstellt.[1025] Dazu zählen Daten, die aus Gründen der nationalen Sicherheit/ Verteidigung oder öffentlichen Sicherheit nicht geteilt werden dürfen (lit. d)) und Daten, deren Erhebung außerhalb des gesetzlich festgelegten Auftrags der öffentlichen Stelle erhoben werden (lit. e)). Zu ersteren Gruppe sei angemerkt,

---

1022 Paschke/Rücker/*Weiden*, DGA, Art. 3 Rn. 26.
1023 *Specht*/Hennemann, HKA-DGA, Art. 3 Rn. 41.
1024 *Europäische Kommission*, Umsetzung des DGA – Leitfaden, S. 4.
1025 Paschke/Rücker/*Weiden*, DGA, Art. 3 Rn. 61.

dass diese Rückausnahme der beschränkten Zuständigkeit der Europäischen Union in diesen Angelegenheiten Rechnung tragen möchte.[1026] Welche Daten genau unter den Begriff der öffentlichen Sicherheit fallen, wird die zuständige Stelle selbst zu beurteilen haben, da die Bestimmung zur „öffentlichen Sicherheit" auslegungsbedürftig und nicht in allen Mitgliedstaaten einheitlich zu beurteilen ist.[1027] Bezüglich der zweiten Ausnahmegruppe gilt, dass sich solch ein öffentlicher Auftrag aus der allgemeinen Verwaltungspraxis des jeweiligen Mitgliedstaates ergeben kann; dieser muss transparent sein und regelmäßig überprüft werden.[1028]

f) Keine Ausschließlichkeitsvereinbarungen, Art. 4 DGA

Gem. Art. 4 Abs. 1 DGA ist es grundsätzlich verboten, eine **Ausschließlichkeitsvereinbarung** in Bezug auf die Weiterverwendung abzuschließen. Ausschließlichkeitsvereinbarungen sind gem. Art. 4 Abs. 1 DGA Vereinbarungen oder sonstige Praktiken, die ausschließliche Rechte gewähren oder aber zum Gegenstand haben oder bewirken, dass solche ausschließlichen Rechte gewährt werden. Unter Vereinbarungen sind zunächst jegliche Formen der vertraglichen Bindung zu verstehen, während die sonstigen Praktiken eine Art Auffangtatbestand darstellen, der eine umgehend des Telos außerhalb des Merkmals einer Vereinbarung ausschließen soll. Vereinbarungen sind dabei freiwillige Übereinkommen; sonstige Praktiken hingegen sollen auch noch andere Handlungsformen erfassen, wie z. B. Verwaltungsakte.[1029] Bei Vorliegen eines Verwaltungsaktes ergibt sich, dass dieser nicht nur unwirksam, sondern nichtig ist.[1030] Durch die Ergänzung auf sonstige Übereinkommen sollen Umgehungsgeschäfte vermieden werden.[1031]

Durch das sehr weit gefasste Verbot von Ausschließlichkeitsvereinbarungen wird sichergestellt, dass sowohl unmittelbare als auch mittelbare Beschränkungen des Zugangs Dritter zu Daten im Besitz öffentlicher Stellen zur Weiterverwendung durch Vereinbarungen oder sonstiger Praktiken verhindert werden.[1032] Ein Verstoß gegen Art. 4 Abs. 1 DGA kann sich unter Umständen negativ auf die Wirksamkeit der entsprechenden Vereinbarung auswirken.[1033]

Das Ziel dieser Vorschrift ist es insgesamt, dass Daten aus öffentlichen Stellen möglichst jedermann zur Verfügung stehen sollen, um einen maximalen Innovationsgrad zu erzielen.[1034]

1026 BeckOK Datenschutzrecht/*Wischmeyer*, DGA, Art. 3 Rn. 29.
1027 Paschke/Rücker/*Weiden*, DGA, Art. 3 Rn. 62.
1028 Paschke/Rücker/*Weiden*, DGA, Art. 3 Rn. 63.
1029 BeckOK Datenschutzrecht/*Richter*, DGA, Art. 4 Rn. 6 f.
1030 BeckOK Datenschutzrecht/*Richter*, DGA, Art. 4 Rn. 14.
1031 *Schreiber/Pommerening/Schoel*, DGA, § 2 Rn. 44–49.
1032 *Specht*/Hennemann, HK-DGA, Art. 4 Rn. 34.
1033 *Richter*, ZD 2022, 3, 5.
1034 BeckOK Datenschutzrecht/*Richter*, DGA, Art. 4 Rn. 2; Paschke/Rücker/*Weiden*, DGA, Art. 4 Rn. 1.

Art. 4 Abs. 2 DGA statuiert von dem grundsätzlichen Verbot der Ausschließlichkeitsvereinbarung eine Ausnahme, unter deren Voraussetzungen eine Ausschließlichkeitsvereinbarung zulässig ist: Demnach kann eine Ausschließlichkeitsvereinbarung zwischen einer öffentlichen Stelle und einem Dritten geschlossen werden, wenn ansonsten die Erbringung eines Dienstes oder die Bereitstellung eines Produkts im **allgemeinen Interesse** nicht möglich ist. Dabei ist der offene Begriff allgemeines Interesse unionsrechtlich autonom auszulegen.[1035] Jedenfalls nicht darunter gefasst werden sollen lediglich private, individuelle Anliegen des Einzelnen; vielmehr soll es um Anliegen gehen, die eine Vielzahl von Menschen betreffen. So steht beispielsweise die Gesundheitsversorgung, die Verbesserung der Erbringung öffentlicher Dienstleistungen oder die Bekämpfung des Klimawandels im allgemeinen Interesse.[1036] Zudem kann man sich am Erwägungsgrund 13 orientieren, der als Beispiel für ein allgemeines Interesse die Bereitstellung eines Produktes anführt (also zum Beispiel die Herstellung eines Medikamentes).[1037] Dies muss aber ausreichend transparent begründet (Abs. 5) und durch Verwaltungsakt oder vertragliche Vereinbarung rechtswirksam (Abs. 3) sein. Eine solche Ausschließlichkeitsvereinbarung darf eine Dauer von 12 Monaten zudem nicht überschreiten (Abs. 4). Diese materiellen, formellen und verfahrensmäßigen Anforderungen der Abs. 2–5 müssen kumulativ gegeben sein.[1038]

g) Bedingungen für die Weiterverwendung, Art. 5 DGA

Art. 5 DGA normiert als zentraler Baustein des DGA die Bedingungen, unter denen eine Weiterverwendung erfolgen darf. Grundlegend gilt dabei nach Art. 5 Abs. 2 DGA, dass die Bedingungen für die Weiterverwendung nichtdiskriminierend, transparent, verhältnismäßig und objektiv gerechtfertigt sein müssen.

Die Bedingungen für das Erlauben einer Weiterverwendung von besonders geschützten Daten und das Verfahren für die Beantragung einer solchen Weiterverwendung müssen über die zentrale Informationsstelle (Art. 8 DGA) öffentlich zugänglich gemacht werden, Art. 5 Abs. 1 DGA. Interessierte Unternehmen und andere Datennutzer profitieren nur dann von Datenzugangsansprüchen, wenn sie transparent und rechtssicher erfahren können, zu welchen Bedingungen sie an die Daten gelangen.[1039] Im Hinblick darauf wird den öffentlichen Stellen empfohlen, eine einheitliche Geheimhaltungsverpflichtung zu verwenden und im Übrigen die Weiterverwender mittels standardisierter Informationen im Rahmen des Art. 5 Abs. 1 S. 1 DGA auf die ihnen obliegen-

1035 *Specht*/Hennemann, Art. 4 Rn. 57.
1036 *Specht*/Hennemann, Art. 4 Rn. 57.
1037 Paschke/Rücker/*Weiden*, DGA, Art. 4 Rn. 9f.
1038 BeckOK Datenschutzrecht/*Richter*, DGA, Art. 4 Rn. 1.
1039 *Schreiber*/*Pommerening*/*Schoel*, DGA, § 2 Rn. 64.

den Pflichten hinzuweisen; gegebenenfalls zusätzlich in einem gesonderten Portal auf ihrer Homepage.[1040]

In Art. 5 Abs. 3–14 DGA werden die einzelnen Anforderungen und Voraussetzungen an die Weiterverwendung festgelegt, wobei der Schutz der Daten stets höchste Priorität hat, unabhängig davon, ob es sich um personenbezogene oder nicht personenbezogene Daten handelt.[1041] Unterschiede bestehen lediglich im Hinblick auf die konkreten Maßnahmen zum Schutz der Daten.

aa) Schutzmaßnahmen für personenbezogene Daten

Der Schutz personenbezogener Daten wird nach der Vorstellung des Verordnungsgebers durch die Anonymisierung derselben erreicht, Art. 5 Abs. 3 S. 2 lit. a) Ziff. i DGA. Dabei handelt es sich ausweislich des Wortlauts können nicht um eine behördliche Pflicht, sondern lediglich um eine von mehreren möglichen Methoden.[1042] In diesem Zuge wird dann die aus dem Datenschutzrecht bekannte Frage relevant, wann eine Anonymisierung anzunehmen ist. Nach Erwägungsgrund 26 DS-GVO sind Daten anonym, wenn sich diese nicht auf eine identifizierte oder identifizierbare natürliche Person beziehen, oder es sich um personenbezogene Daten handelt, die in einer Weise anonymisiert worden sind, dass die betroffene Person nicht oder nicht mehr identifiziert werden kann.[1043] Bei der Entscheidung, ob eine Identifizierbarkeit möglich ist, sind dabei nach Erwägungsgrund 26 DS-GVO alle Mittel zu berücksichtigen, die von dem Verantwortlichen oder einer anderen Person nach allgemeinem Ermessen wahrscheinlich genutzt werden, um die natürliche Person direkt oder indirekt zu identifizieren.[1044] Zu beachten ist dabei aber, dass eine fiktive Möglichkeit der Bestimmbarkeit nicht ausreicht.[1045] Stattdessen sind nach Auffassung des Europäischen Gerichtshofs solche Mittel nicht zu berücksichtigen, mithilfe derer eine Identifizierung praktisch nicht durchführbar wäre, weil sie zum Beispiel einen unverhältnismäßigen Aufwand an Zeit, Kosten und Arbeitskräften erfordern würden.[1046] Umstritten ist aber, ob und wenn ja in welchem Umfang das Wissen und die Mittel anderer Personen zur Identifizierung einer Person berücksichtigt werden können. Die Frage ist also, ob es bei der Herstellbarkeit des Personenbe-

---

1040 Der *Bayerische Landesbeauftragte für den Datenschutz*, Daten-Governance-Rechtsakt Auf dem Weg zu einem europäischen Binnenmarkt für Daten – Orientierungshilfe, Rn. 46, https://www.datenschutz-bayern.de/infothek/OH_DGA.pdf (zuletzt abgerufen am: 1.11.2024).

1041 Ausführlicher Überblick über die einzuhaltenden Pflichten bei *Europäische Kommission*, Umsetzung des DGA – Leitfaden, S. 5f.; *Schreiber/Pommerening/Schoel*, DGA, § 2 Rn. 70.

1042 Paschke/Rücker/*Weiden*, DGA, Art. 5 Rn. 10.

1043 *Schreiber/Pommerening/Schoel*, DGA, § 2 Rn. 73.

1044 *Schreiber/Pommerening/Schoel*, DGA, § 2 Rn. 73.

1045 BeckOK Datenschutzrecht/*Schild*, DS-GVO, Art. 4 Rn. 18; *Schreiber/Pommerening/Schoel*, DGA, § 2 Rn. 73.

1046 *EuGH*, Urt. v. 19.10.2016 – C-582/14, ECLI:EU:C:2016:779, Rn. 46 – Breyer; Kühling/Buchner/*Klar/Kühling*, DS-GVO, Art. 4 Rn. 22.

zugs auf den jeweils Verantwortlichen ankommt (relativer Personenbezug)[1047] oder ob es ausreicht, wenn irgendeine andere Person einen Personenbezug herstellen kann (absoluter Personenbezug)[1048].[1049] Der Europäische Gerichtshof nimmt bei dieser Problematik eine vermittelnde Stellung ein. Danach kommt es darauf an, ob der Verantwortliche über Mittel verfügt, die er zum Erhalt der Informationen bei einem Dritten vernünftigerweise einsetzen kann.[1050]

Allein die Anonymisierung der personenbezogenen Daten ist aber noch nicht ausreichend als Schutzmaßnahme, da gem. Art. 1 Abs. 2 DGA die Bestimmungen des europäischen Datenschutzrechts durch die Bestimmungen des DGA in Bezug auf personenbezogenen Daten unberührt bleiben. Tatsächlich haben die einschlägigen europäischen Datenschutzvorschriften (namentlich DS-GVO) im Kollisionsfall gem. Art. 1 Abs. 3 S. 3 DGA sogar Vorrang gegenüber den Regelungen des DGA. Die Folge ist, dass nach Auffassung der Literatur ein Zugang zu personenbezogenen Daten nur zulässig sein soll, wenn die Anonymisierung von einer Datenschutzfolgenabschätzung gem. Art. 35 DS-GVO, Betroffeneninformationen gem. Art. 13 Abs. 1–4 sowie Art. 14 Abs. 1–5 DS-GVO und den anderen gängigen Schutzmechanismen der DS-GVO begleitet werden, insbesondere soweit der Weiterverwender seinen angestrebten Zweck nur mit personenbezogenen Daten erreichen kann.[1051] Dieses Verständnis legt auch wohl die EU-Kommission zugrunde, wonach Weiterverwender personenbezogene Daten nur im Einklang mit Kapitel V der DS-GVO an Drittländer übermitteln dürfen.[1052]

Insofern ist in der Praxis wichtig zu beachten, dass die eindimensionale Anwendung dieser DGA-Vorschiften mitnichten ausreicht; vielmehr geht eine konforme Rechtsanwendung über den DGA hinaus und muss das bestehende europäische Datenschutzrecht miteinbeziehen.[1053]

Der DGA sorgt an dieser Stelle für hohen Konformitätsdruck: Da das Anonymisieren der Daten durch die öffentliche Stelle auch eine Form der Verarbeitung ist, bedarf es hierfür eines Ermächtigungstatbestandes nach der DS-GVO.[1054] Art. 5 DGA selbst ist dabei kein Ermächtigungstatbestand, da der DGA hinter der DS-GVO zurücktritt, sofern deren Anwendungsbereich eröffnet ist (Art. 1 Abs. 3 S. 3 DGA).[1055] Mögliche in Betracht kommende Ermächtigungstatbestände sind z.B. Art. 6 Abs. 1 lit. e) DS-GVO, Art. 6 Abs. 1

1047 Simitis/Hornung/Spiecker/*Karg*, DS-GVO, Art. 4 Nr. 1 Rn. 59 m.w.N.

1048 *Brink/Eckhardt*, ZD 2015, 205, 206 m.w.N.

1049 Kühling/Buchner/*Klar/Kühling*, DS-GVO, Art. 4 Rn. 25.

1050 *EuGH*, Urt. v. 19.10.2016 – C-582/14, ECLI:EU:C:2016:779, Rn. 45ff. – Breyer; *Schreiber/Pommerening/Schoel*, DGA, § 2 Rn. 73: ausführliche Diskussion des gesamten Problems bei Kühling/Buchner/*Klar/Kühling*, DS-GVO, Art. 4 Rn. 25ff. sowie bei Sydow/Marsch/*Ziebarth*, DS-GVO, Art. 4 Rn. 33ff.

1051 *Schreiber/Pommerening/Schoel*, DGA, § 2 Rn. 81, 75.

1052 *Europäische Kommission*, Umsetzung des DGA – Leitfaden, S. 6.

1053 *Schreiber/Pommerening/Schoel*, DGA, § 2 Rn. 75.

1054 Paschke/Rücker/*Weiden*, DGA, Art. 5 Rn. 13; *Roßnagel*, ZD 2021, 188, 189.

1055 Paschke/Rücker/*Weiden*, DGA, Art. 5 Rn. 13.

lit. c) DS-GVO oder auch die Einwilligung der betroffenen Person nach Art. 6 Abs. 1 lit. a) DS-GVO.[1056]

Entgegen dem ursprünglichen Entwurf der Kommission gibt es aber keine harte Unterstützungspflicht der öffentlichen Stellen für den Fall, dass die Weiterverwendung nicht gestattet werden kann und eine Rechtsgrundlage für die (Weiter-)Verarbeitung von personenbezogenen Daten fehlt; stattdessen muss sich die öffentliche Stelle nach **Art. 5 Abs. 6 S. 1 DGA** nur nach besten Kräften bemühen, bei der Einholung entsprechender Einwilligungen der betroffenen Personen zu unterstützen. Mutmaßlich sollte diese Änderung die öffentlichen Stellen vor einer Überlastung schützen.[1057]

Zusätzlich zum Konformitätsdruck der bereits genannten DS-GVO-Vorschriften dürfte die Weiterverwendung von öffentlich erhobenen Daten für die wirtschaftlichen Interessen von Unternehmen regelmäßig auch eine Zweckänderung nach Art. 6 Abs. 4 DS-GVO darstellen, weshalb jeweils eine Einzelfallprüfung hinsichtlich der Zweckkompatibilität geboten ist.[1058] Auch hieran zeigt sich: Der DGA verfolgt teleologisch die Förderung der Weitergabe und Zugänglichkeit von Daten, wird aber zugleich durch die Schutzdimension der DS-GVO überformt, weil beide Regime nicht hinreichend aufeinander abgestimmt sind.[1059]

bb) Schutzmaßnahmen für nicht-personenbezogene Daten

Daten können außerdem abgeändert oder in aggregierter Form zusammengefasst werden, wenn es sich um Geschäftsgeheimnisse oder durch Rechte des geistigen Eigentums geschützte Inhalte handelt, Art. 5 Abs. 3 S. 2 lit. a) Ziff. ii DGA. Soweit es sich um nicht personenbezogene Daten handelt, weil personenbezogene Daten zuvor aggregiert beziehungsweise aufbereitet wurden, darf auch nach einer Weitergabe keine Re-Identifizierung betroffener Personen stattfinden.[1060] Wenn es doch zu einer unbefugten Weiterverwendung von Daten kommt, haben Weiterverwender dies zu melden, Art. 5 Abs. 5 S. 3 DGA.

Neben dem Schutz personenbezogener und nicht-personenbezogener Daten regelt Art. 5 DGA auch den Schutz geistigen Eigentums und die Wahrung von Geheimhaltungsinteressen. Öffentliche Stellen können hierzu gem. Art. 5 Abs. 5 DGA **Geheimhaltungsverpflichtungen** vereinbaren.[1061] Art. 5 Abs. 7, 8 DGA verpflichten die Verantwortlichen bei der Weiterverwendung zum Schutz des geistigen Eigentums (Abs. 7) beziehungsweise zur Wahrung der Vertraulichkeit geschäftlicher oder statistischer Geheimhaltungs-

1056 Paschke/Rücker/*Weiden*, DGA, Art. 5 Rn. 15; *Schreiber/Pommerening/Schoel*, DGA, § 2 Rn. 76.
1057 *Schreiber/Pommerening/Schoel*, DGA, § 2 Rn. 77.
1058 *Schreiber/Pommerening/Schoel*, DGA, § 2 Rn. 79.
1059 *Schreiber/Pommerening/Schoel*, DGA, § 2 Rn. 79.
1060 Erwägungsgrund 15 VO (EU) 2022/868; *Schreiber/Pommerening/Schoel*, DGA, § 2 Rn. 72.
1061 *Schreiber/Pommerening/Schoel*, DGA, § 2 Rn. 83.

interessen (Abs. 8). Aus diesem Grund kann die **Übermittlung** der Daten an einen Weiterverwender, der in einem **Drittland** sitzt, gem. **Art. 5 Abs. 10 DGA** erst erfolgen, wenn die Kommission die Vorschriften des Empfängerlands zum Schutz des geistigen Eigentums und von Geschäftsgeheimnissen durch Rechtsakt als gleichwertig erachtet hat oder der Weiterverwender sich vertraglich zur Erfüllung der Bedingungen des DGA verpflichtet.[1062] Zusätzlich ist die Kommission aber auch berechtigt, weitere Bedingungen festzulegen, die für die Übermittlung hochsensibler, nicht personenbezogener Daten gelten sollen.[1063]

Darüber hinaus hat gem. Art. 5 Abs. 3 lit. b) und c) DGA der Zugang zu- und die Weiterverwendung von Daten in einer von der öffentlichen Stelle bereitgestellten sicheren Verarbeitungsumgebung stattzufinden. Eine sichere Verarbeitungsumgebung ist nach Art. 2 Nr. 20 DGA eine physische oder virtuelle Umgebung, in der alle Datenverarbeitungsvorgänge nachverfolgt beziehungsweise beaufsichtigt werden können. Die technische Integrität wird durch die öffentliche Stelle überprüft (sowohl per Remote-Zugriff als auch nötigenfalls vor Ort).[1064]

Insgesamt sind die öffentlichen Stellen im Falle einer erlaubten Weiterverwendung angehalten, Bedingungen aufzuerlegen, mit denen die Integrität des Betriebes der technischen Systeme der verwendeten sicheren Verarbeitungsumgebung gewahrt wird, Art. 5 Abs. 4 S. 1 DGA. Gemeint ist, dass die öffentliche Stelle Bedingungen schaffen muss, die die Integrität und Funktion der technischen Systeme gewährleisten; die genauen Bedingungen legen die jeweiligen öffentlichen Stellen selbst fest.[1065] Im Hinblick darauf empfiehlt es sich, im Rahmen von Art. 5 Abs. 4 S. 1 DGA stellenübergreifende Sicherheitsstandards und -zertifikate einzuführen.[1066]

h) Gebühren für eine Weiterverwendung, Art. 6 DGA

Art. 6 Abs. 1 DGA ermächtigt die öffentlichen Stellen dazu, Gebühren für die Erlaubnis der Weiterverwendung zu erheben, sofern sie gem. Art. 6 Abs. 2 DGA transparent, nichtdiskriminierend, verhältnismäßig und objektiv gerechtfertigt sind und den Wettbewerb nicht einschränken.

KMUs, Start-Ups und andere Einrichtungen von öffentlichem Interesse können über die Begründung eines Allgemeininteresses eine ermäßigte Gebühr oder sogar Erlass begründen, Art. 6 Abs. 4 DGA.[1067] Hierdurch wird einmal mehr deutlich, dass der DGA

1062 hinsichtlich der vertraglichen Verpflichtung hat die EU-Kommission dabei die Möglichkeit Mustervertragsklauseln vorzuschlagen, *Europäische Kommission*, Umsetzung des DGA – Leitfaden, S. 6; *Tolks*, MMR 2022, 444, 445.

1063 *Europäische Kommission*, Umsetzung des DGA – Leitfaden, S. 7.

1064 *Schreiber/Pommerening/Schoel*, DGA, § 2 Rn. 82; *Tolks*, MMR 2022, 444, 445.

1065 *Specht*/Hennemann, HK-DGA, Art. 5 Rn. 62.

1066 *Specht*/Hennemann, HK-DGA, Art. 5 Rn. 62.

1067 Erwägungsgrund 25 VO (EU) 2022/868; *Schreiber/Pommerening/Schoel*, DGA, § 2 Rn. 85.

nach dem Willen des europäischen Gesetzgebers die Datenweitergabe gerade von kleineren Akteuren „proaktiv“[1068] fördern möchte, Art. 6 Abs. 4 DGA.

Die Höhe der Gebühren bemisst sich gem. Art. 6 Abs. 5 DGA aus den Kosten, die mit der Durchführung des Antragverfahrens auf Weiterverwendung von Daten verbunden sind und hängt primär von denen in Anspruch genommenen Leistungen ab; sie müssen in einem angemessenen Verhältnis zu den Kosten stehen und dürfen den Wettbewerb nicht einschränken[1069]. Die Norm legt als Höchstgrenze fest, dass die Gebühren nicht die tatsächlichen Kosten für die mit der Bereitstellung verbundenen Maßnahmen überschreiten dürfen.[1070] Die konkreten Kriterien und die Methode für die Gebührenberechnung werden von den Mitgliedstaaten intern festgelegt und müssen veröffentlicht werden.[1071]

Darüber hinaus werden gem. Art. 6 Abs. 3 DGA die öffentlichen Stellen verpflichtet, die Bezahlung der Gebühren auch online über einen grenzüberschreitenden Zahlungsdienst zu ermöglichen, ohne Diskriminierung aufgrund des Niederlassungsortes des Zahlungsanbieters, des Ausstellungsorts des Zahlungsinstruments oder des Standorts des Zahlungskontos in der Union.

Insgesamt sind die Vorgaben des DGA zur Gebührenerhebung als (ökonomische) Incentivierung der beteiligten Akteure zur Weiterverwendung von Daten zu interpretieren.[1072]

i) Verwaltung der Weiterverwendungsverfahren, Art. 7, 8, 9 DGA

Die Vorschriften zur **Verwaltung der Weiterverwendungsverfahren** verfolgen das Ziel, die Weiterverwendungsverfahren in technischer, organisatorischer und rechtlicher Hinsicht zu unterstützen, indem die Mitgliedstaaten verpflichtet werden, zuständige Stellen zu schaffen, die als zentrale Informationsstelle (Art. 8 Abs. 1 DGA) fungieren und den Beteiligten bei der technischen Umsetzung der Datenweiterverwendung (Art. 7 Abs. 4 DGA) behilflich sind. Die Mitgliedstaaten müssen diese zuständigen Stellen mit den technischen und organisatorischen Mitteln sowie mit den entsprechenden finanziellen Ressourcen ausstatten, damit sie ihre Aufgabe wahrnehmen können, Art. 7 Abs. 3 DGA. In Art. 7 Abs. 4 lit. a)–e) DGA werden die einzelnen Tätigkeiten, bei denen die zuständigen Stellen behilflich sein sollen, exemplarisch aufgezählt: Dazu zählt insbesondere die Beratung und technische Unterstützung bei der Strukturierung und Speicherung der Daten, um diese leicht zugänglich zu machen sowie die Unterstützung bei der Pseudonymisierung der entsprechenden Datensätze.

1068 *Schreiber/Pommerening/Schoel*, DGA, § 2 Rn. 85.
1069 *Schreiber/Pommerening/Schoel*, DGA, § 2 Rn. 85.
1070 *Schreiber/Schoel*, LTZ 2024, 3, 6.
1071 *Europäische Kommission*, Umsetzung des DGA – Leitfaden, S. 7.
1072 *Schreiber/Schoel*, LTZ 2024, 3, 6.

Nach Art. 8 Abs. 1 DGA haben die Mitgliedstaaten die Pflicht, jeweils eine **zentrale Informationsstelle** („Single Information Point") aufzubauen, die die Anträge auf Weiterverwendung von Daten entgegennimmt und an die zuständige öffentliche Stelle weiterleitet.[1073] Aufgabe dieser zentralen Informationsstellen ist es, einen „einheitlichen Anlaufpunkt"[1074] für alle Interessenten darzustellen. Die Informationsstellen sollen Auskunft geben und Überblick bieten, wo sich welche Art von Daten befinden. Hierzu soll die zentrale Informationsstelle gem. Art. 8 Abs. 2 S. 2 DGA eine Liste führen, die Umfang, Format und die Bedingungen für eine mögliche Weiterverwendung umfasst. Die Liste ist elektronisch zu führen und soll von den Akteuren der Datenwirtschaft einsehbar sein. Auch an dieser Stelle werden KMUs und Start-Ups gegebenenfalls bevorzugt und gefördert: Für sie kann es nach den Vorgaben des Art. 8 Abs. 3 DGA ein vereinfachtes und effizienteres Antragsverfahren geben.

Gem. Art. 9 DGA sind Anträge auf Weiterverarbeitung von Daten innerhalb von zwei Monaten nach Antragsstellung zu bearbeiten, wobei es ausnahmsweise Verlängerungen von 30 Tagen geben kann, wenn es sich um außergewöhnlich umfangreiche und komplexe Anträge handelt. In diesen Fällen muss die zuständige öffentliche Stelle oder die in Art. 7 DGA genannten Stellen dem Antragssteller mitteilen, dass für die Durchführung des Verfahrens mehr Zeit benötigt wird, wobei die Gründe für solch eine Verspätung mit angegeben werden müssen.[1075] Unabhängig davon können die Mitgliedstaaten aber gem. Art. 9 Abs. 1 DGA eine kürzere Frist als die vom DGA vorgegeben 2-Monats-Frist festlegen.[1076] Um die Zwei-Monats-Frist für die Antragsbearbeitung zu wahren, sollten öffentliche Stellen standardisierte Verfahren für die Antragsbearbeitung etablieren und ihren Datenbestand so aufbereiten, dass mögliche Zugangsansprüche frist- und formgerecht gewährt werden können[1077].

j) Kritik

Den öffentlichen Stellen wird die Quadratur des Kreises[1078] überlassen, indem sie einerseits den Schutzcharakter der Daten zu gewährleisten und andererseits die Weiterverwendung zu ermöglichen haben.[1079] Deshalb ist mit Blick auf den personellen, finanziellen und technischen Aufwand der Umsetzung der Anforderungen an die Bereitstellung

1073 *Tolks*, MMR 2022, 444, 445.

1074 *Schreiber/Pommerening/Schoel*, DGA, § 2 Rn. 94.

1075 *Specht*/Hennemann, HKA-DGA, Art. 9 Rn. 15ff.

1076 *Specht*/Hennemann, HKA-DGA, Art. 9 Rn. 8.

1077 Der Bayerische Landesbeauftragte für den Datenschutz, Daten-Governance-Rechtsakt Auf dem Weg zu einem europäischen Binnenmarkt für Daten – Orientierungshilfe, Rn. 56, https://www.datenschutz-bayern.de/infothek/OH_DGA.pdf (zuletzt abgerufen am: 1.11.2024).

1078 *Tolks*, MMR 2022, 444, 445.

1079 *Tolks*, MMR 2022, 444, 445.

von Daten zur Weiterverwendung zweifelhaft, ob das ökonomische wie gesamtgesellschaftliche Potential dieser Daten verstärkt genutzt wird.

Dass öffentliche Stellen gem. Art. 1 Abs. 2 S. 1 durch den DGA explizit nicht zu einer Weitergabe ihrer Daten verpflichtet werden, war heftig umstritten und schränkt die Effektivität des DGA im Hinblick auf das erklärte Ziel vermehrter Datennutzung und Datenweitergabe erheblich ein.[1080] Hinzu kommt, dass es bei wichtigen Fragen wie der technischen Unterstützung weiterhin auf nationale Regelungen ankommen soll, was im Widerspruch zum übergeordneten Ideal einer unionsweit einheitlichen Regulierung der Datenwirtschaft steht. Insbesondere Unternehmen, die innerhalb der EU transnational arbeiten und von dem Zugänglichkeitsgedanken des DGA profitieren möchten, müssen sich so gegebenenfalls nach mehreren nationalen und kleinteiligeren Bestimmungen richten, wenngleich diese gem. Art. 4, 5, 6 DGA gewissen, rechtssicheren Vorgaben entsprechen müssten.

3. Datenvermittler und Datenvermittlungsdienste

Das dritte Kapitel des DGA (Art. 10–15 DGA) beschäftigt sich mit den sog. **Datenvermittlungsdiensten**, die eine zentrale Rolle bei der Zugänglichmachung bislang ungenutzter Daten spielen sollen.[1081] Datenvermittlungsdienste sollen als vermittelnde Akteure fungieren, indem sie das Angebot der Dateninhaber und betroffenen Personen mit der Nachfrage der Datennutzer zusammenführen.[1082] Mit der Schaffung der Rechtsfigur der Datenvermittlungsdienste wird indes kein Markt erzwungen; vielmehr nehmen Datenvermittlungsdienste die Rolle eines vertrauensstiftenden und vermittelnden Intermediärs ein, der Bedenken von Dateninhabern und Datennutzern ausräumen soll und zugleich Anreize für private Akteure schafft, sich an der Entwicklung der Datenwirtschaft zu beteiligen.[1083]

a) Der Begriff des Datenvermittlungsdienstes, Art. 2 Nr. 11 DGA

In den Art. 10–15 DGA statuiert das Pflichtenheft für Datenvermittlungsdienste, einschließlich der drohenden Konsequenzen im Falle von Pflichtverletzungen. Gem. Art. 2 Nr. 11, 1. Hs. DGA ist ein **Datenvermittlungsdienst** ein Dienst, mit dem durch technische, rechtliche oder sonstige Mittel Geschäftsbeziehungen zwischen einer unbestimmten Anzahl von betroffenen Personen oder Dateninhabern einerseits und Datennutzern andererseits hergestellt werden sollen, um die gemeinsame Datennutzung, auch für die Zwecke der Ausübung der Rechte betroffener Personen in Bezug auf per-

---

1080 *Schreiber/Pommerening/Schoel*, DGA, § 2 Rn. 2.
1081 *Specht*/Hennemann, HK-DGA, Einleitung Rn. 11, 13; *Schreiber/Pommerening/Schoel*, DGA, § 3 Rn 2.
1082 *Specht*/Hennemann, HK-DGA, Einleitung Rn. 39, 48; *Richter*, ZEuP 2021, 634, 640.
1083 Paschke/Rücker/*Schumacher/Lück*, DGA, Art. 10 Rn. 3; *Schreiber/Pommerening/Schoel*, DGA, § 3 Rn 3.

sonenbezogene Daten, zu ermöglichen. Im Sinne eines negativen Tatbestandsmerkmals dürfen gem. Art. 2 Nr. 11, 2. Hs. DGA folgende Dienste nicht erbracht werden:

- Dienste, in deren Rahmen Daten von Dateninhabern eingeholt und aggregiert, angereichert oder umgewandelt werden, um deren Wert erheblich zu steigern, und Lizenzen für die Nutzung der resultierenden Daten an die Datennutzer vergeben werden, ohne eine Geschäftsbeziehung zwischen Dateninhabern und Datennutzern herzustellen (lit. a));
- Dienste, deren Schwerpunkt auf der Vermittlung urheberrechtlich geschützter Inhalte liegt (lit. b));
- Dienste, die ausschließlich von einem Dateninhaber genutzt werden, um die Verwendung von im Besitz dieses Dateninhabers befindlichen Daten zu ermöglichen, oder die von mehreren juristischen Personen in einer geschlossenen Gruppe, einschließlich Lieferanten- oder Kundenbeziehungen oder vertraglich festgelegter Kooperationen, genutzt werden, insbesondere wenn deren Hauptziel darin besteht, Funktionen von Gegenständen und Geräten im Zusammenhang mit dem Internet der Dinge sicherzustellen (lit. c)) sowie
- Datenvermittlungsdienste, die von öffentlichen Stellen ohne die Absicht der Herstellung von Geschäftsbeziehungen angeboten werde (lit. d)).

aa) Anbahnung von Geschäftsbeziehungen

Eines der wesentlichen Merkmale für das Vorliegen eines Datenvermittlungsdienstes ist die **Anbahnung einer Geschäftsbeziehung** in einem Drei-Personen-Verhältnis.[1084] Die Geschäftsbeziehung entsteht dann dabei zwischen dem Dateninhaber nach Art. 2 Nr. 8 DGA beziehungsweise einer betroffenen Person nach Art. 2 Nr. 7 DGA einerseits und einem Datennutzer gem. Art. 2 Nr. 9 DGA andererseits.[1085]

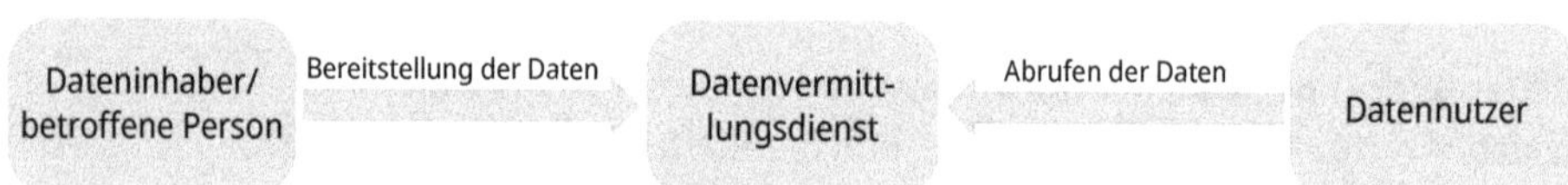

Abbildung 3: Anbahnung einer Geschäftsbeziehung.
Quelle: Eigene Abbildung.

Datennutzer ist gem. Art. 2 Nr. 9 DGA jede natürliche oder juristische Person, die einen rechtmäßigen Zugang zu Daten hat und diese für kommerzielle oder nicht kommerzielle Zwecke nutzen darf. Auch wenn man aus dem deutschen Wortlaut des Art. 2 Nr. 9 DGA

1084 *Specht*/Hennemann, HK-DGA, Art. 2 Rn. 65; *Schreiber/Pommerening/Schoel*, DGA, § 3 Rn. 9; *Hennemann/von Ditfurth*, NJW 2022, 1905, 1908.

1085 *Specht*/Hennemann, HK-DGA, Art. 2 Rn. 65; *Schreiber/Pommerening/Schoel*, DGA, § 3 Rn. 9.

folgern könnte, dass nur im Falle personenbezogener Daten die Berechtigung, die Daten zu nutzen, vorliegen muss, so handelt es sich dabei um einen Übersetzungsfehler. Für die Nutzung nicht personenbezogener Daten bedarf es der Berechtigung zur Nutzung der Daten.[1086] Da im Wortlaut nur generell von juristischen Personen die Rede ist, sind auch juristische Personen des öffentlichen Rechts und damit öffentliche Stellen im Sinne von Art. 2 Nr. 17 DGA als Datennutzer erfasst.[1087] Obwohl sie dem Wortlaut nach grundsätzlich der Definition nach Art. 2 Nr. 9 DGA unterfallen können, sind Datenvermittlungsdienste allerdings bereits aus systematischen Erwägungen keine Datennutzer, wie Art. 12 lit. a) DGA nahelegt. Danach ist die Verwendung der Daten, für die die Datenvermittlungsdienste erbracht werden, zu eigenen Zwecken untersagt, weswegen keine berechtigte Nutzung der Daten möglich ist.[1088]

Dateninhaber dagegen ist nach Maßgabe des Art. 2 Nr. 8 DGA die natürliche oder juristische Person, die den Zugang zu den Daten gewähren darf und zur Weitergabe berechtigt ist. Handelt es sich aber um die eigenen personenbezogenen Daten einer natürlichen Person[1089], ist hiermit der Sachbereich von Art. 2 Nr. 7 DGA (betroffene Person) eröffnet, der dem von Art. 4 Nr. 1, 1. Hs. DS-GVO entspricht, so dass mit dem Begriff der betroffenen Person jede natürliche Person gemeint ist, die identifiziert oder identifizierbar ist.[1090]

bb) Handlungsweisen, die Datenvermittlungsdienste darstellen

Wie genau ein Anbieter von Datenvermittlungsdiensten einen Dienst nach Art. 2 Nr. 11 DGA zu erbringen hat, gibt der DGA nicht vor.[1091] Als mögliches Beispiel für einen Datenvermittlungsdienst schwebten dem europäischen Gesetzgeber ausweislich Erwägungsgrund 28 DGA **Datenmarktplätze** vor, auf denen Unternehmen ihre Daten anbieten.[1092] Dass das Betreiben von Datenmarktplätzen auch das Aufbauen und Bereitstellen zusammenhängender und zweckdienlicher (digitaler) Infrastruktur bedeutetet, leuchtet ein. Weitere Beispiele, die dem Gesetzgeber als Datenvermittlungsdienste vorschweben sind gemeinsame europäische Datenräume, in denen die Teilnehmer bestimmte Regeln für die Beteiligung am Ökosystem akzeptieren; von Unternehmen oder natürlichen Personen eingerichtete Datenpools; Datengenossenschaften oder Unionen, die über einen

1086 *Specht*/Hennemann, HK-DGA, Art. 2 Rn. 52, 58; Paschke/Rücker/*Keppeler*/*Poncza*, DGA, Art. 2 Rn. 41f.
1087 *Specht*/Hennemann, HK-DGA, Art. 2 Rn. 54; ausführlich Paschke/Rücker/*Keppeler*/*Poncza*, DGA, Art. 2 Rn. 37f.; *Schreiber*/*Pommerening*/*Schoel*, DGA, § 3 Rn. 12.
1088 Paschke/Rücker/*Keppeler*/*Poncza*, DGA, Art. 2 Rn. 39; *Specht*/Hennemann, HK-DGA, Art. 2 Rn. 55.
1089 Paschke/Rücker/*Keppeler*/*Poncza*, DGA, Art. 2 Rn. 31; *Specht*/Hennemann, HK-DGA, Art. 2 Rn. 50.
1090 Paschke/Rücker/*Keppeler*/*Poncza*, DGA, Art. 2 Rn. 30; *Specht*/Hennemann, HK-DGA, Art. 2 Rn. 49; zusammenfassend *Schreiber*/*Pommerening*/*Schoel*, DGA, § 3 Rn. 10.
1091 *Schreiber*/*Pommerening*/*Schoel*, DGA, § 3 Rn. 13; ähnlich *Hennemann*/*von Ditfurth*, NJW 2022, 1905, 1908.
1092 Siehe in Erwägungsgrund 28 S. 4 VO (EU) 2022/868 weitere Beispiele für Datenvermittlungsdienste.

Mechanismus der kollektiven Beratung oder Beschlussfassung über die Nutzung von Daten verfügen, die bei den Mitgliedern der Genossenschaft oder Union vorliegen; und abschließend Personal-Data-Wallets oder Clouds, also Dienste, die Einzelpersonen angeboten werden, zur Speicherung personenbezogener Daten, die sich derzeit im Besitz anderer Unternehmen befinden, um auf diese Weise die Verarbeitung dieser Daten durch Dritte zu ermöglichen, entweder innerhalb der Personal-Data-Cloud (der Algorithmus zur Verarbeitung wird zu den Daten gebracht, um den Datenschutz zu maximieren) oder durch Übermittlung dieser Daten an Dritte.[1093]

Bei alleiniger Wortlaut-Betrachtung des Art. 2 Nr. 11 genügt bereits das *Match-making*[1094] zwischen Dateninhabern und Datennutzern aus, um einen Datenvermittlungsdienst zu erbringen. Nach dem Willen des Gesetzgebers soll aber die bloße Bereitstellung von Cloud-Speicher, Analysediensten, Software zur gemeinsamen Datennutzung, von Internetbrowsern oder Browser-Plug-Ins oder von E-Mail-Diensten nicht als Datenvermittlungsdienst im Sinne dieser Verordnung gelten, sofern mit diesen Diensten betroffenen Personen oder Dateninhabern ausschließlich technische Werkzeuge zur gemeinsamen Datennutzung mit anderen bereitgestellt werden, die Bereitstellung dieser Werkzeuge aber weder darauf abzielt, zwischen Dateninhabern und Datennutzern eine geschäftliche Beziehung herzustellen, noch dem Anbieter von Datenvermittlungsdiensten ermöglicht, Informationen über die Herstellung geschäftlicher Beziehungen zum Zwecke der gemeinsamen Datennutzung zu erlangen.[1095]

Es können ferner auch nur solche Handlungsweisen einen Datenvermittlungsdienst darstellen, bei denen die geschaffene Geschäftsbeziehung gerade die **gemeinsame Datennutzung als Ziel** hat. Gemeint ist damit aber nicht, dass mehrere Akteure die Daten gleichzeitig nutzen. Stattdessen ist damit, wie die Definition in Art. 2 Nr. 10 DGA zeigt, die entgeltliche oder unentgeltliche Bereitstellung von Daten durch eine betroffene Person oder einen Dateninhaber an einen Datennutzer für die gemeinschaftliche oder individuelle Nutzung dieser Daten gemeint. Ein Datenvermittlungsdienst soll nach Art. 2 Nr. 11 DGA also Daten bereitstellen und insofern teilen. Unterstützt wird diese Auslegung durch einen Vergleich mit den anderen Sprachfassungen, wo z.B. in der englischen Sprache ausdrücklich vom *data sharing* die Rede ist.[1096]

Des Weiteren sind nur solche Dienste Datenvermittlungsdienste, die einer **unbestimmten Anzahl von Dateninhabern und Datennutzern** bereitstehen. Die Folge des Umstandes, dass der Vermittlungsdienst einer unbestimmten Anzahl von Dateninhabern und Datennutzern offenstehen muss, ist, dass geschlossene Datenplattformen, an denen nur ein im Vorhinein festgelegter Kreis von Unternehmen teilnehmen darf, vom Anwendungsbereich ausgeschlossen sind (ausdrücklich auch durch Art. 2 Nr. 11 lit. c)

1093 *Europäische Kommission*, Umsetzung des DGA – Leitfaden, S. 9f.
1094 *Hennemann/von Ditfurth*, NJW 2022, 1905, 1908.
1095 Erwägungsgrund 28 VO (EU) 2022/868.
1096 *Schreiber/Pommerening/Schoel*, DGA, § 3 Rn. 15f.

DGA ausgeschlossen).[1097] Zu Problemen führt das Erfordernis des Offenstehens aber dann, wenn der Datenvermittlungsdienst in sektorspezifischen Datenräumen operiert, in denen sich nur wenige Akteure am Teilen von Daten beteiligen.[1098] In solchen Fällen kommt es drauf an, ob der Datenmittler anhand von sachlichen, abstrakten Anforderung sicherstellt, dass Akteure – sofern sie die Anforderungen erfüllen – am Zugang teilhaben können.[1099] Ist der Zugang jedoch subjektiv beziehungsweise gar von vornherein beschränkt, entfällt eine Anwendbarkeit des DGA auf den Dienst.

Wie aus Art. 2 Nr. 11 lit. a) DGA sowie Erwägungsgrund 28 DGA folgt, sind schließlich nur solche Handlungsweisen erfasst, mit denen der Datenmittler die Absicht verfolgt, eine Geschäftsbeziehung zwischen Dateninhaber und Datennutzer zu knüpfen.[1100] Es werden also lediglich Dienste erfasst, die darauf abzielen, Geschäftsbeziehungen zur gemeinsamen Datennutzung herzustellen.[1101] Einer solchen Einschränkung des Tatbestandsmerkmals des Datenvermittlungsdienstes durch ein subjektives Element bedarf es, da ansonsten die Gefahr einer Ausuferung bestünde und nahezu alle bereits bestehenden Plattformen aus dem B2B-Bereich vom Anwendungsbereich des DGA erfasst wären.[1102]

cc) Keine Datenvermittlungsdienste

Mehr Klarheit besteht hingegen bezüglich der Handlungsweisen, die nicht dazu führen, dass der Handelnde als Datenvermittlungsdienst angesehen wird. Zum einen führt Erwägungsgrund 28 DGA beispielhaft Geschäftspraktiken auf, die keinen Datenvermittlungsdienst darstellen: Danach ist die bloße Bereitstellung von Cloud-Speicher, Analysediensten, Software zur gemeinsamen Datennutzung, von Internetbrowsern oder Browser-Plug-Ins oder von E-Mail-Diensten kein Datenvermittlungsdienst, sofern mit diesen Diensten betroffenen Personen oder Dateninhabern **ausschließlich technische Werkzeuge** zur gemeinsamen Datennutzung mit anderen bereitgestellt werden, die Bereitstellung dieser Werkzeuge weder darauf abzielt, zwischen Dateninhabern und Datennutzern eine geschäftliche Beziehung herzustellen, noch dem Anbieter von Datenvermittlungsdiensten ermöglicht, Informationen über die Herstellung geschäftlicher Beziehungen zum Zwecke der gemeinsamen Datennutzung zu erlangen. Zum anderen

---

1097 Dies wird auch ausdrücklich durch Art. 2 Nr. 11 lit. c) DGA ausgeschlossen; *Hennemann/von Ditfurth*, NJW 2022, 1905, 1908; *Richter*, ZEuP 2021, 634, 650 f.

1098 *Schreiber/Pommerening/Schoel*, DGA, § 3 Rn. 23.

1099 Paschke/Rücker/*Keppeler/Poncza*, DGA, Art. 2 Rn. 57; *Specht*/Hennemann, HK-DGA, Art. 2 Rn. 73; *vonDitfurth/Lienemann*, CRNI 2022, 270, 280; *Richter*, ZEuP 2021, 634, 650.

1100 *Specht*/Hennemann, HK-DGA, Art. 2 Rn. 66; *Schreiber/Pommerening/Schoel*, DGA, § 3 Rn. 18.

1101 BeckOK Datenschutzrecht/*Schild/Richter/Schmidt-Wudy*, DGA, Art. 2 Rn. 97; *Specht*/Hennemann, HK-DGA,Art. 2 Rn. 67.

1102 BeckOK Datenschutzrecht/*Schild/Richter/Schmidt-Wudy*, DGA, Art. 2 Rn. 97; *Schreiber/Pommerening/Schoel*, DGA, § 3 Rn. 21.

schließt auch Art. 2 Nr. 11 lit. a)–d) DGA durch eine Negativliste gewisse Handlungsweisen aus, bei deren Vorliegen es sich schon um keinen Datenvermittlungsdienst im Sinne der Definition mehr handelt.

Wie schon gezeigt (s. o.), folgt aus Art. 2 Nr. 11 lit. a) DGA, dass der Datenmittler die Absicht verfolgen muss, eine Geschäftsbeziehung zwischen Dateninhaber und Datennutzer zu knüpfen.[1103] Die Konsequenz davon ist, dass sog. ***Datenbroker***, die lediglich Daten einer Vielzahl von Unternehmen ankaufen, um sie aufzubereiten und anschließend an andere Unternehmen weiterzuverkaufen, nicht erfasst sind und daher nicht auch Datenvermittlungsdienste sind.[1104] Ebenso gelten aufgrund von Art. 2 Nr. 11 lit. a) DGA datenaltruistische Organisationen nicht als Datenvermittlungsdienste, sofern keine Geschäftsbeziehung zwischen den potentiellen Datennutzern und betroffenen Personen oder Dateninhabern hergestellt wird.[1105] Sollte aber ausnahmsweise doch durch eine datenaltruistische Organisation eine Geschäftsbeziehung hergestellt werden, so sind diese Organisationen aufgrund von Art. 15 DGA dennoch vom Anwendungsbereichs des dritten Kapitels ausgenommen, sodass für sie nicht die Anforderungen an die Datenvermittlungsdienste gelten. Um dem Zweck Rechnung zu tragen, dass durch Art. 2 Nr. 11 lit. a) DGA die von der Definition erfassten Personen beschränkt werden sollen, ist ferner zu fordern, dass der Hauptzweck der angebahnten Geschäftsbeziehung die Bereitstellung und Nutzung von Daten ist.[1106]

Über Art. 2 Nr. 11 lit. b) DGA stellen solche Dienste, deren Schwerpunkt auf der Vermittlung urheberrechtlich geschützter Inhalte liegt, keinen Datenvermittlungsdienst dar. Ausweislich des Erwägungsgrundes 29 DGA liegt ein Schwerpunkt dann auf der Vermittlung urheberrechtlich geschützter Inhalte, wenn der Dienst gerade auf die Vermittlung solcher Inhalte ausgerichtet ist.[1107] Allerdings muss die Vermittlung urheberrechtlich geschützter Inhalte nicht der einzige Zweck des Dienstes sein. Stattdessen ist es ausreichend, dass die Vermittlung urheberrechtlich geschützter Inhalte im Vergleich zu anderen Zwecken deutlich überwiegt.[1108]

Die Konsequenz des Ausschlusses von Art. 2 Nr. 11 lit. c) DGA ist, dass nur solche Dienste als Datenvermittlungsdienst anzusehen sind, die einer **unbestimmten Anzahl an Dateninhabern und Datenverwendern** offenstehen.[1109] Art. 2 Nr. 11 lit. c) DGA schließt also solche Vermittlungsdienste aus, die ausschließlich von einem Dateninhaber genutzt werden, um die Verwendung von im Besitz dieses Dateninhabers befindli-

---

1103 *Specht*/Hennemann, HK-DGA, Art. 2 Rn. 66; *Schreiber/Pommerening/Schoel*, DGA, § 3 Rn. 18.

1104 BeckOK Datenschutzrecht/*Schild/Richter/Schmidt-Wudy*, DGA, Art. 2 Rn. 98; *Hennemann/von Ditfurth*, NJW2022, 1905, 1908.

1105 Paschke/Rücker/*Keppeler/Poncza*, DGA, Art. 2 Rn. 54; *Specht*/Hennemann, HK-DGA, Art. 2 Rn. 68.

1106 *Specht*/Hennemann, HK-DGA, Art. 2 Rn. 69; *Schreiber/Pommerening/Schoel*, DGA, § 3 Rn. 21; *Hennemann/von Ditfurth*, NJW 2022, 1905, 1908.

1107 Paschke/Rücker/*Keppeler/Poncza*, DGA, Art. 2 Rn. 55.

1108 BeckOK Datenschutzrecht/*Schild/Richter/Schmidt-Wudy*, DGA, Art. 2 Rn. 99.

1109 Paschke/Rücker/*Keppeler/Poncza*, DGA, Art. 2 Rn. 57; *Specht*/Hennemann, HK-DGA, Art. 2 Rn. 73.

chen Daten zu ermöglichen, oder die von mehreren juristischen Personen in einer geschlossenen Gruppe, einschließlich Lieferanten- oder Kundenbeziehungen oder vertraglich festgelegter Kooperationen, genutzt werden, insbesondere wenn deren Hauptziel darin besteht, Funktionen von Gegenständen und Geräten im Zusammenhang mit dem Internet der Dinge sicherzustellen.[1110] Die erforderliche Offenheit ist dabei auch dann gegeben, wenn die Nutzung des Dienstes von abstrakten, objektiven Kriterien abhängig gemacht wird, die von einer unbestimmten Anzahl potentieller Dateninhaber erfüllt werden können.[1111] Werden diese Kriterien dabei von dem Datenmittler aufgestellt, so ist dabei insbesondere die Pflicht des Art. 12 lit. f) DGA zu beachten, wonach der Zugang fair, transparent und nicht diskriminierend erfolgen muss.[1112]

Schließlich sind nach Art. 2 Nr. 11 lit. d) DGA Dienste, die von öffentlichen Stellen ohne die Absicht der Herstellung von Geschäftsbeziehungen angeboten werden, keine Datenvermittlungsdienste. Im Umkehrschluss daraus folgt, dass von öffentlichen Stellen bereitgestellte Dienste nur dann Datenvermittlungsdienste sind, wenn diese gerade in der Absicht angeboten werden, Geschäftsbeziehungen herzustellen. Der Unterschied zu Art. 2 Nr. 11 lit. a) DGA besteht darin, dass dort auf die faktische Herstellung einer Geschäftsbeziehung abgestellt wird.[1113] Zwar spricht der Wortlaut von Art. 2 Nr. 11 lit. d) DGA davon, dass Datenvermittlungsdienste, die keine Geschäftsbeziehung herstellen, ausgeschlossen sind, allerdings handelt es sich dabei um einen redaktionellen Fehler. Lit. d) ist nicht dahingehend zu verstehen, dass Dienste öffentlicher Stellen auch ohne das Ziel der Herstellung von Geschäftsbeziehungen ein Datenvermittlungsdienst sein können. Auch bei Diensten öffentlicher Stellen ist entscheidend, ob diese auf die Herstellung von Geschäftsbeziehungen über die gemeinsame Datennutzung abzielen.[1114] Der mit lit. d) verfolgte Zweck ist die Klarstellung des Verhältnisses zwischen den unterschiedlichen Instrumenten des DGA. Ermöglichen öffentliche Stellen bloß die Weiterverwendung von Daten aus ihrer technisch faktischen Herrschaft, zielen sie hierbei aber nicht auf die Herstellung einer Geschäftsbeziehung ab, sind sie keine Datenvermittlungsdienste.[1115]

dd) Zusammenfassung

Insgesamt lässt sich festhalten, dass es sich bei der Definition der Datenvermittlungsdienste nach Art. 2 Nr. 11 DGA um eine zweigliedrige Definition handelt, indem der 1. Hs. Positiv bestimmt, welche Eigenschaften Datenvermittlungsdienste charakterisieren und

---

1110 Paschke/Rücker/*Keppeler/Poncza*, DGA, Art. 2 Rn. 57; *Specht*/Hennemann, HK-DGA, Art. 2 Rn. 73.

1111 *Specht*/Hennemann, HK-DGA, Art. 2 Rn. 73; *von Ditfurth/Lienemann*, CRNI 2022, 270, 280; *Richter*, ZEuP 2021, 634, 650 f.

1112 Paschke/Rücker/*Keppeler/Poncza*, DGA, Art. 2 Rn. 57; *Specht*/Hennemann, HK-DGA, Art. 2 Rn. 73.

1113 Paschke/Rücker/*Keppeler/Poncza*, DGA, Art. 2 Rn. 60.

1114 *Specht*/Hennemann, HK-DGA, Art. 2 Rn. 75; *Schreiber/Pommerening/Schoel*, DGA, § 3 Rn. 19 f.

1115 *Specht*/Hennemann, HK-DGA, Art. 2 Rn. 75; *Schreiber/Pommerening/Schoel*, DGA, § 3 Rn. 33.

dies anschließend durch die Negativliste des 2. Hs. Ergänzt und konkretisiert wird.[1116] Ein Datenvermittlungsdienst liegt daher nur dann vor, sofern eine unbestimmte Anzahl Geschäftsbeziehung mit dem Ziel der gemeinsamen Datennutzung angebahnt werden kann. Um keinen Datenvermittlungsdienst handelt es sich dagegen, wenn nicht das Ziel verfolgt wird eine Geschäftsbeziehung zwischen Dateninhaber und Datennutzer herzustellen, wo der Schwerpunkt auf der Vermittlung urheberrechtlich geschützter Inhalte liegt, wenn der Dienst keiner unbestimmten Anzahl an Dateninhabern und Datenverwendern offensteht oder wenn eine öffentliche Stelle die Datenvermittlung Stellen ohne die Absicht der Herstellung von Geschäftsbeziehungen anbietet.

b) Pflichten von Datenvermittlungsdiensten

Liegt ein Datenvermittlungsdienst vor, so gelten für diesen die Anforderungen des dritten Kapitels (Art. 10–15 DGA). In diesem Rahmen trifft den Anbieter des Datenvermittlungsdienstes eine Pflicht zur Anmeldung nach Art. 11 DGA sowie ein umfassender Katalog an Pflichten gem. Art. 12 DGA, der bei der Erbringung der Dienstleistung erfüllt werden muss. Die Anmeldepflicht und der Pflichtenkatalog greifen aber nur, sofern es sich um einen Datenvermittlungsdienst im Sinne von Art. 10 DGA handelt.

aa) Datenvermittlungsdienst im Sinne von Art. 10 DGA

Allein der Umstand, dass ein Datenvermittlungsdienst im Sinne des Art. 2 Nr. 11 DGA vorliegt, führt nicht dazu, dass den Anbieter auch besondere Pflichten treffen. Stattdessen schränkt Art. 10 DGA den Anwendungsbereich weiter ein, indem nur für drei Arten von Datenvermittlungsdiensten die Art. 11 ff. für anwendbar erklärt werden.[1117]

(1) Vermittlungsdienste zwischen Dateninhabern und potentiellen Datennutzern, Art. 10 lit. a) DGA

Gem. Art. 10 lit. a) DGA unterliegen Datenvermittlungsdienste zwischen Dateninhabern und potentiellen Datennutzern, einschließlich der Bereitstellung der technischen und sonstigen Mittel als Voraussetzung solcher Dienste den weiteren Bestimmungen der Art. 11 ff. DGA. Zu den erfassten Diensten können auch solche gehören, die den zwei- oder mehrseitigen Austausch von Daten ermöglichen oder die Einrichtung von Plattformen oder Datenbanken, die zum Austausch oder zur gemeinsamen Nutzung von Daten befähigen, sowie auch die Einrichtung anderer spezieller Infrastrukturen für die Vernetzung von Dateninhabern mit Datennutzern.[1118] Da lit. a) ausdrücklich nur von Daten-

---

1116 Hennemann/*Specht-Riemenschneider*, HK-DGA, Art. 2 Rn. 64; BeckOK Datenschutzrecht/*Schild*/*Richter*/*Schmidt-Wudy*, DGA, Art. 2 Rn. 90.

1117 Paschke/Rücker/*Schumacher*/*Lück*, DGA, Art. 10 Rn. 6; *Specht*/Hennemann, HK-DGA, Art. 10 Rn. 1.

1118 Paschke/Rücker/*Schumacher*/*Lück*, DGA, Art. 10 Rn. 9; *Specht*/Hennemann, HK-DGA, Art. 10 Rn. 17.

inhabern und Datennutzern spricht, sind keine Vermittlungsdienste erfasst, wo der Datenmittler Daten zwischen betroffenen Personen (Art. 2 Nr. 7 DGA) und den Datennutzern mittelt. Stattdessen handelt es sich in solchen Fällen um einen nach Art. 10 lit. b) DGA erfassten Vermittlungsdienst.[1119] Folge des Umstandes, dass der Wortlaut von potentiellen Datennutzern spricht, ist, dass es **keiner tatsächlichen Nutzung** der Daten bedarf, damit ein die Pflichten nach Art. 11ff. DGA auslösender Datenvermittlungsdienst vorliegt. Durch den Zusatz einschließlich der Bereitstellung der technischen oder sonstigen Mittel wird der Anwendungsbereich von Art. 10 DGA auch auf solche Dienste erstreckt, die Vorfeldtätigkeiten ausüben, sofern deren Ziel die Datenvermittlung ist.[1120] Bei den in Art. 10 lit. a), 2. Hs. DGA genannten Vermittlungsdiensten handelt es sich um eine nicht abschließende Auflistung von Vermittlungsdiensten, die in den Anwendungsbereich von Art. 10 lit. a) DGA fallen.[1121]

(2) Vermittlungsdienste zwischen betroffenen oder natürlichen Personen und Datennutzern, Art. 10 lit. b) DGA

Die zweite Fallgruppe von Vermittlungsdiensten, für die die Art. 11ff. DGA gelten, sind nach Art. 10 lit. b) DGA Vermittlungsdienste zwischen betroffenen Personen, die ihre personenbezogenen Daten zugänglich machen wollen, oder natürliche Personen, die nicht personenbezogene Daten zugänglich machen wollen, und potentiellen Datennutzern. Eine Definition für den Begriff des **Zugänglichmachens** sieht der DGA nicht vor. Aus dem allgemeinen Sprachgebrauch sowie der Verwendung des Begriffs an anderen Stellen des DGA kann aber gefolgert werden, dass damit die **Einräumung einer Zugriffsmöglichkeit** zu Daten zu verstehen ist.[1122] Da nur der Fall erfasst ist, dass betroffene Personen ihre persönlichen Daten zugänglich machen, stellen im Umkehrschluss Vermittlungsdienste zwischen betroffenen Personen, die entweder personenbezogene Daten, die allein Dritte betreffen, zugänglich machen wollen oder gar keine Daten zugänglich machen wollen, keine Vermittlungsdienste im Sinne von Art. 10 lit. b) DGA dar.[1123]

(3) Dienste von Datengenossenschaften, Art. 10 lit. c) DGA

Abschließend erstreckt Art. 10 lit. c) DGA den Anwendungsbereich der Art. 11ff. DGA **auf Dienste von Datengenossenschaften**. Der Begriff der Datengenossenschaft wird in Art. 2 Nr. 15 DGA definiert als Datenvermittlungsdienste, die von einer Organisationsstruktur angeboten werden, welche sich aus betroffenen Personen, Ein-Personen-Unter-

---

1119 *Specht*/Hennemann, HK-DGA, Art. 10 Rn. 19.
1120 Paschke/Rücker/*Schumacher*/*Lück*, Art. 10 Rn. 23; *Specht*/Hennemann, HK-DGA, Art. 10 Rn. 22.
1121 Paschke/Rücker/*Schumacher*/*Lück*, DGA, Art. 10 Rn. 26.
1122 Paschke/Rücker/*Schumacher*/*Lück*, DGA, Art. 10 Rn. 35; *Specht*/Hennemann, HK-DGA, Art. 10 Rn. 35.
1123 *Specht*/Hennemann, HK-DGA, Art. 10 Rn. 36.

nehmen oder KMU, die in dieser Struktur Mitglied sind, zusammensetzt, und deren Hauptzwecke in der Unterstützung ihrer Mitglieder bei der Ausübung ihrer Rechte in Bezug auf bestimmte Daten bestehen, unter anderem beim Treffen einer sachkundigen Entscheidung vor der Einwilligung zur Datenverarbeitung, beim Meinungsaustausch über die den Interessen ihrer Mitglieder im Zusammenhang mit ihren Daten am besten entsprechenden Zwecke und Bedingungen der Datenverarbeitung und beim Aushandeln der Bedingungen der Datenverarbeitung im Namen der Mitglieder, bevor die Erlaubnis zur Verarbeitung nicht personenbezogener Daten erteilt oder in die Verarbeitung personenbezogener Daten eingewilligt wird. Wie auch Datenvermittlungsdienste nach Art. 10 lit. b) DGA beziehen sich die Dienste von Datengenossenschaften sowohl auf personenbezogene als auch nicht personenbezogene Daten. Art. 10 lit. c) DGA geht aber dahingehend über lit. b) hinaus, indem die Dienste von Datengenossenschaften auch gegenüber Ein-Personen-Unternehmen oder KMU angeboten werden können und die Datengenossenschaft schon vor Erteilung der Einwilligung unterstützend tätig werden kann.[1124]

bb) Anmeldung nach Art. 11 DGA

Bevor der Anbieter von Datenvermittlungsdiensten seine Dienstleistung erbringen kann, muss er sich bei der zuständigen Behörde anmelden, Art. 11 Abs. 1 DGA. Ziel des Anmeldeverfahrens ist gem. Erwägungsgrund 38 die Schaffung eines vertrauenswürdigen Umfelds, auf dessen Grundlage dann Daten zwischen Dateninhabern, betroffenen Personen und Datennutzern weitergegeben, geteilt und genutzt werden können.[1125] Anders als zunächst erwogen, hat sich die Kommission damit gegen ein Zertifizierungssystem entschieden, da dies gerade in Bezug auf Start-Ups eine abschreckende Wirkung gehabt hätte.[1126] Stattdessen trifft den Anbieter eine reine Anmeldepflicht (**Verbot mit Anmeldevorbehalt**[1127]). Insbesondere muss der Anbieter nach der Anmeldung nicht die Genehmigung durch die zuständige Behörde abwarten, sondern er kann unmittelbar nach der Anmeldung mit der Tätigkeit beginnen.[1128] Es obliegt somit den Anbietern eigenständig und auf eigenes Risiko hin zu prüfen, ob es sich bei ihrem Geschäftsmodell um einen Datenvermittlungsdienst nach Art. 10 DGA handelt.[1129]

Für Deutschland wurde zum gegenwärtigen Zeitpunkt noch nicht abschließend die zuständige Behörde für das Anmeldeverfahren benannt. Der Gesetzesentwurf zur Um-

---

1124 Paschke/Rücker/*Schumacher/Lück*, DGA, Art. 10 Rn. 56.

1125 Paschke/Rücker/*Schumacher/Lück*, DGA, Art. 11 Rn. 3; *Schreiber/Pommerening/Schoel*, DGA, § 3 Rn. 47.

1126 COM(2020) 767 final, S. 6; Paschke/Rücker/*Schumacher/Lück*, DGA, Art. 11 Rn. 4; *Schreiber/Pommerening/Schoel*, DGA, § 3 Rn. 49.

1127 Paschke/Rücker/*Schumacher/Lück*, DGA, Art. 11 Rn. 2; *Specht*/Hennemann, HK-DGA, Art. 11 Rn. 17.

1128 BeckOK Datenschutzrecht/*Schröder*, DGA, Art. 11 Rn. 19; *Specht*/Hennemann, HK-DGA, Art. 11 Rn. 23; *Schreiber/Pommerening/Schoel*, DGA, § 3 Rn. 50.

1129 *Gellert/Graef*, TILEC Discussion Paper 2021-006, 9; *Hennemann/von Ditfurth*, NJW 2022, 1905, 1907.

setzung des DGA sieht in § 2 Abs. 1 Nr. 1 Daten-Governance-Gesetz die **Bundesnetzagentur** als zuständige Behörde für das Anmeldeverfahren vor.[1130]

Die Anmeldung muss gem. Art. 11 Abs. 2 DGA in dem Mitgliedstaat erfolgen, wo der Anbieter seine Hauptniederlassung hat. Handelt es sich um einen Anbieter, der nicht in der Union niedergelassen ist, so muss der Anbieter nach Art. 11 Abs. 3 DGA einen gesetzlichen Vertreter benennen, der als Anlaufstelle für die zuständigen Behörden fungiert bei Fragen im Zusammenhang mit den erbrachten Datenvermittlungsdiensten. Die Benennung des gesetzlichen Vertreters führt aber nicht dazu, dass dieser bei Verstößen gegen den DGA haftet, sondern der eigentliche Anbieter weiterhin voll verantwortlich bleibt.[1131] Hintergrund dieser Regelung ist es zu verhindern, dass sich Unternehmen durch eine Verlagerung der Niederlassung in einen Drittstaat der Regulierung durch den DGA entziehen.[1132] Stattdessen gelten auch für einen Anbieter, der seine Niederlassung in einem Drittstaat hat, die Regelungen des DGA, wenn er offensichtlich beabsichtigt, Personen in einem oder mehreren Mitgliedstaaten mit seinem Angebot zu erreichen.[1133]

Die Angaben, die die Anmeldung zwingend enthalten muss, sind in Art. 11 Abs. 6 DGA normiert. Ändern sich die Angaben nach der Anmeldung, so muss der Anbieter dieses der zuständigen Behörde anzeigen, Art. 11 Abs. 12 DGA. Der Anbieter kann gem. Art. 11 Abs. 8 DGA eine Bestätigung der Anmeldung seitens der zuständigen Behörde verlangen. Zur Aufnahme der Tätigkeit bedarf es der Anmeldebestätigung aber nicht. Ausreichend ist nach Art. 11 Abs. 4 DGA die reine Anmeldung.[1134] Stellt ein Anbieter von Datenvermittlungsdiensten seine Tätigkeiten ein, so muss er dies gem. Art. 11 Abs. 13 DGA der zuständigen Behörde binnen 15 Tagen melden.

Die zuständigen Behörden der Mitgliedstaaten sind nach Art. 11 Abs. 10, 14 DGA verpflichtet, die Kommission über jede Anmeldung, Änderung der Anmeldung und Abmeldung zu informieren. Auf Grundlage dieser Mitteilung erstellt die Kommission ein **Register**, wo alle Datenvermittlungsdienste aufgeführt sind, die ihre Dienste in der Europäischen Union erbringen, Art. 11 Abs. 10 DGA.[1135] Im Oktober 2024 sind dort bislang neun Unternehmen aus Finnland, Frankreich und Ungarn als Datenvermittlungsdienst geführt.[1136]

1130 Referentenentwurf des Bundesministeriums für Wirtschaft und Klimaschutz, Entwurf eines Gesetzes zur Durchführung der EU-Verordnung über europäische Daten-Governance, S. 5.

1131 *Schreiber/Pommerening/Schoel*, DGA, § 3 Rn. 55.

1132 BeckOK Datenschutzrecht/*Schröder*, DGA, Art. 11 Rn. 14; Paschke/Rücker/*Schumacher/Lück*, DGA, Art. 11 Rn. 56.

1133 Erwägungsgrund 42 VO (EU) 2022/868; *Schreiber/Pommerening/Schoel*, DGA, § 3 Rn. 57.

1134 Paschke/Rücker/*Schumacher/Lück*, DGA, Art. 11 Rn. 14; *Schreiber/Pommerening/Schoel*, DGA, § 3 Rn. 75f.

1135 BeckOK Datenschutzecht/*Schröder*, DGA, Art. 11 Rn. 40f.; *Schreiber/Pommerening/Schoel*, DGA, § 3 Rn. 80.

1136 https://digital-strategy.ec.europa.eu/de/policies/data-intermediary-services (zuletzt abgerufen am: 1.11.2024).

cc) Pflichtenkatalog des Art. 12 DGA

Kernbestandteil der Regelungen für die Datenvermittlungsdienste ist der Pflichtenkatalog des Art. 12 DGA. Sinn und Zweck des Kataloges ist es, das Vertrauen in die Nutzung der Datenvermittlungsdienste zu stärken, um auf diese Weise das Teilen von Daten zu fördern.[1137] Zugleich sollen aber schon im Vorhinein potentielle wettbewerbliche Risiken durch Datenvermittlungsplattformen verhindert werden.[1138]

Als erstes wird mit Art. 12 lit. a) DGA der **Grundsatz der Neutralität** eines Datenvermittlungsdienstes in Bezug auf den Umgang mit den bereitgestellten Daten normiert.[1139] Der Datenvermittlungsdienst wird zur strikten Neutralität hinsichtlich der zwischen Dateninhaber und -nutzer auszutauschenden Daten verpflichtet. Er darf die über seine Plattform ausgetauschten Daten nicht für andere Zwecke verwenden, als sie den jeweiligen Datennutzern zugänglich zu machen.[1140] Es kommt also zu einer strikten Trennung von Datenvermittlung und -nutzung. Dies hat zur Folge, dass gem. Art. 12 lit. c) DGA der Betreiber der Datenvermittlungsplattform, die bei der Durchführung der Vermittlungsdienste anfallenden Metadaten nur für die Verbesserung der eigenen Plattform verwenden kann.[1141] Eine Ausnahme von der strengen Zweckbindung sieht Art. 12 lit. d) DGA vor, wonach die Umwandlung der Daten zu bestimmten Zwecken erlaubt ist.[1142] Neben diesem **Grundsatz des Verarbeitungsverbots**[1143] enthält Art. 12 lit. a) DGA zugleich auch ein **Verbot vertikaler Integration**[1144]. Dieses Verbot vertikaler Integration sorgt dafür, dass es ausweislich des Erwägungsgrundes 33 DGA zu einer strukturellen Trennung des Datenvermittlungsdienstes von allen anderen erbrachten Diensten kommen muss. Der Datenvermittlungsdienst muss daher von einer juristischen Person erbracht werden, die von den anderen Tätigkeiten des Anbieters getrennt ist.[1145] Welche genauen Anforderungen an die Trennung zu stellen sind, ist dabei nicht klar ersichtlich. Man wird aber wohl nicht fordern, dass der Datenvermittlungsdienst von einer etwaigen Muttergesellschaft weisungs- und wirtschaftlich unabhängig sein muss.[1146] Aus

---

1137 Siehe auch Erwägungsgrund 32 VO (EU) 2022/868; *Specht*/Hennemann, HK-DGA, Art. 10 Rn. 20.

1138 *Specht*/Hennemann, HK-DGA, Art. 10 Rn. 20; *Hennemann/von Ditfurth*, NJW 2022, 1905, 1907.

1139 Ähnlich Steinrötter/*Savary*, Europäische Plattformregulierung, § 19 Rn. 29; *Specht*/Hennemann, HK-DGA,Art. 12 Rn. 32.

1140 Paschke/Rücker/*Schumacher/Lück*, DGA, Art. 12 Rn. 5; *Hennemann/von Ditfurth*, NJW 2022, 1905, 1908.

1141 BeckOK Datenschutzrecht/*Schröder*, DGA, Art. 12 Rn. 25; *Hennemann/von Ditfurth*, NJW 2022, 1905, 1908.

1142 Paschke/Rücker/*Schumacher/Lück*, DGA, Art. 12 Rn. 5; *Specht*/Hennemann, HK-DGA, Art. 12 Rn. 34.

1143 *Specht*/Hennemann, HK-DGA, Art. 12 Rn. 33.

1144 *Specht*/Hennemann, HK-DGA, Art. 12 Rn. 32.

1145 Paschke/Rücker/*Schumacher/Lück*, DGA, Art. 12 Rn. 9; *Specht*/Hennemann, HK-DGA, Art. 12 Rn. 36; *von Ditfurth*, Datenmärkte, Datenintermediäre und der Data Governance Act, S. 362; *Hennemann/von Ditfurth*, NJW 2022, 1905, 1908.

1146 *von Ditfurth*, Datenmärkte, Datenintermediäre und der Data Governance Act, S. 364; *Hennemann/von Ditfurth*, NJW 2022, 1905, 1908 f.; *Richter*, ZEuP 2021, 634, 654; *Spindler*, CR 2021, 98, 104.

einem Umkehrschluss zu Art. 12 lit. b) DGA kann man stattdessen folgern, dass eine strukturelle Ausgliederung in ein Tochterunternehmen innerhalb einer Konzernstruktur als ausreichend angesehen wird.[1147] Möchte ein Unternehmen neben seinem bisherigen Geschäftsfeld Datenvermittlungsdienste erbringen, so ist es daher ratsam eine strukturelle Trennung vorzunehmen und die Vermittlungsdienste von einer separaten juristischen Person erbringen zu lassen, damit das Neutralitätsgebot nach Art. 12 lit. a) DGA bestmöglich gewahrt bleibt.[1148]

Art. 12 lit. b) DGA stellt ein **Verbot von Kopplungsgeschäften** auf. Der Datenvermittlungsdienst darf seine Nutzungsbedingungen, einschließlich seiner Gebühren, nicht davon abhängig machen, dass der Nutzer noch andere Dienste des Vermittlers[1149] oder der mit ihm verbundenen Mutter- oder Schwestergesellschaften[1150] nutzt. Es ist also unzulässig, wenn der Nutzer eines Datenvermittlungsdienstes günstigere Konditionen allein aufgrund des Umstandes erhält, dass er noch andere Dienstleistungen des Datenvermittlers, einer Mutter- oder Schwestergesellschaft in Anspruch nimmt.[1151] Hintergrund dieses Verbotes ist es zu verhindern, dass Gatekeeper im Sinne des Digital Markets Acts sich als Datenvermittlungsdienste etablieren und den Wettbewerb und den Datenvermittlungsdiensten dann stören.[1152] Wichtig ist ferner, dass das Verbot von Kopplungsgeschäften nicht für betroffene Personen gilt, welche ebenfalls Nutzer eines Datenvermittlungsdienstes sein können.[1153]

Die Verhaltenspflicht des Art. 12 lit. c) DGA sieht eine **Beschränkung der Nutzung der Metadaten** vor, die der Datenvermittlungsdienst im Zusammenhang mit der Erbringung der Dienstleistung erhebt. Diese Daten dürfen nur zur Weiterentwicklung des Datenvermittlungsdienstes, zur Aufdeckung von Betrug oder im Interesse der Cybersicherheit genutzt werden.[1154]

Ferner schreibt Art. 12 lit. d) DGA vor, dass der Anbieter des Datenvermittlungsdienstes den Austausch der Daten in dem Format zu ermöglichen hat, in dem sie ihm

---

1147 *Specht*/Hennemann, HK-DGA, Art. 12 Rn. 36; *von Ditfurth*, Datenmärkte, Datenintermediäre und der DataGovernance Act, S. 362; so auch wohl *Europäische Kommission*, Umsetzung des DGA – Leitfaden, S. 12; *Schreiber/Pommerening/Schoel*, DGA, § 3 Rn. 92.

1148 Ausführlich zum Verbot vertikaler Integration *von Ditfurth*, Datenmärkte, Datenintermediäre und der DataGovernance Act, S. 359 ff.; *Hennemann/von Ditfurth*, NJW 2022, 1905, 1908.

1149 Eine beispielhafte Übersicht an möglichen Dienstleistungen, die zusätzlich in Anspruch genommen werdenmüssten, ist in Erwägungsgrund 33 VO (EU) 2022/868 enthalten.

1150 BeckOK Datenschutzrecht/*Schröder*, DGA, Art. 12 Rn. 20; kritisch, ob auch Schwestergesellschaften erfasst sein sollen, *Specht*/Hennemann, HK-DGA, Art. 12 Rn. 39.

1151 *Schreiber/Pommerening/Schoel*, DGA, § 3 Rn. 95; *Hennemann/von Ditfurth*, NJW 2022, 1905, 1909.

1152 Paschke/Rücker/*Schumacher/Lück*, DGA, Art. 12 Rn. 10; *Specht*/Hennemann, HK-DGA, Art. 12 Rn. 38; *Picht/Richter*, GRUR Int. 2022, 395, 399; *von Ditfurth/Lienemann*, CRNI 2022, 270, 284 f.

1153 *Specht*/Hennemann, HK-DGA, Art. 12 Rn. 38; Paschke/Rücker/*Schumacher/Lück*, DGA, Art. 12 Rn. 11; *Schreiber/Pommerening/Schoel*, DGA, § 3 Rn. 96.

1154 Paschke/Rücker/*Schumacher/Lück*, DGA, Art. 12 Rn. 13; *Schreiber/Pommerening/Schoel*, DGA, § 3 Rn. 97.

übermittelt wurden. Er darf die Daten nur konvertieren, wenn einer der in lit. d) genannten Erlaubnistatbestände vorliegt.[1155] Die Fälle, in denen eine Umwandlung der Daten erfolgen darf, sind: Verbesserung der Interoperabilität innerhalb und zwischen Sektoren durch die Umwandlung, Datennutzer hat Umwandlung verlangt, Unionsrecht schreibt die Umwandlung vor oder die Umwandlung dient der Harmonisierung mit internationalen und europäischen Datennormen.[1156] Mit der Verhaltenspflicht wird das Ziel verfolgt, die Nutzbarkeit der Daten zu verbessern[1157] und Hindernisse beim Teilen von Daten abzubauen[1158].

Art. 12 lit. e) DGA sieht eine **Beschränkung der Koppelung von Leistungen** vor. Danach dürfen Anbieter von Datenvermittlungsdiensten ihre Leistungen nur in beschränktem Umfang mit zusätzlichen Angeboten kombinieren. Zulässig ist dabei nur eine Koppelung mit spezifischen Werkzeugen (technische Mittel der Soft- und Hardware, mit denen Datenaustausch erleichtert wird[1159]) und Diensten für Dateninhaber oder betroffene Personen, die den Datenaustausch erleichtern.[1160] Aus dem Wortlaut („insbesondere") könnte man folgern, dass die zusätzlichen Werkzeuge und Dienste neben der Erleichterung des Datenaustausches auch zu weiteren Zwecken angeboten werden dürfen. Im Vergleich zur englischen und französischen Fassung der Verordnung fällt aber auf, dass es sich dabei um ein Redaktionsversehen handelt. In den anderen Fassungen ist die Verwendung von Werkzeugen und Diensten allein zur Verbesserung des Datenaustausches zulässig.[1161] Die Werkzeuge dürfen nur auf ausdrücklichen Antrag oder mit Zustimmung des Dateninhabers oder der betroffenen Person verwendet werden. Es bedarf also eines aktiven Zugehens auf den Datenmittler.[1162] Ob aber auch eine konkludente Zustimmung ausreichend ist, wird nicht einheitlich beurteilt. Für eine konkludente Zustimmung spricht aber, dass sich das Wort „ausdrücklich" grammatikalisch nur auf das Wort „Antrag" bezieht.[1163] Greift der Datenmittler zulässigerweise auf Werkzeuge Dritter zurück (Art. 12 lit. e) DGA am Ende), so gilt auch bei der Verwendung dieser Werkzeuge der strenge Zweckbindungsgrundsatz, weswegen der Dritte das

---

1155 BeckOK Datenschutzrecht/*Schröder*, DGA, Art. 12 Rn. 33; *Specht*/Hennemann, HK-DGA, Art. 12 Rn. 48.

1156 Steinrötter/*Savary*, Europäische Plattformregulierung, § 19 Rn. 32; Paschke/Rücker/*Schumacher*/*Lück*, DGA Art. 12 Rn. 16.

1157 BeckOK Datenschutzrecht/*Schröder*, DGA, Art. 12 Rn. 34; Paschke/Rücker/*Schumacher*/*Lück*, DGA, Art. 12,Rn. 17.

1158 *Specht*/Hennemann, HK-DGA, Art. 12 Rn. 48; *von Ditfurth*/*Lienemann*, CRNI 2022, 270, 283; *Richter*, ZEuP 2021, 634, 654.

1159 Paschke/Rücker/*Schumacher*/*Lück*, DGA, Art. 12 Rn. 21.

1160 BeckOK Datenschutzrecht/*Schröder*, DGA, Art. 12 Rn. 45; *Schreiber*/*Pommerening*/*Schoel*, DGA, § 3 Rn. 100.

1161 BeckOK Datenschutzrecht/*Schröder*, DGA, Art. 12 Rn. 45.1; Paschke/Rücker/*Schumacher*/*Lück*, DGA, Art. 12 Rn. 23.

1162 Paschke/Rücker/*Schumacher*/*Lück*, DGA, Art. 12 Rn. 24; *Specht*/Hennemann, HK-DGA, Art. 12 Rn. 61.

1163 a. A. *Specht*/Hennemann, HK-DGA, Art. 12 Rn. 61, wonach eine konkludente Erklärung nicht ausreicht; Paschke/Rücker/*Schumacher*/*Lück*, DGA, Art. 12 Rn. 25.

Werkzeug auch zu keinem anderen Zweck verwenden darf als zur Erleichterung des Datenaustausches.[1164]

Art. 12 lit. f) DGA legt den Anbietern von Datenvermittlungsdiensten ein **Transparenzgebot** sowie ein **Diskriminierungsverbot** auf. Die Zugangsbedingungen und Konditionen der Datenvermittlungsdienste müssen fair, transparent und nicht diskriminierend sein.[1165] Sinn und Zweck des Diskriminierungsverbots ist die Verhinderung von Wettbewerbsverzerrungen und einer Marktabschottung. So sollen gerade auch kleine und mittlere Unternehmen sowie Start-Ups zu den gleichen Bedingungen Zugang zu den Datenvermittlungsdiensten erhalten können.[1166] Das Transparenzgebot soll dagegen den Wettbewerb gerade fördern, indem ein Vergleich der Angebote ermöglicht wird.[1167] Das Diskriminierungsverbot verbietet indes nur eine sachlich nicht gerechtfertigte Ungleichbehandlung, so dass letztlich immer im Einzelfall geschaut werden muss, ob nicht ein sachlicher Grund die Ungleichbehandlung rechtfertigt.[1168] Unklar ist aber welche Anforderungen im Einzelnen an das Transparenzgebot zu stellen sind. Wegen der mangelnden Konkretisierung durch den Verordnungsgeber und aufgrund des Umstandes, dass Transparenzpflichten eine Reaktion auf ein Marktversagen sind, welches in Bezug auf Datenvermittlungsdienst noch nicht feststellbar war, kann man das Transparenzgebot als erfüllt betrachten, sofern die Parteien in der Lage sind, die Voraussetzungen und den Ablauf der Datenvermittlung zu überschauen.[1169] Andererseits ist es aber auch möglich, dass man die Transparenzpflichten nur als erfüllt ansieht, sofern Gebühren und sonstige Konditionen gegenüber potentiellen Plattformnutzern offengelegt werden und damit ein Vergleich der Angebote möglich ist.[1170]

Abschließend werden in den Art. 12 lit. g), h), j), k), l), o) DGA eine Reihe von **Überwachungs- und Sicherheitspflichten** normiert.[1171] So verpflichtet Art. 12 lit. g) DGA die Anbieter von Datenvermittlungsdiensten, Vorkehrungen zu treffen, die täuschendes oder missbräuchliches Verhalten in Bezug auf den Datennutzer verhindern.[1172] Art. 12

1164 Paschke/Rücker/*Schumacher*/*Lück*, DGA, Art. 12 Rn. 27; *Schreiber*/*Pommerening*/*Schoel*, DGA, § 3 Rn. 101.

1165 Steinrötter/*Savary*, Europäische Plattformregulierung, § 19 Rn. 34; *Hennemann*/*von Ditfurth*, NJW 2022, 1905, 1909.

1166 Paschke/Rücker/*Schumacher*/*Lück*, DGA, Art. 12 Rn. 31; *Schreiber*/*Pommerening*/*Schoel*, DGA, § 3 Rn. 103; *Hennemann*/*von Ditfurth*, NJW 2022, 1905, 1909.

1167 Paschke/Rücker/*Schumacher*/*Lück*, DGA, Art. 12 Rn. 32; *Hennemann*/*von Ditfurth*, NJW 2022, 1905, 1909; *Richter*, ZEuP 2021, 634, 656.

1168 *Schreiber*/*Pommerening*/*Schoel*, DGA, § 3 Rn. 103; *Hennemann*/*von Ditfurth*, NJW 2022, 1905, 1909.

1169 So nur *Specht*/Hennemann, HK-DGA, Art. 12 Rn. 67.

1170 *Schreiber*/*Pommerening*/*Schoel*, DGA, § 3 Rn. 103; *Hennemann*/*von Ditfurth*, NJW 2022, 1905, 1909; *Richter*, ZEuP 2021, 634, 656.

1171 *Hennemann*/*von Ditfurth*, NJW 2022, 1905, 1909.

1172 Steinrötter/*Savary*, Europäische Plattformregulierung, § 19 Rn. 35; *Specht*/Hennemann, HK-DGA, Art. 12 Rn. 68.

lit. h) DGA schreibt das Treffen von Vorkehrungen für den Fall einer Insolvenz vor.[1173] Gem. Art. 12 lit. j) DGA muss der Datenmittler angemessene technische, rechtliche und organisatorische Maßnahmen ergreifen, um die rechtswidrige Übertragung nicht-personenbezogener Daten zu verhindern.[1174] Da der Datenmittler nur zur Ergreifung angemessener Maßnahmen verpflichtet ist, trifft ihn keine Erfolgsabwendungspflicht, die ihn verpflichtet, das rechtskonforme Verhalten der Nutzer zu gewährleisten.[1175] Nach Art. 12 lit. k) DGA muss bei einem unautorisierten Datenzugriff der Dateninhaber über diesen Umstand informiert werden und Art. 12 lit. l) DGA normiert die Pflicht zur Einhaltung eines angemessenen Sicherheitsniveaus bei der Speicherung, Verarbeitung und Übertragung nicht-personenbezogener Daten.[1176] Art. 12 lit. o) DGA stellt eine Pflicht auf, wonach ein Protokoll über die Datenvermittlungstätigkeit zu führen ist.[1177]

c) Rechtsdurchsetzung

Die Kontrolle und die Durchführung des DGA obliegt den Mitgliedstaaten.[1178] Diese haben eine zuständige Behörde zu benennen, die die Rechtsdurchsetzung übernimmt, wobei ausweislich Art. 26 Abs. 2 S. 3 DGA **keine neue Behörde** geschaffen werden muss, sondern eine oder mehrere bereits bestehende Behörden mit der Wahrnehmung der Rechtsdurchsetzung betraut werden können. Handelt es sich um einen intereuropäischen Sachverhalt, so haben gem. Art. 14 Abs. 7 DGA die zuständigen Behörden der Mitgliedstaaten sich auszutauschen und zusammenzuarbeiten. Die zuständige Behörde in Deutschland soll ausweislich des Referentenentwurfes des Bundesministeriums für Wirtschaft und Klimaschutz für ein Gesetz zur Durchführung der EU-Verordnung über europäische Daten-Governance die Bundesnetzagentur werden.[1179]

1173 Ausführlich *Specht*/Hennemann, HK-DGA, Art. 12 Rn. 70; *Hennemann/von Ditfurth*, NJW 2022, 1905, 1910.

1174 Paschke/Rücker/*Schumacher/Lück*, DGA, Art. 12 Rn. 41; *Hennemann/von Ditfurth*, NJW 2022, 1905, 1909.

1175 Paschke/Rücker/*Schumacher/Lück*, DGA, Art. 12 Rn. 44; *Schreiber/Pommerening/Schoel*, DGA, § 3 Rn. 111; a. A. *Hennemann/von Ditfurth*, NJW 2022, 1905, 1909, wonach eine Pflicht des Datenvermittlungsdienstes besteht, die Datentransaktionen seiner Nutzer zu überwachen und Rechtsverstöße selbst zu unterbinden.

1176 Steinrötter/*Savary*, Europäische Plattformregulierung, § 19 Rn. 39 f.; *Hennemann/von Ditfurth*, NJW 2022, 1905, 1910.

1177 Steinrötter/*Savary*, Europäische Plattformregulierung, § 19 Rn. 43; *Schreiber/Pommerening/Schoel*, DGA, § 3 Rn. 120.

1178 Steinrötter/*Savary*, Europäische Plattformregulierung, § 19 Rn. 46; *Schreiber/Pommerening/Schoel*, DGA, § 3 Rn. 122.

1179 § 2 Abs. 1 DGG-E, Referentenentwurf des Bundesministeriums für Wirtschaft und Klimaschutz, Entwurf eines Gesetzes zur Durchführung der EU-Verordnung über europäische Daten-Governance, S. 5.

Gem. Art. 14 Abs. 1 DGA steht der zuständigen Behörde eine umfassende **Überwachungs- und Beaufsichtigungspflicht** im Zusammenhang mit den Anbietern von Datenvermittlungsdiensten zu.[1180] Sie kann dabei entweder von Amts wegen selbst tätig werden oder eine Überwachung beziehungsweise Beaufsichtigung kann auch auf Antrag Dritter erfolgen.[1181] Die zuständige Behörde ist im Rahmen ihrer Überwachungs- und Beaufsichtigungspflicht nach Art. 14 Abs. 2 DGA dazu befugt, Informationen anzufordern, die zur Einhaltung der Vorschriften des 3. Kapitels des DGA notwendig sind. Die zuständige Behörde hat also einen Auskunftsanspruch, sodass der Datenmittler verpflichtet ist, die Informationen herauszugeben.[1182]

Stellt die Behörde einen Verstoß gegen die Art. 10 ff. DGA fest, so muss sie gem. Art. 14 Abs. 3, 1. Hs. DGA den Anbieter des Datenvermittlungsdienstes über den Verstoß informieren (Mitteilungspflicht). Im Anschluss an diese Mitteilung muss dem Anbieter nach Art. 14 Abs. 3, 2. Hs. DGA die Gelegenheit gegeben werden, binnen 30 Tagen Stellung zu nehmen.

Liegt ein Verstoß eines Anbieters gegen die Art. 10 ff. DGA vor, enthält Art. 14 Abs. 4 DGA einen Katalog an Maßnahmen, die die zuständige Behörde ergreifen kann, um die Einhaltung der Regelungen des DGA zu gewährleisten. Ausweislich des Art. 34 Abs. 1 DGA bleibt es den Mitgliedstaaten überlassen, darüberhinausgehende Sanktionen zu normieren.[1183] Generell ist die zuständige Behörde nach Art. 14 Abs. 4 UAbs. 1 S. 1 DGA dazu befugt, die Abstellung eines konkreten Verstoßes anzuordnen sowie im Rahmen einer **generalklauselartigen Ermächtigung** berechtigt, angemessene und verhältnismäßige Maßnahmen zur Sicherstellung der Einhaltung zu erlassen. Daneben nennt Art. 14 Abs. 4 UAbs. 1 S. 2 lit. a)–c) DGA konkrete Maßnahmen, die von der Behörde ergriffen werden können.[1184] Zu den Maßnahmen zählen **Geldstrafen und Zwangsgelder** (lit. a)), **Verschiebung des Beginns** oder **Aussetzung der Erbringung** des Datenvermittlungsdienstes (lit. b)) und die **Einstellung** der Bereitstellung des Datenvermittlungsdienstes (lit. c)). Als schärfste Maßnahme ist die Einstellung der Bereitstellung des Datenvermittlungsdienstes nach lit. c) nur möglich, sofern es sich um einen schweren oder wiederholten Verstoß handelt, welcher trotz vorheriger Mitteilung nach Art. 14 Abs. 3 DGA nicht behoben wurde. Maßgebliches Kriterium zur Bestimmung der Schwere des Verstoßes ist die Gefahr der bedrohten Rechtsgüter.[1185] Als weitere Kriterien bietet es sich an, den Katalog des Art. 34 Abs. 2 DGA heranzuziehen.[1186] Im Rahmen der wiederholten Verstöße folgt aus dem Sinn und Zweck, der die Einhaltung der Vorschriften

---

1180 *Paschke*/Rücker/*Wernicke*, DGA, Art. 14 Rn. 8; BeckOK Datenschutzrecht/*Richter*, DGA, Art. 14 Rn. 5.

1181 *Paschke*/Rücker/*Wernicke*, DGA, Art. 14 Rn. 8; BeckOK Datenschutzrecht/*Richter*, DGA, Art. 14 Rn. 7.

1182 *Paschke*/Rücker/*Wernicke*, DGA, Art. 14 Rn. 16; *Specht*/Hennemann, HK-DGA, Art. 14 Rn. 24.

1183 *Paschke*/Rücker/*Wernicke*, DGA, Art. 14 Rn. 23 f.

1184 *Specht*/Hennemann, HK-DGA, Art. 14 Rn. 32.

1185 *Paschke*/Rücker/*Wernicke*, DGA, Art. 14 Rn. 36; *Specht*/Hennemann, HK-DGA, Art. 14 Rn. 58.

1186 *Paschke*/Rücker/*Wernicke*, DGA, Art. 14 Rn. 36 f.; ausführliche Darstellung, der in Betracht kommenden Faktoren bei *Specht*/Hennemann, HK-DGA, Art. 14 Rn. 58.

des 3. Kapitels ist, dass es nur auf eine gewisse Häufigkeit von Verstößen ankommt und nicht darauf, ob ein Verstoß wiederholt begangen wurde oder mehrere Verstöße vorliegen.[1187] Nicht ausreichend ist das bloße Vorliegen einer Wiederholungsgefahr.[1188]

d) Kritik

Die Regelungen des DGA in Bezug auf die Datenvermittlungsdienste sind aber nicht nur ausschließlich positiv zu bewerten. Stattdessen gibt es auch etliche Punkte, die kritisch zu sehen sind.

Schon direkt zu Beginn ist an der Definition des Begriffs des Datenvermittlungsdienstes nach Art. 2 Nr. 11 DGA zu bemängeln, dass diese **zu vage** ist. Hiernach muss das Teilen von Daten nicht der Hauptzweck der angebahnten Geschäftsbeziehung sein. Da in der heutigen Zeit aber in fast jeder Geschäftsbeziehung Daten miteinander geteilt werden, besteht die Gefahr, dass fast immer ein Datenvermittlungsdienst nach Art. 2 Nr. 11 DGA vorliegt.[1189]

Ferner ist auch die Regelung zur Anmeldung nach Art. 11 DGA sowie der Aufsichtsrahmen der zuständigen Behörde nach Art. 14 DGA kritisch zu hinterfragen. Im Vergleich zu den bereits bestehenden gesetzlichen Vorschriften im Bereich des Datenschutz- und IT-Sicherheitsrechts, sind die durch den DGA getroffenen strenger und auch die Sinnhaftigkeit ist fraglich, da das Teilen von Daten eher an technischen Problemen scheitert als an einer fehlenden gesetzlichen Regelung.[1190] Sicher ist demgegenüber, dass durch die Regelungen des DGA die Compliance-Kosten der Unternehmen, die einen Datenvermittlungsdienst anbieten wollen, steigen werden und der Spielraum für neue Geschäftsmodelle im Bereich des Teilens von Daten beschränkt wird.[1191] Ein möglicher Alternativvorschlag, der die Regelungsdichte im Bereich des Anmelde- und Aufsichtsrahmens erheblich reduzieren würde, wäre statt des Verbotes mit Anmeldevorbehalt[1192] die **Einführung eines freiwilligen Zertifizierungssystems** gewesen.[1193] Da es trotz des Verbotes mit Anmeldevorbehalt[1194] nur zu einer behördlichen *ex-post*-Kon-

1187 *Paschke*/Rücker/*Wernicke*, DGA, Art. 14 Rn. 38; wohl auch *Specht*/Hennemann, HK-DGA, Art. 14 Rn. 57.

1188 *Paschke*/Rücker/*Wernicke*, DGA, Art. 14 Rn. 38.

1189 Generell kritisch zur Definition BeckOK Datenschutzrecht/*Schild*/*Richter*/*Schmidt-Wudy*, DGA, Art. 2 Rn. 90; *Hennemann*/*von Ditfurth*, NJW 2022, 1905, 1908.

1190 *Specht-Riemenschneider*/*Blankertz*, MMR 2021, 369, 370; *Spindler*, CR 2021, 98, 104; *Tolks*, MMR 2022, 444, 447.

1191 Insbesondere kritisch bezüglich der höheren Kosten Paschke/Rücker/*Schumacher*/*Lück*, DGA, Art. 10 Rn. 68, Art. 11 Rn. 88; *Tolks*, MMR 2022, 444, 447.

1192 Paschke/Rücker/*Schumacher*/*Lück*, DGA, Art. 11 Rn. 2; *Specht*/Hennemann, HK-DGA, Art. 11 Rn. 17.

1193 *Hennemann*/*von Ditfurth*, NJW 2022, 1905, 1910; *Tolks*, MMR 2022, 444, 447; *Hartl*/*Ludin*, MMR 2021, 534, 537; eingehend zur Idee des Zertifizierungssystems *Specht-Riemenschneider*/*Blankertz*, MMR 2021, 369, 370.

1194 Paschke/Rücker/*Schumacher*/*Lück*, DGA, Art. 11 Rn. 2; *Specht*/Hennemann, HK-DGA, Art. 11 Rn. 17.

trolle kommt, ist auch zu hinterfragen, ob auf diese Weise das fehlende Vertrauen geschaffen werden kann, damit sich der Datenvermittlungsdienste bedient wird.[1195]

Grundsätzlich ist der mit dem Verbot von Kopplungsgeschäften (Art. 12 lit. b) DGA) verfolgte Zweck in Form der Verhinderung der wettbewerbsschädlichen Effekte solcher Geschäfte zwar positiv zu beurteilen.[1196] Allerdings können solche Kopplungsgeschäfte auch vorteilhafte Auswirkungen auf den Wettbewerb haben.[1197] Das generelle Verbot nach Art. 12 lit. b) DGA, welches keine Ausnahme vorsieht, ist daher nicht uneingeschränkt zu begrüßen. Weiter ist an dem Pflichtenkatalog des Art. 12 DGA zu kritisieren, dass dieser teilweise zu **erheblicher Rechtsunsicherheit** bei den Datenmittlern führt.[1198] In Bezug auf die Pflicht zur Interoperabilität nach Art. 12 lit. i) DGA fehlt es gegenwärtig an Standards für Datenvermittlungsdienste, weswegen unklar ist, welche Maßnahmen von den Datenmittler ergriffen werden müssen. Erst langfristig sollen durch den Europäischen Dateninnovationsrat gemeinsame Standards entwickelt werden.[1199] Des Weiteren enthält sich der DGA zu der Frage, was eine angemessene Maßnahme im Sinne von Art. 12 lit. j) DGA ist[1200], mit der Folge, dass sich die Rechtsunsicherheit für Datenmittler weiter erhöht.

Letztlich ist allgemein in Bezug auf die gesetzlichen Regelungen für Datenvermittlungsdienste zu bemängeln, dass diese eine Abwendung von den bisherigen Grundsätzen des Kartellrechts darstellen. Während es früher eine nachträgliche Verhaltensprüfung anhand allgemeiner und flexibel gefasster Normen gab, führt der DGA in Bezug auf die Datenvermittlungsdienste zu einer **Auferlegung von Verhaltenspflichten *ex-ante***. Die Konsequenz ist, dass eine Berücksichtigung von pro-kompetitiven Auswirkungen nicht möglich ist und Datenvermittlungsdienste unabhängig von ihrer Marktmacht reguliert werden.[1201] Dadurch wird zwar erreicht, dass es für Anbieter von Datenvermittlungsdiensten nur sehr schwer möglich ist, eine marktbeherrschende Stellung zu erreichen. Zugleich besteht infolge dieser strengen Anforderungen die reelle Gefahr, Innovationen von Datenmittlern nachhaltig zu hemmen.[1202] Letztlich kommt es daher zu einer Benachteiligung von Datenvermittlungsdiensten im Vergleich zu ähnlichen Geschäftsmodellen, wie *Datenbrokern* oder geschlossenen Datenplattformen, die gerade nicht von der Definition des Datenvermittlungsdienstes erfasst sind, weswegen mit **Aus-**

1195 *Hennemann/von Ditfurth*, NJW 2022, 1905, 1910.

1196 *von Ditfurth*, Datenmärkte, Datenintermediäre und der Data Governance Act, S. 376.

1197 Ähnlich *Specht/Hennemann*, HK-DGA, Einleitung Rn. 117; *Hennemann/von Ditfurth*, NJW 2022, 1905, 1909; zu den positiven Auswirkungen auf den Wettbewerb *Schweitzer*, ZEuP 2021, 503, 537.

1198 In diesem Sinne bereits Paschke/Rücker/*Schumacher/Lück*, DGA, Art. 10 Rn. 69.

1199 *Schreiber/Pommerening/Schoel*, DGA, § 3 Rn. 109; *Hennemann/von Ditfurth*, NJW 2022, 1905, 1909.

1200 BeckOK Datenschutzrecht/*Schröder*, DGA, Art. 12 Rn. 68; *Hennemann/von Ditfurth*, NJW 2022, 1905, 1910.

1201 *Hennemann/von Ditfurth*, NJW 2022, 1905, 1910.

1202 Ähnlich *Specht/Hennemann*, HK-DGA, Einleitung Rn. 117; *Hennemann/von Ditfurth*, NJW 2022, 1905, 1910.

weichbewegungen zu rechnen ist.[1203] Insgesamt fehlt es damit an Anreizen für Unternehmen, auf dem Datenmarkt als Datenvermittlungsdienst aufzutreten.[1204]

4. Datenaltruismus, Art. 16–25 DGA

Ein weiteres institutionelles Novum des Datenrechts führt der DGA mit dem **Datenaltruismus** ein. Die Regelungen für diese freiwillige, entgeltlose Form der Datenweitergabe finden sich im vierten Kapitel (Art. 16–25 DGA). Art. 16 DGA eröffnet den Mitgliedstaaten zunächst Möglichkeiten, nationale Vorschriften zu erlassen, um Datenaltruismus zu erleichtern. Art. 17–19 DGA regeln die Registrierung und Eintragung von datenaltruistischen Organisationen, deren Transparenz-, Schutz- und Verfahrensanforderungen in Art. 20–22 sowie Art. 25 DGA aufgestellt werden. Vorgaben bezüglich Rechtsdurchsetzung finden sich in Art. 23, 24 DGA.

a) Begriff, Funktion und Prinzip des Datenaltruismus

Der Begriff des Datenaltruismus wird durch Art. 2 Nr. 16 DGA definiert und macht deutlich, dass sich Datenaltruismus sowohl auf personenbezogene als auch auf nicht-personenbezogene Daten beziehen kann und stellt darüber hinaus mit den Tatbestandsmerkmalen Freiwilligkeit, Unentgeltlichkeit sowie altruistische Zielverfolgung weitere Anforderungen auf, die erfüllt sein müssen, um den Regelungen des DGA zu unterfallen.[1205]

Datenaltruismus soll bewirken, dass im Sinne der Datenstrategie mehr personenbezogene und nicht personenbezogene Daten geteilt werden. Der Altruismus liegt also in der **unentgeltlichen Zugänglichmachung** des Innovationspotentials, das den Daten innewohnt.[1206] Konkret meint Datenaltruismus die freiwillige „Preisgabe von Daten ohne kommerzielles Eigeninteresse"[1207] mit der Einwilligung der betroffenen Personen, sofern es sich um personenbezogene Daten handelt, Art. 2 Nr. 16 DGA. Dass es beim Datenaltruismus an Entgelt mangeln soll, schließt eine Kompensation des Teilenden für die Kosten, die ihm durch die Preisgabe entstehen, dabei nicht aus. Kompensiert werden können sowohl betroffene Personen wie auch Dateninhaber.[1208]

Die Regelungen zum Datenaltruismus stellen – wie auch die übrigen Vorschriften des DGA – eine Strukturmaßnahme dar: Sie sollen die gegenwärtig existierenden

---

1203 *Specht/Hennemann*, HK-DGA, Einleitung Rn. 117; *Hennemann/von Ditfurth*, NJW 2022, 1905, 1910; vertiefend zu möglichen Ausweichbewegungen *Richter*, ZEuP 2021, 634, 662f.

1204 *Specht/Hennemann*, HK-DGA, Einleitung Rn. 117; Paschke/Rücker/*Schumacher/Lück*, DGA, Art. 10 Rn. 68.

1205 *Rachut*, ZD 2024, 248, 249.

1206 SWD(2020) 295 final, S. 1ff.

1207 Specht/*Hennemann*, HK-DGA, Art. 16 Rn. 9.

1208 Paschke/Rücker/*Heckmann*, DGA, Art. 16 Rn. 98; Specht/*Hennemann*, HK-DGA, Art. 16 Rn. 11.

Hemmschwellen bezüglich des Datenteilens abbauen und ein Umfeld schaffen, in dem zur Weitergabe angeregt wird. Der DGA gibt insofern einen Rahmen vor, wie sich Einrichtungen freiwillig etablieren können, um altruistisch zur Verfügung gestellte Daten zu verarbeiten. Der Rechtsrahmen soll ein Nährboden sein für datenaltruistische Organisationen, die nach freier Gründung in einem Register eingetragen sind und die aus „**Datenspenden**" erhaltenen Daten verwalten sollen.[1209]

Dem Konzept des Altruismus folgend, sind die Regelungen zum Datenaltruismus nicht primär für am Datenmarkt auftretende Unternehmen gedacht. Stattdessen zielen die Regelungen vor allem auf die Allgemeinheit ab, was indes nicht ausschließt, dass Unternehmen trotzdem davon profitieren.[1210] Insofern könnte man, wie in der Literatur bereits diskutiert wurde, von einer Datenspende sprechen.[1211] Treffender als „Datenspende" sind aber wohl Begriffe wie „Datenbereitstellung"[1212] oder Datenpreisgabe. Dabei ist der Begriff der **altruistischen Datenpreisgabe**[1213] besonders präzise, weil in ihm trotz der andauernden rechtlichen Verfahrenshoheit des Betroffenen anklingt, dass mit einer altruistischen Preisgabe ein informativer Exklusivitätsverlust einhergeht, der wirtschaftlich gesehen den monetären Wert seiner Daten mindern kann.

Perspektivisch verspricht sich der europäische Gesetzgeber vom Prinzip des Datenaltruismus die Freigabe großer Datenmengen. So viele, dass innerhalb Europas die Praktikabilität von Datenanalysen gefördert wird, was auch dem maschinellen Lernen zugutekommen soll.[1214] Die altruistische Preisgabe von Daten soll ferner der Gesundheitsversorgung, dem Mobilitätssektor oder dem Kampf gegen den Klimawandel zugutekommen. Nicht zuletzt dürften auch die Mitgliedstaaten ein großes Interesse an Datenpreisgabe haben: Durch sie sollen öffentliche Dienstleistungen verbessert, Statistiken angereichert und staatliche Entscheidungsfindung effizienter gestaltet werden.[1215]

b) Nationale Regelungen für Datenaltruismus, Art. 16 DGA

Das Prinzip des Datenaltruismus eröffnet der DGA in Art. 16 im Wortsinn. Dabei handelt es sich bei Art. 16 DGA weniger um eine das Konzept des Datenaltruismus konkretisie-

---

1209 *Schreiber/Pommerening/Schoel*, DGA, § 4 Rn. 4–6.

1210 *von Hagen/Völzmann*, MMR 2022, 176, 176; https://digital-strategy.ec.europa.eu/en/policies/data-governance-act-explained (zuletzt abgerufen am: 1.11.2024).

1211 Kritisch zum Begriff der Datenspende Specht/*Hennemann*, HK-DGA, Art. 16 Rn. 5, wonach dieser Begriff fehlleitend ist, da der Bereitsteller auf seiner Seite kein Minus hat; in Bezug auf Corona-Apps *Kühling/Schildbach*, NJW 2020, 1545; konkret zum Datenaltruismus des DGA *von Hagen/Völzmann*, MMR 2022, 176, 176.

1212 *Schreiber/Pommerening/Schoel*, DGA, § 4 Rn. 5.

1213 Specht/*Hennemann*, HK-DGA, Art. 16 Rn. 5.

1214 Erwägungsgrund 45 VO (EU) 2022/868.

1215 Erwägungsgrund 4 VO (EU) 2022/868, ausführlich Paschke/Rücker/*Heckmann*, DGA, Art. 16 Rn. 45–51.

rende Norm, als um eine **Öffnungsklausel.**[1216] So werden in Art. 16 S. 1, 2 DGA die Mitgliedstaaten adressiert, die die konkrete Ausgestaltung eines praktischen Datenaltruismus selbst vornehmen *können*. In dieser Hinsicht hat Art. 16 DGA weniger verordnenden als vielmehr richtlinienähnlichen Charakter.[1217] Art. 16 S. 2 DGA überlässt das Thema den Mitgliedstaaten als Frage einer politisch-strategischen Ausgestaltung.[1218] Die Mitgliedstaaten können sich organisatorischer oder technischer Regelungen bedienen (oder beides) und nationale Strategien festlegen. Laut Erwägungsgrund 45 DGA sind hiermit Vorkehrungen gemeint, mit denen ein Datenaltruismus erleichtert würde. So könnten betroffenen Personen oder Dateninhabern leicht verwendbare Werkzeuge zur Verfügung gestellt werden, mit denen sie die Einwilligung oder Erlaubnis zur altruistischen Verwendung ihrer Daten erteilen können. Außerdem fielen unter Strategien nach Art. 16 DGA etwa Sensibilisierungskampagnen sowie der verbesserte Austausch zwischen nationalen Behörden.

c) Anerkannte datenaltruistische Organisationen, Art. 17–19 DGA

Gem. Art. 17ff. DGA können sich juristische Personen, die bestrebt sind, die in der Definition des Datenaltruismus (Art. 2 Nr. 16 DGA) genannten Ziele zu fördern, als in der Union anerkannte **datenaltruistische Organisationen** eintragen lassen, sofern sie nicht zu Erwerbszwecken tätig werden sowie rechtlich unabhängig sind und zudem umfangreiche Transparenz- und Aufzeichnungspflichten erfüllen.[1219] Eine datenaltruistische Organisation kann zugleich auch Datenvermittlungsdienst nach dem DGA sein, es besteht kein Exklusivitätsverhältnis zwischen den beiden Organisationen.[1220]

Art. 17 Abs. 1 DGA schreibt zunächst auf nationaler Ebene Register vor, die durch die jeweils zuständige Behörde zu etablieren sind. Datenaltruistische Organisationen können durch Eintragung in ein solches Register zu einer anerkannten Organisation werden – für eine datenaltruistische Tätigkeit ist die Eintragung allerdings nicht zwingend.[1221] Daneben führt die Kommission gem. Art. 17 Abs. 2 S. 1 DGA zu Informationszwecken noch ein europaweites Register über alle eingetragenen Organisationen. Bis Oktober 2024 wurde bislang lediglich eine in Spanien agierende Datenaltruismus-Organisation eingetragen.[1222] Neben den Registern sieht Art. 17 Abs. 2 S. 2 DGA auch ein ge-

---

1216 Specht/*Hennemann*, HK-DGA, Art. 16 Rn. 1.

1217 Paschke/Rücker/*Heckmann*, DGA, Art. 16 Rn. 1.

1218 Paschke/Rücker/*Heckmann*, DGA, Art. 16 Rn. 1; Specht/*Hennemann*, HK-DGA, Art. 16 Rn. 34; *Rachut*, ZD 2024, 248, 249.

1219 *Tolks*, MMR 2022, 444, 447.

1220 *Hornung/Schomberg*, CR 2022, 508, 512; *Rachut*, ZD 2024, 248, 249.

1221 Specht/*Hennemann*, HK-DGA, Art. 17, Rn. 1.

1222 https://digital-strategy.ec.europa.eu/de/policies/data-altruism-organisations (zuletzt abgerufen am: 1.11.2024).

meinsames Logo für datenaltruistische Organisationen vor.[1223] Das von der Kommission zu entwerfende und einzuführende Logo hat auf allen Veröffentlichungen der Organisationen zu prangen, die mit ihrer altruistischen Funktion in Zusammenhang stehen. Die Registrierung und das einheitliche Logo von in der Union anerkannten datenaltruistische Organisationen soll nach Hoffnungen des Verordnungsgebers zu einem faktischen Vertrauensvorschuss beitragen. Außerdem signalisieren sie den rechtlichen Unterschied zwischen datenaltruistische Organisationen und Datenvermittlungsdiensten.[1224] Datenvermittlungsdienste sind von den Regelungen des Kapitels über Datenvermittlungsdienste freigestellt (Art. 15 DGA).

Wie eine datenaltruistische Organisation den Status einer anerkannten Organisation erlangt, welche qualitativen Voraussetzungen eine Organisation also für eine Eintragung mitbringen muss, beschreibt Art. 18 DGA: Er nennt fünf Voraussetzungen für die Aufnahme in das Register, die sicherstellen sollen, dass nur solche Organisationen aufgenommen, die trennscharf dem Prinzip des Art. 2 Nr. 16 DGA entsprechen. Dazu zählen:

- Durchführung datenaltruistischer Tätigkeiten (lit. a));
- eigene Rechtspersönlichkeit gem. nationalem Recht (lit. b));
- Tätigwerden ohne Erwerbszwecken sowie rechtliche Unabhängigkeit von einer Organisation, die Erwerbszwecke verfolgt (lit. c));
- funktionelle Trennung der Datenaltruismus-Tätigkeiten von anderen Tätigkeiten der Organisation (lit. d));
- Einhaltung der Anforderungen des nach Art. 22 Abs. 1 DGA von der Kommission zu erlassenden Regelwerks (lit. e)).

Nur diese Organisationen sollen etwaige Vorteile, etwa das Führen des gemeinsamen Logos, in Anspruch nehmen dürfen. Wie genau die Eintragung formal von statten geht, legt Art. 19 DGA fest. Demnach erfolgt eine Eintragung auf Antrag einer eintragungswilligen Organisation, Art. 19 Abs. 1 DGA.[1225] Nicht in der Union ansässige Organisationen bedürfen zudem eines gesetzlichen Vertreters, Art. 19 Abs. 3 DGA.

Die Rechtsfolge der Eintragung einer datenaltruistischen Organisation ist ihre offizielle Anerkennung, was im Rechtsverkehr Vertrauen fördern soll. Praktisch äußert sich dies durch das Recht beziehungsweise die Pflicht, das gemeinsame Logo gem. Art. 17 Abs. 2 S. 2 DGA zu führen.[1226]

1223 Das von der Kommission entworfene Logo kann hier angeschaut werden: https://digital-strategy.ec.europa.eu/de/library/logos-data-intermediaries-and-data-altruism-organisations-recognised-union (zuletzt abgerufen am: 1.11.2024).

1224 *Tolks*, MMR 2022, 444, 447.

1225 Specht/*Hennemann*, HK-DGA, Art. 19, Rn. 3.

1226 *Schreiber*/*Pommerening*/*Schoel*, DGA, § 4 Rn. 53.

d) Transparenz-, Schutz- und Verfahrensanforderungen datenaltruistischer Organisationen, Art. 20–22, 25 DGA

Nach den Bedingungen und Prozessen hinsichtlich der Eintragung anerkannter datenaltruistischer Organisationen befassen sich die Art. 20–22 und Art. 25 DGA mit deren laufenden Pflichten nach deren Eintragung. Praktisch ist hierbei Art. 21 DGA von zentraler Bedeutung, da er sich mit den Vorgaben der tatsächlichen Datenverarbeitung auseinandersetzt.

Datenaltruistische Organisationen haben zunächst die **Transparenzanforderungen** nach Art. 20 DGA zu erfüllen: Dazu zählt die vollständige und genaue Aufzeichnung aller Personen, denen die Möglichkeit zur Verarbeitung der im Besitz dieser anerkannten datenaltruistischen Organisation befindlichen Daten gegeben wurde, deren Kontaktdaten, Zeitpunkt beziehungsweise Dauer der Verarbeitung oder Nutzung der Daten, Zwecke der Verarbeitung sowie etwaige Gebühren, die von den die Daten verarbeitenden Personen gezahlt wurden, Art. 20 Abs. 1 DGA.[1227] Darüber hinaus muss ein jährlicher Tätigkeitsbericht herausgegeben werden, der an die zuständige Behörde übermittelt wird, Art. 20 Abs. 2 DGA. Ferner werden in den Erwägungsgründen auch noch weitere Anforderungen genannt.[1228] Da sie aber nicht wörtlichen Eingang in den verfügenden Teil des DGA gefunden haben, ist deren Durchsetzbarkeit und rechtliche Bindung einiger Stimmen in der Literatur zufolge nicht gegeben.[1229]

Art. 21 DGA widmet sich sodann **den Schutz- und Verfahrensanforderungen im Interesse der betroffenen Personen und Dateninhabern**.[1230] Die Regelungen zielen auf den „Schutz der Rechte und Interessen betroffener Personen und Dateninhabern"[1231] ab. Da hinsichtlich personenbezogener Daten die DS-GVO Vorrang genießt – die von jeder anerkannten datenaltruistischen Organisation bei der Verarbeitung unbedingt beachtet werden muss – liegt der regulatorische Mehrwert von Art. 21 DGA insbesondere in seinen Vorgaben für nicht personenbezogene Daten.[1232] Grundsätzlich bezieht sich die personenbezogene Datenverarbeitung nach dem DGA auf betroffene Personen gem. Art. 4 Nr. 1 DS-GVO. Die Verarbeitung nicht personenbezogener Daten bezieht sich nach dem DGA hingegen auf Dateninhaber im Sinne des Art. 2 Nr. 8 DGA.[1233] Nach Art. 21 Abs. 1 DGA müssen datenaltruistische Einrichtungen zunächst sowohl betroffene Personen als auch Dateninhaber klar und verständlich über die Ziele von allgemeinem Interesse und Zwecke der Verarbeitung (lit. a)) sowie über Standort und Ziele von allgemeinem Interesse bei der Datenverarbeitung in ein Drittland (lit. b)) informie-

---

1227 *Rachut*, ZD 2024, 248, 249.
1228 Erwägungsgrund 46 VO (EU) 2022/868.
1229 Ähnlich auch *Spindler*, CR 2021, 98, 106 f.; *Tolks*, MMR 2022, 444, 447.
1230 *Schreiber/Pommerening/Schoel*, DGA, § 4 Rn. 66.
1231 *Schreiber/Pommerening/Schoel*, DGA, § 4 Rn. 66.
1232 Paschke/Rücker/*Heckmann*, DGA, Art. 21, Rn. 1; ähnlich *Schreiber/Pommerening/Schoel*, DGA, § 4 Rn. 66.
1233 *Schreiber/Pommerening/Schoel*, DGA, § 4 Rn. 66.

ren. Bedeutsam sind insbesondere die in Art. 21 Abs. 2–6 DGA festgehaltenen Grundsätze der altruistischen Datenverarbeitung. Danach sind unter anderem folgende Grundsätze zu beachten:[1234]

- Nach Abs. 2 S. 1 dürfen Daten nur mitsamt einer konkreten **„Zielbindung“**[1235] entlang des allgemeinen Interessees verwendet werden. Beachtlich ist, dass der DGA nicht von Zwecken spricht, wie es im Regime der DS-GVO üblich ist. Hintergrund beziehungsweise Vorteil von diesem etwas weiter zu fassenden Begriff ist, dass altruistische Einrichtungen bei der Verarbeitung nicht personenbezogener Daten mehr Spielraum erlangen.[1236]
- Nach Abs. 2 S. 2 dürfen altruistische Datenverarbeiter keine **irreführenden Vermarktungspraktiken** anwenden. Irreführend ist im Sinne der DS-GVO und des UWG beziehungsweise der diesbezüglichen Rechtsprechung auszulegen.[1237]
- Die Einrichtungen müssen betroffenen Personen und Dateninhabern die **Einwilligung und Erlaubnis** und auch das Widerrufen derselben so einfach wie möglich machen, Abs. 3.
- Datenaltruistische Organisationen müssen außerdem für ein **angemessenes Sicherheitsniveau** für die Verarbeitung nicht personenbezogener Daten schaffen, Abs. 4. Da die DS-GVO weiterhin anwendbar bleibt, folgt eine entsprechende Pflicht hinsichtlich personenbezogener Daten bereits aus Art. 32 Abs. 1 DS-GVO.[1238] Für nicht-personenbezogene Daten entsteht gemäß dem DGA ein etwas weiterer Interpretationsspielraum dazu, was ein angemessenes Schutzniveau ist, als ihn die DS-GVO vorsieht.
- Datenaltruistische Einrichtungen haben gem. Abs. 5 zudem **Meldepflichten** gegenüber Dateninhabern, wenn es zu einer unbefugten Übertragung beziehungsweise Verarbeitung der Daten kommt.[1239] Hinsichtlich personenbezogener Daten gilt Art. 34 DS-GVO unbeschadet.

In der Praxis empfiehlt es sich, bei der Verarbeitung personenbezogener Daten die Informationspflichten aus Art. 21 Abs. 1 DGA und Art. 13 DS-GVO in einer Betroffeneninformation zu kombinieren.[1240] Bei einer Kombination der beiden Informationspflichten muss dann aber darauf geachtet werden, dass die Information nicht unübersichtlich und ineffektiv wird. Dies kann gerade dann passieren, wenn sich die Information auf personenbezogene und nicht personenbezogene Daten bezieht.[1241]

1234 Auflistung angelehnt an *Schreiber/Pommerening/Schoel*, DGA, § 4 Rn. 71–77.
1235 *Schreiber/Pommerening/Schoel*, DGA, § 4 Rn. 71.
1236 *Schreiber/Pommerening/Schoel*, DGA, § 4 Rn. 71.
1237 *Schreiber/Pommerening/Schoel*, DGA, § 4 Rn. 73–74.
1238 *Schreiber/Pommerening/Schoel*, DGA, § 4 Rn. 75.
1239 *Schreiber/Pommerening/Schoel*, DGA, § 4 Rn. 76.
1240 A. A. Specht/*Hennemann*, HK-DGA, Art. 21 Rn. 53; *Schreiber/Pommerening/Schoel*, DGA, § 4 Rn. 68.
1241 Specht/*Hennemann*, HK-DGA, Art. 21 Rn. 53.

Die datenaltruistischen Organisationen haben außerdem die Vorgaben des von der Kommission gem. Art. 22 Abs. 1 DGA erlassenen Regelwerks (sog. „***Rulebook***“) zu befolgen; das *Rulebook* enthält Regelungen zu angemessenen Informationsanforderungen, geeigneten technischen Anforderungen und Sicherheitsanforderungen, sog. „Kommunikationsfahrpläne“. Außerdem beinhalten sie Empfehlungen zu einschlägigen Interoperabilitätsnormen.[1242]

Zur Erleichterung der i.d.R. für die Datensammlung erforderlichen Einwilligung der betroffenen Personen kann die Kommission nach Art. 25 Abs. 1 DGA ein **europäisches Muster-Einwilligungsformular** erstellen, um auf diese Weise die Einholung von Einwilligungen und Erlaubnissen zur altruistischen Datenverarbeitung in allen Mitgliedsstaaten in einem einheitlichen Format zu gewährleisten.[1243]

e) Rechtsdurchsetzung: Zuständige Behörden und Überwachungspraxis, Art. 23, 24 DGA

Die Mitgliedstaaten sind gem. Art. 23 Abs. 1 S. 1 DGA dazu verpflichtet, eine oder mehrere für die datenaltruistischen Organisationen zuständige Behörden zu benennen, wobei diese nach Art. 26 Abs. 1 S. 2 DGA zugleich auch für die Datenvermittlungsdienste zuständige Behörde sein können.[1244]

Bei Verstößen gegen die Anforderungen an datenaltruistische Organisationen kann die zuständige Behörde nach Art. 24 Abs. 5 DGA die entsprechenden Organisationen aus dem nach Art. 17 Abs. 1, 2. S. 1 DGA zu führenden Register streichen.[1245]

5. Sonstige Vorschriften

Neben den bereits vorgestellten drei großen Regelungsbereichen sieht der DGA auch die Errichtung eines sog. Europäischen Dateninnovationsrats vor sowie eine umfassende Regelung für den Fall, dass die zur Verfügung gestellten Daten in Drittländern eingesetzt werden.

a) Der Europäische Dateninnovationsrat, Art. 29 f. DGA

Der DGA sieht vor, dass die Kommission einen **Europäischen Dateninnovationsrat** (EDIB) einsetzt, der in Form einer Expertengruppe ausgestaltet ist.

1242 *Rachut*, ZD 2024, 248, 249.
1243 *Tolks*, MMR 2022, 444, 448.
1244 *Rachut*, ZD 2024, 248, 249 f.
1245 *Rachut*, ZD 2024, 248, 250; *Tolks*, MMR 2022, 444, 447.

aa) Organisation des Dateninnovationsrates

Mitglieder dieses Gremiums werden von der Kommission ernannt, wobei der DGA keine strikte, festgelegte Zusammensetzung vorschreibt, gleichwohl aber Institutionen benennt, die in dem Expertenrat vertreten sein müssen.[1246] Der Fokus bei der Auswahl der Mitglieder liegt dabei insbesondere auf der Schaffung eines ausgewogenen Geschlechterverhältnisses sowie der Sicherstellung einer geografischen Ausgewogenheit unter den Mitgliedern, Art. 29 S. 2 DGA. Um zu gewährleisten, dass die Gruppe arbeitsfähig und reibungslos funktioniert, wird ein abwesendes oder verhindertes Mitglied unmittelbar durch seinen Stellvertreter ersetzt.[1247]

Aufgeteilt wird der EDIB in mindestens drei Untergruppen, die in Art. 29 Abs. 2 DGA näher beschrieben werden und denen jeweils verschiedene Tätigkeitsbereiche zugeordnet werden.

Dazu zählt zum einen die Untergruppe, die sich aus den DGA-Behörden zusammensetzt. Zum anderen ist eine Untergruppe vorgesehen, die sich mit technischen Beratungen befasst. Die dritte und damit letzte Gruppe dient der Einbeziehung von Interessenträgern, zu denen unter anderem einschlägige Vertreter der Wirtschaft, Forschung, Wissenschaft oder auch Dritte zählen.[1248]

Unterstützt wird der Dateninnovationsrat selbst von einem durch die Kommission gestellten Sekretariat, Art. 29 Abs. 4 DGA. Dieses fertigt insbesondere Protokolle an, die anschließend im Register der Expertengruppe veröffentlicht werden.[1249]

bb) Aufgaben und Zuständigkeiten des Rates

Die einzelnen Aufgaben und Zuständigkeiten des EDIB werden in Art. 30 DGA aufgelistet.

Dabei liegt der Aufgabenschwerpunkt des Rates insbesondere in der Beratung und Unterstützung der Kommission bei der Entwicklung einheitlicher Praxen und Leitlinien. So ist der Rat nach Art. 30 lit. h) DGA befugt, Leitlinien für gemeinsame europäische Datenräume vorzuschlagen oder bei der Schaffung ausreichender Cybersicherheit beim Austausch und der Speicherung der Daten zu unterstützen, Art. 30 lit. e) DGA. Darüber hinaus weist Art. 30 lit. f) und g) DGA dem Europäischen Dateninnovationsrat die Aufgabe zu, bei der Entwicklung und Verbesserung von Normen zu unterstützen.[1250] Gem. Art. 30 lit. i) und j) DGA soll der Innovationsrat zudem die Zusammenarbeit zwischen den Mitgliedstaaten beziehungsweise den zuständigen Behörden erleichtern, indem Methoden für einen effizienten Informationsaustausch festgelegt werden sollen.[1251]

1246 BeckOK Datenschutzrecht/*Roth-Isigkeit*, DGA, Art. 29 Rn. 3.
1247 Paschke/Rücker/*Keppeler*/*Poncza*, DGA, Art. 29 Rn. 15f.
1248 Specht/*Hennemann*, HK-DGA, Art. 29 Rn. 20ff.
1249 Paschke/Rücker/*Keppeler*/*Poncza*, DGA, Art. 30 Rn. 28f.
1250 Paschke/Rücker/*Keppeler*/*Poncza*, DGA, Art. 30 Rn. 12.
1251 Paschke/Rücker/*Keppeler*/*Poncza*, DGA, Art. 30 Rn. 23.

Trotz der vielen verschiedenen Aufgaben des Rates – insgesamt erstreckt sich der Aufgabenbereich des EDIB auf 13 einzelne Aufgaben – reduziert sich seine Rolle auf eine rein beratende Funktion; er übt keine Aufsichtsbefugnisse aus, noch hat er eigene ihm zustehende rechtsverbindliche Entscheidungsbefugnisse.[1252] Im Rahmen seiner Arbeitsweise muss sich der Europäische Innovationsrat insbesondere nach den Art. 12 ff. Expertengruppen-Beschluss[1253] richten und die auf Grundlage dieses Beschlusses verabschiedete Geschäftsordnung.[1254]

Vor dem Hintergrund, dass die Bestimmungen des DGA eher allgemein gehalten wurden, wird dem Europäischen Dateninnovationsrates eine große Bedeutung bei der konkreten Auslegung und Ausgestaltung der Regelungen zu kommen.[1255]

b) Internationaler Zugang und internationale Übertragung, Art. 31 DGA

Durch Kapitel 7 DGA werden Schutzregeln geschaffen, wenn die zur Verfügung gestellten Daten in **Drittländern** eingesetzt werden sollen. Art. 31 DGA regelt damit die internationale Übertragung von nicht personenbezogenen Daten beziehungsweise den internationalen Zugang zu solchen.[1256] Art. 31 DGA adressiert alle im DGA genannten Akteure, also öffentliche Stellen, natürliche oder juristischen Personen, denen das Recht auf Weiterverwendung von Daten nach Kapitel II gewährt wurde, aber auch Anbieter von Datenvermittlungsdiensten sowie datenaltruistische Organisationen.[1257] Sachlich erfasst Art. 31 DGA nur nicht-personenbezogene Daten; die Übermittlung personenbezogener Daten richtet sich nach wie vor nach der DS-GVO.[1258] Dies hat zur Konsequenz, dass sich die Regelungen des DGA an dieser Stelle nicht mit denen der DS-GVO zur Übermittlung personenbezogener Daten in Drittländer überschneiden.[1259]

aa) Der Grundsatz nach Art. 31 Abs. 1 DGA

Dabei schreibt Art. 31 Abs. 1 DGA vor, dass der Weiterverwender in dem Drittland das gleiche Schutzniveau für die betreffenden Daten zu gewährleisten hat, wie das im EU-Recht gewährleistete Schutzniveau.[1260]

1252 Specht/*Hennemann*, HK-DGA, Art. 29 Rn. 7.

1253 Beschluss der Kommission vom 30.5.2016 zur Festlegung horizontaler Bestimmungen über die Einsetzung und Arbeitsweise von Expertengruppen der Kommission, C(2016) 3301 final.

1254 Specht/*Hennemann*, HK-DGA, Art. 29 Rn. 16.

1255 *Tolks*, MMR 2022, 444, 448; ähnlich *Spindler*, CR 2021, 98, 108.

1256 Es besteht dabei also eine Vergleichbarkeit zu den Regelungen des Kapitels V der DS-GVO, die aber nur für personenbezogene Daten gelten, *Europäische Kommission*, Umsetzung des DGA – Leitfaden, S. 17.

1257 Paschke/Rücker/*Dienst*/*Vogel*, DGA, Art. 31 Rn. 10.

1258 BeckOK Datenschutzrecht, *Beyer-Katzenberger*, DGA, Art. 31 Rn. 5.

1259 Paschke/Rücker/*Dienst*/*Vogel*, DGA, Art. 31 Rn. 14.

1260 https://digital-strategy.ec.europa.eu/en/policies/data-governance-act-explained (zuletzt abgerufen am: 1.11.2024).

Es gilt grundsätzlich, dass nach Art. 31 Abs. 1 DGA alle Adressaten des DGA angemessene technische, rechtliche und organisatorische Maßnahmen ergreifen müssen, um eine Übertragung von in der Union gespeicherten nicht-personenbezogenen Daten oder den Zugang zu diesen Daten in Drittländern zu verhindern, wenn eine solche Übertragung oder ein solcher Zugang im Widerspruch zum Unionsrecht oder dem Recht des betreffenden Mitgliedstaats steht. Somit verbietet Art. 31 Abs. 1 DGA nicht per se jede Übertragung von nicht personenbezogenen Daten in Drittländer.[1261]

Bevor aber dem Ersuchen einer Verwaltungsbehörde eines Drittlands auf Zugang zu den Daten eines Dateninhabers nachgekommen wird ist dieser gem. Art. 31 Abs. 5 DGA darüber zu unterrichten.[1262]

bb) Ausnahmen vom Grundsatz nach Art. 31 Abs. 1 DGA

Eine Ausnahme von der in Abs. 1 normierten Pflicht, internationale Übertragungen und Zugang durch Regierungsorganisationen zu verhindern, findet sich in den Fällen des Art. 31 Abs. 2 und 3 DGA.

(1) Völkerrechtliche Übereinkunft nach Art. 31 Abs. 2 DGA

Bei Art. 31 Abs. 2 DGA gilt die Einhaltung der Pflicht nicht, da das Datenzugangsbegehren auf einem internationalen Übereinkommen beruht, wobei unter den Begriff internationale Übereinkommen zum einen Entscheidungen und Urteile eines Gerichts und zum anderen Entscheidungen einer Verwaltungsbehörde in Drittländern fallen.[1263] Durch das Vorliegen eines entsprechenden Übereinkommens, das die Übermittlung von in der Union gespeicherten Daten verlangt, ist es ausnahmsweise nicht erforderlich, dass die internationale Übertragung oder dessen Zugang verhindert werden muss. Art. 31 Abs. 2 DGA nennt ausdrücklich **Rechtshilfeabkommen**, die damit als ein klassisches Beispiel für entsprechende Übereinkommen im Sinne des Art. 31 Abs. 2 DGA verstanden werden können.[1264] Bezug genommen wird damit beispielsweise auf das Abkommen zwischen der Europäischen Union und den Vereinigten Staaten von Amerika über Auslieferung sowie das Europarats-Übereinkommen über Computerkriminalität v. 23.11.2011.[1265]

1261 Paschke/Rücker/*Dienst*/*Vogel*, DGA, Art. 31 Rn. 3; *Europäische Kommission*, Umsetzung des DGA – Leitfaden, S. 17.

1262 *Europäische Kommission*, Umsetzung des DGA – Leitfaden, S. 18.

1263 Specht/*Hennemann*, HK-DGA, Art. 31 Rn. 47.

1264 Specht/*Hennemann*, HK-DGA, Art. 31 Rn. 51.

1265 Specht/*Hennemann*, HK-DGA, Art. 31 Rn. 51.

(2) Vergleichbare rechtsstaatliche Standards nach Art. 31 Abs. 3 DGA

Situationen, in denen es an einem solchen Übereinkommen fehlt, sind in Art. 31 Abs. 3 DGA geregelt. Dementsprechend entfällt die Pflicht nur, wenn die in Abs. 3 lit. a–c DGA festgelegten drei Kriterien kumulativ erfüllt sind, die danach prüfen, ob das Rechtstaatlichkeitskriterium im betroffenen Drittland gegeben ist oder nicht.[1266]

Trotz dieser möglichen Entbindung der Pflicht aus Abs. 1 schreibt der DGA vor, dass in Fällen des Art. 31 Abs. 2 und 3 DGA die Datenherausgabe auf das Mindeste – damit gemeint ist die kleinstmögliche Menge, die das Begehren erfüllt – beschränkt werden muss, Art. 31 Abs. 4.

6. Aufsicht, Durchsetzung und Sanktionen

In Art. 34 DGA werden die Mitgliedstaaten verpflichtet, für bestimmte Verstöße gegen Regelungen der Verordnung **Sanktionen** zu erlassen, um die Durchsetzung des DGA sicherzustellen.[1267] Dadurch hat der Verordnungsgeber auf unionsrechtlich vorgegebene Sanktionen verzichtet und lediglich die Sachverhalte geregelt, an die künftige Sanktionen zur Rechtsdurchsetzung zu knüpfen sind.[1268] Allerdings hat der nationale Gesetzgeber die Kommission über die nationalen Sanktionspakete zu informieren.[1269] Insgesamt kommt den Mitgliedstaaten damit ein weiter Ermessensspielraum bei der Festsetzung der eigenen Rechtsdurchsetzungskriterien zu.[1270] Die Aufzählung in Abs. 1 hat abschließenden Charakter, dementsprechend bedarf es nur bezüglich der enumerativ aufgezählten Verstöße Vorschriften zur Rechtsdurchsetzung.[1271] Art. 34 Abs. 1 S. 2 DGA sieht diesbezüglich vor, dass die jeweiligen Sanktionen zur Abschreckung geeignet wirksam und verhältnismäßig sein müssen. Diese sogenannte „Mindesttrias" lässt[1272] sich auch in anderen Rechtsakten der EU wiederfinden, wie beispielshalber Art. 83 Abs. 1 DS-GVO.

Im Rahmen der Sanktionen können sich die Mitgliedsstaaten an den Empfehlungen des Europäischen Dateninnovationsrats orientieren, Art. 34 Abs. 1 S. 3 DGA. In Art. 34 Abs. 2 DGA werden wiederum die maßgeblichen Kriterien aufgelistet, die bei der Verhängung der entsprechenden Sanktion berücksichtigt werden müssen. Dazu zählt beispielsweise die Art, Schwere, Umfang und Dauer des Verstoßes, frühere Verstöße des Anbieters von Datenvermittlungsdiensten oder der anerkannten datenaltruistischen Organisation oder auch sonstige erschwerende Umstände des jeweiligen Einzelfalles. Ob

1266 *Tolks*, MMR 2022, 444, 448.

1267 BeckOK Datenschutzrecht/*Schemmel*, DGA, Art. 34 Rn. 3; Steinrötter/*Savary*, Europäische Plattformregulierung, § 19 Rn. 77.

1268 *Paschke*/Rücker, DGA, Art. 34 Rn. 1.

1269 *Europäische Kommission*, Umsetzung des DGA Leitfaden, S. 19.

1270 *Paschke*/Rücker, DGA, Art. 34 Rn. 1.

1271 BeckOK Datenschutzrecht/*Schemmel*, DGA, Art. 34 Rn. 6.

1272 BeckOK Datenschutzrecht/*Schemmel* DGA, Art. 34 Rn. 14.

die Verstöße gegen die entsprechenden Vorschriften des DGA ein Verschulden voraussetzen, und inwiefern es auf Vorsatz und Fahrlässigkeit ankommt, gibt der DGA nicht vor; dieser Regelungsbereich ist ebenfalls von den Mitgliedstaaten auszugestalten.[1273]

Auch wenn Abs. 2 lediglich von Verstößen dieser Verordnung spricht, so fallen hierunter dennoch nur die abschließend geregelten Verstöße gegen die genannten Artikel aus Abs. 1.[1274]

Als Adressaten der Sanktionen werden daher in erster Linie Datenvermittlungsdienste und datenaltruistische Organisationen in Betracht kommen, die gegen Bestimmungen des DGA verstoßen haben.[1275]

Die Kritik an den Sanktionsregelungen des Art. 34 DGA entzündet sich insbesondere daran, dass die einzelnen Sanktionsvorschriften in den Mitgliedsstaaten auseinander klaffen könnten und somit dem eigentlichen Ziel des DGA, eine Harmonisierung zu erreichen, im Wege stehen.[1276] Der Verordnungsgeber ist sich dessen bewusst gewesen und erkennt dieses Problem in Erwägungsgrund 55 DGA ausdrücklich an.[1277] Um daraus erwachsenden Problemen entgegenzuwirken, wurde der Europäische Innovationsrat als vermittelnde Harmonisierungsinstanz ausgewählt.[1278] Seine Empfehlungen sind entsprechend bei der Festlegung der in den einzelnen Mitgliedstaaten festzusetzenden Sanktionsbestimmungen Rechnung zu tragen. Dadurch soll eine zu große Differenz zwischen den Sanktionen der einzelnen Mitgliedstaaten verhindert werden und gleichzeitig wird dadurch eine Vereinheitlichung der Sanktionsvorschriften angestrebt.[1279]

Sinn und Zweck der Regelungen aus Art. 34 DGA ist es, bisher nicht am europäischen Markt agierende Akteure zu motivieren, die Datenwirtschaft selbst mit zu bereichern. Vor diesem Hintergrund überzeugt es, dass die Verordnung weitgehend auf festgeschriebene Sanktionen verzichtet und einen weiten Spielraum den Mitgliedstaaten selbst zukommen lässt – neue Märkte können schließlich nicht durch Sanktionen erzwungen werden.[1280]

Abschließend sei in Bezug auf Art. 34 DGA angemerkt, dass die Verstöße sich lediglich auf die Be-stimmungen des DGA beziehen; andere Sanktionsvorschriften der Mitgliedsstaaten, wie etwa Art. 83 Abs. 4 DS-GVO, bleiben durch Art. 34 DGA unberührt.[1281] Auch wettbewerbsrechtliche Sanktionsvorschriften sind neben dem DGA weiterhin anwendbar und bleiben unberührt, Erwägungsgrund 60 S. 1 DGA.[1282]

1273 Specht/*Hennemann*, HK-DGA, Art. 34 Rn. 9.

1274 Specht/*Hennemann*, HK-DGA, Art. 34 Rn. 22.

1275 *Paschke*/Rücker, DGA, Art. 34 Rn. 31.

1276 BeckOK Datenschutzrecht/*Schemmel*, DGA, Art. 34 Rn. 4.

1277 BeckOK Datenschutzrecht/*Schemmel*, DGA, Art. 34 Rn. 4.

1278 BeckOK Datenschutzrecht/*Schemmel*, DGA, Art. 34 Rn. 17.

1279 Specht/*Hennemann*, HK-DGA, Art. 34 Rn. 20; *Paschke*/Rücker, Art. 34 Rn. 26.

1280 *Paschke*/Rücker, DGA, Art. 34 Rn. 6.

1281 Specht/*Hennemann*, HK-DGA, Art. 34 Rn. 4.

1282 *Paschke*/Rücker, DGA, Art. 34 Rn. 7.

Anders als andere europäischen Rechtsakte (z. B. Art. 82 DS-GVO) enthält der DGA keine Regelungen für die **private Rechtsdurchsetzung**. Bei Verstößen gegen die Pflichten des DGA ist es dem Einzelnen nicht möglich, die entsprechenden Stellen auf Schadensersatz oder ähnliches in Anspruch zu nehmen. Für den Einzelnen bleibt daher nur die Möglichkeit, nach dem nationalen Recht gegen etwaige Verstöße vorzugehen.[1283]

7. Zusammenfassung und Auswirkungen auf die Praxis

Der DGA sieht sich seit der Veröffentlichung des Verordnungsentwurfes vielfältiger Kritik ausgesetzt. Soweit man dem DGA unter dem selbst formulierten Anspruch einer allumfassenden *Data Governance* betrachtet, stellt sich zunächst Ernüchterung ein.[1284] Zwar erkennt der DGA die Vielschichtigkeit einer möglichen Datennutzung in Staat, Wirtschaft und Gesellschaft an, wodurch er auch keinem der klassischen Rechtsgebiete zuzuordnen ist. Allerdings repräsentiert er nicht die Idee eines einheitlichen und vor allem ganzheitlichen Ansatz einer Datenwirtschaftsregulierung, sondern regelt fragmentarisch nur Einzelaspekte der Datenwirtschaft.[1285]

Generell fehlt es schon an verlässlichen Anhaltspunkten dafür, dass die geringe Aktivität im Bereich der Datenwirtschaft tatsächlich auf einem Vertrauensdefizit beruht, den der DGA zu beheben versucht und damit eines der Ziele der Verordnung überhaupt erreicht werden kann. Naheliegender ist es stattdessen, dass die **technischen, rechtlichen und sonstigen Hindernisse** für den Datenhandel die Datenwirtschaft bremsen.[1286]

Darüber hinaus wird die Effektivität der Vorschriften zum Datenaltruimus (Art. 16–25 DGA) in der Literatur kritisch hinterfragt. Allen voran wird bemängelt, dass die Regelungen zum Datenaltruismus keine ausreichenden Anreize bieten und lediglich neue Pflichten, etwa nach Kapitel 4 DGA, einführen, ohne konkrete Erlaubnistatbestände zu schaffen.[1287] Durch die Befugnis der Kommission, nach Art. 22 DGA weitere Anforderungen für datenaltruistische Organisationen zu erlassen, droht eine Überregulierung.[1288] Zudem wird kritisiert, dass der DGA in Kombination mit der DS-GVO bestehende rechtliche Unsicherheiten nicht beseitigt, sondern die Komplexität weiter erhöht.[1289] Ins-

1283 In Deutschland kommen z. B. vertragliche Schadensersatzansprüche in Betracht, wenn die Pflichten des Art. 12 DGA Teil des Nutzungsvertrags geworden sind oder Mitbewerber können auch bei Verstöße gegen Art. 11 beziehungsweise 12 DGA Ansprüche nach §§ 8 ff. UWG geltend machen; ausführlich zu etwaigen Ansprüchen nach dem deutschen Recht Hennemann/*Specht-Riemenschneider*, HK-DGA, Art. 11 Rn. 82 ff., Art. 12 Rn. 108 ff.; Art. 14 Rn. 77 f.; ausführlich zum Rechtsschutz für Wettbewerber *Schreiber/Pommerening/Schoel*, DGA, § 6 Rn. 23 ff.

1284 *Specht/Hennemann*, HK-DGA, Einleitung Rn. 4.

1285 *Specht/Hennemann*, HK-DGA, Einleitung Rn. 4 f.

1286 *Hennemann/von Ditfurth*, NJW 2022, 1905, 1910; *Spindler*, CR 2021, 98, 107 m. w. N.

1287 Paschke/Rücker/*Heckmann*, DGA, Art. 16 Rn. 53.

1288 *Tolks*, MMR 2022, 444, 448.

1289 *Rachut*, ZD 2024, 248, 252.

gesamt bestätigt sich daher der Eindruck des DGA als eine reine „Marketingmaßnahme“[1290]. Wirklich nachhaltige Effekte könne nur erreicht werden, sofern die Anreize zum Datenaltruismus gestärkt und die damit verbundenen Pflichten eingeschränkt werden.[1291] Positiv hervorgehoben wird jedoch die Einführung eines europäischen Muster-Einwilligungsformulars nach Art. 25 DGA, das datenschutzkonform ausgestaltet ist und potentiell zur Vereinfachung des Datenaltruismus beiträgt.[1292]

Ein wesentlicher Kritikpunkt am DGA selbst ist des Weiteren, dass die weitreichenden Regelungen zur Datenwirtschaft nicht in Ausgleich mit bereits bestehenden Regelungen zum Datenschutz gebracht wurden. In der Praxis sind daher **„inkohärente und dysfunktionale“** Ergebnisse zu befürchten.[1293] Eine rechtskonforme Anwendung zentraler Vorschriften des DGA kann nur unter ständiger Rückversicherung eines zusätzlich gewährleisteten Datenschutzes nach der DS-GVO erfolgen, was die Praxis zum Teil aufwendig sowie risikobehaftet machen kann und eben nicht einfacher beziehungsweise innovativer, wie eigentlich die Ziele des DGA waren.[1294] Auf diese Problematik wurde bereits im Rahmen des Gesetzgebungsverfahrens hingewiesen, was aber letztlich nur zu kleineren Änderungen am ursprünglichen Verordnungsentwurf geführt hat.[1295] Des Weiteren ist zu kritisieren, dass viele Regelungen des DGA zwar sehr detailliert ausformuliert sind, sie im Ergebnis aber doch unklar bleiben und damit zu **Rechtsunsicherheit** beitragen. Die Konsequenz davon ist, dass sich die eigentlichen Adressaten des DGA weniger mit dem Thema der Datennutzbarkeit befassen und die Chancen des DGA nicht vollumfänglich nutzen, insbesondere aus der Angst gegen das weiterhin bestehende EU-Datenschutzregime zu verstoßen.[1296] Außerdem führt der DGA zur Entstehung neuer Behörden, Institutionen sowie Kompetenzen, was zu Abgrenzungsproblemen hinsichtlich der Zuständigkeit führt und Überschneidungen der Themenfelder sowie eine unabgestimmte uneinheitliche Entscheidungspraxis zur Folge haben kann.[1297] Der DGA trägt nicht zur Entbürokratisierung bei, sondern legt den Unternehmen gerade neue bürokratische Pflichten auf.

Im Ergebnis ist daher festzuhalten, dass es angesichts der zahlreichen Pflichten, die der DGA den Adressaten auferlegt, zweifelhaft scheint, ob dadurch wirklich das Ziel der Schaffung einer europäischen Datenwirtschaft vorangebracht werden konnte oder ob nicht im Zweifel sogar das Gegenteil bewirkt wurde.[1298] In der jetzigen Form ist der DGA

1290 Ausführlich *Schildbach*, ZD 2022, 148, 152.

1291 *Steinrötter*, DuD 2021, 794, 798.

1292 ähnlich Paschke/Rücker/*Rachut*, DGA, Art. 25 Rn. 79; *Rachut*, ZD 2024, 248, 251; so jedenfalls *Veil*, Data Governance Act III: Datenaltruismus, abrufbar unter: https://www.cr-online.de/blog/2021/10/28/data-governance-act-iii-datenaltruismus/ (zuletzt abgerufen am: 1.11.2024).

1293 *Schreiber/Pommerening/Schoel*, DGA, § 1 Rn. 5f.

1294 *Schreiber/Pommerening/Schoel*, DGA, § 2 Rn. 75.

1295 *Schreiber/Pommerening/Schoel*, DGA, § 1 Rn. 5f.

1296 *Schreiber/Pommerening/Schoel*, DGA, § 1 Rn. 29.

1297 *Specht/Hennemann*, HK-DGA, Einleitung Rn. 12.

1298 Ähnlich *Hennemann/von Ditfurth*, NJW 2022, 1905, 1910; *Tolks*, MMR 2022, 444, 448.

daher nicht geeignet, alle zuvor genannten Ziele zu erreichen, womit er doch erheblich hinter den Erwartungen zurückbleibt. Einen Markt, geschweige denn eine Datenwirtschaft, etabliert der DGA zum gegenwärtigen Zeitpunkt nicht.

Es ist aber verfrüht, den DGA vollkommen abzuschreiben und als gescheiteres Regelungsvorhaben zu brandmarken. Da die EU-Kommission gem. Art. 35 S. 1 DGA dazu verpflichtet ist, zwei Jahre nach dem Inkrafttreten des DGA diesen zu evaluieren[1299], besteht Grund zur Hoffnung auf eine Verbesserung der gesetzlichen Regelung. Zumal der Rechtsrahmen, den der DGA für eine florierende Datenwirtschaft setzt, auch als Chance für alle Adressaten gesehen werden kann, zu einer Weiterentwicklung des Binnenmarktes beizutragen.[1300]

B. Datenrecht Besonderer Teil

I. Sektorspezifische Datenzugangsregelungen und das Konzept Europäischer Datenräume

Literatur: *Borges/Keil*, Rechtshandbuch Big Data – Grundlagen, Rechtsfragen, Vertragspraxis, 1. Auflage 2024; *Europäische Kommission*, Mitteilung der Kommission an das Europäische Parlament und den Rat, den Europäischen Wirtschafts- und Sozialausschuss und den Ausschuss der Regionen – Eine europäische Datenstrategie, COM(2020) 66 final (zitiert als: COM(2020) 66 final); *Europäische Kommission*, Arbeitsdokument der Kommissionsdienststellen über gemeinsame europäische Datenräume, SWD(2022) 45 final (zitiert als: SWD(2022) 45 final); *Europäische Kommission*, Arbeitsdokument der Kommissionsdienststellen über gemeinsame europäische Datenräume, SWD(2024) 21 final (zitiert als: SWD(2024) 21 final); *Europäische Kommission*, Vorschlag für eine Verordnung des Europäischen Parlaments und des Rates über den europäischen Raum für Gesundheitsdaten, COM(2022) 197 final (zitiert als: COM(2022) 197 final); *Europäische Kommission*, Vorschlag für eine Verordnung des Europäischen Parlaments und des Rates über einen Rahmen für den Zugang zu Finanzdaten und zur Änderung der Verordnungen (EU) Nr. 1093/2010, (EU) Nr. 1094/2010, (EU) Nr. 1095/2010 und (EU) 2022/2554, COM(2023) 360 final (zitiert als: COM(2023) 360 final).

Die europäische Union hat richtigerweise erkannt, dass verschiedene Kategorien von Daten sich in ihren Eigenschaften erheblich unterscheiden und daher auch divergierende Nutzungs- und Risikopotentiale ausweisen – ein *One-fits-all*-Asatz der datenrechtlichen Regulierung wäre demnach ineffizient.[1301] Aus diesem Grund sieht die Europäische Kommission **gemeinsame europäische Datenräume** als eine von vier tragenden Säule der europäischen Datenstrategien.[1302] Datenräume sollen einen sicheren und vertrauenswürdigen Rahmen für die Sammlung, Speicherung, Verarbeitung und gemeinsame Nutzung von Daten aus verschiedenen von der Kommission ausgewählten Sekto-

1299 *Europäische Kommission*, Umsetzung des DGA – Leitfaden, S. 19.
1300 *Schreiber/Pommerening/Schoel*, DGA, § 1 Rn. 30.
1301 SWD(2022) 45 final, S. 5; COM(2020) 66 final, S. 6.
1302 COM(2020) 66 final, S. 13 ff.

ren und Bereichen von öffentlichem Interesse bieten.[1303] Auf diese Weise sollen unter Einhaltung datenschutz- und cybersicherheitsrechtlicher Standards große, sektorspezifische Datenpools entstehen, die rechtliche und technische Hürden für den Datenaustausch abbauen und gleichzeitig die sektorspezifischen Bedürfnissen und Funktionsweisen bestimmter Märkte hinreichend berücksichtigen.[1304]

Dabei meint der Begriff des Datenraums kontraintuitiv nicht immer einen physischen oder digitalen Raum, in dem Daten bestimmter Sektoren gesammelt und unter bestimmten Voraussetzungen zugänglich gemacht werden.[1305] So kommt in der Datenstragie der Kommission ein holistisches Begriffsverständnis zum Ausdruck, wonach gemeinsame europäische Datenräume als ein echter Binnenmarkt für Daten verstanden werden, in dem Daten unabhängig vom physischen Ort ihrer Speicherung in der Union unter Einhaltung des geltenden Rechts verwendet werden können, der unter anderem für die schnelle Entwicklung von KI-Technologien von entscheidender Bedeutung sein könnte.[1306] Zugleich wird der Begriff auch einerseits abstrakt für ein Konzept des Datenteilens auf Grundlage bereichsspezifischer Vorschriften verwendet, und andererseits konkret für bestimmte Anwendungen in der Praxis wie den von der Mobility Data Space GmbH[1307] eingerichteten Datenraum.[1308] Allen Begriffsverständnissen des Datenraums gemein ist, dass sie eine Form des Teilens und der gemeinsamen Nutzung von Daten innerhalb eines festgelegten Rahmens bezeichnen. Dabei kann es sich um einen geschützten Speicherort, spezifische Bedingungen für die gemeinsame Datennutzung oder um konkrete Anwendungsfälle handeln, die auf der Grundlage solcher Regelungen entwickelt werden.

Für den juristischen Bereich sind in erster Linie die sektoralen gesetzlichen Rahmenbedingungen gemeinsamer Datenräume von Interesse; in ihrer Gesamtheit bilden sie den **besonderen Teil des Datenrechts**. Der Gesetzgeber greift diese Unterscheidung zwischen allgemeinen, horizontalen Regelungen und besonderen, vertikalen Regelungen ausdrücklich auf: So bestimmt Art. 1 Abs. 3 lit. g) DA, dass die Verordnung für Teilnehmer gemeinsamer europäischer Datenräume gilt. Art. 30 DGA weist dem Europäischen Dateninnovationsrat die Aufgabe zu, Leitlinien zu gemeinsamen europäischen Datenräumen zu unterbreiten (lit. h)) und die Kommission bei der Entwicklung der Datenräume zu unterstützen (lit. f), lit. g)). Spiegelbildlich erklärt der Gesetzgeber in sektorspezifischen Vorschriften ausdrücklich, dass diese auf den horizontalen Regelungen des Data Governance Act und des Data Act aufbauen.[1309]

1303 SWD(2022) 45 final, S. 2; COM(2020) 66 final, S. 6.
1304 COM(2020) 66 final, S. 25f.
1305 *Borges*/Keil, Rechtshandbuch Big Data, § 1 Rn. 77, 78 haben vier unterschiedliche Begriffsverständnisse identifiziert.
1306 COM(2020) 66 final, S. 5; Erwägungsgrund 2 VO (EU) 2022/868.
1307 https://mobility-dataspace.eu/de/ (zuletzt abgerufen am: 1.11.2024).
1308 *Borges*/Keil, Rechtshandbuch Big Data, § 1 Rn. 78, 79.
1309 Siehe nur COM(2022) 197 final, S. 5.

Die Festlegung bestimmter strategischer Sektoren durch die Kommission erfolgte vor dem Hintergrund, dass die Datennutzung in ausgewählten Bereichen systemische Auswirkungen haben können.[1310] Aus diesem Grund sind ausweislich der Datenstrategie Datenräume für die folgenden Sektoren geplant:

- Gemeinsamer europäischer **Industriedatenraum** zur Förderung der Wettbewerbsfähigkeit und Leistung der Industrie in der EU;
- gemeinsamer europäischer **Datenraum für den europäischen Green Deal** zur Förderung der Datennutzung im Bereich der Bekämpfung des Klimawandels;
- gemeinsamer europäischen **Mobilitätsdatenraum** zur Entwicklung intelligenter Verkehrssysteme und Zusammenführung von Verkehrs- und Mobilitätsdatenbanken;
- gemeinsamer europäischer **Gesundheitsdatenraum** zur Verbesserung datengestützter Behandlungen und Verbesserung des Gesundheitssystems;
- gemeinsamer europäischer **Finanzdatenraum** zur Förderung von Innovation, Markttransparenz und Nachhaltigkeit im Finanzwesen;
- gemeinsamer europäischer **Energiedatenraum**, um die Dekarbonisierung des Energiesystems zu untersützten;
- gemeinsamer europäischer **Agrardatenraum** zur Verbesserung der Nachhaltigkeit, Leistung und Wettbewerbsfähigkeit des Agrarsektors;
- gemeinsame europäische **Datenräume für die öffentliche Verwaltung** zur Förderung der Transparenz und Ausgabenqualität auf unionaler und nationaler Ebene und zur Vereinfachung der Strafverfolgung sowie zur Förderung technikgestützten behördlichen Handelns;
- gemeinsamer europäischer **Kompetenzdatenraum**, um das Bildungsystem an die Bedürfnisse des Arbeitsmarkts anzupassen.[1311]

Hinzukommen soll schließlich eine **europäische Cloud für offene Wissenschaft**, die als Grundlage für einen später zu ergänzenden Datenraum für Wissenschaft, Forschung und Innovationen dienen soll.[1312] Bereits in der im Jahr 2020 veröffentlichten Datenstrategie wurde betont, dass die aufgezählten Sektoren nicht abschließend sind und erweitert werden können.[1313] Die Liste wurde bislang erweitert auf insgesamt 14 Schlüsselsktoren und sieht nunmehr auch gemeinsame europäische Datenräume für die Bereiche **Sprachen, Medien, Tourismus** und das **europäische Kulturerbe** vor.[1314] Die Datenräume sollen dann nach ihrem sukzessiven Aufbau graduell zu einem europäischen Binnenmarkt für Daten verknüpft werden.

1310 COM(2020) 66 final, S. 25.

1311 COM(2020) 66 final, S. 26.

1312 COM(2020) 66 final, S. 39.

1313 COM(2020) 66 final, S. 27.

1314 Siehe für eine aktuelle Liste der Sektoren mit konkreten Projekten https://digital-strategy.ec.europa.eu/de/policies/data-spaces (zuletzt abgerufen am: 1.11.2024).

Zur konkreten Umsetzung der Datenräume existieren verschiedene Programme wie **Horizont Europa**[1315] und **Digitales Europa**[1316], die wiederum unterschiedliche Koordinierungs- und Unterstützungsmaßnahmen wie die Vernetzung von Stakeholdern oder die Bereitstellung technischer Infrastruktur vorsehen und durch die EU finanziert werden.[1317] Daneben wird der der Aufbau der gemeinsamen Datenräume durch das im Jahr 2022 gegründete **Data Spaces Support Centre**[1318] **(DSSC)** unterstützt.[1319] Des Weiteren hat die Kommission erkannt, dass die Koordinierungs- und Unterstützungsmaßnahmen in bestimmten Sektoren von legislativen Maßnahmen begleitet werden müssen.[1320] Die Kommission unterscheidet dabei zwischen legislativen Maßnahmen, die den Datenaustausch als zentrales Regelungsinstrument vorsehen und legislativen Maßnahmen, die der Sicherstellung, Verfügbarkeit und Interoperabilität von Daten im privaten und öffentlichen Sektor dienen.[1321]

Die gemeinsamen Datenräume befinden sich jeweils in verschiedenen Umsetzungsstadien: Während der Agrardatenraum bereits bis Ende 2024 operieren soll, wird für den Kulturerbe-Datenraum bereits seit September 2022 eine Datenrauminfrastruktur entwickelt.[1322] Hier liegt ein besonderer Fokus auf der 3D-Digitalisierung und der Verbesserung von Kulturdaten durch Künstliche Intelligenz. Der Energiedatenraum zielt auf eine Einführung bis 2027 ab und wird durch Projekte zur Standardisierung und Interoperabilität unterstützt.[1323] Im Rahmen des Förderungsprogramms Horizon Europe wird gegenwärtig an der Bereitstellung von Daten für den Green Deal gearbeitet; erste Schritte sollen hier bis 2024 umgesetzt sein.[1324] Demgegenüber soll der europäische Mobilitätsdatenraum noch im Jahr 2024 anlaufen und Echtzeitdaten zum Verkehr und zur Mobilität in der Union bereitstellen.[1325] Der gemeinsame europäische Datenraum für die öffentliche Verwaltung umfasst mehrere Unterbereiche wie öffentliche Aufträge und Vergabe oder eGovernment, die jeweils schrittweise eingeführt werden sollen.[1326]

Für den Finanzbereich veröffentlichte die Kommission im Jahr 2023 ein Legislativmaßnahmenpaket zur Digitalisierung des europäischen Finanzsektors[1327], das unter an-

1315 https://research-and-innovation.ec.europa.eu/funding/funding-opportunities/funding-programmes-and-open-calls/horizon-europe_en (zuletzt abgerufen am: 1.11.2024).
1316 https://www.digitaleurope.org/ (zuletzt abgerufen am: 1.11.2024).
1317 SWD(2022) 45 final, S. 8 f.
1318 https://dssc.eu/ (zuletzt abgerufen am: 1.11.2024).
1319 SWD(2024) 21 final, S. 11.
1320 COM(2020) 66 final, S. 5.
1321 SWD(2024) 21 final, S. 9.
1322 SWD(2024) 21 final, S. 20.
1323 SWD(2024) 21 final, S. 22.
1324 SWD(2024) 21 final, S. 26 f.
1325 SWD(2024) 21 final, S. 36 f.
1326 SWD(2024) 21 final, S. 38 ff.
1327 https://ec.europa.eu/commission/presscorner/detail/en/ip_23_3543 (zuletzt abgerufen am: 1.11.2024).

derem einen Verordnungsvorschlag für den Zugang zu Finanzkundendaten[1328] vorsieht. Ähnlich verhält es sich im Gesundheitssektor: Durch die im Jahr 2020 weltweit ausgebrochene Covid-19-Pandemie wurde der europäische Raum für Gesundheitsdaten priorisiert und ein Vorschlag für eine Verordnung über den europäischen Raum für Gesundheitsdaten vorgelegt.[1329] Beide Verordnungsvorschläge sollen im Folgenden vorgestellt werden.

II. European Health Data Space (EHDS)

Literatur: *Borges/Keil*, Rechtshandbuch Big Data – Grundlagen, Rechtsfragen, Vertragspraxis, 1. Auflage 2024; *Denga*, Die Nutzungsgovernance im European Health Data Space als Problem eines Immaterialgütermarkts, EuZW 2023, 25; *Dettling*, Was sind Daten in der Arzneimittelentwicklung und im neuen Datennutzungsrecht (Data Act und European Health Data Space)?; PharmR 2024, 473; *Europäische Kommission*, Mitteilung der Kommission an das Europäische Parlament, den Rat, den Europäischen Wirtschafts- und Sozialausschuss und den Ausschuss der Regionen – Schaffung einer europäischen Gesundheitsunion, COM(2020) 724 final, zitiert als: COM(2020) 724 final; *Europäische Kommission*, Mitteilung der Kommission an das Europäische Parlament und den Rat – Ein europäischer Raum für Gesundheitsdaten, COM (2022) 196 final, zitiert als: COM(2022) 196 final; *Forgó*, Der European Health Data Space im Kontext der MMR, MMR 2023, 3; *Gassner*, Forschung und Innovation im europäischen Gesundheitsdatenraum – Zur künftigen Sekundärnutzung elektronischer Gesundheitsdaten, DuD 2022, 739; *Hoeren/Sieber/Holznagel*, Handbuch Multimedia-Recht, 62. Auflage, Stand: Juni 2024; *Kühling/Schildbach*, Datenschutzrechtliche Spielräume für eine forschungsfreundliche digitale Gsundheitsversorgung – von DS-GVO, SGB etc. zur EHDS-VO und zum GDNG, ZfDR 2024, 1;*Petri*, Die primäre und sekundäre Nutzung elektronischer Gesundheitsdaten – zum Vorschlag der EU-Kommission für einen Europäischen Gesundheitsdatenraum, DuD 2022, 413; *Raji*, Datenräume in der Europäischen Daten-strategie am Beispiel des European Health Data Space, ZD 2023, 3; *Roos/Maddaloni*, Regulierter Datenaustausch zur Gesundheitsforschung, RDi 2023, 225; *Taeger/Pohle*, Computerrechts-Handbuch, Informationstechnologie in der Rechts- und Wirtschaftspraxis, 39. Auflage, 2024; *Werry/Ntanas*, Sekundärnutzung von Gesundheitsdaten – *Quid deinde*?, MMR 2024, 641.

1. Einführung

Die weltweite Corona-Pandemie hat die Defizite der europäischen Gesundheitskoordinierung aufgedeckt und den Bedarf nach einer einheitlicheren und effizienteren Gesundheitsstrategie verdeutlicht. Im Zuge dessen ist die Europäische Gesundheitsunion[1330] entstanden, deren zentrales Element der Europäische Gesundheitsdatenraum (engl.: *European Health Data Space*, im Folgenden: EHDS) ist; die Europäische Gesundheitsunion wiederum ist Teil der Europäischen Datenstrategie.[1331] Mit dem Vorschlag

1328 COM(2023) 360 final.
1329 COM(2022) 197 final.
1330 COM(2020) 724 final, S. 12 f.
1331 COM(2022) 197 final, S. 1.

für eine Verordnung über den Raum für Gesundheitsdaten[1332] (EHDS-E) soll ein europaweit einheitlicher Rechtsrahmen für den unionsweiten Austausch von Gesundheitsdaten zum Zwecke der Gesundheitsforschung und -Entwicklung geschaffen werden.[1333] Dieses Ziel erfordert einheitliche rechtliche Vorgaben, um digitale Gesundheitsprodukte und -Dienstleistungen im Binnenmarkt anbieten zu können. Der EHDS fügt sich damit als einer der ersten sektorspezifischen Bausteine in das Konzept der Datenstrategie und baut – entsprechend seiner Zugehörigkeit zum Datenrecht BT – auf den horizontalen Rechtsakten des Data Governance Act, des Data Act und den Vorgaben der NIS2-Richtlinie auf.[1334] Regelungswerke des Datensicherheitsrecht wie die NIS2-RL enthalten dabei Bestimmungen, die auch für den Gesundheitssektor gelten.[1335]

a) Gesetzgebungsverfahren

Der Kommissionsentwurf für eine Verordnung über den Raum für Gesundheitsdaten wurde am 3.5.2022 veröffentlicht; das weitere Gesetzgebungsverfahren erfolgte daraufhin bis Ende 2023.[1336] Nach dem Kompromissvorschlag des Rates 7.12.2023[1337], konnten sich Europäische Parlament und der Europäische Rat am 15.3.2024 auf einen gemeinsamen Kompromisstext einigen. Am 24.4.2024 stimmten sodann auch die Mitglieder des Europäischen Parlaments den Ergebnissen des Trilogs[1338] zu.[1339] Der finale Entwurf soll dem Parlament bis Ende 2024 zur endgültigen Abstimmung vorgelegt werden. Inkrafttreten wird die Verordnung gem. Art. 72 EHDS-E 20 Tage nach der Veröffentlichung im Amtsblatt der Europäischen Union, also voraussichtlich noch im Winter 2024.[1340]

Parallel hierzu wurde auf nationaler Ebene in Deutschland mit dem Gesundheitsdatennutzungsgesetz bereits ein Regelwerk mit einer ähnlichen Zielsetzung entworfen.[1341] Dieses hat den EHDS im Gesetzgebungsverfahren überholt und ist bereits am 31.3.2024 in Kraft getreten.[1342]

1332 COM(2022) 197 final.
1333 Erwägungsgrund 1 EHDS-E.
1334 COM(2022) 197 final, S. 5.
1335 COM(2022) 197 final, S. 6.
1336 Taeger/Pohle/*Raji*, 120.5 European Health Data Space, Rn. 25.
1337 Siehe https://data.consilium.europa.eu/doc/document/ST-16048-2023-REV-1/en/pdf (zuletzt abgerufen am: 1.11.2024).
1338 Zum Entwurf in Englischer Sprache: https://www.consilium.europa.eu/media/70909/st07553-en24.pdf (zuletzt abgerufen am: 1.11.2024).
1339 https://ec.europa.eu/commission/presscorner/detail/de/ip_24_2250 (zuletzt abgerufen am: 1.11.2024).
1340 https://www.bundesgesundheitsministerium.de/themen/internationale-gesundheitspolitik/europa/europaeische-gesundheitspolitik/ehds#:~:text=Die%20EHDS%2DVerordnung%20wird%2020,im%20Herbst%2FWinter%202024%20sein (zuletzt abgerufen am: 1.11.2024).
1341 *Werry/Ntanas*, MMR 2024, 641, 643.
1342 Art. 6 Abs. 2 GDNG.

b) Ziele

Ein Ziel des EHDS ist nach Art. 1 Abs. 1 EHDS-E die Errichtung eines einheitlichen europäischen Gesundheitsdatenraumes, welcher Vorschriften, gemeinsame Standards und Verfahren sowie Infrastrukturen und einen Governance-Rahmen für die **Primär- und Sekundärnutzung elektronischer Gesundheitsdaten** festlegt.

Primärnutzung meint dabei die Verwendung elektronischer Gesundheitsdaten für die Erbringung von Gesundheitsdiensten zur Beurteilung, Erhaltung oder Wiederherstellung des Gesundheitszustands der natürlichen Person nach Art. 2 Abs. 2 lit. d) EHDS-E; es geht also um die Verarbeitung von Daten im unmittelbaren Interesse des Betroffenen. Dies kann zum Beispiel die Verschreibung von Medikamenten sein.[1343]

Die **Sekundärnutzung** bezeichnet nach der Legaldefinition des Art. 2 Abs. 2 lit. e) EHDS-E hingegen jede Verarbeitung elektronischer Gesundheitsdaten für andere Zwecke, welche in Kapitel IV aufgezählt werden. Gemeint ist damit eine Datenverarbeitung im Interesse Dritter, z. B. zur Überwachung der Arzneimittelsicherheit (sog. Pharmakovigilanz) oder zur Entwicklung generativer KI-Modelle als Trainingsdaten (Art. 34 Abs. 1 lit. g) EHDS-E).[1344]

Nach dem EHDS soll die zuvor in den Mitgliedstaaten fragmentarisch ausgestaltete Nutzung von Gesundheitsdaten europaweit einheitlich geregelt werden, um einerseits die Rechtssicherheit für die Forschung zu ermöglichen und anderseits auch die Patientensicherheit zu erhöhen und die Entwicklung personalisierter Medizin zu fördern.[1345]

Darüber hinaus soll der EHDS das Wachstum der digitalen Wirtschaft fördern: Durch die Schaffung eines Binnenmarktes für digitale Gesundheitsprodukte und -dienstleistungen soll der innereuropäische Wettbewerb angekurbelt und Chancengleichheit gegenüber datenreichen ausländischen Big-Tech-Konzernen geschaffen werden, die durch ihren Schatz an Trainingsdaten sonst einen uneinholbaren Wettbewerbsvorteil haben.[1346]

Ein weiteres Ziel des EHDS ist es, die Widerstandsfähigkeit der Gesundheitssysteme in ganz Europa gegenüber Gesundheitskrisen zu stärken, indem Strategien für eine bessere Vorbereitung und Reaktion auf Krisen entwickelt und europaweit abgestimmt werden.[1347] Auch die COVID-19-Pandemie hat dazu beigetragen, die Notwendigkeit für die Einrichtung eines einheitlichen Gesundheitsdatenraums zu erkennen.[1348]

1343 *Roos/Maddaloni*, RDi 2023, 225, 226.

1344 COM(2022) 197 final, S. 4 f.

1345 Erwägungsgrund 1 EHDS-E.

1346 COM(2022) 197 final, S. 2.

1347 COM(2022) 196 final, S. 4.

1348 Erwägungsgrund 2 ff. EHDS-E; https://commission.europa.eu/strategy-and-policy/priorities-2019-2024/promoting-our-european-way-life/european-health-union_de (zuletzt abgerufen am: 1.11.2024).

c) Aufbau und Systematik des EHDS

Der EHDS ist in sieben Kapitel gegliedert, die jeweils verschiedene Aspekte der Nutzung elektronischer Gesundheitsdaten regeln.

In Kapitel I werden zunächst der Anwendungsbereich und die Begriffsbestimmungen festgelegt. Bezüglich der in anderen Rechtsakten verwendeten Rechtsbegriffe wie dem der Daten, personenbezogenen Daten oder Gesundheitsdaten, verweist die Verordnung auf die Definitionen aus dem Data Governance Act und der DS-GVO (Art. 2 Abs. 2 EHDS-E).[1349] Darüber definiert Art. 2 Abs. 2 EHDS-E, welche Daten und Systeme von der Verordnung erfasst werden und welche Akteure betroffen sind.

Kapitel II beschäftigt sich mit der Primärnutzung elektronischer Gesundheitsdaten im Rahmen der Initiative **MyHealth@EU**[1350]. Hier geht es um die Verwendung dieser Daten für den direkten Nutzen durch Patienten, wie etwa bei der medizinischen Behandlung und der grenzüberschreitenden Gesundheitsversorgung innerhalb der EU.[1351] Dies umfasst auch die Pflicht der HealthCare Provider die verarbeiteten Gesundheitsdaten in elektronischen Gesundheitsakten zu registrieren (Art. 7 EHDS-E). Durch die Vorschriften in diesem Kapitel sollen auch die Rechte der Betroffenen gestärkt werden, indem diese einen vereinfachten Datenzugang auf ihre Gesundheitsdaten erhalten, unabhängig davon in welchem Mitgliedstaat sie sich befinden und wo sie behandelt werden. Erklärtes Ziel des EHDS war es, bis zum Jahr 2023 100 % aller EU Bürgern Zugang zu ihren digitalen Gesundheitsdaten zu verschaffen.[1352]

In Kapitel III werden der Prozess der Selbstzertifizierung sowie die Anforderungen an elektronische Patientendatensysteme (EHR-Systeme) detailliert beschrieben. Hierbei werden sowohl die rechtlichen als auch die technischen Vorgaben zur Sicherstellung der Interoperabilität und Datensicherheit dieser Systeme festgelegt. Anschließend behandelt Kapitel IV die zulässigen Nutzungen elektronischer Gesundheitsdaten für sekundäre Zwecke und legt gleichzeitig fest, welche Verwendungszwecke unzulässig sind. Dies dient der klaren Abgrenzung von erlaubten und verbotenen Anwendungen im Kontext des Datenrechts.

Kapitel V widmet sich ergänzenden Maßnahmen, die erforderlich sind, um den Aufbau von Kapazitäten sowie den sicheren Datenfluss in Drittländer zu gewährleisten. Darüber hinaus werden in diesem Kapitel technische und organisatorische Vorkehrungen beschrieben, die für den Schutz der Daten und den reibungslosen Betrieb der Systeme unabdingbar sind.

Die Einrichtung und Aufgaben des Ausschusses für den Europäischen Raum für Gesundheitsdaten werden in Kapitel VI erläutert. Art. 64 ff. EHDS-E regeln insbesondere

---

1349 Lobend bezüglich der Primärnutzung *Dettling*, PharmR 2024, 473, 487.

1350 https://health.ec.europa.eu/ehealth-digital-health-and-care/electronic-cross-border-health-services_de (zuletzt abgerufen am: 1.11.2024).

1351 Erwägungsgrund 24 EHDS-E.

1352 So Erwägungsgrund 19 EHDS-E.

die Koordinierung und Zusammenarbeit des Ausschusses mit nationalen Behörden, um eine einheitliche Umsetzung der Regelungen sicherzustellen.[1353]

Abschließend beschäftigt sich Kapitel VII mit der Befugnis der Europäischen Kommission, delegierte Rechtsakte zu erlassen, um Detailfragen des Europäischen Gesundheitsdatenraums (EHDS) zu präzisieren. Diese delegierte Rechtssetzungskompetenz ermöglicht es der Kommission, gezielt auf Entwicklungen in der Umsetzung zu reagieren und notwendige Anpassungen vorzunehmen, um unerwünschte Tendenzen frühzeitig zu verhindern.[1354]

2. Rechte und Pflichten der beteiligten Akteure

Die beteiligten Akteure und ihre Rechte und Pflichten unterscheiden sich je nach Art der Datennutzung. Im Folgenden werden die Rechte und Pflichten der beteiligten Personen daher entlang der Primär- und Sekundärnutzung dargestellt.[1355]

a) Primärnutzung elektronischer Gesundheitsdaten

Die **Primärnutzung elektronischer Gesundheitsdaten** ist in Art 2 Abs. 2 lit. d) EHDS-E legaldefiniert und bezeichnet die Verarbeitung elektronischer Gesundheitsdaten für die Erbringung von Gesundheitsdiensten zur Beurteilung, Erhaltung oder Wiederherstellung des Gesundheitszustands der natürlichen Person, auf die sich die Daten beziehen, einschließlich der Verschreibung, Abgabe und Bereitstellung von Arzneimitteln und Medizinprodukten, sowie für die einschlägigen Dienste der Sozialversicherung, Verwaltung oder Kostenerstattung. Die Primärnutzung setzt bei der erstmaligen Erfassung der Gesundheitsdaten an, die in der Praxis regelmäßig durch einen Arzt erfolgen dürfte, der im Rahmen der Diagnostik etwa MRT-Bilder des Patienten anfertigt.[1356] Ebenso ist die Datenerhebung durch die betroffene Person selbst denkbar, beispielsweise durch das Messen der Herzfrequenz mittels eines tragbaren Geräts.[1357] Diejenigen Personen, die die Daten erstmalig erheben, werden als **Inhaber von Gesundheitsdaten** bezeichnet. Art. 2 Abs. 2 lit. y) EHDS-E definiert Gesundheitsdateninhaber als natürliche oder juristische Person, bei der es sich um eine Organisation oder Einrichtung im Gesundheitssektor, im Bereich der sozialen Sicherheit, im Pflegesektor oder im Bereich der Dienste der Kostenerstattung handelt oder die Forschungstätigkeiten hinsichtlich dieser Sektoren durchführt, sowie Organe, Einrichtungen und sonstige Stellen der Union, die gemäß dieser Verordnung, dem geltenden Unionsrecht oder den nationalen Rechtsvorschriften

---

1353 Erwägungsgrund 42 EHDS-E.

1354 Erwägungsgrund 68 EHDS-E.

1355 Anschaulich zur Wertschöpfungskette Hoeren/Sieber/Holznagel/*Wehde*/*Badenberg*, Handbuch Multimedia-Recht, Teil 16.8 Rn. 6, 7.

1356 Hoeren/Sieber/Holznagel/*Wehde*/*Badenberg*, Handbuch Multimedia-Recht, Teil 16.8 Rn. 8.

1357 Hoeren/Sieber/Holznagel/*Wehde*/*Badenberg*, Handbuch Multimedia-Recht, Teil 16.8 Rn. 8.

zur Umsetzung des Unionsrechts. Es kann sich somit sowohl um öffentliche als auch private Einrichtungen im Gesundheits- und Pflegesektor handeln.[1358] **Nutzer von Gesundheitsdaten** (Art. 2 Abs. 2 lit. z) EHDS-E) ist demgegenüber eine natürliche oder juristische Person beziehungsweise ein Organ, eine Einrichtung und sonstige Stelle der Union, der beziehungsweise dem gemäß dieser Verordnung aufgrund einer Datengenehmigung oder eines Antrags auf Gesundheitsdaten rechtmäßig Zugang zu elektronischen Gesundheitsdaten für die Sekundärnutzung gewährt wurde.

Der Zugang zu sowie die Übermittlung von personenbezogenen elektronischen Gesundheitsdaten für die Primärnutzung ist in Art. 3ff. EHDS-E geregelt.

Der Trilogentwurf enthält nun in Art. 8 lit. a)–lit. h) EHDS-E einen ausführlichen Katalog von Rechten der natürlichen Person, die inhaltlich stark an die bereits aus der DS-GVO bekannten Betroffenenrechte erinnern. So hat die betroffene Person nach Art. 8a Abs. 2 EHDS-E das Recht, eine Kopie ihrer elektronischen Gesundheitsdaten für die elektronische Patientenakte zu erhalten.

An dieser Stelle sei zudem auf die Initiative MyHealth@EU hingewiesen. Dabei handelt es sich gemäß Art. 12 EHDS-E um eine digitale Infrastruktur für den grenzübergreifenden Zugriff auf elektronische Gesundheitsdaten, die den grenzüberschreitenden Zugriff auf elektronische Gesundheitsdaten ermöglichen soll. Dies soll auch durch die Anbindung der nationalen **eHealth-Kontaktstellen** an eine zentrale Plattform erfolgen.[1359]

Die Initiative fördert dabei zwei Hauptzwecke: Einmal soll es natürlichen Personen dadurch ermöglicht werden, Rezepte in anderen EU-Ländern einzulösen gemäß Art. 12 Abs. 6 EHDS-E. Zudem soll nach Art. 13 Abs. 1 EHDS-E eine digitale Patientenakte den behandelnden Ärzten wichtige Informationen, auch in der Sprache des behandelnden Arztes,[1360] bereitstellen können. Durch die zur Verfügungsstellung von Gesundheitsdaten über nationale Grenzen hinweg, sollen EU-Bürger sich unionsweit ohne Unterschiede in der Behandlungsqualität in Krankenhäusern, Artpraxen oder anderen Einrichtungen therapieren lassen können.

Während die digitale Registrierung der Gesundheitsdaten in der EHR verpflichtend ist, können die Mitgliedstaaten mittels der Öffnungsklausel in Art. 8 h EHDS-E ein Widerspruchsrecht für die Primärnutzung auf nationaler Ebene bereithalten. Daher bleiben auch die im Deutschen DigiG vorgesehenen Opt-out-Möglichkeiten weiterhin bestehen.[1361]

1358 Erwägungsgrund 40 EHDS-E.

1359 Erwägungsgrund 24, 25 EHDS-E.

1360 Taeger/Pohle/*Raji*, 120.5 European Health Data Space, Rn. 23.

1361 https://www.bundesgesundheitsministerium.de/themen/internationale-gesundheitspolitik/europa/europaeische-gesundheitspolitik/ehds (zuletzt abgerufen am: 1.11.2024).

b) Sekundärnutzung elektronischer Gesundheitsdaten

Bei der **Sekundärnutzung elektronischer Gesundheitdaten** handelt es sich gem. Art. 2 Abs. 2 lit. e) EHDS-E um die Verarbeitung elektronischer Gesundheitsdaten für die Zwecke des vierten Kapitels. Die verwendeten Daten können personenbezogene elektronische Gesundheitsdaten, die zunächst im Rahmen der Primärnutzung erhoben wurden, ebenso umfassen wie elektronische Gesundheitsdaten, die für die Zwecke von Kapitel IV dieser Verordnung erhoben wurden.

Das Zugangsverfahren zur Ermöglichung der Sekundärnutzung elektronischer Gesundheitsdaten ist in Art. 45ff. EHDS-E normiert.[1362] Hierbei stellt der Antragsteller einen Antrag bei der Zugangsstelle, die den Antrag sodann prüft und im Falle eines positiven Ausgangs der Prüfung, dem Dateninhaber Zugang gewährt. Ob einem **Antragsteller** (Art. 2 Abs. 2 lit. z) a) EHDS-E) die sog. **Gesundheitsdatengenehmigung** (Art. 2 Abs. 2 lit. aa) EHDS-E) erteilt, mit anderen Worten also Datenzugang gewährt wird, entscheidet die **Zugangsstellen für Gesundheitsdaten** gemäß Art. 37 Abs. 1 lit. a), Art. 46 EHDS-E.[1363]

Die Gesundheitsdaten sind dabei im Regelfall anonymisiert herauszugeben.[1364] Falls der Nutzungszweck hierdurch jedoch verfehlt würde, können diese auch pseudonymisiert geteilt werden.[1365] Den Pseudonymisierungsschlüssel verwahrt dabei die Zugangsstelle; eine Re-Identifizierung durch den Datennutzer ist unter Strafe gestellt (Art. 41a Abs. 2a EHDS-E i.V.m. Art. 43a Abs. 5c EHDS-E).

Die Sekundärnutzung elektronischer Gesundheitsdaten ist ausschließlich zulässig, soweit einer der in Art. 34 Abs. 1 EHDS-E enumerativ gelisteten Zwecke erfüllt ist. Dazu zählen:

- Tätigkeiten aus Gründen des öffentlichen Interesses im Bereich der öffentlichen Gesundheit und der Gesundheit am Arbeitsplatz, z.B. Schutz vor schwerwiegenden grenzüberschreitenden Gesundheitsgefahren, Überwachung der öffentlichen Gesundheit oder Gewährleistung hoher Qualitäts- und Sicherheitsstandards für die Gesundheitsversorgung, Arzneimittel oder Medizinprodukte (lit. a));
- Unterstützung von öffentlichen Stellen oder Organen, Einrichtungen und sonstigen Stellen der Union, einschließlich Regulierungsbehörden, im Gesundheits- oder Pflegesektor bei der Wahrnehmung ihrer in ihren Mandaten festgelegten Aufgaben (lit. b));
- Erstellung amtlicher Statistiken über den Gesundheits- oder Pflegesektor auf nationaler, multinationaler und Unionsebene (lit. c));
- Bildungs- oder Lehrtätigkeiten im Gesundheits- oder Pflegesektor (lit. d));

1362 Ausführlich zum Zugangsverfahren auf Grundlage des Kommissionsentwurfs Hoeren/Sieber/Holznagel/*Wehde*/*Badenberg*, Handbuch Multimedia-Recht, Teil 16.8 Rn. 22.

1363 Borges/*Keil*, Rechtshandbuch Big Data, § 1 Rn. 85.

1364 Erwägungsgrund 49 EHDS-E.

1365 Erwägungsgrund 49 EHDS-E.

- Wissenschaftliche Forschung im Bereich des Gesundheits- oder Pflegesektors (lit. e));
- Entwicklungs- und Innovationstätigkeiten für Produkte oder Dienste, die zur öffentlichen Gesundheit oder sozialen Sicherheit beitragen oder hohe Qualitäts- und Sicherheitsstandards für die Gesundheitsversorgung, Arzneimittel oder Medizinprodukte gewährleisten (lit. f));
- Training, Erprobung und Bewertung von Algorithmen, auch in Medizinprodukten, KI-Systemen und digitalen Gesundheitsanwendungen, die zur öffentlichen Gesundheit oder sozialen Sicherheit beitragen oder hohe Qualitäts- und Sicherheitsstandards für die Gesundheitsversorgung, Arzneimittel oder Medizinprodukte gewährleisten (lit. g));
- Bereitstellung einer personalisierten Gesundheitsversorgung, bei der der Gesundheitszustand einer natürlichen Person auf der Grundlage der Gesundheitsdaten anderer natürlicher Personen bewertet, erhalten oder wiederhergestellt wird (lit. h)).

Erfüllt die Sekundärnutzung einen der verbotenen Nutzungszwecke aus Art. 35 EHDS-E Sekundärnutzungen, wird der Datenzugang versagt.

Der Kommissionsentwurf sah eine einwilligungsfreie Sekundärnutzung, also keine Beteiligung der Betroffenen vor. Vereinzelt wurde darin eine ungerechtfertigte Beschränkung der Betroffenenrechte und der informationellen Selbstbestimmung gesehen.[1366] Im Kompromisstext zwischen Rat und Parlament hat sodann die Möglichkeit für natürliche Personen, **der Sekundärnutzung ihrer elektronischeren Gesundheitsdaten zu widersprechen (Opt-out),** Eingang gefunden. Nach Art. 35f Abs. 1 EHDS-E steht natürlichen Personen nunmehr ein jederzeitiges und begründungsfreies Widerrufsrecht zur Sekundärnutzung ihrer Daten zu.

Nach Art. 35f Abs. 2 EHDS-E sind die Mitgliedstaaten dabei verpflichtet, ein zugängliches und leicht verständliches Widerspruchsverfahren für natürliche Personen zu etablieren. Unter engen Voraussetzungen erlaubt Art. 35f Abs. 3 EHDS-E dennoch, auf mitgliedstaatlicher Ebene eine Ausnahme vom Opt-Out-Mechanismus festzusetzen und somit zur einwilligungsfreien Sekundärnutzung aus dem Kommissionsentwurf zurückzukehren, soweit die Datennutzung im besonderen öffentlichen Interesse liegt (Art. 34 Abs. 1 lit. a)–c) EHDS-E).

3. Aufsicht, Durchsetzung und Sanktionen

Gemäß Art. 69 EHDS-E sind die Mitgliedstaaten für den Erlass von Vorschriften zur Festlegung von Sanktionen bei Verstößen gegen die EHDS zuständig. Art. 69 lit. a)–f) EHDS-E enthält Kriterien, die von den Mitgliedstaaten bei der Beurteilung von Verstößen zu berücksichtigen sind, wie z. B. die Dauer oder die Auswirkungen des Verstoßes oder die Er-

1366 Vgl. *Raji*, ZD 2023, 3, 7; *Petri*, DuD 2022, 413, 418; a. A. *Kühling/Schildbach*, ZfDR 2024, 1, 18.

langung eines finanziellen Vorteils durch die Nichtbeachtung der Vorschriften. Diese Möglichkeit war bereits im Kommissionsentwurf enthalten.

Neu ist hingegen eine eigene Rechtsgrundlage für die Verhängung von Bußgeldern in Art. 43a EHDS-E. Diese ist wiederum inhaltlich und strukturell stark an dem aus dem Kartellrecht und der DS-GVO bekannten Sanktionsmechanismus angelehnt, der einen Bußgeldrahmen von 10.000.000 Euro oder 2 % beziehungsweise 20.000.000 Euro oder 4 % des weltweit erzielten Vorjahresumsatzes vorsieht, je nach Schwere des Verstoßes.

Die Trilogfassung enthält nun auch erstmalig einen horizontalen Beschwerdemechanismus in Art. 68a EHDS-E, mit dem betroffene Personen im Falle der Verletzung ihrer Rechte aus dem EHDS eine Untersuchung der Aufsichtsbehörde veranlassen können.

Darüber hinaus sieht Art. 43 EHDS-E auch die Möglichkeit der Aufsichtsbehörden vor, bei anhaltenden Verstößen Zwangsgelder zu verhängen, gewährte Datenzugänge zu widerrufen oder Akteure für einen Zeitraum von bis zu 5 Jahren ganz von der Sekundärnutzung auszuschließen.

Schließlich sieht Art. 69a EHDS-E für natürliche Personen einen Anspruch auf Ersatz des materiellen oder immateriellen Schadens vor, der durch Verstöße gegen die Vorschriften des EHDS entstanden ist. Unklar ist jedoch, inwieweit dieser mit der inhaltsgleichen Anspruchsgrundlage des Art. 82 DS-GVO konkurriert.

4. Zusammenfassung und Auswirkungen auf die Praxis

Zu beachten ist zunächst einmal die Änderung des Geltungsbeginns einzelner Vorschriften durch den Entwurf aus 2024 zum EHDS. Teilweise wurde der Geltungsbeginn um ein Jahr verkürzt, zum Beispiel bezüglich des Geltungsbeginns des Art. 70 Abs. 1, 2 EHDS-E.[1367]

Kritisch zu sehen ist zudem die fehlende Feststellung des Umfangs der Möglichkeiten der kommerziellen Gesundheitsforschung.[1368] Weiterhin bleiben insbesondere die Wechselwirkungen mit anderen Rechtsakten des Datenrechts und dem Wettbewerbsrecht unklar.

Ebenso schwierig erweist sich das Verhältnis zum Datenschutzrecht.[1369] Ausweislich Erwägungsgrund 25 EHDS-E sollen die Regelungen des EHDS den Datenschutzbestimmungen folgen und diese einhalten. Mit dem Zweckbindungsgrundsatz ist die sekundäre Nutzung elektronischer Patientenakten jedoch nur schwer vereinbar.[1370] Zwar erlaubt die Öffnungsklausel des Art. 89 DS-GVO eine Lockerung des Zweckbindungsgrundsatzes aus Art. 5 Nr. 1 lit. b) DS-GVO, jedoch dürfte der Anwendungsbereich des

---

1367 Vgl. II. 11. f) der Einleitung zum Kompromiss des EHDS-E.

1368 *Gassner*, DuD 2022, 739, 742 f.; *Roos/Maddaloni*, RDi 2023, 225, 230.

1369 *Forgó*, MMR 2023, 3, 4.

1370 *Raji*, ZD 2023, 3, 7.

EHDS weiter sein als der der Forschungsklausel unter der DS-GVO.[1371] Zudem bestehen Schwierigkeiten hinsichtlich des Richtigkeitsgebots beziehungsweise des Rechts auf Berichtigung bei der massenhaften Erhebung von Gesundheitsdaten, insbesondere wenn diese Daten z.B. von Fitnesstrackern oder Smartwatches stammen. Gerade wenn diese Daten zudem von KI-basierten Algorithmen verarbeitet werden, ist die notwendige Transparenz für den Betroffenen kaum herzustellen. Schließlich erscheint fraglich, wie die Vorgaben des EHDS eingehalten und eine ausreichende Anonymisierung zeitlich sichergestellt werden kann. Zwar sollen die Zugangsstellen bei der Bereitstellung von Gesundheitsdaten für die Sekundärnutzung nach Art. 44 Abs. 1 EHDS-E sicherstellen, dass diese ausreichend anonymisiert sind, jedoch ist dies gerade bei seltenen Erkrankungen oder genetischen Daten aufgrund der Individualität und Immutabilität nicht immer möglich.[1372]

Ungelöst bleiben zudem auch kartellrechtliche Fragen: Erwägungsgrund 75 EHDS-E betont, dass die Anwendung der Wettbewerbsvorschriften, insbesondere der Art. 101, Art, 102 AEUV, unberührt bleibt und die vorgesehenen Maßnahmen nicht den Wettbewerb einschränken dürfen. In diesem Lichte stellt sich jedoch die Frage, ob ein Zurückhalten von Gesundheitsdaten, welches gemäß Art. 43 Abs. 5 EHDS-E zulässig ist, nicht auch einen Missbrauch einer marktbeherrschenden Stellung nach Art. 102 AEUV darstellen könnte. Dies wiederum wirft Fragen zum Verhältnis zwischen Kartellbehörden und Zugangsstellen auf. Zudem erscheint fraglich, ob die von den Dateninhabern erlangten Daten nicht Rückschlüsse auf Produktionskosten und Gewinnmargen zulassen, was zu einem kollusiven Verhalten nach Art. 101 Abs. 1 lit. a) AEUV führen und damit ebenfalls einen Wettbewerbsverstoß begünstigen könnte.

Der Schutz von elektronischen Gesundheitsdaten, die geschütztes geistiges Eigentum und Geschäftsgeheimnisse privater Unternehmen enthalten, wird durch Art. 33a EHDS-E gewährleistet. Grundsätzlich sollen auch diese Daten für die Sekundärnutzung zur Verfügung gestellt werden. Dabei sind jedoch alle erforderlichen Maßnahmen zu treffen, um die Vertraulichkeit von Rechten des geistigen Eigentums und Geschäftsgeheimnissen zu wahren. Allerdings lässt der europäische Gesetzgeber offen, was genau unter „allen erforderlichen Maßnahmen“ zu verstehen ist, was in der Praxis wiederum zu Anwendungsproblemen führen kann.[1373] Der Schutz des geistigen Eigentums lag unter dem Kommissionsentwurf noch allein in den Händen der Zugangsstelle.[1374] Im Trilogtext hat sich nun für Ausnahmefälle ein Zugangsverweigerungsrecht durchgesetzt, sofern ein erhebliches Risiko besteht, welches sich nicht auf zufriedenstellende Weise etwa durch vertragliche Verpflichtungen oder technische Maßnahmen mittigeren lässt.[1375]

1371 Insgesamt kritisch bereits *Denga*, EuZW 2023, 25, 30.

1372 *Denga*, EuZW 2023, 25, 30.

1373 Ähnlich kritisch bereits *Dettling*, PharmR 2024, 473, 488.

1374 *Roos/Maddaloni*, RDi 2023, 225, 229.

1375 Art. 33a Abs. 1 lit. d) EHDS-E.

III. Financial Data Access Regulation (FiDAR)

Literatur: *Awrey/Macey*, The Promise & Perils of Open Finance, Yale Journal on Regulation, Vol. 40, 2023, S. 1–60; *Dreisigacker-Sartor/Ritter-Dörung*, Mit FIDA von Open Banking zu Open Finance, RdZ 2024, 5; *Europäische Kommission*, Mitteilung der Kommission an das Europäische Parlament und den Rat, den Europäischen Wirtschafts- und Sozialausschuss und den Ausschuss der Regionen – Eine europäische Datenstrategie, COM(2020) 66 final (zitiert als: COM(2020) 66 final), *Europäische Kommission*, Impact Assessment Report – FIDA, SWD(2023) 224 final (zitiert als: SWD(2023) 224 final); *Gesamtverband der Versicherer (GDV)*, Stellungnahme des Gesamtverbandes der Deutschen Versicherungswirtschaft zum FIDA-E v. 28.7.2023, abrufbar unter: https://www.gdv.de/resource/blob/138620/a775377b333d48e7b4ebe4aaffe856b1/fida-data.pdf (zuletzt abgerufen am 1.11.2024); *Izzo-Wagner/Oto/Schultess*, Der Entwurf eines EU-Frameworks for Financial Data Access, RDi 2024, 11; *Mayer*, Ein offenes Finanzwesen für Europa – Der Zugang zu Finanzdaten nach dem Kommissionsentwurf der Financial Data Access Regulation (FIDAR), ZdiW 2023, 258; *Vig*, Der Kommissionsentwurf für die Verordnung über den Zugang zu Finanzdaten, BKR 2023, 659; *Zahrte*, Das Financial Data Access and Payments Package Teil I: PSD 3 und PSR, ZIP 2023, 2555; *Zahrte*, Trends im Zahlungsdiensterecht Teil II: FiDA, Digitaler Euro und Bargeldregulierung, ZIP 2024, 542.

1. Einführung

Die vierte Säule der Datenstrategie der Europäischen Union besteht aus dem Konzept „gemeinsamer europäischer Datenräume in strategischen Sektoren und Bereichen von öffentlichem Interesse“[1376]. Dabei geht es insbesondere um die Schaffung sektorspezifischer Vorschriften zur Ergänzung der horizontalen Rechtsakte, welche im Zuge der Datenstrategie erlassen wurden. Der hier behandelte europäische Finanzsektor wurde am 28.8.2023 mit dem Entwurf für eine Verordnung zur Regulierung des Zugangs zu Finanzdaten (engl.: *Financial Data Access Regulation*[1377], im Folgenden: FiDAR-E) bedacht.

In nahezu jeder Branche verschaffen Kundendaten Unternehmen gegenüber konkurrierenden Marktteilnehmern erhebliche Wettbewerbsvorteile, sodass viele Unternehmen kein genuines Eigeninteresse an dem Teilen der Daten mit ihren Mitbewerbern haben dürften; diese Marktgegebenheit ist auch in der Finanzbranche vorzufinden.[1378] Dieser Umstand stellt jedoch ein Hindernis für die Nutzung der Daten zum Wohle der (europäischen) Gemeinschaft dar.[1379] Ziel von FiDAR ist es daher, die bei Unternehmen im Finanzsektor lagernden Datensilos aufzubrechen und diese Daten im Interesse der Kunden und Dritten zugänglichzumachen.[1380]

1376 COM(2020) 66 final.

1377 Vorschlag für eine Verordnung des Europäischen Parlaments und des Rates über einen Rahmen für den Zugang zu Finanzdaten und zur Änderung der Verordnungen (EU) Nr. 1093/2010, (EU) Nr. 1094/2010, (EU) Nr. 1095/2010 und (EU) 2022/2554, COM(2023) 360 final.

1378 *Awrey/Macey*, 40 Yale J. on Reg. 2023, 1, 3.

1379 *Zahrte*, ZIP 2024, 542.

1380 Erwägungsgrund 3, 6f. FiDAR-E; *Mayer*, ZdiW 2024, 258, 259.

Nach der Vorstellung des Kommission soll sich durch FiDAR die Weiterentwicklung von dem unter der PSD2[1381] eingeführten Open Banking zu Open Finance vollziehen.[1382] Unter **Open Banking** wird der von Finanzinstituten zu gewährende Zugang zu Zahlungskontodaten für Zahlungsauslösedienste und Kontoinformationsdienste nach der PSD2 verstanden.[1383] **Open Finance** geht demgegenüber weiter, da nun neben Kontodaten durch FiDAR auch andere Finanzdaten zur Nutzbarkeit für Kunden befreit werden sollen.[1384] Nutzbarkeit in diesem Sinne bedeutet insbesondere die Möglichkeit des Kunden, seine Finanzdaten an Drittanbieter (engl.: ***Third-Party Provider***, TPP) weiterzugeben.[1385] Dadurch sollen den Kunden innovative und maßgeschneiderte Finanzprodukte und -dienstleistungen angeboten werden können, die wiederum den Wettbewerb unter Finanzunternehmen erhöhen.[1386]

2. Anwendungsbereich, Art. 2 FiDAR-E

In sachlicher Hinsicht umfasst der Anwendungsbereich des FiDAR-E bestimmte Kategorien von Kundendaten, Art. 2 Abs. 1 FiDAR-E. Nach der Definition in Art. 3 Nr. 3 FiDAR-E sind Kundendaten alle Daten, die typischerweise von Finanzinstituten im Rahmen ihrer normalen Geschäftstätigkeit mit Kunden erhoben, gespeichert und verarbeitet werden, unabhängig davon, ob es sich um personenbezogene Daten oder um nicht-personenbezogene Daten wie Finanzproduktmerkmale handelt. Nach der FiDAR-E sind die umfassten Kategorien von Nutzerdaten gemäß Art. 2 Abs. 1 FiDAR-E folgende:

- Hypothekarkreditverträge, Darlehen und Konten (lit. a)), mit Ausnahme von Zahlungskonten, welche von der PSD2 erfasst sind[1387],
- Ersparnisse, Investitionen in Finanzinstrumente, Versicherungsanlageprodukte, Kryptowerte, Immobilien und andere damit verbundene finanzielle Vermögenswerte sowie der wirtschaftliche Nutzen dieser Vermögenswerte; einschließlich Daten, die zur Beurteilung der Eignung und Zweckmäßigkeit gem. Art. 25 MiFID-II[1388] erhoben werden (lit. b)),

1381 Richtlinie (EU) 2015/2366 des Europäischen Parlaments und des Rates v. 25.11.2015 über Zahlungsdienste im Binnenmarkt, zur Änderung der RL 2002/65/EG, 2009/110/EG und 2013/36/EU und der VO (EU) Nr. 1093/2010 sowie zur Aufhebung der RL 2007/64/EG, ABl. L 337/35 (PSD2).

1382 *Dreisigacker-Sartor/Ritter-Dörung*, RdZ 2024, 5, 5 f.; *Mayer*, ZdiW 2024, 258.

1383 *Dreisigacker-Sartor/Ritter-Dörung*, RdZ 2024, 5, 6; *Zahrte*, ZIP 2023, 2555, 2558 f.

1384 *Awrey/Macey*, 40 Yale J. on Reg. 2023,1, 4; *Dreisigacker-Sartor/Ritter-Dörung*, RdZ 2024, 5, 7.

1385 *Mayer*, ZdiW 2024, 258.

1386 Erwägungsgrund 2, 3, 15 FiDAR-E; *Mayer*, ZdiW 2024, 258.

1387 *Mayer*, ZdiW 2024, 258, 263; *Zahrte*, ZIP 2024, 542, 543.

1388 Richtlinie (EU) 2014/65 des Europäischen Parlaments und des Rates v. 15.05.2014 über Märkte für Finanzinstrumente. ABl. L 173/349.

- Ruhegehaltsansprüche aus betrieblichen Altersversorgungssystemen gem. der EbAV-II-RL[1389] und der Solvency-II-RL[1390] (lit. c)),
- Ruhegehaltsansprüche aus Paneuropäischen Privaten Pensionsprodukten gem. der PEPP-VO[1391] (lit. d)),
- Nichtlebensversicherungsprodukte gem. der Solvency-II-RL, mit Ausnahme von Krankenversicherungsprodukten; einschließlich Daten, die zur Ermittlung der Wünsche und Bedürfnisse des Kunden gem. Art. 20 IDD[1392] erhoben werden, sowie Daten, die zur Beurteilung der Eignung und Zweckmäßigkeit gem. Art. 30 IDD erhoben werden (lit. e)),
- Daten, die zur Beurteilung der Kreditwürdigkeit eines Unternehmens im Rahmen eines Kreditantragverfahrens oder bei einem Antrag auf Bonitätsprüfung erhoben werden (lit. f)) und
- nicht sensible Datenkategorien, die von Dateninhabern verwendet werden, um die Anforderungen an die *Know-Your-Customer*-Compliance[1393] von Geschäftskunden zu erfüllen (lit. f))

Der persönliche Anwendungsbereich umfasst die in Art. 2 Abs. 2 FiDAR-E genannten Personengruppen.[1394] Dazu zählen etwa Kreditinstitute, Zahlungsinstitute, E-Geld-Institute, Anbieter von Kryptodienstleistungen und Finanzinformationsdienstleister.[1395] Diese Personen übernehmen in einem Dreiecksverhältnis entweder die Funktion des Dateninhabers oder die des Datennutzers, Art. 3 Nr. 5 und 6 FiDAR-E.[1396] Demgegenüber steht der Kunde, Art. 3 Nr. 2 FiDAR-E.[1397]

Dateninhaber sind gemäß Art. 3 Nr. 5 FiDAR-E Finanzinstitute, die eine oder mehrere der in Artikel 2 Abs. 1 FiDAR-E aufgeführten Datenkategorien erheben und speichern. Von dieser Definition sind nahezu alle Finanzdienstleistungen umfasst.[1398]

1389 Richtlinie (EU) 2016/2341 des Europäischen Parlaments und des Rates v. 14.12.2016 über die Tätigkeiten und die Beaufsichtigung von Einrichtungen der betrieblichen Altersversorgung (EbAV), ABl. L 354/37.

1390 Richtlinie (EG) 2009/138 des Europäischen Parlaments und des Rates v. 25.11.2009 betreffend die Aufnahme und Ausübung der Versicherungs- und der Rückversicherungstätigkeit (Solvabilität II), ABlEU Nr. L 335.

1391 Verordnung (EU) 2019/1238 des Europäischen Parlaments und des Rates v. 20.06.2019 über ein Paneuropäisches Privates Pensionsprodukt (PEPP), ABl. L 198/1.

1392 Richtlinie (EU) 2016/97 des Europäischen Parlaments und des Rates v. 20.01.2016 über Versicherungsvertriebe, ABl. L 26/19.

1393 Das Know-Your-Customer Prinzip bezieht sich auf Art. 8 der Richtlinie (EU) 2015/849 des Europäischen Parlaments und des Rates vom 20. Mai 2015 zur Verhinderung der Nutzung des Finanzsystems zum Zwecke der Geldwäsche und der Terrorismusfinanzierung, ABl. L 141/73.

1394 *Izzo-Wagner/Otto/Schultess*, RDi 2024, 11, 14.

1395 Siehe für eine vollständige Auflistung *Mayer*, ZdiW 2024, 258, 260.

1396 *Vig*, BKR 2023, 659, 660.

1397 *Mayer*, ZdiW 2024, 258, 261.

1398 *Vig*, BKR 2023, 659, 660.

Datennutzer sind nach Art. 3 Nr. 6 FiDAR-E solche in Art. 2 Abs. 2 FiDAR genannten Stellen, die mit Erlaubnis des Kunden rechtmäßigen Zugang zu den in Art. 2 Abs. 1 FiDAR aufgeführten Kundendaten haben. Auch hier sind praktisch alle Finanzdienstleister erfasst, da ein nicht-datenbasiertes Geschäftsmodell nur noch vereinzelt vorkommen dürfte.[1399]

Ein Kunde ist schließlich gemäß Art. 3 Nr. 2 FiDAR-E eine in der Union ansässige natürliche Person oder eine in der Union niedergelassene juristische Person, die ein Verbraucher oder ein Kleinst-, Klein- oder mittleres Unternehmen ist, das Vertragspartei einer Vereinbarung über die Nutzung von Finanzprodukten und -dienstleistungen ist oder eine solche beantragt hat.

3. Datenzugangsansprüche, Art. 4–7 FiDAR-E

FiDAR-E regelt in den Art. 4–7 das gesetzliche Datenzugangsrecht des Kunden zu seinen eigenen Finanzdaten sowie den Datenzugang von anderen Dienstleistern zu den Finanzdaten des Kunden auf dessen Wunsch. Die Erfüllung des Datenzugangsanspruchs durch den Dateninhaber setzt ein elektronisches Ersuchen entweder durch den Kunden selbst oder in seinem Namen voraus, Art. 4, 5 Abs. 1 FiDAR-E.[1400]

a) Zugang des Kunden, Art. 4 FiDAR-E

Zuvorderst ist die Pflicht aus Art. 4 FiDAR-E des Dateninhabers zu nennen, nach der auf Anfrage des Kunden der Zugang zu den gesammelten Finanzdaten zu gewähren ist.[1401] Dabei hat der Dateninhaber einen bestimmten Modus zu gewährleisten: Die Daten sind über eine dem Kunden zugängliche Anwendungsprogrammierschnittstelle (API) in einem leicht lesbaren Format zur Verfügung zu stellen. Die Darstellung der Daten soll den Zustand widerspiegelen, in dem die Daten dem Dateninhaber zu dem Zeitpunkt, in welchem der Kunde den Zugang beantragt, verfügbar sind. Außerdem hat die Datenabfrage ohne unangemessene Verzögerung, kostenlos, kontinuierlich und in Echtzeit möglich zu sein.

b) Zugang eines Datennutzers, Art. 5 Abs. 1 FiDAR-E

Durch FiDAR soll gerade Datennutzern mit ausdrücklicher Erlaubnis des Kunden die Möglichkeit eingeräumt werden, dem Kunden personalisierte Finanzdienstleistungen anbieten zu können.[1402] Zu den von der Kommission aufgeführten Use-Cases zählen unter anderem Finanzmanagementtools, effizientere Anlageberatung oder auch die Boni-

1399 *Vig*, BKR 2023, 659, 660 f.

1400 *Dreisigacker-Sartor/Ritter-Dörung*, RdZ 2024, 5, 8; *Mayer*, ZdiW 2024, 258, 263.

1401 *Dreisigacker-Sartor/Ritter-Dörung*, RdZ 2024, 5, 8.

1402 Erwägungsgrund 2 FiDAR-E.

tätsprüfung bei der Finanzierung von KMU.[1403] Um solche und andere Dienstleistungen auch von Drittanbietern zu ermöglichen, bestimmt Art. 5 Abs. 1 FiDAR-E, dass der Dateninhaber einem Datennutzer, der im Namen des Kunden handelt, Zugang zu den Finanzdaten des Kunden zu gewähren hat. Voraussetzung ist ein ausdrücklicher Antrag des Kunden sowie die ausdrückliche Zustimmung zur Verwendung seiner Daten, welche über eine spezielle Online- oder mobile Kundenschnittstelle vom Kunden ausgeführt werden. Die Datenübertragung an den Datennutzer muss dann ohne unangemessene Verzögerung, kontinuierlich und in Echtzeit ablaufen.

Damit der Dateninhaber den finanziellen und technischen Aufwand, der mit der Aufwartung der Datenzugangsinfrastruktur einhergeht, nicht alleine tragen muss, hat er die Möglichkeit gemäß Art. 5 Abs. 2 FiDAR-E, dem Datennutzer den Datenzugang in Rechnung zu stellen, wenn dieser gemäß den Randbedingungen der Art. 9, 10 oder 11 FiDAR-E erfolgt ist.[1404]

Gemäß Art. 6 Abs. 1 FiDAR-E sind nur solche Datennutzer in der Lage, Datenzugang im Sinne von Art. 5 FiDAR-E zu erlangen, bei denen es sich um Finanzinstitute im Sinne des Art. 3 Nr. 8 FiDAR-E handelt oder die über eine Zulassung als Finanzinformationsdienstleister gem. Art. 14 FiDAR verfügen.[1405]

c) Berechtigungs-Dashboard, Art. 8 Abs. 1 FiDAR-E

Dateninhaber sind verpflichtet, dem Kunden sog. **Berechtigungs-Dashbords** zur Verfügung zu stellen, Art. 8 Abs. 1 FiDAR-E. Dabei soll es sich um Benutzeroberflächen handeln, die dem Nutzer die Verwaltung aller seiner an Datennutzer vergebenen Berechtigungen ermöglichen.[1406] Gemäß Art. 8 Abs. 2 lit. a) FiDAR-E muss das Dashboard bezüglich jeder laufenden Berechtigung folgende Informationen leicht verständlich und soweit beim Dateninhaber vorhanden enthalten:

- Den Namen des Datennutzers, zu dem der Zugang gewährt wurde (i);
- das Kundenkonto, das Finanzprodukt oder die Finanzdienstleistung, zu dem/der Zugang gewährt wurde (ii);
- den Zweck der Erlaubnis (iii);
- die Datenkategorien, zu denen der Zugang gewährt wurde (iv);
- die Gültigkeitsdauer der Erlaubnis (v);
- die Daten, an denen der Zugriff auf die Daten erfolgte (vi).

Die Eingabemaske muss demnach die Möglichkeit bieten, eine Einwilligung zu befristen, zurückzuziehen und auf bestimmte Nutzungszwecke zu beschränken.[1407]

1403 SWD(2023) 230 final, S. 118 ff; *Mayer*, ZdiW 2024, 258, 262f.
1404 Erwägungsgrund 23 FiDAR-E; *Dreisigacker-Sartor/Ritter-Dörung*, RdZ 2024, 5, 9.
1405 *Mayer*, ZdiW 2024, 258, 263; *Vig*, BKR 2023, 659, 662.
1406 Erwägungsgrund 21 FiDAR-E.
1407 *Vig*, BKR 2023, 659, 661.

4. Systeme zur gemeinsamen Datennutzung, Art. 9–11 FiDAR-E

Art. 9–11 FiDAR-E sehen ein gemeinsames System für den Zugang zu Finanzdaten vor. Diesen Systemen sollten Datennutzer und Dateninhaber angehören, um die vertragliche und technische Interaktion im Binnenmarkt zu standardisieren und dadurch die Effizienz des Datenzugangs zu erhöhen.[1408]

Allerdings müssen gemäß Art. 10 Abs. 1 lit. a) FiDAR-E nur Datennutzer und -inhaber verpflichtend einem System angehören, die einen erheblichen Teil des Marktes kontrollieren, sowie Verbraucherverbände und Kundenorganisationen. Hierbei fehlen jedoch Hinweise zur Bestimmung eines erheblichen Marktteils.[1409]

Konkret besteht ein solches System aus kollektivvertraglichen Vereinbarungen zwischen Dateninhabern und Datennutzern.[1410] Der Vorschlag schließt nicht aus, dass ein System auch in Form einer Gesellschaft oder eines Vereins verwirklicht werden kann.[1411] FiDAR wird Fristen vorsehen, bei deren Ablauf Dateninhaber und Datennutzer Teilnehmer mindestens eines Finanzdatenzugangssystems sein müssen, Art. 9 Abs. 1, 2 FiDAR-E. Der zuständigen nationalen Aufsichtsbehörde ist überdies mitzuteilen, welchen Systemen ein Dateninhaber angehört, Art. 10 Abs. 3 FiDAR-E.

Ein Finanzdatenzugangssystem muss zumindest die in Art. 10 Nr. 1 FiDAR-E bezeichneten Punkte regeln. Darunter fallen insbesondere Regelungen zu den Voraussetzungen für eine Mitgliedschaft (lit. b) und c)), zu den gemeinsamen Standards und Normen für Schnittstellen und Daten (lit. g)), zu dem Vergütungsmodell nach Art. 5 Abs. 2 FiDAR-E (lit. h)), zu der vertraglichen Haftung der Mitglieder (lit. i)) und zu einem Streitbeilegungsverfahren (lit. j)) sowie einem Mechanismus für die Entschädigung des Kunden bei Datenverlusten, Schäden oder Betrung (lit. ia)).

Falls bis zum Fristablauf keine oder unzureichende Finanzdatenzugangssysteme entwickelt wurden, behält sich der europäische Verordnungsgeber mit Art. 11 FiDAR-E vor, FiDAR um entsprechende Vorschriften zu ergänzen. Primär ist aber die Entwicklung der Systeme durch die ihre Mitglieder vorgesehen, notfalls durch Unterstützung und Beteiligung der Behörden, Art. 11 Abs. 1 FiDAR-E.

5. Zusammenfassung und Auswirkungen auf die Praxis

Die Umsetzung der Regelungen der FiDAR wird ohne eine gewisse Investition seitens der Dateninhaber nicht möglich sein.[1412] Ob der Nutzen für die Kunden, die Datennutzer und schließlich den gesamten Markt diese Kosten rechtfertigen können, bleibt abzuwarten. Bereits die in der ersten Lesung im Europäischen Parlament am 30.4.2024 vor-

1408 Erwägungsgrund 25, 26 FiDAR-E.

1409 *Mayer*, ZdiW 2024, 258, 262f.

1410 Erwägungsgrund 26 FiDAR-E; *Mayer*, ZdiW 2024, 258, 263.

1411 *Vig*, BKR 2023, 659, 662.

1412 *GDV*, Stellungnahme des Gesamtverbandes der Deutschen Versicherungswirtschaft zum FIDA-E, S. 7.

genommenen Änderungen zeigen, dass sich der Verordnungsgeber der Kritik am Entwurf annimmt und die Vorschriften weiter konkretisiert.[1413] Positiv zu bewerten ist dabei auch, dass der Entwurf ebenso besondere Umstände, etwa bei KMUs die Möglichkeit eine gemeinsame Schnittstelle einzurichten, berücksichtigt.[1414] Mit Art. 9 Abs. 1 a FiDAR-E trägt der Verordnungsgeber auch Wünschen nach einer gestaffelten Umsetzung der Finanzzugangssysteme Rechnung.[1415]

Insofern stimmt die Bereitschaft des Verordnungsgebers, die Position der unterschiedlichen Key-Player zu berücksichtigen, optimistisch. FiDAR zeichnet sich demnach bereits jetzt als wichtiger Schritt auf dem Weg von Open Banking zu Open Finance ab.[1416]

1413 *Izzo-Wagner/Otto/Schultess*, RDi 2024, 11, 18; *Mayer*, ZdiW 2024, 258, 268f.

1414 Erwägungsgrund 23 FiDAR-E.

1415 BR-Drs. 429/23 Nr. 2; Stellungnahme des Gesamtverbandes der Deutschen Versicherungswirtschaft zum FIDA-E v. 28.7.2023, S. 3f.

1416 *Vig*, BKR 2023, 659, 664.

Kapitel 3
Regulierung datenbasierter Geschäftsmodelle

Literatur: *Azkan/Goecke/Spiekermann*, Forschungsbereiche der Datenökonomie, Wirtschaftsdienst 2020, Heft 2, S. 124; *Borges/Keil*, Rechtshandbuch Big Data, 1. Auflage; *Brown et. al*, Language models are few-shot learners, Advances in Neural Information Processing Systems, Vol. 33 (2020), S. 1877–1901; *Drewes/Meyer/Moss*, Update: Europäische Plattformregulierung – Die ersten Schritte von DMA und DSA in der Praxis, RDi 2024, 310; *Fries/Scheufen*, Märkte für Maschinen, MMR 2019, 721; *Hessel/Leffer/Potel*, Datengetriebene Geschäftsmodele, ZD 2022, 537; *Höppner*, Plattform-Regulierung light, WuW 2020; *Lennartz*, Digitale Puppenspieler – die Nachbildung von Körper und Stimme durch KI, NJW 2023, 3543; *Martini/Drews/Seeliger/Weinzierl*, Dark Patterns, ZfDR 2021, 47; *Paal/Hüger*, Die KI-VO und das Recht auf menschliche Entscheidung, MMR 2024, 540; *Rhode et. al*, Datenwirtschaft und Datentechnologie, 1. Auflage, Berlin 2022; *Schneidereit*, Auswirkungen des Data Act auf innovative datengetriebene Geschäftsmodelle in der Medizintechnik, CR 2023, 9; *Wagner/Eidenmüller*, In der Falle der Algorithmen? Abschöpfen von Konsumentenrente, Ausnutzen von Verhaltensanomalien und Manipulation von Präferenzen: Die Regulierung der dunklen Seite personalisierter Transaktionen, ZfPW 2019, 220.

Datenbasierte Geschäftsmodelle haben sich in den letzten Jahren zu einem zentralen Treiber der globalen Wirtschaft entwickelt.[1] Derartige Geschäftsmodelle zeichnen sich dadurch aus, dass sie den systematischen Einsatz von Daten zur Schaffung von Mehrwerten und neuen Geschäftsmöglichkeiten fokussieren.[2] Kurzgesagt handelt es sich um die werterzeugende Verwendung von Daten.[3] Dabei werden große Datenmengen gesammelt, analysiert und genutzt, um Entscheidungen zu optimieren, innovative Produkte zu entwickeln oder Geschäftsprozesse effizienter zu gestalten. Ein prominentes Beispiel für innovative datenbasierte Produkte sind sog. **Large Language Models (LLM)**, die in Chatbots wie **ChatGPT**[4] oder **Gemini**[5] verwendet und mit Textdaten von über 570 Gigabyte trainiert werden, wobei die Gesamtmenge an unstrukturierten Daten deutlich größer sein kann.[6] Nicht weniger bedeutsam sind Daten für **vernetzte Produkte** wie Smartphones, Fahrzeuge oder Industriemaschinen, die mit dem Internet verbunden sind und kontinuierlich Daten erfassen und analysieren, um ihre Funktionalität und Interaktivität effizienter zu gestalten.[7] Im Bereich der **Online-Plattformen** werden Daten gezielt gesammelt, analysiert und monetarisiert, indem sie zur Personalisierung von Inhalten und

---

1 Siehe etwa für Deutschland *Fritsch/Krotova*, Wie datengetrieben sind Geschäftsmodelle in Deutschland? – Analyse des Status quo, IW-Report 09/20, S. 3.
2 *Rohde/Bürger/Peneva/Mock*, Datenwirtschaft und Datentechnologie, S. 1f.
3 *Azkan/Goecke/Spiekermann*, Wirtschaftsdienst 2020, 124, 125.
4 https://openai.com/index/hello-gpt-4o/ (zuletzt abgerufen am: 1.11.2024).
5 https://blog.google/technology/ai/google-gemini-ai/#introducing-gemini (zuletzt abgerufen am: 1.11.2024).
6 Die Zahlen gelten für das Modell GPT-3, *Brown et. al*, 33 Adv. Neural Inf. Process. Syst. (2020), 1877, 1885.
7 Borges/Keil/*Maaß*, Rechtshandbuch Big Data, § 2 Rn. 34 ff; *Schneidereit*, CR 2023, 9f.; *Fries/Scheufen*, MMR 2019, 721, 722.

https://doi.org/10.1515/9783110672213-003

zur zielgerichteten Schaltung von Werbung verwendet werden.[8] Gleichzeitig nutzen Plattformen die aggregierten Daten, um ihre Algorithmen und Empfehlungen zu optimieren, was die Nutzerbindung erhöht und zugleich höhere Werbeeinnahmen ermöglicht.[9] Nicht zuletzt haben sich datenbasierte Geschäftsmodelle auch im **E-Commerce** etabliert – Unternehmen nutzen die umfangreich vorhandenen Kunden-, Transaktions- und Verhaltensdaten, um personalisierte Empfehlungen, gezielte Werbung und dynamische Preisstrategien zu entwickeln.[10]

Neben dem enormen Wertschöpfungspotential datenbasierter Geschäftsmodelle, können davon zugleich erhebliche Risiken für die Nutzer von KI-Anwendungen, vernetzter Produkte und Online-Plattformen ausgehen: Online-Plattformen und Marktplätze können Ihre Datensammlungen unter anderem auch nutzen, um personalisierte Angebote und Empfehlungen zu erstellen, die das Konsumverhalten ihrer Nutzer beeinflussen und sie durch algorithmisch gesteuerte Reize, sog. **dark patterns**[11], zu Kaufentscheidungen bewegen sollen.[12] Abseits des offensichtlichen Konflikts mit dem Grundrecht auf informationelle Selbstbestimmung, stehen derartige Praktiken auch im Konflikt mit der Privatautonomie der Nutzer.[13] Darüber hinaus kursieren im Internet und insbesondere auf sozialen Medien vermehrt sogenannte **Deepfakes**, bei denen es sich um täuschend echte Medieninhalte einer Person oder eines Ereignisses handelt, die mit Hilfe von Künstlicher Intelligenz angefertigt werden und eine Gefahr für die Persönlichkeitsrechte der betroffenen Personen darstellen, indem sie ohne Zustimmung der betroffenen Person für Desinformation, Rufschädigung oder andere missbräuchliche Zwecke eingesetzt werden.[14] Die massenhafte Verwendung datengetriebener KI-basierter Anwendungen, die oft intransparente und schwer nachvollziehbare Entscheidungsprozesse beinhalten, wirft schließlich Fragen hinsichtlich der Verantwortlichkeit und Kontrolle über algorithmische Entscheidungen auf.[15]

Die hier nur schemenhaft skizzierten Risiken verdeutlichen, dass datengetriebene Geschäftsmodelle nicht nur durch ihr Wachstums- und Innovationspotential gekennzeichnet sind, sondern eine reelle Gefahr für die Grundrechte der mit ihnen in Berührung kommenden Menschen darstellen. Die Europäische Kommission hat die sich daraus ergebende Notwendigkeit einer risikoadäquaten Regulierung erkannt, um einerseits Innovation und Wachstum zu fördern und andererseits die Missbrauchspotentiale

---

8 *Hessel/Leffer/Potel*, ZD 2022, 537.
9 *Drewes/Meyer/Moss*, RDi 2024, 310; *Höppner*, WuW 2020, 71.
10 Drewes/Meyer/Moss, RDi 2024, 310.
11 Siehe dazu auch die Ausführungen unter B. II. 3. d); vertiefend *Martini/Drews/Seeliger/Weinzierl*, ZfDR 2021, 47, 49.
12 *Wagner/Eidenmüller*, ZfPW 2019, 220, 245.
13 *Martini/Drews/Seeliger/Weinzierl*, ZfDR 2021, 47, 53f.
14 *Lennartz*, NJW 2023, 3543.
15 *Paal/Hüger*, MMR 2024, 540, 542.

und systemischen Risiken zu minimieren.[16] Ziel dieses Kapitels ist es daher, den regulatorischen Rahmen für datenbasierte Geschäftsmodelle in der Digitalwirtschaft zu beleuchten und die damit einhergehenden rechtlichen Schwierigkeiten und Herausforderungen aufzuzeigen.

A. Produktbezogene Regulierung

Literatur: *Ehring/Taeger*, Produkthaftungs- und Produktsicherheitsrecht – Kommentar, 1. Auflage 2023; *Europäische Kommission*, Gemeinsame Mitteilung an das Europäische Parlament und den Rat – Abwehrfähigkeit, Abschreckung und Abwehr: die Cybersicherheit in der EU wirksam erhöhen, JOIN(2017) 450 final (zitiert als: JOIN(2017) 450 final; *Europäische Kommission*, Gemeinsame Mitteilung an das Europäische Parlament und den Rat – Die Cybersicherheitsstrategie der EU für die digitale Dekade, JOIN(2020) 18 final (zitiert als: JOIN(2020) 18 final); *Hornung/Schallbruch*, IT-Sicherheitsrecht – Praxishandbuch, 2. Auflage 2024; *Kapoor/Klindt*, „New Legislative Framework" im EU-Produktsicherheitsrecht – Neue Marktüberwachung in Europa?, EuZW 2008, 649; *Kirchner/Heger/Hofmann/Kadelbach*, Digitalisierung im Recht der EU, 2023; *Krönke*, Das europäische KI-Gesetz: Eine Verordnung mit Licht und Schatten, NVwZ 2024, 529; *Martini/Wendehorst*, KI-VO – Verordnung über künstliche Intelligenz, Kommentar, 1. Auflage 2024; *Pilniok*, Unionsrechtliche Regulierung des Einsatzes von KI-Systemen in der öffentlichen Verwaltung, DÖV 2024, 581; *Schucht*, Die neue Architektur im europäischen Produktsicherheitsrecht nach New Legislative Framework und Alignment Package, EuZW 2014, 848; *Schwartmann/Keber/Zenner*, KI-VO – Leitaden für die Praxis, 1. Auflage 2024; *Voigt/Hullen*, Handbuch KI-Verordnung – FAQ zum EU AI Act, 2024; *Wegener*, Europäische Querschnittpolitiken – Enzyklopädie Europarecht, Band 8.

Die fortschreitende Digitalisierung und der wachsende Einsatz **datenbasierter Geschäftsmodelle** stellen die europäische Wirtschaft vor neue regulatorische Herausforderungen. In diesem Zusammenhang spielt die **produktbezogene Regulierung** eine zentrale Rolle im Hinblick auf die Gewährleistung von Cybersicherheit und der Resilienz digitaler Infrastrukturen. Produktbezogene Regulierung ist dadurch gekennzeichnet, dass gesetzliche Normen stets an die Merkmale und Eigenschaften des aus Sicht des Gesetzgebers regulierungsbedürftigen Produkts an.[17] Typische Regulierungsinstrumente sind hier regelmäßig Sicherheitsstandards oder Zertifizierungspflichten für das jeweilige Produkt.[18]

Im Gegensatz dazu adressiert die **funktionsbezogene Regulierung**[19] die Nutzung oder den Betrieb einer bestimmten Technologie oder einer Dienstleistung, unabhängig

---

16 COM(2020) 66 final.

17 Zum Regulierungsansatz des europäischen Produktsicherheitsrechts auf Grundlage des New Legislative Framework, Beschluss 768/2008/EG vom 9.7.2008, Verordnung (EG) Nr. 765/2008 vom 9.7.2008 sowie die Verordnung (EU) Nr. 2019/1020 vom 20.6.2019.

18 Siehe etwa die Einzelrechtsakte zu spezifischen Produkttypen, z. B. für Bauprodukte (Verordnung (EU) Nr. 305/2011), Medizinprodukte (Verordnung (EU) Nr. 2017/745) und Maschinen (Verordnung (EU) Nr. 2023/1230).

19 Siehe dazu unter B.

von ihrem physischen Zustand oder konkreten Produkteigenschaften. Der Gesetzgeber legt hierbei Anforderungen an die Art und Weise fest, wie eine bestimmte Dienstleistung erbracht werden darf, indem etwa die Anbieter derartiger Dienste bestimmte Sorgfaltspflichten bei der Erbringung des Dienstes erfüllen müssen.[20]

Mit der zunehmenden Verflechtung von IT-Systemen und datenintensiven Anwendungen ist die Bedrohung durch Cyberangriffe, Sicherheitslücken und Betriebsstörungen erheblich gestiegen. Diese Entwicklung hat den europäischen Gesetzgeber dazu veranlasst, ein umfangreiches legislatives Maßnahmenpaket zur Stärkung der Cybersicherheit und operativen Widerstandsfähigkeit auf den Weg zu bringen.[21] Unter dem Begriff der Cybersicherheit werden nach hier vertretener Auffassung Schutzmaßnahmen verstanden, die darauf abzielen, Angreifern den unautorisierten Zugang zu informationstechnischen Systemen, unabhängig von der Art der Systeme oder den Beweggründen der Angreifer, so schwer wie möglich zu machen.[22] Zu dem legislativen Maßnahmenpaket, das in seiner Gesamtschau als **europäisches Cybersicherheitsrecht** bezeichnet werden kann, gehören die **NIS-2-Richtlinie**[23], der **Cybersecurity Act**[24] (CSA), der **Cyber Resilience Act**[25] (CRA) und der **Digital Operational Resilience Act**[26] (DORA).[27] Die genannten Rechtsakte zielen darauf ab, sowohl technische Anforderungen an Produkte und Dienstleistungen im digitalen Raum festzulegen als auch die Sicherheit der digitalen Infrastruktur insgesamt zu stärken.[28] Während die NIS-2-Richtlinie die Anforderungen an die Cybersicherheit von wesentlichen und wichtigen Einrichtungen in

---

20 So etwa die Regelungen der Verordnung (EU) 2022/1925, Verordnung (EU) 2022/2065, Verordnung (EU) 2019/1150.

21 JOIN(2017) 450 final; Kipker/*Fischer*, Cybersecurity-Handbuch, Kap. 21.1 Rn. 1.

22 Kirchner/Heger/Hofmann/Kadelbach/*Roth-Isigkeit*, Digitalisierung im Recht der EU, S. 230.

23 Richtlinie (EU) 2022/2555 des Europäischen Parlaments und des Rates vom 14. Dezember 2022 über Maßnahmen für ein hohes gemeinsames Cybersicherheitsniveau in der Union, zur Änderung der Verordnung (EU) Nr. 910/2014 und der Richtlinie (EU) 2018/1972 sowie zur Aufhebung der Richtlinie (EU) 2016/1148, ABl. L 333, 27. Dezember 2022, S. 80–152.

24 Verordnung (EU) 2019/881 des Europäischen Parlaments und des Rates vom 17. April 2019 über die ENISA (Agentur der Europäischen Union für Cybersicherheit) und über die Zertifizierung der Cybersicherheit von Informations- und Kommunikationstechnik und zur Aufhebung der Verordnung (EU) Nr. 526/2013, ABl. L 151, 7. Juni 2019, S. 15–69.

25 Verordnung (EU) 2024/2847 des Europäischen Parlaments und des Rates vom 23. Oktober 2024 über horizontale Cybersicherheitsanforderungen für Produkte mit digitalen Elementen und zur Änderung der Verordnung (EU) 2019/1020, ABl. L 169/1, 20.11.2024.

26 Verordnung (EU) 2022/2554 des Europäischen Parlaments und des Rates vom 14. Dezember 2022 über die digitale operationale Resilienz im Finanzsektor und zur Änderung der Verordnungen (EG) Nr. 1060/2009, (EU) Nr. 648/2012, (EU) Nr. 600/2014, (EU) Nr. 909/2014 und (EU) 2016/1011, ABl. L 333, 27.12.2022, S. 1–79.

27 Es sei darauf hingewiesen, dass hierzu noch eine Vielzahl weiterer Verordnungen und Richtlinien zählen und die Aufzählung keinen Anspruch auf Vollständigkeit erhebt. Aus Kapazitätsgründen werden nur die hier aufgezählten Rechtsakte näher beleuchtet.

28 JOIN(2020) 18 final.

der Europäischen Union erweitert und präzisiert, adressiert der CRA explizit die Produktsicherheit im Zusammenhang für Produkte mit digitalen Elementen und stellt Anforderungen an die Sicherheit vernetzter Produkte über ihren gesamten Lebenszyklus hinweg.[29] Der Cybersecurity Act etabliert demgegenüber ein EU-weit harmonisiertes Zertifizierungssystem für Produkte, Prozesse und Dienstleistungen im Bereich der Cybersicherheit.[30] Schließlich hat der Unionsgesetzgeber mit DORA spezifische Regelungen für den strategisch wichtigen Finanzsektor geschaffen, um dessen Widerstandsfähigkeit gegenüber IT-basierten Risiken zu stärken.[31]

Der produktbezogene Regulierungsansatz kommt darüber hinaus im Rahmen der **europäischen KI-Regulierung** zum Tragen.[32] Die Verordnung über künstliche Intelligenz[33] ist von dem Leitgedanken geprägt, die Anforderungen und Pflichten hinsichtlich bestimmter KI-Systeme vornehmlich auf die Entwicklung sicherer Systeme und nicht auf ihre Verwendung zu beziehen.[34] Voraussetzung ist demnach stets das Vorliegen eines zuvor definierten KI-Systems.[35] Besonders deutlich wird der Charakter als „Produktsicherheitsgesetz" bei den Bestimmungen zu Hochrisiko-KI-Systemen: Für solche sieht die KI-Verordnung beispielsweise die Einrichtung eines speziellen Risikomanagementsystems (Art. 9 KI-VO), Anforderungen an den Umgang mit Trainings-, Validierungs- und Testdaten (Art. 10 KI-VO), die Dokumentation der Systeme (Art. 11 KI-VO) und automatische Protokollierungen von Ereignissen während des gesamten Lebenszyklus der KI-Systeme (Art. 12 KI-VO) vor. Bisweilen mäandert der unionale Gesetzgeber jedoch zwischen seinen Regulierungskonzepten, wie einige Vorschriften der KI-VO verdeutlichen. So adressieren insbesondere die Vorgaben zum Verbot bestimmter Praktiken im KI-Bereich (Art. 5 KI-VO) und die Anbieterpflichten des Art. 55 Abs. 1 KI-VO in erster Linie Risiken der Verwendung bestimmter KI-Systeme.[36]

Jedenfalls im Kern liegt der KI-Verordnung aber das auf das **New Legislative Framework**[37] zurückgehende produktbezogene Regulierungsungskonzept zugrunde, das seine Grundlage wiederum im europäischen Harmonisierungskonzept des **New Ap-**

29 Erwägungsgrund 3, 24 CRA-E.

30 Hornung/Schallbruch/*Gitter*, IT-Sicherheitsrecht, § 15 Rn. 26.

31 Erwägungsgrund 3 VO (EU) 2022/2554.

32 Vgl. Schwartmann/Keber/Zenner/*Köhler*, KI-VO, 2. Teil 1. Kapitel Rn. 45; *Krönke*, NVwZ 2024, 529, 530 f.; *Pilniok*, DÖV 2024, 581, 584.

33 Verordnung (EU) 2024/1689 des Europäischen Parlaments und des Rates vom 13. Juni 2024 zur Festlegung harmonisierter Vorschriften für künstliche Intelligenz und zur Änderung der Verordnungen (EG) Nr. 300/2008, (EU) Nr. 167/2013, (EU) Nr. 168/2013, (EU) 2018/858, (EU) 2018/1139 und (EU) 2019/2144 sowie der Richtlinien 2014/90/EU, (EU) 2016/797 und (EU) 2020/1828, ABl. L, 2024/1689, 12.7.2024.

34 *Krönke*, NVwZ 2024, 529, 530 f.

35 Martini/*Wendehorst*, KI-VO, Art. 1 Rn. 7 sprechen insoweit auch von einem technologiebezogenen Ansatz.

36 *Krönke*, NVwZ 2024, 529, 531, 533 f.

37 https://single-market-economy.ec.europa.eu/single-market/goods/new-legislative-framework_en?prefLang=de (zuletzt abgerufen am: 1.11.2024).

proach aus den 1980er-Jahren findet.[38] Dieser Regulierungsansatz, der im Gegensatz zur funktionsbezogenen Regulierung von Plattformen, Online-Marktplätzen und Torwächtern steht, ist zugleich das Leitbild des europäischen Produktsicherheitsrechts.[39]

I. Europäisches Cybersicherheitsrecht

1. Richtlinie zur Netzwerk- und Informationssicherheit (NIS2) – RL (EU) 2022/2555

Literatur: *Bundesministerium des Innern und für Heimat*, Entwurf eines Gesetzes zur Umsetzung der NIS-2-Richtlinie und zur Regelung wesentlicher Grundzüge des Informationssicherheitsmanagements in der Bundesverwaltung (zitiert als: *BMI.*, NIS2-Referentenentwurf, S.); *Hajek Gross/Wünnerke*, Fahrtrichtung Zukunft: NIS2-Richtlinie und ihre Auswirkungen auf die Automobilindustrie, RAW 2024, 117; *Hessel/Callewaert/Schneider*, Die NIS-2-Richtlinie aus Unternehmensperspektive, RDi 2024, 208; *Hessel/Callewaert/Schneider*, Firewalls und Familiengeschäfte: Das neue Cybersicherheitsrecht für den Mittelstand, RFamU 2024, 200; *Leßner*, Konzernspezifische Änderungen aus der NIS2-Richtlinie und ihre Umsetzung, MMR 2024, 226; *Leßner/Mayr*, Besonderheiten für Konzerne in den NIS-Richtlinien und dem BSIG, MMR 2024, 148; *Kipker*, Cybersecurity-Handbuch, 2. Auflage 2023; *Kipker/Birreck/Niewöhner/Schnorr*, NIS-Richtlinie und der Entwurf der NIS-2-Richtlinie, MMR 2021, 214; *Vettermann*, Geordnetes Chaos in der Sicherheitsforschung?, MMR 2023, 827; *Voigt/Bastians*, Neue europarechtliche Anforderungen an die IT-Sicherheit Rat der EU nimmt NIS2-Richtlinie an – ein erster Überblick, CR 2022, 768.

a) Einführung

Die Richtlinie über Maßnahmen für ein hohes gemeinsames Cybersicherheitsniveau in der Union[40] wurde am 27.12.2022 im EU-Amtsblatt veröffentlicht und ist am 16.1.2023 in Kraft getreten. Die NIS2-RL ist unmittelbarer Nachfolger der NIS-RL, deren Ziel es war, unionsweite Cybersicherheitskapazitäten aufzubauen.[41] So sollten die bestehenden Bedrohungen für Netz- und Informationssysteme, welche zur Erbringung wesentlicher Dienste verwendet werden, eingedämmt werden. Die Maßnahmen bezweckten, bei Sicherheitsvorfällen adäquat reagieren zu können und die Kontinuität der wesentlichen Informations- und Kommunikationsdienste sicherzustellen.[42]

Seit dem Inkrafttreten der NIS-RL sind zwar erhebliche Fortschritte im Bereich der Cyberresilienz innerhalb der Europäischen Union erzielt worden, gleichzeitig wies die

---

38 So auch *Voigt/Hullen*, Handbuch KI-Verordnung, Kap. 1.1; eingehend zum New Legislative Framework *Schucht*, EuZW 2014, 848; *Kapoor/Klindt*, EuZW 2008, 649.

39 Ehring/Taeger/*Heuser*, Produkthaftungs- und Produktsicherheitsrecht, Vorbem. §§ 99 ff ProdSG Rn. 2, 3; siehe zum Technikrecht auch Wegener/*Führ*, Europäische Querschnittpolitiken, § 4 Rn. 109, 120.

40 Richtlinie (EU) 2022/2555 des Europäischen Parlaments und des Rates vom 14. Dezember 2022 über Maßnahmen für ein hohes gemeinsames Cybersicherheitsniveau in der Union, ABl. L 333 vom 27.12.2022, S. 80–152.

41 Erwägungsgrund 1 RL (EU) 2022/2555.

42 Erwägungsgrund 1 RL (EU) 2022/2555.

Vorgängerrichtlinie jedoch auch erhebliche Mängel auf, die ihre Wirksamkeit mit Blick auf aktuelle und zukünftige Herausforderungen der Cyberresilienz beeinträchtigen.[43] Da es sich rechtstechnisch um eine Richtlinie handelt, die der Umsetzung in den Mitgliedstaaten mittels nationaler Umsetzungsgesetze bedarf, fiel die Umsetzung in den Mitgliedstaaten höchst unterschiedlich aus, was dem Ziel einer unionsweiten Stärkung der Cyberresilienz entgegensteht.[44]

Die NIS2-RL legt Maßnahmen fest, mit denen in der gesamten Union ein hohes gemeinschaftliches Cybersicherheitsniveau sichergestellt werden soll, um so einen funktionierenden Binnenmarkt sicherzustellen und zu verbessern, Art. 1 Abs. 1 NIS2-RL.[45]

Die Richtlinie ist zum **18. Oktober 2024** anzuwenden und somit von den Mitgliedstaaten bis zu diesem Datum in nationales Recht umzusetzen.

b) Anwendungsbereich, Art. 2 NIS2-RL

Die NIS2-RL gilt für alle **öffentlichen** und **privaten Einrichtungen**, der in Anhang I oder II genannten Art, die gemäß Art. 2 Anhang der Empfehlung 2003/361/EG als mittleres Unternehmen gelten oder die Schwellenwerte für mittlere Unternehmen überschreiten und ihre Dienste in der Union erbringen oder ihre Tätigkeit dort ausüben, Art. 2 Abs. 1 NIS2-RL.

aa) Einrichtung, Art. 6 Nr. 38 NIS2-RL

Bei einer Einrichtung handelt es sich nach Art. 6 Nr. 38 NIS2-RL um eine natürliche oder juristische Person, die im eigenen Namen Rechte ausüben und Pflichten unterliegen kann. Als mittleres Unternehmen gilt man mit einer Beschäftigtenanzahl von 50 bis 250, einem Umsatz von 10–50 Mio. EUR und einer Jahresbilanzsumme von höchstens 43 Mio. EUR. Unternehmen, die diese Schwellenwerte überschreiten, sind ebenfalls von der NIS2-RL erfasst.[46]

In Anhang I und II der NIS2-RL erfolgt eine detaillierte Aufzählung der erfassten Einrichtungen, die nach Sektoren, Teilsektoren und der Art der Einrichtung differenziert. Zu denen in **Anhang I** aufgezählten **Sektoren mit hoher Kritikalität** zählen Energie (Nr. 1), Verkehr (Nr. 2), Bankwesen (Nr. 3), Finanzmarktaufsicht (Nr. 4), Gesundheitswesen (Nr. 5), Trinkwasser (Nr. 6), Abwasser (Nr. 7), Digitale Infrastruktur (Nr. 8), Verwaltung von IKT-Diensten (Nr. 9), öffentliche Verwaltung (Nr. 10) und Weltraum (Nr. 11); **Anhang II** zählt demgegenüber **sonstige kritische Sektoren** auf, zu denen Post- und Kurierdienste (Nr. 1), Abfallbewirtschaftung (Nr. 2), Produktion, Herstellung

---

43 Erwägungsgrund 2 RL (EU) 2022/2555.

44 Kipker/*Fischer*, Cybersecurity-Handbuch, Kap. 21 Rn. 5; *Voigt/Bastians*, CR 2022, 768, 769.

45 Kipker/*Fischer*, Cybersecurity-Handbuch, Kap. 21 Rn. 4.

46 Empfehlung der Kommission vom 6.5.2003 betreffend die Definition der Kleinstunternehmen sowie der kleinen und mittleren Unternehmen (2003/361/EG), ABl. 2003 L 124, 36.

und Handel mit Chemiestoffen (Nr. 3), Produktion, Verarbeitung und Vertrieb von Lebensmitteln (Nr. 4), verarbeitendes Gewerbe/Herstellung von Waren (Nr. 5) und Anbieter digitaler Dienste (Nr. 6) zählen. Innerhalb des Sektors Energie und des Teilsektors Wasserstoff sind beispielsweise Betreiber im Bereich Wasserstofferzeugung, -speicherung und -fernleitung erfasst.

bb) Unabhängig von ihrer Größe erfasste Einrichtungen, Art. 2 Abs. 2 NIS2-RL

In Art. 2 Abs. 2 NIS2-RL werden darüber hinaus eine Reihe von weiteren Unternehmen genannt, die unabhängig von ihrer Größe in den Anwendungsbereich der Richtlinie fallen. Erfasst werden hier besonders vulnerable oder gewichtige Einrichtungen, bei welchen ein hohes Interesse an der Kontinuität der von ihnen erbrachten Diensten besteht.[47] Die Vorschriften gelten also unter anderem für Anbieter von öffentlichen elektronischen Kommunikationsnetzwerken oder von öffentlich zugänglichen elektronischen Kommunikationsdiensten (Art. 2 Abs. 2 lit. a) Ziff. i NIS2-RL) und auch für Einrichtungen in welchen sich eine Störung des von ihr erbrachten Dienstes wesentlich auf die öffentliche Ordnung, die öffentliche Sicherheit oder die öffentliche Gesundheit auswirken könnte (Art. 2 Abs. 2 lit. c) NIS2-RL).

Ebenfalls unabhängig von der Größe der Einrichtung werden kritische Einrichtungen nach der CER-Richtlinie[48] die Domänenregistrierungsdienste erbringen, Art. 2 Abs. 3, 4 NIS2-RL

cc) Wesentliche und wichtige Einrichtungen, Art. 3 Abs. 1, Abs. 2 NIS2-RL

Bei Einrichtungen, die unter den Geltungsbereich der NIS2-RL fallen, werden zwei Kategorien unterschieden: **Wesentliche und wichtige Einrichtungen**, Art. 3 Abs. 1, Abs. 2 NIS2-RL. Die Abgrenzung erfolgt anhand ihrer Kritikalität in Bezug auf ihren Sektor oder der Art der von ihr erbrachten Dienste sowie ihrer Größe.[49]

c) Pflichten der erfassten Einrichtungen, Art. 20ff. NIS2-RL

Die wesentlichen Pflichten für die von der NIS2-RL erfassten Einrichtungen sind in Kapitel IV der Richtlinie, in den Art. 20ff. NIS2-RL festgehalten.

---

47 *Kipker/Birreck/Niewöhner/Schnorr*, MMR 2021, 2014, 214f.

48 Richtlinie (EU) 2022/2557 des Europäischen Parlaments und des Rates vom 14. Dezember 2022 über die Resilienz kritischer Einrichtungen und zur Aufhebung der Richtlinie 2008/114/EG des Rates (EU) 2022/2557, ABl. L 333 vom 27.12.2022, S. 164–198.

49 Erwägungsgrund 15 RL (EU) 2022/2555, ABl. L 333/80; Kipker/*Fischer*, Cybersecurity-Handbuch, Kap. 21.1 Rn. 6.

aa) Risikomanagementmaßnahmen im Bereich der Cybersicherheit, Art. 21 NIS2-RL

Nach Art. 21 Abs. 1 NIS2-RL müssen Einrichtungen demnach **geeignete und verhältnismäßige Maßnahmen** ergreifen, um die Risiken für die Sicherheit der Netz- und Informationssysteme, die diese für den Betrieb oder die Erbringung ihrer Dienste nutzen, zu beherrschen und die Auswirkungen von Sicherheitsvorfällen auf die Empfänger ihrer Dienste und auf andere Dienste zu verhindern oder möglichst gering zu halten. Aus der Formulierung […] *auf einem gefahrübergreifenden Ansatz beruhen, der darauf abzielt* […] des Art. 21 Abs. 2 NIS2-RL ergibt sich, dass die Richtlinie weder absolute Sicherheit fordert, noch das höchstmögliche Sicherheitsniveau. Die Einrichtungen haben vielmehr ein an das bestehende Risiko angepasstes Sicherheitsniveau zu gewährleisten.[50]

Der deutsche Gesetzgeber hat eine entsprechende Regelung bereits in § 30 Abs. 1 S. 3 BSIG umgesetzt und – über die Anforderung der Richtlinie hinaus – eine Dokumentationspflicht vorgesehen, nach welcher die Einrichtungen verpflichtet sind, die Umsetzung und Einhaltung der Maßnahmen angemessen zu dokumentieren.[51]

Die meisten der in Art. 21 Abs. 2 NIS2-RL beziehungsweise § 30 Abs. 2 BSIG aufgezählten Mindestmaßnahmen dürften von betroffenen Unternehmen bereits umgesetzt sein, da diese zum Standardrepertoire unternehmensinterner Cyberresilienz gehören. Dazu gehören die **Aufrechterhaltung des Betriebes durch Backup-Management** (lit. c) Nr. 3), **Multi-Faktor-Authentifizierung** (lit. j) Nr. 10) oder der **Einsatz von Verschlüsselungsmethoden** (lit. h) Nr. 8).

Gemäß Art. 21 Abs. 2 lit. d) NIS2-RL[52], § 30 Abs. 2 S. 2 Nr. 4 BSIG müssen Einrichtungen nun auch Maßnahmen ergreifen, um die Cyberresilienz bei ihren Zulieferern und Diensteanbietern zu gewährleisten, da nur auf diese Weise umfassende Cyberresilienz konsequent erreicht werden kann. Die einzelne Einrichtung muss sich nicht mehr nur um die eigenen Sicherheitsanliegen kümmern, sondern auch die potentiellen Gefährdungen durch Verbindungen mit anderen Einrichtungen in ihr Sicherheitskonzept miteinbeziehen.[53] Denn sollte ein Unternehmen zwar umfassende Cybersicherheitsmaßnahmen getroffen haben, sind diese nutzlos, wenn sie auf Dienste oder Produkte Dritter angewiesen sind, die keinerlei Sicherheitsmaßnahmen ergreifen müssen.[54] Die Ausweitung der Pflichten auf die Lieferkette könnte allerdings dazu führen, dass auch Unternehmen, die eigentlich nicht von der NIS2-RL erfasst wären, eine mittelbare Regelung erfahren.[55]

---

50 *Hessel/Callewaert/Schneider*, RDi, 2024, 208 (212).
51 *BMI*, NIS2-Referentenentwurf, S. 160.
52 Für das deutsche Recht ist § 30 Abs. 2 S. 2 Nr. 4 BSIG einschlägig.
53 *Hessel/Callewaert/Schneider*, RFamU 2024, 200, 202.
54 *Hessel/Callewaert/Schneider*, RDi, 2024, 208, 212 f.
55 *Hessel/Callewaert/Schneider*, RFamU 2024, 200, 202.

bb) Berichtspflichten, Art. 23 NIS2-RL

Gemäß Art. 23 Abs. 1 NIS2-RL stellen die Mitgliedstaaten sicher, dass wesentliche und wichtige Einrichtungen ihr CSIRT („*Computer Security Incident Response Team*", welche nach Art. 10 Abs. 1 NIS2-RL durch die Mitgliedstaaten einzurichten sind) oder gegebenenfalls ihre zuständigen Behörden unverzüglich über jeden Sicherheitsvorfall unterrichten, der erhebliche Auswirkungen auf die Erbringung ihrer Dienste hat.[56] Ein Sicherheitsvorfall ist nach Art. 6 Nr. 6 NIS2-RL, § 2 Nr. 40 BSIG dabei jedes Ereignis, das die Verfügbarkeit, Authentizität, Integrität oder Vertraulichkeit gespeicherter, übermittelter oder verarbeiteter Daten oder der Dienste, die über Netz- und Informationssysteme angeboten werden beziehungsweise zugänglich sind, beeinträchtigt. Erheblich ist ein solcher Sicherheitsvorfall gem. Art. 23 Abs. 3 NIS2-RL, § 2 Nr. 11 BSIG, wenn er schwerwiegende Betriebsstörungen der Dienste oder finanzielle Verluste für die betroffene Einrichtung verursacht hat oder verursachen kann (lit. a)). Außerdem kann ein erheblicher Sicherheitsvorfall ebenfalls vorliegen, wenn andere natürliche oder juristische Personen durch erhebliche materielle oder immaterielle Schäden beeinträchtigt werden oder beeinträchtigt werden können (lit. b)).[57]

Die der betroffenen Einrichtung obliegende Berichtspflicht lässt sich in einen dreistufigen Meldemechanismus aus Frühwarnung, einen Zwischenbericht und einen Abschlussbericht aufteilen.[58] Von einem erheblichen Sicherheitsvorfall betroffene Einrichtungen sind demnach gemäß Art. 23 Abs. 4 lit. a) NIS2-RL zunächst verpflichtet, unverzüglich, in jedem Fall aber innerhalb von 24 Stunden nach Kenntnisnahme des Vorfalls eine Frühwarnung an das CSIRT oder an die zuständige Behörde zu übermitteln, in welcher angegeben werden muss, ob der Verdacht besteht, dass der erhebliche Sicherheitsvorfall auf rechtswidrige oder böswillige Handlungen zurückzuführen ist, oder ob er grenzüberschreitende Auswirkungen haben könnte.[59] Gemäß Art. 24 Abs. 4 lit. b) NIS2-RL muss ebenso unverzüglich, jedenfalls aber innerhalb von 72 Stunden (Vertrauensdiensteanbietern stehen hier lediglich 24 Stunden zur Verfügung, Art. 23 Abs. 4 S. 2 NIS2-RL) eine weitere Meldung abgegeben werden, welche eine Aktualisierung der gem. Art. 24 Abs. 4 lit. a) NIS2-RL übermittelten Informationen sowie eine erste Bewertung des erheblichen Sicherheitsvorfalls enthält. Daran anschließend müssen betroffene Einrichtungen auf Ersuchen eines CSIRT oder einer zuständigen Behörde einen Zwischenbericht über etwaige relevante Statusaktualisierungen übermitteln, Art. 24 Abs. 4 lit. c) NIS2-RL. Schließlich hat die Einrichtung spätestens einen Monat nach Übermittlung der Meldung des Sicherheitsvorfalls nach lit. b einen umfassenden Abschlussbericht abzugeben, Art. 24 Abs. 4 lit. d) NIS2-RL.[60] Dauert der Sicherheitsvorfall zu diesem Zeitpunkt allerdings noch an, hat die Einrichtung zu diesem Zeitpunkt einen

56 *Voigt/Bastians*, CR 2022, 768, 771.
57 Erwägungsgrund 101 RL (EU) 2022/2555.
58 *Hajek Gross/Wünnerke*, RAW 2024, 117, 122.
59 Erwägungsgrund 102 RL (EU) 2022/2555.
60 Erwägungsgrund 102 RL (EU) 2022/2555.

Fortschrittsbericht und erst innerhalb eines Monats nach Behandlung des Sicherheitsvorfalls einen Abschlussbericht zu übermitteln, Art. 24 Abs. 4 lit. e) NIS2-RL.

Die nationale Umsetzung der Berichtspflichten der NIS2-RL erfolgt maßgeblich in § 32 des BSIG.

Die Berichtspflichten bestehen zwar in erster Linie gegenüber den CSIRT oder der zuständigen Behörde. Ist allerdings durch den erheblichen Sicherheitsvorfall die Erbringung des jeweiligen Dienstes beeinträchtigt, sind gegebenenfalls auch die Empfänger der Dienste zu benachrichtigen, Art. 24 Abs. 1 S. 2 NIS2-RL. Ebenfalls kann eine solche Berichtspflicht (hinsichtlich aller Maßnahmen, Abhilfemaßnahmen oder gegebenenfalls über die Bedrohung selbst) gegenüber den Diensteempfängern auch dann bestehen, wenn diese potentiell von einer erheblichen Cyberbedrohung betroffen sein können.[61] Schließlich kann in Fällen, in denen eine Sensibilisierung der Öffentlichkeit erforderlich ist, um einen erheblichen Sicherheitsvorfall zu verhindern, einen bereits laufenden erheblichen Sicherheitsvorfall zu bewältigen oder ein anderweitiges dahingehendes öffentliches Interesse besteht, die betroffene Einrichtung vom CSIRT oder der zuständigen Behörde aufgefordert werden, die Öffentlichkeit zu informieren, Art. 24 Abs. 7 NIS2-RL, § 36 BSIG. Ebenfalls kann die Unterrichtung der Öffentlichkeit durch das CSIRT oder die zuständige Behörde selbst erfolgen.

Gemäß Art. 30 Abs. 1 NIS2-RL (§ 5 BSIG) haben die Mitgliedstaaten neben den zwingenden Berichtspflichten ebenfalls sicherzustellen, dass es einerseits Einrichtungen, die nicht in den Anwendungsbereich der NIS2-RL fallen, aber auch wesentlichen und wichtigen Einrichtungen möglich ist, freiwillig Cyberbedrohungen, nicht nach Art. 23 Abs. 3 als erhebliche zu qualifizierende Vorfälle, oder Beinahe-Vorfälle zu melden. Nicht der NIS2-RL unterfallende Einrichtungen können darüber hinaus freiwillig auch erhebliche Sicherheitsvorfälle melden.[62]

cc) Nutzung der europäischen Schemata für die Cybersicherheitszertifizierung, Art. 24 NIS2-RL

Gemäß Art. 24 Abs. 1 S. 1 NIS2-RL können die Mitgliedstaaten wesentliche und wichtige Einrichtungen verpflichten, spezielle IKT-Produkte, -Dienste und -Prozesse zu nutzen, die im Rahmen von europäischen Schemata für Cybersicherheitszertifizierung nach dem CSA zertifiziert sind, um die Einhaltung der Anforderungen des Art. 21 nachzuweisen. Dabei kann die Europäische Kommission mithilfe von Durchführungsrechtsakten ergänzend bestimmen, welche Kategorien wesentlicher und wichtiger Einrichtungen verpflichtet sind, diese IKT-Produkte, -Dienste und -Prozesse zu nutzen, Art. 24 Abs. 2 S. 1 NIS2-RL. Allerdings sind diese Durchführungsrechtsakte nur zu erlassen, wenn ein unzureichendes Cybersicherheitsniveau festgestellt wurde, Art. 24 Abs. 2 S. 2 NIS2-RL.

---

61 *Voigt/Bastians*, CR 2022, 768, 772, Erwägungsgrund 103 RL (EU) 2022/2555.
62 Erwägungsgrund 58, 105 Richtlinie (EU) 2022/2555.

d) Aufsicht, Durchsetzung und Sanktionen, Art. 31–37 NIS2-RL

Da es sich bei der NIS2-RL um eine Richtlinie handelt, sind die Mitgliedstaaten angehalten, Befugnisse für ihre nationalen Behörden zu schaffen, um einen wirksamen, verhältnismäßigen und abschreckenden Sanktionsapparat zu gewährleisten (Art. 31ff. NIS2-RL). Die Richtlinie statuiert hierzu freilich einige Mindestvorgaben in den Art. 32, 34 und 35 NIS2-RL.

Art. 32 Abs. 4 NIS2-RL schreibt vor, dass die Mitgliedstaaten mit folgenden Mindestbefugnissen bei der Durchsetzung der Richtlinie ausgestattet werden müssen.

Die Überwachungsbehörden müssen Warnungen über Verstöße durch die betreffenden Einrichtungen herausgeben können, verbindliche Anweisungen treffen und Fristen für ihre Durchführung setzen können und Anordnungen erlassen, um festgestellte Mängel oder Verstöße zu beheben beziehungsweise das verstoßende Verhalten einzustellen. Sie müssen weitergehend die Befugnis haben, die betreffenden Einrichtungen anzuweisen, ihre Nutzer über potentielle Cybersicherheitsgefahren sowie zu ergreifende Abwehrmaßnahmen zu unterrichten. Außerdem müssen sie befugt sein, für einen bestimmten Zeitraum einen mit genau festgelegten Aufgaben betrauten Überwachungsbeauftragten zu benennen, der die Einhaltung der Artikel 21 und 23 durch die betreffenden Einrichtungen überwacht und die betreffenden Einrichtungen anzuweisen, Aspekte der Verstöße gegen diese Richtlinie entsprechend bestimmten Vorgaben öffentlich bekannt zu machen.

Gemäß Art. 32 Abs. 7 NIS2-RL müssen bei der Ergreifung der Durchsetzungsmaßnahmen und Sanktionen die zuständigen Behörden die Verteidigungsrechte einhalten und den Umständen des Einzelfalls Rechnung tragen.[63] Die Behörden ziehen dabei beispielsweise die Schwere und die Dauer der Versuche, verursachte Schäden, etwaigen Vorsatz oder auch den Umfang der Zusammenarbeit mit der Behörde in die Beurteilung mit ein und setzen je nach dem die Höhe des Bußgeldes und die jeweilige Maßnahme fest, Art. 32 Abs. 7 lit. a)–h) NIS2-RL.

Die Geldbußen werden zusätzlich zu den Maßnahmen des Art. 42 Abs. 4 NIS2-RL erlassen und es müssen bei der Festsetzung der Höhe dieselben Belange wie in Art. 32 Abs. 7 NIS2-RL in die Beurteilung miteinbezogen werden, Art. 34 Abs. 2, 3 NIS2-RL. Für Verstöße gegen Art. 21 und 23 NIS2-RL hat die Einrichtung gemäß Art. 34 Abs. 4, 5 NIS2-RL, je nachdem ob es sich um eine wichtige oder wesentliche Einrichtung handelt, eine bestimmte Geldbuße zu entrichten. Wichtige Einrichtungen zahlen einen Höchstbetrag von mindestens 7 Mio EUR oder 1,4 % des Vorjahresumsatzes, je nachdem welcher Betrag höher ist. Wesentliche Einrichtungen zahlen 10 Mio. EUR oder 2 % des Vorjahresumsatzes, je nachdem welcher Betrag höher ist.

Das Bußgeldrisiko dürfte mit der Umsetzung der NIS2-RL für Konzerne steigen, weil nach dem Begriffsverständnis des EuGH[64] der „funktionale Unternehmensbegriff"

---

63 Erwägungsgrund 133 RL (EU) 2022/2555.

64 *EuGH*, Urt. v. 23.4.1991 – C-41/90, NJW 1991, 2891, Rn. 21; *EuGH*, Beschl. v. 12.7.1984 – 170/83 Rn. 11.

alle Konzerngesellschaften umfasst und dadurch die Berechnung des Vorjahresumsatzes aus den Umsätzen des gesamten Konzernverbundes zusammengerechnet werden könnte.[65]

Wenn ein Verstoß gegen Art. 21 oder 23 NIS2-RL gleichzeitig eine meldepflichtige Verletzung des Schutzes personenbezogener Daten im Sinne des Art. 33 DS-GVO darstellt, so muss die Aufsichtsbehörde gemäß Art. 35 Abs. 1 NIS2-RL unverzüglich die in Artikel 55 oder 56 DS-GVO genannten Aufsichtsbehörden unterrichten.

e) Zusammenfassung und Auswirkungen auf die Praxis

Die NIS2-Richtlinie erweitert den Anwendungsbereich und umfasst nun mehr Unternehmen und Sektoren wie die öffentliche Verwaltung, Post- und Kurierdienste, die Abfallwirtschaft sowie die Lebensmittelproduktion und -verarbeitung, was eine Anpassung beziehungsweise Neuaufstellung der Cybersicherheitsmaßnahmen erfordert. Unternehmen müssen strengere Anforderungen an Risikomanagement und Meldepflichten umsetzen, um höhere Haftungs- und Sanktionsrisiken zu vermeiden. Die Unternehmensleitung ist stärker in die Pflicht genommen, Cybersicherheitsressourcen bereitzustellen, während grenzüberschreitende Tätigkeiten eine harmonisierte Umsetzung erfordern. Zudem müssen Unternehmen sicherstellen, dass ihre Dienstleister und Partner den neuen Sicherheitsanforderungen genügen. Diese Anforderungen führen in der Praxis jedoch zu Unsicherheiten im Hinblick auf konkrete Maßnahmen im Unternehmen.

Die bisherigen Gesetzesentwürfe (NIS2UmsuCG) des deutschen Gesetzesgebers erfüllen nicht die Erwartungen einer umfassenden Anpassung des BSIG, da weiterhin Unklarheiten bezüglich der Einbeziehung von Querschnittsaufgaben und sektorenübergreifenden Tätigkeiten bestehen.[66]

Am vom Bundesinnenministerium am 26.6.2024 veröffentlichten vierten Referentenentwurf[67] wird weiterhin vielfach Kritik geübt. Maßgeblich wird dabei bemängelt, dass die NIS2-RL ein hohes gemeinsames Cybersicherheitsniveau nicht gewährleisten könne, da Verwaltungen auf kommunaler und Länderebene im deutschen Umsetzungsgesetz von den Pflichten der Richtlinie ausgenommen sind. Jedoch seien gerade diese in der Vergangenheit vermehrt Opfer von Cyberangriffen geworden.[68] Zwar enthält der aktuelle Gesetzesentwurf einige, von der Praxis durchaus begrüßte, Klarstellungen für

---

65 *Leßner/Mayr*, MMR 2024, 148, 152.

66 *Vettermann*, MMR 2023, 827, 831.

67 Entwurf eines Gesetzes zur Umsetzung der NIS-2-Richtlinie und zur Regelung wesentlicher Grundzüge des Informationssicherheitsmanagements in der Bundesverwaltung, abrufbar unter https://www.bmi.bund.de/SharedDocs/gesetzgebungsverfahren/DE/Downloads/referentenen-wuerfe/CI1/NIS-2-RefE-24062024.html (zuletzt abgerufen am: 1.11.2024).

68 Interview NJW/Stephan Schmidt „Eine absolute Sicherheit gibt es nicht mehr“, abrufbar unter https://rsw.beck.de/aktuell/daily/magazin/detail/interview-njw-2024-33-eine-absolute-sicherheit-gibt-es-nicht-mehr (zuletzt abgerufen am: 1.11.2024).

betroffene Einrichtungen, die aufgrund ihrer Sektorzugehörigkeit auch der Regulierung durch andere Rechtsakte unterfallen.[69] Des Weiteren wird bemängelt, dass der Gesetzesentwurf zu unkonkret bezüglich der von den Betreibern zu ergreifenden Maßnahmen sei, so dass diese nicht erkennen könnten, welche Maßnahmen sie nun zusätzlich ergreifen müssen. Insbesondere gilt es hier zu beachten, dass gemäß dem Regierungsentwurf im Rahmen der Betroffenheitsanalyse nur diejenigen Teile der Einrichtung zu berücksichtigen sind, die in einen der regulierten Sektoren fallen. Bereichsübergreifende Tätigkeiten wie beispielsweise Personalmanagement sind vielmehr lediglich anteilig zu berücksichtigen. Nicht geklärt ist dabei jedoch, inwieweit Querschnittsaufgaben einzubeziehen sind und welche Tätigkeit überhaupt erfasst ist. Schließlich ist dahingehend nicht abzusehen, ob diese Einschränkung des Anwendungsbereichs aufrechterhalten werden kann, da eine vergleichbare Begrenzung in der NIS2-RL nicht vorgesehen ist.[70] Für viele Unternehmen, die im ITK-Bereich tätig sind und einem Konzernverbund angehören wird die Anwendbarkeit der NIS2-RL und des neuen BSIG nach diesen Regeln neu zu bestimmen sein.[71] Auch Mittelständler und Familienunternehmen müssen sich den teilweise komplexen und ausufernden Anwendungsbereichsregelungen stellen.[72] Ob und wann Änderungen hinsichtlich der herausgestellten Kritikpunkte am geplanten NIS2UmsuCG zu erwarten sind, hängt nun maßgeblich von den parlamentarischen Beratungen im Bundestag und Bundesrat ab, welche das Gesetz nach dem Kabinettbeschluss nun debattieren und beschließen müssen. Auch könnte eine Scharfstellung der Vorgaben noch über konkretisierende Rechtsverordnungen erfolgen. Während andere Mitgliedstaaten wie Belgien die Vorgaben der Richtlinie bereits fristgerecht in nationales Recht umgesetzt haben, ist mit dem Inkrafttreten des NIS2UmsuCG erst im Frühjahr 2025 zu rechnen.[73]

2. Cybersecurity Act (CSA) – Verordnung (EU) 2019/881 (Überblick)

Literatur: *Hornung/Schallbruch*, IT-Sicherheitsrecht, 1. Auflage 2021; *Kipker/Reusch/Ritter*, Recht der Informationssicherheit, 1. Auflage 2023; *Kipker*, Cybersecurity-Handbuch, 2. Auflage 2023.

69 „NIS2-Richtlinie: Neue Entwürfe von Umsetzungsrechtsakten veröffentlicht“, abrufbar unter https://www.noerr.com/de/insights/nis2-richtlinie-neue-entwurfe-von-umsetzungsrechtsakten-veroffentlicht (zuletzt abgerufen am 1.11.2024).

70 NIS2 Umsetzungsgesetz – Handlungsbedarf für betroffene Unternehmen trotz vieler offener Fragen, abrufbar unter https://www.roedl.de/themen/nis2-umsetzungsgesetz-handlungsbedarf-betroffenheit-offene-fragen (zuletzt abgerufen am: 1.11.2024).

71 *Leßner*, MMR 2024, 226, 228.

72 *Hessel/Callewaert/Schneider*, RFamU 2024, 200, 201.

73 Zum Umsetzungsstand in den Mitgliedstaaten https://www.openkritis.de/eu/eu-mitgliedsstaaten-nis-2.html (zuletzt abgerufen am: 1.11.2024).

Der Cybersecurity Act (CSA)[74] wurde am 7.6.2019 im Amtsblatt der Europäischen Union veröffentlicht und ist zwanzig Tage später in Kraft getreten. Ab dem 28.6.2021 gelten alle Vorschriften der Verordnung. Dieser Regelungsakt etabliert im Wesentlichen zwei Aspekte des europäischen Cybersicherheitskonzeptes:

Zum einen führt der CSA die **Agentur der Europäischen Union für Cybersicherheit (ENISA)** ein.[75] Das Akronym „ENISA" – ebenso wie alle Entscheidungen, Abkommen und Eigentum, Art. 68 CSA – stammt von der alten Agentur, welche 2004 als nichtständige Europäische Agentur für Netz- und Informationssicherheit durch die VO (EG) 460/2004[76] errichtet wurde.[77] Die Art. 2 bis 45 CSA regeln die Ziele, den behördlichen Aufbau, die Arbeitsweise, den Haushaltsplan und das Personal der Organisation. Die internationale Behörde ist im Gegensatz zu ihrer Vorgängerorganisation mit einem permanenten Mandat und weitreichenderen Befugnissen, Zuständigkeiten und Ressourcen ausgestattet.[78] Die Aufgaben der ENISA sind vielseitig – im Wesentlichen handelt es sich aber um vier Aufgabenbereiche.[79] (1) Die ENISA unterstützt den europäischen Gesetzgeber unmittelbar bei der Gesetzgebung und Regelungsstrategie. (2) Die ENISA pflegt engen Kontakt mit den nationalen Behörden (insbesondere CSIRTs) und organisiert so die grenzüberschreitende operative Zusammenarbeit. (3) Die ENISA baut personale und technische Kapazitäten auf, indem sie etwa Informationsmaterial zur Verfügung stellt und Experten-Foren anbietet. (4) Die ENISA stellt Cybersicherheitszertifikate für digitale Produkte und Dienstleistungen aus.

Zum anderen wird mit dem CSA ein einheitlicher Rahmen für die Festlegung europäischer Schemata für die Cybersicherheitszertifizierung von **Informations- und Kommunikationstechnik** (IKT)-Produkten etabliert.[80] Die Art. 46 bis 65 CSA regeln hierfür das System der Zertifizierung sowie die jeweiligen Anforderungen an Zertifizierungsstellen. Grundsätzlich geht der CSA von einer freiwilligen Zertifizierung eines Wirtschaftsakteurs aus Eigeninteresse aus, es sind jedoch in bestimmten Bereichen auch verpflichtende Zertifikate vorbehalten, Art. 56 Abs. 2 CSA.[81] Die ENISA entwickelt auf Auftrag der Kommission ein Schema für die Cybersicherheitszertifizierung, Art. 48 f. CSA. Die ENISA unterhält eine Website[82], die Informationen zu allen entwickelten Schemata, Zertifizie-

74 Verordnung (EU) 2019/881 des Europäischen Parlaments und des Rates vom 17. April 2019 über die ENISA (Agentur der Europäischen Union für Cybersicherheit) und über die Zertifizierung der Cybersicherheit von Informations- und Kommunikationstechnik, ABl. 151/15.

75 Weiterführend zur Agentur Kipker/*Fischer*, Cybersecurity-Handbuch, Kap. 21.1 Rn. 2 f.

76 Verordnung (EG) Nr. 460/2004 des Europäischen Parlaments und des Rates vom 10. März 2004 zur Errichtung der Europäischen Agentur für Netz- und Informationssicherheit.

77 Kipker/Reusch/Ritter/*Wenning*, Recht der Informationssicherheit, Art. 1 CSA Rn. 10 f.

78 Hornung/Schallbruch/*Gitter*, IT-Sicherheitsrecht, § 15 Rn. 26.

79 https://www.enisa.europa.eu (zuletzt abgerufen am: 1.11.2024).

80 Kipker/*Fischer*, Cybersecurity-Handbuch, Kap. 21.1 Rn. 17.

81 Hornung/Schallbruch/*Gitter*, IT-Sicherheitsrecht, § 15 Rn. 26; Kipker/*Fischer*, Cybersecurity-Handbuch, Kap. 21.1 Rn. 18.

82 https://www.enisa.europa.eu/ (zuletzt abgerufen am: 1.11.2024).

rungen und Konformitätserklärungen enthält, Art. 50 CSA. Die Zertifizierungsschemata geben je nach den Sicherheitsanforderungen die Vertrauenswürdigkeit in einer von drei Stufen an. Das **IKT-Produkt** kann demnach in die Vertrauenswürdigkeitsstufen „niedrig", „mittel" und „hoch" eingeteilt werden, Art. 52 Abs. 1, 5, 6, 7 CSA. Die Stufe „mittel" geht davon aus, dass das zertifizierte IKT-Produkt Cyberangriffen von Akteuren mit begrenzten Ressourcen widersteht; „hoch" beweist, dass das Produkt auch gegen Angriffe von Akteuren mit umfangreichen Ressourcen gefeit ist, Art. 52 Abs. 5f. CSA.

Die Schemata zur Cybersicherheitszertifizierung finden unter anderem in dem Entwurf für *den Cyber Resilience Act*[83] Anwendung. Dort hat der Hersteller die Wahl, den Nachweis der Konformität seiner Produkte mit den technischen Vorgaben durch ein Zertifikat mit mindestens der Vertrauenswürdigkeitsstufe „mittel" zu erbringen.

3. Cyber Resilience Act (CRA)

Literatur: *Biendl/Füllsack,* Der finale Cyber Resilience Act im Überblick – Anwendungsbereich, Pflichten und Sanktionen, CR 2024, 376; *Chiara,* The Cyber Resilience Act: the EU Commission's proposal for a horizontal regulation on cybersecurity for products with digital elements, 3 International Cybersecurity Law Review, Vol 3. 2022, S. 255; *Dittrich/Heinelt,* Compliance-Pflichten für Hersteller nach dem Cyber Resilience Act, RDi 2023, 309; *Fellner,* Normung für alle – Eine Einführung plus CE für Druckgeräte und Maschinen, 2. Auflage 2023; *Heckmann/Ziegler,* Der Cyber Resilience Act: Ein Gesetz mit digitalen Elementen, ITRB 2024, 159; *Hessel/Callewaert,* Der Cyber Resilience Act der EU-Kommission, K&R 2022, 789; *Piltz/Weiß/Zwerschke,* Der Vorschlag für einen Cyber Resilience Act aus Sicht der DS-GVO Überblick zum Anwendungsbereich, den rechtlichen Anforderungen und dem Konformitätsverfahren, CR 2023, 154; *Poncza,* Der Entwurf des Cyber Resilience Act, ZfPC 2023, 44; *Poncza/Keppeler/Lennartz,* Die Open-Source-Bereichsausnahme im Entwurf des Cyber-Resilience-Act, ZfPC 2023, 117; *Rennert,* Mehr Cybersicherheit für vernetzte Produkte: Der Vorschlag der EU-Kommission für einen „Cyber Resilience Act", ZfDR 2023, 206; *Roth-Isigkeit,* Der risikobasierte Ansatz als Paradigma des Digitalverwaltungsrechts, MMR 2024, 621; *Ruttloff/Wagner/Stilz,* Der Entwurf des Cyber Resilience Act und seine Auswirkungen auf das Gewährleistungs- und Produkthaftungsrecht, BB 2024, 1603; *Siglmüller,* Cyber Resilience Act und Digital Operational Resilience Act – Lässt sich IT-Sicherheit rechtlich erzwingen?, ZfPC 2023, 221; *Schweinoch/Meßmer,* Vorschlag der EU-Kommission für einen „Cyber Resilience Act", CR Report 2022, R112; *Schöttle,* Cyber Resilience Act, Produkthaftungsrichtlinie und andere Baustellen für die Open Source Communities, ZfPC 2023, 215; *Vettermann,* Geordnetes Chaos in der Sicherheitsforschung?, MMR 2023, 827; *Vettermann,* Die digitale Identität (EU's Version), RDi 2024, 260; *Voigt/Falk,* Der Cyber Resilience Act, MMR 2023, 88; *Wagner/Holm-Hadulla/Ruttlof,* Metaverse und Recht, 1. Auflage 2023; *Weiden,* Aktuelle Berichte – Mai 2024, GRUR 2024, 669; *Wiebe,* Cybersicherheitsrecht 2.0 – Vorschlag eines Cyber Resilience Act, ZRP 2023, 73; *Wiebe/Daelen,* Der Cyber Resilience Act aus produktsicherheitsrechtlicher Perspektive, EuZW 2023, 257; *Zirnstein,* Better Cybersecurity due to increased regulation? The final European Cyber Resilience Act, CRi 2024, 65; *Zirnstein,* Der Entwurf des Cyber Resilience Act, CR 2022, 707.

83 Standpunkt des Europäischen Parlaments festgelegt in erster Lesung am 12. März 2024; abrufbar unter https://www.europarl.europa.eu/doceo/document/TA-9-2024-0130_DE.html (zuletzt abgerufen am: 1.11.2024).

a) Einführung

Am 15.9.2022 veröffentlichte die Europäische Kommission ihren Vorschlag für eine Verordnung über horizontale Cybersicherheitsanforderungen für Produkte mit digitalen Elementen (engl.: *Cyber Resilience Act*). Am 12.3.2024 wurde der angepasste Entwurf des CRA sodann in erster Lesung durch den Ausschuss für Industrie, Forschung und Energie des Europäischen Parlaments angenommen. Am 10.10.2024 hat der Rat der Europäischen Union den *Cyber Resilience Act* (CRA) angenommen.[84] Es steht lediglich die Unterzeichnung durch die Präsidenten des Rates und die Präsidentin des Europäischen Parlaments sowie die Veröffentlichung im Amtsblatt aus. Aus Gründen der Genauigkeit wird weiterhin regelmäßig die Bezeichnung **CRA-E** verwendet, da das Gesetzgebungsverfahren zum Zeitpunkt der Veröffentlichung noch nicht abgeschlossen ist.

Mit dem CRA-E soll erstmals ein unionsweit verbindlicher und insbesondere horizontaler, mit anderen Worten sektorübergreifender, Regelungsakt geschaffen werden, der Mindestanforderungen für die Cybersicherheit von digitalen Produkten vorsieht.[85] Dabei dient der CRA-E, im Rahmen der umfassenden Digitalstrategie der Europäischen Union, als Ergänzung zur NIS-2-Richtlinie[86] für den Bereich der IT-Produktsicherheit.[87] Er ist dem Produktsicherheitsrecht zuzuordnen und bedient sich bekannten Bausteinen und Regelungstechniken des *New Legislative Framework*[88] (NLF).[89]

Unter dem Rahmenziel eines einwandfrei funktionierenden Binnenmarktes hat der CRA-E zwei regulatorische Hauptziele: Zum einen soll die gesetzliche Grundlage für die Entwicklung sicherer Produkte mit digitalen Elementen geschaffen werden, sodass diese mit weniger Schwachstellen in den Verkehr gebracht werden und damit der Hersteller für die gesamte „Lebensdauer" des Produktes die technische Unterstützung hinsichtlich der Cybersicherheit aufrechterhält.[90] Zum anderen sollen aber auch für die Nutzer von digitalen Produkten Bedingungen geschaffen werden, die es diesen ermöglichen, die Cybersicherheit als maßgebliches Auswahl- und Verwendungskriterium hinsichtlich des digitalen Produktes zu berücksichtigen.[91]

Die Erreichung dieser Ziele soll unter anderem dadurch gewährleistet werden, dass Hersteller die Sicherheit der von ihnen entwickelten Produkte mit digitalen Elementen bereits ab der Entwicklungsphase berücksichtigen und über den gesamten Lebens-

---

84 Siehe die Pressemitteilung 752/24 des Rates der EU v. 10.10.2024, abrufbar unter: https://www.consilium.europa.eu/de/press/press-releases/2024/10/10/cyber-resilience-act-council-adopts-new-law-on-security-requirements-for-digital-products/pdf/ (zuletzt abgerufen am: 1.11.2024).

85 Erwägungsgrund 4 CRA-E.

86 Richtlinie (EU) 2022/2555 des Europäischen Parlaments und des Rates vom 14. Dezember 2022 über Maßnahmen für ein hohes gemeinsames Cybersicherheitsniveau in der Union.

87 *Vettermann*, RDi 2024, 260, 266; *Vettermann*, MMR 2023, 827, 830.

88 „New legislative framework", abrufbar unter: https://single-market-economy.ec.europa.eu/single-market/goods/new-legislative-framework (zuletzt abgerufen am: 1.11.2024).

89 *Wiebe/Daelen*, EuZW 2023, 257.

90 Erwägungsgrund 2 S. 1 CRA-E.

91 Erwägungsgrund 2 S. 2 CRA-E.

zyklus des Produkts aufrechterhalten und verbessern müssen.[92] Des Weiteren soll durch den CRA-E erstmals ein einheitlicher **Cybersicherheitsrahmen** für Hardware- und Softwareprodukte geschaffen werden, der die Einhaltung der Vorschriften für die Hersteller erheblich erleichtern soll.[93] Schließlich soll durch Regulierungsinstrumente wie Cybersicherheitszertifikate die Transparenz hinsichtlich der Sicherheitseigenschaften von Produkten mit digitalen Elementen erhöht werden. Insgesamt sollen so Unternehmer und Verbraucher zur sicheren Verwendung von Produkten mit digitalen Elementen befähigt werden.[94]

b) Abgrenzung zu und Zusammenspiel mit anderen Rechtsakten

Der CRA-E enthält ausdrückliche Bereichsausnahmen für bestimmte Produkte, die bereits unter spezielleren EU-Rechtsakten erfasst sind. Dazu definiert der CRA-E als grundsätzliche Kollisionsregel bei spezielleren EU-Rechtsakten, dass der Anwendungsbereich des CRA ausgeschlossen bleibt, wenn die sektorspezifische Vorschrift dasselbe oder ein höheres Schutzniveau als der CRA-E erreicht und ein Ausschuss nicht unvereinbar mit dem allgemeinen Rechtsrahmen wäre, Art. 2 Abs. 5 CRA-E – der CRA-E garantiert so einen Mindeststandard an Produkt-Cybersicherheit.[95] Überschneidungen können sich insbesondere mit allgemeinen IT-Produktsicherheitsvorschriften der NIS2-RL, der DS-GVO, der KI-VO und dem sonstigen EU-Produktsicherheitsrecht ergeben.

aa) NIS2-RL

Im Hinblick auf die NIS2-RL, die Vorgaben zur IT-Sicherheit zum Schutz kritischer Infrastrukturen macht, kann der CRA-E als Ergänzung der Richtlinie verstanden werden, da einige der betroffenen Einrichtungen auf viele der existierenden Cybersicherheitsrisikopotentiale nicht wirksam Einfluss nehmen können.[96] Der CRA verpflichtet daher unmittelbar die Hersteller von Produkten mit digitalen Elementen, um ein sicheres und resilientes Ökosystem unter Verwendung resilienter digitaler Produkte entstehen zu lassen. So können beispielsweise IKT-Diensteanbieter für die Sicherheit und Risiken des eigenen IKT-Netzes Risikomanagementmaßnahmen gemäß Art. 21 Abs. 1 NIS2-RL ergreifen, nicht jedoch für die vielen Endgeräte, welche auf ihre Dienste zugreifen und dem System eventuell weitere Sicherheitslücken hinzufügen.

---

92 Art. 13 ff. CRA-E; Erwägungsgrund 10 f. CRA-E.
93 Erwägungsgrund 4 CRA-E.
94 COM(2022) 454 final, S. 1 f.
95 Erwägungsgrund 28 CRA-E; *Wiebe/Daelen*, EuZW 2023, 257, 259.
96 Erwägungsgrund 3, 24 CRA-E.

bb) CSA

Der CSA führt die ENISA als internationale Behörde fort, Art. 3–45 CSA, und ein europäisches System zu Cybersicherheitszertifizierung ein, Art. 46–65 CSA. Der CRA-E nutzt diese Infrastrukturen, etwa in Art. 32 CRA-E, und fügt sich damit in das bestehende Cybersicherheitsrecht ein.

cc) DS-GVO

Überschneidungen mit der DS-GVO können sich insbesondere im Zusammenhang mit Datenschutz-Zertifizierungsverfahren, Datenschutzsiegeln und Prüfzeichen (Art. 42 DS-GVO) ergeben.[97] Nach den Vorstellungen des Gesetzgebers können derartige Mechanismen in Produkte mit digitalen Elementen implementiert werden und auf diese Weise Synergieeffekte schaffen; nicht zuletzt hieran zeigt sich das komplementäre Verständnis des Normgebers von Cybersicherheit und dem Schutz personenbezogener Daten.[98] Im Übrigen bleibt die Anwendbarkeit der DS-GVO unberührt.

dd) Produktsicherheitsverordnung

Anderweitiges EU-Produktsicherheitsrecht ist grundsätzlich neben dem CRA anwendbar, sofern entsprechende Regelungen nicht ausdrücklich exkludiert werden.[99] Dies gilt insbesondere für die Produktsicherheitsverordnung[100], die Art. 11 CRA-E für weitgehend anwendbar erklärt auf Produkte mit digitalen Elementen in Bezug auf Sicherheitsrisiken. Der Gesetzgeber berücksichtigt damit, dass Produkte mit digitalen Elementen auch andere Sicherheitsrisiken bergen, die lediglich mittelbar mit der Cybersicherheit des Produkts zusammenhängen.[101]

ee) Produkthaftungsrichtlinie

Die kommende neue Produkthaftungsrichtlinie[102] ist neben dem CRA-E anwendbar. Sie regelt die verschuldensunabhängige Haftung des Herstellers für fehlerhafte Produkte, die einen Schaden unter anderem wegen Cybersicherheitsmängeln verursachen.[103]

---

97 Erwägungsgrund 32 CRA-E.

98 Erwägungsgrund 32 CRA-E; *Hornung/Schallbruch*, IT-Sicherheitsrecht, § 1 Rn. 21 m.w.N.

99 *Ruttloff/Wagner/Stilz*, BB 2024, 1603, 1605; *Wiebe/Daelen*, EuZW 2023, 257, 258.

100 Verordnung (EU) 2023/988 des Europäischen Parlaments und des Rates vom 10. Mai 2023 über die allgemeine Produktsicherheit, ABl. L 135/1 vom 23.5.2023, S. 1–51.

101 Erwägungsgrund 50 CRA-E.

102 *Europäische Kommission*, Vorschlag für eine Richtlinie über die Haftung für fehlerhafte Produkte, 28.9.2022, COM(2022) 495 final.

103 Erwägungsgrund 31 CRA-E.

ff) Verordnung über die europäische digitale Identität (EUDI)

Soweit Produkte auch unter die Verordnung über die europäische digitale Identität[104] fallen und sie nach dieser Verordnung zertifiziert sind, kann der Hersteller daraus eine Konformitätsvermutung für den CRA-E gemäß Art. 27 Abs. 1 CRA-E ableiten.[105]

gg) KI-VO

Die KI-VO findet ebenfalls neben dem künftigen CRA Anwendung.[106] Überschneidungen können sich ergeben, wenn ein Produkt mit digitalen Elementen zugleich als Hochrisiko-System nach Art. 6 KI-VO eingestuft wird.[107] Art. 12 CRA-E regelt hierzu explizit, unter welchen Voraussetzung ein solches Produkt mit digitalen Elementen als konform (im Sinne des CRA) mit den in Art. 15 KI-VO genannten Anforderungen konform gilt. So sind etwa Hoch-Risiko-Systeme, welche nach der KI-VO einer Konformitätskontrolle unterzogen wurden und gleichzeitig wichtige oder kritische Produkte nach dem CRA-E darstellen, als mit den Anforderungen des CRA-E konform anzusehen; in keinem Fall verringert sich jedoch die erforderliche Vertrauenswürdigkeit eines Produktes nach dem CRA-E.[108]

c) Anwendungsbereich und Begriffsbestimmungen

aa) Sachlicher Anwendungsbereich: Produkte mit digitalen Elementen, Art. 2 Abs. 1 CRA-E

Gemäß Art. 2 Abs. 1 CRA-E gilt die Verordnung für alle auf dem Markt bereitgestellten **Produkte mit digitalen Elementen** (nachfolgend: Produkte), welche eine Datenverbindung mit anderen Geräten oder Netzwerken herstellen können. Produkte mit digitalen Elementen sind gemäß Art. 3 Nr. 1 CRA-E alle Software- oder Hardwareprodukte und deren Datenfernverarbeitungslösungen, einschließlich Software- oder Hardwarekomponenten (Art. 3 Nr. 4 und 5 CRA-E), die getrennt in Verkehr gebracht werden sollen. Als Zeichen des horizontalen Regelungsansatzes ist die Definition der Produkte mit digitalen Elementen weit gefasst.[109] So fallen nach den Erwägungsgründen auch reparierte und anderweitig veränderte Produkte unter den Anwendungsbereich des CRA-E, soweit das Produkt wesentlich verändert wird; also in einer Weise, die über die ursprüngliche

---

104 Verordnung (EU) Nr. 910/2014 des Europäischen Parlaments und des Rates vom 23. Juli 2014 über elektronische Identifizierung und Vertrauensdienste für elektronische Transaktionen im Binnenmarkt, ABl. L 257/73 vom 28.8.2014, S. 73–114.

105 Erwägungsgrund 33 CRA-E.

106 *Heckmann/Ziegeler*, ITRB 2024, 159, 160; *Zirnstein*, CRi 2024, 65, 67; *Zirnstein*, CR 2022, 707, 708.

107 Erwägungsgrund 51, 14 CRA-E.

108 Erwägungsgrund 51 CRA-E.

109 *Chiara*, 3 International Cybersecurity Law Review 2022, 255, 256 f.

Risikobewertung hinaus geht.[110] Softwareupdates stehen dabei physischen Veränderungen gleich.[111] Der Entwurf kategorisiert die Produkte mit digitalen Elementen nach einem risikobasierten Ansatz in wichtige Produkte mit digitalen Elementen, Art. 7 CRA-E, und kritische Produkte mit digitalen Elementen, Art. 8 CRA-E. Je nach Cybersicherheitsrisiko, dass von einem Produkt ausgeht, wird es in eine der Kategorien platziert; dabei spielen die potentielle Schwere der Auswirkungen eines Sicherheitsvorfalles, die Zahl der potentiellen Opfer oder die Zahl anderer Systeme im Netzwerk, auf die sich ein Vorfall ausweiten kann, eine Rolle.[112]

Im Unterschied zur Warenkauf-RL[113] und der DID-RL[114], welche **Waren mit digitalen Inhalten** im Verhältnis B2C regeln, soll der CRA-E bei Produkten mit digitalen Elementen – zeitlich vorgelagert – an das Inverkehrbringen anknüpfen.[115] Die Regelungen des CRA-E kommen also nach der Intention des Gesetzgebers erst dann zur Anwendung, wenn das Produkt auf dem Unionsmarkt in den Verkehr gebracht werden soll.[116] Ein solches **Inverkehrbringen** bedeutet gem. Art. 3 Nr. 21 CRA-E die erstmalige Bereitstellung eines Produkts mit digitalen Elementen auf dem Unionsmarkt. Eine Bereitstellung auf dem Unionsmarkt liegt dabei gem. Art. 3 Nr. 22 CRA-E bei jeder entgeltlichen oder unentgeltlichen Abgabe eines Produkts mit digitalen Elementen zum Vertrieb oder zur Verwendung auf dem Unionsmarkt im Rahmen einer Geschäftstätigkeit vor.

Es kommt also maßgeblich auf das Vorliegen einer Tätigkeit **im Rahmen einer Geschäftstätigkeit** an. Somit sind Produkte, die unternehmens- oder hochschulintern zu Forschungszwecken oder anderen nicht-kommerziellen Zwecken entwickelt, getestet oder genutzt werden sollen, aufgrund des fehlenden geschäftlichen Bezugs nicht von den Regelungen des CRA-E umfasst.[117] Sobald jedoch der (spätere) Vertrieb im Rahmen einer Geschäftstätigkeit oder einer gleichzeitigen Nutzung des Produkts zu Geschäftszwecken als auch zu Forschungszwecken geplant ist, greifen die Regelungen des CRA-E.[118]

Ausgenommen ist darüber hinaus auch **Open-Source Software**, also freie und quelloffene Software (Art. Nr. 48 CRA-E), die außerhalb einer Geschäftstätigkeit, also zu nicht kommerziellen Zwecken vertrieben wird.[119] Das ist ausweislich Erwägungs-

110 Erwägungsgrund 38ff. CRA-E.

111 Erwägungsgrund 40f. CRA-E.

112 Erwägungsgrund 43, 45f. CRA-E.

113 Richtlinie (EU) 2019/771 des Europäischen Parlaments und des Rates vom 20. Mai 2019 über bestimmte vertragsrechtliche Aspekte des Warenkaufs, ABl. L 136/28.

114 Richtlinie (EU) 2019/770 des Europäischen Parlaments und des Rates vom 20. Mai 2019 über bestimmte vertragsrechtliche Aspekte der Bereitstellung digitaler Inhalte und digitaler Dienstleistungen, ABl. L 136/1 vom 22.5.2019, S. 1–27.

115 *Voigt/Falk*, MMR 2023, 88, 89.

116 Erwägungsgrund 1 CRA-E; *Piltz/Weiß/Zwerschke*, CR 2023, 155.

117 *Piltz/Weiß/Zwerschke,* CR 2023, 156.

118 *Piltz/Weiß/Zwerschke,* CR 2023, 156.

119 *Biendl/Füllsack*, CR 2024, 378; *Schöttle*, ZfPC 2023, 215, 216.

grund 18 der Fall, wenn die Softwarekomponenten zu Geld gemacht werden. Die bloße finanzielle Unterstützung des quelloffenen Produkts soll indes nicht ausreichen für die Annahme einer kommerziellen Tätigkeit.[120] Demgegenüber ist Open-Source-Software, die im Rahmen einer Geschäftstätigkeit bereitgestellt wird, uneingeschränkt vom Anwendungsbereich des CRA umfasst.[121]

bb) Persönlicher Anwendungsbereich

Die Pflichten des CRA-E richten sich an Wirtschaftsakteure. Gemäß Art. 3 Nr. 12 CRA-E ist das der Hersteller, der Bevollmächtigte, der Einführer, der Händler oder jede andere natürliche oder juristische Person, die Verpflichtungen im Zusammenhang mit der Herstellung von Produkten mit digitalen Elementen oder der Bereitstellung auf dem Markt von Produkten im Einklang mit dieser Verordnung unterliegt. Einen Sonderfall stellt der Verwalter quelloffener Software dar, Art. 3 Nr. 14 CRA-E.

Ein **Hersteller** ist jede Person, die Produkte mit digitalen Elementen entwickelt oder herstellt oder sie unter ihrem Namen oder ihrer Marke entwerfen, entwickeln, herstellen und vermarkten lässt, Art. 3 Nr. 13 CRA-E. Ein Unternehmer ist also auch dann ein Hersteller im Sinne des CRA-E, wenn er Entwicklungsarbeiten durch externe Dienstleister oder Subunternehmer durchführen lässt und das Produkt später unter eigenem Namen oder eigener Marke in den Verkehr bringt.[122]

Bevollmächtigter ist eine in der Union ansässige oder niedergelassene natürliche oder juristische Person, die von einem Hersteller schriftlich beauftragt wurde, in seinem Namen bestimmte Aufgaben wahrzunehmen, Art. 3 Nr. 15 CRA-E.

Um **Einführer** handelt es sich nach Art. 3 Nr. 16 CRA-E um eine in der Union ansässige oder niedergelassene natürliche oder juristische Person, die ein Produkt mit digitalen Elementen unter dem Namen oder der Marke einer außerhalb der Union ansässigen oder niedergelassenen natürlichen oder juristischen Person in der Union in Verkehr bringt.

Händler sind nach der Legaldefinition des Art. 3 Nr. 17 CRA-E natürliche oder juristische Personen in der Lieferkette, die ein Produkt mit digitalen Elementen ohne Änderung seiner Eigenschaft auf dem Unionsmarkt bereitstellen, mit Ausnahme des Herstellers oder des Einführers.

cc) Zeitlicher Anwendungsbereich, Art. 69 Abs. 2 CRA-E

Gem. Art. 69 Abs. 2 CRA-E gelten die Bestimmungen der Verordnung grundsätzlich nur für Produkte mit digitalen Inhalten, die **36 Monate nach dem Inkrafttreten des CRA**

---

120 Erwägungsgrund 18 CRA-E.
121 Erwägungsgrund 19 CRA-E.
122 Erwägungsgrund 78 CRA-E.

und darüber hinaus in Verkehr gebracht worden sind.[123] Produkte, die vor diesem Datum in Verkehr gebracht wurden, können trotzdem in den Anwendungsbereich fallen und zwar dann, wenn sie danach physisch oder durch Softwareupdate wesentlich geändert werden, Art. 69 Abs. 2 Hs. 2 CRA-E. Eine Änderung eines Produktes ist als wesentlich anzusehen, wenn sie in einer Weise vorgenommen wird, die dazu führt, dass das Produkt grundlegende Sicherheitsanforderungen nicht mehr erfüllt oder von einer ursprünglich überprüften Zweckbestimmung abweichen kann.[124] Dagegen sollen nur geringfügige Änderungen des Quellcodes und Sicherheitsupdates, die die Zweckbestimmung nicht ändern, keine wesentlichen Änderungen im Sinne des CRA-E darstellen.[125]

Besondere frühere Geltungsfristen sind für die **Meldepflicht** und die Vorschriften über die Notifizierung von Konformitätsbewertungsstellen zu beachten: Erstere sollen gem. Art. 72 Abs. 2 CRA-E bereits nach 21 Monaten, die Art. 35 bis 51 CRA-E bezüglich der Notifizierung ab 18 Monaten nach dem Inkrafttreten des CRA gelten.

dd) Bereichsausnahmen

Der Anwendungsbereich des CRA-E ist aufgrund seines horizontalen Ansatzes weit gefasst. Um Überschneidungen mit bestehenden vertikalen Regelungen zu vermeiden, statuiert der CRA-E zahlreiche Bereichsausnahmen:

(1) Cloud-Anbieter

Der CRA soll nach Erwägungsgrund 12 grundsätzlich keine Anwendung auf **Cloud-Anbieter** finden. Zwar wird der Begriff des Cloud-Anbieters nicht eigens im CRA-E definiert, indes kommt ein Rückgriff auf die in den Erwägungsgründen 33 bis 35 der NIS2-RL enthaltene Definition in Betracht.[126] Danach sind digitale Dienste gemeint, die auf Abruf die Verwaltung und den umfassenden Fernzugang zu einem skalierbaren und elastischen Pool gemeinsam nutzbarer Rechenressourcen ermöglichen, auch wenn diese Ressourcen auf mehrere Standorte verteilt sind.[127] Erwägungsgrund 12 CRA stellt klar, dass Cloud-Computing-Dienste nur dann in den Anwendungsbereich der NIS2-RL fallen sollen, wenn diese ihre Dienste innerhalb der Europäischen Union erbringen und wenn sie den Schwellenwert für mittlere Unternehmen erreichen oder überschreiten. Ungeklärt ist an dieser Stelle, ob Unternehmen, die unterhalb dieses Schwellenwertes liegen, in den Anwendungsbereich des CRA fallen, oder ob für Cloud-Anbieter abschließend die NIS2-RL gelten soll.[128]

---

123 Erwägungsgrund 126 CRA-E.
124 Erwägungsgrund 38 CRA-E.
125 Erwägungsgrund 39 CRA-E.
126 *Piltz/Weiß/Zwerschke,* CR 2023, 155.
127 Erwägungsgrund 33 RL (EU) 2022/2555.
128 *Piltz/Weiß/Zwerschke,* CR 2023, 155.

Bei Vorliegen digitaler Dienstleistungen, die nicht unter die Definition der **Datenfernverarbeitungslösung** in Art. 3 Nr. 2 CRA-E fallen, wie beispielsweise ***Software-as-a-Service (SaaS), Platform-as-a-Service (PaaS)*** **oder** ***Infrastructure-as-a-Service (IaaS)***, ist die NIS2-RL und ihre entsprechenden Umsetzungsgesetze anzuwenden.[129] Die Unterscheidung zwischen digitalen Produkten und digitalen Dienstleistungen dürfte somit in Zukunft an Relevanz gewinnen.[130] Bietet der Hersteller also ein Produkt mit Cloud-Funktionen an, die es dem Nutzer erlauben dieses aus der Ferne zu steuern, oder sind diese Cloud-Funktionen fester Bestandteil des Produkts, etwa ein Kühlschrank mit digitaler Einkaufsliste oder ein intelligentes Thermostat, wird dieses von den Regelungen des CRA umfasst. Wird allerdings nicht die Funktionalität eines Produkts unterstützt oder wird der Cloud-Dienst außerhalb der Verantwortung des Herstellers entworfen oder entwickelt, ist der Anwendungsbereich des CRA nicht eröffnet.[131]

(2) Ausnahmen für bestimmte Produktgruppen, Art. 2 Abs. 2–7, Art. 4 Abs. 2–3 CRA-E

Des Weiteren existieren Ausnahmen für Bereiche mit spezielleren Regelungen. Hierzu zählen gem. Art. 2 Abs. 2 CRA-E Produkte, mit digitalen Elementen, die in den Anwendungsbereich der folgenden Vorschriften fallen:

- die Verordnung (EU) 2017/745 über Medizinprodukte (lit. a));
- die Verordnung (EU) 2017/746 über In-vitro-Diagnostika[132] (lit. b)) und
- die Verordnung (EU) 2019/2144 über die Typgenehmigung von Kraftfahrzeugen sowie von Systemen, Bauteilen und selbstständigen technischen Einheiten für diese Fahrzeuge im Hinblick auf ihre allgemeine Sicherheit[133] (lit. c)).

Zudem besteht gem. Art. 2 Abs. 3 CRA-E eine Ausnahme für Produkte, die gemäß der Verordnung (EU) 2018/1139 über Vorschriften für die Zivilluftfahrt (EASA-Grundverordnung) zertifiziert worden sind. Weiterhin nimmt Art. 2 Abs. 4 CRA-E Geräte aus dem Anwendungsbereich des CRA aus, die unter die Richtlinie 2014/90/EU über Schiffsausrüstung fallen.

Eine weitere Ausnahme vom Anwendungsbereich gilt für Produkte mit digitalen Elementen, welche ausschließlich für Zwecke der nationalen Sicherheit oder Verteidigungszwecke sowie zur Verarbeitung von Verschlusssachen entwickelt oder verändert wurden, Art. 2 Abs. 7 CRA-E.

---

129 *Biendl/Füllsack*, CR 2024, 376, 379; *Ruttloff/Wagner/Stilz*, BB 2024, 1603, 1604.
130 *Dittrich/Heinelt*, RDi 2023, 309, 311.
131 *Dittrich/Heinelt*, RDi 2023, 309, 311.
132 Erwägungsgrund 25 CRA-E.
133 Erwägungsgrund 27 CRA-E.

Nach Art. 2 Abs. 6 CRA-E sind Ersatzteile für Produkte mit digitalen Elementen ebenfalls vom Anwendungsbereich der Verordnung ausgenommen, wenn sie baugleich mit den ursprünglichen überprüften Komponenten sind.[134]

Eine Bereichsausnahme im weiteren Sinne findet sich auch in Art. 4 Abs. 2 CRA-E: Hiernach sind die Mitgliedstaaten verpflichtet, die Präsentation oder Verwendung nicht verordnungskonformer **Produkte mit digitalen Elementen einschließlich der Prototypen** auf Messen, Ausstellungen, Vorführungen und ähnlichen Veranstaltungen zuzulassen; dasselbe gilt gem. Art. 4 Abs. 3 CRA-E für **unfertige Software**, die zu Testzwecken für einen begrenzten Zeitraum bereitgestellt wird.[135] Für beide Produktkategorien muss ein sichtbares Schild angebracht werden, das auf die Nicht-Konformität mit dem CRA und die fehlende Erlaubnis zur Bereitstellung auf dem Markt hinweist. Sicherheitsbauteile, die in anderen unionalen Rechtsakten genannt werden, sind von der Ausnahme nicht erfasst, Art. 4 Abs. 4 CRA-E.

Art. 2 Abs. 8 CRA-E stellt zudem klar, dass Regelungsadressaten durch den CRA nicht dazu verpflichtet werden können, Informationen bezüglich der wesentlichen Interessen der Mitgliedsstaaten im Bereich der nationalen sowie der öffentlichen Sicherheit und der Verteidigung bereitzustellen.

d) Allgemeine Bestimmungen des CRA-E

Mit dem CRA-E wählt der europäische Verordnungsgeber einen „**risikobasierten Ansatz**"[136]. Er geht davon aus, dass alle Produkte mit digitalen Elementen ein gewisses Cybersicherheitsrisiko bergen, die Intensität dieses Risikos kann jedoch stark variieren.[137] Um dieser Varianz gerecht zu werden, stellt der Verordnungsgeber Risikokategorien auf und knüpft an diese Einordnung sodann Risikobewertungsbewertungsverfahren mit unterschiedlicher Intensität. Dieses Produktklassensystem und der Einsatz von Risikobewertungsverfahren ähnelt dem Vorgehen bei anderen Rechtsakten, etwa der KI-Verordnung[138], Medizinprodukteverordnung[139], der allgemeinen Produktsicherheitsverordnung.[140]

134 Erwägungsgrund 29 CRA-E.
135 Erwägungsgrund 37 CRA-E.
136 *Voigt/Falk*, MMR 2023, 88, 90; allgemeiner auch *Roth-Isigkeit*, MMR 2024, 621.
137 Auch Erwägungsgrund 28, 34 CRA-E.
138 Verordnung (EU) 2024/1689 des Europäischen Parlaments und des Rates vom 13. Juni 2024 zur Festlegung harmonisierter Vorschriften für künstliche Intelligenz, ABl. L 2024/1689, 12.7.2024.
139 Verordnung (EU) 2017/745 des Europäischen Parlaments und des Rates vom 5. April 2017 über Medizinprodukte, ABl. L 117/11 vom 5.5.2017, S. 1–175.
140 *Roth-Isigkeit*, MMR 2024, 621, 623 f. m. w. N.

aa) Kategorisierung des Cybersicherheitsrisikos

Alle Produkte mit digitalen Elementen müssen einer **Cybersicherheitsrisikobewertung** unterzogen und in eine von **drei Risikostufen** eingeteilt werden.

(1) Stufe 1: Produkte mit digitalen Elementen, Art. 6 CRA-E

Die **Standardkategorie** der Produkte mit digitalen Elementen umfasst alle Produkte, die nicht in die höheren Risikostufen fallen. Die Pflichten richten sich nach Art. 6 CRA-E. In der Literatur und hier wird teilweise auch von „normalen Produkten“[141] gesprochen. Weitere Vorschriften müssen ab der nächsten Stufe beachtet werden.

(2) Stufe 2: Wichtige Produkte mit digitalen Elementen, Art. 7 Abs. 1 i.V.m. Anhang III CRA-E

Der CRA führt dazu die Kategorie **wichtige Produkte** durch Art. 7 Abs. 1 S. 1 CRA-E ein. In Anhang III des CRA-E sind dabei die wichtigen Produkte vorbehaltlich Änderungen aufgelistet und in zwei Klassen unterteilt.[142] Produkte sind dann als wichtig anzusehen, wenn sie eine der Kernfunktionalitäten, welche weiter im Anhang III aufgelistet sind, aufweisen.[143]

Zu den in **Anhang III Klasse 1 aufgeführten Produkten** zählen die folgenden: Identitätsmanagementsysteme sowie Software und Hardware für die Verwaltung des privilegierten Zugangs, einschließlich Authentifizierungs- und Zugangskontrolllesern, wie etwa biometrische Lesegeräte; eigenständige und eingebettete Browser; Passwortverwaltung; Software zur Erkennung, Entfernung oder Quarantänisierung bösartiger Software; Produkte mit digitalen Elementen, die die Funktion eines virtuellen privaten Netzwerks (VPN) bieten; Netzmanagementsysteme; Systeme zur Verwaltung von Sicherheitsinformationen und Ereignissen (SIEM); Bootmanager; Infrastruktur für öffentliche Schlüssel und Software zur Ausstellung digitaler Zertifikate; physische und virtuelle Netzwerkschnittstellen; Betriebssysteme; Router, Modems für den Internetanschluss und Switches; Mikroprozessoren mit sicherheitsrelevanten Funktionen; Mikrocontroller mit sicherheitsrelevanten Funktionalitäten; anwendungsspezifische integrierte Schaltungen (ASIC) und feldprogrammierbare Gate-Arrays (FPGA) mit sicherheitsrelevanten Funktionalitäten; virtuelle Assistenten für das intelligente Zuhause sowie intelligente Heimprodukte mit Sicherheitsfunktionen, einschließlich intelligenter Türschlösser, Sicherheitskameras, Babyüberwachungssystemen und Alarmanlagen.

Anhang III Klasse II ergänzt die **folgenden wichtigen Produkte**: Hypervisoren und Container-Laufzeitsysteme, die die virtualisierte Ausführung von Betriebssystemen

---

141 *Schweinoch/Meßner*, CR Report 2022, R112, R112.

142 Erwägungsgrund 44 CRA-E.

143 Erwägungsgrund 45 CRA-E.

und ähnlichen Umgebungen unterstützen; Firewalls sowie Systeme zur Erkennung und Verhinderung von Eindringlingen; manipulationssichere Mikroprozessoren und manipulationssichere Mikrocontroller.

Da diese wichtigen Produkte der Klassen I und II bei einem Cybersicherheitsvorfall höhere Risiken als normale Produkte mit digitalen Elementen bergen, unterliegen sie nach den Vorschriften des CRA jeweils strengeren **Konformitätsbewertungsverfahren**.[144] Als wichtig sind die in Anhang III genannten Produkte dann einzustufen, wenn sie zusätzlich mindestens eines der Kriterien des Art. 7 Abs. 2 CRA-E erfüllen. Das ist der Fall, wenn das Produkt mit digitalen Elementen in erster Linie Funktionen erfüllt, die für die Cybersicherheit anderer Produkte, Netze oder Dienste von entscheidender Bedeutung sind, wovon auch die Sicherung der Authentifizierung und des Zugangs, der Verhinderung und Erkennung von Eindringlingen, der Endpunktsicherheit oder des Netzschutzes erfasst sind, Art. 7 Abs. 2 lit. a) CRA-E.[145] Als zweites Kriterium für die Einordnung als wichtiges Produkt mit digitalen Elementen führt Art. 7 Abs. 2 lit. b) CRA die Eigenschaft des Produkts an, dass durch seine zentralen Funktionen (beispielsweise Netzwerkmanagement, Konfigurationskontrolle oder Virtualisierung) in der Lage ist, viele andere Geräte zu stören, zu kontrollieren oder zu schädigen oder die Gesundheit und Sicherheit der Nutzer zu gefährden.[146]

(3) Stufe 3: Kritische Produkte mit digitalen Elementen, Art. 8 i. V. m. Anhang IV CRA-E

Der Kommission wird gem. Art. 8 Abs. 1 CRA-E die Befugnis übertragen, im Wege eines delegierten Rechtsakts (Art. 61 CRA-E) **kritische Produkte mit digitalen Elementen** im Sinne von **Anhang IV** des CRA festzulegen. Erforderlich für eine Einordnung als kritisches Produkt ist, dass dieses den in Anhang IV genannten Kernfunktionen entspricht. Das Produkt muss also eine Cybersicherheitsfunktion haben und aufgrund seiner Intensität und Fähigkeit, andere Produkte zu stören oder zu schädigen, ein erhebliches Risiko darstellen.[147] Ein solches Produkt benötigt – in Abgrenzung zu den wichtigen Produkten – ein spezielles Zertifikat nach den Vorgaben der Art. 46 ff. CSA. Aktuell umfasst Anhang IV CRA-E nur Hardwaregeräte mit Sicherheitsboxen, Smart-Meter-Gateways in intelligenten Messsystemen nach der Elektrizitätsbinnenmarkt-RL[148], Geräte für die sichere Kryptoverarbeitung, Chipkarten und ähnliche Geräte für fortgeschrittene Sicherheitszwecke.

---

144 Erwägungsgrund 10, 44 CRA-E.
145 Erwägungsgrund 43 CRA-E.
146 Erwägungsgrund 43 CRA-E.
147 Erwägungsgrund 46 CRA-E.
148 Richtlinie (EU) 2019/944 des Europäischen Parlaments und des Rates vom 5. Juni 2019 mit gemeinsamen Vorschriften für den Elektrizitätsbinnenmarkt und zur Änderung der Richtlinie 2012/27/EU L 158/125 vom 14.6.2019, S. 125–199.

bb) Die unterschiedlichen Konformitätsbewertungsverfahren

Direkte Konsequenz der Einteilung der Produkte mit digitalen Elementen in verschiedene Risikostufen sind die unterschiedlichen Konformitätsbewertungsverfahren, welche je nach vorliegender Risikostufe durchgeführt werden können oder müssen.[149] Die im CRA-E enthaltenen Bewertungsverfahren beruhen auf den Modulen des Beschlusses Nr. 768/2008/EG[150] aus dem *New Legislative Framework*.[151] In gleicher Manier wird auch im CRA-E die Selbstkontrolle der behördlichen Präventivkontrolle vorgezogen.[152] Aufgenommen in den Anhang VIII wurden vier beziehungsweise drei Bewertungsverfahren, die auf den Modulen A, B, C und H des Beschlusses beruhen. Die Verfahren nach den Modulen B und C bauen dabei aufeinander auf und werden in Kombination angewandt. Neben dem Verfahren nach Modul A für „normale" Produkte sind die strengeren Verfahren zur Konformitätsbewertung nach den Modulen B, C und H. Diese Verfahren sind strenger, weil notwendigerweise eine dritte Stelle hinzugezogen werden muss, die damit Einblick in den Produktionsablauf erhält. Der Verordnungsgeber wird in Zukunft die Schemata zur **Cybersicherheitszertifizierung** ausweisen, welche durch einige Privilegierungen besonders attraktiv für die Praxis sein könnten.

(1) Die Wirkung der Konformitätsvermutung, Art. 27 CRA-E

Gemäß Art. 27 Abs. 1 CRA-E wird bei Produkten mit digitalen Elementen und Verfahren des Herstellers, die mit harmonisierten Normen oder Teilen davon übereinstimmen [...], davon ausgegangen, dass sie mit den grundlegenden Cybersicherheitsanforderungen gemäß Anhang I übereinstimmen **(Konformitätsvermutung)**.[153] Die Vermutung für die Konformität ist demnach gegeben, wenn das Produkt harmonisierten Normen im Sinne des Art. 27 Abs. 1 CRA-E, gemeinsamen Spezifikationen gemäß Art. 27 Abs. 2 CRA-E oder europäischen Schemata zur Cybersicherheitszertifizierung gemäß Art. 27 Abs. 8, 9 CRA-E entspricht.

Die freiwillige Zertifizierung nach dem CSA bleibt damit weiterhin eine Option und wird im CRA-E wieder aufgegriffen.[154] Gemäß Art. 27 Abs. 8 CRA-E kann eine Konformitätserklärung, welche nach einem anderen Unionsrechtsakt ausgestellt wurde, ebenfalls die Konformitätsvermutung begründen, sofern diese Erklärung die Anforderungen des CRA-E abdeckt.

149 Siehe nur Erwägungsgrund 10 CRA-E.

150 Beschluss Nr. 768/2008/EG des Europäischen Parlaments und des Rates vom 9. Juli 2008 über einen gemeinsamen Rechtsrahmen für die Vermarktung von Produkten und zur Aufhebung des Beschlusses 93/465/EWG des Rates.

151 Erwägungsgrund 91 CRA-E.

152 *Wiebe/Daelen*, EuZW 2023, 257, 260 f.

153 Erwägungsgrund 79 CRA-E.

154 *Hessel/Callewaert*, K&R 2022, 789, 793.

Wenn das Produkt der Konformitätsvermutung entspricht, kann der Hersteller damit die Konformität nachweisen und ein weiteres Konformitätsbewertungsverfahren ist entbehrlich.[155]

(2) Die Konformitätsbewertungsverfahren im Einzelnen, Art. 32 Abs. 1–4 CRA-E

Der Regelfall für „normale" Produkte mit digitalen Elementen ist das Risikobewertungsverfahren auf Grundlage des **Modul A** des Beschlusses Nr. 768/2008/EG, Art. 32 Abs. 1 CRA-E.[156] Dieses wird vom Hersteller intern auf eigene Verantwortung **ohne** Kontrolle durch eine dritte Partei durchgeführt.[157] Das Verfahren umfasst (a) die Erstellung einer technischen Dokumentation gemäß Art. 31 CRA-E, Anhang VII CRA-E, (b) die Gewährleistung der Konformität aller Abläufe der Konzeption, Entwicklung und Herstellung und Schwachstellenbehandlung innerhalb der Anforderungen des Anhangs I Teile I und II CRA-E, (c) die Erstellung einer Konformitätserklärung für jedes Produkt gem. Art. 28 CRA-E und (d) die Anbringung der CE-Kennzeichnung an jedem Produkt, Art. 29 f. CRA-E. Die interne Selbstkontrolle findet ausschließlich bei Produkten der Standardkategorie Anwendung, Art. 32 Abs. 1 CRA-E.

Der Anhang VII CRA-E enthält das EU-Baumusterprüfverfahren auf Grundlage des **Modul B** des Beschlusses Nr. 768/2008/EG.[158] Bei diesem Teilverfahren wird die Prüfung der Konformität von einer notifizierten Stelle nach Art. 35 ff. CRA-E übernommen. Die Prüfung muss durch den Hersteller des Produkts mit digitalen Elementen bei der notifizierten Stelle beantragt werden, Anhang VIII Teil II Nr. 3 CRA-E. Die Stelle überprüft sodann ein Musterprodukt des Herstellers, das sogenannte Baumuster, und das Verfahren der Herstellung beziehungsweise die technische Dokumentation. Entspricht das Verfahren den Anforderungen des Anhangs I CRA-E und wurde das Muster in Übereinstimmung mit dem durch die Stelle überprüften Herstellungsverfahren entwickelt und entspricht ebenfalls den Anforderungen, stellt die notifizierte Stelle die Konformitätsbewertung aus. Das Risikobewertungsverfahren wird dabei stets in Kombination mit der internen Fertigungskontrolle nach dem **Modul C** des Beschlusses Nr. 768/2008/EG durchgeführt, Anhang VIII Teil III CRA-E. Im Anschluss an die EU-Baumusterprüfung nach Modul B wird durch den Hersteller auf Grundlage einer internen Fertigungskontrolle die Konformität der Serienprodukte mit dem (zuvor durch die notifizierte Stelle überprüften) Baumuster gewährleistet. Diese ist in Modul C des Beschlusses Nr. 768/2008/EG geregelt und zusätzlich im Anhang VIII Teil III des CRA-E aufgeführt. Bei diesem Teil des Verfahrens muss der Hersteller die erforderlichen Produktions- und Über-

---

155 *Fellner*, Normung für alle, S. 28; *Piltz/Weiß/Zwerschke*, CR 2023, 154, 161; *Poncza*, ZfPC 2023, 44, 49; *Zirnstein*, CR 2022, 707, 712.

156 Erwägungsgrund 91 CRA-E.

157 Anhang VIII Teil I Abs. 1 CRA-E.

158 Erwägungsgrund 91 a. E. CRA-E.

wachungsmaßnahmen treffen, damit die hergestellten Produkte mit dem in der EU-Baumusterprüfbescheinigung nach Modul B beschriebenen Baumuster konform sind.

Schließlich wurde auch das **Modul H** des Beschlusses Nr. 768/2008/EG in den Anhang VIII des CRA-E aufgenommen. Bei diesem Risikobewertungsverfahren lässt der Hersteller ein von ihm entwickeltes Qualitätssicherungssystem von der notifizierten Stelle seiner Wahl überprüfen, indem er der Stelle einen Antrag zukommen lässt. Dieser Antrag muss die technische Dokumentation der Produktkategorien sowie des eigentlichen Qualitätssicherungssystems enthalten. Das System muss den Anforderungen des Anhang VIII Teil IV Nummer 3.2 CRA-E genügen und insbesondere sicherstellen, dass die grundlegenden Anforderungen des Anhangs I CRA-E gewährleistet werden. Die notifizierte Stelle führt dann in regelmäßigen Abständen Audits bei dem Hersteller durch. Bei diesem Konformitätsbewertungsverfahren muss außerdem gemäß Art. 30 Abs. 4 CRA-E die Kennnummer der notifizierten Stelle nach CE-Kennzeichnung auf dem Produkt angebracht werden.

Dazu sollen in Zukunft europäische Schemata für die Cybersicherheitszertifizierung gemäß Art. 27 Abs. 9, Art. 61 CRA-E ausgewiesen werden.[159] Diese müssen zuvor nach den Art. 46 ff. CSA angenommen werden und können sodann ebenfalls zum Nachweis der Konformität qua Konformitätsvermutung verwendet werden.[160] Die Pflicht, eine Konformitätsbewertung durch Dritte (in der Regel durch die notifizierte Stelle) durchführen zu lassen entfällt dabei dann, wenn ein Cybersicherheitszertifikat mindestens auf der Vertrauenswürdigkeitsstufe „mittel" gemäß dem CSA für das Produkt oder die Verfahren ausgestellt wurde.[161] Dieses Zertifikat beweist die Konformität unabhängig von der Risikostufe des Produktes, Art. 27 Abs. 8, 9 CRA-E. Auch zusätzliche Pflichten, etwa ausführliche Beschreibungen innerhalb der technischen Dokumentation gemäß Anhang VII Nr. 5 CRA-E, entfallen, wenn ein Cybersicherheitszertifikat ausgestellt wurde. In den meisten Fällen dürfte es der Praxis zu empfehlen sein, das Cybersicherheitszertifikat auf der Vertrauenswürdigkeitsstufe „mittel" zu wählen. Dieses deckt alle Fälle der Risikostufen ab und bietet daneben noch weitergehende Privilegien. Da bisher noch keine angenommenen Schemata existieren, bleibt jedoch abzuwarten, wie hoch die Anforderungen dieser Verfahren werden.

e) Rechte und Pflichten der Wirtschaftsakteure, Art. 13–26 CRA-E

Der CRA statuiert in den Art. 13–26 eine Reihe von Pflichten, die gezielt die einzelnen Wirtschaftsakteure ansprechen. Am weitesten werden die Hersteller von Produkten mit digitalen Inhalten mit Pflichten verpflichtet, da diese bereits im Rahmen der Produkt-

159 Erwägungsgrund 21 CRA-E.

160 Erwägungsgrund 81, 79 CRA-E.

161 Erwägungsgrund 9, 81 CRA-E.

konzeption Einfluss auf die Produktsicherheit nehmen können.[162] Einige allgemeine Pflichten richten sich an alle Wirtschaftsakteure des CRA-E.

aa) Allgemeine Pflichten

Die Pflicht zur Zusammenarbeit mit den Marktüberwachungsbehörden richtet sich an alle Wirtschaftsakteure, Art. 53 CRA-E.[163] Diese Behörden werden von den Mitgliedsstaaten eingerichtet und sind für die Durchsetzung des CRA zuständig, Art. 52 Abs. 2 CRA-E.[164] In dieser Konzeption ähnelt die Marktüberwachungsbehörde den nationalen Behörden, die mit der NIS-Richtlinie eingeführt wurden.[165]

Dabei haben im Rahmen der Konformitätsbewertung alle Wirtschaftsakteure die Pflicht auf Anfrage der Marktüberwachungsbehörde zu sämtlichen Daten und Aufzeichnungen, die für die Bewertung der Konzeption, Entwicklung, Herstellung und die Behandlung von Schwachstellen von Produkten mit digitalen Elementen erforderlich sind, Zugang zu gewähren, Art. 53, Art. 13 Abs. 22, Art. 19 Abs. 7, Art. 14 Abs. 6 CRA-E. Außerdem müssen Wirtschaftsakteure der jeweiligen Behörde auf Anfrage alle Namen und Anschriften von Wirtschaftsakteuren mitteilen, von denen sie Produkte mit digitalen Elementen bezogen oder an die sie solche Produkte abgegeben haben. Diese Informationen muss der Wirtschaftsakteur mindestens zehn Jahre lang aufbewahren und vorlegen können, Art. 17 CRA-E.

bb) Pflichten der Hersteller von Produkten mit digitalen Elementen

Ein **Hersteller** ist jede Person, die Produkte mit digitalen Elementen entwickelt oder herstellt oder sie unter ihrem Namen oder ihrer Marke entwerfen, entwickeln, herstellen und vermarkten lässt, Art. 3 Nr. 18 CRA-E. Ein Unternehmer ist also auch dann ein Hersteller im Sinne des CRA-E, wenn er Entwicklungsarbeiten durch externe Dienstleister oder Subunternehmer durchführen lässt und das Produkt später unter eigenem Namen oder eigener Marke in den Verkehr bringt.[166]

cc) Pflichten bezüglich des Inverkehrbringens, Art. 13 CRA-E

Die zentrale Pflicht für Hersteller wird in Art. 13 Abs. 1 CRA-E statuiert: „Wenn Hersteller ein Produkt mit digitalen Elementen **in Verkehr bringen**, gewährleisten sie, dass das **Produkt gemäß den grundlegenden Anforderungen in Anhang I Teil I kon-**

---

162 *Wiebe*, ZRP 2023, 73, 73f.
163 Erwägungsgrund 107 CRA-E.
164 Erwägungsgrund 120 CRA-E.
165 Wagner/Holm-Hadulla/*Ruttloff*/*Kappler*/*Bug*, Metaverse und Recht, § 7 Rn. 471.
166 Erwägungsgrund 78 CRA-E.

zipiert, entwickelt und hergestellt worden ist.“[167] Die Vorschrift knüpft zeitlich an das Inverkehrbringen an. Die Voraussetzungen müssen demnach spätestens in diesem Moment vorliegen. Da das Produkt auch während der Konzeption und Entwicklung nach den Anforderungen des CRA entstehen soll, wird der Regulierungsansatz als *Security by Design* beschrieben.[168]

(1) Produktanforderungen, Anhang I Teil 1 CRA-E

Gemäß Anhang I Teil I CRA-E muss ein Produkt den grundlegenden Cybersicherheitsanforderungen genügen.[169] Dafür muss ein der Risikostufe des Produkts angemessenes Sicherheitsniveau erreicht werden, Anhang I Teil I Abs. 1 CRA-E.

Genauer muss ein Produkt **ohne bekannte und ausnutzbare Schwachstellen** in Verkehr gebracht werden und muss auch bei externen Schnittstellen möglichst wenig Angriffsfläche bieten, Anhang I Teil I Abs. 2 lit. a), j) CRA-E.[170] Nur für den Fall, muss das Produkt so konzipiert werden, dass die Auswirkungen eines Vorfalls verringert werden, Anhang I Teil I Abs. 2 lit. k) CRA-E.

Der Hersteller muss das Produkt mit einer **sicheren Standardkonfiguration** auf dem Markt bereitstellen und die Optionen vorsehen, das Produkt in den **ursprünglichen Zustand zurückzusetzen** sowie alle Daten und Einstellungen sicher und einfach löschen zu können, um eine sichere Datenmigration vornehmen zu können, Anhang I Teil I Abs. 2 lit. b), m) CRA-E.[171]

Das Produkt muss mittels **Sicherheitsaktualisierungen** gegen auftretende Schwachstellen geschützt werden können, wobei die Aktualisierung automatisch installiert wird, sofern der Nutzer diesen Mechanismus nicht abschaltet, Anhang I Teil I Abs. 2 lit. c) CRA-E.[172] Ferner muss das Produkt eine Funktion zur Aufzeichnung von cybersicherheitsrelevanten Informationen haben, welche jedoch ebenfalls eines Opt-Out Mechanismus bedarf, Anhang I Teil I Abs. 2 lit. l) CRA-E.[173]

Das Produkt muss gem. Anhang I Teil I Abs. 2 lit. d) CRA-E vor einem **unbefugten Zugriff geschützt** werden können, zumindest **durch Authentifizierungs-, Identitäts- oder Zugangsverwaltungssysteme**. Daneben muss das Produkt einen unbefugten Zugriff erkennen und melden können. Ob hierbei eine Meldung an den Nutzer, das Unternehmen oder sogar eine Behörde gemeint ist, lässt sich dem Wortlaut der Norm nicht eindeutig entnehmen.

---

167 Erwägungsgrund 1, 10 CRA-E.
168 *Dittrich/Heinelt*, RDi 2023, 309, 312; *Heckmann/Ziegeler*, ITRB 2024, 159, 160.
169 Erwägungsgrund 9 CRA-E.
170 Erwägungsgrund 54 CRA-E.
171 Erwägungsgrund 64 CRA-E.
172 Erwägungsgrund 24, 56 CRA-E.
173 Erwägungsgrund 56 CRA-E.

Die Vertraulichkeit von personenbezogenen Daten, welche im Zusammenhang mit der Nutzung des Produktes verarbeitet werden, muss gewährleistet sein. Vor einem unbefugten Zugriff auf Daten, Befehle, Programme oder Konfigurationen muss das Produkt geschützt werden und eine etwaige Beschädigung gemeldet werden, Anhang I Teil I Abs. 2 lit. e), f) CRA-E.

Für die Verarbeitung von Daten gilt wie aus der DS-GVO gewohnt der Grundsatz der Datenminimierung. Anhang I Teil I Abs. 2 lit. g) CRA-E. Minimiert werden, soll neben der Datennutzung auch die Auswirkung des Produktes auf die Verfügbarkeit andere Dienste, Anhang I Teil I Abs. 2 lit. i) CRA-E.

Grundlegende und wesentliche Funktionen des Produktes müssen auch nach und während eines Sicherheitsvorfalls verfügbar sein, Anhang I Teil I Abs. 2 lit. h) CRA-E.

(2) Pflichten nach Inverkehrbringen, Art. 13 Abs. 8–20 i.V.m. Anhang I Teil II CRA-E

Die Pflichten des Herstellers setzten sich auch nach Inverkehrbringen des Produktes auf dem Unionsmarkt fort. Art. 13 Abs. 8 CRA-E regelt, dass **Schwachstellen des Produktes**, welche nach dem Inverkehrbringen auftreten, wirksam behandelt werden müssen. Der Hersteller muss die Schwachstellen und Komponenten des Produkts ermitteln und dokumentieren, Anhang I Teil II Nr. 1 CRA-E. Darüber hinaus haben Hersteller die Pflicht, geeignete Strategien und Verfahren, darunter Konzepte für die koordinierte Offenlegung von Schwachstellen, zu entwickeln und bereitzustellen. Diese Konzepte sollten darauf ausgerichtet sein, dass dem Hersteller die Diagnose und Behebung der Schwachstelle möglich ist, bevor Informationen an Dritte gelangen können.[174] Als mögliches Konzept können Hersteller sogenannte **Bug-Bounty-Programme** durchführen, in welchen sie Anreize für das Melden solcher Schwachstellen geben, da ansonsten die mitunter auf dem Schwarzmarkt gezahlten hohen Preise für Schwachstellenfinder attraktiver sind.[175] Beispielhaft können hier das *Apple Security Bounty program*[176], das *Microsoft Bug Bounty Program*[177] oder *Googles Bug Hunting community*[178] genannt werden.

Außerdem muss der Hersteller eine solche Schwachstelle beheben, beispielsweise durch die Bereitstellung von Sicherheitsaktualisierungen, Anhang I Teil II Nr. 2 CRA-E. Diese müssen gemäß Anhang I Teil II Nr. 8 CRA-E unverzüglich und kostenlos bereitgestellt und verbreitet werden. Diese Pflichten treffen den Hersteller während der erwarteten Produktlebensdauer, maximal jedoch für einen Zeitraum von fünf Jahren ab dem Inverkehrbringen des Produkts, Art. 13 Abs. 8 CRA-E.

Art. 13 Abs. 13 CRA-E regelt eine Aufbewahrungspflicht für Hersteller. Die technische Dokumentation und die EU-Konformitätserklärung müssen demnach mindestens

174 Erwägungsgrund 77 CRA-E.
175 *Hessel/Callewaert*, K&R 2022, 789, 792f.
176 https://security.apple.com/bounty (zuletzt abgerufen am: 1.11.2024).
177 https://www.microsoft.com/en-us/msrc/bounty (zuletzt abgerufen am: 1.11.2024).
178 https://bughunters.google.com/ (zuletzt abgerufen am: 1.11.2024).

10 Jahre nach dem Inverkehrbringen und maximal für den Unterstützungszeitraum aufbewahrt werden.[179]

Dem Produkt muss in jedem Fall eine Anleitung in einfacher Sprache in digitaler Form oder in Papierform beiliegen.[180] Die Anleitung muss alle Informationen des Anhang II CRA-E enthalten sowie die EU-Konformitätserklärung beziehungsweise einen Link zu dieser, wenn sie nur in vereinfachter Form beiliegt, Art. 13 Abs. 18, 20 CRA-E. Die Anleitung muss ebenfalls die vollständige Anschrift und Kontaktadressen unter denen der Hersteller zu erreichen ist enthalten und eine zentrale Anlaufstelle (Support) benennen, Art. 13 Abs. 16, 17 CRA-E.

Produkte mit digitalen Elementen benötigen ein Kennzeichen zu ihrer Identifikation wie etwa eine Typen-, Chargen- oder Seriennummer, Art. 13 Abs. 15 CRA-E.

(3) Meldepflichten, Art. 14 CRA-E

Als konkreter Schutzmechanismus für die IT-Sicherheit etabliert der CRA-E zusammen mit anderen europäischen IT-Sicherheitsrechtsakten, allen voran der NIS2-RL, eine Meldepflicht für Schwachstellen von Produkten mit digitalen Elementen bei den durch die Mitgliedsstaaten notifizierten Stellen.[181] Im CRA werden den Herstellern und anderen Wirtschaftsakteuren dazu konkrete Meldepflichten auferlegt. Daneben müssen die Akteure auch Schwachstellenschutz unternehmen und effektive Vorkehrungen rund um die Meldung von Schwachstellen treffen, Anhang I Teil I Abs. 2, Abs. 3 lit. k), Teil II Abs. 1, 2, 4, 5, 6 CRA-E. Der CRA-E unterwirft damit alle Wirtschaftsakteure dem sogenannten ***Coordinated Vulnerability Disclosure*** **(CVD)-Konzept**[182] und macht es durch Teil II des Anhangs I CRA-E zur Voraussetzung für das Inverkehrbringen von Produkten mit digitalen Elementen.[183]

Die wohl wichtigste und für Hersteller aufwändigste Pflicht nach Inverkehrbringen des Produktes findet sich in Art. 14 f. CRA-E: Hiernach hat der Hersteller gem. Art. 14 Abs. 1 CRA-E **eine Meldepflicht** hinsichtlich **aktiv ausgenutzter Schwachstellen** (Abs. 1) des durch ihn hergestellten Produktes mit digitalen Elementen von denen er Kenntnis erlangt und bezüglich **jedes schwerwiegenden Vorfalls von dem er Kenntnis erlangt (Abs. 3)**, und welche beziehungsweise welcher sich auf die Sicherheit des Produkts auswirkt.[184] Die Meldung hat grundsätzlich gleichzeitig an das durch den Mitgliedstaat als Koordinator benannte ***Computer Security Incident Response Team*** **(CSIRT)** und gegenüber der

179 Erwägungsgrund 13 CRA-E.

180 Erwägungsgrund 18 CRA-E.

181 *Vettermann*, RDi 2024, 260, 266.

182 Leitlinie des BSI zum Coordinated Vulnerability Disclosure (CVD)-Prozess vom 1.12.2022, abrufbar unter https://www.bsi.bund.de/SharedDocs/Downloads/DE/BSI/CVD/CVD-Leitlinie.pdf?__blob=publicationFile&v=4 (zuletzt abgerufen am: 1.11.2024).

183 *Vettermann*, MMR 2023, 827, 830.

184 Erwägungsgrund 65 CRA-E.

Agentur der Europäischen Union für Cybersicherheit (ENISA) zu erfolgen. Die Meldungen haben über die einheitliche Meldeplattform (Art. 16 CRA-E) zu erfolgen.[185]

(a) Meldung einer aktiv ausgenutzten Schwachstelle, Art. 14 Abs. 1 CRA-E

Bei der Meldung einer aktiv ausgenutzten Schwachstelle sind die folgenden Rahmenbedingungen durch den Hersteller einzuhalten:[186]

Die Meldung muss unverzüglich, also ohne schuldhaftes Zögern, in jedem Fall aber innerhalb von 24 Stunden nachdem der Hersteller Kenntnis von einer aktiv ausgenutzten Schwachstelle erlangt hat, eine Frühwarnung über die Schwachstelle unter Angabe der Mitgliedstaaten, in denen das Produkt mit digitalen Elementen seiner Kenntnis nach bereitgestellt wurde, erfolgen, Art. 14 Abs. 2 lit. a) CRA-E.[187]

Die ausführliche Meldung der ausgenutzten Schwachstelle hat ebenfalls so schnell wie möglich, aber in jedem Fall **innerhalb von 72 Stunden** nach Kenntniserlangung des Herstellers stattzufinden. Die ausführliche Meldung hat die allgemeinen Informationen über das Produkt, die Art der Ausnutzung der betreffenden Schwachstelle sowie über alle ergriffenen Korrektur- und Risikominderungsmaßnahmen und Gegenmaßnahmen, die die Nutzer der digitalen Produkte ergreifen können, zu enthalten. Der Hersteller soll außerdem angeben, für wie sensibel er die gemeldeten Informationen ansieht, Art. 14 Abs. 2 lit. b) CRA-E.

Gemäß Art. 14 Abs. 2 lit. c) i)–iii) CRA-E ist **spätestens 14 Tage**, nachdem eine Korrektur- oder Risikominderungsmaßnahme durch den Hersteller bereitgestellt wurde, ein Abschlussbericht vorzulegen. Dieser hat eine Beschreibung der Schwachstelle, ihres Schweregrades und ihrer Auswirkungen zu enthalten (i). Falls verfügbar, hat der Hersteller außerdem Informationen über den die Schwachstelle ausnutzenden Akteur mitzuteilen (ii). Schließlich müssen in dem Abschlussbericht Informationen über die Sicherheitsaktualisierungen, die zur Behebung der Schwachstelle zur Verfügung gestellt wurden (iii).

Diese Fristen entsprechen denen der NIS2-RL etwa in Art. 23 NIS2-RL.[188] Parallelen sind auch zur DS-GVO[189] zu sehen. Gemäß Art. 33 Abs. 1 DS-GVO hat die Meldung eines Datenschutzverstoßes ebenfalls unverzüglich und möglichst innerhalb von 72 Stunden zu erfolgen.

---

185 Erwägungsgrund 65 CRA-E.

186 Erwägungsgrund 68 CRA-E.

187 Erwägungsgrund 66 CRA-E.

188 *Biendl/Füllsack*, CR 2024, 376, 380.

189 Verordnung (EU) 2016/679 des Europäischen Parlaments und des Rates vom 27. April 2016 zum Schutz natürlicher Personen bei der Verarbeitung personenbezogener Daten, zum freien Datenverkehr und zur Aufhebung der Richtlinie 95/46/EG (Datenschutz-Grundverordnung).

(b) Meldung eines schwerwiegenden Vorfalls, Art. 14 Abs. 3 CRA-E

Der Hersteller muss eine Frühwarnung wegen eines **schwerwiegenden Vorfalls**, der sich auf die Sicherheit des Produkts mit digitalen Inhalten auswirkt, unverzüglich und in jedem Fall innerhalb von 24 Stunden nach Kenntniserlangung vorzunehmen.[190] In der Frühwarnung ist zumindest anzugeben, ob der Verdacht besteht, dass der Vorfall auf rechtswidrige oder böswillige Handlungen zurückzuführen ist, wobei die Mitgliedstaaten anzugeben sind, in denen das Produkt mit digitalen Elementen des Herstellers nach seiner Kenntnis bereitgestellt wurde, Art. 14 Abs. 4 lit. a) CRA-E.

Unverzüglich, aber in jedem Fall innerhalb von 72 Stunden nach Kenntniserlangung durch den Hersteller, ist der Vorfall ausführlich zu melden. Diese Meldung umfasst eine erste Bewertung des Vorfalls, Korrekturmaßnahmen und Abhilfemaßnahmen, die Nutzer ergreifen können sowie schließlich eine Einschätzung, als wie sensibel der Hersteller die gemeldeten Informationen ansieht, Art. 14 Abs. 2 lit. b) CRA-E.[191]

Innerhalb eines Monats nach Übermittlung der Meldung des Vorfalls nach lit. b) ist sodann gemäß Art. 14 Abs. 4 lit. c) CRA-E ein Abschlussbericht zu erstellen, welcher eine ausführliche Beschreibung des Sicherheitsvorfalls, einschließlich seines Schweregrades und seiner Auswirkungen (i), sowie Angaben zur Art der Bedrohung beziehungsweise zur zugrundeliegenden Ursache die wahrscheinlich den Sicherheitsvorfall ausgelöst hat (ii) und Angaben zu den getroffenen und laufenden Abhilfemaßnahmen (iii) enthält.

(c) Adressat der Meldung, Art. 14 Abs. 1, Abs. 3 CRA-E

Die Meldungen nach Art. 14 Abs. 1 und 3 CRA-E haben grundsätzlich gleichzeitig an das durch den Mitgliedstaat als Koordinator benannte *Computer Security Incident Response Team* (CSIRT) und gegenüber der Agentur der Europäischen Union für Cybersicherheit (ENISA) zu erfolgen.[192] Das jeweilige CSIRT, an das die Meldung neben der ENISA zu richten ist, wird gemäß Art. 14 Abs. 7 CRA-E ermittelt.

Laut Art. 14 Abs. 7 UAbs. 1 S. 2 CRA-E ist dasjenige CSIRT zu adressieren, welches von dem Mitgliedsstaat benannt wurde, in dessen Hoheitsgebiet der Hersteller seine Hauptniederlassung hat. Der Art. 14 Abs. 7 UAbs. 2 CRA-E bestimmt, dass sich der Ort der Hauptniederlassung vornehmlich dort befindet, wo die Entscheidungen im Zusammenhang mit der Cybersicherheit der Produkte des Herstellers mit digitalen Elementen überwiegend getroffen werden. Es wird zweitrangig festgelegt, dass, sofern der Mitgliedstaat der Hauptniederlassung auf die erste Weise nicht zu bestimmen ist, die Hauptniederlassung an derjenigen Niederlassung des Herstellers mit der höchsten Beschäftigtenzahl verortet wird, Art. 14 UAbs. 2 S. 2 CRA-E. Wenn sich durch keine dieser Herangehensweisen eine Hauptniederlassung innerhalb der Union bestimmen lässt, so

190 Erwägungsgrund 67 CRA-E.
191 Erwägungsgrund 71, 66 CRA-E.
192 Erwägungsgrund 65 CRA-E.

richtet sich das zu adressierende CSIRT für den Hersteller nach Art. 14 Abs. 7 UAbs. 3 CRA-E. Die Meldung ist dann hilfsweise an das CSIRT desjenigen Mitgliedsstaates zu adressieren,

- in dem der Bevollmächtigte (Art. 18 CRA-E) des Herstellers niedergelassen ist, welcher für den überwiegenden Teil der Herstellerprodukte handelt (lit. a));
- in dem der Einführer niedergelassen ist, der den überwiegenden Teil der Herstellerprodukte in den Verkehr bringt (lit b));
- in dem der Händler niedergelassen ist, der den überwiegenden Teil der Herstellerprodukte auf dem Unionsmarkt bereitstellt (lit. c));
- schließlich der Mitgliedstaat in dem sich der überwiegende Anteil der Nutzer der Produkte des Herstellers befindet (lit. d)).

Hierbei ist die Rangfolge zu beachten. Nur wenn das zu adressierende CSIRT mit lit. a) nicht ermittelt werden konnte, kann auf lit. b) zurückgegriffen werden und so weiter. Die Rangfolge wird nur durchbrochen, wenn der Hersteller spätere Vorfälle meldet, nachdem die erste Meldung an das CSIRT nach lit. d) erfolgte. In diesem Fall kann der Hersteller gemäß Art. 14 Abs. 7 UAbs. 4 CRA-E weitere Meldungen an dasselbe CSIRT richten. Im Umkehrschluss muss das bedeuten, dass spätere Meldungen in anderen Fällen nicht an das zuerst alarmierte CSIRT zu richten sind, sondern der Adressat neu anhand der Art. 14 Abs. 7 UAbs. 2 und 3 CRA-E ermittelt werden muss.

(d) Einheitliche Meldeplattform, Art. 16 Abs. 1 CRA-E

Die Meldung gemäß der Art. 14 Abs. 1 und Abs. 3 erfolgt über die in Art. 16 CRA-E genannte einheitliche Meldeplattform. Jeder Mitgliedsstaat kann über dessen CSIRT einen **Endpunkt für die elektronische Meldung** bereitstellen, welche dann automatisch in der einheitlichen Meldeplattform verteilt wird.[193]

Für die Einrichtung und den laufenden Betrieb der einheitlichen Meldeplattform ist gemäß Art. 16 Abs. 1 CRA-E die **ENISA** verantwortlich.[194] Über die Meldeplattform werden Informationen zu Cybersicherheitsrisiken innerhalb der Europäischen Union verbreitet, um die Aufdeckung bekannter Schwachstellen in Produkten zu erleichtern.[195] So leitet etwa gemäß Art. 16 Abs. 2 CRA-E das als Koordinator benannte CSIRT, welches eine Meldung ursprünglich erhält, leitet diese Meldung über die einheitliche Meldeplattform an alle als Koordinatoren benannten CSIRTs weiter, in deren Hoheitsgebiet das Produkt mit digitalen Elementen nach Angaben des Herstellers bereitgestellt wurde. Die Verbreitung der Meldung erfolgt dabei aber nur grundsätzlich. Unter außergewöhnlichen Umständen kann die Verbreitung der Meldung aus Gründen der Cybersicherheit so lange

193 Erwägungsgrund 69 CRA-E.
194 Erwägungsgrund 72, 73 CRA-E.
195 Erwägungsgrund 66 CRA-E.

wie unbedingt erforderlich hinausgeschoben werden, Art. 16 Abs. 2 UAbs. 2 CRA-E.[196] Der Hersteller hat hier ausdrücklich die Möglichkeit, einen Antrag zu stellen und damit die Verbreitung hinauszuzögern. Wenn sich das CSIRT dafür entscheidet beziehungsweise dem Antrag stattgibt, ist die ENISA unverzüglich davon zu unterrichten. Die Zurückhaltung ist zu begründen und es ist anzugeben, wann die Verbreitung voraussichtlich erfolgen wird.

Neben dem gänzlichen Aufschub der Verbreitung können nach Art. 16 Abs. 2 UAbs. 3 CRA-E in besonderen außergewöhnlichen Umständen durch das erstmals kontaktierte CSIRT vorläufig nur begrenzte und allgemeine Informationen über eine ausgenutzte Schwachstelle an die ENISA weiterverbreitet werden.[197] Die Umstände müssen bei dem gänzlichen Aufschub nur „außergewöhnlich" sein, während Art. 16 Abs. 2 UAbs. 3 CRA-E „besonders außergewöhnliche" Umstände erfordert. Dafür muss der Hersteller in seiner Mitteilung nach Art. 14 Abs. 2 lit. b) CRA-E angeben, dass ein böswilliger Akteur die Schwachstelle nur in dem alarmierenden Mitgliedstaat ausgenutzt hat **und** die Verbreitung den wesentlichen Interessen des Mitgliedstaates widersprechen würde **oder** dass die Verbreitung selbst ein unmittelbares hohes Sicherheitsrisiko darstellt. Nur die letzten beiden Voraussetzungen sind alternativ.

Gemäß Art. 16 Abs. 6 CRA-E kann ein als Koordinator benanntes CSIRT die Verbreitung einer Meldung über eine aktiv ausgenutzte Schwachstelle aus berechtigten Gründen um einen Zeitraum aufschieben, der nicht länger als unbedingt erforderlich ist, bis die beteiligten Parteien der koordinierten Offenlegung zustimmen. Dies hindert den Hersteller allerdings nicht an einer freiwilligen Meldung.[198]

Neben der Meldung an die staatlichen Stellen muss der Hersteller, wenn er Kenntnis von einer aktiv ausgenutzten Schwachstelle oder einem schwerwiegenden Vorfall erlangt, gemäß Art. 14 Abs. 8 CRA-E die betroffenen Nutzer des Produkts mit digitalen Elementen über die aktiv ausgenutzte Schwachstelle oder einen schwerwiegenden Vorfall, sowie über Gegenmaßnahmen, die die Nutzer ergreifen können, informieren. Versäumt der Hersteller eine rechtzeitige Information, können die als Koordinatoren benannten CSIRTS diese Informationen den Nutzern zur Verfügung stellen, wenn sie dies für verhältnismäßig und erforderlich halten. Der Wortlaut gibt keine Auskunft über die genaue Frist, die Form und die Genauigkeit der Nutzerinformationen. Angesichts dieser Rechtsunsicherheit empfiehlt sich für die Praxis ein nutzerfreundliches Vorgehen. Die Benachrichtigung sollte an die Nutzer also so früh wie möglich, so genau wie möglich und am besten durch einen unmittelbaren Kontakt per E-Mail erfolgen.

Die CSIRTS haben daneben auch die Möglichkeit der Information der Öffentlichkeit nach Art. 17 Abs. 2 CRA-E, wenn eine Sensibilisierung erforderlich ist, um die Folgen des Sicherheitsvorfalls abzuschwächen.

---

196 Erwägungsgrund 70 CRA-E.

197 Erwägungsgrund 71 CRA-E.

198 Erwägungsgrund 74 CRA-E.

dd) Pflichten der Einführer und Händler von Produkten mit digitalen Elementen, Art. 19–22 CRA-E

Zu den vom Cyber Resilience Act verpflichteten Wirtschaftsakteuren zählen neben Herstellern, auch **Einführer** und **Händler von Produkten mit digitalen Elementen**. Um **Einführer** handelt es sich nach Art. 3 Nr. 16 CRA-E um eine in der Union ansässige oder niedergelassene natürliche oder juristische Person, die ein Produkt mit digitalen Elementen unter dem Namen oder der Marke einer außerhalb der Union ansässigen oder niedergelassenen natürlichen oder juristischen Person in der Union in Verkehr bringt. **Händler** sind nach der Legaldefinition des Art. 3 Nr. 17 CRA-E natürliche oder juristische Personen in der Lieferkette, die ein Produkt mit digitalen Elementen ohne Änderung seiner Eigenschaft auf dem Unionsmarkt bereitstellt, mit Ausnahme des Herstellers oder des Einführers.[199]

(1) Pflichten der Einführer

Die Pflichten des **Einführers** fußen dabei maßgeblich auf denjenigen des Herstellers eines Produkts mit digitalen Elementen.[200] Hauptpflicht für Einführer ist gem. Art. 19 Abs. 1 CRA-E ein Verbot des Inverkehrbringens von Produkten mit digitalen Elementen, die nicht den grundlegenden Anforderungen in Anhang I Teil I des CRA-E entsprechen. Die Einführer müssen daher gem. Art. 19 Abs. 2 CRA-E selbst überprüfen und sicherstellen, dass der Hersteller die technische Dokumentation erstellt, ein geeignetes Konformitätsbewertungsverfahren durchgeführt, eine geeignete Anleitung beigefügt sowie die CE-Kennzeichnung angebracht hat. Auch muss der Einführer seine Kontaktdaten an dem digitalen Produkt anbringen beziehungsweise beifügen (Art. 19 Abs. 4 CRA-E). Wie auch den Hersteller, trifft den Einführer ferner die Pflicht zur Aufbewahrung beziehungsweise Vorlage der technischen Dokumentation und der EU-Konformitätserklärung für einen Mindestzeitraum von 10 Jahren nach dem Inverkehrbringen, begrenzt durch die Länge des Unterstützungszeitraums für das Produkt (Art. 19 Abs. 6 CRA-E). Schließlich sind die Einführer gem. Art. 19 Abs. 8 CRA-E dazu verpflichtet die Marktüberwachungsbehörden und, soweit möglich, die Endnutzer eines Produktes darüber informieren, wenn ein Hersteller eines Produktes den Betrieb einstellt und infolgedessen nicht in der Lage ist, die Pflichten des CRA-E zu erfüllen.

(2) Pflichten der Händler

Der **Händler** muss im Vergleich zum Einführer nach den Vorschriften des CRA-E lediglich überprüfen, ob das Produkt mit einer CE-Kennzeichnung versehen ist, ob eine Anleitung beiliegt, welche den Anforderungen des Anhang II CRA-E entspricht, ob die Kon-

---

199 Vgl. Erwägungsgrund 20, 78 f. CRA-E.
200 *Ruttloff/Wagner/Stilz*, BB 2024, 1603, 1606.

formitätserklärung des Herstellers abrufbar ist und ob gegebenenfalls der Einführer seine Kontaktdaten beigefügt hat, Art. 20 Abs. 2 CRA-E. Ein Produkt darf allerdings erst dann auf dem Markt bereitgestellt werden, wenn kein Grund zu der Annahme besteht, dass weder die Konformität des Produktes, noch das von dem Hersteller festgelegte Verfahren, den Anforderungen des CRA-E entsprechen, Art. 20 Abs. 3 CRA-E. Auf begründetes Verlangen der Marktüberwachungsbehörde ist der Händler darüber hinaus dazu verpflichtet, in einer für die Behörde leicht verständlichen Sprache, alle Informationen und Unterlagen, die für den Nachweis der Konformität des Produkts und der vom Hersteller festgelegten Verfahren erforderlich sind, zu übermitteln und zur Abwendung von Cybersicherheitsrisiken mit der Behörde zusammenzuarbeiten, Art. 20 Abs. 5 CRA-E. Schließlich trifft die Händler, ebenso wie die Einführer, die Pflicht zur Benachrichtigung der Marktüberwachungsbehörde im Fall der Betriebseinstellung durch den Hersteller des Produkts, Art. 20 Abs. 6 CRA-E. Zusammenfassend ist ein Händler somit zwar nicht durch die Vorschriften des Cyber Resilience Act zum Erhalt der Konformität des Produkts mit digitalen Elementen verpflichtet. Jedoch trifft ihn eine solche Pflicht wohl gleichwohl nach den Vorschriften des Verbrauchergewährleistungsrechts für digitale Produkte der §§ 327d, 327e, 327f Abs. 1 S. 2 BGB.[201] Hier können die Wertungen des CRA-E sodann mittelbar zur Geltung kommen.[202]

(3) Gemeinsame Pflichten

Sowohl Einführer als auch Händler trifft nach Art. 19 Abs. 5 UAbs. 1 CRA-E und Art. 20 Abs. 4 CRA-E die Pflicht, wenn Grund zu der Annahme besteht, dass die Konformität eines Produktes nicht mehr gegeben ist, diese wiederherzustellen oder – sollte dies nicht gelingen oder der Einführer beziehungsweise Händler dazu nicht imstande sein – das Produkt vom Markt zu nehmen. Sollte der Hersteller oder der Einführer darüber hinaus eine „Schwachstelle“ in dem Produkt feststellen, müssen sie den Hersteller des Produkts darüber unverzüglich informieren. Birgt das Produkt infolge einer Schwachstelle ein **erhebliches Cybersicherheitsrisiko**, muss unverzüglich eine Benachrichtigung der jeweiligen Marktüberwachungsbehörde erfolgen, Art. 19 Abs. 5 UAbs. 2 CRA-E beziehungsweise Art. 20 Abs. 4 UAbs. 2 CRA-E. Ein solches „Cybersicherheitsrisiko“ ist nach Art. 3 Nr. 37 CRA-E definiert als „das Potential für Verluste oder Störungen, die durch einen Sicherheitsvorfall verursacht werden, das als eine Kombination des Ausmaßes eines solchen Verlustes oder einer solchen Störung und der Wahrscheinlichkeit des Eintretens des Sicherheitsvorfalls zum Ausdruck gebracht wird“. Erheblich ist ein solches Risiko gemäß Art. 3 Nr. 38 CRA-E dann, wenn „aufgrund seiner technischen Merkmale davon auszugehen ist, dass es mit hoher Wahrscheinlichkeit zu einem Sicherheitsvorfall führen wird, der schwerwiegende negative Auswirkungen haben und erhebliche mate-

201 *Rennert*, ZfDR 2023, 206, 214 f.
202 *Ruttloff/Wagner/Stilz*, BB 2024, 1603, 1607 f.

rielle oder immaterielle Verluste oder Störungen verursachen könnte". Zwar gibt der Cyber-Resilience-Act Entwurf den Händlern und Einführern eines digitalen Produktes somit eine ausführliche Definition eines erheblichen Cybersicherheitsrisikos an die Hand.[203] Allerdings enthält auch diese Definition wiederum verschiedene unbestimmte Rechtsbegriffe und zu überschreitende Schwellen, welche von den Unternehmern einzuschätzen sind und auf deren Grundlage diese eine Entscheidung treffen müssen. Da mit einer solchen Einschätzung für die Einführer und Händler allerdings ein hohes Haftungsrisiko einhergeht, wird es im Ergebnis in der Praxis wohl zu einer Meldung jeglicher Vorfälle kommen.

Ausnahmsweise gelten gemäß Art. 21 CRA-E Einführer und Händler jedoch als Hersteller eines digitalen Produkts und unterliegen somit den Pflichten der Art. 13 und 14 CRA-E, wenn sie das Produkt unter eigenem Namen oder unter eigener Marke in den Verkehr bringen oder wenn sie das Produkt wesentlich verändern.[204] Dies gilt darüber hinaus gem. Art. 22 Abs. 1 CRA-E ebenso, wenn eine natürliche oder juristische Person weder Hersteller noch Einführer noch Händler ist, eine wesentliche Änderung an dem Produkt vornimmt und das Produkt sodann auf den Markt bringt.[205] Die Person unterliegt den in Art. 13 und Art. 14 CRA-E festgelegten Pflichten allerdings nur für den Teil des Produkts, der von den wesentlichen Änderungen betroffen ist, oder wenn sich die wesentliche Änderung auf die Cybersicherheit des Produkts mit digitalen Elementen auswirkt, für das gesamte Produkt, Art. 22 Abs. 2 CRA-E.

ee) Sonderfall: Verwalter quelloffener Software, Art. 24 CRA-E

Die **Entwickler und Verwalter von Open Source Software**[206] unterliegen im Vergleich zu den Herstellern digitaler Produkte einem deutlich reduzierten Pflichtenkatalog.[207]

(1) Begriff und Besonderheiten beim Anwendungsbereich

Unter **freier und quelloffener Software** ist eine Software zu verstehen, deren Quellcode offen geteilt wird und in deren Lizenz alle erforderlichen Rechte vorgesehen sind, um sie frei zugänglich, nutzbar, veränderbar und weiterverteilbar zu machen, Art. 3 Nr. 48 CRA-E. Der Entwurf unterscheidet hierbei noch zwischen der Lieferphase und der Entwicklungsphase; sofern die Bereitstellung der Software (Lieferphase) für den Wirtschaftsakteur eine Geschäftstätigkeit darstellt, wird das digitale Produkt zwar als freie und quelloffene Software privilegiert, fällt aber nicht gänzlich per Bereichsausnahme

203 Siehe auch Erwägungsgrund 111f. CRA-E.
204 Erwägungsgrund 79 CRA-E.
205 Erwägungsgrund 6, 39 CRA-E.
206 Zu Einzelheiten der möglichen Open Source Geschäftsmodelle *Poncza/Keppeler/Lennartz*, ZfPC 2023, 117, 122.
207 *Heckmann/Ziegeler*, ITRB 2024, 159, 160.

aus dem Anwendungsbereich des CRA-E heraus.[208] In der Entwicklungsphase ist die Art der Tätigkeit oder die Weise der Finanzierung unbeachtlich und reine Prototypen fallen nie unter die CRA-E.[209]

Eine quelloffene Softwarekomponente, welche zur Integration in einem Produkt mit digitalen Elementen durch einen anderen Hersteller gedacht ist, fällt überhaupt nur dann in den Anwendungsbereich der Verordnung, wenn sie im Rahmen einer kommerziellen Tätigkeit angeboten wird. Der Umstand, dass ein anderer Hersteller die Entwicklung der Softwarekomponente mitfinanziert oder unterstützt, ist für sich genommen noch kein Indiz für die kommerzielle Art der Tätigkeit des Anbieters der Softwarekomponente.[210]

Gänzlich vom Anwendungsbereich der Verordnung ausgenommen sind solche Softwarehersteller, die lediglich Quellcode für freie und quelloffene Software beisteuern, wenn diese nicht ihrer Verantwortung unterliegen.[211] Open-Source Software, die letztlich für kommerzielle Tätigkeiten ausgelegt ist, insbesondere die Integration in kommerzielle Produkte mit digitalen Elementen, unterliegt dem Anwendungsbereich des CRA-E mit einigen Privilegierungen.[212]

Die Pflichten treffen dann den **Verwalter der quelloffenen Software**, welche der CRA als neue Kategorie einführt.[213] Dabei handelt es sich um eine juristische Person, bei der es sich nicht um einen Hersteller handelt, die den Zweck oder das Ziel hat, die Entwicklung spezifischer Produkte mit digitalen Elementen, die als freie und quelloffene Software gelten **und für kommerzielle Tätigkeiten bestimmt sind**, systematisch und nachhaltig zu unterstützen, und die die Vermarktbarkeit dieser Produkte sicherstellt, Art. 3 Nr. 14 CRA-E.

(2) Freiwillige Kontrolle

Entwicklern, Nutzern und anderen Dritten wird es in Zukunft möglich sein, die Konformität von quelloffener Software mit den Anforderungen des CRA freiwillig bewerten zu lassen. Gem. Art. 25 CRA-E sollen dazu noch delegierte Rechtsakte erlassen werden. Ein solcher Rechtsakt könnte ein entsprechendes europäisches Schema für die Cybersicherheitszertifizierung gemäß Artikel 48 des CSA vorsehen.[214] Gemäß Art. 32 Abs. 5 CRA-E dürfen Hersteller von quelloffener Software eines der in Art. 32 Abs. 1 CRA-E genannten Konformitätsbewertungsverfahren durchlaufen, wenn die technische Dokumentation des Produktes im Zeitpunkt des Inverkehrbringens öffentlich gemacht wird.

---

208 Erwägungsgrund 18 CRA-E; *Schöttle*, ZfPC 2023, 215, 216.
209 Erwägungsgrund 18 CRA-E.
210 Erwägungsgrund18 CRA-E.
211 Erwägungsgrund 18 CRA-E.
212 Erwägungsgrund 19 CRA-E.
213 *Biendl/Füllsack*, CR 2024, 376, 378.
214 Erwägungsgrund 21 CRA-E.

(3) Pflichten und Ausnahmen für Verwalter

Art. 13 Abs. 5 a.E. CRA-E bestimmt, dass die Sorgfaltspflicht der Hersteller, die Drittsoftware, welche in das eigene Produkt integriert wird, ebenfalls dem Sicherheitsstandard des Anhangs I CRA-E anzupassen, auch gilt, wenn quelloffene Software integriert wird.

Artikel 24 CRA-E regelt die besonderen Pflichten der Verwalter von quelloffener Software. Gemäß Art. 24 Abs. 1 CRA-E besteht die Hauptpflicht in der Entwicklung und Dokumentation einer Strategie, welche den wirksamen Umgang mit und die freiwillige Meldung gemäß Art. 15 CRA-E von Schwachstellen sowie die Entwicklung eines sicheren Produktes im Allgemeinen unterstützen soll. Gemäß Art. 24 Abs. 2 CRA-E müssen Verwalter mit der Marktüberwachungsbehörde zusammenarbeiten und ihr auf Verlangen die eben beschriebene Dokumentation der Cybersicherheitsstrategie aushändigen. Damit korrespondiert die Zuständigkeit der Marktüberwachungsbehörden aus Art. 52 Abs. 3 CRA-E für die Erfüllung der Pflichten des Verwalters zu sorgen.

Wie für Hersteller gelten die Pflichten des Art. 14 Abs. 1, 3 und 8 CRA-E auch für Verwalter quelloffener Software, Art. 13 Abs. 6 CRA-E. Die Meldung aktiv ausgenutzter Schwachstellen ist gemäß Art. 14 Abs. 1 CRA-E verpflichtend, wenn der Verwalter an der Entwicklung eines Produktes mit digitalen Inhalten beteiligt ist, Art. 24 Abs. 3 S. 1 Alt. 1 CRA-E. Gemäß der Definition in Art. 3 Nr. 1 CRA-E also nur, wenn es zum Inverkehrbringen kommt. Gemäß Art. 24 Abs. 3 S. 1 Alt. 2 muss ein schwerwiegender Vorfall[215] nach Art. 14 Abs. 3 CRA-E gemeldet werden, wenn der Sicherheitsvorfall zu einer Beeinträchtigung der Netzwerk- und Informationssysteme führt, welche vom Verwalter für die Entwicklung von Produkten mit digitalen Elementen bereitgestellt werden. In diesem Fall müssen auch die Nutzer der quelloffenen Software über den schwerwiegenden Vorfall informiert und ihnen gegebenenfalls Maßnahmen an die Hand gegeben werden, mit denen sie das Ausmaß des Vorfalls mindern können, Art. 14 Abs. 8 CRA-E.

Für Verwalter gilt eine Ausnahme von den Geldbußen des Art. 64 Abs. 3–10 CRA-E gemäß Art. 64 Abs. 10 lit. b) CRA-E. Verwalter werden nicht bei jedem Verstoß gegen die Verordnung gebußt.

f) Marktüberwachung, Durchsetzung und Sanktionen

Gemäß Art. 1 lit. d) CRA-E soll die Verordnung auch Vorschriften zur Marktüberwachung, Kontrolle und Durchsetzung enthalten.

aa) Marktüberwachung und Durchsetzung, Art. 52–60 CRA-E

Für die Marktüberwachung über Produkte mit digitalen Elementen und die Durchsetzung der Vorschriften des CRA sind die mitgliedstaatlichen Marktüberwachungs-

215 Vgl. Erwägungsgrund 68 CRA-E.

behörden zuständig; hierzu erklärt Art. 52 Abs. 1 CRA-E die Marktüberwachungs-VO[216] für anwendbar auf Produkte mit digitalen Elementen im Sinne des CRA.[217] Die Mitgliedstaaten sind nach Art. 52 Abs. 2 CRA-E verpflichtet, eine oder mehrere Marktüberwachungsbehörden zu benennen, wobei auch eine bestehende Behörde benannt werden kann.[218] Als Durchsetzungsmaßnahmen sind unter anderem die sogenannten *Sweeps* zu nennen.[219] Die Marktüberwachungsbehörden sind gemäß Art. 60 CRA-E zu *Sweeps* berechtigt, bei denen Produkte des Herstellers von den Behörden unter Pseudonym erworben und auf die Konformität mit dem CRA getestet werden. Die Behörden der Mitgliedstaaten arbeiten mittels öffentlich zu machenden gemeinsamen Aktionen direkt oder mittels Koordination durch ENISA zusammen, Art. 59 Abs. 1, 5 CRA-E.[220]

bb) Sanktionen, Art. 64 CRA-E

Das primäre Instrument der Marktaufsichtbehörden um die Durchsetzung zu gewährleisten, sind die Verwaltungsgeldbußen.[221] Diese Sanktionen, welche die Behörden den Wirtschaftsakteuren bei Verstößen gegen Pflichten des CRA-E auferlegen können, sind in Art. 64 CRA-E geregelt. Als Grundsatz formuliert Art. 64 Abs. 1 CRA-E, dass Sanktionen wirksam, verhältnismäßig und abschreckend sein müssen. Der Aspekt der Wirksamkeit wird mit Geldbußen erreicht, welche sich prozentual am Unternehmensumsatz orientieren und so auch bei global agierenden Großkonzernen abschreckend bleiben. Die Verhältnismäßigkeit wird durch ein abgestuftes System der Geldbußenhöhe für verschiedene Pflichtverletzungen erreicht sowie gemäß Art. 64 Abs. 5 CRA-E durch endgültiges Ermessen bei den Behörden, eine geringere Strafe anzuwenden.[222] Gemäß Art. 64 Abs. 6 CRA-E meldet die Marktüberwachungsbehörde die Auferlegung einer Geldbuße den Behörden der anderen Mitgliedsstaaten. Die Behörde darf darüber hinaus auch Bearbeitungsgebühren erheben, Art. 64 Abs. 9 CRA-E. Damit ist das Sanktionsmodell mit der DS-GVO vergleichbar.[223] Das bedeutet im Einzelnen:

---

216 Verordnung (EU) 2019/1020 des Europäischen Parlaments und des Rates vom 20. Juni 2019 über Marktüberwachung und die Konformität von Produkten sowie zur Änderung der Richtlinie 2004/42/EG und der Verordnungen (EG) Nr. 765/2008 und (EU) Nr. 305/2011, ABl. L 169 vom 25.6.2019, S. 1–44.

217 Erwägungsgrund 106 CRA-E.

218 Erwägungsgrund 107 CRA-E.

219 Erwägungsgrund 114 CRA-E.

220 Erwägungsgrund 33 CRA-E.

221 Erwägungsgrund 120 CRA-E.

222 Erwägungsgrund 120 f. CRA-E.

223 Wagner/Holm-Hadulla/*Ruttloff*/*Kappler*/*Bug*, Metaverse und Recht, Rn. 473, S. 151; *Dittrich*/*Heinelt*, RDi 2023, 309, 316; *Schöttle*, ZfPC 2023, 215.

(1) Verstöße gegen Cybersicherheitsanforderungen nach Anhang I und Art. 13, 14, Art. 64 Abs. 2 CRA-E

Gemäß Art. 64 Abs. 2 CRA-E führen Verstöße gegen Primärpflichten aus Art. 13f. und Anhang I CRA-E zu **Geldbußen von bis zu 15 Mio. EUR**. Unternehmen zahlen **bis zu 2,5 % ihres weltweiten Jahresumsatzes** des vorangegangenen Geschäftsjahres, wenn dieser Wert die 15 Mio. EUR übersteigt.

(2) Verstöße gegen Art. 18–53, Art. 63 Abs. 3 CRA-E

Für die Verletzung der Art. 18–23, 28, 30 Abs. 1–4, Art. 31 Abs. 1–4, Art. 32 Abs. 1, 2 und 3, 33 Abs. 5, Art. 39, 41, 47, 49 und 53 CRA-E werden gemäß Art. 64 Abs. 3 CRA-E bis zu 10 Mio. EUR beziehungsweise bei Unternehmen 2 % des weltweiten Jahresumsatzes fällig.

(3) Unvollständige, irreführende oder falsche Angaben gegenüber notifizierter Stelle oder Marktüberwachungsbehörde, Art. 64 Abs. 4 CRA-E

Nach Art. 64 Abs. 4 ist auch bei der Antwort auf Auskunftsbegehren der Marktüberwachungsbehörde und der notifizierten Stellen Sorgfalt geboten. Unvollständige, irreführende oder schlicht falsche Angaben können mit Bußgeldern von bis zu 5 Mio. EUR oder bis zu 1 % des Jahresumsatzes von Unternehmen gerügt werden. Daneben dürften auch Sanktionen nach dem UWG auf Sicherheitsverstöße nach dem CRA-E anwendbar sein.[224]

(4) Ausnahme für KMU und Verwalter quelloffener Software, Art. 64 Abs. 10 CRA-E

Gemäß Art. 64 Abs. 10 CRA-E sind die genannten Geldbußen jedoch nicht gegen KMUs bei Fristverletzungen nach Art. 14 Abs. 2 lit. a) und Abs. 4 lit. a) CRA-E anzuwenden. Die Verwalter von quelloffener Software sind gänzlich von den Geldstrafen ausgenommen.

Neben den Geldbußen lassen sich noch Überwachungs- und Eingriffsbefugnisse öffentlicher Stellen, das Rücknahmebefugnis trotz Konformität wegen erheblichen Cybersicherheitsrisiken, Art. 54 Abs. 1 CRA-E, sowie das Verbot bei formaler Nichtkonformität nach erfolgloser Aufforderung zur Behebung, Art. 58 Abs. 2, 1 CRA-E, nennen.

g) Zusammenfassung und Auswirkungen auf die Praxis

Mit ihrer ersten umfassenden und horizontalen Regelung der Anforderungen an die Cybersicherheit digitaler Produkte hat sich die Europäische Union den großen Wurf schaffen wollen. Es werden erstmals unionsweit verbindliche Cybersicherheitsanfor-

---

224 *Weiden*, GRUR 2024, 669, 673.

derungen für Produkte mit digitalen Elementen eingeführt, mit dem Ziel deren Widerstandsfähigkeit gegen **Cyberangriffe** zu stärken und um Verbrauchern, aber auch Unternehmen auf einem, hinsichtlich der Cybersicherheit vereinheitlichten Binnenmarkt, eine transparentere Entscheidung zu ermöglichen.

Dabei ist anzuerkennen, dass der CRA-E mit den äußerst umfangreichen Anforderungen an die Hersteller, Importeure und Händler digitaler Produkte, auch noch lange nach dem Inverkehrbringen eines Produktes auf dem europäischen Markt, einen Regelungsrahmen schafft, welcher das Risiko für einen Cybersicherheitsmangel tatsächlich erheblich verringern kann.[225] Denn der CRA-E verfolgt mit der Pflicht zur Offenlegung von Schwachstellen einen aussichtsreichen Ansatz zur Erhöhung der Sicherheit eines digitalen Produktes. Das dichte Meldepflichtengewebe unter Auferlegung von CVD-Pflichten hat das Potential den Verbraucherschutz und die Produkttransparenz in der Union zu verbessern.[226] Gleichzeitig stellen die umfangreichen Meldepflichten eine besondere Herausforderung für kleine und mittelgroße Unternehmen dar.[227] Den Marktteilnehmern wird es dadurch leichter, die Cybersicherheit eines Produktes einzuschätzen und auf Dauer dürften sich so vermehrt die schwachstellenarmen und sicheren Produkte auf dem europäischen Binnenmarkt durchsetzen.[228]

Das wachsende Angebot cyberresilienter Produkte erleichtert es zudem betroffenen Unternehmen, die Cybersicherheitsanforderungen der NIS2-RL umzusetzen. Denn sind auf dem europäischen Markt nur noch cyberresiliente Produkte verfügbar, können zur Einhaltung der erforderlichen **Risikomanagement**verpflichtungen auch nur noch solche zum Einsatz kommen.[229] Dem Cyber Resilience Act ist somit durchaus das Potential einzuräumen, das unionsweite Cybersicherheitsniveau anzuheben.[230]

Mit den diversen Verpflichtungen für Hersteller, Einführer und Händler digitaler Produkte zur Erhöhung der Cyberresilienz geht jedoch zwingend eine erhebliche Erhöhung der Compliance-Anforderungen einher.[231] Diese beschränkt sich dabei nicht lediglich auf große Marktteilnehmer, sondern auch kleine und mittelgroße Unternehmen. Dies ist zwar für die uneingeschränkte Gewährleistung eines hohen Cybersicherheitsniveaus zwingend, stellt für kleine Akteure jedoch einen Mehraufwand dar.

Ebenfalls Kritik erfahren hat das Meldekonzept des CRA-E für Schwachstellen und Vorfälle. Bemängelt wird insbesondere, dass durch die Vorgaben des CRA-E eine Echtzeit-Software-Datenbank mit offenen Cybersicherheitslücken entstehen würde, welche

225 *Biendl/Füllsack*, CR 2024, 376, 383.

226 *Vettermann*, MMR 2023, 827, 830.

227 *Dittrich/Heinelt*, RDi 2023, 309, 314.

228 *Vettermann*, MMR 2023, 827, 830.

229 Cyber Resilience Act: EU stärkt Cybersicherheit von Hard- und Software, abrufbar unter https://bdi.eu/artikel/news/cyber-resilience-act-eu-staerkt-cybersicherheit-von-hard-und-software (zuletzt abgerufen am: 1.11.2024).

230 *Biendl/Füllsack*, CR 2024, 376, 383.

231 *Siglmüller*, ZfPC 2023, 221, 222; *Biendl/Füllsack*, CR 2024, 376, 383.

sich als attraktives Angriffsziel für Hacker darstellen könnte. Außerdem würde die digitale Infrastruktur gegebenenfalls unsicherer, da Cybersicherheitslücken (durch Warnungen) öffentlich gemacht werden würden, bevor die betroffenen Unternehmen Patches entwickeln und zur Verfügung stellen könnten. Der Cyber-Resilience-Act würde so seinem eigenen Regelungszweck der Erhöhung des Cybersicherheitsniveaus zuwiderlaufen.[232] Der CRA-E kann diesen Vorwurf jedoch bereits jetzt zum Teil entkräften, da es gemäß Art. 16 Abs. 2 UAbs. 2 CRA-E in wichtigen Fällen die Möglichkeit eines Aufschubs für die Weitergabe der Meldeinformationen gibt. Die Sicherung der Meldeplattform vor Cyberangriffen bleibt aufgrund der Sensibilität der in ihr enthaltenen Informationen jedoch von höchster Priorität.

Hersteller sollten so früh wie möglich ihre Prozesse auf die Anforderungen des CRA umstellen. Zwar werden die meisten Bestimmungen des CRA-E erst 36 Monate nach Inkrafttreten verpflichtend (Art. 71 Nr. 2 CRA-E). Da die Vorgaben allerdings die grundsätzliche Gestaltung eines Produktes betreffen, empfiehlt es sich für die betroffenen Akteure, diesbezügliche Entscheidungen mit erheblichem Vorlauf zu treffen und gegebenenfalls umzusetzen, was es aufgrund einiger unbestimmter Rechtsbegriffe des CRA-E zu einer Herausforderung für die verpflichteten Marktteilnehmer werden kann.

Um die Änderungen zu erleichtern, folgt nun eine Zusammenfassung der Pflichten nach dem Verordnungsentwurf. Aus dem aktuellen Entwurf des CRA können sechs Schritte abgeleitet werden, um den Pflichten vor dem Inverkehrbringen zu entsprechen.

Schritt 1: Bereits so früh wie möglich ist von dem Hersteller eine **Cybersicherheitsrisikobewertung** vorzunehmen und bei Bedarf im Laufe der Entwicklung zu aktualisieren, Art. 13 Abs. 2, 4 CRA-E. Bei dieser Bewertung wird die Risikostufe des werdenden Produktes zunächst durch den Hersteller selbst eingeschätzt. Anhand des Ergebnisses dieser Einstufung soll das Produkt von vornherein entsprechend den Sicherheitsanforderungen des CRA-E designed werden. Das Gesetz geht davon aus, dass dieser Schritt bereits vor der Planungsphase des Produktes stattfindet (Art. 13 Abs. 2 CRA-E) beziehungsweise beginnt. In der Praxis dürfte es schwierig werden, eine umfassende Analyse der Cybersicherheitsrisiken vorzunehmen, wenn die konkreten Ausmaße des Produktes noch gar nicht feststehen. Wenn der Hersteller für sein Produkt bereits nach einem anderen spezielleren Unionsrechtsakt eine Risikobewertung durchführen muss, dann genügt es, wenn der Hersteller insgesamt nur eine Bewertung durchführt, die den Anforderungen des anderen Regelwerks sowie dem CRA-E genügt, Art. 13 Abs. 4 S. 2 CRA-E.

Schritt 2: Bevor das Produkt in den Verkehr gebracht werden kann, muss der Hersteller **eine technische Dokumentation** gemäß Art. 31 CRA-E erstellen. Sie muss die Angaben

232 Cyber Resilience Act: Disclosure requirement concerns raised by experts von *Alina Clasen*, abrufbar unter https://www.euractiv.com/section/cybersecurity/news/cyber-resilience-act-disclosure-requirement-concerns-raised-by-experts/ (zuletzt abgerufen am: 1.11.2024).

gemäß der Auflistung in Anhang VII CRA-E enthalten. Auch die Cybersicherheitsrisikobewertung ist der technischen Dokumentation beizufügen, Art. 13 Abs. 4 S. 1 CRA-E. Teilweise wird auch in den Modulen im Anhang des CRA-E die technische Dokumentation als Teil des Konformitätsbewertungsverfahrens genannt. Die Doppelung ist dabei nur redaktionell bedingt, gemeint ist allerdings dieselbe Dokumentation.

In der technischen Dokumentation muss beschrieben sein, wie der Hersteller gedenkt, den Anforderungen des Anhang I zu genügen, Art. 31 Abs. 1 CRA-E. Diese Beschreibung ist entbehrlich, wenn er eine Aufstellung der angewandten harmonisierten Normen (samt Fundstelle im Amtsblatt), der gemeinsamen Spezifikationen und der europäischen Schemata für die Cybersicherheitszertifizierung beifügt, welcher er sich bedient, Anhang VII Nr. 5 CRA-E. Bedient sich der Hersteller einer dieser Optionen, erfüllt er damit auch die Voraussetzungen für die Konformitätsvermutung gemäß Art. 27 CRA-E.

Der Hersteller muss die technische Dokumentation im Laufe des Unterstützungszeitraums aktualisieren. Die technische Dokumentation muss dabei nicht zwingend als zweiter Schritt durchgeführt werden, jedoch zwingend, bevor das Produkt in Verkehr gebracht werden kann, Art. 13 Abs. 12 CRA-E. Außerdem ist sie in den meisten Konformitätsbewertungsverfahren vorgesehen. Wenn der Hersteller meint, dass einige der grundlegenden Anforderungen aus dem Anhang I Teil I CRA-E nicht auf sein Produkt anwendbar seien, dann muss für jede nicht erfüllte Anforderung eine klare Begründung in der technischen Dokumentation aufgeführt werden, Art. 13 Abs. 3 S. 3 CRA-E.

Schritt 3: Der Hersteller muss einen **Unterstützungszeitraum** festlegen, gemäß Art. 13 Abs. 8 UAbs. 2 CRA-E. Dieser soll der voraussichtlichen Nutzungsdauer des Produkts entsprechen, muss jedoch mindestens fünf Jahre andauern, wenn nicht davon ausgegangen werden kann, dass das Produkt weniger als fünf Jahre im Betrieb ist, Art. 13 Abs. 8 UAbs. 3 CRA-E. Während des gesamten Unterstützungszeitraums hat der Hersteller die Cybersicherheitsrisikobewertung zu dokumentieren und zu aktualisieren, Art. 13 Abs. 3 CRA-E. Außerdem müssen alle Sicherheitsaktualisierungen, die der Hersteller während des Unterstützungszeitraums zur Verfügung stellt, mindestens für 10 Jahre nach Inverkehrbringen des Produktes und maximal für den Unterstützungszeitraum verfügbar bleiben, Art. 13 Abs. 9 CRA-E. Das Enddatum des Unterstützungszeitraums muss beim Kauf des Produktes einfach einsehbar auf dem Produkt und mindestens auf den Monat genau bestimmt sein. Mit der Einführung des Unterstützungszeitraumes spielt die Lebensspanne eines Produktes nun eine große Rolle bei der Bestimmung des Zeitraumes, in dem der Hersteller verpflichtet ist.[233]

Schritt 4: Dann muss ein **Konformitätsbewertungsverfahren** gem. Art. 32 CRA-E durchgeführt werden. Dabei wird die Konformität des Produkts mit digitalen Elementen und

233 *Zirnstein*, CRi 2024, 65, 68.

der vom Hersteller festgelegten Verfahren mit den Anforderungen in Anhang I geprüft. Abhängig von dem Risiko des Produktes sind jeweils umfangreichere Verfahren zur Bewertung der Konformität vorgesehen. In allen Fällen kann die Konformität, sofern verfügbar und anwendbar, durch ein europäisches Schema für die Cybersicherheitszertifizierung gem. Art. 27 Abs. 9 CRA-E qua Konformitätsvermutung erfolgen.

Bei normalen Produkten hat der Hersteller die Wahl, welches Konformitätsbewertungsverfahren er durchführt, Art. 32 Abs. 1 CRA-E. Er kann zwischen Modul A, B, C und H wählen.

Bei wichtigen und kritischen Produkten kann der Hersteller **nicht** die Konformität durch die interne Selbstkontrolle (Modul A) nachweisen. Ihm bleibt nur die Wahl zwischen EU-Baumusterprüfung auf Grundlage der internen Fertigungskontrolle Art. 32 Abs. 3 lit. a) CRA E, Anhang VIII Modul B/C und der umfassenden Qualitätssicherung, Art. 32 Abs. 3 lit. b) CRA-E, Anhang VIII Modul H. Bei erhöhtem Cybersicherheitsrisiko ist also stets die Beteiligung Dritter an der Konformitätsprüfung notwendig.[234]

Schritt 5: Ist mit dem ausgewählten Konformitätsbewertungsverfahren nachgewiesen worden, dass das Produkt und das Verfahren den grundlegenden Anforderungen in Anhang I Teil I und II CRA-E genügen, so stellen gemäß Art. 13 Abs. 12 UAbs. 3 CRA-E die Hersteller die **EU-Konformitätserklärung** (Art. 28 CRA-E) aus. Die Konformitätserklärung muss inhaltlich dem Muster in Anhang V CRA-E entsprechen, Art. 28 Abs. 2 CRA-E. Es genügt eine einzige Erklärung, welche dann jedoch unter Nennung der betreffenden Vorschriften (samt Fundstelle im Amtsblatt) die Konformität mit mehreren Unionsrechtsakten bezeugt, Art. 28 Abs. 3 CRA-E.

Schritt 6: Schließlich muss gemäß Art. 13 Abs. 12 UAbs. 3 CRA-E die **CE-Kennzeichnung** (Art. 29 f. CRA-E) an dem entsprechenden Produkt angebracht werden. Dabei gelten die Grundsätze der CE-Kennzeichnung nach Art. 30 der Marktüberwachungsverordnung.[235] Außerdem gilt wieder: Wenn das Produkt unter weitere EU-Akte fällt, die ebenfalls die Anbringung eines CE-Kennzeichens voraussetzen, so genügt das Anbringen von nur einem Kennzeichen auf dem Produkt, Art. 30 Abs. 5 CRA-E.

4. Digital Operational Resilience Act (DORA) – Verordnung (EU) 2022/2554

Literatur: *Bernau/Lutterbach*: Digital Operational Resilience Act (DORA), Paradigmenwechsel in der IT-Aufsicht, BKR 2023, 506; *Clausmeier*, Die neue Verordnung des europäischen Parlamentes und des Rates über die Betriebsstabilität digitaler Systeme des Finanzsektors (DORA), WM 2022, 1861; *Dittrich/Heinelt*,

234 Erwägungsgrund 92 CRA-E.

235 Verordnung (EG) Nr. 765/2008 des Europäischen Parlaments und des Rates vom 9. Juli 2008 über die Vorschriften für die Akkreditierung und Marktüberwachung im Zusammenhang mit der Vermarktung von Produkten und zur Aufhebung der Verordnung (EWG) Nr. 339/93 des Rates.

Der Europäische DORA – neue Sicherheitsvorgaben für den Finanzsektor, RDi 2023, 164; *Gronau/Lindemann*, Einführung in das Informationsmanagement, 2010; *Hornung/Schallbruch*, IT-Sicherheitsrecht Praxishandbuch, 2. Auflage 2024; *Roth-Isigkeit*, Der risikobasierte Ansatz als Paradigma des Digitalverwaltungsrechts MMR 2024, 621; *Siglmüller*, Cyber Resilience Act und Digital Operational Resilience Act – Lässt sich IT-Sicherheit rechtlich erzwingen?, ZfPC 2023, 221; *Pohle*, DORA: Die EU-Verordnung über die digitale operationale Resilienz im Finanzsektor, VersR 2023, 273; *Voigt/Ritter-Döring*, Der Digital Operational Resilience Act Sektorspezifische Anforderungen an die digitale Resilienz von Finanzunternehmen, CR 2023, 82; *Waschbusch/Schlenker/Kiszka*, IKT-Risiken und Bankenaufsichtsrecht – Eine Analyse der regulatorischen Anforderungen an das IKT-Risikomanagement in Banken unter besonderer Berücksichtigung der BAIT und des DORA, 1. Auflage 2023.

a) Vorüberlegungen

aa) Einführung und Hintergründe der Verordnung

Die EU steht einer zunehmend größer werdenden Gefahr durch Cyberangriffe gegenüber. Viele dieser Cyberangriffe zielen dabei auch auf die kritische Infrastruktur des Finanzsektors ab und können dadurch die Stabilität des Finanzsystems gefährden.[236] Die drohende Finanzinstabilität ist erreicht, wenn das Finanzsystem nicht mehr in der Lage ist, die wesentlichen volkswirtschaftlichen Funktionen zu erfüllen, wie zum Beispiel die Abwicklung von Zahlungsgeschäften.

Im Jahr 2022 wurde erstmals ein digitaler Katastrophenfall in Deutschland ausgerufen, nachdem ein Ransomware-Angriff, eine Form der digitalen Erpressung, den Staat getroffen hatte.[237] Aber nicht nur öffentliche Einrichtungen werden zum Ziel von Cyberattacken. Denn immer mehr konzentrieren Akteure ihre Bemühungen auf private, oft auch kleinere Unternehmen. Inzwischen fühlen sich mehr als die Hälfte aller deutschen Unternehmen durch die Bedrohung durch Cyberangriffe in ihrer Existenz bedroht,[238] insbesondere angesichts der steigenden Schadenssummen, die durch digitale Angriffe entstehen.[239]

Der europäische Gesetzgeber sah sich eingedenk der skizzierten Risiken für das europäische Finanzsystem veranlasst, mit dem **Digital Operational Resilience Act (DORA)** erstmals gesetzliche Vorgaben für die digitale operationale Resilienz und den Schutz der Informations- und Kommunikationstechnologie (IKT) des Finanzsektors zu

236 Erwägungsgrund 1, 3 VO (EU) 2022/2554.

237 *BSI*, Die Lage der IT-Sicherheit in Deutschland 2022, abrufbar unter https://www.bsi.bund.de/SharedDocs/Downloads/DE/BSI/Publikationen/Lageberichte/Lagebericht2022-Doppelseite.html?nn=129410 (zuletzt abgerufen am: 1.11.2024).

238 Studie des Bundesverbandes Informationswirtschaft, Telekommunikation und neue Medien (BITKOM) e.V. zum Wirtschaftsschutz 2023, S. 12 abrufbar unter https://www.bitkom.org/sites/main/files/2023-09/Bitkom-Charts-Wirtschaftsschutz-Cybercrime.pdf (zuletzt abgerufen am: 1.11.2024).

239 Studie des Bundesverbandes Informationswirtschaft, Telekommunikation und neue Medien (BITKOM) e.V. zum Wirtschaftsschutz 2023, S. 4, abrufbar unter https://www.bitkom.org/sites/main/files/2023-09/Bitkom-Charts-Wirtschaftsschutz-Cybercrime.pdf (zuletzt abgerufen am: 1.11.2024).

schaffen.[240] Unter den IKT-Begriff fallen dabei alle Technologien, welche zur Speicherung, Verarbeitung oder Kommunikation von Daten geeignet sind. Dazu zählt auch die Art und Weise erfasst, wie diese Daten genutzt werden und alle Dienstleistungen, die damit verbunden sind.[241] Ein Beispiel für IKT im Finanzsektor sind etwa Cloud-Computing Dienste wie der *IBM Financial Transaction Manager*[242], die zur Verarbeitung von Finanztransaktionen und zur Datenanalyse durch Finanzinstitute verwendet werden.

Durch DORA wird das übergeordnete Ziel verfolgt, den europäische Finanzmarkt gegenüber Cyberrisiken zu stärken.[243] Durch die größer werdende Verflechtung zwischen den Unternehmen, auch über nationale Grenzen hinweg, steigt das Risiko von Cybervorfällen, welche sich auf das gesamte Finanzsystem ausbreiten können.[244] DORA soll diese Ziele durch die Schaffung von Pflichten erreichen, die grundsätzlich für alle Finanzunternehmen gelten.[245] Dadurch soll vermieden werden, dass Unternehmen kurzfristige Einsparungen treffen, nur um sich einen vermeintlichen Wettbewerbsvorteil zu sichern.[246]

DORA ist am 16.1.2023 in Kraft getreten und wird am 17.1.2025 nach der 24-monatigen Umsetzungsfrist unmittelbare Geltung entfalten gemäß Art. 64 DORA.

bb) Verhältnis zu sonstigem europäischem Cybersicherheitsrecht

DORA enthält zunächst Überschneidungen mit den Vorgaben der NIS2-RL beispielsweise hinsichtlich des (IKT-)Risikomanagements, der Kommunikation im Falle eines Sicherheitsvorfalls oder auch der Sanktionen, wobei die in DORA statuierten Anforderungen an Finanzunternehmen höher sind als die Anforderung der NIS2-RL.[247] Insoweit stehen beide Rechtsregime in einem Spezialitätsverhältnis, wie Art. 4 Abs. 1 NIS2-RL klarstellend feststellt.[248] Daraus folgt, dass von DORA erfasste Finanzunternehmen nicht auch als Einrichtung im Sinne des NIS2-RL betrachtet werden können und folglich die für Ein-

---

240 Erwägungsgrund 1–4 VO (EU) 2022/2554; *Scott*, The E.U.'s Digital Operational Resilience Act: Cloud Services & Financial Companies, Program on International Financial Systems, S. 12, abrufbar unter: https://papers.ssrn.com/sol3/papers.cfm?abstract_id=3904113#:~:text=Our%20report%20begins%20by%20providing%20an%20overview%20of%20the%20costs (zuletzt abgerufen am: 1.11.2024).

241 *Gronau/Lindemann*, S. 15.

242 IBM Financial Transaction Manager, abrufbar unter https://www.ibm.com/de-de/products/financial-transaction-software (zuletzt abgerufen am: 1.11.2024).

243 Erwägungsgrund 1, 3 VO (EU) 2022/2554; *Scott*, The E.U.'s Digital Operational Resilience Act: Cloud Services & Financial Companies, Program on International Financial Systems, S. 12, abrufbar unter: https://papers.ssrn.com/sol3/papers.cfm?abstract_id=3904113#:~:text=Our%20report%20begins%20by%20providing%20an%20overview%20of%20the%20costs (zuletzt abgerufen am: 1.11.2024).

244 *Dittrich/Heinelt*, RDi 2023, 164.

245 Hornung/Schallbruch/*Bomhard/Siglmüller*, IT-Sicherheitsrecht, § 29 Rn. 11.

246 *Dittrich/Heinelt*, RDi 2023, 164, 171.

247 Erwägungsgrund 16 VO (EU) 2022/2554.

248 Siehe auch Erwägungsgrund 28 RL (EU) 2022/2555.

richtungen geltenden Verpflichtungen der NIS2-RL beziehungsweise der nationalen Umsetzungsgesetze nicht beachten müssen.[249]

b) Geltungsbereich, Art. 2 DORA

Der sektorspezifische Geltungsbereich der Verordnung ergibt sich aus Art. 2 DORA und erfasst ausschließlich die in Art. 2 Abs. 1 DORA **enumerativ** aufgezählten **Finanzunternehmen (Art. 2 Abs. 2 DORA)**. Dazu zählen gem. Art. 2 Abs. 1 DORA die folgenden Unternehmen:

- Kreditinstitute (lit. a));
- Zahlungsinstitute, einschließlich gemäß der Richtlinie (EU) 2015/2366 ausgenommene Zahlungsinstitute (lit. b));
- Kontoinformationsdienstleister (lit. c));
- E-Geld-Institute, einschließlich gemäß der Richtlinie 2009/110/EG ausgenommene E-Geld-Institute (lit. d));
- Wertpapierfirmen (lit. e)), Anbieter von Krypto-Dienstleistungen, die gemäß der Verordnung über Märkte von Krypto-Werten zugelassen sind, sowie Emittenten wertreferenzierter Token (lit. f));
- Zentralverwahrer (lit. g));
- zentrale Gegenparteien (lit. h));
- Handelsplätze (lit. i));
- Transaktionsregister (lit. j));
- Verwalter alternativer Investmentfonds (lit. k));
- Verwaltungsgesellschaften (lit. l));
- Datenbereitstellungsdienste (lit. m));
- Versicherungs- und Rückversicherungsunternehmen (lit. n));
- Versicherungsvermittler, Rückversicherungsvermittler und Versicherungsvermittler in Nebentätigkeit (lit. o));
- Einrichtungen der betrieblichen Altersversorgung (lit. p));
- Ratingagenturen (lit. q));
- Administratoren kritischer Referenzwerte (lit. r));
- Schwarmfinanzierungsdienstleister (lit. s));
- Verbriefungsregister (lit. t)) sowie
- IKT-Drittdienstleister (lit. u)).

249 https://www.openkritis.de/it-sicherheitsgesetz/nis2-umsetzung-gesetz-cybersicherheit.html#changes (zuletzt abgerufen am: 1.11.2024).

Unter den Begriff der **IKT-Drittdienstleister** im Sinne des Art. 2 Abs. 1 lit. u) DORA fallen entsprechend der Begriffsbestimmung des Art. 3 Nr. 19 DORA Unternehmen, die IKT-Dienstleistungen bereitstellt.[250]

Vom Anwendungsbereich ausdrücklich ausgenommen sind hingegen die in Art. 2 Abs. 2 DORA gelisteten Unternehmensgruppen.

Um **Kleinstunternehmen** von den teilweise weitreichenden Pflichten und Belastungen des DORA auszunehmen, statuiert die Verordnung an verschiedenen Stellen Ausnahmen und Besonderheiten.[251] Kleinstunternehmen in Sinne des DORA sind gemäß Art. 3 Nr. 60 DORA Unternehmen, in denen weniger als 10 Personen beschäftigt sind und deren Jahresumsatz beziehungsweise Bilanz unter 2 Mio. EUR beträgt.

Teils sind Kleinstunternehmen vollständig von einzelnen Pflichten befreit wie zum Beispiel in Art. 26 Abs. 1 DORA von bestimmten Testverfahren. In anderen Fällen bestehen Modifikationen im Vergleich zu Anforderungen an größere Finanzunternehmen wie in Art. 12 Abs. 4 DORA. Manche Pflichten gelten nach ihrem Wortlaut nach jedoch auch vollumfänglich für Kleinstunternehmen wie die Ermittlungspflicht von kritischen IKT-Assets gemäß Art. 8 Abs. 4 DORA.

Das gilt natürlich nicht für Kleinstunternehmen, welche bereits durch Art. 2 Abs. 3 lit. e) DORA vom Anwendungsbereich ausgeschlossen sind.

c) Pflichten für Finanzunternehmen, Art. 5–35 DORA

DORA beinhaltet eine Reihe von Verpflichtungen für Finanzunternehmen, die sich in folgende fünf Kategorien unterteilen lassen: IKT-Risikomanagement (aa); Meldung von IKT-Vorfällen (bb); Tests zur digitalen operationalen Resilienz (cc); IKT-Drittanbieter-Management (dd) sowie Berichterstattung und Überwachung (ee).[252] Die in den Art. 5–35 DORA statuierten Verpflichtungen für Finanzunternehmen sind gem. Art. 4 Abs. 1, Abs. 2 DORA unter Beachtung des **Verhältnismäßigkeitsgrundsatzes** umzusetzen, weshalb stets der Größe, dem Risikoprofil sowie die Art und Komplexität der Dienstleistungen des jeweiligen Unternehmens angemessen Rechnung zu tragen ist. Wenngleich es sich bei dem Verhältnismäßigkeitsgrundsatz um ein primärrechtlich kodifizierten Grundsatz (Art. 5 Abs. 4 EUV) handelt, hielt der Gesetzgeber eine gesonderte Regelung im Hinblick auf den weiten Anwendungsbereich des DORA für erforderlich.[253] Der Verhältnismäßigkeitsgrundsatz ist zugleich das dogmatische Fundament für den vom Unionsgesetzgeber bei der Digitalgesetzgebung konsequent verfolgten risikobasierten Ansatz, der in Art. 4 DORA abermals durchschimmert.[254]

---

250 Erwägungsgrund 29 ff. VO (EU) 2022/2554.

251 Erwägungsgrund 21, 38 VO (EU) 2022/2554.

252 Erwägungsgrund 47 VO (EU) 2022/2554.

253 *Voigt/Ritter-Döring*, CR 2023, 82, 83; *Clausmeier*, WM 2022, 1861, 1862.

254 Erwägungsgrund 13 VO (EU) 2022/2554; zum risikobasierten Ansatz eingehend *Roth-Isigkeit*, MMR 2024, 621.

aa) Pflichten nach dem IKT-Risikomanagementrahmen, Art. 5–14 DORA

Art. 5 Abs. 1 DORA verpflichtet Finanzunternehmen zur Einführung eines internen Governance- und Kontrollrahmens, der im Einklang mit Art. 6 Abs. 4 ein wirksames und umsichtiges Management von IKT-Risiken gewährleistet. Die Verpflichtungen von Finanzunternehmen im Hinblick auf das IKT-Risikomanagement sowie der Governance und Organisation lassen sich wie folgt darstellen:

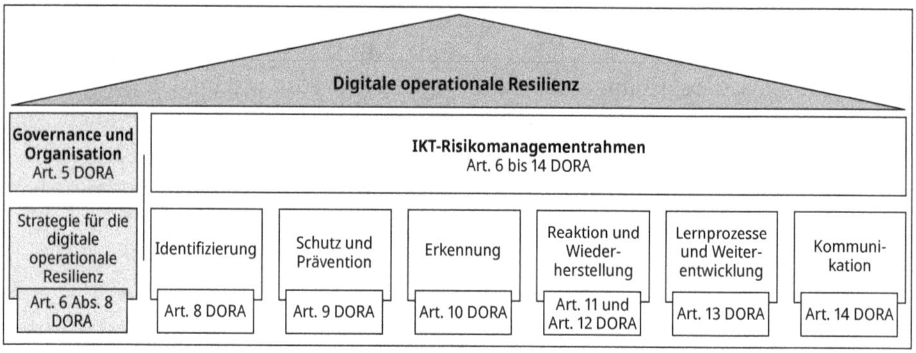

Abbildung 4: Aufgaben des IKT-Risikomanagements.
Quelle: Nach Waschbusch/Schlenker/Kiszka, IKT-Risiken, S. 129.

(1) Organisationspflichten des Leitungsorgans, Art. 5 Abs. 2 DORA

Art. 5 Abs. 2 DORA erklärt die **Definition, Genehmigung, Überwachung und Verantwortung** hinsichtlich aller **Vorkehrungen im Zusammenhang mit dem IKT-Risikomanagement** zur Aufgabe des Leitungsorgans des Finanzunternehmens[255]. Das **Leitungsorgan** ist in Art. 3 Nr. 30 DORA unter Verweis auf Art. 3 Abs. 1 Nr. 7 Capital Requirements Regulation[256] legal definiert: Darunter ist das Organ des jeweiligen Unternehmens zu verstehen, welches nach den Vorgaben des nationalen Rechts bestellt wurde und die Autorität besitzt, die Strategie, Ziele und Grundsätze des Instituts festzulegen, sowie die Entscheidungen der Geschäftsführung zu überwachen und zu kontrollieren. Zudem sollen diesem Organ die Personen angehören, welche das Institut tatsächlich leiten.[257] Das Leistungsorgan von Finanzunternehmen ist demnach regelmäßig die Geschäftsleitung in Gestalt des Geschäftsführers oder Vorstandes.[258]

Art. 5 Abs. 1 lit. a)–i) DORA konkretisiert diesen Aufgabenkatalog dahingehend, dass das Leitungsorgan eines Finanzunternehmens die **letztendliche Verantwortung** für das Management der IKT-Risiken trägt **(lit. a))** und dafür zuständig ist, **Leitlinien** einzuführen, um **hohe Standards hinsichtlich der Verfügbarkeit, Authentizität, Inte-**

255 Erwägungsgrund 47 VO (EU) 2022/2554.

256 VO (EU) 2013/36/EU.

257 *Waschbusch/Schlenker/Kiszka*, IKT-Risiken, S. 126.

258 *Clausmeier*, WM 2022, 1861, 1862.

grität und Vertraulichkeit von Daten sicherzustellen (lit. b)). Indem Art. 5 Abs. 1 lit. a) DORA die letztendliche Verantwortung für das IKT-Risikomanagement dem Leitungsorgan überträgt, kann diese Pflicht nicht mehr delegiert werden.[259] Neben dem Vorteil der besseren Justiziabilität, kann es auch aus einer unternehmerischen Sicht sinnvoll erscheinen, da die Geschäftsführung am besten innerhalb einer Unternehmensstruktur einen Überblick sowohl über die Geschäfts- als auch über die unternehmensinternen Strukturen und Pflichten haben sollte.[260]

Darüber hinaus sind **klare Aufgaben und Verantwortlichkeiten für IKT-bezogene Funktionen und Governance-Regelungen** für eine effektive Kommunikation und Koordination festzulegen **(lit. c))**. Weiterhin ist das Leitungsorgan verantwortlich für die **Festlegung und Genehmigung der Strategie zur digitalen operationalen Resilienz** sowie der Risikotoleranzschwelle des Unternehmens **(lit. d))**. Das Leitungsorgan genehmigt, überwacht und überprüft regelmäßig die IKT-Geschäftsfortführungsleitlinien sowie die IKT-Reaktions- und Wiederherstellungspläne, die in die allgemeinen Geschäftsfortführungspläne integriert werden **(lit. e))**. Zudem überprüft das Leitungsorgan interne IKT-Revisionspläne **(lit. f))** und stellt sicher, dass ausreichende Budgetmittel zugewiesen werden, um den Anforderungen der digitalen Resilienz gerecht zu werden, einschließlich Schulungen und Sensibilisierungsprogrammen für IKT-Sicherheit **(lit. g)**). Es überwacht auch die Vereinbarungen mit IKT-Drittanbietern, genehmigt die entsprechenden Leitlinien und sorgt für die Einrichtung interner Meldekanäle, um ordnungsgemäß über Vereinbarungen, Änderungen und Vorfälle im Zusammenhang mit IKT-Drittanbietern informiert zu werden **(lit. h), i)**)

(2) Fortbildungspflicht des Leitungsorgans, Art. 5 Abs. 4 DORA

Art. 5 Abs. 4 DORA statuiert die Pflicht aller Mitglieder des Leitungsorgans zur Ableistung von regelmäßigen Schulungen mit dem Ziel stets ausreichende Kenntnisse und Fähigkeiten aktiv auf dem neuesten Stand zu halten. Die Vorschrift ähnelt Art. 20 Abs. 2 NIS2-RL und dient dem Zweck, dass die Geschäftsleitung ein gewisses fachliches Niveau aufweisen muss, um fähig zu sein, die Einhaltung der Anforderungen im Sinne des Art. 5 Abs. 2 DORA sachgerecht einschätzen und daraus folgend, auch garantieren zu können.[261]

(3) Aktualisierungspflicht für IKT-Systeme,- Protokolle und -Tools Art. 7 DORA

Art. 7 DORA enthält zunächst technische Voraussetzungen an IKT-Systeme und -Protokolle oder weitere -Tools. Zur Absicherung von Cyberangriffen bei einer sich stetig

---

259 Hornung/Schallbruch/*Bomhard/Siglmüller,* IT-Sicherheitsrecht, § 29 Rn. 29f.

260 *Clausmeier,* WM 2022, 1861, 1862.

261 *Waschbusch/Schlenker/Kiszka,* IKT-Risiken, S. 128; *Dittrich/Heinelt,* RDi 2023, 164, 166.

verändernden digitalen Bedrohungslage ist es notwendig, alle Systeme durch Updates auf dem neusten Stand zu halten, Art. 7 DORA. insoweit verfolgt auch DORA den *security by design*-Ansatz.[262]

Gemäß den Art. 7 lit. a)–c) DORA müssen die Protokolle und Tools der Finanzunternehmen dem Verhältnismäßigkeitsgrundsatz des Art. 4 DORA entsprechen, zuverlässig und mit ausreichenden Kapazitäten, auch für den Spitzenbetrieb, ausgestattet sein. Nur durch ein möglichst aktuelles System kann demnach angemessen schnell auf Angriffe reagiert werden.[263] Diese Systeme müssen also nach Art. 7 lit. d) DORA zusätzlich technologisch resilient sein, um auch bei großer Belastung arbeiten zu können, wie in Fällen von überdurchschnittlich hohen Abrufzahlen.[264]

(4) Identifikation von IKT-Risiken, Art. 8 DORA

Als erste Präventionsmaßnahme gegen IKT-Vorfälle benennt Art. 8 DORA die Pflicht zur Identifikation möglicher Bedrohungen und IKT-Schwachstellen. Dazu zählt nach Art. 8 Abs. 2 DORA die Erfassung von Risikoszenarien. Diese Pflicht umfasst die Ermittlung von Risiken, die von anderen Finanzunternehmen ausgehen sowie eventuelle Risiken im eigenen Betriebsablauf, die andere Finanzunternehmen betreffen könnten. Die Überprüfungen sollen mindestens einmal jährlich erfolgen. Zudem verpflichtet Art. 8 Abs. 4, 5 DORA die Unternehmen zu einer Protokollierung.

(5) Schutz und Prävention vor Vorfällen, Art. 9 DORA

Um sich optimal vor Schäden durch Sicherheitsvorfälle zu schützen, müssen Unternehmen angemessene IKT-Sicherheitstools, -Richtlinien und -Verfahren nach Art. 9 Abs. 1 DORA verwenden. Darunter fällt insbesondere das generelle Geschäftsführungsmanagement, das sogenannte ***Business-Continuity-Management (BCM).*** Das sind Geschäftsführungsverfahren, die regeln, wie sich die Beschäftigten eines Unternehmens bei einem betriebseinschränkenden Ereignis verhalten sollen, um die betriebliche Kontinuität aufrechtzuerhalten.

Art. 9 Abs. 2 DORA enthält die Pflicht, dass durch hohe Standards in Bezug auf die Verfügbarkeit, Authentizität, Integrität und Vertraulichkeit von Daten eine sichere Datenübermittlung gewährleistet werden soll. Das wird durch die Erstellung einer Informationssicherheitsrichtlinie, welche Regeln zu Erfüllung der Schutzziele enthalten soll, erreicht.[265]

---

262 Hornung/Schallbruch/*Bomhard/Siglmüller*, IT-Sicherheitsrecht, § 29 Rn. 21; *Dittrich/Heinelt*, RDi 2023, 164, 166.

263 *Waschbusch/Schlenker/Kiszka*, IKT-Risiken, S. 132.

264 *Waschbusch/Schlenker/Kiszka*, IKT-Risiken, S. 132.

265 *Waschbusch/Schlenker/Kiszka*, IKT-Risiken, S. 136.

Die Schutz- und Präventionsziele sollen gemäß Abs. 3 durch IKT-Lösungen und -Prozesse erreicht werden. Der Art. 9 Abs. 3 DORA enthält Anforderungen für diese Lösungen und Prozesse in den lit. a)–d). Diese Anforderungen lauten sichere Datenübermittlung, Schutz vor Datenkorruption, unbefugtem Zugriff und technischen Mängeln, Verfügbarkeit und Schutz vor datenmanagementspezifischen Risiken.[266]

(6) Erkennungsmechanismen, Art. 10 DORA

Gemäß Art. 10 Abs. 1 DORA trifft die Finanzunternehmen zusätzlich als Prävention die Pflicht zur Einführung von Mechanismen zur Ermittlung von möglichen Schwachstellen und Sicherheitslücken. Eine Schwachstelle ist nach Art. 3 Nr. 16 DORA jeder Punkt innerhalb eines Vermögenswerts, eines Systems, eines Prozesses oder einer Kontrolle, welcher diesen angreifbar macht. Damit diese Mechanismen im Ernstfall auch funktionieren, müssen diese zudem nach Art. 10 Abs. 1, 2 DORA regelmäßig mit den in Art. 25 DORA aufgeführten Verfahren getestet werden.

(7) Reaktion auf Vorfälle, Art. 11 DORA

Aus Art. 11 Abs. 1 DORA ergibt sich als ausdrücklich genannter Bestandteil des IKT-Risikomanagementrahmens die Erschaffung von umfassenden IKT-Geschäftsfortführungsleitlinien.[267] Diese Leitlinien sollen nach Art. 11 Abs. 2 DORA durch spezielle Regelungen, Verfahren und Mechanismen umgesetzt werden, welche wiederum genau zu dokumentieren sind. Der verfolgte Zweck der Erschaffung der IKT-Geschäftsfortführungsleitlinie besteht darin, durch die Erschaffung eines „Notfallkonzepts“[268] bei dem Auftreten von IKT-bezogenen Vorfällen die Fortführung der wichtigen Funktionen des Finanzunternehmens zu sichern und durch schnelle und angemessen Reaktion einen Schadenseintritt zu verhindern, vergleiche Art. 11 Abs. 2 lit. a), b) DORA. Daneben ordnet Art. 11 Abs. 4 DORA an, dass die IKT-Geschäftsfortführungsleitlinie nach ihrer Erstellung weiter gepflegt und getestet werden, insbesondere in Bezug auf kritische und essentielle Funktionen, welche nicht durch das Finanzunternehmen selbst, sondern an IKT-Drittdienstleister ausgelagert wurden.

Die Testpflicht ist darüber hinaus genau in Art. 11 Abs. 4 DORA normiert, wonach eine jährliche Testung sowie eine erneuerte Prüfung im Anschluss an grundlegende Änderungen der IKT-Systeme vorgesehen ist. Dieselbe Testpflicht gilt bezüglich der auch in Art. 14 DORA genannten Krisenkommunikationspläne, wobei hier nach Art. 11 Abs. 4 lit. b) DORA eine zeitliche Festlegung der Häufigkeit der Tests fehlt.

---

266 Erwägungsgrund 47 VO (EU) 2022/2554.

267 Hornung/Schallbruch/*Bomhard*/*Siglmüller*, IT-Sicherheitsrecht, § 29 Rn. 23.

268 Vgl. Wortlaut der BaFin gemäß der Mindestanforderungen an das Risikomanagement AT 7.3, abrufbar unter https://www.bafin.de/SharedDocs/Downloads/DE/Rundschreiben/dl_rs1021_MaRisk_Erlaeuterungen.pdf?__blob=publicationFile&v=5 (zuletzt abgerufen am: 1.11.2024).

(8) Richtlinien und Verfahren zum Backup, Wiedergewinnung und Wiederherstellung, Art. 12 DORA

Die Pflichten aus Art. 11 DORA werden ergänzt durch Art. 12 DORA, welcher das Vorgehen nach einem IKT-Vorfall beschreibt: Die Unternehmen trifft nach Art. 12 Abs. 1 lit. a) DORA die Pflicht zur Entwicklung und Dokumentation von Richtlinien und Verfahren, welche die Datensicherung des Unternehmens regeln. Zudem besteht nach Art. 11 Abs. 1 lit. b) DORA die Pflicht zur Festlegung von Verfahren und Methoden zur Wiedergewinnung und Wiederherstellung von verlorenen Daten. Dadurch soll die Ausfallzeit (oder Wiederherstellungszeit)[269] möglichst minimal gehalten werden. Konkret bedeutet dies, dass die Unternehmen die Pflicht zur Festlegung einer Backup-Strategie treffen, in welcher festzulegen ist, welche Daten, wie häufig gesichert werden müssen.

Nach Art. 12 Abs. 1 DORA dürfen diese Backup-Systeme aber nicht die Sicherheit oder die Benutzbarkeit von IT-Systemen beeinträchtigen und müssen regelmäßig auf ihre Funktionsfähigkeit getestet werden. Zuletzt ist dabei die Pflicht der Integritätsprüfung der Daten nach einem IKT-Vorfall gemäß Art. 12 Abs. 7 DORA zu beachten. Dies erfolgt nach dem Wortlaut der Norm durch Mehrfachprüfungen und Abgleichungen der Daten der Prüfungen.

(9) Weiterentwicklungspflicht, Art. 13 DORA

Gemäß Art. 13 DORA trifft die Unternehmen zudem eine interne Weiterentwicklungspflicht. Es sind nach Art. 13 Abs. 1 DORA genügend Kapazitäten bereitzustellen um Informationen über mögliche Systemschwachstellen, Cyberbedrohungen und IKT-bezogene Vorfälle zu dokumentieren. Durch die Dokumentation und die Erkenntnisse aus den Vorfällen soll der IKT-Risikomanagementrahmen weiterentwickelt werden.[270] Durch die nachträgliche Prüfung soll zudem ermittelt werden, ob zuvor festgelegten Verfahren befolgt wurden und ob die gewählten Maßnahmen zur Abwehr während eines Vorfalles wirksamen waren, Art. 13 Abs. 2 DORA. Dabei sind die ergriffenen Maßnahmen unter anderem nach der Reaktionsgeschwindigkeit, als auch nach der Effektivität der Bestimmung der Auswirkungen von IKT-Vorfällen und der internen und externen Kommunikation dazu zu bewerten.

Die Ergebnisse aus der Bewertung nach einem Vorfall fließen nach Art. 13 Abs. 3 DORA in einen IKT-Risikobewertungsprozess ein, in welchem auch die Ergebnisse aus den Tests nach Art. 26, 27 DORA miteinzubeziehen sind. Gemäß Art. 13 Abs. 5 DORA haben leitende IKT-Mitarbeiter dem Leitungsorgan des jeweiligen Unternehmens einmal jährlich über die gewonnenen Erkenntnisse Bericht zu erstatten und Handlungsempfehlungen abzugeben.

---

269 *Waschbusch/Schlenker/Kiszka*, IKT-Risiken, S. 143.

270 Hornung/Schallbruch/*Bomhard/Siglmüller*, IT-Sicherheitsrecht, § 29 Rn. 24; *Waschbusch/Schlenker/Kiszka*, IKT-Risiken, S. 145.

Daneben enthält Art. 13 Abs. 6 DORA die Pflicht zur Bereitstellung von verpflichtenden Schulungen für Mitarbeiter zur Sensibilisierung für IKT-Sicherheit.

(10) Kommunikationspläne, Art. 14 DORA

Als letzten Teil des IKT-Risikomanagementrahmens fordert Art. 14 Abs. 1 DORA zudem bei Bestehen von schwerwiegenden IKT-Vorfällen, oder auch bei dem Bestehen von Schwachstellen, die Meldung dieser an Kunden, andere Finanzunternehmen sowie an die Öffentlichkeit. Dafür sind Unternehmen verpflichtet, Krisenkommunikationspläne zu erstellen, um eine verantwortungsbewusste Offenlegung zu ermöglichen.[271] Auch bedarf es daneben nach Art. 14 Abs. 2 DORA eine interne Kommunikationsstrategie gegenüber den Mitarbeitern eines Unternehmens und gegenüber externen Interessenträgern, wie zum Beispiel den Stakeholdern.[272]

Zuletzt fordert Art. 14 Abs. 3 DORA die Beauftragung einer Person mit der Umsetzung der Kommunikationsstrategie für IKT-bezogene Vorfälle, welche eine Art. „Notfallpressesprecher“ darstellen soll als Repräsentant gegenüber der Öffentlichkeit.[273]

bb) Vereinfachter IKT- Risikomanagementrahmen, Art. 16 DORA

Art. 16 DORA enthält eine Einschränkung der gerade dargestellten Pflichten innerhalb des IKT-Risikomanagementrahmens für bestimmte Unternehmensarten. Für diese Art von Unternehmen gelten die Art. 5 bis 15 DORA nicht.

In Art. 16 Abs. 1 DORA ist zunächst die Anwendbarkeit des vereinfachten IKT-Risikomanagements für kleine und nicht verflochtene Wertpapierfirmen geregelt. Das sind Wertpapierfirmen, welche die Anforderungen des Art. 3 Nr. 34 DORA in Verbindung mit Art. 11 Abs. 1 Investment Firms Regulation[274] erfüllen.

Zudem gilt der vereinfachte IKT-Risikomanagementrahmen für bestimmte Zahlungsinstitute nach Art. 32 Abs. 1 PSD2[275], bestimmte E-Geld-Institute, welche vom Anwendungsbereich der E-Geld-RL[276] ausgenommen sind und kleine Einrichtung der betrieblichen Altersvorsorge.

cc) IKT- Drittparteienrisikomanagement, Art. 28–30 DORA

Die Art. 28 ff. DORA beinhalten Pflichten bezüglich des Umgangs von Finanzunternehmen mit **IKT-Drittparteien**. **IKT-Drittdienstleister** sollen dabei nach Art. 28 Abs. 1

271 Erwägungsgrund 32 VO (EU) 2022/2554; *Waschbusch/Schlenker/Kiszka*, IKT-Risiken, S. 147.
272 *Waschbusch/Schlenker/Kiszka*, IKT-Risiken, S. 147.
273 *Waschbusch/Schlenker/Kiszka*, IKT-Risiken, S. 147.
274 VO (EU) 2019/2033/EU.
275 RL (EU) 2015/2366/EU.
276 RL (EU) 2009/110/EG.

DORA als Teil des IKT-Risikomanagement mit behandelt werden. Dies erfolgt aus dem Gedanken, dass Unternehmen durch die Auslagerung ein nicht selbst kontrollierbares Risiko eingehen bezüglich der Entstehung von IKT-Risiken. Zur Vermeidung dieser Risiken soll der Umgang mit IKT-Drittdienstleister daher auch durch Systeme und Methoden vorab festgelegt werden.[277] Gemäß Art. 28 Abs. 1 lit. a) DORA bleibt die Verantwortung für die Einhaltung der Pflichten nach der Verordnung auch bei Auslagerung an IKT-Drittparteien weiterhin bei dem Finanzunternehmen im vollen Umfang bestehen.

Daneben soll, bevor eine vertragliche Vereinbarung zur Inanspruchnahme von IKT-Dienstleistungen geschlossen wird, eine umfassende Risikoanalyse unter Berücksichtigung der weitreichenden inhaltlichen Anforderungen der Verordnung durchzuführen sein, vergleiche Art. 28 Abs. 4 DORA.

Auch verpflichtet Art. 30 DORA die Unternehmen zu Sicherstellung der Einhaltung von bestimmten Mindestvertragsinhalten über die Nutzung von IKT-Dienstleistungen: Die in Art. 30 Abs. 2 DORA erwähnten Anforderungen sind jedoch nicht grundlegend neu, sondern orientieren sich an bereits bestehenden Anforderungen für Auslagerungsverträge, insbesondere in Bezug auf kritische oder wesentliche Funktionen sowie Vereinbarungen mit Cloud-Anbietern.[278]

d) IKT-bezogene Vorfälle – Behandlung und Berichtserstattung, Art. 17–19 DORA

Unter einem **IKT-bezogenem Vorfall** ist gemäß Art. 3 Nr. 8 DORA ein von dem Finanzunternehmen nicht geplantes Ereignis beziehungsweise eine entsprechende Reihe verbundener Ereignisse, welches beziehungsweise welche die Sicherheit der Netzwerk- und Informationssysteme beeinträchtigen und nachteilige Auswirkungen auf die Verfügbarkeit, Authentizität, Integrität oder Vertraulichkeit von Daten oder auf die vom Finanzunternehmen erbrachten Dienstleistungen haben, zu verstehen.

Die Unternehmen haben eine Verpflichtung zur Meldung **schwerwiegender IKT-bezogener Vorfälle** an die zuständige höhere Finanzebene. Außerdem muss die Geschäftsführung nach Art. 1 Abs. 1 lit. a) ii) DORA über den Vorfall informiert werden. Ein IKT-bezogener Vorfall ist dabei gemäß der Definition des Art. 3 Nr. 10 DORA schwerwiegend, wenn er weitreichende negative Auswirkungen auf die Netzwerk- und Informationssysteme, welche gerade die kritischen oder wichtigen Funktionen eines Unternehmens erfüllt, haben kann.

Die Bestimmung des Schweregrades erfolgt anhand zuvor durch das Unternehmen bestimmter Kriterien. Wenn nach diesen Kriterien eine Wesentlichkeitsschwelle überschritten ist, zählt der Vorfall als ein schwerwiegend.[279]

277 *Voigt/Ritter-Döring*, CR 2023, 82, 88.
278 *Bernau/Lutterbach*, BKR 2023, 506, 512.
279 *Clausmeier*, WM 2022, 1861, 1863.

Von schwerwiegenden IKT-bezogenen Vorfällen abzugrenzen sind sog. **Cyberbedrohungen**. Cyberbedrohungen beschreiben nach Art. 3 Nr. 12 DORA ein mögliches Ereignis oder eine mögliche Handlung, welche die Netz- und Informationssysteme, deren Nutzer sowie andere Personen schädigen, stören oder in irgendeiner Weise beeinträchtigen könnte.

Die Meldung von Cyberbedrohungen erfolgt nur auf freiwilliger Basis und erst ab einem bestimmten Erheblichkeitsgrad, Art. 1 Abs. 1 lit. a) ii) DORA. Die Differenzierung im Wortlaut des Gesetzes verdeutlicht, dass der Begriff des IKT-bezogenen Vorfalls weiter zu verstehen ist als ein „Cyberangriff" beziehungsweise die Cyberbedrohung.[280] Diese geht in der Regel von unternehmensfremden, böswilligen Akteuren aus. Der weite Begriff umfasst dagegen auch durch Mitarbeiter vorsatzlos herbeigeführte Vorfälle.[281]

e) Testen der digitalen Resilienz durch Testprogramme, Art. 24–27 DORA

aa) Grundsätzliche Testpflicht, Art. 24 DORA

Neben den Pflichten aus dem IKT-Risikomanagementrahmen enthält DORA zudem die Pflicht der Art. 24ff. DORA, regelmäßig die digitale Resilienz zu testen.[282]

Die Durchführung der Prüfung erfolgt dabei durch unabhängige Parteien (Tester) gemäß Art. 24 Abs. 4 DORA, wobei diese interne oder externe Personen sein können. Dabei haben die Unternehmen bei einer internen Prüfung sicherzustellen, dass genügend finanzielle Ressourcen für die Durchführung zur Verfügung stehen sowie dass während der Prüfung keine Interessenkonflikte entstehen.[283] Weitere Anforderungen für die Auswahl der Tester ergeben sich aus Art. 27 DORA. Für Kleinstunternehmer gelten dabei wieder besondere Vorschriften, Art. 24 Abs. 4ff. DORA.

Grundsätzlich bestimmt Art. 24 Abs. 3 DORA, dass die Finanzunternehmen den angemessenen Umfang und die Frequenz der Prüfungen selbst bestimmen können. Der anzulegende Maßstab hierfür richtet sich unter Zugrundelegung eines risikobasierten Ansatzes nach der Größe des Unternehmens, der Frage, wie stark die Gefahr vor Angriffen für das jeweilige Unternehmen ist und wie hoch der Schutzbedarf des Unternehmens ist. Dies stellt erneut eine Ausprägung des Proportionalitätsprinzips dar.

Werden während einer solchen Prüfung Probleme oder Schwachstellen gefunden, bestimmt Art. 24 Abs. 5 DORA darüber hinaus die Pflicht zur Erstellung von Verfahren und Leitlinien zur Behandlung solcher Probleme, etwa die Priorisierung oder Klassifizierung von Mängeln, und wie diese behoben werden können. Auf Grund fehlender gesetzlicher Hinweise kann darauf geschlossen werden, dass die Unternehmen die Häufigkeit der Durchführung von Testungen der digitalen Resilienz dabei unter Beachtung der risikobasierten Bewertung selbstständig bestimmen können.

---

280 *Dittrich/Heinelt*, RDi 2023, 164, 167.
281 *Dittrich/Heinelt*, RDi 2023, 164, 167.
282 Erwägungsgrund 56ff. VO (EU) 2022/2554.
283 *Pohle*, VersR 2023, 273, 278.

Eine Ausnahme hiervon besteht jedoch bei der Testung jeglicher IKT-Systeme beziehungsweise IKT-Anwendungen, welche kritische oder andere wichtige Funktionen unterstützen im Sinne des Art. 24 Abs. 5 DORA. Diese sind nach Art. 24 Abs. 5 DORA einmal jährlich angemessen zu testen.

bb) *Threat-Led-Penetration*-Tests, Art. 25–27 DORA

Zusätzlich besteht die Anforderung an bestimmte Arten von Unternehmen zur Durchführung von weiteren, bedrohungsorientierten Tests gemäß Art. 25 Abs. 1 DORA.

Ein Teil davon sind auch sogenannte ***Threat-Led-Penetration-Tests*** (TLPTs).[284] Dies sind bedrohungsorientierte Penetrationstest nach Art. 3 Nr. 17 DORA. Durch die TLPTs soll eine möglichste realitätsnahe Bedrohung simuliert werden, wodurch ein Live-Produktionstest der kritischen Systeme möglich ist.

TLPTs müssen dabei von dieser Art von Unternehmen nach Art. 26 Abs. 1 DORA mindestens alle drei Jahre absolviert werden. Grundsätzlich können TLPTs wie Tests nach Art. 24 DORA sowohl von internen, als auch von externen Testern durchgeführt werden. Art. 26 Abs. 8 DORA ordnet dabei jedoch an, dass jeder dritte TLPT von einem externen Tester durchgeführt werden muss.

Die Bestimmung, dass die Pflicht zur Durchführung von TLPTs nur die Unternehmen betrifft, welche nach einer risikobasierten Bewertung der größten Gefährdung ausgesetzt sind, stellt erneut eine Ausprägung des Proportionalitätsprinzips innerhalb der DORA dar.[285]

Besteht eine ordnungsgemäße Durchführung der Tests nach Art. 26, 27 DORA, so haben die zuständigen Behörden den Unternehmen dafür eine Bescheinigung darüber auszustellen. Dadurch bleibt die volle Verantwortung jedoch weiterhin bei dem Unternehmensmanagement bestehen.[286]

f) Aufsicht, Durchsetzung und Sanktionen, Art. 46 ff. DORA

DORA etabliert in den Art. 46 ff. DORA erstmals ein umfassendes Aufsichtssystem für kritische IKT-Dienstleister im Finanzsektor auf europäischer Ebene.[287] Die Zuständigkeit der Behörde richtet sich dabei gem. Art. 46 lit. a)–q) DORA nach der Art des Finanzunternehmens.[288] Art. 47 DORA regelt die Zusammenarbeit zwischen den nach DORA zuständigen Behörden und den durch die NIS2-Richtlinie geschaffenen Strukturen und Behörden. Dabei wird insbesondere der Austausch von Informationen sowie die Möglichkeit zur Koordinierung von Aufsichtstätigkeiten und Inspektionen im Zusammen-

284 Erwägungsgrund 43, 56 VO (EU) 2022/2554.

285 *Waschbusch/Schlenker/Kiszka*, IKT-Risiken, S. 151.

286 *Pohle*, VersR 2023, 273, 278.

287 Hornung/Schallbruch/*Bomhard/Siglmüller*, IT-Sicherheitsrecht, § 29 Rn. 39.

288 Hornung/Schallbruch/*Bomhard/Siglmüller*, IT-Sicherheitsrecht, § 29 Rn. 39.

hang mit kritischen IKT-Drittdienstleistern festgelegt, um eine effektive Zusammenarbeit und schnelle Reaktionsmechanismen zu gewährleisten.[289] Art. 48 DORA enthält die an die Behörden gerichtete Pflicht zum Austausch von Information (Abs. 2) und der Zusammenarbeit (Abs. 1).[290]

aa) Aufsicht und Durchsetzung, Art. 46, 47 DORA

Für die Aufsicht und Einhaltung der Vorschriften des DORA sind sowohl nationale als auch europäische Behörden zuständig. Während die nationalen Aufsichtsbehörden gem. Art. 46 DORA die Verantwortung für die Überwachung der Finanzunternehmen im Hinblick auf die Implementierung der Verordnung, die Durchführung von Inspektionen und die Verhängung von Sanktionen tragen, sind auf europäischer Ebene die EBA, ESMA, EIOPA bei grenzüberschreitenden Angelegenheiten zuständig. Die genannten Behörden sind zugleich für Beaufsichtigung kritischer IKT-Drittdienstleister verantwortlich, um eine einheitliche Anwendung der Vorschriften in der Europäischen Union sicherzustellen (Art. 47 DORA).

Darüber hinaus unterliegen kritische IKT-Drittdienstleister, die für die Finanzunternehmen essenzielle Dienstleistungen bereitstellen, einer zentralisierten Überwachung durch spezialisierte Aufsichtsbehörden. Diese Behörden arbeiten in enger Kooperation mit den nationalen und europäischen Stellen zusammen, um die Stabilität und Widerstandsfähigkeit dieser Dienste zu gewährleisten (Art. 35 DORA). Die zuständigen Behörden verfügen über umfassende Durchsetzungsbefugnisse, die von der Anordnung von Korrekturmaßnahmen bis hin zur Verhängung von Sanktionen reichen, um die digitale operationale Resilienz der Finanzunternehmen sicherzustellen (Art. 50 DORA).

bb) Sanktionen, Art. 50–54 DORA

(1) Verwaltungsrechtliche Sanktionen DORA

Art. 50 DORA beschreibt zunächst die Aufsichts-, Untersuchungs- und Sanktionsbefugnisse der Verwaltungsbehörden.

Der Dreiklang bei Verstößen gegen DORA, wie in Art. 50 Abs. 3 DORA beschrieben, entspricht bereits den Prinzipien, die aus der DS-GVO und der NIS2-Richtlinie bekannt sind. Sanktionen oder andere Maßnahmen bei Verstößen müssen demnach stets wirksam, verhältnismäßig und abschreckend sein.[291]

Zusätzlich legt Kapitel VII der DORA auch Pflichten fest, die von der Verwaltungsbehörde selbst erfüllt werden müssen. Verhängt die zuständige Verwaltungsbehörde Sanktionen gegen Verstöße, muss die Behörde jede Entscheidung nach Art. 54 Abs. 1

---

289 Erwägungsgrund 80, 97 VO (EU) 2022/2554.
290 Erwägungsgrund 18 VO (EU) 2022/2554.
291 *Dittrich/Heinelt*, RDi 2023, 164, 169.

DORA öffentlich bekanntmachen auf ihrer amtlichen Website. Dabei muss aus der Bekanntmachung nach Art. 54 Abs. 2 DORA eine Identifikation der verstoßenden Person möglich sein, sowie umfassende Informationen zu dem Verstoß mitgeteilt werden. Durch diese Pflicht zur Veröffentlichung entsteht neben der Sanktionen eine Art „Pranger Wirkung" durch die öffentliche Bekanntmachung.[292]

Einen entsprechenden Bußgeldkatalog enthält DORA jedoch nicht. Entsprechende Bußgeldkataloge sollen vielmehr von den zuständigen nationalen Finanzbehörden wie der BaFin verfasst werden, vergleiche Art. 50–Art. 52 DORA.[293]

(2) Strafrechtliche Sanktionen, Art. 52 DORA

Art. 52 DORA stellt ergänzend auch die Möglichkeiten der strafrechtlichen Sanktionen dar. Dabei ist noch unklar, wie die strafrechtliche Haftung wegen Verstößen gegen DORA die Geschäftsleitung eines Unternehmens tangiert. Im Unterschied zu der NIS2-RL, enthält der DORA selbst keinen Bußgeldkatalog oder sonstige strafrechtlichen Sanktionen. Vielmehr sollte es nach der Verordnung dem nationalen Gesetzgeber freistehen, strafrechtliche Sanktionen bei Verstößen gegen DORA zu etablieren.[294]

g) Fazit

aa) Zusammenfassung

DORA enthält Regelungen für zuvor ungeklärte Fragen des sektorspezifischen Finanz-Cybersicherheitsrechts. Enthalten sind vor allem abstrakte und theoretische Regelung für Aktualisierungspflichten von IT-Dienstleistern.[295] Um die Überforderungen von Unternehmen entgegenzuwirken sind bekannte Regelungstechniken, wie das Proportionalitätsprinzip, in die Verordnung eingeflossen.[296]

Mit DORA wurde die Delegation der Cyberüberwachung an Dritte unzulässig. Nach Art. 5 Abs. 2 S. 1 DORA ist die Überwachungspflicht nicht übertragbar; das Management trägt die alleinige Verantwortung und kann diese nicht delegieren. Dies kann als unverhältnismäßig schweren Eingriff in die Unternehmensstruktur gewertet werden. Es erscheint fraglich, ob das Management die zahlreichen Pflichten gemäß dem IKT-Risikomanagementrahmen ausreichend erfüllen kann. Es entspricht gerade dem Zweck von effektiven Unternehmensmanagement, dass Aufgaben innerhalb des Unternehmens für die höchstmögliche Effektivität an spezialisierte Dritte delegiert werden können.[297] In der Theorie soll die Schulungspflicht nach Art. 5 Abs. 5 DORA dafür sorgen, dass die Un-

292 *Dittrich/Heinelt*, RDi 2023, 164 169.
293 Erwägungsgrund 81 VO (EU) 2022/2554.
294 *Pohle*, VersR 2023, 273, 282.
295 *Siglmüller*, ZfPC 2023, 221, 224.
296 *Clausmeier*, WM 2022, 1861, 1862.
297 *Siglmüller*, ZfPC 2023, 221, 223.

ternehmensführung das nötige Know-How erwirbt. Außerdem wurde die Verantwortung für die Cybersicherheit auch durch den *G7 Fundamental Elements of Cybersecurity for the Financial Sector* bei der Unternehmensführung verankert.[298]

Weiter besteht die bereits angesprochene Überschneidung mit den Regelungen des BAIT. Schwierigkeiten bereiten die unterschiedlichen Bezeichnung von Anforderungen, wodurch ein kleinschrittiger Vergleich der einzelnen Pflichten nach der BAIT und DORA erforderlich ist, welches einen hohen Aufwand für die Unternehmen darstellt.[299]

Schließlich sind Pflichten zu Durchführung von TLPTs enthalten, Art. 26 DORA. Die Kosten für die Durchführung dieser Tests sind hoch. Auch Bedarf die Vor- und Nachbearbeitung bis zu einem Jahr, wodurch die starre Dreijahresfrist für den nächsten Durchgang unverhältnismäßig früh erscheint.[300]

bb) Praxisleitfaden

Da es sich beim DORA um eine Verordnung handelt, entfaltet diese unmittelbare Regelungswirkung und muss, anders als zum Beispiel die NIS2-RL, nicht erst in deutsches Recht umgesetzt werden.

Daher geltend ab dem 17 Januar 2025 alle zuvor beschriebenen Pflichten unmittelbar. Es besteht demnach auch keine weitere Übergangsfrist für die Anpassung der bestehenden vertraglichen Vereinbarungen. Unternehmen müssen daher ihre Digital-Compliance-Strategie bereits reformiert haben.

Bereits vor Inkrafttreten des DORA-Pflichten sind auch die Vorschriften über die KI-Systeme von Finanzunternehmen nach den „bankaufsichtlichen Anforderungen an die IT" (BAIT)[301] zu beachten. Dabei bestehen viele Überschneidungspunkte aus den bereits bestehenden Anforderungen der BAIT und den Pflichten nach dem DORA. Es ist daher anzunehmen, dass zumindest die deutschen Banken die Anforderungen der DORA bereits erfüllen.[302]

II. Verordnung über Künstliche Intelligenz – Verordnung (EU) 2024/1689

Literatur: *Ashkar/Schröder*, Das Gesetz über künstliche Intelligenz der Europäischen Union (KI-Verordnung), BB 2024, 771; *Becker/Feuerstack*, Die EU-KI-Verordnung – Überblick und Bewertung der finalen Fassung der KI-VO, KIR 2024, 62; *Bomhard/Siglmüller*, AI Act – das Trilogergebnis, RDi 2024, 45; *Bronner*, Die KI-

---

298 *Clausmeier*, WM 2022, 1861, 1862; https://www.ecb.europa.eu/paym/pol/shared/pdf/G7_Fundamental_Elements_Oct_2016.pdf (zuletzt abgerufen am: 1.11.2024).

299 *Waschbusch/Schlenker/Kiszka*, IKT-Risiken, S. 159; *Dittrich/Heinelt*, RDi 2023, 164, 165.

300 *Clausmeier*, WM 2022, 1861, 1864.

301 Anforderungen an die IT von Banken der BaFin gemäß des Rundschreibens 10/2017, einsehbar unter https://www.bafin.de/SharedDocs/Veroeffentlichungen/DE/Meldung/2017/meldung_171106_BAIT.html (zuletzt abgerufen am: 1.11.2024).

302 *Waschbusch/Schlenker/Kiszka*, IKT-Risiken, S. 159, 160.

Verordnung (KI-VO) der EU, jurisPR-ITR 13/2024 Anm. 2; *Chibanguza/Steege*, Die KI-Verordnung – Überblick über den neuen Rechtsrahmen, NJW 2024, 1769; *Ebers/Hoch/Rosenkranz/Ruschemeier/Steinrötter*, Der Entwurf für eine EU-KI-Verordnung: Richtige Richtung mit Optimierungsbedarf – Eine kritische Bewertung durch Mitglieder der Robotics & AI Law Society (RAILS), RDi 2021, 528; *Förster/Gehrmann*: Die KI-Verordnung aus HR-Sicht, SPA 2024, 113; *Frost/Steiniger/Vivekens*, Nutzen, Chancen, Risiken und Haftung bei der Verwendung von Künstlicher Intelligenz im Kontext der KI-Verordnung und KI-Haftungsrichtlinie, MPR 2024, 4; *Geradin/Karanikioti/Katsifis*, GDPR Myopia: how a well-intended regulation ended up favouring large online platforms – the case of ad tech, European Competition Journal, Volume 2021, S. 47; *Gerdemann*, Konformitätsbewertung als Kernpflicht der KI-Verordnung, NJW 2024, 2209; *Hacker/Berz*, Der AI Act der Europäischen Union – Überblick, Kritik und Ausblick, ZRP 2023, 226; *Honer/Schöbel*, Das Gesetz über Künstliche Intelligenz im System der europäischen Digitalregulierung – Ein Überblick, JuS 2024, 648; *Krahn*, The European Union's Artificial Intelligence Act – A Status Report, TLJ 2024, 120; *Kraul*, Das neue Recht der digitalen Dienste – Digital Service Act; *Krönke*, Das europäische KI-Gesetz: Eine Verordnung mit Licht und Schatten, NVwZ 2024, 529; *Lachenmann*, EU-Rat stimmt KI-Verordnung zu – neue Pflichten für Unternehmen, MMR-Aktuell 2024, 01359; *Lachenmann/Meyer*, Die Richtlinie über KI-Haftung – Beweislasterleichterungen für durch KI-Systeme entstandene Schäden, MMR-Aktuell 2023, 457000; *Martini/Wendehorst*, KI-VO – Verordnung über künstliche Intelligenz – Kommentar, 2024; *Möller-Klapperich*, Die neue KI-Verordnung der EU, NJ 2024, 337; *Pilniok*, Unionsrechtliche Regulierung des Einsatzes von KI-Systemen in der öffentlichen Verwaltung, DÖV 2024, 581; *Roth-Isigkeit*, Der risikobasierte Ansatz als Paradigma des Digitalverwaltungsrechts – Die KI-VO im Kontext europäischer Risikoregulierung, MMR 2024, 621; *Schwartmann/Keber/Zenner*, KI-Verordnung – Leitfaden für die Praxis, 2024; *Steinrötter*, Europäische Plattformregulierung, 1. Auflage 2023; *Steege/Chibanguza*, Metaverse, 1. Auflage 2023; *Wegener*, Europäische Querschnittpolitiken, 2. Auflage 2021; *Voigt/Hullen*, Handbuch KI-Verordnung – FAQ zum EU AI Act, 2024; *von Welser*, Die KI-VO – ein Überblick über das weltweit erste Regelwerk für künstliche Intelligenz, GRUR-Prax 2024, 485; *J. Wendt/D. Wendt*, Einigung auf Rechtsrahmen für Künstliche Intelligenz in der EU: AI Act, ZfPC 2024, 86; *J. Wendt/D. Wendt*, Das neue Recht der Künstlichen Intelligenz, 2024.

1. Einführung

a) Hintergründe der Regulierung Künstlicher Intelligenz

Die wachsende Bedeutung von Künstlicher Intelligenz in den verschiedensten Bereichen der Wirtschaft und des alltäglichen Lebens führt gleichzeitig auch zu einem wachsenden Bedarf für einen wegweisenden rechtlichen Rahmen für diese Technologie – dies ist zumindest die Perspektive in der Europäischen Union, in der nun mit dem Artificial Intelligence Act (KI-VO)[303] das weltweit erste umfassende Regelwerk zur Anwendung von Künstlicher Intelligenz geschaffen wurde.[304]

303 Verordnung (EU) 2024/1689 des Europäischen Parlaments und des Rates vom 13. Juni 2024 zur Festlegung harmonisierter Vorschriften für künstliche Intelligenz und zur Änderung der Verordnungen (EG) Nr. 300/2008, (EU) Nr. 167/2013, (EU) Nr. 168/2013, (EU) 2018/858, (EU) 2018/1139 und (EU) 2019/2144 sowie der Richtlinien 2014/90/EU, (EU) 2016/797 und (EU) 2020/1828 (Verordnung über künstliche Intelligenz), ABl. EU L 144 vom 12.7.2024, S. 1.

304 *Krahn*, TLJ 2024, 120; *Möller-Klapperich*, NJ 2024, 337, 338.

Dem vorausgehend legte die Kommission bereits am 25. April 2018 eine **KI-Strategie**[305] vor, in der eine entsprechende Gewährleistung eines ethischen und rechtlichen Rahmens gefordert wurde. In dem im Februar 2020 veröffentlichten Weißbuch zu KI[306] finden sich sodann erste Pläne für die Regulierung sog. „Hochrisiko"-Anwendungen in bestimmten Sektoren. Einen konkreten Gesetzesentwurf legte die Kommission schließlich im April 2021 vor.[307] Dieser Entwurf enthielt bereits einen risikobasierten Ansatz, nach dem KI-Systeme in verschiedene Risikostufen eingeteilt werden. Der darauf im Juni 2022 folgende Entwurf des Europäischen Parlaments[308] sah demgegenüber einige Änderungen und Ergänzungen vor, darunter insbesondere die Einführung des „Basismodells" als zusätzliche KI-Systemkategorie. Nach dem Entwurf des Rates der EU im November 2022 und den anschließenden Trilog-Verhandlungen hat das Parlament die Verordnung schließlich am 13.3.2024 mit breiter Mehrheit angenommen. Am 21.5.2024 hat auch der Rat der EU die Verordnung verabschiedet und am 12.7.2024 wurde sie im Amtsblatt der Europäischen Union veröffentlicht. Die Verordnung trat 20 Tage nach der Veröffentlichung im Amtsblatt am 1.8.2024 in Kraft und gilt – mit wenigen Ausnahmen – 24 Monate nach dem Datum des Inkrafttretens.

Über die verschiedenen Entwürfe und Verhandlungen hinweg ist die Rechtsnatur der KI-VO gleich geblieben: es handelt sich um ein präventives Verbotsgesetz, das den Einsatz von KI in zahlreichen Anwendungsszenarien verbietet oder von technischen, organisatorischen und rechtlichen Anforderungen abhängig macht.[309] Dem liegt wiederum ein risikobasierter Ansatz zugrunde, der je nach Risiko des KI-Systems ein gänzliches Verbot oder unterschiedlich strenge Vorgaben und Kennzeichnungs- und Transparenzpflichten vorsieht. Im Vordergrund steht die Technologieneutralität des Regulierungsansatzes, wonach nicht das KI-System an sich, sondern das Gefahrenpotential der konkreten Anwendung eines KI-Systems in den Blick genommen wird.[310] Das so gestaltete Regelungswerk ist dabei beachtlich umfangreich geworden: 180 Erwägungsgründe können zur Auslegung von 113 Artikeln in 13 Kapiteln herangezogen werden. Hinzu kommen 13 Anhänge und 68 Begriffsbestimmungen in Art. 3 KI-VO.

305 COM(2018) 237 final.

306 COM(2020) 65 final.

307 COM(2021) 206 final.

308 Europäisches Parlament, Abänderungen des Europäischen Parlaments vom 14.6.2023 zu dem Gesetz über künstliche Intelligenz und zur Änderung bestimmter Rechtsakte der Union (COM(2021) 206 – C9-0146/2021 – 2021/0106(COD)), abrufbar unter https://www.europarl.europa.eu/doceo/document/TA-9-2023-0236_DE.html (zuletzt abgerufen am: 1.11.2024).

309 *Bomhard/Siglmüller*, RDi 2024, 45.

310 *Wendt/Wendt*, ZfPC 2024, 86.

b) Ziele und Erwägungsgründe

Die Europäische Union erhofft sich mit der KI-VO weltweit eine Vorreiterrolle bei der Einführung einer sicheren, vertrauenswürdigen und ethisch vertretbaren KI.[311] Ausweislich des Gegenstandes der Verordnung nach Art. 1 Abs. 1 KI-VO sowie der Ausführungen in zahlreichen Erwägungsgründen soll die Verordnung dabei insbesondere

- das Funktionieren des Binnenmarkts durch einen einheitlichen Rechtsrahmen für Entwicklung, Inverkehrbringen, Inbetriebnahme und Verwendung von Systemen künstlicher Intelligenz in der EU verbessern;
- die Einführung einer auf den Menschen ausgerichteten und vertrauenswürdigen KI fördern und gleichzeitig den Schutz der Gesundheit, Sicherheit und der in der Charta der Grundrechte der Europäischen Union verankerten Grundrechte, einschließlich Demokratie, Rechtsstaatlichkeit und Umweltschutz sicherstellen sowie
- Schutz vor schädlichen Auswirkungen von KI-Systemen in der Union gewährleisten und gleichzeitig Innovation unterstützen.

  Wie diese Ziele durch die KI-Verordnung erreicht werden, wird in Art. 1 Abs. 2 KI-VO zusammengefasst. Dazu zählen:

- harmonisierte Vorschriften für das Inverkehrbringen, die Inbetriebnahme und die Nutzung von KI-Systemen in der Union;
- Verbot bestimmter KI-Praktiken;
- spezifische Anforderungen für KI-Systeme mit hohem Risiko und Verpflichtungen für Akteure in Bezug auf solche Systeme;
- harmonisierte Transparenzvorschriften für bestimmte KI-Systeme;
- harmonisierte Vorschriften für das Inverkehrbringen von KI-Modellen für allgemeine Zwecke;
- Regeln für die Marktüberwachung, Marktaufsicht, Governance und Durchsetzung;
- Maßnahmen zur Förderung der Innovation, mit besonderem Schwerpunkt auf KMU, einschließlich Neugründungen.

c) Abgrenzungen

Neben der KI-Verordnung hat der Europäische Gesetzgeber eine Reihe weiterer Gesetzgebungsinitiativen auf den Weg gebracht, die im Kern Künstliche Intelligenz zum Regulierungsgegenstand haben, allerdings mit unterschiedlichen Ausrichtungen. Während die KI-Verordnung darauf abzielt, KI-Entwicklern und Bereitstellern klare Anforderungen und Pflichten in Bezug auf die spezifische Nutzung von KI zu bieten, konzentrieren sich andere Vorhaben vor allem auf die Haftung für KI. So wird etwa die **Produkthaftungsrichtlinie** überarbeitet, um im Rahmen der verschuldensunabhängigen Haftung für Schäden den Besonderheiten von KI, insbesondere im Hinblick auf

---

311 Erwägungsgründe 2, 8 VO (EU) 2024/1689.

Komplexität, Autonomie und Undurchsichtigkeit, zu begegnen.[312] Daneben werden mit der Richtlinie über KI-Haftung unter der gleichen Zielsetzung Vorschriften über die außervertragliche zivilrechtliche Haftung angepasst.[313]

Außer der Abgrenzung zu haftungsrechtlichen Vorgaben gilt es zu beachten, dass die KI-VO zwar andere datenrechtliche Bestimmungen wie den Data Act unberührt lässt, jedoch gewisse Schnittmengen auszumachen sind: Beispielsweise beinhaltet Art. 10 Abs. 1 KI-VO Vorgaben zu Anforderungen an Datensätze und Daten-Governance für Hochrisiko-Systeme. Da für KI-Systeme regelmäßig auch große Mengen an personenbezogenen Daten benötigt werden, ist in vielen Fällen zudem der Anwendungsbereich der DS-GVO eröffnet.[314]

2. Anwendungsbereich und Begriffsbestimmungen

Für den Anwendungsbereich der Verordnung ist zu unterscheiden zwischen den vom sachlichen Anwendungsbereich der KI-Verordnung erfassten KI-Systemen (Art. 3 Nr. 1 KI-VO), den vom persönlichen Anwendungsbereich erfassten Verantwortlichen und dem räumlichen Geltungsbereich.

a) Sachlicher Anwendungsbereich

aa) KI-Systeme, Art. 3 Nr. 1 KI-VO

Die Verordnung findet in erster Linie Anwendung auf **KI-Systeme**. Was KI-Systeme im Sinne der Verordnung sind, wurde in Art. 3 Nr. 1 KI-VO bestimmt. Danach bezeichnet der Ausdruck „KI-System“ ein

> „maschinengestütztes System, das für einen in unterschiedlichem Grade autonomen Betrieb ausgelegt ist und das nach seiner Betriebsaufnahme anpassungsfähig sein kann und das aus den erhaltenen Eingaben für explizite oder implizite Ziele ableitet, wie Ausgaben wie etwa Vorhersagen, Inhalte, Empfehlungen oder Entscheidungen erstellt werden, die physische oder virtuelle Umgebungen beeinflussen können.“

Es lassen sich nach dieser Definition sechs Tatbestandsmerkmale zusammenfassen:[315] Das System ist maschinengestützt (1), für einen autonomen Betrieb ausgelegt (2) und anpassungsfähig (3). Außerdem kann das System aus den Eingaben für explizite oder implizite Ziele (4) ableiten (5), wobei die Ergebnisse die physische oder virtuelle Umgebung beeinflussen können (6).

---

312 Entwurf 2022/0302(COD) in seiner letzten Fassung vom 14.1.2024.

313 Entwurf 2022/0303(COD) vom 28.9.2022.

314 Siehe für eine ausführliche Erläuterung des Verhältnisses von KI-VO und DS-GVO Schwartmann/*Keber*/*Zenner*, KI-VO, 2. Teil 1. Kapitel Rn. 34f.

315 Schwartmann/*Keber*/*Zenner*, KI-VO, 2. Teil 1. Kapitel Rn. 13.

Zunächst ist festzustellen, dass die Merkmale des maschinengestützten Systems oder der Beeinflussung der Umgebung durch das Programm noch nicht sehr aussagekräftig sind und nahezu jedes Computerprogramm umfassen.[316] Das entscheidende Kriterium zur Unterscheidung von KI-Systemen und herkömmlichen Programmen ist hingegen der **Umfang der Autonomie**.[317] Autonomie ist in der Art zu verstehen, dass ein KI-System bis zu einem gewissen Grad unabhängig von menschlichem Zutun agiert und in der Lage ist, ohne menschliches Eingreifen zu arbeiten.[318] Das Merkmal der Anpassungsfähigkeit eines KI-Systems nach Inbetriebnahme beziehe sich „auf seine Lernfähigkeit, durch die es sich während seiner Verwendung verändern kann"[319].

Der sachliche Anwendungsbereich der KI-VO ist somit denkbar weit gespannt und aufgrund seiner fehlenden Definitionsschärfe vielfach kritisiert worden.[320] Allerdings kann der Begriff trotz der weiten Definition häufig zusammen mit den Erwägungsgründen und dem technischen Verständnis erschlossen werden, sodass in der Praxis voraussichtlich weniger Rechtsunsicherheit bestehen wird als zunächst befürchtet.[321] Als konkrete Auslegungshilfe wird außerdem auch eine Leitlinie dienen, welche von der Kommission erarbeitet wird (Art. 96 Abs. 1 lit. f) KI-VO). Bis zum Vorliegen einer solchen Leitlinie kann zudem auf detaillierte Erläuterungen zu der Definition der OECD zurückgegriffen werden, die mit der Verordnung übereinstimmt, aber in der EU nicht rechtlich verbindlich ist.[322]

Die genaue Auslegung dieses Begriffsverständnisses und etwaige Schwierigkeiten in der Praxis bleiben allerdings abzuwarten. In der Praxis sollte unter der Prämisse einer risikoarmen Strategie die Eigenschaft als KI-System in Zweifelsfällen sicherheitshalber angenommen werden.[323]

bb) KI-Modelle mit allgemeinem Verwendungszweck, Art. 3 Nr. 63 KI-VO

Neben KI-Systemen sind auch **KI-Modelle mit allgemeinem Verwendungszweck (GPAI[324])** vom Anwendungsbereich der KI-VO erfasst, Art. 2 Abs. 1 lit. a) Alt. 2 KI-VO. De-

---

316 *Bomhard/Siglmüller*, RDi 2024, 45; *Ebers/Hoch/Rosenkranz/Ruschemeier/Steinrötter*, RDi 2021, 529.

317 *Wendt/Wendt*, Das neue Recht der Künstlichen Intelligenz, § 2 Rn. 12; *Bomhard/Siglmüller*, RDi 2024, 45; *Förster/Gehrmann*, SPA 2024, 113, 114; *Möller-Klapperich*, NJ 2024, 337, 338.

318 Erwägungsgrund 12 VO (EU) 2024/1689.

319 Erwägungsgrund 12 VO (EU) 2024/1689.

320 Siehe nur Steinrötter/*Bastians*, Europäische Plattformregulierung, § 21 Rn. 6; *Möller-Klapperich*, NJW 2024, 337, 339.

321 *Bomhard/Siglmüller*, RDi 2024, 45.

322 Schwartmann/*Keber/Zenner*, KI-VO, 2. Teil 1. Kapitel Rn. 12, 15; siehe auch die Erläuterungen der OECD-Definition unter https://www.oecd-ilibrary.org/science-and-technology/explanatory-memorandum-on-the-updated-oecd-definition-of-an-ai-system_623da898-en (zuletzt abgerufen am: 1.11.2024).

323 *Bomhard/Siglmüller*, RDi 2024, 45.

324 Bei GPAI handelt es sich um ein Akronym für das englische Wort *General Purpose AI Model*. Alternativ wird auch der Begriff *Foundation Model* verwendet. Inhaltlich meinen beide Begriffe KI-Modelle mit allgemeinem Verwendungszweck. Dazu Schwartmann/*Keber/Zenner*, KI-VO, 2. Teil 1. Kapitel Rn. 16.

finiert werden KI-Modelle mit allgemeinem Verwendungszweck in Art. 3 Nr. 63 KI-VO: Ein KI-Modell mit allgemeinem Verwendungszweck ist danach:

> Ein KI-Modell – einschließlich der Fälle, in denen ein solches KI-Modell mit einer großen Datenmenge unter umfassender Selbstüberwachung trainiert wird –, das eine erhebliche allgemeine Verwendbarkeit aufweist und in der Lage ist, unabhängig von der Art und Weise seines Inverkehrbringens ein breites Spektrum unterschiedlicher Aufgaben kompetent zu erfüllen, und das in eine Vielzahl nachgelagerter Systeme oder Anwendungen integriert werden kann, ausgenommen KI-Modelle, die vor ihrem Inverkehrbringen für Forschungs- und Entwicklungstätigkeiten oder die Konzipierung von Prototypen eingesetzt werden.

Der Begriff des KI-Modells selbst wird jedoch nicht ausdrücklich definiert. Eine Näherung an den Begriff des KI-Modells ist durch eine Abgrenzung zu dem des KI-Systems möglich. Die Abgrenzung von KI-Modellen zu KI-Systemen ergibt sich aus Erwägungsgrund 97 der KI-VO: Demzufolge verfügen KI-Systeme im Gegensatz zu KI-Modellen über weitere Komponenten, wie zum Beispiel Nutzerschnittstellen.[325] Mithin sind KI-Modelle in der Regel in KI-Systeme integriert und wesentliche Elemente dieser. KI-Modelle können folglich auch alleine existieren. Vereinfacht könnte man das KI-Modell als die KI selbst betrachten, während das KI-System das für den Endnutzer gedachte Produkt beschreibt.[326] Sofern man auf die ausdrückliche genannte Komponente der Nutzerschnittstelle abstellt, könnte man, am Beispiel der Produkte von *OpenAI*, *ChatGPT* als KI-System ansehen und das dahinterstehende Programm in Form von *GPT-4*/*GPT-3* etc. als KI-Modell.[327]

Die Regelungen in der Verordnung beziehen sich sodann auf solche Modelle, die einen allgemeinen Verwendungszweck aufweisen. Dies stellt ein Kernelement der Definition in Art. 3 Nr. 63 KI-VO dar. Der allgemeine Verwendungszweck bestimmt sich maßgeblich über die Fähigkeit, ein breites Spektrum unterschiedlicher Aufgaben kompetent zu erfüllen.[328] Typische Beispiele für solche KI-Modelle sind große generative KI-Modelle wie *GPT-4*, *Claude 3* oder *Llama 2*, welche flexibel Inhalte erzeugen und ein breites Spektrum unterschiedlicher Aufgaben abbilden können.[329]

b) Persönlicher Anwendungsbereich

Der persönliche Anwendungsbereich bezieht in erster Linie die an der KI-Wertschöpfungskette beteiligten Akteure ein, namentlich die **Anbieter** des KI-Systems.[330] Teilweise sind auch die Betreiber sowie punktuell auch die Einführer, Händler, Bevollmäch-

325 Erwägungsgrund 97 VO (EU) 2024/1689.
326 *Bomhard*/*Siglmüller*, RDi 2024, 45, 50.
327 *Bomhard*/*Siglmüller*, RDi 2024, 45, 50.
328 Erwägungsgrund 97 VO (EU) 2024/1689.
329 Erwägungsgrund 99 VO (EU) 2024/1689; Schwartmann/*Keber*/*Zenner*, KI-VO, 2. Teil 1. Kapitel Rn. 16.
330 Schwartmann/*Keber*/*Zenner*, KI-VO, 2. Teil 1. Kapitel Rn. 18.

tigte, die benannte Stelle oder der Endnutzer betroffen. Die entsprechenden Begriffsbestimmungen finden sich in Art. 3 Nr. 3–8 KI-VO.

aa) Anbieter, Art. Nr. 3 KI-VO

Ein **Anbieter** (engl.: *provider*) ist nach der einschlägigen Definition eine natürliche oder juristische Person, Behörde, Einrichtung oder sonstige Stelle, die ein KI-System oder ein KI-Modell mit allgemeinem Verwendungszweck entwickelt oder entwickeln lässt und es unter ihrem eigenen Namen oder ihrer Handelsmarke in den Verkehr bringt oder das KI-System unter ihrem eigenen Namen oder ihrer Handelsmarke in Betrieb nimmt, sei es entgeltlich oder unentgeltlich. Damit gleicht der Begriff „Anbieter“ überwiegend dem Herstellerbegriff anderer Rechtsake, wie Art. 3 Nr. 8 APS-VO.[331]

bb) Betreiber, Art. 3 Nr. 4 KI-VO

Demgegenüber ist ein **Betreiber** (engl.: *deployer*) eine natürliche oder juristische Person, Behörde, Einrichtung oder sonstige Stelle, die ein KI-System in eigener Verantwortung verwendet, es sei denn, das KI-System wird im Rahmen einer persönlichen und nicht beruflichen Tätigkeit verwendet.

Unternehmen stehen in der heutigen Zeit immer mehr Möglichkeiten offen, KI-Systeme in eigener Verantwortung zu betreiben. Demnach werden viele Unternehmen die Eigenschaft des Betreibers erfüllen, sodass sie in den persönlichen Anwendungsbereich der Verordnung einbezogen sind.[332]

c) Räumlicher Anwendungsbereich

Der räumliche Anwendungsbereich ist in Art. 2 Abs. 1 KI-VO geregelt und verfolgt das **Marktortprinzip**. Nach Art. 2 Abs. 1 lit. a) KI-VO gilt die Verordnung für Anbieter, die in der Union KI-Systeme in Verkehr bringen oder in Betrieb nehmen oder KI-Modelle mit allgemeinem Verwendungszweck in Verkehr bringen, unabhängig davon, ob diese Anbieter in der Union oder in einem Drittland niedergelassen sind. Betreiber von KI-Systemen sind nach Art. 2 Abs. 1 lit. b) KI-VO betroffen, wenn sie ihren Sitz in der Union haben (Niederlassungsprinzip). Wichtig ist in diesem Zusammenhang allerdings die Erweiterung in Art. 2 Abs. 1 lit. c) KI-VO, wonach Anbieter und Betreiber auch dann betroffen sind, wenn sie ihren Sitz in einem Drittland haben oder sich in einem Drittland befinden, aber die vom KI-System hervorgebrachte Ausgabe (Output) in der Union verwendet wird.[333] Die Auslegung des Begriffs der „Verwendung“ und die Wirksamkeit der

---

331 Martini/*Wendehorst*, KI-VO, Art. 3 Rn. 64.

332 Martini/*Wendehorst*, KI-VO, Art. 3 Rn. 82.

333 Auf diese Weise sollen insbesondere Umgehungen der Verordnung durch Anbieter außerhalb der EU verhindert werden, Erwägungsgrund 22 VO (EU) 2024/1689.

Regelung angesichts einer kaum möglichen umfassenden Überwachung des Internetverkehrs bleiben jedoch noch offen.[334]

d) Bereichsausahmen

Eine wichtige Bereichsausnahme für die Anwendbarkeit der Verordnung findet sich in Art. 2 Abs. 12 KI-VO. Danach gilt die Verordnung nicht für KI-Systeme, die unter freien und quelloffenen Lizenzen bereitgestellt werden, es sei denn, sie werden als Hochrisiko-KI-Systeme oder als ein KI-System, das unter Art. 5 oder 50 KI-VO fällt, in den Verkehr gebracht oder in Betrieb genommen. Diese Regelung beruht unter anderem auf der Überlegung, dass Software und Daten, die im Rahmen einer freien und quelloffenen Lizenz freigegeben werden, zu Forschung und Innovation auf dem Markt beitragen und der Wirtschaft der Union erhebliche Wachstumschancen eröffnen können.[335] KI-Komponenten fallen allerdings nur unter die Ausnahme für freie und quelloffene KI-Komponenten nach Art. 2 Abs. 12 KI-VO, wenn sie nicht gegen einen Preis bereitgestellt oder anderweitig monetarisiert werden.[336] Die Bereitstellung von KI-Komponenten über offene Speicher sollte für sich genommen aber keine Monetarisierung darstellen.[337] Für KI-Modelle, die im Rahmen einer freien und quelloffenen Lizenz bereitgestellt werden, gilt die Bereichsausnahme im Gegensatz zu den KI-Systemen nicht, doch sieht Art. 53 Abs. 2 KI-VO Erleichterungen hinsichtlich der Pflichten nach Art. 53 Abs. 1 KI-VO vor.

Eine weitere Bereichsausnahme nach Art. 2 Abs. 3 KI-VO betrifft die nationale Sicherheit und das Militär.[338] Nach Art. 2 Abs. 3 S. 2 KI-VO gilt die Verordnung nicht für KI-Systeme, wenn und soweit sie ausschließlich für militärische Zwecke, Verteidigungszwecke oder Zwecke der nationalen Sicherheit in Verkehr gebracht, in Betrieb genommen oder, mit oder ohne Änderungen, verwendet werden, unabhängig von der Art der Einrichtung, die diese Tätigkeiten ausübt. Ein für militärische Zwecke entwickeltes und in Verkehr gebrachtes, aber vorübergehend für zivile Zwecke verwendetes KI-System fällt demnach aber in den Anwendungsbereich der Verordnung.[339]

---

334 *Bomhard/Siglmüller*, RDi 2024, 46; *Möller-Klapperich*, NJ 2024, 337, 339.

335 Erwägungsgrund 102 VO (EU) 2024/1689.

336 Erwägungsgrund 103 VO (EU) 2024/1689.

337 Erwägungsgrund 103 VO (EU) 2024/1689; Schwartmann/*Keber/Zenner*, KI-VO, 2. Teil 1. Kapitel Rn. 30 nennt als Beispiele für die Entwicklung auf offenen Speichern Internetplattformen, die als Hosting-Services fungieren, wie GitHub und Hugging Face.

338 Zu den Hintergründen siehe Erwägungsgrund 24 VO (EU) 2024/1689.

339 Schwartmann/*Keber/Zenner*, KI-VO, 2. Teil 1. Kapitel Rn. 41.

3. Rechte und Pflichten

Der KI-VO liegt ein **risikobasierter Ansatz** zur Regulierung Künstlicher Intelligenz zugrunde.[340] Demnach soll die Intensität der jeweiligen Pflichten je nach Grad des Risikos variieren, das von dem jeweiligen KI-System ausgeht. Zu diesem Zweck unterteilt die KI-VO KI-Systeme in solche Systeme mit nicht-akzeptablen Risiken (Art. 5 KI-VO), solche mit hohen Risiken (Art. 6–49 KI-VO) und solche KI-Systeme mit limitierten Risiken (Art. 50 KI-VO). KI-Systeme, die unter keine dieser drei Kategorien fallen, gelten als Systeme mit minimalem Risiko.

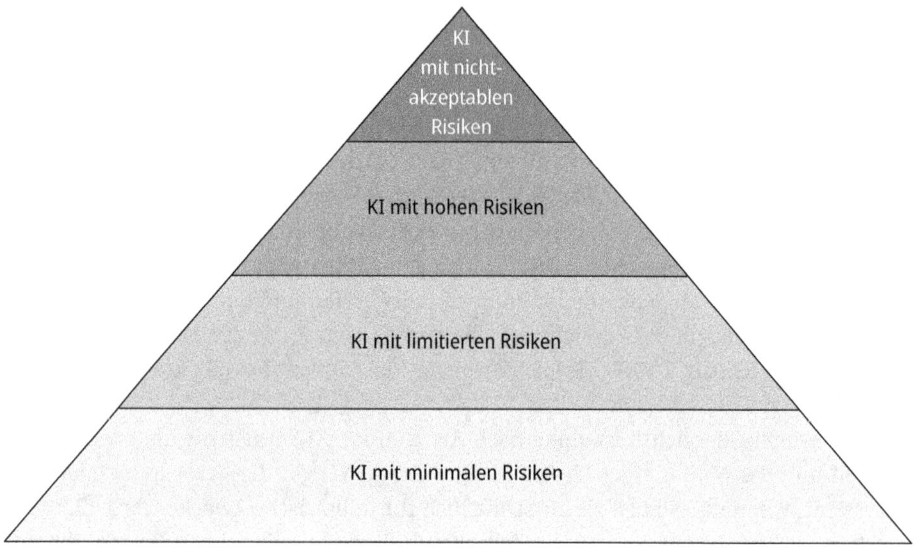

Abbildung 5: KI-Pyramide.
Quelle: Eigene Abbildung.

Ferner unterliegen KI-Modelle mit allgemeinem Verwendungszweck eigenen Vorschriften (Art. 51-56 KI-VO). Wobei auch hier zwischen solchen KI-Modellen mit allgemeinem Verwendungszweck unterschieden wird, mit denen ein systemisches Risiko einhergeht und sonstigen KI-Modellen mit allgemeinem Verwendungszweck. Die abgestufte Regelungssystematik im Sinne eines risikobasierten Ansatzes findet sich auch in anderen jüngeren Rechtsakten wie dem Digital Services Act[341] (DSA).[342]

---

340 Erwägungsgrund 26 VO (EU) 2024/1689; eingehend zum risikobasierten Ansatz *Roth-Isigkeit*, MMR 2024, 621.

341 Verordnung (EU) 2022/2065 des Europäischen Parlaments und des Rates vom 19. Oktober 2022 über einen Binnenmarkt für digitale Dienste und zur Änderung der Richtlinie 2000/31/EG (Gesetz über digitale Dienste), ABl. EU L 277 vom 27.10.2022, S. 1.

342 Zum abgestuften System der Sorgfaltspflichten für Vermittlungsdienste Kraul/*Maamar*, Das neue Recht der digitalen Dienste, § 4 Rn. 4.

a) KI-Kompetenz, Art. 4 KI-VO

Unabhängig von der Risikoeinstufung des jeweiligen KI-Systems, gelten für alle Anbieter und Betreiber von KI-Systemen allgemeine Pflichten, also insbesondere auch für KI-Systeme mit minimalem Risiko. So müssen nach Art. 4 KI-VO alle Anbieter und Betreiber Maßnahmen ergreifen, um nach besten Kräften die KI-Kompetenz der Personen sicherzustellen, die mit den KI-Systemen in Kontakt kommen. Die dahinterstehende Ratio ist, dass die am Wertschöpfungsprozess beteiligten Akteure über das notwendige Wissen über KI verfügen sollten, um fundierte Entscheidung treffen zu können.[343] Dies bedeutet insbesondere vor dem Hintergrund der schnellen technischen Entwicklung eine nicht zu unterschätzende Fortbildungspflicht und gilt gleichermaßen für Akteure der Privatwirtschaft und Behördenmitarbeiter.[344] Ziel ist es außerdem, die Effektivität und soziale Verantwortung in Verbindung mit KI-Systemen sicherzustellen.[345]

b) Verbotene Praktiken im KI–Bereich, Art. 5 KI-VO

Die strengste Regelungswirkung in der KI-VO geht von Art. 5 KI-VO aus, da dortbestimmte Praktiken im KI-Bereich grundsätzlich verboten sind. Dies erfasst unter anderem bestimmte KI-Systeme, die manipulative Techniken einsetzen oder persönliche Schwächen ausnutzen; KI-Systeme zur Vorhersage künftiger Straftaten auf der Grundlage von Profiling beziehungsweise Persönlichkeitsmerkmalen und KI-Systeme, die Datenbanken zur Gesichtserkennung durch das Auslesen von Gesichtsbildern aus dem Internet oder aus Videoüberwachungsanlagen erstellen. Gerade für den Bereich der Strafverfolgung gibt es jedoch Ausnahmen, wie unter anderem für die Risikobewertung künftiger Straftaten oder für die Identifizierung von Personen.

Im Detail:

Art. 5 Abs. 1 a) KI-VO verbietet die unterschwellige Beeinflussung durch KI-Systeme, also das Einsetzen von KI-Systemen in der Absicht, das Verhalten von Personen durch Beeinträchtigung ihrer Entscheidungsfähigkeit wesentlich zu verändern. Mit unterschwelliger Beeinflussung sind Techniken gemeint, die außerhalb des Bewusstseins einer Person liegen und sie in ihren Entscheidungen lenkend beeinträchtigen. Verboten sind die Inbetriebnahme und das Inverkehrbringen solcher KI-Systeme.

Mit Art. 5 Abs. 1 b) wird das Inverkehrbringen beziehungsweise die Inbetriebnahme von KI-Systemen, deren Ziel die Ausnutzung von Schutzbedürftigkeit und Vulnerabilität ist, verboten. Es soll verhindert werden, dass mithilfe solcher KI-Systeme das Verhalten einer schutzbedürftigen Person oder Gruppe so verändert wird, dass der Person selbst oder anderen erheblicher Schaden zugefügt wird.

---

343 Erwägungsgrund 20 VO (EU) 2024/1689.

344 *Möller-Klapperich*, NJ 2024, 337, 340.

345 Martini/*Wendehorst*, KI-VO, Art. 4 Rn. 2.

In Art. 5 Abs. 1 c) wird die Schlechterstellung oder Benachteiligung aufgrund von sozialer Bewertung durch KI-Systeme untersagt. Genannt wird einerseits der Fall, dass die soziale Bewertung zu einer Benachteiligung von Personen führt, die außerhalb des Kontextes steht, in dem die Daten ursprünglich erhoben wurden und andererseits die ungerechtfertigte und unverhältnismäßige Schlechterstellung von Personen.

Nicht gestattet ist nach Art. 5 Abs. 1 d) auch die Verwendung von KI-Systemen zur Bewertung von Risiken bezüglich natürlicher Personen. Also KI-Systeme mit dem Zweck, die Risiken, dass eine Person eine Straftat begeht, ausschließlich auf Grund der Erstellung eines Profils oder der Bewertung persönlicher Eigenschaften und Persönlichkeitsmerkmale, vorherzusagen. Ein solches Vorgehen birgt nämlich ein hohes Risiko der Ungleichbehandlung.[346]

Ebenfalls nicht erlaubt ist nach Art. 5 Abs. 1 e) das ungezielte Auslesen von Gesichtsbildern aus dem Internet oder von Überwachungskameras, welches einen starken Eingriff in die Privatsphäre der Bürger darstellen würde.[347]

Art. 5 Abs. 1 f) verbietet die Verwendung von KI-Systemen zur Ableitung von Emotionen einer natürlichen Person am Arbeitsplatz und in Bildungseinrichtungen. Eine Ausnahme davon soll gemacht werden bei der Verwendung des KI-Systems aus medizinischen oder aus Sicherheitsgründen. Grund für die explizite Regelung in den Bereichen Arbeitsplatz und Bildungseinrichtungen ist das dort häufig bestehende Machtungleichgewicht.[348]

Auch der Einsatz von KI-Systemen zur biometrischen Kategorisierung von natürlichen Personen ist gemäß Art. 5 Abs. 1 g) nicht gestattet. So dürfen keine Rückschüsse auf ihre Rasse, ihre politischen Einstellungen, ihre Gewerkschaftszugehörigkeit, ihre religiösen oder weltanschaulichen Überzeugungen, ihr Sexualleben oder ihre sexuelle Ausrichtung zu erschließen oder abzuleiten sein. Weiterhin erlaubt ist jedoch die Kategorisierung biometrischer Daten im Bereich der Strafverfolgung.

Schließlich untersagt Art. 5 Abs. 1 h) grundsätzlich die Verwendung von Echtzeit-Fernidentifizierungssystemen in öffentlich zugänglichen Räumen zur Strafverfolgung. Erlaubt ist diese ausnahmsweise, wenn sie unbedingt erforderlich ist. Dies ist der Fall bei der Suche nach Opfern bestimmter Straftaten oder vermisster Personen, der Abwendung schwerwiegender Gefahren oder dem Aufspüren oder Identifizieren von Personen, die der Begehung einer Straftat verdächtigt werden.

Die Auswirkungen von Art. 5 KI-VO auf den Einsatz von KI werden jedoch recht eingeschränkt sein. So ist bereits ein Teil der in Art. 5 KI-VO geregelten Fälle durch datenschutzrechtliche oder strafprozessrechtliche Bestimmungen verboten.[349] Erklären lässt sich diese zum Teil redundante Aufzählung von Verboten durch den rechtspolitisch ge-

---

346 *Schwartmann*/*Keber*/Zenner/*Köhler*, KI-VO, 2. Teil 1. Kapitel Rn. 81.

347 Erwägungsgrund 43 VO (EU) 2024/1689; *Schwartmann*/*Keber*/Zenner/*Pottkämper*, KI-VO, 2. Teil 1. Kapitel Rn. 86; Martini/*Wendehorst*, KI-VO, Art. 5 Rn. 86.

348 Martini/*Wendehorst*, KI-VO, Art. 5 Rn. 99.

349 *Bomhard*/*Siglmüller*, RDi 2024, 48.

prägten Wunsch, in diesen besonders sensiblen Bereichen ausdrücklich gesetzgeberisch tätig zu werden sowie möglichen Regelungslücken zuvorzukommen.[350]

c) Hochrisiko-KI-Systeme, Art. 6–49 KI-VO

Das Herzstück der KI-VO betrifft die Regulierung von **Hochrisiko-KI-Systemen**. So sind Hochrisiko-KI-Systeme die am stärksten regulierten, aber dennoch grundsätzlich erlaubten KI-Systeme.[351] Welche KI-Systeme als Hochrisiko-KI-Systeme gelten, bestimmen die Art. 6, 7 KI-VO. Die konkret einzuhaltenden Anforderungen für Hochrisiko-KI-Systeme werden in den Art. 8–49 KI-VO festgelegt.

aa) Einstufung von KI-Systemen als hochriskant, Art. 6 KI-VO

Eine Legaldefinition für Hochrisiko-Systeme beinhaltet die KI-Verordnung nicht. Stattdessen wurde auf ein in den Art. 6 und Art. 7 KI-VO umgesetztes dynamisches System zurückgegriffen, mit dem KI-Systeme verschieden klassifiziert werden.[352] Die Kommission muss diese Vorschriften in der Folgezeit konkretisieren beziehungsweise anpassen (Art. 6 Abs. 4–8, Art. 7 KI-VO) und kann somit auf aktuelle Entwicklungen reagieren.

(1) Einstufung nach Art. 6 Abs. 1 KI-VO (Anhang I)

Art. 6 KI-VO unterscheidet zwischen zwei Kategorien von Hochrisiko-Systemen. Unter die erste Kategorie nach Art. 6 Abs. 1 KI-VO fällt ein KI-System, wenn es als Sicherheitskomponente für ein anderes Produkt verwendet wird oder wenn es selbst ein Produkt ist, das den in Anhang I aufgeführten Regulierungen unterliegt. Praxisrelevante Fallgruppen sind unter anderem Spielzeuge (RL 2009/48/EG), Medizinprodukte (VO (EU) Nr. 2017/745) und Maschinen (RL 2006/42/EC) sowie insbesondere verschiedene Fortbewegungsmittel wie etwa solche der Zivilluftfahrt (VO Nr. 300/2008), zwei- oder dreirädrige und vierrädrige Fahrzeuge, Eisenbahnen (RL 2016/797) oder Sportboote (RL 2013/48/EG). Es fallen beispielsweise aber auch Druckgeräte (RL 2014/68/EU) darunter.

(2) Einstufung nach Art. 6 Abs. 2 KI-VO (Anhang III)

Unter die zweite Kategorie nach Art. 6 Abs. 2 KI-VO fällt ein KI-System, das in Anhang III aufgeführt ist, für Bereiche mit besonderem grundrechts- oder gemeinwohlrelevanten Kontext.[353] Dazu gehören folgende Anwendungsfelder:

1. Biometrie, soweit der Einsatz nach einschlägigem Recht zugelassen ist

350 *Bomhard/Siglmüller*, RDi 2024, 48.
351 *Lachenmann*, MMR-Aktuell 2024, 01359.
352 *Chibanguza/Steege*, NJW 2024, 1769, 1772.
353 *Honer/Schöbel*, JuS 2024, 648, 651.

2. Betrieb und Verwaltung von kritischer Infrastruktur
3. Allgemeine und berufliche Bildung
4. Beschäftigung, Personalmanagement und Zugang zur Selbstständigkeit
5. Zugänglichkeit und Inanspruchnahme grundlegender privater und grundlegender öffentlicher Dienste und Leistungen
6. Strafverfolgung, soweit der Einsatz nach einschlägigem Recht zugelassen ist
7. Migration, Asyl und Grenzkontrolle
8. Rechtspflege und demokratische Prozesse

Für viele Unternehmen wird insbesondere der Bereich des Personalmanagements (Nr. 3) relevant werden. Denn es dürften viele KI-Systeme als Hochrisiko-Systeme eingestuft werden, die für die Einstellung oder Auswahl natürlicher Personen (z. B. um gezielte Stellenanzeigen zu schalten, Bewerbungen zu sichten oder zu bewerten etc.) oder etwa für die Bewertung der Leistung einer Person und die Aufgabenzuweisung eingesetzt werden.[354]

(3) Ausnahmen, Art. 6 Abs. 3 KI-VO

Es sind allerdings auch Ausnahmen von der zweiten Kategorie zu beachten, sodass KI-Systeme, die unter den Anhang III fallen, nicht zwangsläufig als Hochrisiko-KI-Systeme gelten müssen. Denn nach Art. 6 Abs. 3 KI-VO sind KI-Systeme von der Einstufung als Hochrisiko-KI ausgenommen, sofern kein erhebliches Risiko für besondere Rechtsgüter (Gesundheit, Sicherheit, Grundrechte) besteht, unter anderem weil es nicht das Ergebnis der Entscheidungsfindung beeinflusst. Die Ausnahmeregelung greift ein, wenn das KI-System für eine der in Art. 6 Abs. 3 UAbs. 2 KI-VO abschließend genannten Aufgabenbereiche bestimmt ist:[355]

a) Durchführung eng gefasster Verfahrensaufgabe (z. B. Grobstrukturierung von Daten)
b) Verbesserung des Ergebnisses einer zuvor abgeschlossenen menschlichen Tätigkeit (z. B. Optimierung von Sprache)
c) Mustererkennung in früheren menschlichen Entscheidungen (z. B. Abweichen von bestimmten Bewertungsmustern)
d) Vorbereitung einer menschlichen Entscheidung, die für die Zwecke der in Anhang III aufgeführten Anwendungsfälle relevant ist (z. B. Textverarbeitung, Übersetzen von Texten)

Diesen Ausnahmetatbeständen liegt die Überlegung zugrunde, dass die KI-Systeme in diesen Anwendungsbereichen mit Blick auf deren konkrete Ausgestaltung die Einschät-

354 *Förster/Gehrmann*, SPA 2024, 113, 115.

355 *Schwartmann*/Keber/Zenner//*Hansen*, KI-VO, 2. Teil 1. Kapitel Rn. 130; *Bronner*, jurisPR-ITR 13/2024 Anm. 2.

zung als hochriskant nicht mehr verdienen. Insbesondere in den Fällen von Art. 6 UAbs. 2 lit. b) und lit c) KI-VO ergibt sich dies etwa daraus, dass die menschliche Aufgabenerfüllung bereits abgeschlossen ist und lediglich im Nachgang von einem KI-System analysiert wird. Im Falle von Art. 6 UAbs. 2 lit. d) KI-VO wird die menschliche Entscheidung hingegen lediglich vorbereitet. Als Beispiele können häufig genutzte Funktionen wie Indexierung, Suche, Text- und Sprachverarbeitung genannt werden[356], sodass dieser Ausnahmeregelung eine hohe praktische Relevanz zukommen könnte. Allerdings erscheint hier eine rechtssichere Abgrenzung von der Vorbereitung einer Entscheidung zu der Durchführung einer schon endgültigen Entscheidung schwierig.[357]

Den Ausnahmeregelungen ist in der Praxis aufgrund der weitreichenden Folgen hinsichtlich der verknüpften Pflichten eine große Bedeutung beizumessen.[358] Generell sollte deshalb stets geprüft und auch dokumentiert werden, ob eine eigentlich als Hochrisiko-KI einzuordnende KI aufgrund der Ausnahmeregelung nicht doch von den aufwändigen Pflichten solcher Systeme nach den Art. 8 ff. KI-VO ausgenommen ist.[359] Kommt ein Anbieter schließlich zu der Auffassung, dass sein in Anhang III aufgeführtes KI-System dennoch nicht hochriskant ist, muss er seine Bewertung dokumentieren und der nationalen Aufsichtsbehörde auf Aufforderung übermitteln, Art. 6 Abs. 4 S. 1, 3 KI-VO. Die Gefahr in der Selbsteinschätzung liegt jedoch darin, dass Anbieter ihre Systeme absichtlich falsch einschätzen, um den strengen Anforderungen zu entgehen.[360]

Wiederum als Gegenausnahme gilt ein in Anhang III aufgeführtes KI-System gem. Art. 6 Abs. 3 S. 3 KI-VO allerdings auch bei Vorliegen eines der genannten Ausnahmetatbestände doch als hochriskant, wenn es ein Profiling natürlicher Personen vornimmt. Unter Profiling ist dabei jede Art der automatisierten Verarbeitung personenbezogener Daten zu verstehen, die das KI-System verwendet, um persönliche Aspekte zu analysieren, zu bewerten oder vorherzusagen (Art. 3 Nr. 52 KI-VO in Verbindung mit Art. 4 Nr. 4 DS-GVO). Zu den persönlichen Aspekten zählen insbesondere die Arbeitsleistung, wirtschaftliche Lage, Gesundheit, Zuverlässigkeit sowie das Verhalten, der Aufenthaltsort oder bevorstehende Ortswechsel.

bb) Anforderungen an Hochrisiko-KI-Systeme, Art. 8–15 KI-VO

An Hochrisiko-KI-Systeme werden weitreichende und hohe Anforderungen gestellt (Art. 8 ff. KI-VO), die insbesondere von den Anbietern (Art. 16 KI-VO) bei der Entwicklung des Systems eingehalten werden müssen. Dazu zählen die Einrichtung, Anwendung und Dokumentation eines Risikomanagementsystems (Art. 9 KI-VO). Dieses soll einen kontinuierlichen, iterativen Prozess darstellen, welcher regelmäßige Überprü-

356 Erwägungsgrund 53 VO (EU) 2024/1689.
357 *Schwartmann*/Keber/Zenner/*Hansen*, KI-VO, 2. Teil 1. Kapitel Rn. 135.
358 *Bomhard*/*Siglmüller*, RDi 2024, 49; *Bronner*, jurisPR-ITR 13/2024 Anm. 2.
359 *Förster*/*Gehrmann*, SPA 2024, 113, 115.
360 Martini/Wendehorst/*Ruschemeier*, KI-VO, Art. 6 Rn. 90.

fung und Aktualisierung erfordert. Ziel ist eine verbesserte Risikoabschätzung für die Anbieter.[361] Zur genauen Umsetzung finden sich keine Vorgaben in der KI-Verordnung. Betrachtet werden soll aber insbesondere, ob das KI-System innerhalb seines Bestimmungszwecks verwendet wird.[362] Die in Art. 9 Abs. 2 KI-VO vorgegebenen Schritte sind dafür wiederholt durchzuführen. Es müssen jedoch nicht alle Risiken identifiziert werden, sondern nur die bekannten und vernünftigerweise vorhersehbaren (Art. 9 Abs. 2a) KI-VO).

Die Daten, mit denen die Hochrisiko-Systeme trainiert werden, müssen auch gewisse Qualitätskriterien erfüllen, welche in Art. 10 KI-VO aufgeführt werden. Um dies zu gewährleisten, durchlaufen die Daten ein sogenanntes Datenverwaltungsverfahren. Auch wenn die Vorgaben zunächst nur für die Datensätze gelten, stehen sie in enger Verbindung mit dem mathematischen Modell der KI.[363] Anbieter sind darauf angewiesen, dass der Modellanbieter die entsprechenden Informationen liefert.[364]

Eine weitere Anbieterpflicht ist die technische Dokumentation. So sind die Anbieter dazu verpflichtet, vor dem Inverkehrbringen oder der Inbetriebnahme eines Hochrisiko-KI-Systems eine technische Dokumentation in der Art zu erstellen, dass aus ihr der Nachweis hervorgeht, wie das Hochrisiko-KI-System die Anforderungen des zweiten Abschnitts der KI-VO erfüllt. Diese Dokumentation muss den zuständigen nationalen Behörden und den notifizierten Stellen in klarer und verständlicher Form zur Beurteilung zur Verfügung stehen. Auch für den Anbieter selbst hat die technische Dokumentation einen Nutzen. So hilft sie ihm bei der nachprüfbaren Durchführung seines Risikomanagementsystems.[365]

Des Weiteren haben Anbieter Aufzeichnungs- und Protokollierungspflichten (Art. 12 KI-VO). Es wird eine automatische Aufzeichnung von Ereignissen gefordert, die relevant sind für die Ermittlung von Situationen, die zu einem Risiko im Sinne von Art. 79 Abs. 1 KI-VO führen können, die die Beobachtung nach dem Inverkehrbringen gem. Art. 72 KI-VO erleichtern und die relevant sind für die Überwachung der Hochrisiko-KI-Systeme nach Art. 26 Abs. 5 KI-VO.

Die Anbieter werden zudem zur Transparenz und Bereitstellung von Informationen für die Betreiber verpflichtet (Art. 13 KI-VO). Dies soll den Betreibern ermöglichen, ihren Pflichten aus dem dritten Abschnitt der KI-Verordnung nachzukommen, sowie bei der Beseitigung von Bedenken bezüglich der Undurchsichtigkeit und Komplexität von Hochrisiko-KI-Systemen helfen.[366] Art. 13 Abs. 2 KI-VO spricht insbesondere von der geeigneten Bereitstellung einer Betriebsanleitung, die, präzise, vollständige, korrekte und

---

361 *Wendt*/*Wendt*, Das neue Recht der Künstlichen Intelligenz, § 5 Rn. 7.

362 Schwartmann/Keber/Zenner/*Hansen*, KI-VO, 2. Teil 1. Kapitel Rn. 282.

363 *Schwartmann*/*Keber*/Zenner/*Köhler*/*Nägele*, KI-VO, 2. Teil 1. Kapitel Rn. 301.

364 *Wendt*/*Wendt*, Das neue Recht der Künstlichen Intelligenz, § 5 Rn. 12.

365 Schwartmann/Keber/Zenner/*Hansen*, KI-VO, 2. Teil 1. Kapitel Rn. 310.

366 *Schwartmann*/*Keber*/Zenner/*Köhler*, KI-VO, 2. Teil 1. Kapitel Rn. 329 f.; *Martini*/Wendehorst, KI-VO, Art. 13 Rn. 1 f.

eindeutige Informationen in einer für die Betreiber relevanten, barrierefrei zugänglichen und verständlichen Form enthalten muss.

Auch ist eine menschliche Aufsicht während der Verwendungsdauer zur Verhinderung beziehungsweise zur Minimierung von Risiken für Gesundheit, Sicherheit oder Grundrechte nach Art. 14 KI-VO zu gewährleisten. Die Aufsichtsmaßnahmen richten sich dabei nach den Risiken, dem Grad der Autonomie und dem Kontext der Nutzung des Hochrisiko-KI-Systems entsprechend.

Genaue Regelungen zu den Anforderungen an die Genauigkeit, Robustheit und Cybersicherheit des Systems finden sich in Art. 15 KI-VO. Art. 15 Abs. 4 KI-VO bestimmt, dass Hochrisiko-KI-Systeme so widerstandsfähig wie möglich gegenüber Fehlern, Störungen oder Unstimmigkeiten sein müssen, die innerhalb des Systems oder der Umgebung, in der das System betrieben wird, auftreten können. Die normierten Anforderungen an die Cybersicherheit sind insbesondere unter dem Gesichtspunkt relevant, dass Hochrisiko-KI-Systeme einem erhöhten Risiko durch Angriffe unbefugter Dritter ausgesetzt sind.[367] Die Gefahr eines Angriffs steigt mit der Sensibilität des Systems.

Angesichts der Masse an Daten und der Komplexität mancher Systeme erscheint teilweise fraglich, wie etwa Anforderungen an die Datenqualität nach Art. 10 Abs. 3 KI-VO oder die wirksame Beaufsichtigung durch Menschen nach Art. 14 KI-VO eingehalten werden sollen – zumal auffällig viele unbestimmte Rechtsbegriffe verwendet werden, welche die Regelungen inhaltlich abschwächen und die Rechtsunsicherheit zulasten der Anwender erhöhen.[368]

cc) Pflichten der Anbieter von Hochrisiko-KI-Systemen, Art. 16–22 KI-VO

Handelt es sich bei einem KI-System um ein solches mit hohem Risiko, treffen Anbieter und Betreiber unterschiedlich weitreichende Verpflichtungen. In geringerem Maße sind auch weitere Parteien, die mit dem Hochrisiko-KI-System in Verbindung kommen, von den Verpflichtungen betroffen, wie Produkthersteller, Einführer und Händler. Es kommt ein umfangreicher Pflichtenkatalog auf Unternehmen, die Hochrisiko-KI-Systeme anwenden, zu.

(1) Pflichten der Anbieter von Hochrisiko-KI-Systemen, Art. 16 KI-VO

Anbieter trifft ein besonders umfangreicher Pflichtenkatalog nach Art. 16 KI-VO. So haben die Anbieter die Pflicht nachzuweisen, dass die Anforderungen nach Art. 8ff. KI-VO erfüllt werden (lit. a)) sowie Kontaktdaten zur Verfügung zu stellen (lit. b)). Zudem müssen etwa das Konformitätsbewertungsverfahren nach Art. 43 KI-VO eingehalten (lit. f)), eine EU-Konformitätserklärung gem. Art. 47 KI-VO ausgestellt (lit. g)), eine CE-Kenn-

367 *Martini*/Wendehorst, KI-VO, Art. 15 Rn. 50f.
368 *Bomhard*/*Siglmüller*, RDi 2024, 49.

zeichnung nach Art. 48 KI-VO angebracht (lit. h)) und die Registrierungspflichten nach Art. 49 Abs. 1 KI-VO erfüllt werden (lit. i)). Außerdem wird insbesondere auf die Einhaltung der Vorschriften der Art. 17–20 KI-VO verwiesen (lit. c), d), e), j)).

(2) Qualitätsmanagementsystem, Art. 17 KI-VO

Art. 17 KI-VO sieht vor, dass ein Qualitätsmanagementsystem zur Sicherstellung der Einhaltung der KI-VO eingerichtet und umfassend dokumentiert werden muss. Vorschriften bezüglich der mindestens einzuhaltenden Aspekte finden sich in Art. 17 Abs. 1 KI-VO. In welchem Umfang diese Aspekte umgesetzt werden müssen, richtet sich nach der Größe der Organisation des Anbieters. Dabei muss zumindest sichergestellt werden, dass das Hochrisiko-KI-System mit den Regelungen der Verordnung übereinstimmt, Art. 17 Abs. 2 KI-VO. Aufgrund von weiterem Unionsrecht besteht nach Art. 17 Abs. 3 KI-VO die Integrationsmöglichkeit des Qualitätsmanagementsystems in gleichwertige Qualitätsmanagementsysteme.

(3) Aufbewahrung der Dokumentation, Art. 18 KI-VO

Die Anbieter sind zur Aufbewahrung der Dokumentation ab dem Inverkehrbringen oder der Inbetriebnahme des Hochrisiko-KI-Systems für zehn Jahre gem. Art. 18 KI-VO verpflichtet.

(4) Automatisch erzeugte Protokolle, Korrekturmaßnahmen und Informationspflicht, Art. 19, 20 KI-VO

Auch die aufgrund von Art. 12 Abs. 1 KI-VO durch KI-Systeme mit hohem Risiko automatisch erzeugten Protokolle müssen gem. Art. 19 Abs. 1 KI-VO mindestens sechs Monate aufbewahrt werden. Sobald der Anbieter den Grund zur Annahme hat, dass sein Hochrisiko-KI-System nicht der KI-VO entspricht, ist er außerdem verpflichtet, unverzüglich Korrekturmaßnahmen einzuleiten und die betroffenen Händler und gegebenenfalls die Betreiber, den Bevollmächtigten und die Einführer zu informieren (Art. 20 KI-VO). Falls eine Korrektur nicht möglich oder gewollt ist, muss der Anbieter das Hochrisiko-KI-System zurücknehmen, deaktivieren oder zurückrufen.

(5) Zusammenarbeit mit den zuständigen Behörden und Bevollmächtigte der Anbieter, Art. 21, 22 KI-VO

Anbieter mit Sitz außerhalb der EU müssen zusätzlich gem. Art. 22 Abs. 1 KI-VO einen Bevollmächtigten benennen, der innerhalb der EU niedergelassen ist. Dieser übernimmt weitere Pflichten, fungiert als Ansprechpartner für die Aufsichtsbehörden und ist für die Umsetzung der Pflichten der KI-VO zuständig, Art. 22 Abs. 3 KI-VO.

dd) Pflichten der Einführer von Hochrisiko-KI-Systemen, Art. 23 KI-VO

Einführer treffen die Pflicht zu überprüfen, ob der Anbieter seinen Verpflichtungen nachgekommen ist, wobei sich die Überprüfung auf formelle Gesichtspunkte beschränkt, Art. 23 Abs. 1 KI-VO. In dem Fall, dass ein ausreichender Verdacht besteht, dass ein Hochrisiko-KI-System nicht der Verordnung entspricht, darf das Hochrisiko-KI-System nicht in Verkehr gebracht werden (Art. 23 Abs. 2 KI-VO). Demnach darf der Einführer das Hochrisiko-KI-System auch dann nicht in den Verkehr bringen, wenn ein Verstoß gegen Verpflichtungen vorliegt, welcher nicht von der Überprüfungspflicht nach Art. 23 Abs. 1 KI-VO erfasst ist.

Nach dem Wortlaut greift die Informationspflicht bereits bei dem objektiven Vorliegen des Risikos. Damit wäre der Einführer aber stärker reguliert, als der Anbieter.[369] Aus diesem Grund muss auch für ihn die Informationspflicht erst dann bestehen, wenn er sich des Risikos bewusst ist.[370]

Der Einführer ist nach Art. 23 Abs. 3 KI-VO dazu verpflichtet seinen Namen, seinen eingetragenen Handelsnamen und seine Anschrift, unter der er in Bezug auf das Hochrisiko-KI-System kontaktiert werden kann, anzugeben. Des Weiteren ist er gemäß Art. 23 Abs. 6, 7 KI-VO verpflichtet, mit den nationalen Behörden zusammenzuarbeiten, insbesondere bei Maßnahmen der Behörden, die die von Hochrisiko-KI-Systemen ausgehenden Risiken verringern oder abmildern sollen. Er muss zu diesem Zweck den Behörden die technische Dokumentation zur Verfügung stellen. Ausreichend dafür ist wohl das Bedienen bei dem Anbieter oder einem Dritten.[371] Die Pflicht des Einführers nach Art. 23 Abs. 6 KI-VO tritt ergänzend zu der des Anbieters in Kraft, mit dem Zweck, mögliche Haftungslücken zu schließen.[372]

ee) Pflichten der Händler von Hochrisiko-KI-Systemen, Art. 24 KI-VO

Händler unterliegen ebenfalls einer Überprüfungspflicht (Art. 24 Abs. 1 KI-VO). Diese bezieht sich auf die erforderliche CE-Kennzeichnung, die Beifügung einer Kopie der Konformitätserklärung sowie Betriebsanleitungen und das Einhalten der Pflichten von Anbietern nach Art. 16 lit. b), c) KI-VO und von Einführern nach Art. 23 Abs. 3 KI-VO. Außerdem hat auch der Händler ebenso wie die Anbieter, Betreiber und Einführer Informationspflichten zu beachten (Art. 24 Abs. 2, 4 KI-VO).[373] Auch die Pflicht der Händler, mit den zuständigen Behörden zusammenzuarbeiten, besteht in gleicher Weise wie bei Einführern. Ist das Hochrisiko-KI-System noch nicht auf den Markt gebracht, darf der Händler es erst dem Markt bereitstellen, sobald die Konformität des Systems hergestellt wurde (Art. 24 Abs. 2 KI-VO). Wenn das System bereits auf den Markt gebracht

---

369 Schwartmann/Keber/Zenner/*Kremer*/*Haar*, KI-VO, 2. Teil 1. Kapitel Rn. 402.

370 Schwartmann/Keber/Zenner/*Kremer*/*Haar*, KI-VO, 2. Teil 1. Kapitel Rn. 402.

371 Schwartmann/Keber/Zenner/*Kremer*/*Haar*, KI-VO, 2. Teil 1. Kapitel Rn. 407.

372 Martini/Wendehorst/*Gössl*, KI-VO, Art. 23 Rn. 35.

373 Schwartmann/Keber/Zenner/*Kremer*/*Haar*, KI-VO, 2. Teil 1. Kapitel Rn. 411, 414.

worden ist, muss er die erforderlichen Korrekturmaßnahmen erbringen oder das System zurücknehmen oder zurückrufen. Alternativ kann der Händler auch sicherstellen, dass der Anbieter, Einführer oder ein anderer relevanter Akteur eine dementsprechende Korrekturmaßnahme erbringt (Art. 24 Abs. 4 S. 1 KI-VO). Solange sich das Hochrisiko-KI-System in seiner Verantwortung befindet, gewährleistet der Händler nach Art. 24 Abs. 3 KI-VO zudem, dass die Lagerungs- oder Transportbedingungen die Konformität des Systems mit den Anforderungen aus Kapitel III Abschnitt 2 nicht beeinträchtigen. Auf diese Weise wird deutlich, dass die Pflicht des Händlers auch dann greift, wenn das Hochrisiko-KI-System Bestandteil eines physischen Produkts ist, in welches das Hochrisiko-KI-System integriert wurde.[374]

Darüber hinaus normiert Art. 25 KI-VO Verantwortlichkeiten entlang der KI-Wertschöpfungskette. Danach unterliegen unter bestimmten Umständen auch Händler, Einführer, Betreiber oder sonstige Dritte als Anbieter den Anbieterpflichten nach Art. 16 KI-VO. Das ist gem. Art. 25 Abs. 1 KI-VO der Fall, wenn das Hochrisiko-System unter eigenem Namen oder Handelsmarke in Verkehr gebracht wird (lit. a)), das in Betrieb genommene Hochrisiko-KI-System wesentlich verändert wird (lit. b) oder sich die Zweckbestimmung eines noch nicht als hochriskant eingestuften KI-Systems so verändert, dass es zu einem Hochrisiko-KI-System wird (lit. c)). Als Folge der Behandlung von Dritten als Anbieter ist der ursprüngliche Anbieter nicht mehr als Anbieter anzusehen, Art. 25 Abs. 2 S. 1 KI-VO. Der Erstanbieter ist aber weiterhin gem. Art. 25 Abs. 2 S. 2 KI-VO zur Information und Unterstützung des neuen Anbieters verpflichtet. Art. 25 KI-VO dient damit sowohl dem Schutz der Rechtssicherheit als auch der effektiven Rechtsdurchsetzung.[375]

ff) Pflichten der Betreiber von Hochrisiko-KI-Systemen, Art. 26 KI-VO

Betreiber (Art. 3 Nr. 4 KI-VO) von Hochrisiko-KI-Systemen haben im Vergleich zu Anbietern einen deutlich reduzierten Pflichtenkatalog zu beachten.[376] Dieser ergibt sich aus Art. 26 KI-VO und sieht als Kardinalpflicht in Art. 26 Abs. 1 KI-VO die Verwendung der KI-Systeme entsprechend der beigefügten Betriebsanleitungen gem. Art. 26 Abs. 3, 6 KI-VO vor, die durch geeignete technische und organisatorische Maßnahmen sichergestellt werden sollen. Außerdem übertragen die Betreiber natürlichen Personen, die über die erforderliche Kompetenz, Ausbildung und Befugnis verfügen, die menschliche Aufsicht und lassen ihnen die erforderliche Unterstützung zukommen (Abs. 2).

374 Schwartmann/Keber/Zenner/*Kremer*/*Haar*, KI-VO, 2. Teil 1. Kapitel Rn. 411.

375 Martini/Wendehorst/*Gössl*, KI-VO, Art. 25 Rn. 2.

376 *Wendt*/*Wendt*, Das neue Recht der Künstlichen Intelligenz, § 6 Rn. 36.

(1) Zweckgemäße Eingabedaten, Überwachungspflicht und Aufbewahrungspflicht für automatisch erzeugte Protokolle, Art. 26 Abs. 4–Abs. 6 KI-VO

Weitere Pflichten bestehen darin, sicherzustellen, dass die Eingabedaten für den Zweck des Systems geeignet und ausreichend repräsentativ sind (Abs. 4). Wenn befürchtet wird, dass die Verwendung gemäß der Betriebsanleitung dazu führen kann, dass das System ein Risiko für die Gesundheit, die Sicherheit oder die Grundrechte gemäß Art. 79 Abs. 1 KI-VO darstellt, müssen der Anbieter oder Händler und die zuständige Marktaufsichtsbehörde informiert sowie die Nutzung des Systems ausgesetzt werden (Abs. 5). Die von ihrem Hochrisiko-KI-System automatisch erzeugten Protokolle müssen zudem, soweit diese Protokolle ihrer Kontrolle unterliegen, für einen der Zweckbestimmung des Hochrisiko-KI-Systems angemessenen Zeitraum von mindestens sechs Monaten aufbewahrt werden (Abs. 6).

(2) Informationspflichten, Art. 26 Abs. 7, Abs. 11 KI-VO

Die Betreiber der in Anhang III aufgeführten Hochrisiko-KI-Systeme, die natürliche Personen betreffende Entscheidungen treffen oder bei solchen Entscheidungen Unterstützung leisten, sind außerdem verpflichtet, die natürlichen Personen darüber zu informieren, dass sie der Verwendung des Hochrisiko-KI-Systems unterliegen (Abs. 11). Ebenso müssen Betreiber, die als Arbeitgeber ein Hochrisiko-KI-System am Arbeitsplatz verwenden wollen, die Arbeitnehmervertreter und die betroffenen Arbeitnehmer noch vor Inbetriebnahme oder Verwendung darüber informieren, dass sie der Verwendung dieses Systems unterliegen werden (Abs. 7).

(3) Registrierung, Datenschutz-Folgeabschätzung und Hochrisiko-KI-System zur nachträglichen biometrischen Identifizierung, Art. 26 Abs. 8, Abs. 9, Abs. 10 KI-VO.

Nach Art. 26 Abs. 8 KI-VO müssen Betreiber der in Art. 49 Abs. 3 KI-VO genannten Pflicht nachkommen, sich in der in Art. 71 KI-VO beschriebenen Datenbank zu registrieren.[377] Dies gilt jedoch – trotz Forderungen im Europäischen Parlament nach umfangreicheren Pflichten – lediglich für Betreiber, bei denen es sich um Organe, Einrichtungen oder sonstige Stellen der Union handelt.[378] Somit ist davon auszugehen, dass Betreiber eine Obliegenheit haben, vor der Nutzung eines Systems zu kontrollieren, ob dieses in der EU-Datenbank registriert ist.[379] Sollte dies nicht der Fall sein, müssen sie die Anbieter und Händler dieses Systems darüber entsprechend in Kenntnis setzen.[380]

---

377 Einzelheiten finden sich in Anhang VII Abschnitt C.
378 Schwartmann/Keber/Zenner/*Kremer*/*Haar*, KI-VO, 2. Teil 1. Kapitel Rn. 430.
379 Martini/Wendehorst/*I. Eisenberger*, KI-VO, Art. 26 Rn. 47.
380 Martini/Wendehorst/*I. Eisenberger*, KI-VO, Art. 26 Rn. 47.

Art. 26 Abs. 9 KI-VO bestimmt zudem, dass die Betreiber von Hochrisiko-KI-Systemen außerdem gegebenenfalls die gemäß Art. 13 KI-VO bereitgestellten Informationen verwenden, um ihrer Pflicht zur Durchführung einer Datenschutz-Folgenabschätzung gemäß Art. 35 DS-GVO oder Art. 27 der Richtlinie (EU) 2016/680 nachzukommen. Art. 26 Abs. 9 KI-VO beinhaltet jedoch keine selbständige Pflicht zur Durchführung einer Datenschutz-Folgenabschätzung. Stattdessen sind die Informationen nur gegebenenfalls zu verwenden, also dann, wenn eine Datenschutz-Folgeabschätzung bereits nach Art. 35 DS-GVO oder Art. 27 der Richtlinie (EU) 2016/680 erforderlich ist.[381] Davon dürfte bei Hochrisiko-KI-Systemen jedoch wegen eines voraussichtlich hohen Risikos für Rechte und Freiheiten natürlicher Personen (Art. 35 Abs. 1 DS-GVO) allgemein auszugehen sein.[382]

Außerdem enthält Art. 26 Abs. 10 KI-VO Sonderregeln für Betreiber eines Hochrisiko-KI-Systems zur nachträglichen biometrischen Fernidentifizierung im Rahmen von Ermittlungen zur gezielten Suche einer Person, die der Begehung einer Straftat verdächtigt wird oder aufgrund einer solchen verurteilt wurde. Für die Nutzung eines solchen Systems ist grundsätzlich eine Genehmigung bei einer Justizbehörde oder einer Verwaltungsbehörde einzuholen. Die Genehmigung hat vor beziehungsweise bei Einsatz des KI-Systems vorzuliegen, spätestens aber binnen 48 Stunden. Jede Verwendung ist zudem auf das für die Ermittlung einer bestimmten Straftat unbedingt erforderliche Maß zu beschränken.

(4) Grundrechte-Folgenabschätzung, Art. 27 KI-VO

Betreiber, die Einrichtungen des öffentlichen Rechts sind, oder private Einrichtungen, die öffentliche Dienste erbringen, müssen zusätzlich eine Grundrechte-Folgeabschätzung vor der Inbetriebnahme eines Hochrisiko-KI-Systems erbringen, Art. 27 KI-VO. Verpflichtet sind außerdem Betreiber von Hochrisiko-KI-Systemen gem. Anhang III Nr. 5 lit. b) und c) KI-VO, also Betreiber von Hochrisiko-KI-Systemen zur Ermittlung und Bewertung der Kreditwürdigkeit natürlicher Personen oder zur Auswertung von Notrufen natürlicher Personen. Diese Betreiber haben eine Folgenabschätzung zu erbringen, welche die Auswirkung der Verwendung des Hochrisiko-KI-Systems auf die Grundrechte bewertet, etwa bezogen auf das Verfahren, den Zeitraum der Verwendung, die Kategorien möglicherweise betroffener natürlicher Personen, des Schadensrisikos und möglicher Maßnahmen. Als Maßstab der Überprüfung dienen dabei vor allem die in der Grundrechte-Charta normierten Rechte.[383]

---

381 Schwartmann/Keber/Zenner/*Kremer*/*Haar*, KI-VO, 2. Teil 1. Kapitel Rn. 432.
382 Schwartmann/Keber/Zenner/*Kremer*/*Haar*, KI-VO, 2. Teil 1. Kapitel Rn. 433.
383 Martini/Wendehorst/*I. Eisenberger*, KI-VO, Art. 27 Rn. 31ff.

d) Transparenzpflichten für Anbieter und Betreiber bestimmter KI-Systeme, Art. 50 KI-VO

In den Art. 50 Abs. 1–4 KI-VO werden einzelne KI-Systeme bestimmt, deren Anbieter und Betreiber **Transparenzverpflichtungen** unterliegen. Nach Art. 50 Abs. 6 KI-VO gelten die Transparenzverpflichtungen kumulativ zu anderen Transparenzverpflichtungen des Unionsrechts sowie des nationalen Rechts.[384] Mithin müssen die von den Transparenzverpflichtungen geforderten Informationen spätestens zum Zeitpunkt der ersten Interaktion oder Aussetzung in klarer, eindeutiger und barrierefreier Weise bereitgestellt werden (Art. 50 Abs. 5 KI-VO).

Die Art. 50 Abs. 1–4 KI-VO legen für insgesamt vier besondere Anwendungsfälle von KI-Systemen Transparenzverpflichtungen fest:

aa) KI-Systeme mit direkter Interaktion mit natürlichen Personen (Art. 50 Abs. 1 KI-VO)

Bei KI-Systemen, die für eine direkte Interaktion mit natürlichen Personen bestimmt sind, müssen Anbieter sicherstellen, dass die betroffenen natürlichen Personen über ihre Interaktion mit KI-Systemen informiert werden (Art. 50 Abs. 1 KI-VO). Es sei denn, dies ist aus Sicht einer angemessen informierten, aufmerksamen und verständigen natürlichen Person aufgrund der Umstände und des Kontexts der Nutzung bereits offensichtlich. Dies dürfte bei der Nutzung von GPAI-Systemen wie ChatGPT, Claude etc. der Fall sein, genauso als wenn sich der KI-Bezug bereits aus dem Namen ergibt.[385] Strenger könnte eine derartige Bewertung der Offensichtlichkeit jedoch in Bezug auf Erwägungsgrund 132 der KI-VO sein, wenn das KI-System auch mit Gruppen interagieren soll, die aufgrund ihres Alters oder einer Behinderung als besonders schutzbedürftig anzusehen sind.[386]

bb) KI-Systeme zur Erzeugung synthetischer Audio-, Bild-, Video- oder Textinhalten (Art. 50 Abs. 2 KI-VO)

Anbieter von KI-Systemen mit allgemeinem Verwendungszweck, die synthetische Audio-, Bild-, Video- oder Textinhalte erzeugen, müssen für die maschinenlesbare Kennzeichnung der Ausgaben des KI-Systems sowie für die Erkennbarkeit als künstlich erzeugt oder manipuliert sorgen (Art. 50 Abs. 2 S. 1 KI-VO). Insbesondere muss der Anbieter für eine Interoperabilität, Belastbarkeit und Zuverlässigkeit dieser Lösungen sorgen (Art. 50 Abs. 2 S. 2 KI-VO). Damit soll einer möglichen Entfernung der Kennzeichnungen entgegengewirkt werden.[387] Ausnahmen gelten dabei, sofern die KI-Systeme nur eine un-

384 Schwartmann/Keber/Zenner/*Kremer*/*Haar*, KI-VO, 2. Teil 1. Kapitel Rn. 451.
385 Schwartmann/Keber/Zenner/*Kremer*/*Haar*, KI-VO, 2. Teil 1. Kapitel Rn. 460.
386 Schwartmann/Keber/Zenner/*Kremer*/*Haar*, KI-VO, 2. Teil 1. Kapitel Rn. 460.
387 Schwartmann/Keber/Zenner/*Kremer*/*Haar*, KI-VO, 2. Teil 1. Kapitel Rn. 463.

terstützende Funktion bei der Standardbearbeitung innehaben, keine wesentliche Veränderung der Eingabedaten vorliegt oder das KI-System zur Kriminalitätsbekämpfung gesetzlich zugelassen ist (Art. 50 Abs. 2 S. 3 KI-VO). Denkbare Anwendungsbereiche für die Ausnahmen wären z. B. KI-Anwendungen, die zur Unterstützung klassischer Bildbearbeitungsprogramme eingebettet sind.[388]

cc) Emotionserkennungssysteme oder Systeme zur biometrischen Kategorisierung (Art. 50 Abs. 3 KI-VO)

Eine besondere Transparenzverpflichtung besteht nach Art. 50 Abs. 3 KI-VO auch für **Emotionserkennungssysteme** oder **Systeme zur biometrischen Kategorisierung**. Ein „Emotionserkennungssystem" ist nach Art. 3 Nr. 39 KI-VO ein KI-System, das dem Zweck dient, Emotionen oder Absichten natürlicher Personen auf der Grundlage ihrer biometrischen Daten festzustellen oder daraus abzuleiten. Ein „System zur biometrischen Kategorisierung" hingegen ist nach Art. 3 Nr. 40 KI-VO ein KI-System, das dem Zweck dient, natürliche Personen auf der Grundlage ihrer biometrischen Daten bestimmten Kategorien zuzuordnen, sofern es sich um eine Nebenfunktion eines anderen kommerziellen Dienstes handelt und aus objektiven technischen Gründen unbedingt erforderlich ist. Zu den Kategorien können Aspekte wie etwa Geschlecht, Alter, Haarfarbe, Augenfarbe, Tätowierungen, persönliche Merkmale, ethnische Herkunft sowie persönliche Vorlieben und Interessen gehören.[389]

Die Betreiber solcher Systeme sind dazu verpflichtet, die betroffenen Personen über den Einsatz eines solchen Systems zu informieren.[390] Natürliche Personen sollen also wissen, wenn sie KI-Systemen ausgesetzt sind, die durch die Verarbeitung ihrer biometrischen Daten die Gefühle oder Absichten dieser Personen identifizieren oder ableiten oder sie bestimmten Kategorien zuordnen können. Genutzt werden Emotionserkennungssysteme in vielen unterschiedlichen Bereichen, wie z. B. am Arbeitsplatz, in Bildungseinrichtungen, zu Marketingzwecken oder auch im privaten beziehungsweise öffentlichen Sicherheitssektor.[391]

Eine Ausnahme von der Transparenzverpflichtung wird laut Art. 50 Abs. 3 KI-VO bei KI-Systemen gemacht, die gesetzlich zur Aufdeckung, Verhütung oder Ermittlung von Straftaten dienen, zur biometrischen Kategorisierung und Emotionserkennung im Einklang mit dem Unionsrecht verwendet werden und geeignete Schutzvorkehrungen für die Rechte und Freiheiten Dritter getroffen haben.

---

388 *Wendt/Wendt*, Das neue Recht der Künstlichen Intelligenz, § 9 Rn. 9.

389 Erwägungsgrund 132 VO (EU) 2024/1689.

390 Schwartmann/Keber/Zenner/*Kremer*/*Haar*, KI-VO, 2. Teil 1. Kapitel Rn. 466.

391 *Martini*/Wendehorst, KI-VO, Art. 50 Rn. 75.

dd) KI-Systeme zur Erzeugung und Manipulation von Bild-, Ton- oder Videoinhalten, Deepfakes und Texten zur Information der Öffentlichkeit (Art. 50 Abs. 4 KI-VO)

Eine weitere Transparenzverpflichtung gibt es für Betreiber von KI-Systemen, welche Bild-, Ton- oder Videoinhalte erzeugen oder manipulieren, die ein **Deepfake** im Sinne von Art. 3 Nr. 60 KI-VO sind (Art. 50 Abs. 4 UAbs. 1 KI-VO). Ein Deepfake ist demnach ein durch KI erzeugter oder manipulierter Bild-, Ton oder Videoinhalt der wirklichen Personen, Gegenständen, Orten, Einrichtungen oder Ereignissen ähnelt und einer Person fälschlicherweise als echt oder wahrheitsgemäß erscheinen würde.

Betreiber müssen darüber informieren, dass die Inhalte künstlich erzeugt oder manipuliert wurden. Diese Kenntlichmachung führt jedoch nicht zu einer gesellschaftlichen oder rechtmäßigen Anerkennung von Deepfakes, sondern soll vornehmlich Täuschungen über die Echtheit eines Inhalts vermeiden.[392]

Wer genau über die künstliche Erzeugung oder Manipulation informiert werden soll, wird in Art. 50 Abs. 4 UAbs. 1 KI-VO nicht benannt. Es ist aber wohl davon auszugehen, dass dies gegenüber jeglichen von der Täuschung potentiell betroffenen Personen geschehen muss, also sowohl den Nutzern des KI-Systems als auch der Allgemeinheit.[393]

Eine solche Kennzeichnungspflicht trifft nach Art. 50 Abs. 4 UAbs. 2 KI-VO auch Betreiber eines KI-Systems, welches Text erzeugt oder manipuliert, der veröffentlicht wird, um die Öffentlichkeit über Angelegenheiten von öffentlichem Interesse zu informieren.

Ausnahmsweise besteht diese Pflicht in beiden Fällen nicht, wenn die Verwendung zur Aufdeckung, Verhütung, Ermittlung oder Verfolgung von Straftaten gesetzlich zugelassen ist (Art. 50 Abs. 4 KI-VO). Beschränkt werden soll die Transparenzpflicht auch, wenn der Inhalt Teil eines offensichtlich künstlerischen, kreativen, satirischen, fiktionalen oder analogen Werks oder Programms ist. In einem solchen Fall soll gemäß Art. 50 Abs. 4 UAbs. 1 KI-VO das Vorhandensein solcher erzeugten oder manipulierten Inhalte in einer derartigen Weise offengelegt werden, die die Darstellung oder den Genuss des Werks nicht beeinträchtigt.

Eine Ausnahme von der Transparenzpflicht besteht für Betreiber von KI-Systemen, die Texte erzeugen oder manipulieren zusätzlich auch dann, wenn die durch KI erzeugten Inhalte einem Verfahren der menschlichen Überprüfung oder redaktionellen Kontrolle unterzogen wurden und wenn eine natürliche oder juristische Person die redaktionelle Verantwortung für die Veröffentlichung der Inhalte trägt (Art. 50 Abs. 4 UAbs. 2 KI-VO).

Praktische Relevanz werden die genannten Verpflichtungen insbesondere für Unternehmen aufweisen, die KI-Systeme im Endkundenbereich verwenden.[394]

---

392 Schwartmann/Keber/Zenner/*Kremer*/*Haar*, KI-VO, 2. Teil 1. Kapitel Rn. 470.

393 Schwartmann/Keber/Zenner/*Kremer*/*Haar*, KI-VO, 2. Teil 1. Kapitel Rn. 471.

394 *Ashkar*/*Schröder*, BB 2024, 779.

e) KI-Modelle mit allgemeinem Verwendungszweck, Art. 51–Art. 56 KI-VO

Die Verordnung sieht in Kapitel V spezielle Regelungen für KI-Modelle mit allgemeinem Verwendungszweck vor. Diese Systeme werden auch als **General Purpose AI (GPAI)** oder **Basismodelle** bezeichnet. Ein typisches Beispiel dafür sind Generative KI-Modelle, da sie eine flexible Erzeugung von Inhalten ermöglichen – etwa in Form von Text-, Audio-, Bild- oder Videoinhalten, die ein weites Spektrum unterschiedlicher Aufgaben umfassen können.[395] Derzeit beruhen diese Systeme insbesondere auf großen Sprachenmodellen, sog. ***Large Language Models***. Fast schon allgegenwärtig erscheint einem in diesem Zusammenhang der Chatbot *ChatGPT* des Unternehmens *OpenAI*.[396]

Diese zu regulierende Kategorie ist im Gesetzgebungsverfahren erst durch den Entwurf des Europäischen Parlaments[397] in 2022 eingeführt worden.[398] Basismodelle unterfallen wegen ihres allgemeinen Verwendungszwecks meist keiner der anderen Regelungen, da gerade kein konkretes Anwendungsszenario auszumachen ist.

aa) Einstufung, Art. 51 Abs. KI-VO

Die Verordnung unterscheidet hinsichtlich der Pflichten für Anbieter zwischen KI-Modellen mit allgemeinem Verwendungszweck und KI-Modellen mit **allgemeinem Verwendungszweck mit systemischem Risiko**. Nach Art. 3 Nr. 66 KI-VO ist ein KI-Modell mit allgemeinem Verwendungszweck ein KI-Modell – einschließlich der Fälle, in denen ein solches KI-Modell mit einer großen Datenmenge unter umfassender Selbstüberwachung trainiert wird –, das eine erhebliche allgemeine Verwendbarkeit aufweist und in der Lage ist, unabhängig von der Art und Weise seines Inverkehrbringens ein breites Spektrum unterschiedlicher Aufgaben kompetent zu erfüllen, und das in eine Vielzahl nachgelagerter Systeme oder Anwendungen integriert werden kann, ausgenommen KI-Modelle, die vor ihrem Inverkehrbringen für Forschungs- und Entwicklungstätigkeiten oder die Konzipierung von Prototypen eingesetzt werden. Die Einstufung des Modells als solches mit systemischem Risiko richtet sich nach Art. 51 KI-VO. Demnach gibt es zwei Möglichkeiten, wie ein KI-Modell mit allgemeinem Verwendungszweck als mit systemischem Risiko eingestuft werden kann. Zum einen erfolgt eine solche Einstufung, wenn es über Fähigkeiten mit hohem Wirkungsgrad, die mithilfe geeigneter technischer Instrumente und Methoden, einschließlich Indikatoren und Benchmarks, bewertet werden, verfügt (Art. 51 Abs. 1 lit. a) KI-VO). Was unter einem hohen Wirkungsgrad zu verstehen ist, erklärt Art. 51 Abs. 2 KI-VO: ein solcher ist anzunehmen, wenn die kumulierte

---

395 Erwägungsgrund 99 VO (EU) 2024/1689.

396 *von Welser*, GRUR-Prax 2024, 485 Rn. 7.

397 Europäisches Parlament, Abänderungen des Europäischen Parlaments vom 14.6.2023 zu dem Gesetz über künstliche Intelligenz und zur Änderung bestimmter Rechtsakte der Union (COM(2021)0206 – C9-0146/2021 – 2021/0106(COD)), abrufbar unter https://www.europarl.europa.eu/doceo/document/TA-9-2023-0236_DE.html (zuletzt abgerufen am: 1.11.2024).

398 *Schwartmann*/Keber/*Zenner*/*Hansen*, KI-VO, 2. Teil 1. Kapitel Rn. 489f.

Menge der für das Training verwendeten Berechnungen, gemessen in Gleitkommaoperationen (Floating Point Operations – FLOPs), mehr als 10^{25} beträgt.[399]

Eine Einstufung als Modell mit systemischem Risiko kann daneben aber auch durch eine Entscheidung der Kommission erfolgen (Art. 51 Abs. 1 lit. b) KI-VO). Demnach darf die Kommission unter Bezugnahme auf in Anhang XIII ausgeführte Kriterien von Amts wegen oder anlässlich einer Warnung des wissenschaftlichen Gremiums einem KI-Modell mit allgemeinem Verwendungszweck individuell einen hohen Wirkungsgrad zuweisen. Die Einstufung entscheidet darüber, ob Anbieter zur Wahrung öffentlicher Interessen besonders strengen Verpflichtungen unterworfen sind.[400]

Den Anbieter trifft eine Mitteilungspflicht, nach der es der Kommission unverzüglich anzuzeigen ist, sobald ein KI-Modell mit allgemeinem Verwendungszweck die Bedingung des systemischen Risikos erfüllt (Art. 52 KI-VO).

bb) Pflichten für Anbieter von KI-Modellen mit allgemeinem Verwendungszweck, Art. 53 KI-VO

Anbieter von KI-Modellen mit allgemeinem Verwendungszweck unterliegen nach Art. 53 KI-VO unter anderem der Pflicht, eine technische Dokumentation ihres Modells zu erstellen und aktuell zu halten. Die Dokumentation muss die Trainings- und Testverfahren sowie die Ergebnisse der Bewertung, mindestens aber alle in Anhang XI aufgeführten Informationen enthalten. Informationen, die in Anhang XI Abschnitt 1 Nr. 1 gefordert werden, sind unter anderem eine allgemeine Beschreibung des KI-Modells, einschließlich der Aufgaben, die das Modell erfüllen soll, sowie der Art und des Wesens der KI-Systeme, in die es integriert werden kann (Anhang XI Abschnitt 1 Nr. 1 lit. a)) und die anwendbaren Regelungen der akzeptablen Nutzung (Anhang XI Abschnitt 1 Nr. 1 lit. b)). Auch werden ausführliche Beschreibungen der Elemente des Modells und relevante Informationen zum Entwicklungsverfahren, wie beispielsweise die technischen Mittel, die für die Integration des KI-Modells mit allgemeinem Verwendungszweck in KI-Systemen erforderlich sind, verlangt (Anhang XI Abschnitt 1 Nr. 2 lit. a)).

Zentral sind hier zudem Regelungen zum Urheberrecht. Die besondere Bedeutung ergibt sich daraus, dass die KI-Modelle mit einer riesigen Menge an Daten, darunter eventuell urheberrechtlich geschützte Werke, trainiert werden.[401] Die KI-VO schreibt dahingehend vor, dass eine Strategie zur Einhaltung des Urheberrechts der Union und damit zusammenhängender Rechte auf den Weg gebracht werden muss (Art. 53 Abs. 1 lit. c) KI-VO). Im Gesetzgebungsverfahren war lange umstritten, ob es diesbezüglich eigenständige Regelungen in der Verordnung geben solle oder bloß auf das Urheber-

---

399 *Schwartmann*/Keber/*Zenner*/*Hansen*, KI-VO, 2. Teil 1. Kapitel Rn. 494.
400 Martini/Wendehorst/*Berstein*/*Schmitt*, KI-VO, Art. 51 Rn. 3.
401 Siehe für eine nähere Einführung und Einordnung in das Urheberrecht bei *Wendt*/*Wendt*, Das neue Recht der Künstlichen Intelligenz, § 10 Rn. 34.

recht verwiesen werden solle, wobei sich für letzteres entschieden worden ist.[402] Mit der von Art. 53 KI-VO geforderten Strategie wird dabei auch das Ziel verfolgt, mittels modernster Technologien sicherzustellen, dass ein nach Art. 4 Abs. 3 KI-VO der DSM-RL[403] geltend gemachter Rechtsvorbehalt gewahrt bleibt.[404] In diesem Zusammenhang wird außerdem die Pflicht der Anbieter nach Art. 53 Abs. 1 lit. d) KI-VO bedeutend, wonach die Anbieter auch eine hinreichend detaillierte Zusammenfassung der für das Training des KI-Modells mit allgemeinem Verwendungszweck verwendeten Inhalte nach einer vom Büro für Künstliche Intelligenz bereitgestellten Vorlage zu erstellen und zu veröffentlichen haben.

Des Weiteren sind Anbieter, die in Drittländern niedergelassen sind, dazu verpflichtet, vor dem Inverkehrbringen eines KI-Modells mit allgemeinem Verwendungszweck auf dem Unionsmart schriftlich einen in der Union niedergelassenen Bevollmächtigten zu benennen (Art. 54 Abs. 1 KI-VO). Diesem muss dann ermöglicht werden, die Aufgaben wahrzunehmen, die im vom Anbieter erhaltenen Auftrag festgehalten sind (Art. 54 Abs. 2 KI-VO). Insbesondere muss der Bevollmächtigte dem Büro für künstliche Intelligenz gemäß Art. 54 Abs. 3 KI-VO auf Anfrage eine Kopie des Auftrags zur Verfügung stellen. Der Auftrag ermächtigt den Bevollmächtigten zumindest zur Wahrnehmung der in Art. 54 Abs. 3 lit. a)–d) KI-VO aufgeführten Aufgaben (Art. 54 Abs. 3 KI-VO).

cc) Pflichten für Anbieter von KI-Modellen mit allgemeinem Verwendungszweck mit systemischem Risiko, Art. 55 KI-VO

Die Anbieter von KI-Modellen mit allgemeinem Verwendungszweck mit systemischem Risiko müssen vier zusätzliche Pflichten erfüllen (Art. 55 KI-VO). Zunächst müssen Anbieter eine Modellbewertung mit standardisierten Protokollen und Instrumenten, die dem Stand der Technik entsprechen, durchführen, wozu auch die Durchführung und Dokumentation von Angriffstests beim Modell gehören (lit. a)). Damit sollen systemische Risiken erkannt und reduziert werden. Zudem müssen mögliche systemische Risiken bewertet und gemindert werden (lit. b)).[405] Vorgesehen ist darüber hinaus die Pflicht zum Erfassen und Dokumentieren von schwerwiegenden Vorfällen sowie Informieren der zuständigen nationalen Behörde (lit. c)). Schließlich ist außerdem ein angemessenes Maß an Cybersicherheit für die KI-Modelle mit allgemeinem Verwendungszweck mit systemischem Risiko und die physische Infrastruktur des Modells zu gewährleisten (lit. d)).

---

402 *Wendt/Wendt*, Das neue Recht der Künstlichen Intelligenz, § 10 Rn. 39.

403 Richtlinie (EU) 2019/790 des Europäischen Parlaments und des Rates vom 17. April 2019 über das Urheberrecht und die verwandten Schutzrechte im digitalen Binnenmarkt und zur Änderung der Richtlinien 96/9/EG und 2001/29/EG, ABl. EU L 130 vom 17.5.2019, S. 92.

404 *Wendt/Wendt*, Das neue Recht der Künstlichen Intelligenz, § 10 Rn. 37.

405 Diese Pflicht entspricht weitgehend bereits der Verpflichtung nach lit. a), *Schwartmann*/Keber/*Zenner/Hansen*, KI-VO, 2. Teil 1. Kapitel Rn. 497.

dd) Praxisleitfäden, Art. 56 KI-VO

Um zur ordnungsgemäßen Anwendung der Verordnung beizutragen, werden auf Unionsebene Praxisleitfäden ausgearbeitet (Art. 56 KI-VO). Dies wird von dem Büro für Künstliche Intelligenz erleichtert und gefördert (Art. 56 Abs. 1 KI-VO). Die Praxisleitfäden gelten für die Pflichten der Anbieter von KI-Modellen mit allgemeinem Verwendungszweck, sowohl mit als auch ohne systemisches Risiko und sollen eine konkrete Orientierung geben, wie die abstrakten Pflichten rechtssicher erfüllt werden können.[406] Art. 56 KI-VO legt insofern keine verbindlichen Pflichten für die Anbieter fest, sondern bietet nur einen Rahmen für freiwillige Regulierungen.[407] Insbesondere sollen die Praxisleitfäden zumindest die in Artikel 53 und Artikel 55 KI-VO vorgesehenen Pflichten abdecken (Art. 56 Abs. 2 KI-VO).

Die Regelungen zu den KI-Modellen mit allgemeinem Verwendungszweck treten nach Art. 113 lit. b) KI-VO bereits voraussichtlich im Juli 2025 in Kraft. Demnach müssten die Praxisleitfäden gemäß Art. 56 Abs. 9 KI-VO schon im April 2025 fertiggestellt vorliegen. Dies zu erreichen, wird jedoch mangels ausreichendem EU-Budgets und des noch nicht fertig aufgebauten KI-Amts in Brüssel zeitlich kaum möglich sein.[408] Unklar ist, was die Folge von noch nicht rechtzeitig vorliegenden Praxisleitfäden sein wird.[409]

Die Standardisierungsorganisationen CEN und CENELEC bereiten derzeit außerdem Industriestandards vor, welche in Zusammenarbeit mit der EU-Kommission letztlich als harmonisierte europäische Normen veröffentlicht werden.[410]

ee) Normen, Konformitätsbewertung, Bescheinigungen, Registrierung, Art. 40–Art. 49 KI-VO

Die Durchführung von Konformitätsbewertungsverfahren vor Inverkehrbringen beziehungsweise Inbetriebnahme des KI-Systems ist ein zentraler Baustein des risikobasierten Regulierungsansatzes der Verordnung. Das Konformitätsbewertungsverfahren nach Art. 43 KI-VO, in dessen Rahmen die Einhaltung der gesetzlichen Anforderungen überprüft wird, ist für den Anbieter verpflichtend (Art. 16 lit. f) KI-VO). Nach erfolgreichem Abschluss des Verfahrens sind Anbieter verpflichtet, eine physische oder digitale **CE-Kennzeichnung** für eine praktische Binnenmarktfähigkeit des KI-Systems anzubringen (Art. 48 KI-VO) und eine EU-Konformitätserklärung auszustellen (Art. 47 KI-VO). Hintergrund dessen ist zum einen die Hoffnung des Gesetzgebers auf positive Effekte der CE-Kennzeichnungen für den KI-Standort Europa, sofern diese sich als internationales KI-Gütesiegel etablieren können.[411] Zum anderen kann durch das Konformitätsbewer-

---

406 *Wendt*/*Wendt*, Das neue Recht der Künstlichen Intelligenz, § 10 Rn. 47.
407 Martini/Wendehorst/*Berstein*/*Schmitt*, KI-VO, Art. 56 Rn. 1.
408 *Schwartmann*/Keber/*Zenner*/*Hansen*, KI-VO, 2. Teil 1. Kapitel Rn. 499.
409 *Schwartmann*/Keber/*Zenner*/*Hansen*, KI-VO, 2. Teil 1. Kapitel Rn. 499.
410 *Wendt*/*Wendt*, Das neue Recht der Künstlichen Intelligenz, § 10 Rn. 42.
411 *Gerdemann*, NJW 2024, 2209, 2210.

tungsverfahren schon vorsorglich zur Minimierung KI-spezifischer Risiken und somit zu erhöhter Sicherheit des Rechtsverkehrs beigetragen werden.[412]

Die **Konformitätsbewertung** selbst wird in Art. 3 Abs. 20 KI-VO als ein Verfahren definiert, mit dem bewertet wird, ob ein Hochrisiko-KI-System die nach Art. 8 ff. KI-VO gestellten Anforderungen erfüllt hat. Dabei bietet die Verordnung zwei verschiedene Konformitätsbewertungsverfahren: das interne Konformitätsbewertungsverfahren nach Anhang VI oder ein externes Konformitätsbewertungsverfahren nach Anhang VII (Art. 43 Abs. 1 S. 1 lit. a), b) KI-VO).

Bei einer internen Konformitätsbewertung überprüft der Anbieter, anhand der technischen Dokumentation, ob das KI-System den Anforderungen eines Hochrisiko-KI-Systems entspricht, das Qualitätsmanagementsystem die Anforderungen der KI-VO erfüllt und ob der Entwurf- und Entwicklungsprozess des KI-Systems sowie dessen Überwachung nach der Markteinführung mit der technischen Dokumentation übereinstimmen.[413]

Während bei dem internen Verfahren der Anbieter selbst die Einhaltung der materiellen Anforderungen der Verordnung überprüft, übernimmt diese Aufgabe bei dem externen Verfahren eine notifizierte Stelle. Die Anforderungen für die Einstufung als notifizierte Stelle richten sich nach dem Abschnitt 4. Sie sind Konformitätsbewertungsstellen und werden von staatlichen Stellen überprüft.[414] Das Notifizierungsverfahren ist in Art. 28–39 KI-VO bestimmt.

Bei einem externen Konformitätsbewertungsverfahren muss zuerst der Anbieter jeweils einen Antrag auf Überprüfung des Qualitätsmanagementsystems und der technischen Dokumentation stellen (Anhang VII Nr. 3.1, Nr. 4.2). Es folgt eine Bewertung durch die notifizierte Stelle anhand des von dem Anbieter in den Anträgen angegebenen Inhalts. Diese stellt fest, ob die Anforderungen der KI-VO und der Vorschriften über Hochrisiko-KI-Systeme gewahrt wurden.

4. Notifizierende Behörden und notifizierte Stellen, Art. 28–Art. 39 KI-VO

Jeder Mitgliedstaat muss für die Zwecke dieser Verordnung mindestens eine **notifizierende Behörde** und mindestens eine Marktüberwachungsbehörde als zuständige nationale Behörden einrichten oder benennen (Art. 70 KI-VO). Die notifizierende Behörde ist sodann für die Einrichtung und Durchführung der erforderlichen Verfahren zur Bewertung, Benennung und Notifizierung von Konformitätsbewertungsstellen und für deren Überwachung zuständig (Art. 28 Abs. 1 und Art. 3 Nr. 19 KI-VO). Damit eine Stelle notifiziert werden kann, muss sie die Anforderungen nach Art. 31 KI-VO – beispielsweise hinsichtlich Unabhängigkeit und Organisationsstruktur – erfüllen.

---

412 *Gerdemann*, NJW 2024, 2209, 2210.
413 *Voigt/Hullen*, Handbuch KI-Verordnung, Kap. 6.1.2.
414 *Voigt/Hullen*, Handbuch KI-Verordnung, Kap. 6.1.3.1.

Die Bescheinigung der Konformität wird nur für einen begrenzten Zeitraum von der notifizierenden Behörde ausgestellt (Art. 44 Abs. 2 S. 1 KI-VO). So sind Bescheinigungen für KI-Systeme, die unter Anhang I fallen, für bis zu fünf Jahre und für KI-Systeme, die unter Anhang III fallen, für bis zu vier Jahre gültig. Eine Verlängerung der Gültigkeit der Bescheinigung um bis zu vier beziehungsweise fünf Jahre ist möglich (Art. 44 Abs. 2 S. 2 KI-VO). Dabei kann die Bescheinigung jederzeit ausgesetzt, widerrufen oder eingeschränkt werden, wenn festgestellt wird, dass ein KI-System die Anforderungen nicht mehr erfüllt und die Einhaltung nicht durch geeignete Korrekturmaßnahmen des Anbieters innerhalb einer von der notifizierten Stelle gesetzten Frist wiederhergestellt wird (Art. 44 Abs. 3 KI-VO).

Bislang ist noch unklar, welche Behörde in Deutschland für die Notifizierung der entsprechenden Stellen zuständig sein wird, wobei vielfach mit einer Übernahme durch die BnetzA gerechnet wird.[415] Vergleichbar mit der bestehenden Praxis im Produktsicherheitsrecht, läge es zudem nahe, wenn die für die Notifizierung zuständige Behörde auf eine Vorabprüfung durch die Deutsche Akkreditierungsstelle (DAkkS) setzt.[416]

5. Governance

Mit der KI-VO sollte ein Governance-Rahmen geschaffen werden, der sowohl die Koordinierung und Unterstützung der Anwendung dieser Verordnung auf nationaler Ebene als auch den Aufbau von Kapazitäten auf Unionsebene und die Integration von Interessenträgern im Bereich der KI ermöglicht.[417] Der neue Governance-Rahmen setzt sich aus der EU-Kommission und neuen Einrichtungen auf EU-Ebene sowie noch zu bestimmenden zuständigen Behörden auf nationaler Ebene zusammen.[418] Praktisch besonders relevant sind das Büro für Künstliche Intelligenz, das KI-Gremium und die nationale Behörde für die Marktüberwachung. Die entsprechenden Bestimmungen finden sich in den Art. 64 ff. KI-VO.

a) Büro für Künstliche Intelligenz (AI Office), Art. 64 KI-VO

Mit dem Büro für Künstliche Intelligenz (**AI Office**) und dem Europäischen Gremium für Künstliche Intelligenz (**AI Board**) sollen Beratungskompetenzen im Bereich der Künstlichen Intelligenz gebündelt werden.[419] Die Vorschriften bezüglich des AI Office finden sich in den Art. 64 ff. KI-VO. Das AI Office soll die ordnungsgemäße Umsetzung der KI-VO

---

415 *Gerdemann*, NJW 2024, 2209, 2211.
416 *Gerdemann*, NJW 2024, 2209, 2211.
417 Erwägungsgrund 148 VO (EU) 2024/1689.
418 *Wendt/Wendt*, Das neue Recht der Künstlichen Intelligenz, § 12 Rn. 1.
419 *Bomhard/Siglmüller*, RDi 2024, 52.

gewährleisten, sodass ihm eine zentrale Rolle im KI-Aufsichtssystem zu kommt.[420] Organisatorisch ist das AI Office innerhalb der Kommission angesiedelt. Nach Angabe der Kommission besteht es aus fünf Referaten und zwei zusätzlichen Beratern, einem leitenden wissenschaftlichen Berater und einem für internationale Angelegenheiten.[421] Befugnisse kommen dem Büro für künstliche Intelligenz insbesondere als Marktüberwachungsbehörde für KI-Modelle mit allgemeinem Verwendungszweck zu.[422] Diesbezüglich soll unter anderem die Ausarbeitung für Praxisleitfäden gefördert und erleichtert werden (Art. 56 KI-VO). Um diese Befugnisse auch wirksam wahrnehmen zu können, ist das AI Office gem. Art. 89 KI-VO befugt, Überwachungsmaßnahmen durchzuführen. Auch haben nachgelagerte Anbieter das Recht, vermeintliche Verstöße von Anbietern von KI-Modellen bei dem AI Office zu melden (Art. 89 Abs. 2 KI-VO).

b) KI-Gremium (AI-Board), Art. 65, 66 KI-VO

Neben dem AI Office soll das KI-Gremium **(AI Board)** als zusätzliche Einrichtung bei der Umsetzung der KI-VO helfen.[423] Das AI Board soll sich als Europäischer Ausschuss für künstliche Intelligenz zusammensetzen aus einem Vertreter je Mitgliedsstaat (Art. 65 Abs. 2 KI-VO). Die Aufgaben des AI Boards ergeben sich aus Art. 66 KI-VO: Zentrale Befugnisse erhält das AI Office dabei in Bezug auf die Koordinierung und Beratung nationaler Behörden sowie der Kommission (Art. 66 lit. a), b), c), e), f)KI-VO), die Harmonisierung der Verwaltungspraxis (Art. 66 lit. d) KI-VO) und die Entwicklung gemeinsamer Kriterien in Bezug auf die in der Verordnung vorgesehenen Konzepte (Art. 66 lit. g) KI-VO). Auch soll das AI Board bei der Zusammenarbeit mit den Behörden von Drittstaaten und anderen internationalen Organisationen mitwirken (Art. 66 lit. i) KI-VO). Das KI-Gremium agiert somit vorwiegend durch Stellungnahmen und Berichte.[424] Es besitzt jedoch keine verbindliche Entscheidungsbefugnis im Einzelfall.[425]

Auf nationaler Ebene sollen pro Mitgliedsstaat je eine notifizierende Behörde und mindestens eine Marktüberwachungsbehörde benannt werden (Art. 70 KI-VO). Dabei soll den nationalen Stellen eine Schlüsselrolle bei der Anwendung und Durchsetzung der KI-VO zukommen.[426] Die Aufgaben der notifizierenden Behörden ergeben sich hauptsächlich aus den Art. 30 ff. KI-VO, in denen insbesondere die Notifizierungen für die sog. Konformitätsbewertungsstellen geregelt sind.

---

420 *Bomhard/Siglmüller*, RDi 2024, 52; *Wendt/Wendt*, Das neue Recht der Künstlichen Intelligenz, § 12 Rn. 10.

421 https://digital-strategy.ec.europa.eu/en/policies/ai-office (zuletzt abgerufen am: 1.11.2024).

422 *Bomhard/Siglmüller*, RDi 2024, 52.

423 Erwägungsgrund 20 VO (EU) 2024/1689.

424 Martini/Wendehorst/*Roth-Isigkeit*, KI-VO, Art. 64 Rn 4.

425 Martini/Wendehorst/*Roth-Isigkeit*, KI-VO, Art. 64 Rn 4.

426 Erwägungsgrund 153 VO (EU) 2024/1689.

c) Marktüberwachungsbehörde, Art. 3 Nr. 26 KI-VO

Die nationalen Marktüberwachungsbehörde ist nach Art. 3 Nr. 26 KI-VO die nationale Behörde, die die Tätigkeiten durchführt und die in der Marktüberwachungs-Verordnung[427] vorgeschriebenen Maßnahmen ergreift. Dabei sollen sie insbesondere die Durchsetzung der Hochrisiko-KI-Regelungen überwachen.[428] Zu den zentralen Aufgaben der Marktüberwachungsbehörden zählen folgende:[429]

- die Entgegennahme und Bearbeitung Meldungen schwerwiegender Vorfälle (Art. 73 Abs. 8 KI-VO in Verbindung mit Art. 19 VO (EU) 2019/ 1020);
- die Marktüberwachung und Kontrolle von KI-Systemen (Art. 74 KI-VO in Verbindung mit VO (EU) 2019/1020);
- die Amtshilfe und Marktüberwachung und Kontrolle von GPAI-Systemen (Art. 75 KI-VO in Verbindung mit VO (EU) 2019/1020);
- die Beaufsichtigung von Tests unter Realbedingungen (Art. 76 KI-VO);
- die Durchführung von Verfahren auf nationaler Ebene für den Umgang mit KI-Systemen, die ein Risiko bergen (Art. 79 KI-VO in Verbindung mit Art. 3 Nr. 19 und Art. 18 VO (EU) 2019/1020);
- die Durchführung von Verfahren für den Umgang mit KI-Systemen, die vom Anbieter gem. Anhang III als nicht hochriskant eingestuft werden (Art. 80 KI-VO in Verbindung mit Art. 11 VO (EU) 2019/1020);
- die Durchführung des Schutzklauselverfahrens (Art. 81 KI-VO in Verbindung mit Art. 11 VO (EU) 1025/2012);
- die Feststellung konformer KI-Systeme, die trotzdem ein Risiko bergen (Art. 82 KI-VO);
- die Feststellung formaler Nichtkonformität (Art. 83 KI-VO).

Zentrale Befugnisse der Marktüberwachungsbehörde sind demnach vor allem solche zur Untersuchung und zu aufsichtsrechtlichen Maßnahmen.

Ausgangsnorm für Untersuchungsbefugnisse bildet Art. 74 KI-VO. Nach Art. 74 Abs. 1 KI-VO gilt für KI-Systeme die MÜ-VO. Diese verpflichtet die Mitgliedsstaaten, den Behörden die entsprechenden Befugnisse nach nationalem Recht zu übertragen (Art. 14 Abs. 1 MÜ-VO). In Deutschland ist dies mit dem Marktüberwachungsgesetz[430] (MüG) umgesetzt worden, welches in § 7 Abs. 1 S. 1 MüG wiederum auf die Befugnisse nach Art. 14 Abs. 4 und 5 MÜ-VO verweist. Die nationale Marktüberwachungsbehörde kann danach insbesondere Dokumente und Informationen über technische Aspekte des KI-

---

427 Verordnung (EU) 2019/1020 des Europäischen Parlaments und des Rates vom 20. Juni 2019 über Marktüberwachung und die Konformität von Produkten sowie zur Änderung der Richtlinie 2004/42/EG und der Verordnungen (EG) Nr. 765/2008 und (EU) Nr. 305/2011, ABl. 2019 L 169/1.

428 *Lachenmann*, MMR-Aktuell 2024, 01359; *Ashkar/Schröder*, BB 2024, 775.

429 *Wendt/Wendt*, Das neue Recht der Künstlichen Intelligenz, § 12 Rn. 57.

430 Gesetz zur Marktüberwachung und zur Sicherstellung der Konformität von Produkten (Marktüberwachungsgesetz – MüG v. 9.6.2021, BGBl. 2021 I S. 1723.

Systems verlangen oder unangekündigte Inspektionen vor Ort durchführen (§ 14 Abs. 4 lit. a), d) MÜ-VO). Darüber hinaus erhalten Marktüberwachungsbehörden auf begründete Anfrage und unter bestimmten Voraussetzungen nach Art. 74 Abs. 13 KI-VO Zugang zum Quellcode des Hochrisiko-KI-Systems. Dabei ist allerdings ein sensibler Umgang mit möglicherweise betroffenen Geschäftsgeheimnissen der Unternehmen erforderlich.[431]

Aufsichtsrechtliche Maßnahmen bei Verstößen gegen die KI-VO richten sich insbesondere nach der Generalklausel in Art. 79 Abs. 2 UAbs. 2 KI-VO. Danach kann die Marktüberwachungsbehörde in dem Fall, dass das KI-System die Anforderungen und Pflichten der Verordnung nicht erfüllt, den jeweiligen Akteur auffordern, alle Korrekturmaßnahmen zu ergreifen, die geeignet sind, die Konformität des KI-Systems herzustellen. Die Behörde kann den Akteur auch auffordern, das KI-System vom Markt zu nehmen oder es innerhalb einer Frist, die die Marktüberwachungsbehörde vorgeben kann, in jedem Fall innerhalb von weniger als 15 Arbeitstagen, oder gemäß den einschlägigen Harmonisierungsrechtsvorschriften der Union zurückzurufen (Art. 79 Abs. 2 UAbs. 2 KI-VO).

6. Sanktionen

Art. 99 der KI-Verordnung sieht einen Bußgeldkatalog zur Sanktionierung von Verstößen gegen die KI-Verordnung vor. Adressaten der Sanktionen und Durchsetzungsmaßnahmen können sowohl Anbieter, Einführer, Bevollmächtigte, Händler, Betreiber als auch notifizierende Stellen sein.[432] Die Höhe der Bußgelder richtet sich nach dem jeweiligen Verstoß gegen die KI-Verordnung:

a) Bußgelder

Bei Missachtung des Verbots aus Art. 5 KI-VO können Geldbußen in Höhe von **bis zu 35.000.000 EUR** oder bei Unternehmen **bis zu 7 % des gesamten weltweiten Jahresumsatzes des vorangegangenen Geschäftsjahres**, je nachdem, welcher Betrag höher ist, verhängt werden (Art. 99 Abs. 3 KI-VO).

Liegt hingegen ein Verstoß gegen Pflichten der KI-VO außerhalb von Art. 5 KI-VO vor, können nach Art. 99 Abs. 4 KI-VO Geldbußen **bis zu 15.000.000 EUR** und bei Unternehmen **bis zu 3 % des weltweiten Jahresumsatzes des vorangegangenen Geschäftsjahres**, je nachdem, welcher Betrag höher ist, auferlegt werden.

Gibt ein Akteur falsche Informationen an die zuständige Behörde weiter, drohen Bußgelder in Höhe von 7.500.000 EUR oder bei Unternehmen bis zu 1 % des gesamten weltweiten Jahresumsatzes des vorangegangenen Geschäftsjahres (Art. 99 Abs. 5 KI-VO).

---

431 *Schwartmann/Keber/Zenner/Hansen*, KI-VO, 3. Teil 1. Kapitel Rn. 35.

432 *Schwartmann*/Keber/Zenner/*Köhler*, KI-VO, 3. Teil 3. Kapitel Rn. 4.

Für KMU gilt der jeweils niedrigere Betrag aus den in Art. 99 Abs. 3–5 KI-VO genannten Summen oder Prozentsätzen, Art. 99 Abs. 6 KI-VO. Der weltweite Jahresumsatz von Unternehmen wird nach Auslegung von Art. 101 und 102 AEUV voraussichtlich anhand des Umsatzes des Mutterkonzerns berechnet.[433]

Bereits der Bußgeldkatalog an sich hat aufgrund seiner hohen Strafen abschreckende Wirkung. Zur weiteren Sicherstellung der ordnungsgemäßen Durchsetzung der KI-Verordnung befugt Art. 99 Abs. 1 KI-VO zusätzlich die zuständigen nationalen Behörden zum Erlass von weiteren Sanktionen und Durchsetzungsmaßnahmen. Die von den Mitgliedstaaten vorgesehenen Sanktionen müssen dabei wirksam, verhältnismäßig und abschreckend sein (Art. 99 Abs. 1 KI-VO). Zusätzlich sollen die Interessen von KMU, insbesondere deren wirtschaftliches Überleben, berücksichtigt werden.

b) Weitere Haftungsrisiken

Die KI-VO umfasst keine Regelungen über die zivilrechtliche Haftung. Für diese ausschlaggebend sein wird ein duales Haftungsgefüge[434], nämlich die Produkthaftungsrichtlinie und die Richtlinie zur Anpassung der Vorschriften über außervertragliche zivilrechtliche Haftung an Künstliche Intelligenz (AI Liability Directive)[435]. Durch ebendiese sollen Haftungsrisiken leichter kalkulierbar und versicherbar werden.[436] In den Richtlinien werden die Darlegungs- und Beweislastregeln der Geschädigten und auch die Vermutung zulasten der Hersteller und Anbieter von KI-Systemen erleichtert.[437] Hintergrund der Bemühungen um Modifikationen bei der Haftung von Herstellern und Anbietern von KI-Systemen sind die Eigenarten dieser Systeme: Eigenschaften wie Komplexität, Autonomie und Opazität (Blackbox-Effekt) bringen einige Schwierigkeiten für Haftungsfälle mit sich.[438]

Beispielsweise bestehen im Produkthaftungsrecht Schwächen des Produkthaftungsgesetzes (ProdHaftG) – das originär schon gar nicht auf Software anwendbar ist (§ 2 ProdHaftG) – darin, dass es keine Produktbeobachtungspflicht kennt, die aber vor allem bei selbstlernenden KI-Systemen besonders wichtig ist.[439] Im Kommissionsentwurf[440] zur neuen Produkthaftungsrichtlinie wird hingegen Software als Produkt definiert und

---

433 *Schwartmann*/Keber/Zenner/*Köhler*, KI-VO, 3. Teil 3. Kapitel Rn. 9.

434 *Wendt*/*Wendt*, Das neue Recht der Künstlichen Intelligenz, § 14 Rn. 1.

435 EU-Kommission, Vorschlag für eine Richtlinie des Europäischen Parlaments und des Rates zur Anpassung der Vorschriften über außervertragliche zivilrechtliche Haftung an künstliche Intelligenz (AI Liability Directive) v. 28.9.2022, COM(2022) 496 final.

436 *Wendt*/*Wendt*, Das neue Recht der Künstlichen Intelligenz, § 14 Rn. 1.

437 *Lachenmann*/*Meye*r, MMR-Aktuell 2023, 457000.

438 Schwartmann/Keber/Zenner/*Kessen*, KI-VO, 3. Teil 2. Kapitel Rn. 17; *Wendt*/*Wendt*, Das neue Recht der Künstlichen Intelligenz, § 14 Rn. 5.

439 *Schwartmann*/Keber/Zenner/*Köhler*, KI-VO, 3. Teil 2. Kapitel Rn. 19.

440 Vorschlag für eine Richtlinie des Europäischen Parlaments und des Rates v. 28.9.2022 über die Haftung für fehlerhafte Produkte – COM(2022) 495 final.

es werden Fehler von weiterlernenden Produkten berücksichtigt sowie „Cybersicherheitsanforderungen“ an das Produkt gestellt.[441]

Ähnliche Schwierigkeiten bestehen vor dem Hintergrund der Eigenheiten von KI-Systemen auch für die deliktische Haftung. So ist es für den Geschädigten häufig kaum möglich, der Darlegungs- und Beweislast im Hinblick auf die Sorgfaltspflichtverletzung und die haftungsbegründende Kausalität nachzukommen.[442] Der Entwurf der AI Liability Directive (AILD-E) sieht deshalb ähnliche Maßnahmen wie die überarbeitete Produkthaftungsrichtlinie vor und enthält insbesondere beweisbezogene Regelungen. Der Kläger erhält etwa einen Anspruch auf Offenlegung bestimmter Beweismittel bei Hochrisiko-KI-Systemen.[443] Kommt der Antragsgegner der Aufforderung des Gerichts nicht nach, ist eine widerlegliche Vermutung der Verletzung einer Sorgfaltspflicht vorgesehen.[444] Außerdem wird unter bestimmten Voraussetzungen ein ursächlicher Zusammenhang zwischen dem Verschulden des Beklagten und dem vom KI-System hervorgebrachten Ergebnis oder aber der Tatsache, dass das KI-System kein Ergebnis hervorgebracht hat, vermutet.[445]

Beide Richtlinien dienen demnach dazu, insbesondere durch modifizierte Darlegungs- und Beweislastregeln die technischen Besonderheiten von KI zu berücksichtigen und die bisherigen Schwächen der Haftungsregelungen zu neutralisieren.

c) Rechtsbehelfe

Zusätzlich zu anderen verwaltungsrechtlichen oder gerichtlichen Rechten besteht nach Art. 85 Abs. 1 KI-VO ein Recht, Beschwerde bei der zuständigen Marktüberwachungsbehörde einzureichen, sofern ein Grund zu der Annahme besteht, dass gegen Bestimmungen der KI-VO verstoßen wurde. Dieses Recht kann jede natürliche oder juristische Person ausüben.

Nach Art. 86 KI-VO steht jeder von einer KI-gestützten Entscheidung betroffenen Person das Recht zu, vom Betreiber klare und aussagekräftige Erläuterungen zur Rolle des KI-Systems im Entscheidungsprozess und zu den wichtigsten Elementen der getroffenen Entscheidung zu erhalten.

Bezüglich einer unterbliebenen oder widerrufenen Notifizierung bestehen keine ausdrücklich geregelten Rechtsbehelfsverfahren.[446] Dennoch sind im Allgemeinen gem. Art. 99 Abs. 10 KI-VO entsprechende Verfahrensgarantien und gerichtliche Rechtsbehelfe gegen behördliche Befugnisse aus der KI-VO garantiert. Alle Rechte und Rechtsbehelfe bleiben für Verbraucher und andere Personen, auf die sich KI-Systeme negativ auswir-

---

441 *Schwartmann*/Keber/Zenner/*Köhler*, KI-VO, 3. Teil 2. Kapitel Rn. 20.

442 *Wendt*/*Wendt*, Das neue Recht der Künstlichen Intelligenz, § 14 Rn. 8.

443 Art. 3 Abs. 1 AILD-E.

444 Art. 3 Abs. 5 AILD-E.

445 Art. 4 Abs. 1 AILD-E.

446 *Wendt*/*Wendt*, Das neue Recht der Künstlichen Intelligenz, § 12 Rn. 62.

ken können, in Bezug auf einen möglichen Schadenersatz unberührt und sind in vollem Umfang anwendbar.[447]

7. Zusammenfassung und Auswirkungen auf die Praxis

a) Generelle Kritik am Regulierungskonzept

Seit Bekanntgabe der Planungen zur KI-VO kam es zu Diskussionen zur generellen Notwendigkeit der Regulierung entsprechender KI-Systeme beziehungsweise zur Frage, ob der aktuelle Zeitpunkt der richtige für eine groß angelegte Regulierung ist.[448] Befürworter, darunter insbesondere die Kommission, betonen die rechtliche Vorreiterstellung der EU durch die nun erste umfassende KI-Gesetzgebung.[449] So wird sich durch die KI-VO der sog. **Brüssel-Effekt**[450] erhofft, welcher eine Strahlwirkung auf die KI-Regulierung anderer Nicht-EU-Mitgliedstaaten haben könne.[451] Vor allem sei aufgrund der schnellen technischen Entwicklungen und den teilweise noch kaum absehbaren Gefahren eine schnelle regulatorische Antwort nötig.[452] So hatten auch namhafte Personen aus der KI-Wirtschaft mehr Regulierung der KI beziehungsweise Entwicklungsmoratorien gefordert, um Zeit zu schaffen, Gefahren zu identifizieren und unumkehrbaren Risiken entgegenzuwirken.[453] Auch könnten eine frühzeitige Regulierung und ein einheitlicher Rechtsrahmen für Rechtssicherheit sorgen sowie einen einheitlichen Binnenmarkt fördern, was letztlich der wirtschaftlichen Entwicklung und Innovationskraft zugutekommen könnte.[454]

Gleichzeitig wurden viele Stimmen laut, welche die Regulierung als verfrüht ansahen.[455] Befürchtet wird, dass die KI-VO durch eine überzogene und schwer verständliche Regulierung erst neue Rechtsunsicherheiten schafft und so Innovationskraft der EU im Bereich der Anwendung und Entwicklung von KI entscheidend hemmen könnte.[456] Auch weil die europäische KI-Wirtschaft im Vergleich zu den USA und der Volksrepublik China abgeschlagen erscheint, wird eine weitere Regulierung als Investitions- und Innovationshemmer kritisiert.[457] So wäre die KI-VO gerade für junge europäische KI-Unternehmen problematisch, da sie noch nicht über die entsprechenden finanziellen Ressour-

---

447 Erwägungsgrund 9 VO (EU) 2024/1689.
448 *Bomhard/Siglmüller*, RDi 2024, 54f.
449 https://digital-strategy.ec.europa.eu/en/policies/regulatory-framework-ai (zuletzt abgerufen am: 1.11.2024).
450 *Steege/Chibanguza*, Metaverse, § 8 Rn. 7; *Chibanguza/Steege*, NJW 2024, 1775; https://rsw.beck.de/zeitschriften/rdi/editorial/2023/08/29/der-br%C3%BCssel-effekt (zuletzt abgerufen am: 1.11.2024).
451 *Becker/Feuerstack*, KIR 2024, 64.
452 *Steege/Chibanguza*, Metaverse, § 8 Rn. 7.
453 https://futureoflife.org/open-letter/pause-giant-ai-experiments/ (zuletzt abgerufen am: 1.11.2024).
454 Erwägungsgrund 1, 2, 8, 25 VO (EU) 2024/1689.
455 *Bomhard/Siglmüller*, RDi 2024, 54f.
456 *Bomhard/Siglmüller*, RDi 2024, 54.
457 *Hacker/Berz*, ZRP 2023, 226f.

cen für rechtliche Beratungen oder die Integrierung der vorgeschriebenen Verfahren verfügen.[458] Andererseits hätten bereits etabliertere Unternehmen aus Nicht-EU-Mitgliedstaaten so einen Wettbewerbsvorteil und die Möglichkeit, ihre bereits vorteilhafte Markposition weiter auszubauen.[459] Es bestünde die Gefahr einer Oligopolisierung des Marktes.[460] Diesbezüglich wird regelmäßig der Vergleich zu vorherigen Regulierungen gezogen, insbesondere zu der DS-GVO.[461] Auch hierbei würde vielfach kritisiert, dass gerade amerikanische Big Tech-Unternehmen (insbesondere *Alphabet*, *Amazon*, *Apple*, *Meta Platforms* und *Microsoft*) von der Regulierung letztlich aus vergleichbaren Gründen profitiert hätten.[462] So äußerte selbst Gabriele Mazzini, der ehemals den Entwurf der KI-VO innerhalb der Kommission verantwortet hatte, derartige Sorgen der Benachteiligung europäischer Start-Ups.[463]

b) Im Einzelnen

Abseits der generellen Kritik an dem Regulierungskonzept an sich haben sich seit der Veröffentlichung des ersten Kommissionsentwurfes in der Fachliteratur Kritikpunkte an einzelnen Regelungen der KI-VO gehäuft. Teilweise wurde die Definition der KI-VO für KI-Systeme nach Art. 3 Nr. 1 KI-VO als zu weit kritisiert, sodass dies auch Technologien erfassen könnte, die eher eine herkömmliche Software sind und keine künstliche Intelligenz.[464] Demnach ist ein KI-System unter anderem ein maschinengestütztes System, das für einen unterschiedlichen Grad an Autonomie ausgelegt ist. Autonomie soll bedeuten, dass das KI-System bis zu einem gewissen Grad unabhängig von menschlichem Zutun agieren kann und in der Lage ist, „ohne menschliches Eingreifen zu arbeiten"[465]. Dass auch recht herkömmliche Alltagsgeräte dieses Niveau der Autonomie erreichen können, liegt auf der Hand. Allerdings lässt sich die entgegengebrachte Kritik durch die Gesamtschau der Definition nach Art. 3 Nr. 1 KI-VO abschwächen. Schließlich muss das KI-System darüber hinaus auch anpassungsfähig sein und aus Eingaben für explizite oder implizite Ziele ableiten, wie Ausgaben (z. B. Vorhersagen, Inhalte, Empfehlungen, Entscheidungen) erstellt werden, welche die physische oder virtuelle Umgebung beeinflussen können.

---

458 *Bomhard/Siglmüller*, RDi 2024, 54; *Hacker/Berz*, ZRP 2023, 227.

459 *Becker/Feuerstack*, KIR 2024, 69, *Hacker/Berz*, ZRP 2023, 227.

460 *Hacker/Berz*, ZRP 2023, 227.

461 *Hacker/Berz*, ZRP 2023, 227.

462 *Geradin/Karanikioti/Katsifis*, 17 Eur. Compet. J. 2021, 47.

463 https://www.bloomberg.com/opinion/articles/2024-08-01/europe-s-new-ai-rules-have-us-tech-in-mind-they-might-miss?leadSource=uverify%20wall (zuletzt abgerufen am: 1.11.2024).

464 *Hacker/Berz*, ZRP 2023, 226, 227.

465 Erwägungsgrund 12 VO (EU) 2024/1689.

aa) Drohende Rechtsunsicherheit und Unklarheit des Gesetzeszwecks

Mit der Kritik an der zu weiten Definition von KI-Systemen einhergehend ist die daraus folgende Rechtsunsicherheit. Aber nicht nur Art. 3 Abs. 1 KI-VO wird kritisiert. Generell sei die Verordnung teilweise unklar formuliert.[466] Die vielfach zu ungenauen Angaben der KI-VO müssen von der Kommission noch weiter konkretisiert werden. Problem ist dabei jedoch insbesondere, dass die KI-VO mit ihren Pflichten bereits vor der Konkretisierung der Leitlinien durch die Kommission umgesetzt werden soll.[467] Auch durch paralleles Inkrafttreten anderer neuer Regelungen, wie des Data Acts oder des Cyber Resilience Acts, welche nicht untereinander abgestimmt sind, wird die Rechtsunsicherheit verstärkt.[468]

bb) Diffuse Regulierungszwecke

Als weiterer Kritikpunkt wird angeführt, dass der Gesetzeszweck mit dem Gesetzgebungsverfahren durch eine Überladung mit Nebenthemen wie Urheberrecht und Umweltschutz unklar geworden sei.[469] Oberstes Ziel ist die Förderung der Einführung von menschenzentrierter und vertrauenswürdiger KI.[470] Im Gesetzgebungsverfahren wurden jedoch viele Punkte angehängt, die damit nichts zu tun haben. Dies habe zu einer „Verwässerung“[471] des eigentlichen Ziels geführt. Auch sei die Umsetzung von Hochrisiko-KI-Systemen inkonsequent.[472] So werden durch die KI-VO teilweise harmlose KI-Modelle als Hochrisiko-KI-Systeme eingestuft und stärker reguliert als tatsächlich gefährliche.[473]

Ebenso sei unsicher, ob das Ziel des Grundrechtschutzes durch eine Produktsicherheitsregulierung, aufgrund des unterschiedlichen Risikoverständnisses von Grundrechtsschutz und Produktsicherheit, überhaupt erreicht werden kann.[474]

Letztlich wird wohl nur die tatsächliche Umsetzung der KI-VO zeigen, inwieweit diese Kritikpunkte gerechtfertigt sind.

c) Praktische Auswirkungen

Für Unternehmen, die als Anbieter oder Betreiber von KI-Systemen auftreten, ergibt sich ein komplexes Pflichtenprogramm mit technischen und organisatorischen Anfor-

---

466 *Bomhard/Siglmüller*, RDi 2024, 54.
467 *Bomhard/Siglmüller*, RDi 2024, 54.
468 *Bomhard/Siglmüller*, RDi 2024, 54.
469 *Bomhard/Siglmüller*, RDi 2024, 53.
470 Erwägungsgrund 1 VO (EU) 2024/1689.
471 *Bomhard/Siglmüller*, RDi 2024, 53.
472 *Bomhard/Siglmüller*, RDi 2024, 53; *Hacker*, GRUR 2023, 289f.
473 *Bomhard/Siglmüller*, RDi 2024, 53; *Hacker*, GRUR 2023, 289f.
474 Martini/Wendehorst: *Ruschemeier*, KI-VO, Art. 6 Rn. 101, 105.

derungen, vielfältigen Einschränkungen und Informationspflichten. All diese Regelungen hängen jedoch ganz zentral davon ab, ob das konkret in Rede stehende System überhaupt unter den Anwendungsbereich der Verordnung fällt und in welche Kategorie es einzuordnen ist.

Für Unternehmen ist daher in einem ersten Schritt zu ermitteln, was für ein KI-System geplant ist und ob der Anwendungsbereich der Verordnung in diesem Fall eröffnet ist. Dabei ist zu bedenken, dass für diese Einschätzung beispielsweise auch Beziehungen zu Kooperationspartnern relevant sein können. Dies ist vor allem dann der Fall, wenn ein Produkt aus verschiedenen Modulen besteht, die von unterschiedlichen Kooperationspartnern angefertigt werden.[475] Außerdem ist der gesamte unternehmerische Tätigkeitsbereich zu untersuchen, wozu auch etwa Bereiche der Entwicklung, der Vermarktung und die interne und externe Kommunikation des Unternehmens (z.B. mit Chatbots) sowie die produktunabhängige Verwendung von KI-Systemen wie *ChatGPT* oder *DeepL Translator* gehören können.[476]

In einem zweiten Schritt ist dann zu ermitteln, auf welcher Stufe die KI im risikobasierten System der Verordnung steht. Dafür sollte frühzeitig rechtliche und technologische Beratung hinzugezogen werden, um eine zutreffende Kategorisierung zu gewährleisten.[477] Danach sind die entsprechenden Vorgaben und Verpflichtungen in Erfahrung zu bringen und umzusetzen.

Es ist allgemein empfehlenswert, eigene Inhouse-Expertise aufzubauen oder externe Unterstützung zu suchen.[478] Frühzeitig kann dann beispielsweise mit der Implementierung der notwendigen Compliance-Management-Systeme auf Basis der Vorgaben der Verordnung begonnen werden. Außerdem sind für die vielzähligen Dokumentationspflichten Überlegungen anzustellen und insbesondere für Meldepflichten Zeit für den Kontakt mit Behörden einzuplanen und Fristen zu beachten.[479]

Nicht zu vergessen sind auch die verschiedenen Vorschriften neben der KI-VO, die beim Einsatz von KI ebenfalls relevant werden können: Insbesondere gesetzliche Vorgaben oder vertragliche Vereinbarungen zu haftungs-, zurechnungs- und urheberrechtlichen Fragen sowie der Umgang mit Daten sind stets mitzudenken. Bei dem Einsatz von KI kann demnach ein komplexes Gesamtbild an Anforderungen und Pflichten entstehen.

475 *Frost/Steiniger/Vivekens*, MPR 2024, 18.
476 *Frost/Steiniger/Vivekens*, MPR 2024, 18.
477 *Frost/Steiniger/Vivekens*, MPR 2024, 18.
478 *Chibanguza/Steege*, NJW 2024, 1775.
479 *Chibanguza/Steege*, NJW 2024, 1775.

B. Funktionsbezogene Regulierung

Literatur: *Apel/Huber*, Das neue Datenrecht der EU – Eine Übersicht, JuS 2024, 514; *Drewes/Meyer/Moss*, Update: Europäische Plattformregulierung – Die ersten Schritte von DMA und DSA in der Praxis, RDi 2024, 310; *Podszun*, Nomos-HK Digital Markets Act, 1. Auflage 2023; *Steinrötter*, Europäische Plattformregulierung, 1. Auflage 2023.

Die fortschreitende Digitalisierung der Märkte hat zu einem enormen Anstieg des Datenaustauschs geführt. Die Erhebung, Verarbeitung und Weitergabe von (Nutzer-)Daten in der Europäischen Union und darüber hinaus, geht zu einem Großteil auf Plattformen wie soziale Netzwerke und Online-Marktplätze zurück, die die erhobenen Daten sammeln und auswerten.[480] Diese Datensätze führen schließlich zu einer **Machtkonzentration** der Dateninhaber, indem sie der jeweiligen Plattform einerseits Wettbewerbsvorteile gegenüber Mitbewerbern verschaffen und andererseits tiefe Einblicke in das Verhalten der Nutzer ermöglichen.[481] Insgesamt verstärkt diese Datenhoheit der Plattformen strukturelle Ungleichgewichte, da sie den Markteintritt für neue Akteure erschwert und konkurrierende Unternehmen benachteiligt, die nicht im selben Umfang über Datenressourcen verfügen.[482]

Die Europäische Kommission hat die sich daraus ergebenden systemischen Risiken für den Wettbewerb und den Verbraucherschutz im digitalen Binnenmarkt erkannt und im Jahr 2020 ein Legislativmaßnahmenpaket bestehend aus dem **Gesetz über digitale Dienste**[483] (engl. *Digital Services Act*) und dem **Gesetz über digitale Märkte**[484] (engl. *Digital Markets Act*) auf den Weg gebracht.[485] Die Rechtsakte zielen darauf ab, die Marktmacht großer Plattformen (sog. **Gatekeeper**) einzudämmen und ein sicheres Online-Umfeld für Verbraucher zu schaffen. In ähnlicher Weise soll die bereits im Jahr 2019 verabschiedete **Platform-to-Business-VO**[486] Fairness und Transparenz im B2B-Bereich gewährleisten.[487] Da Regulierungsadressat aller Rechtsakte stets Plattformen im wei-

---

480 COM(2020) 66 final.
481 COM(2020) 66 final.
482 COM(2020) 66 final.
483 Verordnung (EU) 2022/2065 des Europäischen Parlaments und des Rates vom 19. Oktober 2022 über einen Binnenmarkt für digitale Dienste und zur Änderung der Richtlinie 2000/31/EG, ABl. L 277 vom 27.10.2022, S. 1–102.
484 Verordnung (EU) 2022/1925 des Europäischen Parlaments und des Rates vom 14. September 2022 über bestreitbare und faire Märkte im digitalen Sektor und zur Änderung der Richtlinien (EU) 2019/1937 und (EU) 2020/1828, ABl. L 265 vom 12.10.2022, S. 1–66.
485 https://www.consilium.europa.eu/de/policies/digital-services-package/ (zuletzt abgerufen am 1.11. 2024).
486 Verordnung (EU) Nr. 2019/1150 des Europäischen Parlaments und des Rates vom 20. Juni 2019 zur Förderung von Fairness und Transparenz für gewerbliche Nutzer von Online-Vermittlungsdiensten, ABl. L 186, 11.7.2019, S. 57–79.
487 Siehe Art. 1 Abs. 1 VO (EU) 2019/1150.

teren Sinne sind, werden die Vorschriften in ihrer Gesamtschau als **europäische Plattformregulierung**[488] bezeichnet.[489]

Der europäische Gesetzgeber hat sich bei der Plattformregulierung für einen **funktionsbezogenen Ansatz** entschieden, der im Gegensatz zur produktbezogenen Regulierung nicht an spezifische Eigenschaften eines Produktes anknüpft, sondern an den konkreten Tätigkeiten und Funktionen der Plattformen. Ein Beispiel, an dem der funktionsbezogene Regulierungsansatz verdeutlicht werden kann, ist **Art. 5 Abs. 2 lit. a)–d) DMA**, der als Torwächter eingestuften Unternehmen untersagt, Daten aus unterschiedlichen Diensten ohne qualifizierte Einwilligung des Nutzers zusammenzuführen und zu nutzen. Der Gesetzgeber reguliert damit die spezifische Tätigkeit von Plattformen, indem er die Kommerzialisierung der Endnutzerdaten im Vorfeld untersagt.[490] Insgesamt trägt die Fokussierung auf die spezifische Funktionalität von Plattformen und ihrer Geschäftsmodelle dazu bei, potentielle Missbrauchsfälle besser erkennen und bekämpften zu können, werden, was letztendlich dazu beiträgt, das Vertrauen von Nutzern in Online-Plattformen und Marktplätze zu stärken.

I. Plattform-to-Business-Verordnung (P2B-VO) – Verordnung (EU) 2019/1150

Literatur: *Alexander*, Anwendungsbereich, Regelungstechnik und einzelne Transparenzvorgaben der P2B-Verordnung, WRP 2020, 945; *Busch*, Der Digital Services Act: Ein neuer Rechtsrahmen für den Online Handel?, ZdiW 2021, 88; *Busch*, Verordnung (EU) 2019/1150 zur Förderung von Fairness und Transparenz für gewerbliche Nutzer von Online-Vermittlungsdiensten (P2B-VO), 1. Auflage 2022; *Dewenter/Haucap/Kehder*, Wettbewerb und Regulierung in Medien, Politik und Märkten – Festschrift für Jörn Kruse zum 65. Geburtstag, 2013; *Eickemeier/Brodersen*, Die neue P2B-VO, K&R, 2020, 397; *Europäische Kommission*, Fragen und Antworten – Schaffung eines fairen, vertrauenswürdigen und innovationsgesteuerten Ökosystems in der Online-Plattformwirtschaft, abrufbar unter: https://www.bundesnetzagentur.de/DE/Fachthemen/Digitalisierung/P2B/_func/FAQ_EU.pdf?__blob=publicationFile&v=2; *Fritzsche/Münker/Stollwerck*, BeckOK UWG, P2B-VO, 25. Edition (Stand: 1.7.2024); *Höpper/Schulz*, Die EU-Verordnung („PZB-Verordnung") für Fairness und Transparenz von Online-Vermittlungsdiensten 2019/1150, ZIP 2019, 2329; *Kohser/Jahn*, Die P2B-Verordnung- Neue Pflichten für Plattformbetreiber und Suchmaschinenanbieter, GRUR Prax 2020, 273; *Köhler/Bornkamm/Feddersen*, P2B-VO, 42. Auflage 2024; *Metzger/Vetter/Witte*, Art. 12 der neuen EU-P2B-Verordnung – Die Benennung von Schlichtungsstellen als Mediatoren, CR 2020, 739; *Müller-Terpitz/Köhler*, DSA, 2024; *Neumann/Rodenhaus*, Die P2B- Verordnung aus Unternehmersicht, ZEuP 2020, 768; *Paal/Pauly*, DS-GVO BDSG 3. Auflage 2021; *Schneider/Kremer*, Ein zweiter, kritischer Blick auf die P2B-Verordnung: Nachhaltige Veränderung des Plattformökosystems?, WRP 2020, 1128; *Steinrötter*, Europäische Plattformregulierung 2023; *Tribess*, Datenzugangsrechte in der Plattformökonomie – Auswirkungen der P2B-Verordnung im Bereich datenschutzrechtlicher Transparenzpflichten, ZD 2020, 440; *Tribess*, P2B-Verordnung zur Förderung von Fairness und Transparenz von Online-Diensten, GWR 2020, 233; *Voigt/Reuter*, Plattform-to-Business-VO, MMR 2019, 783; *v. Westphalen*, b2b-Plattform-Verordnung,

---

488 *Steinrötter*, Europäische Plattformregulierung, Vorwort; dabei handelt es sich jedoch nicht um eindeutig abgrenzbares Rechtsgebiet, *Drewes/Meyer/Moss*, RDi 2024, 310.

489 Vereinzelt wird auch der Begriff Unionsdatenrecht verwendet, *Apel/Huber*, JuS 2024, 514.

490 HK-DMA/*Podszun*, DMA Art. 5 Abs. 2, Rn. 10, 11.

BB 2020, 579; *v. Westphalen/Thürsing/Pamp*, Vertragsrecht und AGB-Klauselwerke, 50. Auflage 2024; *Wais*, B2B-Klauselkontrolle in der Plattform-Ökonomie, EuzW 2019, 221.

1. Einführung

Die Verordnung zur Förderung von Fairness und Transparenz zur Förderung von Fairness und Transparenz für gewerbliche Nutzer von Online-Vermittlungsdiensten (***engl.**: Platform-to-Business Regulation*, im Folgenden: P2B-VO), regelt das Verhältnis von gewerblichen Nutzern und Online-Plattformen, auf denen Nutzer ihre Waren oder Dienste für Verbraucher anbieten können. Die Verordnung ist am 31.7.2019 in Kraft getreten und gilt bereits seit dem 12. Juli 2020 unmittelbar in allen Mitgliedstaaten. Sie schafft Regelungen zu Fairness und Transparenz durch die Auferlegung von Pflichten für die Betreiber von Online-Plattformen. Die P2B-VO reguliert somit das Verhalten von Plattformen im digitalen Binnenmarkt und ist Teil der sogenannten **Digitalstrategie** der Europäischen Kommission.[491]

a) Hintergründe

In den letzten Jahrzehnten hat das Internet die Wirtschaft und den Handelsverkehr stark geprägt. Durch einen digitalen Vertrieb wird der Zugang zum Binnenmarkt ermöglicht beziehungsweise erleichtert und neue Geschäftschancen werden geschaffen.[492]

Online-Plattformen wie soziale Netzwerke, Marktplätze und Suchmaschinen bieten ihre Dienste an, um gewerbliche Anbieter von Waren oder Diensten und deren potentielle Kunden zum Zwecke des Vertragsschlusses zusammenzubringen.[493] Dabei profitieren die Anbieter von einer größeren Reichweite und Sichtbarkeit, während Verbrauchern eine große Auswahl an Anbietern zur Verfügung gestellt wird.[494] Die Online-Plattformen dienen dabei als Zugangstor (sogenannte **Gatekeeper-Rolle**) für die Verbraucher zu den Angeboten am Markt.[495] Außerdem können Anbieter ihre Angebote mit Konkurrenzprodukten in Vergleich setzten und so ihre Angebote attraktiver wirken lassen, während Kunden Angebote leichter vergleichen können.[496]

Die Online-Plattformen bieten gewerbliche Nutzern einen vorteilhaften Zugang zum Markt und zu potentiellen Kunden, jedoch birgt dies auch die Gefahr einer gewissen Abhängigkeit von den Online-Plattformen für diese.[497] Ganz besonders lässt sich

491 COM(2015) 192 final.
492 Erwägungsgrund 1 VO (EU) 2019/1150.
493 Erwägungsgrund 11 VO (EU) 2019/1150.
494 Erwägungsgrund 1 VO (EU) 2019/1150.
495 Erwägungsgrund 12 VO (EU) 2019/1150.
496 *Voigt/Reuter*, MMR 2019, 783, 783.
497 *Voigt/Reuter*, MMR 2019, 783, 783.

dies am Beispiel von Rankings erkennen, welche bestimmen, welche Angebote Kunden in welcher Reihenfolge angezeigt werden. Rankings haben eine gewaltige Auswirkung auf die Sichtbarkeit gegenüber Kunden und demnach auch auf die Kaufentscheidung, werden aber von den Betreibern der Online-Plattformen eigenständig erstellt.[498] Diese Abhängigkeit soll mithilfe der P2B-VO reguliert werden und die Rechte der gewerblichen Nutzer gestärkt werden. Insbesondere soll dies durch die verpflichtende Einführung von Beschwerdemanagementsystemen unterstützt werden, woran es bisher regelmäßig fehlte.[499]

Im Fokus stehen insbesondere Kleine- und Mittelständische Unternehmen (KMU), da diese sowohl in ihrer Struktur als auch bei ihren Ressourcen (personal, wirtschaftliches Gewicht) hinter großen Unternehmen oder Konzernen zurückbleiben.[500] Auch der Verbraucherschutz wird durch die Regelungen der P2B-VO erweitert, ist jedoch nur mittelbares Ziel, da dieser bereits durch andere europäische Vorgaben vorrangig verwirklicht wird.[501]

b) Ziele

Die Verordnung will unlautere Praktiken der Online-Plattformen einschränken und zur Stärkung des Binnenmarkts Abhilfemechanismen schaffen.[502] In ihrem Vorschlag für eine Verordnung über Transparenz und Fairness für gewerbliche Nutzer von Online-Vermittlungsdiensten[503] schlug die Kommission Regelungen über Transparenzpflichten und Verfahrensregeln vor.[504] Das Parlament hingegen sprach sich neben formellen Transparenzpflichten auch für materielle Fairnessanforderungen aus, wurde jedoch im Trilogverfahren überstimmt.[505]

Die Kernbereiche der Verordnung sind die Schaffung ausreichender Transparenz über das Zustandekommen von Rankings, Vertragskündigungen[506] und die Einschränkung von Diensten am Markt gewährleistet wird.[507] Zum anderen soll diese Transparenz das Vertrauen von gewerblichen Nutzern in die Plattformen steigern. Dieses Vertrauen soll in Kombination mit dem Schutz vor unlauteren Praktiken[508] dem Binnenmarkt zugutekommen.

---

498 Erwägungsgründe 24, 26 VO (EU) 2019/1150.
499 Erwägungsgrund 5 VO (EU) 2019/1150.
500 COM(2003) 1422.
501 Erwägungsgrund 3 VO (EU) 2019/1150.
502 Erwägungsgrund 6 VO (EU) 2019/1150.
503 COM(2018) 238 final.
504 *Busch*, P2B-VO, Einleitung Rn. 4.
505 *Busch*, P2B-VO, Einleitung Rn. 8.
506 Erwägungsgrund 23 VO (EU) 2019/1150.
507 Erwägungsgrund 22 VO (EU) 2019/1150.
508 Erwägungsgründe 30, 31 VO (EU) 2019/1150.

Die Verordnung bestimmt für verschiedene Arten von Online-Plattformen unterschiedliche einzuhaltende Pflichten. Sie differenziert zwischen Online-Vermittlungsplattformen (Art. 2 Nr. 2 P2B-VO) und Online-Suchmaschinen (Art. 2 Nr. 5 P2B-VO), wobei die meisten Regelungen für Online-Plattformen festgelegt sind. Eine besonders große Bedeutung wird dabei der Ausgestaltung von AGB zugeschrieben, Art. 3 P2B-VO. Für alle Online-Plattformen geltend nach Art. 5 P2B-VO besondere Transparenzvorschriften für die von ihnen erstellten Rankings. Eine Besonderheit ist die Einführung einer Verbandsklage in Art. 14 P2B-VO, welche dem gewerblichen Nutzer ermöglicht, über einen Verband oder eine Organisation eine Unterlassungsklage bei Verstößen gegen die Plattform einreichen zu lassen.

c) Abgrenzung zu anderen Rechtsakten der Plattformregulierung

Die P2B-VO wurde 2022 durch den DSA und den DMA ergänzt, um den freien Wettbewerb ausreichend zu schützen.[509] Der DMA formuliert in Art. 5f. DMA strenge Ge- und Verbote, welche sich zudem ausschließlich an die Torwächter richten. Der DSA unterscheidet zwischen verschiedenen Arten und Größen an Vermittlungsdiensten. Außerdem orientiert sich dieser an den Regelungen der P2B-VO für Beschwerdemanagement und außergerichtlicher Streitbeilegung (Art. 11, 12 P2B-VO). Die P2B-VO gilt damit als ein Vorbild für die später erlassenen DMA und DSA. Die P2B-VO tritt neben nationale, kartellrechtliche Vorschriften und verdrängt diese nicht.[510]

2. Anwendungsbereich, Art. 1 Abs. 1, Abs. 2 P2B-VO

a) Persönlicher Anwendungsbereich

Die Verordnung findet gem. Art. 1 Abs. 1 P2B-VO Anwendung auf Rechtsverhältnisse, die im Zusammenhang mit Vertragsschlüssen über Online-Plattformen stehen. Dabei bestehen grundsätzlich drei Rechtsverhältnisse: Das kundenseitige Plattformnutzungsverhältnis, das anbieterseitige Plattformnutzungsverhältnis und das Kunden-Anbieter-Verhältnis.[511]

aa) Das kundenseitige Verhältnis

Das kundenseitige Verhältnis besteht zwischen der **Plattform** und dem Kunden, der die Plattform nutzt. Es muss also zumindest ein faktisches Nutzungsverhältnis bestehen.[512] Die Verordnung bestimmt in Erwägungsgrund 9, dass die Verordnung nur dann anzuwenden ist, wenn das kundenseitige Plattformnutzungsverhältnis mit einem **Verbrau-**

509 *Busch*, P2B-VO, Einleitung Rn. 15.
510 *Alexander*, WRP 2020, 945, 949.
511 Steinrötter/*Arncken*, Europäische Plattformregulierung, § 16, Rn. 24.
512 Steinrötter/*Arncken*, Europäische Plattformregulierung, § 16, Rn. 24.

cher besteht.[513] Verbraucher im Sinne der Verordnung ist, wer als natürliche Person am Markt auftritt und dies weder zum Zweck einer geschäftlichen, gewerblichen, handwerklichen noch beruflichen Tätigkeit tut.[514]

bb) Das anbieterseitige Verhältnis

Das anbieterseitige Plattformnutzungsverhältnis besteht durch eine Vertragsbeziehung zwischen der Plattform und dem **Anbieter, der seine Waren oder Dienstleistungen über die Plattform einem Verbraucher anbietet**.[515] Die P2B-VO stärkt den Verbraucherschutz zwar mittelbar, unmittelbar sind jedoch nur diese Anbieter geschützt.[516] Dabei muss der Anbieter entweder **gewerblicher Nutzer** oder **Nutzer mit Unternehmenswebsite** sein.[517]

Gewerbliche Nutzer sind gem. Art. 2 Nr. 1 P2B-VO juristische Personen oder Privatpersonen, die über Online-Vermittlungsdienstleister Verbrauchern Waren oder Dienstleistungen im Zusammenhang mit ihrer gewerblichen, geschäftlichen, handwerklichen oder beruflichen Tätigkeit anbieten. Der Begriff der beruflichen Tätigkeit soll dabei als selbstständige berufliche Tätigkeit gelesen werden.[518] Insbesondere sollen Gewerbebetriebe von der Verordnung umfasst sein.[519] Auch, wenn der Wortlaut nur einen Zusammenhang zwischen dem Anbieten und der Tätigkeit fordert, muss dies als ein Teil der Tätigkeit gelesen werden.[520]

Nutzer mit Unternehmenswebsite sind gem. Art. 2 Abs. 7 P2B-VO natürliche oder juristische Personen, die Verbrauchern Waren oder Dienstleistungen über eine Online-Schnittstelle für Zwecke im Zusammenhang mit ihrer gewerblichen, geschäftlichen, handwerklichen oder beruflichen Tätigkeit anbieten. Eine Online-Schnittstelle wird sehr weit als Software definiert, worunter Webseiten, Teile von Webseiten und Anwendungen einschließlich mobiler Anwendungen fallen, Art. 2 Nr. 7 P2B-VO.

cc) Das Kunden-Anbieter Verhältnis

Das Kunden-Anbieter-Verhältnis entsteht bereits durch das Anbahnen einer Transaktion zwischen dem Kunden und dem Anbieter der Online-Plattform.[521] Ausgeschlossen

---

513 Siehe auch Erwägungsgründe 2, 3, 4 VO (EU) 2019/1150.
514 Erwägungsgrund 12 VO (EU) 2019/1150.
515 Steinrötter/*Arncken*, Europäische Plattformregulierung, § 16, Rn. 24.
516 Erwägungsgrund 3 VO (EU) 2019/1150; siehe auch dazu *EuGH* Urt. v. 30.5.2024 – C-664/22, C-666/22 = NJW 2024, 2165.
517 Art. 1 Abs. 1 P2B-VO.
518 Busch/*Schulte-Nölke*, P2B-VO, Art. 2 Rn. 6.
519 Busch/ *Schulte-Nölke*, P2B-VO, Art. 2 Rn. 6.
520 Steinrötter/*Arncken*, Europäische Plattformregulierung, § 16 Rn. 9.
521 Steinrötter/*Arncken*, Europäische Plattformregulierung, § 16, Rn. 24.

sind aufgrund der oben genannten Verbrauchereigenschaft des Kunden und der Eigenschaft des Anbieters als gewerblicher Nutzer B2B- und C2C-Verträge. Dies überzeugt nur unter der Prämisse, dass Unternehmen, die eine Ware oder Dienstleistung anderen Unternehmen anbieten, groß genug sind, um den Plattformanbietern gleich gegenüberzustehen, also gerade kein Machtgefälle besteht. Für eine solche Annahme bestehen jedoch keine gewichtigen Gründe, vor allem dann nicht, wenn KMU miteinander kontrahieren.[522] Bietet ein KMU als gewerblicher Nutzer einem anderen KMU Waren oder Dienstleistungen an, so besteht kein Schutz nach der P2B-VO für ersteres. Ob eine solche Schutzlücke langfristig Bestand hat, bleibt zunächst offen.

b) Sachlicher Anwendungsbereich, Art. 2 P2B-VO

Die P2B-VO gilt für Anbieter von **Online-Vermittlungsdiensten** und **Online-Suchmaschinen** (Online-Plattformen) als Normadressaten.[523] Der Großteil der Verordnung regelt Vertragsverhältnisse von Online-Vermittlungsdiensten, während nur wenige Bestimmungen für Online-Suchmaschinen vorhanden sind.

Die Größe der Plattform spielt bei der P2B-VO als beim DMA keine Rolle. In der P2B-VO ist im Gegensatz zum DMA zur Bemessung von Machtpositionen nur die strukturelle Macht zur Vertragsschließung von den Plattformbetreibern relevant, nicht die wirtschaftliche Größe.[524] Damit fallen grundsätzlich auch KMU als Plattformbetreiber unter den Anwendungsbereich der Verordnung; sie müssen allerdings kein internes Beschwerdemanagementsystem einrichten oder Mediatoren in den AGB angeben, dürfen dies aber freiwillig tun.[525]

aa) Online-Vermittlungsdienste, Art. 2 Nr. 2 P2B-VO

(1) Definition

Die P2B-VO trifft in Art. 2 Nr. 2 eine eigene Definition für Vermittlungsdienste, welche der europäische Gesetzgeber im später erlassenen DSA nicht wörtlich aufgegriffen hat. Damit ein Online-Vermittlungsdienst vorliegt, müssen gem. Art. 2 Nr. 2 P2B-VO die im Folgenden aufgelisteten Anforderungen kumulativ zutreffen.

(a) Dienst einer Informationsgesellschaft, Art. 2 Nr. 1 lit. a) P2B-VO

Zunächst muss gemäß Art. 2 Nr. 2 lit. a) P2B-VO ein Dienst einer Informationsgesellschaft im Sinne von Art. 1 Abs. 1 lit. b) RL 2015/1535/EN vorliegen. Dies ist der Fall, wenn die Dienstleistung individuell auf Abruf, im Fernabsatz und elektronisch erbracht

522 *Voigt/Reuter*, MMR 2019, 783, 784.
523 Art. 1 Abs. 1 P2B-VO.
524 Steinrötter/*Arncken*, Europäische Plattformregulierung, § 16 Rn. 17.
525 Erwägungsgründe 38, 41 VO (EU) 2019/1150.

wird.[526] Der Begriff der Dienstleistung ist hierbei deckungsgleich mit dem in den Grundfreiheiten nach Art. 56, 57 AEUV verwendeten Begriff.[527]

Dieser Dienst muss in der Regel entgeltlich erfolgen. Die Entgeltlichkeit ist dabei weit zu verstehen und setzt nicht zwingend eine Vergütung der Plattformbetreiber durch den gewerblichen Nutzer voraus.[528] Nach der EuGH-Rechtsprechung ist eine Dienstleistung dann entgeltlich, wenn sie wirtschaftlich ausgerichtet ist,[529] das heißt, es nicht notwendig, dass der Nutzer ein unmittelbares Entgelt entrichtet.[530] Einer monetären Gegenleistung ist es gleichzusetzen, wenn der Nutzer mit seinen personenbezogenen Daten bezahlt.[531] Das ergibt sich zum einen aus dem ökonomischen Wert der personenbezogenen Daten innewohnt.[532] Zum anderen aus einem systematischen Blick auf andere unionale Rechtsakte: So erfasst beispielsweise Art. 3 Abs. 1 UAbs. 2 Digitale Güter-RL 2019/770 explizit auch die Bereitstellung personenbezogener Daten als Gegenleistung und stellt diese einem Entgelt gleich.

Individuell auf Abruf ist eine Leistung, wenn sie durch die Übertragung von Daten auf individuelle Anforderung erbracht wird, Art. 1 Abs. 1 lit. b) Nr. iii) RL 2015/1535/EN. Der Leistungsempfänger stellt also eine Anfrage, welche dann durch den Dienstanbieter auf für den Empfänger zusammengestellte Daten übertragen werden[533] (nicht also Punkt zu Mehrpunkt-Übertragung).[534] Im Fernabsatz ist eine Dienstleistung gemäß Art. 1 Abs. 1 lit. b) Nr. i) RL 2015/1535/EN, wenn sie ohne gleichzeitige physische Anwesenheit der Vertragsparteien erbracht wird.[535] Elektronisch erbracht wird die Dienstleistung gemäß Art. 1 Abs. 1 lit. b) Nr. i) RL 2015/1535/EN, wenn sie vollständig mittels Geräten für die elektronische Verarbeitung und Speicherung von Daten gesendet und empfangen wird, also dass die Dienstleistung über ein elektronisches Kommunikationsnetz erbracht wird.[536] Aus dem Anwendungsbereich fallen damit solche Dienstleistungen, bei denen die elektronischen Geräte lediglich zu Hilfe genommen werden, die aber nicht vollständig mittels diesen erfolgen.[537]

---

526 Art. 1 Abs. 1 lit. b) RL 2015/1535/EN.

527 *EuGH*, Urt. v. 3.12.2020 – C-62/19, MMR 2021, 309 Rn. 43 – Star Taxi App.

528 Erwägungsgrund 18 RL 2000/31/EG.

529 *Steinrötter/Schauer*, Europäische Plattformregulierung, § 2 Rn. 7; Dreier/Schulze/*Raue*, UrhDaG, § 2 Rn. 6.

530 *EuGH*, Urt. v. 11.9.2014 – C-291/13, MMR 2016, 63 Rn. 28 ff. – Papasavvas; *EuGH*, Urt. v. 15.9.2016 – C-484/14, GRUR 2016, 1146 Rn. 41 – McFadden/Sony; *EuGH*, Urt. v. 4.5.2017 – C-339/15, GRUR 2017, 627 Rn. 36 – Vanderborght.

531 *Steinrötter/Schauer*, Europäische Plattformregulierung, § 2 Rn. 7.

532 Dreier/Schulze/*Raue*, UrhDaG, § 2 Rn. 11.

533 Steinrötter/*Arncken*, Europäische Plattformregulierung, § 16, Rn. 9.

534 Paal/Pauly/*Ernst*, DS-GVO BDSG, Art. 4 Rn. 147.

535 Bzgl. der P2B-VO also ein Fernabsatzvertrag zwischen der Plattform und dem gewerblichen Nutzer.

536 Art. 1 Abs. 1 lit. b) S. 2 ii RL (EU) 2015/1535; *Steinrötter/Schauer*, Europäische Plattformregulierung, § 2 Rn. 8.

537 *Steinrötter/Schauer*, Europäische Plattformregulierung, § 2 Rn. 8.

(b) Vermittlung von der Einleitung von Transaktionen zwischen den gewerblichen Nutzern und den Verbrauchern

Der Dienst der Informationsgesellschaft müsste dann auf eine Vermittlungstätigkeit gerichtet sein, also eine Transaktion zwischen den Kunden und den gewerblichen Nutzern vermitteln.[538] Dabei kommt es nicht auf den (wirksamen) Abschluss an, sondern lediglich auf die Einleitung und Vorbereitung einer solchen.[539] Transaktionen sind alle Vorgänge, die einen Vertragsschluss vorbereiten oder zumindest in Aussicht stellen.[540] Ein Vermitteln besteht bereits darin, dass die Plattform ein Rahmen bietet, in dem Waren und Dienstleistungen angeboten werden können. Dabei muss es den Plattformbetreibern gerade darauf ankommen, eine Transaktion zu ermöglichen, und dies nicht nur zufällig auch möglich ist (wie bei Telekommunikationsdiensten).[541]

(c) Bereitstellung der Vermittlung durch vertragliche Grundlage, Art. 2 Nr. 2 lit. c) P2B-VO

Ein Online-Vermittlungsdienst liegt gemäß Art. 2 Nr. 2 lit. c) P2B-VO nur dann vor, wenn der Dienst auf vertraglicher Grundlage mit dem gewerblichen Nutzer beruht.

(aa) Wirksamkeit des Vertrages

Die Verordnung selbst trifft dazu keine eindeutige Regelung. In Erwägungsgrund 10 wird lediglich ein Absicht bekunden verlangt, also gerade kein wirksamer Vertragsschluss.[542] Art. 2 Nr. 2 lit. c) P2B-VO spricht außerdem lediglich davon, dass der Dienst auf der Grundlage eines Vertragsverhältnisses geleistet wird, nicht hingegen auf Grundlage eines Vertrages. Dennoch muss auf die Zielrichtung der Verordnung abgestellt werden: Es sollen die Vertragspflichten des Anbieters (vor allem in AGB) transparent festgehalten werden. Der gewerbliche Nutzer kann aber nur dann hinreichend geschützt werden, wenn er dies auch gerichtlich durchsetzen kann.[543] Somit ist ein wirksamer Vertragsschluss für die Anwendbarkeit der Verordnung erforderlich. Grundsätzlich ist irrelevant, in welcher Rechtsordnung der Vertrag zustande gekommen ist, also auch nach dem Recht von Drittstaaten (nach ROM-I-VO).[544] Die Rechtswahl des Vertrages spielt jedoch dann eine Rolle, wenn die Wirksamkeit des Vertrages überprüft werden muss,[545] beispiels-

---

538 Art. 2 Nr. 2 lit. b) P2B-VO.
539 Steinrötter/*Arncken*, Europäische Plattformregulierung, § 16 Rn. 25.
540 Busch/*Schulte-Nölke*, P2B-VO, Art. 2 Rn. 29.
541 Steinrötter/*Arncken*, Europäische Plattformregulierung, § 16 Rn. 27.
542 Siehe auch *Europäische Kommission*, Q&A DE Kommunikation 2020, S. 12.
543 Busch/*Schulte-Nölke*, P2B-VO, Art. 2 Rn. 43.
544 Busch/*Schulte-Nölke*, P2B-VO, Art. 2 Rn. 39.
545 Steinrötter/*Arncken*, Europäische Plattformregulierung, § 16, Rn. 29.

weise wenn ein Gericht für die Anwendbarkeit der Verordnung einen Vertrag aus einer anderen Rechtsordnung auf seine Wirksamkeit überprüfen muss.

(bb) Erklärung auf dauerhaftem Datenträger, Art. 2 Nr. 13 P2B-VO

Der Bindungswille muss gemäß Erwägungsgrund 10 auf einem dauerhaften Datenträger gespeichert werden. Dies ist nach Art. 2 Nr. 13 P2B-VO dann der Fall, wenn Informationen des gewerblichen Nutzers für eine angemessene Dauer abgerufen, eingesehen und wieder abgerufen werden können. Fraglich ist jedoch, ob das Erfordernis des dauerhaften Datenträgers konstitutiv für eine Vermittlungstätigkeit im Sinne der Verordnung ist.

Einerseits könnte dies zu bejahen sein, weil ein effektiver Schutz des gewerblichen Nutzers nur dann gewährleistet, wenn der Nutzer einen Vertragsschluss nachweisen kann, was durch die Speicherung problemlos möglich ist.[546]

Andererseits kann für die Anwendbarkeit die Speicherung auf einem dauerhaften Träger keine Rolle spielen, weil so der Anbieter die Anwendbarkeit durch seine Vertragsschlussvorgaben einseitig bestimmen würde und der Nutzer nicht geschützt wäre.[547] Außerdem soll das Erfordernis des Erwägungsgrundes lediglich von anderen (aus der jeweiligen Rechtsordnung des Vertragsschlusses) Formvorschriften abgrenzen.[548]

Man könnte das Erfordernis der Speicherung auch als eine einseitige Möglichkeit des Nutzers verstehen, welcher sich bei deren Nichtvorliegen von seinen Verpflichtungen freimachen kann.[549] Sanktionen bei einem Verstoß könnten dann durch andere Instrumente verhängt werden (beispielsweise im Wettbewerbsrecht).[550] Der Streit bleibt im Ergebnis zunächst offen.

(2) Beispiele

Unter die Definition fallen die meisten online angebotenen Vermittlungsleistungen, sodass der Adressatenkreis sehr weit gefasst ist. Dennoch zielt die Verordnung hauptsächlich auf die großen Plattformen ab (*Gatekeeper*), denn je größer der Unterschied zwischen der Plattform und dem gewerblichen Nutzer ist, desto gefährlicher kann ein Machtmissbrauch werden.[551] Besonders im Fokus stehen dabei die sogenannten **GAFA-Plattformen**[552] (*Google, Amazon, Meta* ehem. *Facebook, Apple*).[553] Bekannte Beispiele

---

546 Steinrötter/*Arncken*, Europäische Plattformregulierung, § 16, Rn. 33.

547 Busch/*Schulte-Nölke*, P2B-VO, Art. 2 Rn. 47; a.A. Steinrötter/*Arncken*, Europäische Plattformregulierung, § 16 Rn. 33.

548 Steinrötter/*Arncken*, Europäische Plattformregulierung, § 16, Rn. 33.

549 Busch/*Schulte-Nölke*, P2B-VO, Art. 2 Rn. 47.

550 Busch/*Schulte-Nölke*, P2B-VO, Art. 2 Rn. 47.

551 *Neumann*/*Rodenhaus*, ZEuP 2020, 768, 776.

552 https://inztitut.de/blog/glossar/gafa/ (zuletzt abgerufen am 1.11.2024).

553 *Neumann*/*Rodenhaus*, ZEuP 2020, 768, 776.

für Online-Vermittlungsplattformen sind Vergleichsportale (*Check24*) oder Produktsuchmaschinen (*idealo*) und Verkaufsportale *(Amazon Marketplace, Google Shopping, Meta Marketplace, ebay)*.[554] Nicht umfasst sind hingegen Plattformen, welche auf eine Beendigung, Veränderung oder Geltendmachung von Sekundäransprüchen gerichtet sind (*Kündigen.com, Aboalarm*).[555]

bb) Online-Suchmaschinen, Art. 2 Nr. 5 P2B-VO

Neben den Online-Vermittlungsplattformen sind auch Betreiber von Online-Suchmaschinen Adressaten der P2B-VO, wobei diese in einem geringen Umfang verpflichtet werden.

Online-Suchmaschinen sind gem. Art. 2 Nr. 5 P2B-VO digitale Dienste, die es Nutzern ermöglichen, durch Eingabe eines Stichwortes, Spracheingabe oder Wortgruppe Anfragen einzugeben, um auf allen Websites eine Suche zu einem beliebigen Thema vorzunehmen und die Ergebnisse angezeigt zu bekommen. Diese Definition ist grundsätzlich deckungsgleich mit dem des DSA, wobei der Gesetzgeber hier auf den Begriff Vermittlungsdienst verzichtet hat, sodass sich die Problematik um die Kategorisierung von Online-Suchmaschinen im Gegensatz zu den Erläuterungen zum DSA hier nicht stellt.[556]

Bei Online-Suchmaschinen ist nicht nach einem Dienst im Sinne einer Informationsgesellschaft gefragt. Offen bleibt, was genau unter digital zu fassen ist. Der Dienst muss wohl auf „als in Ziffern ausgedrückte Information" beruhen.[557] Außerdem wird hier keine Entgeltlichkeit gefordert. Wichtig ist außerdem, dass die Suchmaschine die Suchanfragen auf allen Webseiten bearbeitet und weder thematisch noch auf bestimmte Quellen beschränkt ist.[558]

Ein wichtiger Unterschied im Gegensatz zu Online-Vermittlungsdiensten ist, dass es bei der Verwendung von Online-Suchmaschinen nur **zwei** und nicht wie oben aufgezeigt drei **Rechtsverhältnisse** vorliegen.[559] Bei Online-Suchmaschinen ist nur das faktische Nutzungsverhältnis zwischen Suchmaschine und dem Verbraucher relevant sowie ein zumindest vorvertragliches Verhältnis zwischen dem Verbraucher und der unternehmerischen Website.[560] Es bedarf gerade **kein vertragliches Verhältnis** zwischen der **Suchmaschine** und der **unternehmerischen Website**.[561]

---

554 https://ec.europa.eu/commission/presscorner/api/files/document/print/de/ip_23_4328/IP_23_4328_DE.pdf (zuletzt abgerufen am 1.11.2024).
555 Steinrötter/*Arncken*, Europäische Plattformregulierung, § 16 Rn. 25.
556 Siehe DSA Definition Online-Suchmaschine.
557 Steinrötter/*Arncken*, Europäische Plattformregulierung, § 16 Rn. 35.
558 *Haucap/Kehder*, FS Kruse 2013, 115, 119.
559 Für Online-Vermittlungsdienstleister siehe Art. 2 Nr. 2 lit. c) VO (EU) 2019/1150.
560 Steinrötter/*Arncken*, Europäische Plattformregulierung, § 16 Rn. 34.
561 Köhler/Bornkamm/Feddersen/*Alexander*, P2B-VO Art. 1 Rn. 21.

cc) Räumlicher Anwendungsbereich, Art. 1 Abs. 1 P2B-VO

Online-Plattformen können über das Internet weltweit genutzt werden, weshalb eine genaue Betrachtung der geografischen Anwendbarkeit geboten ist. Art. 1 Abs. 1 P2B-VO bestimmt, dass die Verordnung Anwendung findet, wenn der Dienst gewerblichen Nutzern bereitgestellt oder angeboten wird, die ihre Niederlassung oder Wohnsitz in der EU haben (**Sitzlandprinzip**) und diese ihre Dienstleistungen oder Waren Verbrauchern in der EU anbieten (**Marktortprinzip**). Gem. Art. 1 Abs. 2 P2B-VO kommt es gerade nicht auf die Niederlassung des Onlineplattformenbetreibers an.

Der gewerbliche Nutzer muss seine Dienste offenkundig auf Verbraucher aus mindestens einem Mitgliedstaat ausrichten.[562] Dabei kommt es nicht auf den Willen des gewerblichen Nutzers an dies zu tun, sondern auf die vorliegenden Umstände im Einzelfall.[563] Mögliche Indizien können die Verwendung einer mitgliedstaatlichen Domain (oder auch *.eu*) oder Telefonnummer sein sowie die Erwähnung internationaler Kundschaft wie durch Bewertungen oder Ähnliches.[564]

Die Verbraucher hingegen müssen sich lediglich in der EU befinden, eine Staatsangehörigkeit eines Mitgliedstaates oder einen Wohnsitz in einem dieser ist nicht erforderlich.[565] Dies hat zur Folge, dass gewerbliche Nutzer, die ihre Dienste an Verbraucher außerhalb der EU anbieten, nicht an die Verordnung gebunden sind. Grundsätzlich ist der europäische Gesetzgeber nur für den europäischen Verbraucherschutz zuständig, wodurch diese geografische Beschränkung bestimmt wird. Jedoch ist der Verbraucherschutz nur mittelbares Ziel der Verordnung, im Vordergrund steht der Schutz der gewerblichen Nutzer vor der Überlegenheit des Plattform-Anbieters.[566] Dieser Schutz ist dann nicht möglich, wenn ein gewerblicher Nutzer lediglich Verbraucher aus Drittstaaten als Zielgruppe bestimmt.[567] So bestimmt also der Aufenthalt der Verbraucher den Schutzbedarf des gewerblichen Nutzers.[568] Dies hat zur Folge, dass Marktmacht von Plattformbetreibern ohne mögliche Konsequenzen nach der P2B-VO missbraucht werden kann.[569] Dies mag dann fragwürdig sein, wenn auch der Betreiber der Online-Plattform seinen Sitz in der EU hat, da dann in jedem Falle ein Binnenmarktbezug nach Art. 114 Abs. 1 AEUV vorliegt und der Gesetzgeber somit eine einheitliche Regelung für Plattformen, die in der EU verwendet werden, treffen könnte.[570]

---

562 Der Verbraucher muss sich zumindest bzgl. eines Teil der Transaktion in der EU befinden, Erwägungsgrund 9 VO (EU) 2019/1150.

563 *EuGH*, Urt. v. 7.12.2010 – C-585/08. und C-144/09, EU:C:2012:740, Rn. 83 – Pammer und Hotel Alpenhof.

564 *EuGH*, Urt. v. 7.12.2010 – C-585/08 und C-144/09, EU:C:2012:740, Rn. 84 – Pammer und Hotel Alpenhof.

565 Erwägungsgrund 9 VO (EU) 2019/1150.

566 Erwägungsgrund 3 VO (EU) 2019/1150.

567 *Wais*, EuzW 2019, 221, 222.

568 *Voigt/Reuter*, MMR 2019, 783, 784.

569 *Wais*, EuzW 2019, 221, 222.

570 *Wais*, EuzW 2019, 221, 222.

3. Vorgaben für Online-Vermittlungsdienste und Online-Suchmaschinen

a) Online-Vermittlungsdienste

Die meisten Regelungen trifft die P2B-VO für die Anbieter von Online-Vermittlungsdiensten. Diese sollen im Folgenden einzeln betrachtet werden, bevor im Anschluss die Pflichten der Online-Suchmaschinen erörtert werden.

aa) AGB, Art. 3 P2B-VO

Art. 3 P2B-VO bildet den Schwerpunkt der Verordnung und regelt, welche Anforderungen an die AGB, die durch Online-Plattformen eingebracht werden, zu stellen sind. Anbieter von Online-Vermittlungsdiensten verwenden regelmäßig AGB. Die P2B-VO gibt vor, wie genau die AGB gegenüber dem gewerblichen Nutzer einzubringen sind und welche Inhalte sie haben müssen.

Mit der RL/93/13/EWG (Klausel-RL)[571] führte der europäische Gesetzgeber bereits 1993 die Vereinheitlichung der Rechtsvorschriften über AGB ein. Ziel dieser war die Vereinheitlichung des Binnenmarktes und damit die Stärkung des Verbraucherschutzes.[572] Die Regelungen der Klausel-RL finden jedoch keine direkte Anwendung auf die AGB von Online-Plattformen, da diese nur für AGB von Verbraucherverträgen gelten, die P2B-VO jedoch das anbieterseitige Verhältnis zwischen zwei Unternehmen regelt.[573] Durch die Umsetzungsgesetze der Klausel-RL haben die Mitgliedstaaten die Möglichkeit, die Regelungen der Richtlinie zu verschärfen, sodass im nationalen Recht auch B2B-Verträge unter die Klauselkontrolle fallen können.[574] Die P2B-VO schafft jedoch erstmals einheitliche Transparenzregelungen für die Ausgestaltung von **AGB zwischen zwei Unternehmern** in der EU, bezieht sich dabei jedoch konkret auf die Pflichten für die Online-Plattformen.

AGB sind in Art. 2 Nr. 10 P2B-VO abweichend von der Klausel-RL formuliert, ähnelt dieser Definition aber.[575] Die P2B-VO fordert weder, dass die AGB vorformuliert sind, noch dass diese in einer Vielzahl von Verträgen genutzt werden. Art. 2 Nr. 10 P2B-VO bestimmt, dass die AGB einseitig festgelegt werden, nicht aber, dass diese einseitig einbezogen werden.[576] Dennoch sind nur die AGB des Online-Vermittlungsdienstes von der P2B-VO umfasst, während für die (wenn auch selten genutzten) AGB der gewerblichen Nutzer die nationalen Vorschriften gelten.[577]

---

571 Richtlinie (EU) vom 5.April 1993 93/13 des Rates über missbräuchliche Klauseln in Verbraucherverträgen, ABl Nr. L 095 vom 21.4.1993 S. 0029–0034.

572 Erwägungsgrund 2 RL 93/13/EWG.

573 Siehe unter 2. a).

574 Beispielsweise im deutschen Recht normiert in § 310 Abs. 1 des Bürgerlichen Gesetzbuches, im italienischen Recht gelten Art. 1341, 1342 Codice Civile für alle Verträge (e contrario Art. 33 f. Codice del Consumo).

575 Art. 3 Abs. 2 RL 93/13/EWG.

576 *Eickemeier/Brodersen*, K&R 2020, 397, 398.

577 *v. Westphalen*, BB 2020, 579, 579.

(1) Pflichten zur Einbeziehung von AGB, Art. 3 Abs. 1 P2B-VO

Zunächst werden gewisse Anforderungen an die Art und Weise der Einbeziehung der AGB gestellt. Nach Art. 3 Abs. 1 lit. a) P2B-VO müssen die AGB klar und verständlich formuliert sein.[578] Außerdem müssen die AGB leicht für den gewerblichen Nutzer verfügbar sein (Abs. 1 lit. b). Die geforderte Verfügbarkeit muss sowohl gegenüber bestehenden als auch potentiell zukünftigen Vertragspartnern gewährleistet werden.[579] Dies ist bereits durch einen Link auf der eigenen Website erfüllt.[580]

Des Weiteren werden inhaltliche Vorgaben, die von den Anbietern einzubringen sind, geregelt. Art. 3 Abs. 2 lit. c) P2B-VO verlangt, dass die Anbieter in ihren AGB festhalten müssen, aus welchen Gründen die Bereitstellung der Plattform ausgesetzt, beendet oder eingeschränkt werden kann.[581] Dieser bestimmt, dass die Wirksamkeit solcher Maßnahmen erst durch die Begründung nach Art. 3 Abs. 2 lit. c) P2B-VO wirksam wird.[582] Weiterhin sollen gewerbliche Nutzer nach Art. 3 Abs. 1 lit. d) P2B-VO Informationen über zusätzliche Vertriebskanäle oder Partnerprogramme der Vermittlungsdienste erhalten, um zu wissen, worüber die Plattform die Angebote der Nutzer möglicherweise noch vertreibt.[583] Schließlich sind die Auswirkungen auf die Inhaberschaft geistigen Eigentums der gewerblichen Nutzer festzuhalten, Art. 3 Abs. 1 lit. e) P2B-VO. Das geistige Eigentum an den eigenen Produkten hat für die gewerblichen Nutzer eine erhebliche wirtschaftliche Bedeutung, sodass mögliche Auswirkungen der AGB auf dieses transparent darzulegen sind.[584] Als Beispiele nennt die Verordnung die Verwendung von Logos, Marken und geschäftlichen Bezeichnungen.[585] Hinzukommt die Aufnahme von Informationen über die in den Art. 5 ff. P2B-VO benannten Punkte.

(2) Pflichten bei Änderungen der AGB, Art. 3 Abs. 2 P2B-VO

In Art. 3 Abs. 2 P2B-VO werden Vorgaben bei Änderungen der AGB gemacht. Der Plattformbetreiber kann Änderungen in seinen AGB dem gewerblichen Nutzer vorschlagen. Dabei sind Änderungen auf einem dauerhaften Datenträger zu übermitteln.[586] Darunter fallen jedoch nicht rein redaktionelle Veränderungen, wenn diese den Inhalt und die Bedeutung der Klausel nicht ändern.[587]

---

578 Siehe Art. 5 RL 93/13/EW.
579 Erwägungsgrund 18 VO (EU) 2019/1150.
580 *Schneider/Kremer*, WPR 2020, 1128, 1132; *Voigt/Reuter*, MMR 2019, 783.
581 Dazu genaueres unten unter Art. 4 VO (EU) 2019/1150.
582 Busch/*v. Westphalen*, P2B-VO, Art. 4 Rn. 1.
583 Erwägungsgrund 16 VO (EU) 2019/1150.
584 Erwägungsgrund 17 VO (EU) 2019/1150.
585 Erwägungsgrund 17 a. E. VO (EU) 2019/1150.
586 Siehe 2. b) aa) (1) (c) (bb).
587 Erwägungsgrund 18 VO (EU) 2019/1150.

Der gewerbliche Nutzer hat dann die Möglichkeit, innerhalb einer bestimmten Frist den Vertrag zu kündigen. Diese Frist beträgt 15 Tage ab der Mitteilung über die Änderung, kann aber in Einzelfällen nach Art. 3 Abs. 4 P2B-VO länger sein.[588] Jedoch müssen mögliche kürzere, nationale Fristen beachtet werden.[589]

Gewerbliche Nutzer haben jedoch gem. Art. 3 Abs. 2 UAbs. 4 P2B-VO das Recht, auf die Frist gänzlich zu verzichten. Dies ist entweder durch eine schriftliche Erklärung oder eine eindeutig bestätigende Handlung möglich. Als bestätigende Handlung ist das erneute Einstellen von Waren oder Diensten anzusehen.[590] Gilt aufgrund besonderer Umstände eine verlängerte Frist, so gilt das Einstellen nicht als konkludenter Verzicht auf die Frist.[591]

(3) Nichtigkeit von AGB, Art. 3 Abs. 3 P2B-VO

Verstoßen die AGB gegen eine der in Abs. 1 und Abs. 2 genannten Vorgaben, so sind diese gem. Abs. 3 nichtig. Diese Nichtigkeit wirkt ex tunc erga omnes gegen alle Vertragsparteien.[592] Dadurch scheidet auch ein Rückgriff auf dispositives Ersatzrecht aus.[593] Dennoch ist nur die Bestimmung nichtig, die den Vorgaben nicht genügt. Sind andere Bestimmungen von der Nichtigen abtrennbar, bestehen diese weiter fort.[594]

Eine Besonderheit besteht bei Art. 8 P2B-VO, welcher als materiell rechtliche Norm Vorgaben für die Verwendung von Klauseln macht. Er bestimmt, dass keine rückwirkenden Änderungen an den AGB vorzunehmen sind, die AGB Beendigungsmöglichkeiten des gewerblichen Nutzers aufweisen und Datenschutzvorgaben dargelegt werden. Im Gegensatz zu Art. 3 P2B-VO enthält er keine eigene Nichtigkeitsregelung, sodass sich Verstöße nach dem anwendbaren nationalen Recht richten.[595]

(4) Konkurrenzen

Nach Art. 1 Abs. 4 P2B-VO bleibt das allgemeine Zivilrecht der Mitgliedstaaten unberührt. Grundsätzlich sind die nationalen Regelungen zu AGB und deren Kontrolle weiterhin anzuwenden und durch die P2B-VO zu ergänzen.[596] Zu klären ist stets, ob die P2B-VO eine abschließende Regelung für ein bestimmtes Verhalten trifft.[597] Ist dies nicht der

588 Wenn die AGB beispielsweise eine aufwendige Umstrukturierung durch den Nutzer erfordern, Art. 3 Abs. 2 UAbs. 2 a.E. VO (EU) 2019/1150, siehe auch Art. 3 Abs. 4 VO (EU) 2019/1150.

589 Erwägungsgrund 18 VO (EU) 2019/1150.

590 Erwägungsgrund 19 VO (EU) 2019/1150.

591 Erwägungsgrund 19 VO (EU) 2019/1150; BeckOK UWG/*Wais*, P2B-VO, Art. 3 Rn. 42.

592 Erwägungsgrund 20 VO (EU) 2019/1150.

593 *v. Westphalen*, BB 2020, 579, 585.

594 Erwägungsgrund 20 VO (EU) 2019/1150.

595 *Höpper/Schulz* ZIP 2019, 2329, 2235, *Schneider/Kremer* WRP 2020, 1128, 1130–1131.

596 *Kohser/Jahn*, GRUR Prax 2020, 273, 275.

597 v. Westphalen/Thürsig/Pamp/*Hoeren*, Vertragsrecht und AGB-Klauselwerke, Rn. 125.

Fall, ist auf das jeweilige materielle Recht zurückzugreifen.[598] Dennoch muss die Auslegung der P2B-Normen als europäisches Regulierungsrecht stets autonom ausgelegt werden.[599] Dies gilt auch dann, wenn andere Rechtsfragen desselben Sachverhaltes nach den Grundsätzen des Internationalen Privatrechts nach einer bestimmten Rechtsordnung zu klären sind.[600]

bb) Einschränkung, Aussetzung und Beendigung, Art. 4 P2B-VO

Art. 4 P2B-VO bestimmt, dass Anbieter ihren Nutzern schriftlich begründen, warum sie die Bereitstellung der eigenen Dienste für die Produkte des Nutzers einschränken, aussetzen oder beenden. Eine solche Einschränkung, Aussetzung oder Beendigung ist nur durch legitime Gründe gerechtfertigt.[601] Diese Gründe werden bereits in Art. 3 Abs. 1 lit. c) P2B-VO genannt, sodass Art. 4 P2B-VO vor allem bestimmt, dass die Gründe auf einem dauerhaften Datenträger festzuhalten sind, Art. 3 Abs. 1 a. E. P2BVO. Art. 4 Abs. 5 UAbs. 1 P2B-VO konkretisiert die Begründungspflicht dahingehend, dass der Plattformbetreiber alle konkreten Tatsachen und Umstände, sowohl tatsächlich als auch rechtlicher Natur, einzubeziehen hat.[602] Außerdem sind Mitteilungen Dritter, die den Anbieter zu seiner Entscheidung bewogen haben, einzubeziehen. Dies können insbesondere (negative) Kritiken von Verbrauchern sein, aber auch Mitteilungen von Verbraucherverbänden oder Behörden, solange ein unmittelbarer Bezug zum gewerblichen Nutzer oder seinem Angebot besteht.[603] Gemäß Art. 4 Abs. 2 P2B-VO müssen die Gründe bei einer Beendigung mindestens 30 Tage vor dem Wirksamwerden der Beendigung auf dem Datenträger bereitgestellt werden.

Nach Art. 4 Abs. 5 UAbs. 2 P2B-VO ist die Begründungspflicht ausgeschlossen, wenn der Plattformbetreiber aufgrund gesetzlicher oder behördlicher Anordnung die Begründung nicht offenlegen darf oder der Nutzer wiederholt (also mindestens zweimal) gegen die AGB verstoßen hat. Mangels gegenteiliger Angaben ist davon auszugehen, dass eine Wiederholung dann nicht vorliegt, wenn der erste Verstoß nach anwendbarem nationalen Recht verjährt ist.[604] Um sich auf den Ausschluss der Begründungspflicht berufen zu können, muss die AGB, mit der gegen Art. 4 P2B-VO verstoßen wurde, nach nationalem Recht wirksam sein.[605]

---

598 Beispielsweise: Erwägungsgrund 36 VO (EU) 2019/1150.
599 *Alexander*, WRP 2020, 945, 950.
600 Busch/*Schulte/Nöltke*, VO (EU) 2019/1150, Art. 1 Rn. 45 ff.
601 Erwägungsgrund 22 VO (EU) 2019/1150.
602 Busch/*v. Westphalen*, P2B-VO, Art. 4 Rn. 29.
603 Busch/*v. Westphalen*, P2B-VO, Art. 4 Rn. 29.
604 Busch/*v. Westphalen*, P2B-VO, Art. 4 Rn. 34.
605 Busch/*v. Westphalen*, P2B-VO, Art. 4 Rn. 37.

cc) Rankings, Art. 5 P2B-VO

(1) Regelungsziel

Eine weitere zentrale Vorschrift der Verordnung ist Art. 5 P2B-VO, welcher Transparenzvorgaben für den Ablauf und das Zustandekommen der von Online-Vermittlungsdiensten erstellten **Rankings** macht.

Gem. Art. 2 Nr. 8 P2B-VO sind Rankings die relative Vorhebung von Waren und Dienstleistungen, welche auf Online-Plattformen angeboten werden. Dabei werden die Kriterien der Reihenfolge (nach einem Algorithmus oder anderen Bewertungsmechanismus) von den Betreibern der Online-Vermittlungsplattform bestimmt.[606]

Die Rankings von Online-Plattformen haben einen erheblichen Einfluss auf die Wahlmöglichkeiten der Verbraucher, woran der geschäftliche Erfolg der gewerblichen Nutzer unmittelbar angeknüpft ist.[607] Darum sollen die Vorgaben des Art. 5 P2B-VO für die gewerblichen Nutzer eine Vorhersehbarkeit schaffen und möglicherweise Anlass zur Optimierung der Darstellung oder Waren selbst bieten.[608] Dennoch besteht keine Pflicht zur Offenlegung von den detaillierten Funktionsweisen der verwendeten Mechanismen und Algorithmen für die Betreiber der Online-Plattformen, um eine böswillige Manipulation zu verhindern.[609] Außerdem soll die Norm keine starre Pflicht zur Angabe bestimmter Parameter sein, sondern stets bzgl. der Art der Plattform und dem Einzelfall angepasst werden.[610]

(2) Vorgaben

Nach Art. 5 Abs. 1 P2B-VO sind die Hauptparameter und die Gründe für deren relative Gewichtung in den AGB aufzuzählen (**produktbezogene Faktoren**). Damit sind diejenigen Parameter gemeint, welche das Ranking bestimmen. Dabei soll eine Erklärung über den dynamischen Charakter des Rankings abgegeben werden, sodass Vorhersehbarkeit bzgl. bestimmter Einflüsse geschaffen wird. Beispiele für Hauptparameter werden sowohl von der VO selbst als auch im Anhang I der Ranking-Transparenz-Leitlinien der Europäischen Kommission genannt, Art. 5 Abs. 7 P2B-VO.[611] Es ist vor allem gem. Art. 5 Abs. 3 P2B-VO darzulegen, ob und wie gewerbliche Nutzer das Ranking durch ein Entgelt aktiv beeinflussen können und welche Wirkung im Ranking dies hat.[612]

Außerdem sind nach Art. 5 Abs. 5 P2B-VO auch **verbraucherbezogene Merkmale** darzulegen, wie beispielsweise das sogenannte Matching von Produktmerkmalen und

---

606 *Voigt/Reuter*, MMR 2019, 783.
607 Erwägungsgrund 24 VO (EU) 2019/1150.
608 COM(2020) 424/1 Einführung 1.1 Nr. 5; anders in der Transparenz-RL 2019/22161, bei der die Transparenzvorgaben den Verbraucher schützen sollen.
609 Erwägungsgrund 27 VO (EU) 2019/1150.
610 COM(2020) 424/1 Einführung 1.1 Nr. 8.
611 COM(2020) 424/1.
612 Erwägungsgrund 25 VO (EU) 2019/1150.

den Interessen der Verbraucher, aber auch die Verbindung der Produktmerkmale mit Faktoren wie Standort, Suchverlauf, Bestellhistorie etc.[613]

Dadurch, dass die Informationen über Rankings in den AGB aufzulisten sind, gilt auch für diese die allgemeine Aktualisierungspflicht aus Art. 3 Abs. 2 P2B-VO. Wichtig ist hierbei, dass auch vorübergehende Änderungen der Hauptparameter zu vermerken sind (Blackfriday, Lieferschwierigkeiten, Umstellung der technischen Grundlagen).[614]

(3) Abgrenzung zu Art. 26, 27 DSA

Der DSA statuiert in den Art. 26, 27 DSA Transparenzvorgaben für Plattformbetreiber.[615] Dabei ähneln sich die Vorgaben der beiden Verordnungen stark – beispielsweise müssen jeweils die Angaben in den AGB klar und verständlich formuliert werden. Außerdem verlangen sowohl Art. 27 Abs. 2 lit. b) DSA als auch Art. 5 Abs. 1 P2B-VO die Begründung der relativen Gewichtung dieser Parameter.

Grundsätzlich gelten die Regelungen der P2B-VO gem. Art. 2 Abs. 4 lit. e) DSA als *lex specialis*, wenn sich Überschneidungen ergeben.[616] Wichtig ist dennoch, dass die verschiedenen Zielsetzungen der Verordnungen erkannt werden: Während es bei der P2B-VO um die faire Teilhabe der gewerblichen Nutzer geht, steht bei Art. 27 DSA die Perspektive des rezipierenden Nutzers, warum welche Angebote wie angezeigt werden, im Vordergrund.[617]

dd) Differenzierte Behandlung, Art. 7 P2B-VO

(1) Regelungsziel

Nach Art. 7 Abs. 1 P2B-VO müssen Plattformbetreiber außerdem Erläuterungen über eine differenzierte Behandlung eigener und fremder Angebote in die AGB mit aufnehmen. Dies soll sich auf eine sogenannte Selbstbevorzugung von Hybrid-Unternehmen[618] beziehen, welche sowohl Vermittlungsdienstleister als auch Konkurrenten für die gewerblichen Nutzer sind.[619] In diesen Fällen besteht ein erhöhtes Marktmachtmissbrauchsrisiko, weil die Hybrid-Unternehmen den wirtschaftlichen Anreiz und die Möglichkeit haben, ihre eigenen Produkte zu bevorzugen.[620] Außerdem wird durch die Verhinderung des sogenannten Kletterns im Ranking der Wettbewerb geschwächt, weil

613 *Busch*, P2B-VO, Art. 5 Rn. 67.
614 *Busch*, P2B-VO, Art. 5 Rn. 39f.
615 Siehe dazu auch II. 3. d) cc) (6f.).
616 COM(2020) 825 final.
617 Müller-Terpitz/Köhler/*Holznagel*, DSA, Art. 27 Rn. 16.
618 Ca. 1/3 der Marktplatzanbieter, COM(2017) 229 final Rn. 104.
619 Busch/*Podzun*, P2B-VO, Art. 7 Rn. 2.
620 Erwägungsgrund 30 VO (EU) 2019/1150.

keine Anreize mehr zu Besserung der eigenen Produkte geliefert werden.[621] Gleiches gilt für Produkte, die über den Vermittlungsdienst von gewerblichen Nutzern angeboten werden, welche unter der Kontrolle des Vermittlungsdienstes stehen.[622] Diese Kontrollposition setzt einen gewissen wirtschaftlichen Einfluss voraus, der insbesondere in Konzernstrukturen vorhanden ist.[623]

(2) Vorgaben

Behandlung im Sinne des Art. 7 P2B-VO sind alle Maßnahmen, die sich potentiell auf den Zugriffserfolg auswirken können.[624] Differenziert sind diese, wenn die Behandlung zweier Angebot unmittelbar oder mittelbar abweicht.[625] Eine Pflicht zur Offenlegung besteht dann, wenn die Maßstäbe der Behandlung zu einer wesentlichen Andersbehandlung des Fremdanbieters führen.[626] In Art. 3 P2B-VO werden einige Beispiele genannt, um welche Informationen es sich hierbei handeln soll. Demnach sind Bevorzugungen zum Zugang zu personenbezogenen und sonstigen Daten (lit. a)), beim Ranking (lit. b)) bzgl. der in bereits in Art. 5 P2B-VO erwähnten Entgelte (lit. c)) und beim Zugang zu Diensten Funktionen und technischen Schnittstellen (lit. d)) darzulegen. Während diese Vorgaben bereits in durch die Art. 5 und 9 P2B-VO in die AGB aufgenommen werden müssen, beziehen sich die Vorgaben nach Art. 7 P2B-VO stets darauf, in welchem Zusammenhang sie mit einer möglichen Andersbehandlung gegenüber Fremdanbietern stehen.

ee) Besondere Vertragsbestimmungen, Art. 8 P2B-VO

Art. 8 P2B-VO legt Vertragsbestimmungen fest, die der Anbieter bei Vertragsschluss zu beachten hat. Nach Art. 8 lit. a) P2B-VO darf der Plattformanbieter die AGB nicht rückwirkend ändern. Ausnahmen bestehen dann, wenn der Gesetzgeber oder eine Behörde dies bestimmt.

Anbieter müssen außerdem in den AGB festhalten, wie die Nutzer die vertragliche Beziehung beenden können, Art. 8 lit. b) P2B-VO. Die Regelung stellt damit das Gegenstück zu Art. 4 P2B-VO dar, wobei ein Verstoß gegen Art. 8 P2B-VO gerade nicht zur Unwirksamkeit der AGB führt.[627] Es besteht jedoch keine Pflicht, grundsätzlich Beendigungsgründe anzugeben. Lediglich sind solche anzugeben, welche der Plattformanbie-

621 Busch/*Podzun*, P2B-VO, Art. 7 Rn. 3.
622 Erwägungsgrund 30 VO (EU) 2019/1150.
623 Steinrötter/*Louven*, P2B-VO, § 17 Rn. 106.
624 Busch/*Podzun*, P2B-VO, Art. 7 Rn. 58.
625 Busch/*Podzun*, P2B-VO, Art. 7 Rn. 66.
626 Busch/*Podzun*, P2B-VO, Art. 7 Rn. 67.
627 BeckOK UWG/*Wais*, P2B-VO, P2B-VO, Art. 8 Rn. 7.

ter dem Nutzer einräumt.[628] Auch gilt Art. 8 lit. b) P2B-VO nicht für rein gesetzliche Beendigungsmöglichkeiten, diese unterliegen parallel zu Art. 1 Abs. 2 RL 93/13/EWG dem nationalen Recht.[629] Während in Erwägungsgrund 32 a. E. die Voraussetzungen für eine Beendigung verhältnismäßig sein sollen, findet diese materielle Angemessenheit keinen Ansatz in Art. 8 P2B-VO, sodass nur eine reine Transparenzpflicht besteht.

Nach Art. 8 lit. c) P2B-VO hat der Plattformanbieter zusätzlich darzulegen, welchen Zugang er nach Vertragsbeendigung auf die vom Nutzer bereitgestellten oder generierten Daten weiterhin hat. Grundsätzlich deckt sich diese Vorgabe mit Art. 9 Abs. 1 P2B-VO, sodass auf dessen Ausführungen verwiesen wird. Allerdings geht es bei Art. 9 Abs. 1 P2B-VO um den Zeitraum während der Vertragsbeziehung, in Art. 8 lit. c) P2B-VO hingegen um die Zeit nach dem Vertragsverhältnis.[630]

ff) Datenzugang, Art. 9 P2B-VO

(1) Regelungsziel

Online-Vermittlungsdienste sind datenbasierte Geschäftsmodelle, bei denen der Zugang und die Verarbeitung von Daten ein zentrales Element darstellen.[631] Somit schafft Art. 9 P2B-VO Transparenzvorgaben über den Zugang und den Umgang zu Daten von gewerblichen Nutzern. Die gewerblichen Nutzer sollen durch die Angaben verstehen, ob sie die Daten zur Wertsteigerung nutzen können.[632] Ein Zugangsanspruch zu diesen Daten besteht jedoch nicht.[633] Art. 9 Abs. 1 P2B-VO verpflichtet die Plattformanbieter in den AGB den Zugang und Umgang mit Daten für gewerbliche Nutzer anzugeben, welche von diesen oder den Verbrauchern bei der Nutzung der Plattform zur Verfügung gestellt oder generiert werden. Zur Verfügung gestellt werden Daten dann, wenn sie aktiv (bewusst oder unbewusst) eingebracht werden und in den Zugriffsbereich des Plattformanbieters gelangen.[634] Unter Generieren versteh man die automatische Erzeugung von Informationen durch die Nutzung der Vermittlungsleistung.[635]

Ausgeschlossen von der Transparenzpflicht sind damit solche Daten, die der Plattformanbieter selbst einbringt.[636] Dabei sind sowohl personenbezogene[637] als auch sonstige Daten umfasst. In den AGB soll dabei sowohl der technische Zugang, sprich mit welchen Maßnahmen auf die Daten zugegriffen werden kann, als auch der vertragliche

628 Köhler/Bornkamm/Feddersen/*Alexander*, P2B-VO Art. 8 Rn. 12.
629 BeckOK UWG/*Wais*, P2B-VO, Art. 8 Rn. 12.
630 Köhler/Bornkamm/Feddersen/*Alexander*, P2B-VO Art. 8 Rn. 15.
631 Köhler/Bornkamm/Feddersen/*Alexander*, P2B-VO Art. 9 Rn. 1.
632 Erwägungsgrund 33 VO (EU) 2019/1150.
633 Busch/*Podzun*, P2B-VO, Art. 9 Rn. 128.
634 Busch/*Podzun*, P2B-VO, Art. 9 Rn. 66.
635 Busch/*Podzun*, P2B-VO, Art. 9 Rn. 70.
636 Busch/*Podzun*, P2B-VO, Art. 9 Rn. 65.
637 Durch Art. 9 Abs. 3 P2B-VO Verweis auf Art. 4 Nr. 1 DS-GVO, *Tribess*, ZD 2020, 440, 442.

Zugang, also welche rechtliche Anforderung an diesen gestellt werden, aufgenommen werden.[638] Dabei geht es vor allem um den Umfang, die Art und die Bedingungen, unter denen der gewerbliche Nutzer Zugang zu den Daten bekommt.[639] Dabei gibt der Art. 9 P2B-VO nicht vor, dass der Plattformanbieter Daten zur Verfügung stellen muss, jedoch können die Transparenzvorgaben den Datenaustausch erhöhen und den europäischen Datenraum stärken.[640]

(2) Vorgaben, Art. 9 Abs. 2 P2B-VO

Art. 9 Abs. 2 P2B-VO macht einige Vorgaben, welche Inhalte die Erläuterungen aus Abs. 1 enthalten sollen, stellt dabei aber nur ein Mindestmaß dar.

Nach Art. 9 Abs. 2 lit. a) P2B-VO hat der Plattformanbieter seinen eignen Zugang zu Daten, welche durch den gewerblichen Nutzer oder den Verbraucher gestellt oder generiert werden, in den AGB darzulegen. Er muss erklären zu welcher Kategorie diese Daten gehören und unter welchen Bedingungen er Zugang hat.

Nach Art. 9 Abs. 2 lit. b) P2B-VO beschreibt dieselbe Verpflichtung für den Zugang der gewerblichen Nutzer zu den Daten, die er selbst durch die Nutzung der Plattform stellt oder generiert. Art. 9 Abs. 2 lit. c) P2B-VO ergänzt diese Verpflichtung auch um solche Daten, die auf andere gewerbliche Nutzer oder Verbraucher zurückzuführen sind.

Art. 9 Abs. 2 lit. d) P2B-VO bezieht dieselbe Verpflichtung auch auf die Bereitstellung der Daten gegenüber Dritten. Dabei geht es sowohl darum, ob Daten Dritten zur Verfügung gestellt werden, als auch ob dies für den Online-Vermittlungsdienst notwendig ist. Außerdem soll der Zweck der Weitergabe offengelegt werden. Zusätzlich sollen Informationen darüber aufgelistet werden, ob und wie der gewerbliche Nutzer der Datenweitergabe widersprechen kann.[641]

Nach Art. 9 Abs. 3 P2B-VO stehen die Informationspflichten aus den ersten beiden Absätzen eigenständig neben anderen Datenschutzvorgaben der EU, hier die DS-GVO, der RL (EU) 2016/680 und RL 2002/58/EG, sind jedoch mit diesen in Einklang zu bringen.[642]

gg) Einschränkung der Möglichkeit, andere Bedingungen auf anderem Wege einzubringen Art. 10 P2B-VO

Nach Art. 10 Abs. 1 P2B-VO müssen Plattformanbieter in den AGB begründen, warum sie gewerblichen Nutzern untersagen, dieselbe Ware oder Dienstleistung auf anderem Wege zu anderen Bedingungen anzubieten. Diese Vertriebsbeschränkung nutzen Plattfor-

---

638 Köhler/Bornkamm/Feddersen/*Alexander*, P2B-VO Art. 9 Rn. 7.
639 Erwägungsgrund 33 VO (EU) 2019/1150.
640 Erwägungsgrund 35 VO (EU) 2019/1150.
641 Erwägungsgrund 34 VO (EU) 2019/1150.
642 Erwägungsgrund 35 VO (EU) 2019/1150.

men regelmäßig, um das Anbieten auf anderen Plattformen oder im Direktvertrieb zu besseren Konditionen zu verhindern und somit die Verbraucher an ihre eigene Plattform zu binden.[643] Dabei gilt der Art. 10 Abs. 1 P2B-VO für alle Verbote, Vorgaben oder sonstige Festlegungen bezüglich anderweitiger Angebote an Verbraucher (nicht umfasst sind also Angebote an Unternehmer).[644] Andere Bedingungen können ein anderer Preis, andere Vertragsbedingungen oder modifizierte Leistungsinhalte sein.[645] Dabei kommt es gerade nicht darauf an, ob die Bedingungen besser oder schlechter bei anderen Angeboten sind.[646]

Eine Besonderheit im Gegensatz zu anderen Transparenzpflichten der P2B-VO ist, dass die Informationen aus Art. 10 P2B-VO sowohl in den AGB festgehalten als auch **öffentlich** leicht zugänglich sein müssen, Art. 10 Abs. 1 S. 1 P2B-VO. Die Informationen über eine Einschränkung müssen nicht nur bereitgestellt, sondern auch begründet werden, Art. 10 Abs. 1 S. 2 P2B-VO.

hh) Internes Beschwerdemanagement, Art. 11 P2B-VO

(1) Regelungsziel

Art. 11 Abs. 1 S. 1 P2B-VO verpflichtet die Anbieter von Online-Vermittlungsdiensten, ein internes Beschwerdemanagement für die Beschwerden von gewerblichen Nutzern einzurichten. Ziel dieser Vorschrift ist es, dem gewerblichen Nutzer Zugang zu einem unmittelbaren, geeigneten und wirksamen Abhilfesystem zu ermöglichen und ein bilaterales, schnelles Streitbeilegungssystem zu erschaffen.[647] Den Plattformbetreibern sollen hingegen eine ausreichende Flexibilität im Umgang mit Beschwerden verschafft werden und die Möglichkeit eingeräumt werden, angemessen auf eine missbräuchliche Nutzung des Beschwerdesystems zu reagieren.[648]

Wichtig ist dabei zu beachten, dass nach Art. 11 Abs. 5 P2B-VO die Einrichtung eines Beschwerdemanagementsystems nicht für KMU gilt, diese dies jedoch freiwillig einrichten können.

Das interne Beschwerdemanagement stellt dabei die erste von drei Rechtsschutzmöglichkeiten des Nutzers dar. Dazu kommt als zweite Stufe die außergerichtliche Mediation (Art. 12 und 13 P2B-VO) und letztlich die gerichtliche Durchsetzung nach Art. 14 P2B-VO, wobei der gewerbliche Nutzer frei zwischen den Stufen wählen kann und nicht alle durchlaufen muss.[649]

---

643 Köhler/Bornkamm/Feddersen/*Alexander*, P2B-VO Art. 10 Rn. 1.
644 Köhler/Bornkamm/Feddersen/*Alexander*, P2B-VO Art. 10 Rn. 5a.
645 Köhler/Bornkamm/Feddersen/*Alexander*, P2B-VO Art. 10 Rn. 7.
646 Busch/*Höppner*/*Wick*, P2B-VO, Art. 10 Rn. 12.
647 Erwägungsgrund 37 VO (EU) 2019/1150.
648 Erwägungsgrund 38 VO (EU) 2019/1150.
649 Köhler/Bornkamm/Feddersen/*Alexander*, P2B-VO, Art. 11 Rn. 11.

(2) Vorgaben

Das Beschwerdemanagement muss nach Art. 11 Abs. 1 UAbs. 1 P2B-VO einen internen Charakter aufweisen, also in der Sphäre des Vermittlungsdienstes liegen und entweder von dem Plattformbetreiber selbst oder einem Dritten, welcher die Anforderungen der P2B-VO einhält, durchgeführt werden.[650]

Das Beschwerdemanagement muss dabei leicht zugänglich und kostenfrei sein und die Bearbeitung in einem angemessenen Zeitraum sicherstellen, Art. 11 Abs. 1 UAbs. 2 P2B-VO. Nach Art. 11 Abs. 2 P2B-VO sind außerdem Angaben über die Ausgestaltung des Beschwerdeverfahrens und der einzelnen Schritte wie Prüfung, Bearbeitung und klare und verständliche Ergebnisse des Verfahrens festzuhalten.

Zu unterscheiden ist dabei die Verpflichtung zur Einbeziehung dieser Angaben in die AGB nach Art. 11 Abs. 3 P2B-VO und der danebenstehenden Informationspflicht nach Art. 11 Abs. 4 P2B-VO darüber, wie das Beschwerdemanagement praktisch funktioniert.[651] Dabei sind nach Art. 11 Abs. 4 UAbs. 2 P2B-VO Angaben über die Anzahl der Beschwerden, die wichtigsten Arten von Beschwerden, der durchschnittliche Zeitbedarf und das Ergebnis öffentlich leicht verfügbar zu machen.

(3) Abgrenzung

Auch Art. 20 DSA fordert die Einrichtung eines internen Beschwerdemanagements, sodass sich diese Verpflichtung aus beiden Verordnungen ergibt. Wichtig für gewerbliche Nutzer ist dennoch, dass sie sich bei Problemen oder Verstößen gegen die P2B-Vorgaben ausschließlich auf das nach Art. 11 P2B-VO eingerichtete Beschwerdemanagement berufen können, nicht aber auf ein möglicherweise vorteilhafterer System nach dem DSA.[652]

ii) Pflicht zur Mediation, Art. 12 P2B-VO

Als weiteres Streitbeilegungsinstrument wird in Art. 12 Abs. 1 P2B-VO die Mediation aufgelistet. Ziel der Regelung ist es, den Parteien ein langwieriges und kostspieliges Gerichtsverfahren zu ersparen.[653] Dabei sollen nach Abs. 1 zwei oder mehr Mediatoren im Sinne von Art. 3 lit. b) der Mediations-RL[654] von Vermittlungsplattformanbietern angegeben werden, mit denen bei Streitigkeiten zusammengearbeitet werden soll. Die Teilnahme an einer Mediation ist für beide Seiten freiwillig und kann jederzeit unterbrochen werden.[655]

---

650 Erwägungsgrund 39 VO (EU) 2019/1150.

651 Köhler/Bornkamm/Feddersen/*Alexander*, P2B-VO, Art. 11 Rn. 33.

652 *Busch*, ZdiW 2021, 88, 91.

653 Erwägungsgrund 40 VO (EU) 2019/1150.

654 Richtlinie 2008/52/EG des Europäischen Parlaments und des Rates vom 21. Mai 2008 über bestimmte Aspekte der Mediation in Zivil- und Handelssachen, ABl. L 136 vom 24.5.2008, S. 3.

655 Erwägungsgrund 40 VO (EU) 2019/1150.

Art. 12 Abs. 2 P2B-VO listet die Anforderungen auf, die an die Mediatoren zu stellen sind. Sie müssen unparteiisch und unabhängig sein (lit. a)), erschwingliche Dienste in der Sprache der AGB unverzüglich anbieten (lit. b), c), e)), leicht zu erreichen sein (lit. d)) und verstehen die Geschäftsbeziehung in ausreichender Weise (lit. f)).

Nach Art. 13 P2B-VO können auch Mediationsorganisationen bestimmt werden. Vorteil daran ist, dass trotz der fehlenden Vorhersehbarkeit des gewerblichen Nutzers, der Mediator in seiner Person noch nicht bestimmt ist und somit eine neutrale Stelle ausgewählt wird.[656] Dadurch wird das Vertrauen in die Mediation gestärkt.[657]

b) Online-Suchmaschinen

Für Online-Suchmaschinenbetreiber trifft die P2B-VO deutlich weniger Regelungen. Erwähnt werden diese nur in den Art. 5 und 7 P2B-VO.

aa) Ranking, Art. 5 P2B-VO

Art. 5 Abs. 2 S. 1 P2B-VO gibt vor, dass auch Online-Suchmaschinen Informationen über ihre Rankingmethoden offenlegen müssen. Mangels einer Vertragsbeziehung zwischen dem Anbieter und dem gewerblichen Nutzer[658] fehlt es an AGB, sodass die Online-Suchmaschinen die Hauptparameter in Erläuterungen öffentlich und leicht verfügbar bereitzustellen haben.[659] Außerdem ist dafür zu sorgen, dass diese stets aktuell bleiben, Art. 5 Abs. 2 S. 2 P2B-VO.

Nach Art. 5 Abs. 4 P2B-VO haben Anbieter von Online-Suchmaschinen Änderungen aufgrund von Mitteilungen Dritter dem Nutzer mit Unternehmenswebsite mitzuteilen. Dabei sind vor allem solche Fälle gemeint, in denen ein Unternehmen versucht, das Ranking eines Mitbewerbers durch Meldungen wie Marken- und Urheberrechtsverletzungen zu verschlechtern.[660]

Zusätzlich haben Online-Suchmaschinen nach Art. 5 Abs. 5 lit. c) P2B-VO die Gestaltungsmerkmale der Website von Nutzern mit Unternehmenswebsite darzulegen und wie diese den Rankingmechanismus beeinflussen. Die Absätze 3, 6 und 7 geltend entsprechend.

bb) Differenzierte Behandlung, Art. 7 P2B-VO

Parallel zu Art. 5 Abs. 2 P2B-VO regelt Art. 7 Abs. 2 P2B-VO die Pflicht zur Bereitstellung von Informationen über differenzierte Behandlungen für Online-Suchmaschinen. Dabei

---

656 *Metzger/Vetter/Witte*, CR 2020, 739, 742, Rn. 18.
657 *Metzger/Vetter/Witte*, CR 2020, 739, 742, Rn. 18.
658 Siehe unter 2. b) bb).
659 Siehe auch Erwägungsgrund 26 VO (EU) 2019/1150.
660 *Busch*, P2B-VO, Art. 5 Rn. 60.

kann der Anbieter einer Online-Suchmaschine mangels einer vergleichbaren Regelung zu Art. 7 Abs. 1 S. 1 P2B-VO seine Ausführungen deutlich geringer ausfallen lassen. Dies liegt darin begründet, dass es aufgrund des fehlenden vertraglichen Verhältnisses zwischen einer Online-Suchmaschine und einem gewerblichen Nutzer zu weniger vertragsbedingtem Machtmissbrauch kommt.[661] Im Gegensatz zu Art. 5 Abs. 2 P2B-VO sind keine genauen Vorgaben für die Veröffentlichung der Transparenzvorgaben normiert. Auch Erwägungsgrund 31 weicht im Wortlaut von dem des Erwägungsgrundes 26 ab und verlangt lediglich die Darlegung in einer Erläuterung, erwähnt aber nicht, wie diese Erläuterung zu verfassen ist. Es besteht damit keine eindeutige Regelung, wie der Online-Suchmaschinenbetreiber die Erläuterungen zur Verfügung zu stellen hat. Um den Sinn und Zweck der Transparenzvorgaben zu erfüllen, sind die Erläuterungen in jedem Fall öffentlich zugänglich zu machen.[662]

4. Durchsetzung und Aufsicht

Die P2B-VO enthält keine eigenen Durchsetzungsinstrumente, sondern verweist auf nationale (bereits bestehende) Durchsetzungsmechanismen.[663] Mangels eigener Bußgeldvorschriften oder der Verpflichtung für Mitgliedstaaten, die Verordnung von Amts wegen durchzusetzen,[664] zielt die P2B-VO hauptsächlich auf eine zivilrechtliche Haftung der Online-Plattformen bei Verstößen gegen die P2B-VO ab.

a) Zivilrechtliche Haftung

aa) Ansprüche nach nationalem Recht, Art. 15 P2B-VO

Die P2B-VO enthält keine eigenen Anspruchsgrundlagen, sodass diese gem. Art. 15 P2B-VO im nationalen Recht durch die Gesetzgeber einzurichten sind.[665] Welches Recht Anwendung findet, bestimmt sich nach dem Internationalen Privatrecht. Gegen Online-Vermittlungsdienste kommen Beseitigungs- und Unterlassenansprüche wie auch Schadensersatz aus dem Lauterkeitsrecht, Vertragsrecht und Deliktsrecht in Betracht. Mangels einer vertraglichen Beziehung zwischen den Nutzern und Online-Suchmaschinen fallen hier vertragliche Ansprüche weg.[666] Verstöße gegen Vorgaben der P2B-VO können dann im Rahmen der nationalen Gesetze Pflichtverletzungen darstellen.[667] Weiter können die Vorschriften der P2B-VO als Wertungen im nationalen Recht herangezogen werden.[668]

---

661 Busch/*Podszun*, P2B-VO, Art. 7 Rn. 34.
662 Steinrötter/*Louven*, Europäische Plattformregulierung, § 17 Rn. 110.
663 Busch/*Höppner*/*Wick*, P2B-VO, Art. 15 Rn. 1.
664 Erwägungsgrund 46 VO (EU) 2019/1150.
665 *Tribess*, GWR 2020, 233, 237.
666 Steinrötter/*Tribess*, Europäische Plattformregulierung, § 18 Rn. 76.
667 *LG München I*, Urt. v. 12.5.2021 – 37 O 32/21 = MMR 2021, 995, 998.
668 *LG München I*, Urt. v. 12.5.2021 – 37 O 32/21 = MMR 2021, 995, 998.

bb) Klageeinreichung, Art. 14 P2B-VO

Neben dem internen Beschwerdemanagement und der Mediation stellt der Weg zum Gericht die dritte Stufe der Rechtsschutzmöglichkeiten dar (private enforcement). Dabei liefert Art. 14 P2B-VO eine Klagemöglichkeit, bei der zwischen Kollektivrechten in Art. 14 Abs. 1 P2B-VO und Individualrechten in Art. 14 Abs. 9 P2B-VO unterschieden wird.

Art. 14 Abs. 1 P2B-VO eröffnet die Möglichkeit zur Einrichtung von Organisationen, Verbänden und qualifizierten öffentlichen Stellen, die die Rechte der gewerbliche Nutzer kollektiv durch eine **Verbandsklage** vertreten. Hintergrund der Möglichkeit zur Verbandsklage ist die Gefahr, dass gewerbliche Nutzer ihre Rechte wegen fehlender finanzieller Mitte, der Angst vor Vergeltung und Exklusivbestimmungen des geltenden AGB-Rechts nicht durchsetzen.[669] Die einzurichtenden Stellen müssen ordnungsgemäß nach dem Recht eines Mitgliedstaates eingerichtet werden, dürfen keinen Erwerbszweck verfolgen und müssen ihre Ziele dauerhaft verfolgen.[670] Damit soll sichergestellt werden, dass sie ihre Aufgabe wirksam und angemessen wahrnehmen und Ad-hoc-Gründungen sowie Einflüsse durch Drittgelder vermieden werden.[671] Auch haben diese ihre Mitgliedschaft und Finanzierungsquellen den nationalen Gerichten offenzulegen, um zu verhindern, dass die Verbände unter dem Einfluss der Online-Plattformen stehen.[672]

Daneben bestimmt Art. 14 Abs. 9 P2B-VO, dass gewerbliche Nutzer ihre Rechte nach nationalem Recht vor den nationalen Gerichten eigenständig durchsetzen können. Dabei hat Art. 14 Abs. 9 P2B-VO nur eine klarstellende Funktion. Es wird durch die P2B-VO gerade keine eigene individuelle Klageberechtigung neben dem nationalen Recht eingeräumt, sondern lediglich bestimmt, dass individuelle Klagen nach nationalem Recht nicht durch Art. 14 Abs. 1 P2B-VO ausgeschlossen sind.[673]

b) Aufsicht, Art. 15 P2B-VO

Die Mitgliedstaaten sind gem. Art. 15 Abs. 1 P2B-VO dazu verpflichtet, die Verordnung angemessen und wirksam durchzusetzen. Dazu sind wirksame, verhältnismäßige und abschreckende Maßnahmen zu erlassen.[674] Dabei können diese neue Durchsetzungsstellen schaffen, oder aber auf bereits bestehende Stellen wie Behörden oder Gerichte zurückgreifen.[675] Die Mitgliedstaaten haben nach Art. 15 Abs. 2 P2B-VO außerdem Vor-

---

669 Erwägungsgrund 44 VO (EU) 2019/1150.
670 Erwägungsgrund 44 VO (EU) 2019/1150.
671 Erwägungsgrund 44 VO (EU) 2019/1150.
672 Erwägungsgrund 44 VO (EU) 2019/1150.
673 *LG Stuttgart*, Urt. v. 22.4.2021 – 11 O 10/21 = MMR 2021, 1000, 1004 mit Verweis auf *Schneider/Kremer*, WPR 2020, 1128 Rn. 65.
674 Busch/*Höppner/Wick*, P2B-VO, Art. 15 Rn. 1.
675 Erwägungsgrund 46 VO (EU) 2019/1150.

schriften über Maßnahmen bei Verstößen zu erlassen, sind aber nicht dazu verpflichtet, gegen Verstöße von Amtswegen vorzugehen und Bußgelder zu verhängen.[676]

c) Beispiel Deutschland

In Deutschland werden sowohl die P2B-VO als auch der DSA durch das Digitale-Dienste-Gesetz (DDG) vom 6.5.2024 ausgeführt. Dabei ist Bundesnetzagentur nach § 22 Abs. 1 DDG für die Durchführung der P2B-VO zuständig. Dabei kann sie Organisationen, Verbände und öffentliche Stellen nach Art. 14 P2B-VO bestimmen, § 22 Abs. 2 DDG. Außerdem soll sie gem. § 22 Abs. 3 DDG mit dem Bundeskartellamt zusammenarbeiten, sodass beide Stellen ihre Aufgaben erfüllen können. Nach § 33 Abs. 3 DDG kann die Bundesnetzagentur bei Verstößen gegen die Vorschriften der P2B-VO Bußgelder gegen die Online-Plattformen erheben.

5. Zusammenfassung und Auswirkungen auf die Praxis

Die P2B-VO schafft erstmalig konkrete, unionseinheitliche Transparenzvorgaben für Online-Plattformen. Damit eine Verordnung ihre Wirksamkeit effektiv entfalten kann, müssen die Adressaten die Vorgaben beachten und in ihr Wirken einbringen. Daneben müssen ausreichende Durchsetzungsmöglichkeiten vorhanden sein, um Verstöße angemessenen zu sanktionieren.

Zu dessen Überprüfung evaluiert die EU-Kommission gem. Art. 18 P2B-VO die Entwicklungen der Verordnung in regelmäßigen Abständen. Dies tat sie zuletzt in ihrem Bericht vom 12.9.2023.[677] In diesem legte die Kommission nieder, dass die P2B-VO zwar Wirkungen bzgl. der Transparenzvorgaben entfaltet, ihr Potential jedoch aufgrund mangelnder Kenntnis und Durchführung der Verordnung nicht ausreichend erschöpft wird.[678]

Die Bewertung der Kommission basiert auf einer 2020 durchgeführten Umfrage, bei welcher 179 Online-Vermittlungsdienste untersucht und gewerbliche Nutzer befragt wurden.[679] Bei dieser war unter anderem Folgendes festzustellen:

- Nur ein Drittel der Online-Plattformen listen Informationen über Rankingparameter in ihre AGB auf.[680] Diese waren zum Teil nicht ausreichend, um Klarheit für den gewerbliche Nutzer zu schaffen.[681]
- Nur 19 der 179 untersuchten Online-Plattformen haben ein internes Beschwerdemanagementsystem eigeführt. Außerdem zeigt die Anzahl an eingelegten und geprüf-

---

676 Erwägungsgrund 46 VO (EU) 2019/1150.
677 COM(2023) 525 final.
678 COM(2023) 525 final S. 1.
679 BeckOK UWG/*Tribess*, P2B-VO, Art. 1 Rn. 5b.
680 COM(2023) 525 final S. 4.
681 COM(2023) 525 final S. 10 f.

ten Beschwerden, dass die Online-Plattformen den Begriff Beschwerde uneinheitlich definieren.[682]

- Nur 25 Online-Plattformen benennen in ihren AGB zwei Mediatoren nach Art. 12 P2B-VO. 35 weitere benennen einen Mediator, wobei die meisten davon denselben Mediator mit Sitz außerhalb der EU nennen.[683]
- Die Einrichtung eine spezialisierter Mediationsstellen im Sinne von Art. 13 P2B-VO ist nicht bekannt.[684]

Diese Ergebnisse lassen erkennen, dass die Plattformen die Verordnung nicht im vollen Umfang zielgerichtet beachten. Dadurch sind die gewerblichen Nutzer nicht oder nicht ausreichend über ihre Rechte und Rechtsschutzmöglichkeiten informiert.

Hinzukommt, dass die P2B-VO keine administrative Rechtsdurchsetzung der P2B-VO durch die Mitgliedstaaten verlangt. Führen die Mitgliedsaaten also kein eigenes Bußgeldsystem ein, können Verstöße gegen die P2B-VO in der Regel nur im Wege des Private Enforcement geltend gemacht werden.[685] Mangels ausreichender Informationen über ein Beschwerdemanagementsystem nach Art. 11 P2B-VO und Mediation nach Art. 12 P2B-VO, nutzen gewerbliche Nutzer diese Wege kaum.[686] Für Individualklagen fehlen den gewerblichen Nutzer regelmäßig Zeit und Geld, zusätzlich besteht die Sorge vor Vergeltungsmaßnahmen durch Online-Plattformen.[687] Außerdem muss für eine Individualklage eine Klagebefugnis im nationalen Recht bestehen, da der Art. 14 Abs. 9 P2B-VO eine solche gerade nicht schafft. Die unter Art. 14 P2B-VO genannten Verbände oder Organisationen, die zu Einreichung einer Verbandsklage befugt sind, wurden zum Zeitpunkt der Beurteilung der Kommission nur von Irland und Österreich errichtet, sodass auch die Möglichkeit zur Verbandsklage vielen gewerblichen Nutzer verwehrt bleibt. Zusätzlich reichte die Kommission am 26.1.2023 Vertragsverletzungsverfahren gegen acht Mitgliedstaaten ein, welche gar keine Maßnahmen nach Art. 15 P2B-VO geschaffen haben.[688].

Diese Umstände machen deutlich, dass eine wirksame Rechtsdurchsetzung bei Verstößen gegen die P2B-VO zum Zeitpunkt des Berichtes nicht gewährleistet ist, dies jedoch erforderlich ist, damit die Verordnung ausreichend Transparenz schaffen kann. Die Kommission will dazu in einem ersten Schritt vermehrt Informationen für gewerbliche Nutzer bereitstellen, um diese über ihre Rechte und Rechtsschutzmöglichkeiten aufzuklären.[689]

---

682 COM(2023) 525 final S. 7f.
683 COM(2023) 525 final S. 9.
684 COM(2023) 525 final S. 9.
685 Busch/*Höpper*/*Wick*, P2B-VO, Art. 15 Rn. 7.
686 COM(2023) 525 final S. 12.
687 COM(2023) 525 final S. 12.
688 COM(2023) 525 final S. 13.
689 COM(2023) 525 final S. 16.

II. Digital Service Act (DSA) – Verordnung (EU) 2022/2065

Literatur: *Apel/Huber*, Das neue Datenrecht der EU – Eine Übersicht, JuS 2024, 514; *Beaujean/Oelke/Wierny*, Immer mehr Verordnungen aus Brüssel und ihre Auswirkungen auf die Medienregulierung, MMR 2023, 11; *Berberich/Seip*, Der Entwurf des Digital Services Act, GRUR-Prax 2021, 4; *Dregelies*, Überblick über den Rechtsrahmen für das Internet, MMR 2022, 1033; *Dregelies*, Verbraucherschutz im Digital Services Act, VuR 2023, 175; *Dreier/Leistner*, GRUR 2013, 881; *Europäische Kommission*, Mitteilung der Kommission an das Europäische Parlament und den Rat, den Europäischen Wirtschafts- und Sozialausschuss und den Ausschuss der Regionen – Strategie für einen digitalen Binnenmarkt für Europa, COM(2015) 192 final (zitiert als: COM(2015) 192 final); *Gerdemann*, GRUR 2021, 653; *Gerdemann/Spindler*, Das Gesetz über digitale Dienste (DSA) (Teil 1), GRUR 2023, 3; *Gerdemann/Spindler*, Das Gesetz über digitale Dienste (DSA) (Teil 2), GRUR 2023, 115; *Gerpott*, Das Gesetz über digitale Dienste nach den Trilog-Verhandlungen, CR 2022 516; *Gersdorf/Paal*, BeckOK Informations-und Medienrecht, 44. Edition (Stand 1.2.2023); *Gielen/Uphues*, Digital Markets Act und Digital Services Act, EuZW 2021, 627; *Herdegen*, Europarecht, 24. Auflage 2023; *Hoeren/Sieber/Holznagel*, Handbuch Multimedia-Recht, 61. Auflage 2024; *Hofmann/Raue*, Digital Service Act – Gesetz über digitale Dienste, 2023; *Holznagel*, Chapter II des Vorschlags der EU-Kommission für einen Digital Services Act, CR 2021, 123; *Holznagel*, Zum Stand des Herkunftslandprinzips der E-Commerce-RL, CR 2023, 321; *Janal*, Haftung und Verantwortung im Entwurf des Digital Services Acts, ZEuP 2021, 227; *Kaesling*, Regulierung von Dark Patterns im Digital Services Act, NJW 2024, 1609; *Kaesling*, Evolution statt Revolution der Plattformregulierung, ZUM 2021, 177; *Kalbhenn/Hemmert-Halswick*, EU-weite Vorgaben für die Content-Moderation in sozialen Netzwerke, ZUM 2021, 184; *Kraul*, Das neue Recht der digitalen Dienste, 2023; *Laude*, DSA-Umsetzung abseits sehr großer Online-Plattformen – Zur Konkretisierung unkonkreter Maßstäbe RDi 2024, 216; *Legner*, Der Digital-Service-Act – Ein neuer Grundstein der Digitalregulierung, ZUM 2024, 99; *Martini/Drews/Seeliger/Weinzierl*, Dark Patterns – Phänomenologie und Antworten der Rechtsordnung, ZfDR 2021, 47; *Müller-Terpitz/Köhler*, Digital Services Act: DSA – Gesetz über digitale Dienste, 2024; *Podszun/Bongartz/Kirk*, Digital Markets Act – Neue Regeln für Fairness in der Plattformökonomie, NJW 2022, 3249; *Raue*, Plattformnutzungsverträge im Lichte der gesteigerten Grundrechtsbindung marktstarker sozialer Netze, NJW 2022, 209; *Raue/Heesen*, Der Digital Services Act, NJW 2022, 3537; *Rössel*, Digital Services Act: Haftungsprivilegierungen, Überwachung und Blockadeanordnungen Sezierung verabschiedeter Änderungen aus dem Trilog in drei Akten – Teil 1, ITRB 2023, 12; *Schröder/Hardan*, Der Digital Services Act ist da – Was sind die Auswirkungen für kleinere und mittelständische Unternehmen?, BB 2023, 579; *Schweitzer*, Digitale Plattformen als private Gesetzgeber: Ein Perspektivwechsel für die europäische „Plattform-Regulierung“, ZEuP 2019, 1; *Sesing-Wagenpfeil*, Der „barmherzige Samariter“ im DSA, MMR 2023, 655; *Sesing-Wagenpfeil*, Suchmaschinen im Digital Services Act, CR 2023, 113; *Spindler*, Der Vorschlag für ein neues Haftungssystem für Internetprovider- der EU-Digital-Service-Act (Teil 1), GRUR 2021, 545; *Spindler*, Löschung und Sperrung von Inhalten aufgrund von Teilnahmebedingungen sozialer Netzwerke, CR 2019, 238–246; Spindler/Schmitz, Telemediengesetz, 2. Auflage 2018; *Spindler/Schuster*, Recht der elektronischen Medien, 4. Auflage 2019; *Steinbach* (Hrsg.) Desinformation aufdecken und bekämpfen, 2020; *Steinrötter*, Europäische Plattformregulierung, 2023; *Wegmann/Kehl*, Mit Kanonen auf Spatzen? – Die Auswirkungen von Digital Services Act und Digitale-Dienste-Gesetz auf digital aktive Unternehmen jenseits von TikTok, Facebook & Co., BB 2024, 387; *Weinzierl*, Dark Patterns und die innere Sphäre der Grundrechte – Grundrechtlicher Schutz vor dem Ausnutzen von Rationalitätsdefiziten, 2024; *Weinzierl*, Dark Patterns als Herausforderung für das Recht – Rechtlicher Schutz vor der Ausnutzung von Verhaltensanomalien, NVwZ 2020, 1087.

1. Einführung

Das Gesetz über digitale Dienste (engl.: *Digital Services Act*, im Folgenden: DSA) ist ein weltweit beispielloser Schritt zur Regulierung von Vermittlungsdiensten und insbesondere von Online-Plattformen.[690] Damit hat der europäische Verordnungsgeber ein Regelungssystem mit spezifischen Haftungsregelungen und besonderen Sorgfaltspflichten für Online-Vermittlungsdienste geschaffen, welches am 17.2.2024 in Kraft getreten ist. Der DSA stellt mit seinen 156 Erwägungsgründen und 93 Artikeln ein umfangreiches Regelungskonzept aufstellt, das es im Folgenden darzustellen gilt.

a) Hintergründe und Verhältnis zur E-Commerce-RL, Art. 2, 89 DSA

Der DSA schließt unmittelbar an seine Vorgängerin, die E-Commerce-Richtlinie 2000/31/EG[691], an.[692] Dabei erkennt der DSA ausweislich Erwägungsgrund 16 DSA den von der E-Commerce-RL geschaffenen Fortschritt in Richtung Rechtssicherheit an; der DSA hat folglich keine Auswirkungen auf die Anwendung der Richtlinie, Art. 2 Abs. 3 DSA. Davon ausgenommen sind die von der E-Commerce-RL in Art. 12 bis 15 vorgesehenen Haftungsprivilegierungen die gem. Art. 89 Abs. 1 DSA gestrichen werden – sie finden ihre Nachfolgebestimmungen in Art. 4–6, 8 DSA, die inhaltlich den Vorgängerbestimmungen weitestgehend entsprechen und lediglich Konkretisierungen vorsehen. Art. 89 Abs. 2 DSA legt darüber hinaus fest, dass Bezugnahmen auf die Art. 12 bis 15 der E-Commerce-Richtlinie als Verweisungen auf die Art. 4 bis 6 DSA sowie Art. 8 des DSA zu verstehen sind. Aus dem Nebeneinander der Regelungssysteme lässt sich ableiten, dass mit der Überarbeitung der Haftungsregelungen der E-Commerce-Richtlinie als „Grundpfeiler der Internetwirtschaft“[693] keine grundlegende Überholung intendiert war, sondern die Schaffung eines in allen Mitgliedstaaten unmittelbar verbindlichen Regelungsrahmen. Der maßgebliche Unterschied zwischen der E-Commerce-RL und dem DSA ist somit nicht inhaltlicher Art, sondern lediglich rechtstechnischer Natur: Während der DSA als Verordnung im Sinne des Art. 288 Abs. 2 AEUV verbindlichen in allen Mitgliedstaaten gilt, musste die E-Commerce-RL zunächst von den Mitgliedstaaten umgesetzt werden und war dadurch anfällig für innerstaatliche Besonderheiten (Art. 288 Abs. 3 AEUV).[694] Spiegelt man die teleologischen Erwägungen des DSA und der E-Commerce-RL ist weiterhin auffällig, dass der DSA eine Erweiterung der angestrebten Ziele vorsieht.[695] Beschränkt

---

690 *Gerdemann/Spindler*, GRUR 2023, 115, 124.

691 Richtlinie 2000/31/EG des Europäischen Parlaments und des Rates vom 8.6.2000 über bestimmte rechtliche Aspekte der Dienste der Informationsgesellschaft, insbesondere des elektronischen Geschäftsverkehrs, im Binnenmarkt („Richtlinie über den elektronischen Geschäftsverkehr“), ABl. L 178 vom 17.7.2000, p. 1–16 im Folgenden E-Commerce-RL.

692 *Legner*, ZUM 2024, 99, 100; *Dregelies*, MMR 2022, 1033, 1033.

693 *Berberich/Seip*, GRUR-Prax 2021, 4, 6.

694 *Herdegen*, Europarecht, § 8 Teil 2 IV Rn. 61, 62.

695 *Steinrötter*, Europäische Plattformregulierung, § 1 Rn. 7.

sich Art. 1 Abs. 1 E-Commerce-RL noch auf den Beitrag zum einwandfreien Funktionieren des Binnenmarktes, indem man den freien Verkehr von Diensten der Informationsgesellschaft zwischen den Mitgliedstaaten sicherstellt. So weitet der DSA nach Art. 1 Abs. 1 DSA seine Stoßrichtung dahingehend aus, dass noch vor dem Funktionieren des Binnenmarktes, die Sicherheit, Vorhersehbarkeit und Vertrauenswürdigkeit des Online-Umfelds, die Innovationsförderung und die Grundrechte der EU-Charta angeführt werden. Insoweit ist anzuerkennen, dass der DSA der regulatorischen Zielrichtung der E-Commerce-RL mit Blick auf den grundlegenden Wandel der Informationsgesellschaft entwachsen ist.

b) Rechtspolitische Erwägungen

Mehr als zwei Jahrzehnte nach der E-Commerce-RL ist ein grundlegender Wandel der Internetwirtschaft zu erkennen: Die Dienste der Informationsgesellschaft sind aus dem Alltag der Unionsbürger nicht mehr wegzudenken und täglicher Bestandteil.[696] Der DSA unterstreicht damit gleich am Anfang die Relevanz der Dienste der Informationsgesellschaft. Der DSA verschreibt sich der Suche eines Ausgleiches zwischen Beschränkung und Freiheit; Online-Pattformen sind dabei nicht gänzlich in Frage zu stellen.[697] Vielmehr ist angestrebter Status quo, dass die mit ihnen verbundenen Risiken und Herausforderungen adressiert werden und so diese „für jeden einzelnen Nutzer des jeweiligen Dienstes, die Unternehmen und die Gesellschaft als Ganzes“[698] angegangen werden sollen. Dieses Bedürfnis resultiert aus den Schattenseiten der gesteigerten Relevanz von Internetdiensten.

Ein Kernanliegen des DSA ist die rechtliche Einhegung von Desinformation und Hassrede.[699] Dabei handelt es sich zwar nicht um genuine Probleme des Internets, doch schafft der ubiquitäre Charakter des Internets einen äußerst geeigneten Nährboden.[700] Das hohe Tempo der Datenverarbeitung und -verbreitung sowie die Anonymität im Internet sind nur zwei Faktoren, die das einfache verbreiten von Desinformation fördern.[701] Die Gefahr von Desinformation wird weiterhin dadurch verstärkt, dass sich Menschen ihre Informationen zunehmend ausschließlich über soziale Netzwerke beschaffen und in der Folge die Online-Plattformen immer stärkere Meinungsmacht haben und im Extremfall von Regierungen als „propagandistische Waffe“ genutzt werden können.[702] Als Währung des Internets haben Nutzerzahlen und Nutzerverweildauer

696 Erwägungsgrund 1 VO (EU) 2022/2065.
697 *Steinrötter*, Europäische Plattformregulierung, § 1 Rn. 8.
698 Erwägungsgrund 1 VO (EU) 2022/2065.
699 Erwägungsgrund 9, 12 VO (EU) 2022/2065.
700 *Legner*, ZUM 2024, 99, 100.
701 *Steinbach/Bader*, Desinformation aufdecken und bekämpfen, S. 15, 22 f.
702 *Gielen/Uphues*, EuZW 2021, 627, 632.

Einfluss darauf, dass die „abenteuerlichsten“[703] Äußerungen, also insbesondere Hassrede, viel Aufmerksamkeit generieren können.[704] Die Folge: Soziale Medien gleichen einem Megafon, vor allem für extreme Meinungen.[705]

Durch den stärkeren Einfluss der digitalen Dienste ist auch ein Machtgefälle entstanden – auf der einen Seite stehen die großen Mediendienste, auf der anderen stehen die restlichen gewerblichen Akteure, Verbraucher und die staatlichen Behörden.[706] Schon lange sind Online-Plattformen keine „äußerst zart und umhegenswert erachteten ‚Pflänzchen‘“ mehr.[707] Die Dienste entscheiden faktisch selbstständig, über das „ob“, der Zugangsgewährung, und das „wie“, des zulässigen Verhaltens, sie sind „private Gesetzgeber“ geworden.[708] Plakativ lässt sich das Verhältnis von Plattform zu Verbraucher mit einer „Friss-oder-stirb-Situation“ vergleichen.[709] Die Macht der Internetdienste, dessen Einhegung sich der DSA verschrieben hat, verdeutlicht sich anschaulich an den Folgen der Erstürmung des Kapitols 2021. Im Nachhinein sperrten *Twitter, Facebook* und *YouTube* die Konten von *Donald Trump*. Der zu diesem Zeitpunkt mächtigste Mann der Welt wurde mit der Macht der Internetdienste eines seiner wichtigsten Kommunikationsmedien beraubt.[710]

In Reaktion auf diese Machtdemonstration proklamierte EU-Kommissar *Thierry Breton*: „So wie der 11. September einen Paradigmenwechsel bei der weltweiten Sicherheitspolitik markiert hat, wurden wir 20 Jahre später Zeuge eines Vorher-Nachher bei der Rolle von digitalen Plattformen in unserer Demokratie.“[711] Der DSA ist damit ein Schritt der EU-Kommission „ein Europa für das digitale Zeitalter“[712] zu schaffen.

c) Konkrete Ziele

Ziel des DSA ist es nach Art. 1 Abs. 1 ein sicheres, vorhersehbares und vertrauenswürdiges Online-Umfeld zu schaffen, in dem Innovationen gefördert und die in der Charta verankerten Grundrechte, darunter der Grundsatz des Verbraucherschutzes, wirksam geschützt werden. Den obenstehenden rechtspolitischen Erwägungen folgend soll der

---

703 *Gielen/Uphues*, EuZW 2021, 627, 632.
704 *Gerpott*, CR 2022, 516, 517 Rn. 2.
705 *Gielen/Uphues*, EuZW 2021, 627, 632.
706 *Kraul*, Das neue Recht der Plattformregulierung, § 2 Rn. 2; *Legner*, ZUM 2024, 99, 100.
707 *Dreier/Leistner*, GRUR 2013, 881, 881.
708 *Schweitzer*, ZEuP 2019, 1, 1.
709 *Podszun/Bongartz/Kirk*, NJW 2022, 3249, 3249.
710 *Conger/Isaac/Frenkel*, Twitter and Facebook Lock Trump's Accounts After Violence on Capitol Hill, New York, https://www.nytimes.com/2021/01/06/technology/capitol-twitter-facebook-trump.html (zuletzt abgerufen am 1.11.2024).
711 *Breton*, Der Sturm auf Capital Hill ist ein digitaler „9/11“-Moment, https://www.welt.de/debatte/article225006167/Thierry-Breton-Der-Sturm-auf-Capitol-Hill-ist-ein-digitaler-9-11-Moment.html (zuletzt abgerufen am 1.11.2024).
712 COM/2015/192 final.

DSA ein angemessenes Gegengewicht zu der Macht großer Internetplattformbetreiber schaffen und Wettbewerbsgeschehen und illegale Inhalte regulieren.[713] Darüber hinaus können die Erwägungsgründe herangezogen werden, um Aufschluss über die genaueren Hintergründe zu erlangen.

Prämisse vor Erlass des DSA war es, dass die Mitgliedstaaten primär nationale Vorschriften erlassen haben. Dadurch hatte sich ein zerstückelter Binnenmarkt gebildet,[714] was besonders angesichts des grenzüberschreitenden Charakters des Internets problematisch ist.[715] So trat in Frankreich beispielsweise im Jahr 2020 das *Loi Avia*[716] (Anti-Hass-Gesetz) in Kraft, welches jedoch schon ein Monat später als teilweise verfassungswidrig eingestuft wurde.[717] Auf deutscher Ebene wurde das NetzDG erlassen.[718] Hintergrund dieser mitgliedstaatlichen Bemühungen war es, dass die E-Commerce-RL als nicht mehr ausreichend angesehen wurde, die Risiken und Herausforderungen des Internets einzuhegen.[719] Neben den positiven Effekten der im Internet vorherrschenden Plattformökonomie haben sich auch zahlreiche negative Auswirkungen gezeigt: So können die auf der einen Seite fördernden positiven Netzwerkeffekte,[720] auf der anderen Seite zu Marktkonzentration führen. Andere Beispiele sind schwer verfolgbare Straftaten, Gefahren für die informationelle Selbstbestimmung, Urheberrechtsverletzungen und die Zunahme von Hass, Hetze und Falschnachrichten im Internet.[721] Gefördert wurden diese Bestrebungen der Mitgliedstaaten nationale Reglungen zu treffen auch dadurch, dass die Europäische Union zuvor nur zurückhaltend eigene Regelungen auf dem Gebiet erlassen hatte und diese Verhaltenskodexe[722] und Empfehlungen[723] allesamt eher vage und unverbindlich gehalten waren.[724] Dadurch wuchs das Bedürfnis, den neu entstandenen Gefahren Rechnung zu tragen.[725] Diesem Bedürfnis nahm sich der europäische Gesetzgeber an und hat mit dem DSA eine Rechtsvereinheitlichung geschaffen. Durch die als Verordnung erlassenen Regelungen haben diese unmittelbare Geltung im Raum der EU. Die Europäische Kommission erhofft sich damit, Unternehmen Zugang zu neuen

---

713 *Gielen/Uphues*, EuZW 2021, 627.

714 Erwägungsgrund 2 VO (EU) 2022/2065; BT Wissenschaftliche Dienste Nr. 10/20 v. 15.9.2020, S. 1.

715 Erwägungsgrund 2 VO (EU) 2022/2065.

716 Conseil constitutionnel Décision n° 2020-801 DC v. 18.6.2020.

717 *Dregelies*, MMR 2022, 1033, 1033.

718 Gesetz zur Änderung des Netzwerkdurchsetzungsgesetz vom 3.6.2021 (BGBl. I S. 1436).

719 *Steinrötter*, Europäische Plattformregulierung, § 1 Rn. 9.

720 Zu Netzwerkeffekten Hoeren/Sieber/Holznagel/*Beckmann*/*Müller*, Handbuch Multimedia-Recht, Teil 10 Kartellrecht, Rn. 186.

721 *Dregelies*, MMR 2022, 1033, 1033; *Gielen/Uphues*, EuZW 2021, 627, 632.

722 Beispielsweise Code of Conduct on Countering Illegal Hate Speech Online und EU Code of Practice on Disinformation.

723 Beispielsweise Empfehlung (EU) 2018/334 der EU-Kommission vom 1.3.2018 für wirksame Maßnahmen im Umgang mit illegalen Online-Inhalten, ABl. L 63/50 vom 6.3.2018, S. 50–61.

724 *Gielen/Uphues*, EuZW 2021, 627, 632.

725 *Steinrötter*, Europäische Plattformregulierung, § 1 Rn. 9.

Märkten und Chancen zur Nutzung der Vorteile des Binnenmarktes zu verschaffen und gleichzeitig den Verbrauchern und anderen Nutzern eine größere Auswahl zu bieten.[726]

Daneben strebt der DSA die Gewährleistung eines effektiven Grundrechtsschutzes im digitalen Bereich an, indem ein Umfeld geschaffen werden, dass Europäische (Grund-)Rechte wie die Meinungs- und Informationsfreiheit (Art. 11 GRCh) in möglichst weitem Umfang gewährleisten soll.[727] Die dadurch geschaffene Rechtssicherheit soll langfristig dazu führen, dass Innovationen nicht länger gehemmt, sondern vielmehr gefördert werden und zugleich der Interoperabilität, das heißt dem Zusammenspiel unterschiedlicher Vermittlungsdienste, dienlich sein.[728]

Neben den vorwiegend ökonomisch begründeten Erwägungen standen bei Erlass des DSA auch demokratie- und gesellschaftlich relevante Anliegen im Vordergrund.[729] Erkennbar wird dies beispielsweise an Erwägungsgrund 40 DSA, der vorsieht, dass mit den statuierten Sorgfaltspflichten unter anderem auch die Verwirklichung politischer Ziele wie der Sicherheit und des Vertrauens des Nutzers erreicht werden soll. Dafür wird, wie Erwägungsgrund 9 DSA zeigt, ein einheitliches sicheres, berechenbares und vertrauenswürdiges Online-Umfeld angestrebt.

d) Grundlegende Struktur

Inhaltlich sieht der DSA insbesondere Haftungsregeln und **Sorgfaltspflichten** für Vermittlungsdienste und prozedurale Durchsetzungsmechanismen vor, Art. 1 Abs. 2 DSA. In Kapitel I definiert der DSA zunächst allgemeine Bestimmungen und zieht damit allgemeine Definitionen „vor die Klammer“.[730] Den Schwerpunkt des DSA stellen die vorgesehenen **Haftungsprivilegierungen** (Kapitel II) und Sorgfalts- und Transparenzpflichten (Kapitel III) dar. Strukturell folgt der DSA einem **System der gestuften Haftung**.[731] Innerhalb dieses Stufensystems werden Internetdienste in vier Kategorien unterteilt. Hierbei stellt jede weitere Kategorie eine Teilmenge der vorherigen dar. Beginnend mit den Vermittlungsdiensten als Normadressaten sehen Kapitel II und III Abschnitt 1 allgemeine Regelungen vor. Die weiteren Regulierungsstufen richten sich an einzelne Anbieter von Vermittlungsdiensten und sehen ergänzende Anforderungen vor. Damit entsteht eine Grundstruktur, die eine zunehmende Regulierungsintensität für eine immer kleinere und als risikogeneigter eingestufte Teilmenge an Normadressaten vorsieht.[732] Im Ergebnis entsteht aufgrund der stufenweisen Haftung ein **„Pyramiden-Modell“**[733]:

726 Erwägungsgrund 2 VO (EU) 2022/2065.
727 Erwägungsgrund 3 VO (EU) 2022/2065.
728 Erwägungsgrund 4 VO (EU) 2022/2065.
729 *Steinrötter*, Europäische Plattformregulierung, § 1 Rn. 11; *Beaujean/Oelke/Wierny*, MMR 2023, 11, 12.
730 *Hofmann/Raue*, DSA, Art. 3 Rn. 1.
731 *Gerdemann/Spindler*, GRUR 2023, 3, 3.
732 *Gerdemann/Spindler*, GRUR 2023, 3, 3.
733 *Hofmann/Raue*, DSA, 2023, Einl. Rn. 4.

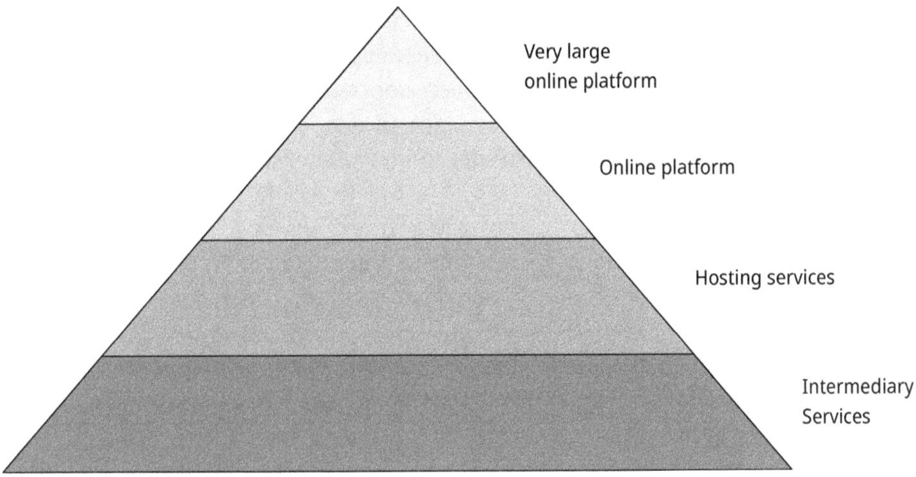

Abbildung 6: Pyramiden Modell.
Quelle: Eigene Abbildung.

Das gestufte Regulierungssystem setzt sich teilweise in den anschließenden Vorschriften des vierten Kapitels fort. In diesem finden sich die Aufsichts- und Durchsetzungsmechanismen der Verordnung.

2. Anwendungsbereich

a) Sachlich-persönlicher Anwendungsbereich

Zentraler Begriff des DSA ist der des **Vermittlungsdienstes.**[734] Der DSA versteht sich gemäß Art. 1 Abs. 2 DSA als Rechtsrahmen für die Erbringung von Dienstleistungen. Der sachliche Anwendungsbereich des DSA ist daher durch den Begriff des Vermittlungsdienstes im Sinne von Art. 3 lit. g) DSA determiniert.[735]

aa) Vermittlungsdienste, Art. 3 lit. g) DSA

In Art. 3 lit. g) DSA wird der Vermittlungsdienst definiert als eine der aufgezählten Dienstleistungen der Informationsgesellschaft. Damit bezieht sich der Begriff des Vermittlungsdienstes primär auf die von dem Dienst ausgeführte Tätigkeit. Zu den aufgezählten Dienstleistungen der Informationsgesellschaft gehören:

- (i) die **reine Durchleitung** (engl.: *mere conduit*; franz.: *simple transport*), die darin besteht, von einem Nutzer bereitgestellte Informationen in einem Kommunikationsnetz zu übermitteln oder den Zugang zu einem Kommunikationsnetz zu vermitteln;

734 *Hofmann/Raue*, DSA, Art. 3 Rn. 40.
735 *Hofmann*/Raue, DSA, Art. 3 Rn. 40.

- (ii) eine **Caching**-Leistung (engl.: *caching service*; franz.: *service de mise en cache*), die darin besteht, von einem Nutzer bereitgestellte Informationen in einem Kommunikationsnetz zu übermitteln, wobei eine automatische, zeitlich begrenzte Zwischenspeicherung dieser Informationen zu dem alleinigen Zweck erfolgt, die Übermittlung der Information an andere Nutzer auf deren Anfrage effizienter zu gestalten;
- (iii) ein **Hosting**-Dienst (engl.: *hosting service*; franz.: *service d'hébergement*), der darin besteht, von einem Nutzer bereitgestellte Informationen in dessen Auftrag zu speichern.

Grundvoraussetzung ist, dass es sich um einen **Dienst der Informationsgesellschaft** handelt. Dieser wird in Art. 3 lit. a) DSA definiert, der seinerseits auf Art. 1 Abs. 1 lit. b) der Info-RL[736] verweist.[737]

Gemeinsamkeit aller in Art. 3 lit. g) DSA genannten Vermittlungsdienste ist es, dass die von ihnen erbrachte Tätigkeit an das Bereitstellen von Informationen durch den Nutzer anknüpft; alle Vermittlungsdienste nehmen daher die Rolle eines **Intermediärs** ein.[738]

bb) Einzelne Vermittlungsdienste, Art. 3 lit. g) i)–iii) DSA

Der DSA verfolgt, wie dargelegt, das Prinzip gestufter Regulierung das heißt, je nach Stufe erfasst der Anwendungsbereich unterschiedliche Normadressaten.[739] Diese werden nach der Art ihrer Dienstleistung unterschieden:

(1) Reine Durchleitung, Art. 3 lit. g) i) DSA

Art. 3 lit. g) i) DSA erfasst Vermittlungsdienste, deren Dienstleistung in der **reinen Durchleitung** (Art. 4 Abs. 1 DSA) besteht. Anwendung finden die Regelungen auf solche Dienste, die Datenpakete an den Empfänger übermitteln, wobei der Vermittlungsdienst keinen Einfluss auf Auswahl oder Inhalt haben darf (sog. **Rooting**).[740] Daneben fallen auch sog. **Access-Provider**, die den Zugang zu einem Kommunikationsnetz vermitteln,[741] in den Anwendungsbereich.

---

736 Richtlinie (EU) 2015/1535 des Europäischen Parlaments und des Rates vom 9. September 2015 über ein Informationsverfahren auf dem Gebiet der technischen Vorschriften und der Vorschriften für die Dienste der Informationsgesellschaft, ABl. L 241 vom 17.9.2015, S. 1–15.

737 Zum Begriff Dienst der Informationsgesellschaft im Sinne der Info-RL siehe B. I. 2. b) aa) (1) (b).

738 *Hofmann/Raue*, DSA, Art. 3 Rn. 45.

739 *Steinrötter/Schauer*, Europäische Plattformregulierung, § 2 Rn. 19.

740 Zu § 8 Abs. 1 S. 1 Alt. 1 TMG siehe Spindler/Schuster/*Hoffmann*/*Volkmann*, Recht der elektronischen Medien, TMG § 8 Rn. 16.

741 Zu § 8 Abs. 1 S. 1 Alt. 2 TMG siehe Spindler/Schuster/*Hoffmann*/*Volkmann*, Recht der elektronischen Medien, TMG § 8 Rn. 17.

Erwägungsgrund 29 nennt beispielsweise Internet-Austauschknoten, drahtlose Zugangspunkte, virtuelle private Netze (VPN), DNS-Dienste und DNS-Resolver.

Internet-Austauschknoten, auch Internet Exchanges (IX) genannt, sind physische Infrastrukturen, die es verschiedenen Netzbetreibern ermöglichen, Daten direkt auszutauschen und so die Effizienz des Datenverkehrs zu erhöhen. Zu den bekanntesten Anbietern in Deutschland gehören DE-CIX, AMS-IX und Equinix.[742] Unter Drahtlosen Zugangspunkte, oft als WLAN-Hotspots bezeichnet, versteht man Geräte, die es Nutzern ermöglichen, kabellos auf das Internet zuzugreifen, indem sie eine Verbindung zu einem bestehenden Netzwerk herstellen. Anbieter solcher Dienste umfassen Telekommunikationsunternehmen wie die Deutsche Telekom und Vodafone, die öffentliche WLAN-Netze bereitstellen.[743] Auch fallen Interpersonelle Kommunikationsdienste in die Gruppe der Reinen Durchleitung. Beispielshaft sind damit Zoom und Skype erfasst.[744]

Ausweislich Art. 4 Abs. 2 DSA ist neben der reinen Durchleitung auch die automatische, kurzzeitige Zwischenspeicherung umfasst.

(2) Caching-Leistung, Art. 3 lit. g) ii) DSA

Unter **Caching** ist die zeitlich begrenzte Zwischenspeicherung von Information zu verstehen.[745] Die Leistung eines Caching-Dienstes ist nach Art. 3 lit. g) ii), 5 Abs. 1 DSA darin zu sehen, dass der Vermittlungsdienst die von einem Nutzer bereitgestellten Informationen in einem Kommunikationsnetz übermittelt, wobei eine automatische, zeitlich begrenzte Zwischenspeicherung dieser Informationen zu dem alleinigen Zweck erfolgt, die Übermittlung der Information an andere Nutzer auf deren Anfrage effizienter zu gestalten. Hierunter zu fassen sind ausweislich Erwägungsgrund 29 das alleinige Betreiben von Netzwerken zur Bereitstellung von Inhalten, *Reverse-Proxys* oder *Proxys* zur Anpassung von Inhalten.

Proxys zur Anpassung von Inhalten sind Dienste, die Datenverkehr filtern oder modifizieren, um bestimmte Inhalte an die Bedürfnisse der Nutzer anzupassen oder den Zugang zu bestimmten Informationen zu ermöglichen oder zu beschränken. Anbieter solcher *Proxys* sind *beispielsweise Content Delivery Networks* (CDNs) wie *Cloudflare* oder *Akamai*, die Inhalte optimieren und bereitstellen, sowie spezialisierte Filterlösungen, die in Schulen oder Unternehmen eingesetzt werden.[746] Zu den *Reverse-Proxys* zählen unter anderem *Cloudflare* und *NGINX*, die sowohl Sicherheit als auch Lastverteilung bieten, um die Performance von Webseiten zu optimieren. *Reverse Proxys* richten sich an verschiedene Kundensegmente, darunter große Unternehmen, die ihre Webanwendungen absichern und optimieren möchten, sowie E-Commerce-Plattformen, die eine hohe

742 *Bundesnetzagentur,* Studie zur Umsetzung des DSA in Deutschland, 2024, S. 24.
743 *Bundesnetzagentur,* Studie zur Umsetzung des DSA in Deutschland, 2024, S. 25.
744 *Bundesnetzagentur,* Studie zur Umsetzung des DSA in Deutschland, 2024, S. 31.
745 Müller-Terpitz/*Köhler*, DSA, Art. 5 Rn. 13.
746 *Bundesnetzagentur,* Studie zur Umsetzung des DSA in Deutschland, 2024, S. 40 f.

Verfügbarkeit und schnelle Ladezeiten benötigen. Auch kleinere Unternehmen und Start-ups nutzen *Reverse Proxys*, um ihre IT-Infrastruktur zu entlasten und Sicherheitslösungen zu integrieren. Diese Technologie ist grundsätzlich für alle relevant, die eine verbesserte Nutzererfahrung und robuste Sicherheitsmaßnahmen anstreben.[747]

Abzugrenzen ist die Caching-Dienstleistung in zweierlei Hinsicht: Zum einen muss sie über die reine Übermittlung hinausgehen, da es sich ansonsten um eine reine Durchleitung handelt. Zum anderen wäre die dauerhafte Speicherung ein Fall der Hosting-Dienstleistung.[748]

(3) Hosting-Dienst, Art. 3 lit. g) iii) DSA

Eingrenzend adressiert Art. 3 lit. g) iii), Art. 6 Abs. 1 DSA solche Vermittlungsdienste, die Hosting-Dienste erbringen. Eine Hosting-Dienstleistung besteht darin, die von einem Nutzer bereitgestellten Informationen in seinem Auftrag zu speichern.[749]

Beispielshaft zu nennen sind hier insbesondere Cloud-Computing-Dienste.[750] Cloud-Computing-Dienste bieten IT-Ressourcen wie Rechenleistung, Speicher und Netzwerke über das Internet, die je nach Bedarf flexibel genutzt werden können. Sie werden in verschiedenen Modellen angeboten, darunter *Infrastructure-as-a-Service, Platform-as-a-Service* und *Software-as-a-Service*. Zu den wichtigsten Anbietern zählen weltweit führende Unternehmen wie *Amazon Web Services, Microsoft Azure* und *Google Cloud*.[751] In die Kategorie der Hosting-Dienste fallen auch Webhosting-Dienste. Diese ermöglichen es, Websites und Anwendungen auf externen Servern bereitzustellen, die von spezialisierten Anbietern verwaltet werden. Zu den bekannten Anbietern gehören Unternehmen wie *IONOS, Strato* und *Hetzner*.[752]

Eine Unterkategorie der Hosting-Dienste sind **Online-Plattformen**, für die wiederum gesonderte Regelungen vorgesehen sind.[753] Online-Plattformen dienen der Speicherung der von Nutzern eingegebenen Informationen, die öffentlich verbreitet werden. Zu den Geschäftsmodelle gehören Soziale Netzwerke, Content-Sharing-Plattformen, Musik-Streaming-Plattformen und Video-Streaming-Plattformen. Erfasst werden damit große Anbieter wie *Facebook, Spotify* oder *Youtube*.[754]

---

747 *Bundesnetzagentur*, Studie zur Umsetzung des DSA in Deutschland, 2024, S. 42.
748 Steinrötter/*Conrad*, Europäische Plattformregulierung, § 3 Rn. 120.
749 Raue/*Hofmann*, DSA, Art. 3 Rn. 60.
750 Erwägungsgrund 29 VO (EU) 2022/2065.
751 *Bundesnetzagentur*, Studie zur Umsetzung des DSA in Deutschland, 2024, S. 54 f.
752 *Bundesnetzagentur*, Studie zur Umsetzung des DSA in Deutschland, 2024, S. 55 f.
753 Zu Online-Plattformen näher *Laude*, RDi 2024, 216, 219 f.
754 *Bundesnetzagentur*, Studie zur Umsetzung des DSA in Deutschland, 2024, S. 73 ff.

cc) Online-Suchmaschine als Vermittlungsdienste, Art. 3 lit. j) DSA

Eine besondere Kategorie von Vermittlungsdiensten stellen **Online-Suchmaschinen** dar. Definiert wird die Online-Suchmaschine in Art. 3 lit. j) DSA: Danach handelt es sich um einen Vermittlungsdienst, der es Nutzern ermöglicht Anfragen einzugeben, um prinzipiell auf allen Websites eine Suche zu einem beliebigen Thema vorzunehmen und Ergebnisse in einem beliebigen Format angezeigt zu bekommen.

Im Widerspruch zur Legaldefinition der Online-Suchmaschinen steht jedoch Art. 2 Abs. 1 DSA, wonach die Verordnung für Vermittlungsdienste gilt, die für Nutzer mit Niederlassungsort oder Sitz in der Union angeboten werden [...]. Art. 3 lit. g) DSA führt Online-Suchmaschinen demgegenüber nicht als Vermittlungsdienste auf. Sofern man Art. 3 lit. g) DSA als abschließend verstehen will,[755] kann sich die Einordnung von Online-Suchmaschinen als Vermittlungsdienste im Sinne des DSA zumindest nicht aus Art. 3 lit. g) DSA ergeben. Derweil sieht Art. 3 lit. j) DSA seinem Wortlaut nach ausdrücklich vor, dass es sich bei Online-Suchmaschinen um Vermittlungsdienste handelt.[756] Wie dieser Konflikt aufzulösen ist, wird unterschiedlich beurteilt:

Eine Möglichkeit wäre die Online-Suchmaschine in den Vermittlungstrias zu kategorisieren.[757] Dafür wird angeführt, dass zahlreiche Regelungen explizit auf die Online-Suchmaschine als Vermittlungsdienst Bezug nehmen; insbesondere der Ausschluss von allgemeinen Überwachungspflichten in Art. 8 DSA sowie die für sämtliche Vermittlungsdienste geltenden Regelungen der Art. 11–15 DSA.[758] Es lässt sich daher annehmen, dass die Nichterwähnung in der Aufzählung des Art. 3 lit. g) DSA kein Redaktionsversehen darstellt.[759] Insofern wäre es dann bewusst dem Rechtsanwender überlassen, die Online-Suchmaschine unter eine der Kategorien zu subsumieren. Folgt man dieser Ansicht, so bleibt jedoch unklar unter welche Kategorie die Online-Suchmaschinen fallen sollen.[760] Unter Verweis auf den EuGH, der zu einer solchen Einordnung tendiert hat,[761] ließe sich annehmen, bei den Online-Suchmaschinen handle es sich um Hosting-Anbieter.[762] Dafür spricht, dass sich auf diese Weise Art. 35 Abs. 1 DSA erklären ließe, der in lit. g) davon auszugehen scheint, dass Online-Plattformen zu der Unterkategorie der Hosting-Dienste, gehören. Gegen eine derartige Einordnung spricht, dass die Online-Suchmaschine stets neben der Online-Plattform erwähnt wird, das heißt es widersprüchlich

---

755 *Rössel*, ITRB 2023, 12, 13f.; *Sesing-Wagenpfeil*, CR 2023, 113, 118; *Dregelies*, MMR 2022, 1033, 1034; *Raue/Heesen*, NJW 2022, 3537, 3538.

756 Raue/*Hofmann*, DSA, Art. 3 Rn. 63.

757 *Dregelies*, MMR 2022, 1033, 1034; *Raue/Hesse*, NJW 2022, 3537, 3538.

758 *Raue/Heesen*, NJW 2022, 3537, 3538.

759 *Raue/Heesen*, NJW 2022, 3537, 3538.

760 Zur früheren Rechtslage unter dem TMG *OLG Köln*, Urt. v. 13.10.2016 – 15 U 189/15, BeckRS 2016, 18916, Rn. 93; siehe auch *OLG Celle*, Urt. v. 1.6.2017, BeckRS 2017, 124906, Rn. 13.

761 Vgl. *EuGH*, Urt. v. 23. 3. 2010 – C-236/08 bis C-238/08, ECLI:EU:C:2010:159 = NJW 2010, 2029 Rn. 110ff. – Google France.

762 *Raue/Heesen*, NJW 2022, 3537, 3538.

wäre, sie unter die Oberkategorie zu subsumieren.[763] Auch passen Online-Suchmaschinen nicht unter die Definition eines Hosting-Dienstes, da sie die Indexierung nicht im Auftrag des Nutzers vornehmen. Zur Auflösung des Konflikts ließe sich allein die Annahme eines faktischen Auftrags erwägen, sodass ausreicht, dass der Nutzer der Indexierung nicht widerspricht.[764] Die Unklarheit lässt sich daher nur schwer beheben, indem man versucht die Online-Suchmaschine in den Vermittlungstrias zu integrieren.

Eine weitere Möglichkeit wäre die Online-Suchmaschinen als **eigenständige vierte Kategorie** zu begreifen. In Konsequenz müsste es sich dann bei der fehlenden Erwähnung als eigenständige Kategorie um ein Redaktionsversehen handeln. Die Folge dessen wäre, dass nur diejenigen Bestimmungen auf die Online-Suchmaschine Anwendung finden würden, die diese ausdrücklich erwähnen oder die für alle Vermittlungsdienste gelten. Dafür spreche insbesondere, dass Online-Plattformen stets neben einem anderen Vermittlungsdienst erwähnt werden, diesen also nicht untergeordnet werden sollen.[765]

Letztlich zu befürworten ist die Lösung, in einem ersten Schritt anzuerkennen, dass es sich bei Online-Plattformen um Vermittlungsdienste handelt. In einem zweiten diese gleichwohl aber zu heterogen sind, damit sie klar einer Art von Vermittlungsdienst zuzuordnen wären.[766] Zur Auflösung ist jedoch keine vierte Kategorie heranzuziehen, sondern der Vermittlungsdienst anhand der einzelnen Funktion zu beurteilen. Das heißt, es ist jede einzelne Sorgfaltspflicht gesondert anhand Zielsetzung und Interessenlage zu analysieren, ob diese auf die Suchmaschine angewendet werden soll.[767] In die Richtung tendiert auch Erwägungsgrund 29 DSA. Hiernach hängt die Einordnung ausschließlich von seinen technischen Funktionen ab. Die Kritik, dass Suchmaschinen nicht vom DSA erfasst werden könnten, ist daher unbegründet.[768] Der Gesetzgeber hat die Einordung einer Suchmaschine einer Einzelfallprüfung überlassen.[769]

b) Territorialer Anwendungsbereich (Marktortprinzip), Art. 2 Abs. 1 DSA

Die Anwendbarkeit des DSA hängt nach Art. 2 Abs. 1 DSA davon ab, dass sich das Angebot der Vermittlerdienste an Nutzer mit einem Niederlassungsort oder Sitz innerhalb des Unionsgebiets richtet. Der DSA folgt damit dem **Marktortprinzip** und reiht sich damit neben anderen europäischen Rechtsakten, wie etwa der Datenschutz-Grundverordnung (EU) 2016/679 (DS-GVO), ein.[770] Der Anwendungsbereich des DSA ist insoweit auch

---

763 *Rössel*, ITRB 2023, 12, 13.

764 *Raue/Heesen*, NJW 2022, 3537, 3538.

765 *Raue/Heesen*, NJW 2022, 3537, 3538.

766 Müller-Terpitz/*Köhler*, DSA, Art. 3 Rn. 60.

767 *Steinrötter/Schauer*, Europäische Plattformregulierung, § 2 Rn. 54; *Dregelies*, MMR 2022, 1033, 1034; *Sesing-Wagenpfeil*, CR 2023, 113, 118.

768 Müller-Terpitz/*Köhler*, DSA, Art. 5 Rn. 52.

769 Müller-Terpitz/*Köhler*, DSA, Art. 5 Rn. 51.

770 *Steinrötter/Schauer*, Europäische Plattformregulierung, § 2 Rn. 62.

für solche Vermittlungsdienste anwendbar, die keine Niederlassung in der Union haben, aber ihre Dienste Nutzern anbieten, die Sitz oder Niederlassung haben.[771] Daraus folgt, dass der Anwendungsbereich erheblich weiter ist als es bei Verankerung eines Herkunftslandprinzips möglich gewesen wäre. Folge dessen ist, dass insbesondere mehr Plattformen ohne Niederlassung in der Union erfasst werden können.[772] Begrüßenswert ist das insbesondere deswegen, weil so Wettbewerbsnachteile und eine drohende Abwanderung aus der Union verhindert werden kann.[773]

Erfasst werden Nutzer, die ihren Wohnsitz in einem Mitgliedstaat haben oder aber gewerbliche Nutzer, die in der Union niedergelassen sind.[774] Eine Niederlassung im Sinne des EU-Rechts ist die tatsächliche Ausübung einer wirtschaftlichen Tätigkeit mittels einer festen Einrichtung in einem anderen Mitgliedstaat auf unbestimmte Zeit.[775] **Nutzer** ist nach Art. 3 lit. b) DSA jede natürliche oder juristische Person, die einen Vermittlungsdienst in Anspruch nimmt. Erwägungsgrund 2 DSA stellt klar, dass neben Verbrauchern insbesondere auch gewerbliche Nutzer erfasst sind. Dabei ist zu beachten, dass nach der Rechtsprechung des EuGH an die Niederlassung nur geringe Anforderungen zu stellen sind und so bereits geringfügige Tätigkeiten ausreichend sind.[776]

Art. 2 Abs. 1 DSA stellt darauf ab, ob die Vermittlungsdienste in der Union angeboten werden. Voraussetzung dafür ist nach Art. 3 lit. d) DSA, dass für juristische und natürliche Personen in einem oder mehreren Mitgliedstaaten die Möglichkeit geschaffen wird, die Dienste zu nutzen und der Vermittlungsdienst eine wesentliche Verbindung zur Union hat. Eine solche Verbindung liegt zum einen dann vor, wenn der Diensteanbieter seine Niederlassung in der EU hat. Art. 3 lit. e) DSA nennt beispielswiese die Nutzerzahlen im Unionsgebiet (Art. 3 lit. e) Hs. 2 Spiegelstrich 1 DSA) oder die gezielte Ausrichtung auf Mitgliedstaaten (Art. 3 lit. e) Hs. 2 Spiegelstrich 2 DSA). Der DSA stellt insbesondere mit dem ersten Kriterium klar, dass sich die Anwendung nicht zwangsläufig an der Ausrichtung durch den Anbieter selbst orientiert, sondern auch dann gegeben ist, wenn eine im Verhältnis zur allgemeinen Bevölkerungszahl des Mitgliedstaats erhebliche Zahl den Vermittlungsdienst nutzt.[777] Die Ermittlung der Ausrichtung orientiert sich ausweislich Erwägungsgrund 8 DSA an den Umständen des konkreten Einzelfalls. Heranzuziehende Kriterien sind verfügbare Sprache, Währung oder die Verfügbarkeit im jeweiligen nationalen App-Store. Mit dem Anknüpfungspunkt des Anbietens gleicht der DSA der P2B-VO und der DS-GVO. Diese finden ebenfalls dann Anwendung,

---

771 *Müller-Terpitz*/Köhler, DSA, Art. 2 Rn. 7.

772 *Müller-Terpitz*/Köhler, DSA, Art. 2 Rn. 3.

773 Bundesrat BR-Drs. 96/21B, 6.

774 *Steinrötter/Schauer*, Europäische Plattformregulierung, § 2 Rn. 63.

775 Rspr. des EuGH zu Art. 49 AEUV *EuGH*, Urt. v. 25.7.1991 – C-221/89, BeckRS 2004, 75196, Rn. 20 – Factortame I.

776 *EuGH*, Urt. v. 1.10.2015 – C-230/14, ECLI:EU:C:2015:639 = NJW 2015, 3636, Rn. 31 – Weltimmo.

777 *Steinrötter/Schauer*, Europäische Plattformregulierung, § 2 Rn. 65.

wenn der Dienst in der Union angeboten wird.[778] Es empfiehlt sich daher die Begriffe kohärent auszulegen.[779]

Negativ bestimmt Art. 2 Abs. 2 DSA, dass der DSA nur auf Vermittlungsdienste im Sinne der Verordnung Anwendung findet. Das ergibt sich zwar schon aus logischen Erwägungen, wird von Art. 2 Abs. 2 DSA aber auch noch einmal explizit festgelegt.[780]

Der DSA tastet mit Ausnahme von Art. 12–15 die Bestimmungen der E-Commerce-RL nicht an.[781] Daraus folgt, dass auch Art. 3 E-Commerce-RL, in welchem das **Herkunftslandprinzip** statuiert ist, neben den Regelungen des DSA bestehen bleibt. Das heißt es trägt weiterhin jeder Mitgliedstaat dafür Sorge, dass die Dienste der Informationsgesellschaft, die von einem in seinem Hoheitsgebiet niedergelassenen Diensteanbieter erbracht werden, den in diesem Mitgliedstaat geltenden innerstaatlichen Vorschriften entsprechen, die in den koordinierten Bereich[782] fallen.[783] Maßgebend für die rechtliche Verantwortlichkeit ist das Recht des Sitzlandes. Erreicht wird damit, dass mit Ausnahme der Regelungen des Art. 3 Abs. 4 E-Commerce-RL das Herkunftslandprinzip vorschreibt, dass der Diensteanbieter keinen strengeren Regelungen unterliegen darf, als denen seines Sitzlandes.[784] Mit Geltung des DSA hat sich diese erhebliche Grenze für die Verantwortlichkeit der Diensteanbieter insofern reduziert, dass dem DSA eine abschließende Harmonisierungswirkung zukommt.[785] Infolgedessen sind innerstaatlichen Regelungen verdrängt, wenn und soweit wie der DSA abschließende Vorgaben vorsieht.[786]

In Erwägungsgrund 38 DSA findet sich eine Lockerung des Herkunftslandprinzips für Anordnungen zum Vorgehen gegen rechtswidrige Inhalte und zur Bereitstellung von Informationen.[787] Da sich die betreffenden Anordnungen auf bestimmte rechtswidrige Inhalte oder Informationen beziehen, schränken sie grundsätzlich nicht die Freiheit dieser Anbieter ein, ihre Dienste grenzüberschreitend anzubieten.[788]

3. (Sorgfalts-)Pflichten und Haftung der Anbieter von Vermittlungsdiensten, Art. 4–48 DSA

Kernstück des DSA bildet Kapitel II (Art. 4–10 DSA), der Haftungsprivilegierungen für Vermittlungsdienste vorsieht und damit keinen Paradigmenwechsel im Vergleich zur E-Commerce-RL bereithält. Kapitel III statuiert demgegenüber umfangreiche Pflichten

778 Art. 1 Abs. 2 P2B-VO und Art. 3 Abs. 2 lit. a) DS-GVO.
779 *Dregelies*, MMR 2022, 1033, 1034.
780 *Müller-Terpitz*/Köhler, DSA, Art. 2 Rn. 3.
781 Art. 2 Abs. 3 VO (EU) 2022/2065.
782 Legaldefinition Art. 2 lit. h) E-Commerce-RL.
783 Art. 3 Abs. 1 E-Commerce-RL.
784 *Steinrötter/Schauer*, Europäische Plattformregulierung, § 2 Rn. 67.
785 *Holznagel*, CR 2023, 321, 322.
786 Erwägungsgrund 9 VO (EU) 2022/2065.
787 Näher dazu *Holznagel*, CR 2021, 123 ff.
788 Erwägungsgrund 38 VO (EU) 2022/2065.

für Anbieter von Vermittlungsdiensten (Art. 11–48 DSA), die sich an dem gestuften System der Verantwortlichkeit orientieren.[789]

a) Allgemeines Haftungskonzept, Art. 4–6 DSA

aa) Haftungsprivilegierungen als Eckpfeiler der Plattformregulierung

Haftungsprivilegierungen für Vermittlungsdienste waren in den letzten Jahrzehnten elementar dafür, dass sich digitale Geschäftsmodelle weiterentwickelt haben.[790] Die Haftungsregelungen des DSA entsprechen nahezu wortgleich dem von Art. 12–15 E-Commerce-RL vorgesehenem Haftungskonzept.

Zu beachten ist, dass der europäische Gesetzgeber in Erwägungsgrund 17 ausdrücklich klargestellt hat, dass die Haftungsprivilegierungen nur anordnen, wann die Anbieter nicht haften. Hingegen sind sie nicht als Negativanordnung anzusehen, wonach die Dienstanbieter immer dann haften würden, wenn Art. 4–8 DSA nicht einschlägig sind. Die materiell-rechtliche Grundlage der Haftung ist vielmehr auch unter Geltung des DSA im Unionsrecht (z. B. Art. 130 UMV) und in nationalen Vorschriften zu suchen. Die Art. 4–8 DSA begründen damit keine Haftung, sondern begrenzen diese; sie stellen damit gewissermaßen einen „Filter" für die Haftung der Intermediäre dar.[791]

Der DSA hat den horizontalen Ansatz der E-Commerce-RL übernommen. Er erfasst damit jegliche Art rechtswidriger Inhalte und jegliche Art der Haftung.[792] Der Wortlaut jegliche Haftung verdeutlicht, dass die in den Art. 4–8 DSA niedergelegten Regelungen unabhängig von der ansonsten anwendbaren Rechtsmaterie, aus der sich die materielle Haftungsgrundlage ergibt, gelten.[793] Der horizontale Regelungsansatz schließt ein, dass die Haftungsregelungen unabhängig von sektorspezifischen Regelungen des Unionrechts oder nationalen Rechts zu sehen sind. In Bezug auf das mitgliedstaatliche Recht schon ergibt sich das schon aus dem Anwendungsvorrang des europäischen Rechts. Dem übrigen europäischen Recht sind die Art. 4–8 DSA als *leges specialis* und aus dem Grund vorrangig anzusehen. Die Anwendbarkeit der Haftungsprivilegierungen führt dazu, dass eine weitergehende Haftung durch nationale Rechtsvorschriften und Unionsrecht nicht begründet werden kann, da nur so ein rechtsicheres Haftungssystem geschaffen werden kann.[794]

Die Haftungsprivilegierungen bilden die Eckpfeiler der Abwägung zwischen der wirksamen Verhinderung der Verbreitung rechtswidriger Inhalte, den Kommunikationsbedürfnissen der Nutzer und den wirtschaftlichen Interessen der Dienstanbieter.[795]

---

789 *Dregelies,* MMR 2022, 1033, 1035.
790 *Legner*, ZUM 2024, 99, 100.
791 *Janal,* ZEuP 2021 227, 236.
792 Erwägungsrund 17 VO (EU) 2022/2065.
793 *Hofmann*/Raue, DSA, Vorb. Zu Art. 4 ff. Rn. 6.
794 Steinrötter/*Conrad*, Europäische Plattformregulierung, § 3 Rn. 31 ff.
795 Steinrötter/*Conrad*, Europäische Plattformregulierung, § 3 Rn. 13; *Legner*, ZUM 2024, 99, 100.

bb) Subjektiver Anwendungsbereich: Dienste der Informationsgesellschaft

Der subjektive Anwendungsbereich der Art. 4ff. DSA erfasst **Dienste der Informationsgesellschaft**. Unklar ist, ob der subjektive Anwendungsbereich nur die Diensteanbieter selbst oder auch dessen Mitarbeiter und Organe erfasst.[796] Je nachdem würden die Haftungsausschlüsse entweder nur zugunsten der Diensteanbieter eingreifen oder darüber hinaus auch eine Tätigkeit der Mitarbeiter und Organe privilegieren.[797]

cc) Sachlicher Anwendungsbereich: Von Nutzern bereitgestellte Informationen

Voraussetzung der Haftungsprivilegierungen ist es, dass Gegenstand der Dienstleistung von Nutzern bereitgestellte, das heißt fremde, Informationen sind.[798] Abzugrenzen sind Informationen von solchen, die der Diensteanbieter selbst bereitgestellt hat.

Rechtsprechung und Literatur hatten unter Geltung der E-Commerce-RL hierfür die Figur des „zu eigen Machens" geschaffen.[799] Danach waren auch solche Informationen „eigene", die zwar nicht vom Vermittlungsdienst selbst stammten, aber sich von diesem „zu eigen gemacht" worden. Zur Abgrenzung dienten Indizien wie die Überprüfung des Inhalts durch den Diensteanbieter.[800] So wurde erreicht, dass ein von einem Dritten stammender Inhalt doch dem Dienstanbieter zugerechnet werden konnte. Gegen diese Auslegung bestanden schon unter Geltung der E-Commerce-RL Zweifel[801] und auch der EuGH hatte die Figur nie übernommen. Die Auslegung scheiterte daran, dass sie im Wortlaut der E-Commerce-RL kein Ansatz finden konnten.[802] Dem folgend entschied der EuGH für die E-Commerce-RL, dass sich aus Erwägungsgrund 42 der Richtlinie ergebe, dass die Haftungsprivilegierungen nur dann zur Anwendung kommen sollen, wenn die Tätigkeit rein technischer, automatischer und passiver Art ist.[803] Von dem Kriterium des „Zu eigen Machens" ist daher auch für den DSA Abstand zu nehmen.[804]

Von Art. 4–6 DSA werden nur solche Anbieter erfasst, die bei der Dienstleistung eine passive Rolle einnehmen.[805] Nimmt der Diensteanbieter eine aktive Rolle ein, indem er Wissen und Kontrolle über die Information erhält, sind die Haftungsprivilegie-

---

796 Steinrötter/*Conrad*, Europäische Plattformregulierung, § 3 Rn. 58.

797 Steinrötter/*Conrad*, Europäische Plattformregulierung, § 3 Rn. 57f.

798 Wortlaut Art. 4–6 VO (EU) 2022/2065.

799 Siehe nur *BGH*, Urt. v.14.1.2020 – VI ZR 496/18 und VI ZR 495/18 = GRUR 2020, 435 Rn. 39; *BGH*, Urt. v. 4.4.2017 – VI ZR 123/16 = GRUR 2017, 844 Rn. 18; HmbKommMedienR/*Petersdorff-Campen* TMG, § 7 TMG Rn. 5.

800 Müller-Terpitz/*Köhler*, DSA, Art. 4 Rn. 39.

801 Beispielsweise BeckOK Informations- und Medienrecht/*Hennemann*, TMG, § 7 Rn. 32ff.; *Spindler*/ Schmitz, Telemediengesetz, § 7 Rn. 8.

802 Müller-Terpitz/*Köhler*, DSA, Art. 4 Rn. 40.

803 *EuGH*, Urt. v. 22.6.2021 – C-682/18, C-683/18, GRUR 2021, 1054 Rn. 105 – Youtube.

804 Müller-Terpitz/*Köhler*, DSA, Art. 4 Rn. 40.

805 *Hofmann*/Raue, DSA, Art. 4 Rn. 10.

rungen hingegen nicht anwendbar.[806] Damit ist die Abgrenzung zentrales Kriterium, ob auf diesen die Privilegierungstatbestände Anwendung finden. Zur Konkretisierung kann die Rechtsprechung des EuGHs zu E-Commerce-RL herangezogen werden. Hiernach darf der Diensteanbieter lediglich die Rolle eines „Vermittlers" einnehmen.[807] Er hat seinen Dienst mittels rein technischer und automatischer Verarbeitung der von seinen Kunden eingegebenen Daten neutral zu erbringen.[808] Entscheidend ist die Frage, wann der Diensteanbieter noch neutral handelt und wann er diese Rolle verlässt. Die Art. 4–6 DSA sehen dafür unterschiedliche Anknüpfungspunkte vor. So knüpft Art. 4 DSA an ein Unterlassen des Dienstanbieters an. Der Gesetzgeber hat damit ein objektives Element gewählt, um die neutrale von der aktiven Rolle abzugrenzen. Anders differenziert Art. 6 DSA in seiner Anwendung danach, ob der Dienstanbieter Kenntnis von der rechtswidrigen Tätigkeit oder dem Inhalt hat. Hier hat der Gesetzgeber ein subjektives Element vorgesehen, um die passive von der aktiven Rolle abzugrenzen.[809] Deutlich wird dieses Nebeneinander von subjektivem und objektiven Element auch in Erwägungsgrund 18 des DSA, wonach eine aktive Rolle mit Wissen (subjektiv) oder Kontrolle (objektiv) einhergeht. Erwägungsgrund 18 DSA schreibt fest, dass der Diensteanbieter mit Übernahme der redaktionellen Verantwortung für den Inhalt die Grenze der neutralen Tätigkeit überschreitet. Der Gesetzgeber legt damit das vom EuGH entwickelte Kriterium fest, dass der Dienstanbieter dann keine neutrale Stellung mehr einnimmt, wenn er beispielsweise die Nutzer bei der Verbreitung der digitalen Inhalte unterstützt und die redaktionelle Verantwortung übernimmt.[810] Der Diensteanbieter ist dann nicht mehr Vermittler fremder Information, sondern transferiert diese in eigene.[811]

Der Erwägungsgrund 20 DSA sieht eine Grenze der Neutralität vor. Danach kann dann nicht von Neutralität ausgegangen werden, wenn der Diensteanbieter mit dem Nutzer zusammenarbeitet, um rechtwidrige Tätigkeiten auszuüben. Zum anderen ist die Anwendung der Haftungsprivilegierungen dann ausgeschlossen, wenn hauptsächlicher Zweck der Tätigkeit des Diensteanbieters das Erleichtern von rechtswidrigen Tätigkeiten darstellt.

dd) Pflichten der einzelnen Vermittlungsdienste

Art. 4–6 DSA adressieren jeweils einen der in Art. 3 lit. g) DSA aufgeführten Vermittlungsdienste.

---

806 Erwägungsgrund 18 VO (EU) 2022/2065.

807 *EuGH*, Urt. v. 12.7.2011 – C-324/09 = GRUR 2011, 1025 Rn. 112 – L'Oréal; *EuGH*, Urt. v. 23.10.2010 – C-236/08, C-238/08 = GRUR 2010, 445 Rn. 112 – Google und Google France.

808 *EuGH*, Urt. v. 12.7.2011 – C-324/09 = GRUR 2011, 1025 Rn. 113 – L'Oréal.

809 *Hofmann*/Raue, DSA, Art. 4 Rn. 70.

810 *EuGH*, Urt. v. 11.9.2014 – C-291/13 = ZUM-RD 2015, 425 Rn. 46 – Papasavvas.

811 *Hofmann*/Raue, DSA, Art. 4 Rn. 70.

(1) Reine Durchleitung, Art. 4 DSA

Beginnend erfasst Art. 4 Abs. 1 DSA solche Diensteanbieter, deren Dienstleistung in der reinen Durchleitung besteht. Damit sind gem. Art. 4 Abs. 1, Art. 3 lit. g) i) DSA solche Dienste gemeint, die von einem Nutzer bereitgestellte Informationen übermitteln oder Zugang zu einem Kommunikationsnetz schaffen. Diese können sich dann auf die Haftungsprivilegierung berufen, wenn sie a) die Übermittlung nicht veranlasst, b) den Adressaten der übermittelten Information nicht ausgewählt und c) die übermittelten Informationen nicht ausgewählt oder verändert haben. Folglich bleibt die Verantwortlichkeit selbst bei Kenntnis von rechtswidrigen Inhalten aus.[812] Nach Erwägungsgrund 21 DSA soll eine Veränderung der Inhalte nicht schon dann in Betracht kommen, wenn der Dienstanbieter rein technisch bedingte Änderungen vornimmt.

Von der Privilegierung unberührt bleibt die Möglichkeiten von gerichtlichen oder behördlichen Anordnungen nach Art. 4 Abs. 3 DSA.

(2) Caching, Art. 5 DSA

Art. 5 DSA richtet sich an Caching-Dienste; die Haftungsprivilegierung des Art. 5 Abs. 1 DSA erfasst die Zwischenspeicherung. Die Caching-Dienstleister dürfen a) die Informationen nicht verändern und müssen b) die Bedingungen für den Zugang zu Informationen beachten. Das heißt der Diensteanbieter muss bei einer nur beschränkt zugänglichen Information die Nutzungsbedingungen für den vermittelten Inhalt beibehalten.[813] Drittens ist der Caching-Dienst angehalten, c) die Regeln für die Aktualisierungen der Informationen, die weithin in der Branche anerkannt und verwendet werden, zu beachten. Hintergrund ist, dass, um die Identität der Informationen auf dem Hostserver und dem Cache-Speicher zu gewährleisten, stetige Aktualisierungen nötig sind.[814] Zusätzlich darf der Caching-Dienst d) nicht die zulässige Anwendung von Technologien zur Sammlung von Daten über die Nutzung von Informationen, beeinträchtigen. Daraus folgt, dass, werden auf dem gespiegelten Server zulässigerweise Nutzungsdaten mit einer weithin in der Branche anerkannten und verwendeten Technologie gesammelt, so darf der Caching-Anbieter diese nicht einschränken.[815] Letztlich muss der Caching-Dienst auch e) bei der Entfernung oder Sperrung von ihm gespeicherter Informationen zügig handeln, sobald er tatsächliche Kenntnis davon erhält, dass die Informationen am ursprünglichen Ausgangsort der Übermittlung aus dem Netz entfernt wurden oder der Zugang zu ihnen gesperrt wurde oder eine Justiz- oder Verwaltungsbehörde die Entfernung oder Sperrung angeordnet hat. Irrelevant ist, ob der Diensteanbieter selbst Kenntnis der von ihm zwischengespeicherten Inhalte erhält. Beachtet muss in dem Zusammenhang Erwägungsgrund 20, der konkretisiert, wann die Grenze der neutralen Rolle

---

812 *Spindler*, MMR 2023, 73, 75.
813 Müller-Terpitz/*Köhler*, DSA, Art. 5 Rn. 33.
814 Müller-Terpitz/*Köhler*, DSA, Art. 5 Rn. 35.
815 Steinrötter/*Conrad*, Europäische Plattformregulierung, § 3 Rn. 124.

des Caching-Dienstes überschritten wird, was insbesondere dann der Fall ist, wenn sein Hauptzweck in der Erleichterung rechtwidriger Aktivitäten liegt. Nicht ausreichend ist ausweislich Erwägungsgrund 20 die verschlüsselte Informationsübermittlung. Parallel zu Art. 4 Abs. 3 und Art. 6 Abs. 4 DSA findet sich in Art. 5 Abs. 2 DSA eine Ausnahme für Unterlassungs- und Beseitigungsansprüche.[816]

(3) Hosting, Art. 6 DSA

Host-Provider können sich unter den Voraussetzungen des Art. 6 DSA auf eine Haftungsprivilegierung berufen. Privilegierte Dienstleistung ist die Speicherung von dem Nutzer bereitgestellter Informationen. Maßgebliches Kriterium ist die Kenntnis des Dienstanbieters von den rechtswidrigen Tätigkeiten oder Inhalten. Der Diensteanbieter darf zum einen keine positive Kenntnis von der Rechtswidrigkeit des Inhalts oder der Tätigkeit haben. Das heißt er darf nicht in Kenntnis darüber gesetzt werden, dass der Inhalt rechtswidrig zugänglich gemacht worden ist.[817] Von dem Dienstanbieter wird keine eingehende rechtliche Prüfung erwartete, daher muss der Hinweis ausreichend Angaben enthalten, sodass der Diensteanbieter die Rechtswidrigkeit erkennen kann.[818] In der Praxis erfolgt die Kenntnisnahme in der Regel durch eine Meldung Dritter,[819] insbesondere durch das in Art. 16 DSA vorgeschriebene Melde- und Abhilfeverfahren. Hintergrund ist, dass der Diensteanbieter ab Kenntnis seine für die Haftungsprivilegierung vorausgesetzte neutrale Rolle verlässt.[820]

Einschränkend entfällt bei Schadensersatzansprüchen die Haftungsprivilegierung schon dann, wenn sich der Diensteanbieter Tatsachen oder Umständen bewusst ist, aus denen eine rechtswidrige Tätigkeit oder rechtswidrige Inhalte offensichtlich hervorgehen.[821] Neben positiver Kenntnis entfällt die Haftungsprivilegierung hier schon dann, wenn die Rechtswidrigkeit leicht erkennbar war.[822] Die zweite Ausnahme von der Haftungsprivilegierung betrifft das „Notice-and-take-down“-Verfahren. Erlangt der Diensteanbieter nachträglich Kenntnis von den rechtswidrigen Inhalten oder Tätigkeiten, so wird er nur dann weiterhin privilegiert, wenn er zügig tätig wird, um den Zugang zu den rechtswidrigen Inhalten zu sperren oder sie zu entfernen.[823] Die Handlungsobliegenheit, zügig tätig zu werden, ist keinen starren Fristen unterworfen,[824] sondern wird von der Art der gemeldeten rechtswidrigen Inhalte und der Dringlichkeit der Maßnah-

816 Müller-Terpitz/*Köhler*, DSA, Art. 5 Rn. 40.
817 Steinrötter/*Conrad*, Europäische Plattformregulierung, § 3 Rn. 130 ff.
818 *EuGH*, Urt. v. 22.6.2021 – C-682/18 C-683/18 = GRUR 2021, 1054 Rn. 116 – YouTube und Cyando.
819 *Hofmann*/Raue, DSA, Art. 6 Rn. 41.
820 Müller-Terpitz/*Köhler*, DSA, Art. 5 Rn. 36.
821 Art. 6 Abs. 1 lit. a) VO (EU) 2022/2065.
822 *EuGH*, Urt. v. 22.6.2021 – C-682/18 C-683/18 = GRUR 2021, 1054 Rn. 113 – YouTube und Cyando.
823 Art. 6 Abs. 1 lit. a) VO (EU) 2022/2065.
824 *Hofmann*/Raue, DSA, Art. 6 Rn. 62 f.

men abhängig gemacht.[825] Art. 6 Abs. 3 DSA ist eine verbraucherschützende Sonderregelung zu entnehmen. Diese erfasst E-Commerce-Plattformen, die darauf gerichtet sind, Verbrauchern den Abschluss von Fernabsatzverträgen mit Unternehmen zu ermöglichen.[826] Hiernach darf sich der Diensteanbieter auch dann nicht auf die Haftungsprivilegierung berufen, wenn der ein durchschnittlicher Verbraucher davon ausgehen kann, dass die Information oder das Produkt oder die Dienstleistung, die beziehungsweise der Gegenstand der Transaktion ist, entweder von der Online-Plattform selbst oder von einem ihrer Aufsicht unterstehenden Nutzer bereitgestellt wird.[827]

ee) Gute-Samariter-Privileg, Art. 7 DSA

Eine Neuerung im Vergleich zu den Vorgängerregelegungen der Art. 12- 14 E-Commerce-RL stellt Art. 7 DSA dar – dabei handelt es sich um das sog. **„Gute-Samariter-Privileg“**.[828]

Hintergrund der Regelung ist, dass die Diensteanbieter nur dann in den Genuss der Haftungsprivilegierungen kommen, wenn sie bei der Erbringung der Dienstleistung eine **neutrale Rolle** einnehmen. Das führte dazu, dass die Diensteanbieter durch Maßnahmen, die eigentlich wünschenswert wären, weil sie Rechtsverletzungen verhindern könnten, Gefahr liefen, ihre Haftungsprivilegierungen zu verlieren.[829] Art. 7 DSA soll daher Rechtssicherheit schaffen und verhindern, dass weiterhin Fehlanreize zur Nicht-Ergreifung von bestehen.[830] Mit der Einführung des Gute-Samariter-Privileg erhofft sich der Gesetzgeber Präventivmaßnahmen wie Inhaltsfilter zu fördern und positive Anreize zu setzen, um die Aufdeckung rechtswidriger Inhalte zu ermöglichen.[831]

Ergreift der Diensteanbieter Maßnahmen, die den Voraussetzungen des Art. 7 DSA entsprechen, so soll ihm die Maßnahme sowie die daraus möglicherweise resultierende Kenntnis der rechtswidrigen Inhalte nicht zum Nachteil gereichen.[832] Art. 7 DSA statuiert zum einen, dass dann keine Schlechterstellung droht,[833] wenn die Diensteanbieter freiwillige und auf Eigeninitiative beruhende Maßnahmen ergreifen, welche sie sorgfältig und nach Treu und Glauben[834] ausführen. Zum anderen gilt Art. 7 DSA auch für solche Maßnahmen, die ergriffen werden, um rechtliche Anforderungen einzuhalten. Von der zweiten Alternative erfasst werden insbesondere Maßnahmen zu Erfüllung des

---

825 Erwägungsgrund 52 VO (EU) 2022/2065.
826 Müller-Terpitz/*Köhler*, DSA, Art. 6 Rn. 55.
827 Art. 6 Abs. 3 VO (EU) 2022/2065.
828 Erwägungsgrund 26 VO (EU) 2022/2065.
829 *Sesing-Wagenpfeil*, MMR 2023, 655, 656.
830 Erwägungsgrund 26 VO (EU) 2022/2065.
831 *Legner*, ZUM 2024, 99, 100, 101.
832 Müller-Terpitz/*Köhler*, DSA, Art. 7 Rn. 12.
833 Müller-Terpitz/*Köhler*, DSA, Art. 7 Rn. 13.
834 Näher konkretisiert Erwägungsgrund 26 VO (EU) 2022/2065.

Unionsrechts, das heißt auch des DSA selbst und solchen die aus nationalen Regelungen folgen.[835]

Als Rechtsfolge sieht Art. 7 DSA vor, dass Vermittlungsdienst für die Haftungsausschlüsse trotz der genannten Maßnahmen in Betracht kommt. Gemeint ist damit, dass bei der Beurteilung, ob der Diensteanbieter eine neutrale Rolle einnimmt, die in Art. 7 DSA aufgeführten Maßnahmen außer Betracht zu bleiben haben. Das ist jedoch nicht damit gleichzusetzen, dass der Diensteanbieter sich automatisch auf die Art. 4–6 DSA berufen kann.[836] Demzufolge stellt Art. 7 DSA klar, was schon vorher in der Rechtsprechung für freiwillige Maßnahmen weitestgehend anerkannt war.[837] Kritik erfährt Art. 7 DSA auch dahingehend, dass bei freiwilligen Maßnahmen wahrgenommene rechtswidrige Inhalte weiterhin Kenntnis auslösen und insofern die Haftung genauso begründet werden würde, wie ohne die Maßnahme.[838] Art. 7 DSA gebe den Diensteanbieter daher „Steine statt Brot".[839]

b) Keine allgemeine Verpflichtung zur Überwachung oder aktiven Nachforschung, Art. 8 DSA

Art. 8 DSA stellt die Diensteanbieter von einer allgemeinen Überwachung – und Nachforschungspflicht frei. Damit flankiert das Verbot die Haftungsprivilegierungen.[840] In zwei Richtungen darf der Diensteanbieter weder dazu angehalten werden, übermittelte oder gespeicherte Informationen zu überwachen noch aktiv zu forschen.[841] Ausgenommen sind konkrete Überwachungspflichten sowie die Anordnungen der nationalen Behörden.[842] Art. 8 DSA bezieht sich somit lediglich auf allgemeine Verpflichtungen zur Überwachung oder Nachforschung.

c) Gerichtliche und behördliche Anordnungen, Art. 9–10 DSA

Jede der Haftungsprivilegierungen sieht vor, dass mitgliedstaatliche Justiz- oder Verwaltungsbehörden nach nationalem Recht die Abstellung beziehungsweise Verhinderung einer Zuwiderhandlung verlangen kann, Art. 4 Abs. 3, 5 Abs. 3 und 6 Abs. 4 DSA. Die Anordnungen stehen in Abhängigkeit zu nationalen Rechtssystemen;[843] sie finden dort

835 *Sesing-Wagenpfeil*, MMR 2023, 655, 657f.
836 Erwägungsgrund 26 (EU) 2022/2065; *Sesing-Wagenpfeil*, MMR 2023, 655, 658.
837 Bspw *EuGH*, Urt. v. 22.6.2021 = MMR 2021, 705 Rn. 109 – YouTube und Cynado.
838 *Holznagel*, CR 2021, 123 Rn. 29.
839 Müller-Terpitz/*Köhler*, DSA, Art. 7 Rn. 10.
840 Müller-Terpitz/*Köhler*, DSA, Art. 8 Rn. 11.
841 *Hofmann*/Raue, DSA, Art. 8 Rn. 13.
842 Erwägungsgrund 30 VO (EU) 2022/2065.
843 Erwägungsgrund 31 VO (EU) 2022/2065.

ihre Anspruchsgrundlage und folgen den dort aufgestellten Grundsätzen.[844] Art. 9 und Art. 10 DSA verfolgen den Zweck, Mindestbedingungen an solche Anordnungen zu stellen. Dabei stellen sie aber keine Rechtsgrundlage für dessen Erlass dar.[845]

aa) Anordnungen zum Vorgehen gegen rechtswidrige Inhalte, Art. 9 DSA

Art. 9 DSA bezieht sich inhaltlich auf hoheitliche Anordnungen zum Vorgehen gegen rechtswidrige Inhalte, die gegenüber Anbietern von Vermittlungsdiensten ergehen. Die Diensteanbieter haben nach Art. 9 Abs. 1 DSA die Pflicht, Anordnungen auszuführen und die erlassende Behörde über Art und Zeitpunkt zu informieren. Aus Art. 9 Abs. 2 lit. a) DSA folgen unionsweit einheitliche und verbindliche formal inhaltliche Mindestanforderungen, die erfüllt sein müssen, damit eine Pflicht des Dienstanbieters begründet wird.[846] Art. 9 Abs. 2 lit. b) DSA ordnet an, dass sich der räumliche Geltungsbereich der Anordnung auf das unbedingt erforderliche Maß zu beschränken hat. Erwägungsgrund 36 DSA konkretisiert die Vorgabe dahingehend, dass das erforderliche Maß in der Regel das Hoheitsgebiet des Mitgliedstaats umfasst. Das Verfahren der Übermittlung der Anordnung und der Information über deren Ausführung regeln die Absätze 3–6 des Art. 9 DSA.[847]

bb) Auskunftsanordnungen, Art. 10 DSA

Parallel dazu stellt Art. 10 DSA Anforderungen an eine Auskunftsanordnung auf: Wie schon aus Art. 9 Abs. 1 DSA folgt aus Art. 10 Abs. 1 DSA die Verpflichtung des Diensteanbieters zu Ausführung und Information über die Ausführung. Ebenfalls begründet Art. 10 Abs. 2 DSA inhaltliche Mindestanforderungen. Art. 10 Abs. 2 lit. b) DSA begrenzt die Reichweite der Anordnung dahingehend, dass diese sich nur auf Informationen bezieht, die ohnehin schon vorliegen, sodass den Diensteanbieter keine Nachforschungspflicht trifft.[848]

d) Sorgfalts- und Transparenzpflichten für Vermittlungdienste

Das Gegenstück zu den Haftungsprivilegierungen des Kapitel III sind die in Kapitel III angeordneten Sorgfalts- und Transparenzpflichten.[849] Dem DSA liegt ein abgestuftes System der Sorgfaltspflichten zugrunde.[850] Ziel ist es, dass ein verantwortungsvolles und

---

844 *Gerdemann/Spindler*, GRUR 2023, 3, 7.
845 Erwägungsgrund 31 VO (EU) 2022/2065.
846 Müller-Terpitz/Köhler/*Nägele*, DSA, Art. 9 Rn. 11.
847 Näher Müller-Terpitz/Köhler/*Nägele*, DSA, Art. 9 Rn. 20 ff.
848 Müller-Terpitz/Köhler/*Nägele*, DSA, Art. 10 Rn. 9.
849 Hofmann/*Raue*, DSA, Vorb. Zu Art. 11 ff. Rn. 1.
850 Hofmann/*Raue*, DSA, Vorb. Zu Art. 11 ff. Rn. 2.

sorgfältiges Verhalten[851] der Vermittlungsdienste sichergestellt werden kann und dadurch ein sicheres und transparentes Online-Umfeld geschaffen wird.[852] Die nachfolgende Darstellung der Sorgfalts- und Transparenzpflichten orientiert sich daher an dem an angesprochenen Stufensystem.

aa) Stufe 1: Regelungen für Anbieter von Vermittlungsdiensten, Art. 11–15 DSA

Auf der ersten Regelungsstufe sind die Pflichten, die alle Anbieter von Vermittlungsdienste treffen (Abschnitt 1).

(1) Kontaktstelle für Behörden und Nutzer und gesetzliche Vertreter, Art. 11–13 DSA

Art. 11–13 DSA befassen sich mit der Pflicht zur Einrichtung von Kontaktstellen für Behörden und Nutzer, sowie das Benennen gesetzlicher Vertreter. Hintergrund dessen ist, dass der DSA nicht nur repressiv wirken, sondern auch eine Kooperation mit den Vermittlungsdiensten fördern will.[853] Die Vermittlungsdienste müssen eine zentrale Kontaktstelle vorsehen, mit der die Behörden der Mitgliedstaaten, die Kommission oder der Vorstand mit ihnen in Kontakt treten können, Art. 11 DSA. Damit schafft die Norm die Möglichkeit einer einfachen und effizienten Kommunikation mit den Diensteanbietern,[854] indem diese benannt werden (Abs. 1) und die zur Kommunikation erforderlichen Informationen bereitgestellt werden (Abs. 2, 3). Erweitert wird die Pflicht von Art. 13 DSA für Diensteanbieter, die keine Niederlassung in der Union haben, aber in diesen Dienstleistungen anbieten. Diese müssen in dem Mitgliedstaat, in dem sie agieren auch einen gesetzlichen Vertreter benennen. Hierdurch soll sichergestellt werden, dass eine wirksame Aufsicht und diene Durchsetzung der Bestimmungen des DSA ermöglicht wird.[855] Der gesetzliche Vertreter muss hierzu hinreichend bevollmächtigt sein (Abs. 2) und gegebenenfalls persönlich haften (Abs. 3). Um die Kommunikation zu ermöglichen, sind die Kontaktangaben dem Koordinator für digitale Dienste zu melden (Abs. 4).

Art. 12 DSA dient dazu, eine schnelle, direkte und wirksame Kommunikation mit den Nutzern sicherzustellen,[856] in dem diese den Diensteanbieter unkompliziert erreichen können.[857] Erwägungsgrund 43 nennt beispielshaft Telefonnummern, E-Mail-Adressen, elektronische Kontaktformulare oder auch Chatbots. Den Diensteanbietern steht grundsätzlich die Wahl zwischen den Kommunikationsmitteln offen. Einschränkend müssen sie dem Nutzer ein Kommunikationsmittel zur Wahl stellen, das nicht aus-

851 Erwägungsrund 3 VO (EU) 2022/2065.
852 Erwägungsgrund 40 VO (EU) 2022/2065.
853 *Kaesling*, ZUM 2021, 177, 178.
854 Müller-Terpitz/Köhler/*Barudi*, DSA, Art. 11 Rn. 2.
855 Erwägungsgrund 44 VO (EU) 2022/2065.
856 Erwägungsgrund 43 VO (EU) 2022/2065.
857 Müller-Terpitz/Köhler/*Barudi*, DSA, Art. 12 Rn. 2.

schließlich auf automatisierten Instrumenten beruht (Art. 12 Abs. 1 a. E. DSA). Die Information über die Kontaktstelle muss wiederum veröffentlicht werden (Art. 12 Abs. 2 DSA).

(2) AGB, Art. 14 DSA

In Art. 14 DSA findet sich eine Sonderregelung für **allgemeinen Geschäftsbedingungen (AGB)** der Vermittlungsdienste. Es handelt sich um eine **Transparenzpflicht.**

Hintergrund der Regelung ist, dass Vermittlungsdienste Inhalte auf der Grundlage ihrer eigenen, häufig strengeren Vorgaben, AGB löschen.[858] Art. 14 DSA ist damit Ausdruck von drei Grundaussagen des DSA: Privatautonomie, Transparenz und Interessenausgleich. Es wird ein Ausgleich geschaffen zwischen dem privatautonomen Spielraum der Diensteanbieter und der Freiheit der Nutzer, die Dienste zu nutzen und Informationen bereitzustellen.

Schränkt der Diensteanbieter diese Freiheit der Nutzer ein, so trifft ihn die Transparenzpflicht des Art. 14 DSA.[859] Für den Nutzer soll die Inhaltemoderation, Art. 3 lit. t) DSA, durch den Dienstanbieter vorhersehbar und nachvollziehbar sein.[860] Auf diese Weise wird die Möglichkeit geschaffen Beschränkungen, die die Plattform den Nutzern ex ante offengelegt hat, *ex post* nach ihrer Rechtmäßigkeit beurteilen zu können.[861]

Vermittlungsdienste müssen in verständlicher und klarer Sprache Angaben dazu machen, inwiefern Inhalte der Nutzer beschränkt werden können (Art. 14 Abs. 1 S. 1, 3 DSA). Dazu zählen Angaben zu den angewendeten Leitlinien, Verfahren, Maßnahmen und Werkzeuge, die sie zur Moderation der Inhalte einsetzen, insbesondere auch ob und inwieweit Algorithmen eingesetzt werden (Art. 14 Abs. 1 S. 2 DSA). Die Voraussetzungen an die AGB, die klare und deutliche Sprache und die leicht zugängliche öffentliche Form (Art. 14 Abs. 1 S. 3 DSA), entsprechen den Anforderungen des Art. 3 Abs. 1 P2B-VO.

Der DSA sieht dabei keine Beschränkung der AGB-Inhalte vor, um so die unternehmerische Freiheit nicht über die Maße einzuschränken.[862] Daraus folgt, dass Dienste nicht alle Inhalte zulassen müssen, nur wenn sie rechtmäßig sind, weil ihnen keine gesetzliche Vorgabe entgegensteht.[863] Um dem Minderjährigenschutz ausreichend Rechnung zu tragen, sieht Art. 14 Abs. 3 DSA vor, dass ein Vermittlungsdienst, der sich in erster Linie an Minderjährige richtet oder überwiegend von diesen genutzt wird, ihre Bedingungen und jegliche Einschränkungen so erläutern müssen, dass auch Minderjäh-

---

858 *Raue/Heesen*, NJW 2022, 3537, 3540 Rn. 22.
859 Hofmann/*Raue*, DSA, Art. 14 Rn. 1.
860 Müller-Terpitz/Köhler/*Barudi*, DSA, Art. 14 Rn. 2.
861 Hofmann/*Raue*, DSA, Art. 14 Rn. 3.
862 *Legner*, ZUM 2024, 99, 104.
863 Hofmann/*Raue*, DSA, Art. 14 Rn. 2; so schon zuvor *Spindler*, CR 2019, 238 Rn. 23.

rige sie verstehen können. Nimmt der Diensteanbieter Änderungen vor, so ist der Nutzer auch hierüber nach Art. 14 Abs. 2 DSA zu informieren.

Nach Art. 14 Abs. 4 DSA muss der Vermittlungsdienste bei der Anwendung und Durchsetzung der Beschränkungen die Rechte und berechtigten Interessen aller Beteiligten sowie die Grundrechte der Nutzer berücksichtigen. Erwägungsgrund 47 DSA erstreckt diese Verpflichtung auch auf die Gestaltung der AGB.

Unklar ist, ob der DSA damit eine Inhaltskontrolle etabliert. Dann würde neben der Kontrolle der Anwendung und Durchsetzung diese auch auf den Inhalt erstreckt werden.[864] Hintergrund könnte sein, dass auch die Ausgestaltung nicht allein der Regelungskompetenz der Netzwerke überlassen werden soll.[865]

Eine andere Lesart wäre, dass es sich lediglich um eine Ausübungskontrolle handelt.[866] Dann würde Art. 14 Abs. 4 DSA lediglich der Durchsetzung der Klauselinhalte dienen und sich auf die Kontrolle der Ausübung beschränken.[867]

Für eine Auslegung als Inhaltskontrolle spricht Erwägungsgrund 45 DSA. Dieser bezieht den Inhalt der AGB mit in die Kontrolle ein. Auch liefe der Zweck des Art. 14 Abs. 1 DSA leer, wenn die Anbieter AGB vorsehen, die sie aber wegen Art. 14 Abs. 4 DSA nicht ausüben können.[868] Weiterhin würde eine solche Auslegung zu dem in Art. 1 Abs. 1 DSA angestrebten angemessenen Ausgleich der in der Grundrechte-Charta verankerten Grundrechte beitragen. Die Diensteanbieter ziehen mit ihren AGB die Grenze zwischen der Meinung- und Informationsfreiheit und dem Schutz von Individualinteressen, indem sie Inhalte einschränken.[869]

Die zweitgenannte Interpretation kann sich auf den Wortlaut von Art. 14 Abs. 4 DSA stützen: Dieser verweist lediglich auf den Interessenausgleich bei der Anwendung und Durchsetzung. Ratio der Norm ist eine diskriminierungsfreie und nicht-willkürliche Ausübung der AGB festzuschreiben.[870]

Im deutschen Recht ließe sich eine Parallele zu der Rechtsprechung des BGH betreffend die AGB großer und marktmächtiger sozialer Netzwerke ziehen. Dessen Ausgestaltungsfreiheit soll durch die Grundrechte ihrer Nutzer eingeschränkt werden,[871] sodass der BGH mit seiner Rechtsprechung eine ähnliche Zielrichtung anstrebt. Allerdings folgt daraus noch nicht, dass es sich bei Art. 14 Abs. 4 DSA um eine Inhaltskontrolle handelt. Zum einen wird die Forderung des BGH nach einem sachlichen Grund und der Nachvollziehbarkeit auch durch eine bloße Ausübungskontrolle Rechnung getragen. Zum anderen handelt es sich bei dem DSA um vollharmonisiertes Unionsrecht, das insofern

864 So Hofmann/*Raue*, DSA, Art. 14 Rn. 76. *Legner*, ZUM 2024, 99, 105.
865 *Raue*, NJW 2022, 209, 211 Rn. 14.
866 Müller-Terpitz/Köhler/*Barudi*, DSA, Art. 14 Rn. 23.
867 Steinrötter/*Berberich*, Europäische Plattformregulierung, § 5 Rn. 35.
868 *Legner*, ZUM 2024, 99, 105; *Raue*/*Heesen*, NJW 2022, 3537, 3540.
869 Hofmann/*Raue*, DSA, Art. 14 Rn. 75.
870 Müller-Terpitz/Köhler/*Barudi*, DSA, Art. 14 Rn. 23.
871 *BGH*, Urt. v. 29.72021 = NJW 2021, 3179 Rn. 54 ff.

einer von der nationalen Rechtsprechung unabhängigen Auslegung unterliegt. Entscheidend ist auch der Ausgangspunkt der Entscheidung des BGH zu betrachten. Diese richtet sich schon an einen viel geringeren Adressatenkreis, als es die Regelung des DSA tut und kann nicht vom Einzelfall der marktmächtigen Social-Media-Plattform auf die Gesamtheit aller Vermittlungsdienste übertragen werden.[872] Im Ergebnis ist die Parallele daher zwar anzuerkennen, aber nicht als Argument für eine Auslegung fruchtbar zu machen.

(3) Transparenzberichtspflichten, Art. 15 DSA

Zweite Transparenzbestimmung, die alle Vermittlungsdienste trifft, ist Art. 15 DSA. Hiernach haben die Diensteanbieter einmal jährlich einen Transparenzbericht zu veröffentlichen, Art. 15 Abs. 1 DSA. Ratio der Norm ist, wie schon bei Art. 14 DSA, die Transparenz- und Rechenschaftspflicht der Diensteanbieter hinsichtlich der Moderation der Inhalte.[873] Mit Hilfe des Transparenzberichtes sollen die Öffentlichkeit und die Behörden über die durchgeführte Moderation der Dienstanbieter unterrichtet werden.[874] Art. 15 DSA richtet sich grundsätzlich an alle Vermittlungsdienstes, differenziert aber zum Teil hinsichtlich der dargelegten Pflichten zwischen den Diensteanbietern. Eine Ausnahme findet sich insbesondere für Kleinst- und Kleinunternehmen (Art. 15 Abs. 2 DSA). Der Inhalt des Transparenzberichtes wird in Abs. 1 durch einen Katalog von Mindestanforderungen ausgestaltet.[875] Formell haben Diensteanbieter nach Art. 15 Abs. 1 DSA einmal jährlich in einem maschinenlesbaren Format und auf leicht zugängliche Art und Weise klare, leicht verständliche Berichte über die von ihnen in dem betreffenden Zeitraum durchgeführte Moderation von Inhalten öffentlich zur Verfügung zu stellen. Konkretisiert werden können die formellen Anforderungen durch Durchführungsrechtsakte der Kommission, Art. 15 Abs. 3 DSA.

bb) Stufe 2: Regeln für Hosting-Dienste, Art. 16–18 DSA

Normadressaten der Art. 16–18 DSA sind nur Vermittlungsdienste, die aufgrund von Speicherung der vom Nutzer bereitgestellter Informationen als Hosting-Dienst einzustufen sind, Art. 3 lit. g) iii) beziehungsweise Art. 6 DSA.[876] Diese stehen auf zweiter Stufe des abgestuften Regelungssystems.

Hintergrund der weitergehenden Sorgfalts- und Transparenzpflichten ist es, dass Hosting-Dienste beim Umgang mit rechtswidrigen Online-Inhalten eine besonders wichtige Rolle spielen.[877] Die Diensteanbieter speichern im Auftrag der Nutzer die von diesen

---

872 Müller-Terpitz/Köhler/*Barudi*, DSA, Art. 14 Rn. 24.
873 Erwägungsgrund 49 VO (EU) 2022/2065.
874 Müller-Terpitz/Köhler/*Barudi*, DSA, Art. 15 Rn. 3.
875 Müller-Terpitz/Köhler/*Barudi*, DSA, Art. 15 Rn. 9.
876 *Gerdemann*/*Spindler*, GRUR 2023, 3, 8.
877 Erwägungsgrund 50 VO (EU) 2022/2065.

übermittelten Informationen und ermöglichen wieder anderen den Zugang zu zum Teil erheblichen Datenmengen. Folge dessen ist das Bedürfnis nach einfachen Melde- und Abhilfeverfahren.[878]

(1) Melde- und Abhilfeverfahren Art. 16 DSA

Hosting-Dienste sind nach Art. 16 Abs. 1 DSA dazu verpflichtet ein Melde- und Abhilfeverfahren einzurichten, um Nutzern und Dritten zu ermöglichen, rechtswidrige Inhalte (Definition in Art. 3 lit. h) DSA) zu melden. Erfasst werden lediglich solche Inhalte, die nicht im Einklang mit dem Unionsrecht oder Recht eines Mitgliedstaates stehen. Nicht erfasst sind Inhalte, die lediglich gegen die vertraglichen Nutzungsbedingungen der Diensteanbieter verstoßen.[879] Die Rechtswidrigkeit des Inhalts beurteilt sich nach mitgliedstaatlichem Recht, da der DSA hierzu keine Vorgaben macht.[880]

Die Verpflichtung zur Einrichtung eines Melde- und Abhilfeverfahren entspringt der Haftungsprivilegierung des Art. 6 DSA.[881] Art. 16 Abs. 3 DSA statuiert, dass eine Meldung, die im Zuge des von Art. 16 DSA vorgeschriebenen Melde- und Abhilfeverfahren den Diensteanbieter erreicht, dazu führt, dass diese konkrete Kenntnis erlangt. Im Umkehrschluss folgt daraus die Obliegenheit zum zügigen Tätigwerden (Art. 6 Abs. 1 lit. b) DSA). Von Art. 16 DSA wird ein *Notice-and-take-down*-System festgeschrieben. Gesichert werden soll, dass die *Notice* durch die Nutzer oder Dritte erleichtert wird.[882] Das Verfahren bezieht sich ausschließlich auf die gemeldeten Einzelinformationen und erstreckt sich nicht auf – wenn auch gleiche – andere Informationen, die nicht gemeldete worden, begründet daher keine *Stay-down*-Verpflichtung.[883]

Nicht geregelt in Art. 16 DSA ist, welche Konsequenzen das Fehlen oder der Nichtbetrieb eines Melde- und Abhilfeverfahren auf die Haftungsprivilegierung hat. Anzudenken wäre dem Diensteanbieter bei systematischer Missachtung die Privilegierung zu versagen. Dogmatisch anknüpfen könnte man den Ausschluss an das Erfordernis eines neutralen Dienstes oder aber einer Kenntnisfiktion.[884]

Nach Art. 16 Abs. 1 S. 2 DSA muss das Verfahren leicht zugänglich und benutzerfreundlich sein, sowie eine „Übermittlung auf elektronischem Weg" ermöglichen. Beispiele für ein solches Verfahren wären sog. **Flagging-Systeme** und **Meldebuttons**, die bei Auswahl zu einem Webformular führen.[885] Weiterhin folgt aus Art. 16 Abs. 2 DSA der notwendige Inhalt der Meldung, welcher kumulativ vorliegen muss. Hiernach ist es

878 Erwägungsgrund 50 VO (EU) 2022/2065.
879 Steinrötter/*Berberich*, Europäische Plattformregulierung, § 5 Rn. 19.
880 Steinrötter/*Berberich*, Europäische Plattformregulierung, § 5 Rn. 21.
881 Müller-Terpitz/Köhler/*Barudi*, DSA, Art. 6 Rn. 6.
882 *Kalbhenn/Hemmert-Halswick*, ZUM 2021, 184, 118.
883 Müller-Terpitz/Köhler/*Barudi*, DSA, Art. 16 Rn. 34.
884 *Gerdemann/Spindler*, GRUR 2023, 3, 9.
885 Müller-Terpitz/Köhler/*Barudi*, DSA, Art. 16 Rn. 13.

insbesondere erforderlich, dass die Meldung eine hinreichend begründete Erläuterung des Nutzers enthält, warum der Inhalt als rechtswidrig angesehen wird (Art. 16 Abs. 3 lit. a) DSA). Erreicht werden soll, dass der Hosting-Anbieter durch die notwendigen Informationen Tätigwerden kann.[886] Es handelt sich um eine für den Diensteanbieter vorteilhafte Regelung, da nur eine den Anforderungen des Art. 16 Abs. 3 DSA entsprechende Meldung auch kenntnis- und damit haftungsbegründend (Art. 6 Abs. 1 lit. b) DSA, Art. 16 Abs. 3 DSA) wirkt.[887] Das Verfahren nach der Meldung durch den Nutzer oder Dritten konkretisiert Art. 16 Abs. 4–6 DSA. Der Hosting-Anbieter muss nach Art. 16 Abs. 6 DSA eine zeitnahe Entscheidung treffen. Nicht festgelegt wird ein starrer Fristenplan für die Sperrung, sodass zeitnah im Einzelfall auszulegen ist. Folglich können die Anforderungen je nach spezifischen Tatsachen und Umständen und der Art der betreffenden Inhalte erheblich variieren.[888] Das Melde- und Abhilfeverfahren ist im Zusammenspiel mit Art. 17 DSA und der Regelung für Anbieter von Online-Plattformen in Art. 20 DSA zu betrachten, da dort Regelungen über die der Meldung folgenden Abhilfeentscheidung festgelegt sind.[889]

(2) Begründung, Art. 17 DSA

Folge einer Meldung ist notwendig eine Abhilfeentscheidung, nach der der Inhalt entweder auf der Plattform belassen wird oder eine Maßnahme gegen den Inhalt ergriffen wird. Art. 17 DSA ist keine Grundlage für eine Abhilfeentscheidung,[890] sondern dient der Transparenz der Moderationsentscheidung, auf die die Beschränkung gestützt wird.[891] Dem betroffenen Nutzer gegenüber muss nach Art. 17 Abs. 1 DSA die ergriffene Maßnahme bekanntgegeben werden und ihr eine klare und spezifische Begründung beigefügt werden. Vorgesehen ist ein abschließender Katalog der begründungspflichtigen Beschränkungen, der beispielsweise die Beschränkung der Anzeige bestimmter bereitgestellter Information, also insbesondere die Entfernung oder Sperrung von Inhalten, umfasst.

Art. 17 DSA ist weiter gefasst als Art. 16 DSA und bezieht sich auf Maßnahmen, die entweder gegen rechtswidrige oder aber gegen AGB verstoßende Inhalte gerichtet sind.[892] Die Mindestanforderungen der Begründung werden von Art. 17 Abs. 3 und 4 DSA konkretisiert. In Art. 17 Abs. 3 DSA ist ein umfassender Katalog der inhaltlichen Anforderungen festgesetzt. Art. 17 Abs. 4 DSA schreibt vor, dass die Begründung klar, verständlich und nach vernünftigen Ermessen genau und spezifisch zu erfolgen hat.

---

886 Müller-Terpitz/Köhler/*Barudi*, DSA, Art. 16 Rn 16.
887 *Gerdemann/Spindler*, GRUR 2023, 3, 9.
888 Erwägungsgrund 62 VO (EU) 2022/2065.
889 Müller-Terpitz/Köhler/*Barudi*, DSA, Art. 16 Rn 32.
890 Steinrötter/*Berberich*, Europäische Plattformregulierung, § 5 Rn. 26.
891 Müller-Terpitz/Köhler/*Barudi*, DSA, Art. 17 Rn. 2.
892 Wortlaut Art. 17 Abs. 1 VO (EU) 2022/2065.

(3) Meldung von Straftaten, Art. 18 DSA

Der Hosting-Anbieter hat, wenn er Kenntnis von Informationen erhält, die den Verdacht einer vergangenen, gegenwärtigen oder zukünftigen Straftat begründen, diesen der Strafverfolgungs- oder Justizbehörden der zuständigen Mitgliedstaaten mitzuteilen. Sinn und Zweck der Norm ist es, den Hosting-Anbieter als Erkenntnisquelle zu nutzen.[893] Art. 18 DSA setzt fest, dass es sich bei der Straftat um eine solche handeln muss, die eine Gefahr für Leben oder Sicherheit von einer oder mehrerer Personen handeln muss. Nicht näher konkretisiert werden die Anforderungen an die Straftat. Anhaltspunkte schafft Erwägungsgrund 56 DSA, der aber nur beispielshaft auf Straftaten der RL 2011/36/EU zur Verhütung und Bekämpfung des Menschenhandels, der RL 2011/93/EU zur Bekämpfung des sexuellen Missbrauchs von Kindern oder der RL (EU) 2017/541 zur Terrorismusbekämpfung verweist.

cc) Stufe 3: Zusätzliche Bestimmungen für Online-Plattformen, Art. 19–28 DSA

Auf dritter Stufe richten sich die Art. 19–28 DSA an Online-Plattformen (Art. 3 lit. i) DSA). Es handelt sich hierbei um einen Hosting-Dienst, der im Auftrag eines Nutzers Informationen speichert und öffentlich verbreitet, sofern es sich bei dieser Tätigkeit nicht nur um eine unbedeutende und reine Nebenfunktion eines anderen Dienstes oder um eine unbedeutende Funktion des Hauptdienstes handelt, die aus objektiven und technischen Gründen nicht ohne diesen anderen Dienst genutzt werden kann, und sofern die Integration der Funktion der Nebenfunktion oder der unbedeutenden Funktion in den anderen Dienst nicht dazu dient, die Anwendbarkeit dieser Verordnung zu umgehen, Art. 3 lit. i) DSA. Hierunter fallen beispielsweise Soziale Netzwerke und Online-Handelsplätze.[894]

Ausgenommen von den Anforderungen der Art. 19–28 DSA sind Kleinst- und Kleinunternehmen gemäß der Empfehlung 2003/361/EG (Art. 19 DSA). Die de-minimis-Klausel legt eine Erheblichkeitsschwelle fest, ab welcher Kleinst-und Kleinunternehmen erfasst und unterhalb der diese vor Belastungen geschützt werden sollen. Nach Art. 2 Abs. 2 und 3 der Empfehlung 20003/361/EG werden Anbieter mit weniger als 50 Beschäftigen und einem Jahresumsatz beziehungsweise einer Jahresbilanz von bis zu zehn Millionen Euro privilegiert.

(1) Internes Beschwerdemanagementsystem, Art. 20 DSA

Im Vergleich zur E-Commerce-RL neu aufgenommen wurde Art. 20 DSA. Danach müssen Online-Plattformen ein elektronisches, einfach zugängliches und kostenloses Beschwerdeverfahren einrichten. Rechtspolitischer Hintergrund der Regelung ist die Gefahr des

---

893 Müller-Terpitz/Köhler/*Holznagel*, DSA, Art. 18 Rn. 9.
894 Erwägungsgrund 13 (EU) 2022/2065.

sog. **Overblocking** von rechtmäßigen Inhalten.[895] Das interne Beschwerdeverfahren soll die Nutzerrechte stärken, indem es dem hochladenden Nutzer die Möglichkeit der Gegenäußerung gibt.[896] Der DSA ist auch an dieser Stelle darauf beschränkt, prozedurale Vorgaben aufzustellen und gibt keinen Aufschluss über das Ergebnis.[897]

Das Beschwerdeverfahren muss elektronisch und kostenlos für sechs Monate ab dem Zeitpunkt der Kenntnis des Nutzers (Art. 17 DSA) oder der meldenden Person (Art. 16 Abs. 5 DSA) zugänglich sein (Art. 20 Abs. 1 und 2 DSA). Dem antragsbefugten Nutzer wird die Möglichkeit eingeräumt, eine Beschwerde gegen die unterlassene sowie gegen die erfolgte Inhaltemoderation einzulegen. In beiden Fällen erforderlich ist, dass eine Meldung vorangegangen ist. Die zweite Handlungsoption, die Beschwerde gegen erfolgte Moderation, bezieht sich nur auf eine der Katalogentscheidungen des Abs. 1 lit. a)–d).[898]

Nach Art. 20 Abs. 3 DSA muss das Beschwerdeverfahren leicht zugänglich und benutzerfreundlich sein und die Einreichung präziser und begründeter Beschwerden ermöglichen.[899] Leicht zugänglich und benutzerfreundlich ist das Beschwerdeverfahren dann, wenn es intuitiv und einfach erkennbar ist.[900] In Abgrenzung zu Art. 21 DSA erfolgt das Beschwerdeverfahren zwischen dem Diensteanbieter und dem Beschwerdeführer ohne dass externe Stellen beteiligt sein müssen.[901] Antragsbefugt sind Nutzer einschließlich der meldenden Personen oder Einrichtungen (Art. 20 Abs. 1 DSA); nicht erfasst werden daher Außenstehende Dritte.

Nicht vorgesehen sind Nachforschungs- oder Aufklärungspflichten des Dienstanbieters. Daraus folgt, dass dieser im Rahmen des Beschwerdeverfahrens nach Aktenlage, das heißt nach dem dargelegten Sachverhalt, entscheiden kann.[902] Kritisch würdigen ließe sich, dass keine Anhörung der „Gegenseite“ festgeschrieben wird; den Überprüfungsmaßstab stellt lediglich die Beschwerde dar.[903]

Um ein faires Verfahren sicherzustellen,[904] hat die Bearbeitung der Beschwerden „zeitnah, diskriminierungsfrei, sorgfältig und frei von Willkür“ zu erfolgen. Wiederum ist kein starrer Fristenplan festgelegt, innerhalb dessen der Anbieter tätig werden muss. Weiterhin ist nach Art. 20 Abs. 6 DSA erforderlich, dass am Entscheidungsprozess ein Mensch beteiligt ist (sog. **Human-in-the-Loop-Prinzip**).[905]

---

895 Müller-Terpitz/Köhler/*Holznagel*, DSA, Art. 20 Rn. 2ff.
896 Steinrötter/*Berberich*, Europäische Plattformregulierung, § 5 Rn. 49.
897 *Kalbhenn/Hemmert-Halswick*, ZUM 2021, 184, 118.
898 Müller-Terpitz/Köhler/*Holznagel*, DSA, Art. 20 Rn. 43ff.
899 Paralellvorschrift Art. 16 Abs. 3 VO (EU) 2022/2065.
900 *Holznagel*, CR 2022, 594, 597.
901 Müller-Terpitz/Köhler/*Holznagel*, DSA, Art. 20 Rn. 20; Steinrötter/*Berberich*, Europäische Plattformregulierung, § 5 Rn. 55.
902 *Holznagel*, CR 2022, 594, 598; Steinrötter/*Berberich*, Europäische Plattformregulierung, § 5 Rn. 57.
903 *Holznagel*, CR 2022, 594, 598.
904 Erwägungsgrund 58 (EU) 2022/2065.
905 Müller-Terpitz/Köhler/*Holznagel*, DSA, Art. 20 Rn. 64.

Der Plattformbetreiber hat innerhalb des Beschwerdeverfahrens die Entscheidung zu treffen, ob das Unterlassen oder die ergriffene Maßnahme unbegründet war. Das heißt, Gegenstand der Entscheidung ist, ob ein Tätigwerden begründet gewesen (Var. 1) oder aber ein Unterlassen geboten gewesen wäre (Var. 2). Je nach Ausgang der Entscheidung ist die getroffene Maßnahme beziehungsweise das Unterlassen unverzüglich rückgängig zu machen (Art. 20 Abs. 4 S. 2 DSA). Es handelt sich bei Art. 20 Abs. 4 DSA lediglich um eine prozessuale Umsetzungspflicht nicht aber einen individuellen Anspruch des Nutzers.[906] Trotz dessen stellt Art. 20 Abs. 4 DSA im System des DSA eine seltene einzelfallbezogene Handlungspflicht dar.[907]

(2) Außergerichtliche Streitbeilegung, Art. 21 DSA

Ergänzend zu Art. 20 DSA steht den betroffenen Nutzern, einschließlich der meldenden Personen oder Einrichtungen, nach Art. 21 DSA die Möglichkeit offen, eine zertifizierte außergerichtliche Streitbeilegung anzurufen. Das außergerichtliche Streitbeilegungsverfahren soll sowohl eine Alternative zum internen Beschwerdeverfahren als auch eine Abhilfe gegen die dort getroffenen Entscheidungen schaffen.[908] Die Alternativlösung zum internen Beschwerdeverfahren ist kritisch zu betrachten, da sie sich nicht in das in Art. 16, Art. 20, Art. 21 DSA festgelegte Eskalationssystem einfügt. Es ließe sich erwägen, dass ein vorheriger Versuch der internen Streitbeilegung angezeigt wäre.[909]

Die Wahl der Streitbeilegungsstelle liegt im Ermessen des Nutzers. Die Parteien sind im Weiteren dazu verpflichtet nach Treu und Glauben mit der Stelle zusammenzuarbeiten (Art. 21 Abs. 2 UAbs. 1 DSA), wobei die Mitwirkungspflicht dann entfällt, wenn der Streit bereits beigelegt wurde (Art. 21 Abs. 2 UAbs. 2 DSA). Anknüpfungspunkt der Entscheidung ist wiederum das materielle Recht. Die außergerichtliche Streitbeilegungsstelle trifft eine gerichtsähnliche Entscheidung, die als solche rechtlich jedoch nicht bindend ist (Art. 21 Abs. 2 UAbs. 3 DSA). Die Zulassung der Streitbeilegungsstelle folgt den in Art. 21 Abs. 3 DSA festgelegten Anforderungen und geschieht auf Antrag beim Koordinator für digitale Dienste.

Die Kostentragung des Verfahrens ist in Art. 21 Abs. 5 DSA geregelt und erfolgt asymmetrisch. Der Plattformbetreiber trägt die Verfahrenskosten sowie einen angemessenen Aufwendungsersatz des Nutzers, sofern der verfahrenseinleitende Nutzer obsiegt. Auf der anderen Seite trägt der Nutzer im Falle seines Unterliegens keine Verfahrenskosten oder Aufwendungsersatz.[910] Eine Ausnahme ist nur dann angezeigt, wenn der Nutzer eindeutig böswillig handelte und der Missbrauch auch festgestellt wurde (Art. 21 Abs. 5 UAbs. 1 a.E. DSA).

---

906 Steinrötter/*Berberich*, Europäische Plattformregulierung, § 5 Rn. 59.
907 Müller-Terpitz/Köhler/*Holznagel*, DSA, Art. 20 Rn. 81.
908 *Gerdemann*/*Spindler*, GRUR 2023, 115, 116.
909 Steinrötter/*Berberich*, Europäische Plattformregulierung, § 5 Rn. 63.
910 Steinrötter/*Berberich*, Europäische Plattformregulierung, § 5 Rn. 69.

Hochladende Nutzer und Meldende können die Plattformen auch bei einer fehlerfreien Moderationsentscheidung zu einer Streitbeilegung zwingen, ohne dass das Risiko bestünde, dass sie dafür Kosten tragen müssten. Diese nutzerfreundliche Regelung ist in ihrer derzeitigen Ausgestaltung kritisch zu betrachten: Hintergedanke des außergerichtlichen Streitbeilegungsverfahren war es, Anreize zu setzen, dass der Plattformbetreiber „richtige" Entscheidungen trifft (sog. **prize-tag-Argument**).[911] Die Anreizwirkung soll dadurch erreicht werden, dass fehlerhafte Moderation von den betroffenen Nutzern „bepreist" werden kann.[912] Im Ergebnis wird durch die Kostentragungsregelung vielmehr das Gegenteil erreicht. Sie führt dazu, dass rechtskonforme Moderation verteuert wird, was wiederum die erwünschten Moderationsentscheidungen erschwert.[913] Aufgrund der Antragsberechtigung von sowohl betroffenem Nutzer als auch Meldenden steht der Plattformbetreiber zudem in dem Konflikt, je nach „Schärfe" der Moderationsentscheidung von einer der antragsberechtigten Parteien zu einer außergerichtlichen Streitbeilegung gezwungen zu werden.[914] Daneben ergibt sich daraus, dass die Streitbeilegungsstelle vom Nutzer angerufen wird, eine konstruktionsbedingte Parteilichkeit (sog. *Built-in-trias*). Es besteht das Risiko eines sog. Forum Shoppings, bei dem sich der Nutzer gerade die Streitbeilegungsstelle auswählt, die antragstellerfreundlich entscheidet.[915] Letztlich ließe sich erwägen, dass der Nutzer bereits ausreichend über die in Art. 20 DSA eröffnete Möglichkeit des internen Beschwerdemanagments geschützt ist und ein darüber hinausgehender Schutz insofern nicht angezeigt ist.[916] Resultat des Teilnahmezwangs und der Kostentragungsregelung ist, dass die Plattformanbieter in ihrer unternehmerischen Freiheit (Art. 16 GRCh) eingeschränkt werden.[917] Auflösen ließe sich der Konflikt nur über eine erhebliche Einschränkung des Anwendungsbereich von Art. 21 DSA.[918]

(3) „Trusted flagger", Art. 22 DSA

Nach Art. 22 DSA müssen die Plattformbetreiber Mechanismen und Prozesse einrichten, mit denen es möglich ist, Meldungen, die von bestimmten vertrauenswürdigen Hinweisgebern (*Trusted Flagger*) stammen zeitlich vorrangig zu bearbeiten. Die Anforderungen an den *Trusted Flagger* und seine Zulassung werden in Art. 22 Abs. 2 DSA konkretisiert. Folge der Einordnung soll ein beschleunigtes Meldeverfahren für über das Meldeverfahren nach Art. 16 DSA erfolgte Meldungen sein.[919] Der Unterschied zwischen Art. 16 Abs. 7

---

911 Müller-Terpitz/Köhler/*Holznagel*, DSA, Art. 21 Rn. 76f.
912 Steinrötter/*Berberich*, Europäische Plattformregulierung, § 5 Rn. 70.
913 Müller-Terpitz/Köhler/*Holznagel*, DSA, Art. 21 Rn. 70.
914 Steinrötter/*Berberich*, Europäische Plattformregulierung, § 5 Rn. 70.
915 Müller-Terpitz/Köhler/*Holznagel*, DSA, Art. 21 Rn. 72f.
916 Müller-Terpitz/Köhler/*Holznagel*, DSA, Art. 21 Rn. 79.
917 Müller-Terpitz/Köhler/*Holznagel*, DSA, Art. 21 Rn. 66.
918 Zu Reformvorschlägen Müller-Terpitz/Köhler/*Holznagel*, DSA, Art. 21 Rn. 84.
919 Steinrötter/*Berberich*, Europäische Plattformregulierung, § 5 Rn. 74ff.

S. 1 DSA und Art. 22 Abs. 2 DSA ist es, dass über allgemeine Meldungen zeitnah, über solche des *Trusted Flagger* unverzüglich, zu reagieren ist.[920] Insofern ist eine allein zeitliche Priorität vorgesehen. Gegenwärtig führt die Kommission in ihrem Verzeichnis insgesamt neun *Trusted Flagger* aus fünf Mitgliedstaaten.[921]

(4) Maßnahmen und Schutz vor missbräuchlicher Verwendung, Art. 23 DSA

Regelungszweck des Art. 23 DSA ist schon ausweislich seiner Überschrift der Schutz vor missbräuchlicher Verwendung der Online-Plattform. Die Vorgaben des Art. 23 DSA erfassen dabei zwei Konstellationen, die sich spiegelbildlich gegenüberstehen: Zum einen die häufige und offensichtlich rechtswidrige Bereitstellung rechtswidriger Inhalte durch Nutzer (Abs. 1). Zum anderen die häufige Abgabe offensichtlich unbegründeter Meldungen oder Beschwerden (Abs. 2). Konsequenz des Vorliegens einer der Missbrauchsalternativen soll es sein, dass der Anbieter die Erbringung der Dienste beziehungsweise dessen Einrichtung zeitweilig aussetzt. Jeweils dem vorgeschaltet ist eine Warnung des Nutzers. Davon unberührt bleibt die Möglichkeit der Diensteanbieter in ihren AGB strengere Sanktionen vorzusehen.[922] Mit dem Regelungskonzept des Art. 23 DSA wird erreicht, dass die Plattform-Betreiber gegen häufigen und offensichtlichen Missbrauch vorgehen müssen, um die Rechte und Interessen aller Beteiligten zu schützen.[923]

(5) Transparenzpflichten, Art. 24, 27 DSA

In Art. 24 und 27 DSA werden weitergehende Transparenzpflichten aufgestellt. Die offenzulegenden Informationen gehen über die für alle Provider geltenden Pflichten nach Art. 14f. DSA hinaus. Daraus folgt, dass nach Art. 24 Abs. 1 DSA die für die Online-Plattform geltenden Vorgaben für den Transparenzbericht gegenüber dem Allgemeinen Art. 15 DSA erweitert werden.

(a) Transparenzberichtspflicht der Anbieter von Online-Plattformen, Art. 24 DSA

Anbieter von Online-Plattformen müssen nach Art. 24 Abs. 1 lit. a) DSA die Anzahl der Streitigkeiten, die den in Art. 21 DSA genannten außergerichtlichen Streitbeilegungsstellen vorgelegt wurden, dessen Ergebnisse und die Mediandauer aufführen. Zusätzlich müssen sie nach Art. 24 Abs. 1 lit. b) DSA die Anzahl der Aussetzungen nach Art. 23 DSA, das heißt ihre Tätigkeiten zur Entfernung und Sperrung von Informationen, die als rechtswidrige Inhalte betrachtet werden oder gegen ihre allgemeinen Geschäftsbedin-

---

920 *Gerdemann/Spindler*, GRUR 2023, 115, 118.
921 Zum aktuellen Stand siehe die Liste der Kommision unter https://digital-strategy.ec.europa.eu/en/policies/trusted-flaggers-under-dsa (zuletzt abgerufen am 1.11.2024).
922 Erwägungsgrund 64 VO (EU) 2022/2065.
923 Erwägungsgrund 63 VO (EU) 2022/2065.

gungen verstoßen, offenlegen. Nach Art. 24 Abs. 2 DSA ist es darüber hinaus erforderlich, dass sie die durchschnittliche Zahl der monatlich aktiven Nutzer veröffentlichen. Damit korrespondierend kann der **Koordinator für digitale Dienste** am Niederlassungsort und die Kommission jederzeit die in Abs. 2 genannten Informationen anfragen. Letztlich besteht für die Plattformbetreiber nach Art. 24 Abs. 5 DSA die Verpflichtung, der Kommission die Begründungen von Nutzungsbeschränkungen nach der Bereitstellung rechtswidriger Inhalte (Art. 17 Abs. 1 DSA) offenzulegen.

(b) Transparenz der Empfehlungssysteme, Art. 27 DSA

Art. 27 DSA richtet sich lediglich an Diensteanbieter, die **Empfehlungssysteme** verwenden. Diese müssen in ihren AGB die wichtigsten Parameter, die in ihren Empfehlungssystemen verwendet werden, sowie alle Möglichkeiten für die Nutzer, diese wichtigen Parameter zu ändern oder zu beeinflussen darlegen (Art. 27 Abs. 1 DSA). Konkretisiert wird die Vorgabe durch Art. 27 Abs. 2 DSA der gewisse Mindeststandards festlegt, den die Angaben zu entsprechen haben.

(6) Gestaltung und Organisation der Online-Schnittstelle, Art. 25 DSA (*Dark Patterns*)

Verbraucher entscheiden häufig nicht rational im ökonomischen Sinn, sondern unterliegen bei ihrer Urteils- und Entscheidungsfindung häufig kognitiven Verzerrungen (*Biases*); sie greifen unbewusst auf gedankliche Daumenregel (Heuristiken) zurück, die auch als mentale Abkürzungen bezeichnet werden.[924] Derartige Rationalitätsdefizite machen Menschen insbesondere in digitalen Umgebungen anfällig für gezielte und subtile Manipulationen wie der Abschluss ungewollter Verträge.[925] Ein Beispiel für solche Manipulationen sind die häufig auf Online-Hotelvermittlungs-Websites zu findenden Pop-Up Fenster oder Hinweise „Das Angebot ist nur noch 60 Sekunden zum angegebenen Preis reserviert!“, die Druck auf Verbraucher ausüben soll, um sie zum Vertragsschluss zu bewegen.[926] Der europäische Gesetzgeber sieht in derartigen Beeinflussungsstrategien eine unzulässige Ausnutzung bestimmter Verhaltens- und Entscheidungsschwächen durch Online-Plattformen und beabsichtigt mit Art. 25 DSA den Schutz der Verbraucher.[927]

Art. 25 Abs. 1 DSA normiert für Online-Plattformen, dass diese ihre Online-Schnittstellen nicht so konzipieren, organisieren oder betreiben [dürfen], dass Nutzer getäuscht, manipuliert oder anderweitig in ihrer Fähigkeit, freie und informierte Entschei-

---

924 Eingehend zu Rationalitätsdefiziten, *Weinzierl*, Dark Patterns und die Innere Sphäre der Grundrechte, S. 13ff.

925 *Dregelies*, MMR 2023, 243.

926 *Martini/Drews/Seeliger/Weinzierl*, ZfDR 2021, 47, 47.

927 Erwägungsgrund 67 VO (EU) 2022/2065; Steinrötter/*Schwamberger*, Europäische Plattformregulierung, § 10 Rn. 87; Regulierungsbedarf aus ökonomischer und unionsverfassungsrechtlicher Perspektive konstatiert auch *Weinzierl*, NVwZ 2020, 1087, 1088.

dungen zu treffen, maßgeblich beeinträchtigt oder behindert werden. Art. 25 DSA adressiert damit das Phänomen sog. ***dark patterns***.[928] Nach Erwägungsgrund 67 DSA sind darunter solche Praktiken zu verstehen, mit denen darauf abgezielt oder tatsächlich erreicht wird, dass die Fähigkeit der Nutzer, eine autonome und informierte Auswahl oder Entscheidung zu treffen, maßgeblich verzerrt oder beeinträchtigt wird. Online-Plattformen wird damit der Einsatz bestimmter Gestaltungsmuster in ihren Benutzeroberflächen untersagt.[929] Diese sind in ihrer Gestaltung sehr vielfältig.[930] Die praktische Relevanz und Verbreitung von *dark patterns* wurde durch eine von der Europäischen Kommission in Auftrag gegebene Studie aus dem Jahr 2022 belegt, wonach 97 % der 75 beliebtesten Websites und Apps in der EU *dark patterns* verwenden.[931] So hat die **Europäische Kommission** einen Verstoß von Seiten der Online-Plattform *X* gerügt, da Nutzer und Nutzerinnen darüber getäuscht werden, wie ein verifizierter Status (sog. blauer Haken) erlangt werden kann. Das wird dadurch erreicht, dass *X* seine Schnittstelle in einer den Nutzer oder die Nutzerin täuschenden Art und Weise gestaltet und betreibt, da der blaue Haken entgeltlich erworben werden kann und nicht von einem internen Überprüfungsmechanismus abhängig ist.[932]

Geschützter Personenkreis sind dem Wortlaut nach Nutzer, also natürliche oder juristische Person, die einen Vermittlungsdienst in Anspruch nimmt (Art. 3 lit. b) DSA). Erwägungsgrund 2 DSA stellt klar, dass hierunter neben Verbrauchern auch gewerbliche Nutzer zu fassen sind.

Erfasste Tathandlungen sind das **Konzipieren**, **Organisieren** (Vorbereitungshandlungen) sowie das **Betreiben** (Einsatz) einer täuschenden, manipulierenden oder anderweitig den Nutzer beeinträchtigenden Online-Schnittstelle. Aufgrund der weiten Formulierung erfasst Art. 25 DSA grundsätzlich alle Handlungen, die geeignet sind, den Nutzer zu beeinträchtigen oder zu behindern.[933]

Unzulässig ist eine Handlung dann, wenn Nutzer getäuscht, manipuliert oder anderweitig in ihrer Fähigkeit, freie und informierte Entscheidungen zu treffen, maßgeblich beeinträchtigt oder behindert werden.

Täuschen im Sinne von Art. 25 Abs. 1 Var. 1 DSA meint das Vorspiegeln falscher Tatsachen.[934] Darunter fallen Praktiken wie die heimliche Erweiterung des Warenkorbs (*Sneak into Basket*), das unerkannte Abonnement (*Hidden Subscription*), die ge-

928 Erwägungsgrund 67 VO (EU) 2022/2065.
929 *Dregelies*, MMR 2023, 243, 244.
930 Sammlung verschiedener Dark Patterns übersichtsartig bei *Martini/Drews/Seeliger/Weinzierl*, ZfDR 2021, 47, 52.
931 *European Commission*, Behavioural study on unfair commercial practices in the digital environment, S. 120.
932 https://ec.europa.eu/commission/presscorner/detail/de/IP_24_3761 (zuletzt abgerufen am 1.11.2024).
933 *Dregelies*, MMR 2023, 243, 245.
934 Hofmann/*Raue*, DSA, Art. 25 Rn. 20; *Kaesling*, NJW 2024, 1609, 1611.

tarnte Schaltfläche/Werbung (*Disguised Buttons/Ads*) und verwirrende Fragen (*Trick Questions*).[935]

Unter **Manipulieren** sind solche Gestaltungen zu fassen, die durch bewusste Beeinflussung in eine bestimmte Richtung lenken oder drängen.[936] Charakteristisch werden Erwartungshaltungen der Nutzer hervorgerufen und sodann enttäuscht. Hierunter lassen sich unter anderem hervorgehobene Handlungsoptionen (sog. *Framing/False Hierarchy*), versteckte Information (sog. *Hidden Information*) und Ablenkung (sog. *Misdirection*) fassen. Der Übergang zwischen den Tatbestandsvarianten Täuschung und Manipulation ist häufig fließend.[937]

Darüber hinaus ist als Auffangvariante auch jede Handlung erfasst, die Nutzer **anderweitig** in ihrer Fähigkeit, eine freie und informierte Entscheidung zu treffen, maßgeblich **beeinträchtigt** oder **behindert**. Erfasste Gestaltungspraktiken wären beispielsweise das Schaffen von unüberwindbaren Hindernissen oder eine erzwungene Zustimmung (*Forced Review*), wenn bestimmte Dienste nur im Falle einer Zustimmung zu den Datenschutzbedingungen des Anbieters möglich ist.[938]

Der Wortlaut der Norm ist damit sehr weitgefasst und kann als Generalklausel verstanden werden. Entscheidend ist, dass der Nutzer durch die Gestaltung maßgeblich beeinträchtigt oder behindert wird in seiner Fähigkeit, eine freie und informierte Entscheidung treffen zu können (Tatbestandserfolg).[939] Der Begriff maßgeblich ist dabei abhängig vom Einzelfall und wertungsoffen formuliert.[940] Aufgrund der Begrenzung auf solche Maßnahmen, die beeinträchtigen oder behindern, werden positive Steuerungseffekte (sog. *Nudging*) nicht von dem Verbot erfasst.[941]

Um der Vielgestaltigkeit des Phänomens und seiner rechtlichen Einhegung Herr zu werden, ist die Kommission nach Art. 25 Abs. 3 DSA ermächtigt, Leitlinien zur näheren Einordung der Praktiken herauszugeben.

Begrenzt wird die Regelung des DSA dadurch, dass nach Art. 25 Abs. 2 DSA die Vorschriften der UGP-RL und der DS-GVO vorrangig sind – insoweit werden zahlreiche als *dark patterns* zu klassifizierende Praktiken bereits von Art. 6 UGP-RL sowie den Vorschriften der DSG-VO, insbesondere Art. 6 Abs. 1 DS-GVO DS-GVO, erfasst.[942]

---

935 Hofmann/*Raue*, DSA, Art. 25 Rn. 21 ff; siehe auch die übersichtsartige Darstellung bei *Martini/Drews/Seeliger/Weinzierl*, ZfDR 2021, 47, 52.

936 *Dregelies*, MMR 2023, 243, 245.

937 Hofmann/*Raue*, DSA, Art. 25 Rn. 25 ff; *Kaesling*, NJW 2023, 1609, 1611.

938 Hofmann/*Raue*, DSA, Art. 25 Rn. 29ff.

939 Hofmann/*Raue*, DSA, Art. 25 Rn. 67ff.

940 Müller-Terpitz/Köhler/*Barudi*, DSA, Art. 25 Rn. 11.

941 Müller-Terpitz/Köhler/*Barudi*, DSA, Art. 25 Rn. 12.

942 Müller-Terpitz/Köhler/*Barudi*, DSA, Art. 25 Rn. 4ff.

(7) Online-Werbung und Empfehlungssystem, Art. 26 DSA

Eine weitere Transparenzpflicht für Online-Plattformen findet sich in Art. 26 DSA. Hintergrund der Regelung ist der Bedeutungszuwachs von Online-Plattformen sowie die neuartigen Möglichkeiten, wie auf der Plattform Werbung verbreitet wird (z.B. *targeted advertisement*).[943] Anbietern von Online-Plattformen soll daher die Pflicht auferlegt werden, Online-Werbung transparenter zu gestalten.

Mit der Regelung schließt sich der DSA an die in der UGP-RL vorgesehene Pflicht des Werbetreibenden die Werbung zu kennzeichnen (Art. 7 Abs. 2 UGP-RL).[944] Diese Verpflichtung trifft nach Art. 26 Abs. 1 DSA auch den Anbieter von Online-Plattformen. Dieser muss hervorgehoben kennzeichnen, dass es sich bei einer Information um Werbung handelt (Art. 26 Abs. 1 lit. a) DSA). Dabei kann er sich freiwilliger Normen nach Art. 44 Abs. 1 lit. h) DSA bedienen. Damit wird ermöglicht, dass der Nutzer im Interesse seiner grundrechtlichen geschützten allgemeinen Handlungsfreiheit die Entscheidung treffen kann, Inhalte nicht zu rezipieren.[945]

Zusätzlich wird der Nutzer vor Irreführungen geschützt,[946] indem der Anbieter der Online-Plattform die natürliche oder juristische Person, in deren Namen die Werbung angezeigt wird, erkennen lassen muss (Art. 26 Abs. 1 lit. b) DSA). Ergänzend muss bei einer bezahlten Werbung auch die natürliche oder juristische Person erkennbar sein, die für die Werbung bezahlt hat (Art. 26 Abs. 1 lit. c) DSA). Letztlich müssen dem Nutzer aussagekräftige Information darüber zur Verfügung stehen, nach welchen Parametern die Bestimmung der Nutzer, denen die Werbung angezeigt wird, erfolgt (Art. 26 Abs. 1 lit. d) DSA). Damit soll dem Gefährdungspotential der personalisierten Werbung vorgebeugt werden.[947]

Weitergehend sieht Art. 26 Abs. 2 DSA vor, dass der Anbieter von Online-Plattformen den Nutzern eine Funktion bieten muss, mit denen diese kommerzielle Kommunikation kennzeichnen können. Durch die Kennzeichnungsfunktion wird eine solche Kennzeichnung insbesondere produktplatzierenden Influencern erleichtert. Die Online-Plattform gewährleistet, dass diese Kennzeichnung hervorgehoben ist und den anderen Nutzern die Möglichkeit gibt, den kommerziellen Charakter klar und eindeutig und in Echtzeit zu erkennen (Art. 26 Abs. 2 UAbs. 2 DSA)

Art. 26 Abs. 3 DSA verbietet die Anzeige von Werbung auf Basis von ***Profiling***, wenn dafür als Input-Daten personenbezogen Daten im Sinne des Art. 9 Abs. 1 DS-GVO verwendet werden.[948] Nach der von Art. 26 Abs. 23 DSA in Bezug genommenen Definition des Art. 4 Abs. 4 DS-GVO ist *Profiling* jede Art der automatisierten Verarbeitung personenbezogener Daten, die darin besteht, dass diese personenbezogenen Daten verwen-

943 Müller-Terpitz/Köhler/*Holznagel*, DSA, Art. 26 Rn. 1.
944 *Gerdemann*/*Spindler*, GRUR 2023, 115, 119.
945 Müller-Terpitz/Köhler/*Holznagel*, DSA, Art. 26 Rn. 11.
946 Müller-Terpitz/Köhler/*Holznagel*, DSA, Art. 26 Rn. 11.
947 Steinrötter/*Hoch-Loy*, Europäische Plattformregulierung, § 4 Rn. 47.
948 Hofmann/Raue/*Grisse*, DSA, Art. 26 Rn. 59.

det werden, um bestimmte persönliche Aspekte, die sich auf eine natürliche Person beziehen, zu bewerten, insbesondere um Aspekte bezüglich Arbeitsleistung, wirtschaftliche Lage, Gesundheit, persönliche Vorlieben, Interessen, Zuverlässigkeit, Verhalten, Aufenthaltsort oder Ortswechsel dieser natürlichen Person zu analysieren oder vorherzusagen. Erfasst wird damit das sog. *Targeted-advertisment.*[949]

(8) Transparenz der Empfehlungssysteme, Art. 27 DSA

Empfehlungssysteme sind dazu da, dass dem Nutzer Inhalte kuratiert präsentiert werden. Dieses algorithmische Kuratieren von Inhalten ist zentraler Bestandteil[950] der Tätigkeit der Online-Plattformen. Diesem Umstand trägt Art. 27 DSA Rechnung und sieht im Zusammenhang mit den Empfehlungssystemen Transparenzpflichten vor.

Bei Empfehlungssystemen handelt es sich um vollständig oder teilweise automatisierte Systeme, die dazu dienen, Nutzern von Online-Plattformen auf einer Online-Schnittstelle bestimmte Informationen vorzuschlagen oder zu priorisieren oder in irgendeiner Weise die relative Reihenfolge oder Hervorhebung der angezeigten Informationen zu bestimmen.[951] Darunter versteht man Filterwerkzeuge, die dem Nutzer eine nach bestimmten Kriterien ermittelte Auswahl an Informationen bereitstellen.[952]

Den Anbietern von Online-Plattformen, die solche Empfehlungssystemen verwenden, wird auferlegt, dass sie den Nutzern die wichtigsten Parameter offenlegen, die in den Empfehlungssystemen verwendet werden (Art. 27 Abs. 1, 2 DSA). Die Information hat in den allgemeinen Geschäftsbedingungen zu erfolgen und muss in klarer und verständlicher Sprache verfasst sein (Art. 27 Abs. 1 DSA). Inhaltlich muss dem Nutzer erläutert werden, warum bestimmte Informationen vorgeschlagen werden. Davon umfasst ist die Information über die Kriterien, die für die Bestimmung des Nutzers am wichtigsten sind (Art. 27 Abs. 2 lit. a DSA). Daneben muss auch die relative Bedeutung der Parameter erläutert werden (Art. 27 Abs. 2 lit. b DSA). Begrenzt ist die Informationspflicht auf die wichtigsten Parameter.[953]

Nach Art. 27 Abs. 3 DSA hat der Anbieter der Online-Plattform eine jederzeit zugängliche Auswahl- und Änderungsfunktion bereitzustellen.

(9) Online-Schutz Minderjähriger, Art. 28 DSA

Dem erhöhten Schutzbedürfnis Minderjähriger Rechnung tragend, sind Anbieter von Plattformen, die für Minderjährige zugänglich sind, zusätzlich zu den allgemeinen Vorgaben dazu verpflichtet, verhältnismäßige Maßnahmen zu ergreifen. Damit soll ein

949 Müller-Terpitz/Köhler/*Holznagel*, DSA, Art. 26 Rn. 44.
950 Erwägungsgrund 71 VO (EU) 2022/2065.
951 Art. 3 lit. s) VO (EU) 2022/2065.
952 Hofmann/Raue/*Grisse*, DSA, Art. 27 Rn. 14.
953 Müller-Terpitz/Köhler/*Holznagel*, DSA, Art. 27 Rn. 36.

hohes Maß an Privatsphäre, Sicherheit und Schutz für die Minderjährigen geschaffen werden.[954]

Einschränkung erfährt der Anwendungsbereich durch Art. 28 Abs. 3 DSA. Hiernach unterliegen Anbieter keiner Verpflichtung, Daten über das Alter ihrer Nutzer zu erheben. Das führt dazu, dass der Anwendungsbereich des Art. 28 DSA nur Anbieter adressiert, die sich direkt an Minderjährige richten oder von Minderjährigen überwiegend genutzt werden.[955] Die erhöhten Anforderungen für Online-Plattformen, die sich an Minderjährige richten, sprechen dagegen, dass diese in Eigeninitiative Daten über das Alter ihrer Nutzer zu erheben, was wiederum den Normzweck konterkariert und die Effektivität des Minderjährigenschutzes abschwächen dürfte.[956]

Anbieter, die in den Anwendungsbereich fallen, haben nach Art. 28 Abs. 1 DSA geeignete und verhältnismäßige Jugendschutzmaßnahmen zu ergreifen. Konkretisiert werden die erforderlichen Maßnahmen lediglich dahingehend, dass sie der Privatsphäre sowie der Sicherheit und dem Schutz der Minderjährigen dienen sollen. Ableiten lassen sich daraus eine Vielzahl von unterschiedlichen Maßnahmen.[957]

Art. 28 Abs. 2 DSA steht im Zusammenhang zu der allgemeinen Regelung des Art. 26 Abs. 3 DSA: Hiernach darf keine Werbung auf Grundlage von Profiling unter Verwendung personenbezogener Daten des Nutzers dargestellt werden.

(10) Weitere Verbraucherschutzbestimmungen, Art. 30–32 DSA

In Art. 30–32 DSA sind ergänzend Verbraucherschutzvorschriften vorgesehen, die nur für die Anbieter von Online-Plattformen gelten und den Verbrauchern den Abschluss von Fernabsatzverträgen mit Unternehmen ermöglichen. Die Norm richtet sich an B2C-Marktplätze. Nicht erfasst werden demgegenüber C2C-Plattformen.

Hintergrund der Regelung ist, dass der Online-Plattform eine Mittlerrolle zwischen den Unternehmern und Verbrauchern zukommt. Zweck der Art. 30 bis 32 DSA ist es daher, die Durchsetzung bestehender Verbraucherrechte zu erleichtern.[958]

Zum einen müssen die Diensteanbieter Vorkehrungen treffen, um die Nachverfolgbarkeit der Unternehmen sicherzustellen (sog. ***know-your-business-rule***). Verhindert werden sollen damit sog. Fakeshops und solche, die durch fehlende oder unvollständige Angaben die Durchsetzung der Verbraucherrechte erschweren.[959] Art. 30 Abs. 1 lit. a)–e) DSA verpflichtet die Diensteanbieter sicherzustellen, dass Unternehmen ihre Plattform nur nutzen können, wenn die Verbraucher vorher die notwendigen Informationen er-

954 Erwägungsgrund 71 VO (EU) 2022/2065.
955 Erwägungsgrund 71 VO (EU) 2022/2065.
956 *Gerdemann/Spindler*, GRUR 2023, 115, 119.
957 Müller-Terpitz/Köhler/*Holznagel*, DSA, Art. 27 Rn. 28.
958 *Gerdemann/Spindler*, GRUR 2023, 115, 120.
959 *Dregelies*, VuR 2023, 175, 178.

halten haben.[960] Bei Art. 30 DSA handelt es sich um eine Sorgfaltspflicht. Der Diensteanbieter stellt sicher, dass das Unternehmen nicht freigeschaltet wird, sofern es die Informationen nicht einstellt oder er nach einer Prüfung nach besten Kräften zu dem Ergebnis kommt, dass die Informationen nicht verlässlich und vollständig sind.[961]

Weiterhin verpflichtet der DSA die Diensteanbieter zu einer Gestaltung ihrer Plattformen, die es Unternehmen ermöglicht ihrer Informationspflicht nachzukommen (Art. 31 Abs. 1 DSA). Insbesondere muss es den Unternehmen möglich sein, über die Identifizierung ihres Produkts und die Produktsicherheit und -konformität gemäß Art. 31 Abs. 2 lit. a) und c) DSA) Informationen bereitzustellen. Das Bereitstellen dieser Informationen hat der Dienstanbieter wiederum nach besten Kräften zu prüfen (Art. 31 Abs. 3 DSA).

Letztlich müssen die Dienstanbieter die Verbraucher dabei unterstützen, ihre Rechte wegen rechtswidriger Produkte und Dienstleistungen durchzusetzen oder überhaupt wahrnehmen zu können (Art. 32 DSA). Daher sind die Dienstanbieter verpflichtet, die Verbraucher in Kenntnis darüber zu setzen, wenn ein Produkt oder eine Dienstleistung rechtswidrig ist und sie im Zuge dessen auch über mögliche Rechtsbehelfe informieren (Art. 32 Abs. 1 DSA). Sofern der Kontakt des Verbrauchers nicht möglich ist, hat der Diensteanbieter die Information öffentlich und leicht zugänglich verfügbar zu machen (Art. 32 Abs. 2 DSA). Maßgeblich ist auch hier die Kenntnis des Diensteanbieters von der Rechtswidrigkeit der Inhalte, da nur dann die Pflicht zur Information des Verbrauchers entsteht (Art. 32 Abs. 1 UAbs. 1 DSA). Kenntnis kann sich unter anderem aus einer eigeninitiativen Untersuchung oder einer Meldung ergeben.[962]

dd) Stufe 4: Regelungen für sehr große Plattformen und sehr große Suchmaschinen

Große digitale Plattformen sind integraler Bestandteil der Infrastruktur der Digitalwirtschaft. Sie bieten wichtige Marketing- und Vertriebskanäle für Unternehmen. Gleichzeitig ermöglichen sie, dass im digitalen Raum Meinungen einfach ausgetauscht und nutzergenerierte Inhalte verbreitet werden können.[963]

Die Pflichten, die den Vermittlungsdiensten auferlegt werden, stehen im Zusammenhang zu den von ihnen ausgehenden gesellschaftlichen Auswirkungen.[964] Der DSA erkennt an, dass von **sehr großen Online-Plattformen** (engl. *very large online-platform*, im Folgenden: VLOPs) und **sehr großen Online-Suchmaschinen** (engl. *very large online-searchengine*, im Folgenden: VLOSEs) gesellschaftliche Risiken ausgehen, die über

960 Name, Anschrift, Telefonnummer und E-Mail-Adresse (lit. a)); Identitätsdokument (lit b)); Daten des Zah-lungskontos (lit. c)), falls vorhanden ein Auszug aus dem Handelsregister eines vergleichbaren Registers (lit. d)) und eine Selbstbescheinigung, rechtskonform zu handeln (lit. e)) VO (EU) 2022/2065.

961 *Dregelies*, VuR 2023, 175, 179.

962 Müller-Terpitz/Köhler/*Föhlisch*, DSA, Art. 32 Rn. 7.

963 *Müller*, MMR 2022, 1007, 1007.

964 Hofmann/Raue/*Kaesling*, DSA, Vorb. zu Art. 33ff. Rn. 5.

die der kleinen Plattformen hinausgehen. Daraus folgt auch, dass diese höheren Sorgfaltsanforderungen unterliegen.[965] Hintergrund der gesellschaftlichen Risiken ist, dass VLOPs und VLOSEs großen Einfluss auf die öffentliche Meinungsbildung und [den] öffentlichen Diskurs sowie den Online-Handel haben. Der DSA zielt daher darauf, durch eine wirksame Regulierung und Durchsetzung, die möglicherweise entstehenden Risiken und den gesellschaftlichen oder wirtschaftlichen Schaden zu ermitteln und zu verhindern oder jedenfalls zu mindern.[966]

Zentrale Regelungen des fünften Abschnittes des DSA sind die Verschärfungen des Pflichtenkatalogs für die Online-Plattformen und als „Herzstück"[967] Regulierungsinstrumente, die sich mit der Ermittlung, Bewertung und Minimierung systemischer Risiken beschäftigen (Art. 34 bis 37, 39 bis 41, 45 und 48 DSA).

Das Regelungssystem basiert auf dem Ansatz der **durchsetzbaren Selbstregulierung** *(enforced self-regulation)*. Das heißt die Pflichten werden zunächst in eigener Verpflichtung ausgeführt (Art. 34, 35 DSA), regelmäßig aber extern weiterhin geprüft (Art. 37 DSA) und gegebenenfalls nachgelagert von der behördlichen Aufsicht erfasst.[968]

(1) Anwendungsbereich, Art. 33 DSA

Art. 33ff. DSA gelten für Online-Plattformen (Art. 3 lit. i DSA) und Online-Suchmaschinen (Art. 3 lit. j DSA), die eine durchschnittliche monatliche Zahl von mindestens 45 Millionen aktiven Nutzern in der Union haben und die gemäß Art. 33 Abs. 4 als sehr große Online-Plattformen oder sehr große Online-Suchmaschinen benannt sind.

Entscheidendes Kriterium für die Einordung als VLOP oder VLOSE ist die durchschnittliche aktive Nutzerzahl und daher eine Einzelfallbetrachtung (Art. 33 Abs. 4 DSA). Relevanter Schwellenwert ist mindestens 45 Millionen aktive Nutzer in der Union (Art. 33 Abs. 1 DSA). Hintergrund der Zahl ist, dass diese Nutzeranzahl 10 % der Bevölkerung der Union ausmacht. Der DSA setzt dies als Grenze an, um ab diesem Umfang von einer erheblichen Reichweite auszugehen.[969] Wegen der ständig wachsenden Bevölkerungszahl ist die Kommission befugt, die operative Schwelle fortlaufend mittels delegierter Rechtsakte zu ergänzen (Art. 33 Abs. 2 DSA). Grundlage der Feststellung des Schwellenwertes ist in erster Linie die nach Art. 24 Abs. 2 DSA von den Anbietern zu meldende Nutzerzahl, Art. 33 Abs. 4 DSA.

Die Nutzerzahl richtet sich nach den *aktiven* Nutzern, welche nicht zwangsläufig mit den registrierten Nutzern übereinstimmt.[970] Der Begriff des **aktiven Nutzers** einer Online-Plattform oder Online-Suchmaschine wird in Art. 3 lit. p, q DSA legaldefiniert:

---

965 Erwägungsgrund 76 VO (EU) 2022/2065.
966 Erwägungsgrund 79 VO (EU) 2022/2065.
967 *Gerdemann/Spindler*, GRUR 2023, 115, 122.
968 Hofmann/Raue/*Kaesling*, DSA, Vorb. Art. 33ff. Rn. 10.
969 Erwägungsgrund 76 VO (EU) 2022/2065.
970 Erwägungsgrund 77 VO (EU) 2022/2065.

Danach ist ein **aktiver Nutzer einer Online-Plattform** eine Person, die eine Plattform nutzt, um entweder Informationen bereitzustellen oder die von der Plattform veröffentlichten Inhalte zu konsumieren. Ein **aktiver Nutzer einer Online-Suchmaschine** ist demgegenüber eine Person, die eine Suchanfrage stellt und die angezeigten indexierten Informationen der Suchmaschine über deren Online-Schnittstelle einsehen kann (Art 3 lit. g DSA). Erwägungsgrund 77 DSAkonkretisiert den unbestimmten Rechtsbegriff Aktivität insoweit, als dass damit die aktive Inanspruchnahme gemeint ist. Dafür ist jedenfalls ausreichend, dass der Nutzer durch Anklicken, Kommentieren, Verlinken, Teilen, Kaufen oder Durchführen von Transaktionen auf einer Online-Plattform mit den Informationen interagiert.[971] Hingegen sind die Eigentümer der in den Suchergebnisse indexierten Websites ausdrücklich nicht erfasst.[972] Nach Art. 33 Abs. 3 DSA obliegt der Kommission der Erlass delegierter Rechtsakte zur Bestimmung der Abgrenzungskriterien und -methoden.

Anders als beim DMA ist allein die Nutzerzahl, nicht aber die Gatekeeping-Funktion oder die von der Plattform ausgehende Auswirkung auf den Binnenmarkt, zur Kategorisierung heranzuziehen. Trotz der unterschiedlichen Anknüpfungspunkte werden die meisten der von Art. 33 ff. DSA erfassten Plattformen auch den Anforderungen des DMA entsprechen, sodass insofern eine vergleichbare Regulierung besteht.[973]

Stand jetzt werden von den Regulierungen der Art. 33 ff. DSA 17 Plattformen, unter anderem *YouTube, Amazon Store, Facebook, Instagram* und zwei sehr großen Online-Suchmaschinen: *Bing* und *Google Search*, erfasst.[974]

(2) Verschärfung des für Online-Plattformen geltenden Pflichtenkatalogs

Die Bestimmungen, die der DSA für die dritte Regulierungsstufe vorsieht, werden für Online-Plattform nochmals verschärft. Konkret betrifft das die Vorgaben für die Empfehlungssysteme (Art. 38 DSA), Online-Werbung (Art. 39, 46 DSA) und Transparenzberichtspflichten (Art. 42 DSA).

Nach Art. 38 DSA sind VLOPs und VLOSEs verpflichtet den Nutzern eine auswählbare Option für das Empfehlungssystem anzubieten, die auf Profiling im Sinne von Art. 4 Nr. 4 DS-GVO verzichtet. Damit geht Art. 38 DSA über die in Art. 27 DSA vorgesehene Transparenzpflicht hinaus.

Neben den für alle Plattformanbieter geltenden Transparenzpflichten für Online-Werbung und dem begrenzten Profiling-Verbot nach Art. 26 DSA verlangt Art. 39 Abs. 1 DSA, dass VLOPs und VLOSEs zusätzlich ein öffentlich zugängliches Archiv auf ihren Online-Schnittstellen einrichten. Dieses Archiv soll diverse Informationen zu den geschal-

---

971 Erwägungsgrund 77 VO (EU) 2022/2065.

972 Erwägungsgrund 77 VO (EU) 2022/2065.

973 Hofmann/Raue/*Kaesling*, DSA, Vorb. Art. 33 ff. Rn. 6.

974 Pressemitteilung der Kommission vom 25.4.2023, abrufbar unter: https://ec.europa.eu/commission/presscorner/detail/de/ip_23_2413 (zuletzt abgerufen am 1.11.2024).

teten Werbeanzeigen enthalten.[975] Die notwendigen Inhalte des Archivs konkretisiert Art. 39 Abs. 2 DSA. Aus dem Wortlaut zumindest ergibt sich, dass es sich dabei um Mindestangaben handelt.[976]

Amazon wurde mit Beschluss vom 23.5.2023 zur VLOP ernannt. Daraufhin traf auch Amazon die Pflicht dazu, ein Werbearchiv öffentlich zugänglich zu machen. Gegen diese Verpflichtung ist Amazon vorgegangen und rügte die Offenlegung vertraulicher Informationen. Diesen Antrag hat der EuGH mit Beschluss vom 27.3.2024 zurückgewiesen.[977]

Darüber hinaus erweitert Art. 42 DSA die allgemeinen Transparenzpflichten der Art. 15 und 24 DSA um zusätzliche Berichtsgegenstände. Zunächst sieht Art. 42 Abs. 1 DSA eine erhöhte Frequenz der Veröffentlichung der Transparenzberichte vor. Daneben haben die VLOPs und VLOSEs ihre Transparenzberichte um Informationen über die personelle Ausstattung der Content-Moderation im Rahmen der Melde- und Beschwerdeverfahren nach den Artikeln 16, 20 und 22 DSA (Art. 42 Abs. 2 DSA) und die durchschnittliche monatliche Nutzerzahl (Art. 42 Abs. 3 DSA) zu erweitern.[978] Ergänzt wird die Transparenzpflicht noch von Art. 42 Abs. 4 DSA, welcher an die Verpflichtung aus Art. 37 DSA zur unabhängigen Prüfung anknüpft.[979] Die Anbieter sind verpflichtet, einen Bericht über die Ergebnisse der Risikobewertung nach Art. 34 DSA, die nach Art. 35 Abs. 1 DSA getroffenen Abhilfemaßnahmen, den Prüfbericht nach Art. 37 Abs. 4 DSA sowie den Bericht über die Umsetzung der Prüfergebnisse gem. Art. 37 Abs. 6 DSA zur Verfügung zu stellen.

(3) Risikobewertung, Art. 34 DSA

Art. 34 DSA setzt bei der Selbstregulierung der VLOPs und VLOSEs an. Diese sind verpflichtet eine Ermittlung, Bewertung und Analyse der systemischen Risiken, die sich aus der Konzeption oder dem Betrieb oder der Nutzung der Dienste und den damit verbundenen Systemen, einschließlich algorithmischer Systeme, oder der Nutzung ihrer Dienste ergeben, (Art. 34 Abs. 1 UAbs. 1 DSA) durchzuführen.

Der Verordnungsgeber setzt an vier Risikokategorien an. Erfasst werden sollen die Risiken, die durch die Verbreitung rechtswidriger Inhalte entstehen. Berücksichtigt wird das Risiko auf VLOPs und VLOSEs durch die schnelle und weitreichende Verbreitung der Inhalte.[980] Die zweite Risikokategorie betrifft die negativen Auswirkungen des Dienstes auf die Ausübung der Grundrechte der Charta, insbesondere die Meinungsäußerungs- und Informationsfreiheit und das Recht auf Achtung des Privatlebens und

---

975 Steinrötter/*Hoch-Loy*, Europäische Plattformregulierung, § 4 Rn. 52.
976 Steinrötter/*Hoch-Loy*, Europäische Plattformregulierung, § 4 Rn. 53.
977 EuGH Beschl. v. 27.3.2024 – Rs. C-639/23 P (R), MMR-Aktuell 2024, 01422.
978 *Gerdemann*/*Spindler*, GRUR 2023, 115, 122.
979 Steinrötter/*Hoch-Loy*, Europäische Plattformregulierung, § 4 Rn. 38.
980 Erwägungsgrund 80 VO (EU) 2022/2065.

des Datenschutzes.[981] Daneben erfasst werden Risiken, die sich negativ auf die demokratische[n] Prozesse, die gesellschaftliche Debatte und Wahlprozesse sowie die öffentliche Sicherheit auswirken.[982] Die letzte Kategorie erfasst die Risiken für die physische und psychische Gesundheit.[983]

Die Risikobewertung erfolgt mindestens einmal jährlich (Art. 34 Abs. 1 S. 2 DSA). Inhaltlich spiegelt der Katalog des Art. 34 Abs. 1 UAbs. 2 DSA die dargestellten vier Risikokategorien. Der Katalog umfasst:
- Verbreitung rechtswidriger Inhalte **(lit. a))**,
- etwaige tatsächliche oder vorhersehbare nachteilige Auswirkungen auf die Ausübung der Grundrechte **(lit. b)),**
- tatsächliche oder absehbare nachteilige Auswirkungen auf die gesellschaftliche Debatte, Wahlprozesse und die öffentliche Sicherheit **(lit. c))**,
- tatsächliche oder absehbare nachteilige Auswirkungen in Bezug auf geschlechtsspezifische Gewalt, den Schutz der öffentlichen Gesundheit und von Minderjährigen sowie schwerwiegende nachteilige Folgen für das körperliche und geistige Wohlbefinden einer Person, **(lit. d)).**

Es ist jeweils ausreichend, dass sich nachteilige Auswirkungen zeigen, nach dem Wortlaut ist es daher nicht erforderlich, dass eine tatsächliche rechtswidrige Beeinträchtigung vorliegt.[984]

Von den Diensteanbietern insbesondere zu berücksichtigen ist, ob und wie die in Art. 34 Abs. 2 DSA aufgezählten Faktoren, die systemischen Risiken beeinflussen. Zu den Faktoren gehören:
- Gestaltung der Empfehlungssysteme und anderer relevanter algorithmischer Systeme **(lit. a))**,
- Systeme zur Moderation von Inhalten **(lit. b))**,
- anwendbare allgemeine Geschäftsbedingungen und ihre Durchsetzung **(lit. c)),**
- Systeme zur Auswahl und Anzeige von Werbung **(lit. d))**,
- datenbezogene Praxis des Anbieters **(lit. e))**.

Die VLOPs und VLOSEs trifft nach Art. 34 Abs. 3 DSA eine Aufbewahrungspflicht der Dokumente der Risikobewertung von mindestens drei Jahren.

(4) Risikominderung, Art. 35 DSA

Art. 35 DSA reagiert auf die nach Art. 34 DSA ermittelten systemischen Risiken. Der Anbieter wird dazu verpflichtet angemessene, verhältnismäßige und wirksame Risikomin-

981 Erwägungsgrund 81 VO (EU) 2022/2065.
982 Erwägungsgrund 82 VO (EU) 2022/2065.
983 Erwägungsgrund 83 VO (EU) 2022/2065.
984 *Gerdemann/Spindler*, GRUR 2023, 115, 123.

derungsmaßnahmen zu ergreifen, die auf die gemäß Art. 34 DSA ermittelten systemischen Risiken zugeschnitten sind. Damit ist Art. 35 DSA ein weiterer Baustein der durchsetzbaren Selbstregulierung, indem vorrangig die Anbieter selbst die Pflicht trifft, die ermittelten Risiken mit Maßnahmen zu adressieren.[985]

Die Grenzen der Maßnahmen liegen darin, dass sie angemessen, verhältnismäßig und wirksam sein müssen. Daher haben die VLOPs und VLOSEs alle erforderlichen Maßnahmen zu ergreifen, wobei die wirtschaftliche Leistungsfähigkeit der Diensteanbieter im Rahmen der Verhältnismäßigkeit Berücksichtigung finden soll.[986] Keine Beschränkung stellt die Rechtswidrigkeit der Inhalte dar. Vielmehr dürfen zur Minderung der Risiken auch erlaubte Verhaltensweisen und Inhalte eingeschränkt werden.[987]

Beim Ergreifen der Maßnahmen hat der Diensteanbieter die Grundrechte der Nutzer nach Art. 35 Abs. 1 S. 1 DSA zu berücksichtigen. Insbesondere gilt dies für die Meinungsfreiheit.[988] Damit nimmt Art. 35 DSA indirekt Bezug auf die Kategorien systemischer Risiken, zu denen die negativen Auswirkungen auf die Grundrechte und auf die öffentliche Sicherheit und Wahlprozessen gehören.[989] Der Diensteanbieter hat daher den Grad zwischen „Over- und Underblocking" zu wahren.[990]

In Art. 35 Abs. 1 S. 2 lit. a)–k) DSA finden sich beispielshaft aufgezählte Maßnahmen. Die nähere Konkretisierung der Maßnahmen kann Erwägungsgrund 87 und 88 DSA entnommen werden. Zu den unter Umständen zu ergreifenden Maßnahmen gehören:

– Anpassung der Gestaltung, der Merkmale oder der Funktionsweise der Dienste **(lit. a)),**
– Anpassung der allgemeinen Geschäftsbedingungen und ihrer Durchsetzung **(lit. b)),**
– Anpassung der Verfahren zur Moderation von Inhalten [...] **(lit. c)),**
– Erprobung und Anpassung ihrer algorithmischen Systeme **(lit. d)),**
– Anpassung ihrer Werbesysteme und Annahme von gezielten Maßnahmen [...] **(lit. e)),**
– Stärkung der internen Prozesse, der Ressourcen, der Prüfung, der Dokumentation oder der Beaufsichtigung ihrer Tätigkeiten **(lit. f)),**
– Beginn oder Anpassung der Zusammenarbeit mit vertrauenswürdigen Hinweisgeber gem. Art. 22 DSA und der Umsetzung der Entscheidungen von außergerichtlichen Streitbeilegungsstellen gem. Art. 21 DSA **(lit. g)),**
– Beginn oder Anpassung der Zusammenarbeit mit anderen Anbietern von Online-Plattformen oder Online-Suchmaschinen anhand der in Artikel 45 und Artikel 48 genannten Verhaltenskodizes beziehungsweise Krisenprotokolle **(lit. h)),**

985 Hofmann/Raue/*Kaesling*, DSA, Art. 35 Rn. 3.
986 Erwägungsrund 86 VO (EU) 2022/2065.
987 Hofmann/Raue/*Kaesling*, DSA, Art. 35 Rn 15.
988 Erwägungsgrund 86 VO (EU) 2022/2065.
989 Hofmann/Raue/*Kaesling*, DSA, Art. 35 Rn. 15.
990 Müller-Terpitz/Köhler/*Beyerbach*, DSA, Art. 35 Rn. 7.

- Sensibilisierungsmaßnahmen und Anpassung der Online-Schnittstellen, um Nutzern mehr Informationen zu geben **(lit. i)),**
- gezielte Maßnahmen zum Schutz der Rechte des Kindes **(lit. j)),**
- Sicherstellung, dass eine Einzelinformation, unabhängig davon, ob es sich um einen erzeugten oder manipulierten Bild-, Ton- oder Videoinhalt handelt, der bestehenden Personen, Gegenständen, Orten oder anderen Einrichtungen oder Ereignissen merklich ähnelt und einer Person fälschlicherweise als echt oder wahrheits-gemäß erscheint, durch eine auffällige Kennzeichnung erkennbar ist, wenn sie auf der Online-Schnittstellen angezeigt wird, und darüber hinaus Bereitstellung einer benutzerfreundlichen Funktion, die es den Nutzern des Dienstes ermöglicht, solche Informationen anzuzeigen **(lit. k)).**

Einen weiteren Kernbestandteil der durchgesetzten Selbstregulierung verdeutlicht Art. 35 Abs. 2 DSA. Dieser verpflichtet das Gremium für digitale Dienste (Art. 61ff. DSA) zur Veröffentlichung eines jährlichen Berichts. Dieser soll in Zusammenarbeit mit der Kommission erstellt werden und die auffälligsten wiederkehrenden systemischen Risiken und bewährte Verfahren zur Minderung enthalten. Das Gremium schlüsselt damit für die VLOPs und VLOSEs die „best practices“ zur Risikominimierung[991] auf und bietet eine Hilfestellung für die in Art. 35 Abs. 1 DSA vorgesehene Selbstregulierung.

Eine weitere Hilfestellung folgt aus Art. 35 Abs. 3 DSA, wonach die Kommission in Zusammenarbeit mit den Koordinatoren Leitlinien für die Anwendung von Art. 35 DSA erlassen kann.

(5) Krisenreaktionsmechanismus und -Protokolle, Art. 36, 48 DSA

Während Art. 34 und 35 DSA auf den normalen Betrieb des Diensteanbieters abzielt, zielen die Art. 36, 48 DSA auf Krisensituationen ab, in denen der Diensteanbieter zusätzlich weitere Maßnahmen ergreifen muss. Nach dem DSA liegt eine Krise dann vor, wenn außergewöhnliche Umstände eintreten, die zu einer ernsthaften Bedrohung der öffentlichen Sicherheit oder öffentlichen Gesundheit in der Union oder in wesentlichen Teilen der Union führen.[992] Exemplarisch kann die Ursache einer Krise in einem bewaffneten Konflikt, einer terroristischen Handlung, eine Naturkatstrophe oder einer Pandemie liegen.[993]

In diesen Sonderfällen ist die Kommission ermächtigt Beschlüsse zu erlassen, die einen oder mehrere VLOPs und VLOSEs dazu auffordern besondere Maßnahmen zu ergreifen. Der Art. 36 DSA kompensiert damit, dass im „Normalbetrieb“ der Ansatz der

991 *Gerdemann*, GRUR 2021, 653, 659.
992 Art. 36 Abs. 2 VO (EU) 2022/2065; Erwägungsgrund 91 VO (EU) 2022/2065.
993 Erwägungsgrund 91 VO (EU) 2022/2065.

Selbstregierung gilt und der Staat den Spielraum der Diensteanbieter im Einzelfall wegen seiner Schutzpflichten einschränken muss.[994]

Art. 36 Abs. 1 S. 1 DSA listet die von den Diensteanbietern möglicherweise zu ergreifenden Maßnahmen auf:

- Bewertung, ob, und wenn ja, in welchem Umfang und wie der Betrieb und die Nutzung der Dienste erheblich zu einer schwerwiegenden Bedrohung im Sinne von Absatz 2 beitragen oder voraussichtlich beitragen werden **(lit. a))**;
- Ermittlung und Anwendung von gezielten, wirksamen und verhältnismäßigen Maßnahmen, etwa Maßnahmen gemäß Artikel 35 Absatz 1 oder Artikel 48 Absatz 2, um einen solchen Beitrag zu der gemäß Buchstabe a ermittelten schwerwiegenden Bedrohung zu verhindern, zu beseitigen oder zu begrenzen[995] **(lit. b))** sowie
- Berichterstattung an die Kommission bis zu einem bestimmten im Beschluss festgelegten Zeitpunkt oder in regelmäßigen Abständen über die unter Buchstabe a genannten Bewertungen, über den genauen Inhalt, die Durchführung und die qualitativen und quantitativen Auswirkungen der gemäß Buchstabe b ergriffenen gezielten Maßnahmen sowie über alle anderen Fragen im Zusammenhang mit diesen Bewertungen oder Maßnahmen, wie in dem Beschluss festgelegt **(lit. c))**.

Bei der Ermittlung und Anwendung der Maßnahmen schreibt Art. 36 Abs. 1 UAbs. 2 DSA vor, dass auch hier der Grundsatz der Verhältnismäßigkeit zu wahren ist. Es muss dabei die Schwere der Bedrohung, die Dringlichkeit der Maßnahme und auch die tatsächlichen oder potentiellen Auswirkungen auf die Rechte und Interessen aller betroffenen Parteien berücksichtigt werden.

Der Kommissionsbeschluss hat den in Art. 36 Abs. 3 DSA aufgestellten Anforderungen zu entsprechen. Ziel der Anforderungen ist es, sicherzustellen, dass der Beschluss einen Ausgleich zwischen Effektivität und Verhältnismäßigkeit schafft.[996] Daher muss der Beschluss Maßnahmen enthalten, die zwar innerhalb eines kurzen Zeitraums ergriffen werden können, aber gleichzeitig der Krisenmechanismus nur dann angewendet wird, wenn und soweit dies unbedingt erforderlich ist. Dabei sollen die Maßnahmen wirksam und gleichzeitig verhältnismäßig sein.[997] In Art. 36 Abs. 3 lit. a) DSA wird daher nochmal auf den Grundsatz der Verhältnismäßigkeit des Beschlusses sowie seine Erforderlichkeit eingegangen. Den gleichen einschränkenden Zweck verfolgend, legt Art. 36 Abs. 3 lit. b) DSA fest, dass den Diensteanbietern eine angemessene Frist beim Ergreifen der Maßnahmen zu setzen ist. Letztlich stellt Art. 36 Abs. 3 lit. c) DSA eine zeitliche Begrenzung der Maßnahmen auf, wonach diese höchstens für drei Monate festgesetzt werden dürfen.

994 Steinrötter/*Denga*, Europäische Plattformregulierung, § 6 Rn. 55.
995 Näher Erwägungsgrund 91 VO (EU) 2022/2065.
996 Steinrötter/*Denga*, Europäische Plattformregulierung, § 6 Rn. 60.
997 Erwägungsgrund 91 VO (EU) 2022/2065.

Das weitere Verfahren bei Beschlussfassung wird von Art. 36 Abs. 4 DSA konkretisiert. Die Kommission hat hiernach nach seiner Annahme den Beschluss den Anbietern mitzuteilen (lit. a)), ihn zu veröffentlichen (lit. b)), das Gremium in Kenntnis zu setzen, es aufzufordern, dazu Stellung zu nehmen sowie es auf dem Laufenden zu halten (lit. c)).

Den VLOPs und VLOSEs wird in Art. 36 Abs. 5 DSA trotz der ehrblichen Einengung des Entscheidungsspielraums in Krisensituationen ein Wahlrecht über die konkreten Maßnahmen eingeräumt. Eine ähnliche Zielrichtung verfolgend kann die Kommission nach Art. 36 Abs. 6 DSA mit dem Diensteanbieter in einen Dialog über die Wirksamkeit und Verhältnismäßigkeit der Maßnahme treten.

Die Effektivität des Beschlusses sichernd hat die Kommission nach Art. 36 Abs. 7 DSA das Recht dazu, den Diensteanbieter zu überwachen. Über ihre Ergebnisse hat sie dem Gremium monatlich einen Bericht zu erstatten. Ist die Kommission der Meinung, dass die ergriffenen Maßnahmen unwirksam oder unverhältnismäßig seien, so kann sie den Dienstanbieter nach Anhörung des Gremiums mit einem Beschluss dazu auffordern, dies zu überprüfen. Diese „Zweite Chance des Plattformbetreibers“ in Krisensituationen ist kritisch zu würdigen.[998]

Art. 36 Abs. 8 DSA statuiert eine Änderungsmöglichkeit des Beschlusses nach Art. 36 Abs. 1 DSA und reagiert auf die Dynamik innerhalb von Krisensituationen.[999] Der Kommission kann auf Empfehlung des Gremiums den Beschluss widerrufen (lit. a), aber auch eine Verlängerung von höchsten drei Monaten beschließen (lit. b)). Nach lit. c)) können die Maßnahmen auch so angepasst werden, dass die bei der Anwendung der Maßnahmen gesammelten Erfahrungen berücksichtigt werden.

Sofern die Kommission einen Beschluss nach Art. 36 Abs. 1, Abs. 7 UAbs. 2 oder Abs. 8 DSA gefasst hat, hat sie einer laufenden Berichterstattungspflicht gegenüber dem Europäischen Parlament und Rat nachzukommen, Art. 36 Abs. 11 DSA.

Ergänzend sieht Art. 48 DSA vor, dass die Kommission auf Empfehlung des Gremiums hin, die VLOPs und VLOSEs dazu anhalten kann, grundsätzlich freiwillige Krisenprotokolle anzufertigen. Diese sollen einen verschärften, auf die akute Situation zugeschnittenen Einsatz von Risikomaßnahmen vorsehen.[1000]

(6) Unabhängige Prüfung, Art. 37 DSA

Aus Art. 37 DSA folgt die Pflicht des Diensteanbieter sich mindestens einmal jährlich und auf eigene Kosten einer unabhängigen Prüfung unterziehen. Sinn und Zweck der Regelung ist es, sicherzustellen, dass aus der Verordnung folgende Pflichten sowie gegebenenfalls zusätzliche Verpflichtungen aus Verhaltenskodizes und Krisenprotokollen ein-

---

998 Steinrötter/*Denga*, Europäische Plattformregulierung, § 6 Rn. 68.
999 Müller-Terpitz/Köhler/*Nägele*/*Dilbaz*, DSA, Art. 36 Rn. 21.
1000 *Gerdemann*/*Spindler*, GRUR 115, 123.

gehalten werden.[1001] Mit Art. 37 DSA will der Verordnungsgeber durch Überwachung der Diensteanbieter den Entscheidungsspielraum im Rahmen der Selbstregulierung kompensieren.[1002]

Der Prüfungsumfang richtet sich nach Art. 37 Abs. 1 DSA und umfasst die in Kapitel II festgelegten Pflichten (lit. a)). Daneben werden Verpflichtungen aus Verhaltenskodizes (Art. 45 und 46 DSA) und den Krisenprotokollen (Art. 48 DSA) erfasst (lit. b)).

Das Prüfverfahren ergibt sich aus Art. 37 Abs. 2 DSA. Der Prüfer hat sich bei der Prüfmethode und den Maßstäben der Prüfung an den bewährten Verfahren der Industrie sowie den geltenden Prüfungsnormen und Kodizes zu orientieren.[1003] Auf Seiten der VLOPs und VLOSEs wird eine umfassende Kooperation erwartet. Sie müssen die erforderliche Unterstützung leisten und mit den Prüfern zusammenarbeiten. Dafür sollen sie den Prüfern Zugang zu relevanten Daten und Räumlichkeiten gewähren sowie mündliche oder schriftliche Anfragen beantworten.[1004]

Als Kompensation des umfassenden Datenzugriffs des Prüfers, hat dieser für ein angemessenes Maß an Vertraulichkeit und die Einhaltung von Geheimhaltungspflichten[1005] zu sorgen. Auf der Gegenseite darf sich der Schutz des Diensteanbieters nicht in negativer Weise auf die Durchführung der Prüfungen und anderer Bestimmungen dieser Verordnung, insbesondere der Bestimmungen über Transparenz, Überwachung und Durchsetzung auswirken.[1006] Daher soll insbesondere verhindert werden, dass die Rücksichtnahmepflicht sich auf den Prüfungsumfang auswirkt.[1007]

Wer sich als Prüfer eignet, wird in Art. 37 Abs. 3 DSA festgelegt. Die Prüfung hat durch eine Organisation zu erfolgen die unabhängig sind und in keinem Interessenkonflikt stehen (lit. a)), die nachgewiesene Sachkenntnis auf dem Gebiet des Risikomanagements sowie technische Kompetenzen und Kapazitäten haben (lit. b)) und nachweislich mit Objektivität und gemäß der Berufsethik arbeiten (lit.c)). Wann ein Interessenkonflikt auf Seiten der Prüforganisation besteht, wird durch Art. 37 Abs. 3 lit. a) i)–iii) DSA konkretisiert.

Das Ergebnis der Prüfung soll in einem Prüfbericht festgehalten werden, um so eine aussagekräftige Bilanz der Prüfung zu ermöglichen.[1008] Dessen Inhalt wird von Art. 37 Abs. 4 DSA konkretisiert. Er muss folgende Angaben enthalten:

– Name, Anschrift und Kontaktstelle des Anbieters und der Zeitraum auf den sich die Prüfung bezieht (**lit. a)**);

1001 Erwägungsgrund 92 VO (EU) 2022/2065.
1002 Steinrötter/*Denga*, Europäische Plattformregulierung, § 6 Rn. 71.
1003 Erwägungsgrund 92 VO (EU) 2022/2065.
1004 Art. 37 Abs. 2 UAbs. 1 VO (EU) 2022/2065.
1005 Art. 37 Abs. 2 UAbs. 2 VO (EU) 2022/2065.
1006 Art. 37 Abs. 2 UAbs. 2 VO (EU) 2022/2065.
1007 Erwägungsgrund 97 VO (EU) 2022/2065.
1008 Erwägungsgrund 93 VO (EU) 2022/2065.

- Name und Anschrift der Prüfungsorganisation beziehungsweise Prüfungsorganisationen **(lit. b))**;
- Interessenerklärung **(lit. c))**;
- Beschreibung der geprüften Elemente und Methoden **(lit. d))**;
- Beschreibung und Zusammenfassung der wichtigsten Erkenntnisse **(lit. e))**;
- Auflistung Dritter, die konsultiert wurden **(lit. f))**;
- Prüfvermerk als Schlussfolgerung der Prüfung **(lit. g))**;
- Empfehlung im Falle eines nicht positiven Prüfvermerks **(lit. h))**.

Hervorzuheben ist der von Art. 37 Abs. 4 lit. g) DSA vorgesehene Prüfvermerk. Diesem ist zu entnehmen, ob der Diensteanbieter den geprüften Verpflichtungen nachgekommen ist. Er erfolgt in drei Kategorien: positiv, positiv mit Anmerkungen und negativ.

Folge eines nicht negativen Prüfberichts ist es nach Art. 37 Abs. 6 S. 1 DSA, dass der Diensteanbieter den an sie gerichteten operativen Empfehlungen gebührend Rechnung zu tragen hat und erforderliche Maßnahmen zu ihrer Umsetzung zu ergreifen. Über die Umsetzungsmaßnahmen hat der Diensteanbieter wiederum Bericht zu erstatten.[1009] Den Diensteanbieter trifft aber keine zwingende Umsetzungspflicht der Empfehlungen, vielmehr gilt der Grundsatz *comply-or-explain*[1010]: die Maßnahmen können befolgt oder durch Alternativen und eine Begründung ersetzt werden (Art. 37 Abs. 6 S. 2, 3 DSA).

(7) Datenzugang und Kontrolle, Art. 40 DSA

Der Überwachung der VLOPs und VLOSEs dient auch Art. 40 DSA. Danach sind VLOPs und VLOSEs gegenüber unterschiedlichen Adressaten dazu verpflichtet, diesen Datenzugang zu gewähren.

Zunächst regelt Art. 40 Abs. 1–3 DSA den behördlichen Datenzugang. Nach Art. 40 Abs. 1 DSA kann der Koordinator für digitale Dienste der zuständigen Mitgliedstaaten oder die Kommission den Zugangsanspruch geltend machen. Der Anspruchsberechtigte hat ein „begründetes Verlangen“ vorzubringen, was nur grob das vorausgesetzte Verfahren festlegt.[1011] Gegenstand des Anspruchs sind Daten die für die Überwachung und Bewertung der Einhaltung der Verordnung erforderlich sind.[1012] Weiter konkretisiert fallen darunter Daten betreffend Algorithmen und Algorithmen zu Schulung.[1013] Der Datenzugangsanspruch erfasst damit einen Kernbereich der Tätigkeit der VLOPs und VLOSEs.[1014] Zusätzlich trifft den Dienstanbieter eine Erläuterungspflicht nach Art. 40 Abs. 3 DSA.

1009 Art. 37 Abs. 6 VO (EU) 2022/2065.
1010 *Gerdemann/Spindler*, GRUR 2023, 115, 124.
1011 Müller-Terpitz/Köhler/*Henn*, DSA, Art. 40 Rn. 13.
1012 Art. 40 Abs. 1 VO (EU) 2022/2065.
1013 Erwägungsgrund 96 VO (EU) 2022/2065.
1014 Steinrötter/*Denga*, Europäische Plattformregulierung, § 6 Rn. 96.

Mit dem Datenzugangsanspruch geht ein erheblicher Eingriff in die Rechtsposition des Diensteanbieters einher. Daher sieht Art. 40 Abs. 2 DSA vor, dass für die Datennutzung eine strenge Zweckbindung besteht.[1015] So sollen die Rechte und Interessen der betroffenen gebührend berücksichtigt werden können.[1016] Insbesondere ist hierbei auf den Schutz personenbezogener Daten sowie vertraulicher Informationen und den Geschäftsgeheimnisschutz Rücksicht zu nehmen.[1017]

Darüber hinaus gewährt Art. 40 Abs. 4 DSA einem bestimmten Kreis von Forscheren einen subjektiv-rechtlichen Anspruch auf Datenzugang.[1018] Dieser Anspruch ist in persönlicher sowie sachlicher Hinsicht begrenzt. Als Anspruchsberechtigte kommen nur die in Art. 40 Abs. 8 DSA bestimmten zugelassenen Forscher in Betracht. Der Datenzugriffanspruch soll nur in eng umgrenzten Fällen und zu nur bestimmten Zwecken zugelassen werden.[1019] Er unterliegt einer strengen Zweckbindung. Die Daten dürfen ausschließlich zum Zweck von Forschungsarbeiten genutzt werden, die zur Aufspürung, Ermittlung und das Verständnis systemischer Risiken beitragen oder die die Angemessenheit, Wirksamkeit und Auswirkungen von Risikominderungsmaßnahmen betreffen.[1020]

Die weitere Regulierung des Datenzugangsanspruchs wird in Art. 40 Abs. 4–12 DSA näher umschrieben.

(8) Compliance-Abteilung, Art. 41 DSA

Nach Art. 41 DSA ist der Anbieter der VLOPs und VLOSEs verpflichtet, eine unabhängige **Compliance**-Abteilung einrichten. Unter dem Begriff Compliance versteht man die Einhaltung von Gesetzen und Regeln, von denen die Unternehmen betroffen sind.[1021] Die Compliance-Abteilung bildet die Grundlage für die Einhaltung der Anforderungen des DSA und ist wichtiger Bestandteil des Konzepts der Selbstregulierung.[1022]

Die Compliance-Abteilung muss über ausreichend Autorität, Befugnisse und Ressourcen verfügen.[1023] Zusätzlich ist ein direkter Zugang zum Leitungsorgan des Anbieters vorzusehen. Hieraus folgt auch, dass das Leitungsorgan die Gesamtverantwortung trägt.[1024] Nach Art. 41 Abs. 2 UAbs. 1 DSA muss das Leitungsorgan sicherstellen, die Compliance-Beauftragten über die nötigen Qualifikationen verfügen, um die in Abs. 3 darge-

---

1015 Steinrötter/*Denga*, Europäische Plattformregulierung, § 6 Rn. 98.
1016 Art. 40 Abs. 2 VO (EU) 2022/2065.
1017 Müller-Terpitz/Köhler/*Henn*, DSA, Art. 40 Rn 20ff.
1018 Müller-Terpitz/Köhler/*Henn*, DSA, Art. 40 Rn. 26.
1019 Steinrötter/*Denga*, Europäische Plattformregulierung, § 6 Rn. 102.
1020 Art. 40 Abs. 4 VO (EU) 2022/2065.
1021 Müller-Terpitz/Köhler/*Linardatos*, DSA, Art. 41 Rn. 2.
1022 Steinrötter/*Denga*, Europäische Plattformregulierung, § 6 Rn. 112.
1023 Art. 40 Abs. 1 VO (EU) 2022/2065.
1024 Müller-Terpitz/Köhler/*Linardatos*, DSA, Art. 41 Rn. 7.

legten Aufgaben zu erfüllen. Die konkreten Anforderungen an den Beauftragten sind daher vom jeweiligen Unternehmen abhängig.[1025] Weiterhin muss das Leitungsorgan einen unabhängigen Leiter der Compliance-Abteilung bestimmen (Art. 41 Abs. 2 UAbs. 2 DSA). Dessen Name und Kontaktdaten sind der Kommission und dem Koordinator für digitale Dienste nach Art. 42 Abs. 4 DSA mitzuteilen.

Die Aufgaben der Compliance-Beauftragten werden von Art. 41 Abs. 3 DSA festgelegt. Darunter fallen:

- die Zusammenarbeit mit dem Koordinator für digitale Dienste am Niederlassungsort und mit der Kommission für die Zwecke des DSA (**lit. a)**),
- die Gewährleistung, dass alle in Art. 34 DSA genannten Risiken ermittelt und ordnungsgemäß gemeldet werden, und dass angemessene, verhältnismäßige und wirksame Risikominderungsmaßnahmen gemäß Art. 35 DSA ergriffen werden (**lit. b)**),
- die Organisation und Beaufsichtigung der Tätigkeiten des Anbieters der systemrelevanten Plattform im Zusammenhang mit der unabhängigen Prüfung gemäß Art. 37 DSA (**lit. c)**),
- die Information und Beratung des Managements und der Mitarbeiter des Anbieters der systemrelevanten Plattform über die einschlägigen Verpflichtungen aus dem DSA (**lit. d)**),
- die Überwachung des Anbieters der systemrelevanten Plattform hinsichtlich seiner Verpflichtungen aus dem DSA (**lit. e)**) und
- gegebenenfalls die Überwachung der Einhaltung der Verpflichtungszusagen, die der Anbieter der systemrelevanten Plattform im Rahmen der Verhaltenskodizes gemäß den Art. 45, 46 DSA oder der Krisenprotokolle gemäß Art. 48 DSA eingegangen ist (**lit. f)**).

Der Katalog ist jedoch nicht als abschließend zu verstehen, sondern stellt lediglich eine Ergänzung der allgemeinen Pflichten, die mit einem Compliance-Mandat einhergehen.[1026]

Schon aus Art. 41 Abs. 1 S. 1 DSA folgt, dass die Compliance-Abteilung eine unabhängige Stellung einnehmen soll. Dieses Erfordernis wird nochmal dadurch gestützt, dass es nach Art. 41 Abs. 5 DSA dem Leitungsorgan obliegt, für die Unabhängigkeit zu sorgen.

(9) Aufsichtsgebühren, Art. 43 DSA

Zweck des Art. 43 DSA ist es, die Finanzierung des zusätzlichen regulatorischen Aufwands, der mit dem DSA einhergeht, sicherzustellen.[1027] Aus diesem Grund erhebt die

1025 Müller-Terpitz/Köhler/*Linardatos*, DSA, Art. 41 Rn. 8.
1026 Müller-Terpitz/Köhler/*Linardatos*, DSA, Art. 41 Rn. 17.
1027 Erwägungsgrund 101 VO (EU) 2022/2065.

Kommission eine Aufsichtsgebühr. Die Aufsichtsgebühr steht nicht im Ermessen der Kommission, sodass grundsätzlich jeder Diensteanbieter Gebührenschuldner ist.[1028]

Die konkrete Berechnung der Gebühren wird durch Art. 43 Abs. 2, 5 DSA nur in ihren Grundzügen festgesetzt. Ausgangspunkt stellt die Schätzung des Gesamtbetrages der jährlichen Kosten dar, die im Rahmen des DSA entstehen, Art. 43 Abs. 2 DSA. Die Schätzung erfolgt im Voraus und nach vernünftigem Ermessen.[1029] Dieser Gesamtbetrag wird dann im Verhältnis zur Größe des Dienstes sowie seiner durchschnittlichen Nutzerzahl verteilt.[1030] Die genaue Höhe der Aufsichtsgebühr richtet sich nach den gem. Art. 33 DSA benannten Diensten und wird durch einen Durchführungsakt der Kommission für jeden Anbieter festgelegt, Art. 43 Abs. 3 DSA. Bei der Berechnung hat sie die nach Art. 43 Abs. 4 DSA durch Rechtsakt zu bestimmende Methodik anzuwenden. Die Konkretisierung der Methodik, der Festlegung der Grenzen und der Durchführung der Zahlung liegt damit bei der Kommission.[1031] Daneben sind die in Art. 43 Abs. 5 DSA bestimmten Grundsätze zu beachten und die Durchführungsakte nach dem in Art. 88 DSA genannten Beratungsverfahren zu erlassen. Auf diese Weise strebt es der DSA an, die Verhältnismäßigkeit der Aufsichtsgebühren zu gewährleisten.[1032]

Um den Zweck des Art. 43 DSA zu gewährleisten, legt Art. 43 Abs. 6 DSA fest, dass die Gebühren externe, zweckgebundene Einnahmen sind.

Hiervon unberührt bleibt die Möglichkeit der einzelnen Mitgliedsstaaten, eine Aufsichtsgebühr von den Anbietern zu fordern, sofern die Hauptniederlassung dieser in ihrem Hoheitsgebiet ist. Die Kriterien dafür sind Erwägungsgrund 111 DSA zu entnehmen, wonach die Gebühr auf das zur Kostendeckung Erforderliche und den Aufgaben nach Verhältnismäßige zu limitieren ist.[1033]

4. Aufsicht und Durchsetzung, Art. 49–63 DSA

Die Durchsetzung des DSA erfolgt zweigeteilt auf nationaler sowie europäischer Ebene. Zu den Akteuren zählen die nationalen Behörden, die sog. **Koordinatoren digitaler Dienste (DSC),** das **Europäische Gremium für digitale Dienste (EDSB)** und die **Europäische Kommission.**[1034]

1028 Müller-Terpitz/Köhler/*Beyerbach*/*Seyer*, DSA, Art. 43 Rn. 4.
1029 Erwägungsgrund 101 VO (EU) 2022/2065.
1030 Erwägungsgrund 101 VO (EU) 2022/2065.
1031 Hofmann/Raue/*Kaesling*, DSA, Art. 43 Rn. 21.
1032 Steinrötter/*Denga*, Europäische Plattformregulierung, § 6 Rn. 130.
1033 Hofmann/Raue/*Kaesling*, DSA, Art. 43 Rn. 12.
1034 *Müller*, MMR 2022, 1007, 1007.

a) Aufsicht und Durchsetzung durch die Mitgliedstaaten, Art. 49–55 DSA

Die Art. 49 bis 55 DSA regeln den Teil des Aufsichtssystems, der den Mitgliedstaaten obliegt. Damit erteilt der DSA den Mitgliedstaaten einen vorrangigen Regierungsauftrag. Dafür ist von jedem Mitgliedstaat bis zum 17.2.2024 ein **Koordinator für digitale Dienste** zu bestellen (Art. 49 Abs. 2 UAbs. 1 S. 1, Abs. 3 UAbs. 1 DSA). Der Koordinator ist Hauptakteur für die Durchsetzung der materiellen Pflichten des DSA.[1035]

Der Koordinator ist zuständig für die Koordinierung der anderen nationalen Behörden im Mitgliedstaat.[1036] Zudem ist er Ansprechpartner für die Kommission, das EBDS und den DSC anderer Mitgliedstaaten.[1037] Um ihren Zweck als zentrale Kontaktstelle zu ermöglichen, sieht Art. 49 Abs. 2 UAbs. 2 DSA vor, dass der DSC eng mit den anderen nationalen zuständigen Behörden, der Kommission und dem EDSB zusammenarbeitet. Benennt ein Mitgliedstaat mehrere zuständige Behörden, so ist der DSC „Erster unter Gleichen" und den anderen hierarchisch übergeordnet.[1038] Dennoch haben die nationalen Behörden eng zusammenzuarbeiten, um eine starke Handlungsfähigkeit auf nationaler Ebene zu ermöglichen.[1039]

Der Koordinator hat den in Art. 50 DSA festgelegten Anforderungen genügen. Danach muss der Koordinator bei der Wahrnehmung seiner Aufgaben unparteiisch, transparent und zeitnah agieren. Die Mitgliedstaaten sind verpflichtet, den Koordinator mit ausreichend finanziellen und personellen Ressourcen auszustatten, Art. 50 Abs. 1 S. 1, 2 DSA.

Zur Aufgabenerfüllung bestehen für den DSC die in Art. 51 DSA normierten Befugnisse zur Untersuchung und Durchsetzung. Die weitreichenden Instrumentarien folgen einem abgestuftem System mit wachsender Eingriffsintensität.[1040] Die Befugnisse verfolgen das Ziel wirksam, abschreckend und verhältnismäßig zu sein[1041] und so die Einhaltung des DSA überwachen und die sich daraus ergebenden Verpflichtungen durchsetzen zu können.[1042]

Die Untersuchungsbefugnisse gegenüber Anbietern der Vermittlungsdienste, die in ihre Zuständigkeit fallen, umfassen:

- die Befugnis, die Übermittlung von Information zu verlangen **(lit. a)),**
- die Befugnis, in allen Räumlichkeiten, die diese Anbieter oder diese Personen zu Zwecken ihrer gewerblichen, geschäftlichen, handwerklichen oder beruflichen Tätigkeit nutzen, Nachprüfungen durchzuführen oder eine Justizbehörde in ihrem Mitgliedstaat zur Anordnung solcher Nachprüfungen aufzufordern **(lit. b)),**

1035 Hofmann/Raue/*Rademacher*, DSA, Art. 43 Rn. 7.
1036 Art. 49 Abs. 2 UAbs. 1 S. 3 VO (EU) 2022/2065.
1037 Erwägungsgrund 110 VO (EU) 2022/2065.
1038 Steinrötter/*Acheliner*, Europäische Plattformregulierung, § 8 Rn. 15.
1039 Steinrötter/*Acheliner*, Europäische Plattformregulierung, § 8 Rn. 17.
1040 *Müller-Terpitz*/Köhler, DSA, Art. 52 Rn. 2.
1041 Art. 51 Abs. 5 VO (EU) 2022/2065.
1042 *Müller-Terpitz*/Köhler, DSA, Art. 52 Rn. 2.

- die Befugnis, alle Mitarbeiter oder Vertreter der Anbieter aufzufordern, Erklärungen zu allen Informationen in Bezug auf die mutmaßliche Zuwiderhandlung abzugeben **(lit. c))**.

  Zu den Durchsetzungsbefugnissen gehören nach Art. 52 Abs. 2 DSA:
- die Befugnis, die Verpflichtungszusagen dieser Anbieter in Bezug auf die Einhaltung dieser Verordnung anzunehmen und diese Verpflichtungszusagen für bindend zu erklären **(lit. a))**,
- die Befugnis zur Anordnung der Einstellung von Zuwiderhandlungen und gegebenenfalls Verhängung von Abhilfemaßnahmen **(lit. b))**,
- die Befugnis zur Verhängung von Geldbußen oder zur Aufforderung einer Justizbehörde in ihrem Mitgliedstaat, dies zu tun, gemäß Art. 52 DSA **(lit. c))**,
- die Befugnis zur Verhängung eines Zwangsgelds oder zur Aufforderung einer Justizbehörde in ihrem Mitgliedstaat, dies zu tun, gemäß Art. 52 DSA **(lit. d))**,
- die Befugnis, einstweilige Maßnahmen zur Vermeidung der Gefahr eines schwerwiegenden Schadens zu ergreifen oder die zuständigen nationalen Justizbehörden in ihrem Mitgliedstaat hierzu aufzufordern **(lit. e))**.

Daneben kann sich der DSC repressiven Durchsetzungsbefugnissen des Art. 51 Abs. 3 DSA bedienen. Diese sind jedoch als ultima-ratio nur dann zu ergreifen, wenn alle anderen Befugnisse des Art. 51 DSA ausgeschöpft sind. Es handelt sich um ein abgestuftes Regelungssystem. Danach hat der zunächst das Leitungsorgan dazu aufzufordern, alle notwendigen Maßnahmen zu ergreifen, wozu auch das Erstellen eines Aktionsplans fällt (lit. a)) und im zweiten Schritt dann die zuständige Justizbehörde dazu aufzufordern den Zugang des Nutzers zu dem betroffenen Dienst oder wenn dies nicht möglich ist zu der Online-Schnittstelle zu sperren (lit. b)). Angesichts der Eingriffsintensität sowohl auf Seiten des Nutzers sowie gegebenenfalls auf Seiten Dritter ist diese an hohe Voraussetzungen geknüpft und ist unter anderen nur bei einem schwerwiegenden Schaden und einer Straftat gegen das Leben oder die Sicherheit einer Person möglich.[1043]

Unternehmen drohen daneben Sanktionen mit präventiver (Zwangsgelder) und repressiver (Geldbußen) Wirkung. Dafür erlassen die Mitgliedstaaten Vorschriften über Sanktionen, Art. 52 DSA. Diese müssen wirksam, verhältnismäßig und abschreckend sein.[1044] Der Höchstbetrag der Geldbußen, die bei Nichteinhaltung einer in dieser Verordnung festgelegten Verpflichtung verhängt werden können liegt bei 6 % des weltweiten Jahresumsatzes des betreffenden Anbieters von Vermittlungsdiensten im vorangegangenen Geschäftsjahr. Bei Bereitstellung unrichtiger, unvollständiger oder irreführender Informationen, beim Versäumnis einer Antwort oder der Berichtigung unrichtiger, unvollständiger oder irreführender Informationen sowie bei der Nichtduldung einer Nachprüfung können Sanktionen bis zu einem Höchstbetrag von 1 % des weltweiten Jahres-

1043 Näher *Müller-Terpitz*/Köhler, DSA, Art. 52 Rn. 12.
1044 Art. 52 Abs. 2 S. 1 VO (EU) 2022/2065.

umsatzes des betreffenden Anbieters von Vermittlungsdiensten oder der betreffenden Person im vorangegangenen Geschäftsjahr verhängt werden.[1045] Der Höchstbetrag eines Zwangsgeldes darf nicht 5 % des durchschnittlichen weltweiten Tagesumsatzes oder der durchschnittlichen weltweiten Tageseinnahmen des betreffenden Anbieters überschreiten.[1046]

b) Entschädigung Art. 54 DSA

Systematisch innerhalb des objektiv-rechtlichen Überwachungs- und Durchsetzungssystems regelt Art. 54 DSA ein subjektives Recht des Einzelnen. Das folgt daraus, dass der Nutzer stets ein Recht auf einen wirksamen und Rechtsbehelf bei einem Gericht gemäß den nationalen Vorschriften haben soll.[1047]

Der DSA lässt hiermit eine individuelle Rechtsdurchsetzung zu, mithilfe derer Nutzer von Vermittlungsdiensten in entsprechenden Fällen Schadensersatz fordern können. Die zentrale Anspruchsnorm dafür ist Art. 54 DSA. Hiernach kann der Nutzer dann Schadensersatz fordern, wenn der Diensteanbieter gegen nutzerbezogene Sorgfaltspflichten verstößt. Relevant sind insbesondere die Pflicht zur Schaffung eines Melde- und Abhilfeverfahren (Art. 16 DSA), die Einrichtung eines Beschwerdesystems (Art. 20 DSA) sowie die Pflicht, dass der Anbieter an einer außergerichtlichen Streitbeilegung teilnimmt (Art. 21 DSA).

Art. 54 DSA ist eine unvollkommene Haftungsnorm. Ausweislich des Wortlauts muss sie im Einklang mit dem EU-Recht und nationale(m) Recht angewendet werden. Das heißt insbesondere, dass die Konkretisierung der Voraussetzungen des Anspruchs und die Rechtsfolge dem nationalen Recht obliegt.[1048]

c) Koordinierte Untersuchungen und Kohärenzmechanismen, Art. 57 DSA

Aufgrund des komplexen Durchsetzungssystems sowohl auf mitgliedstaatlicher als auch europäischer Ebene sieht der DSA eine enge Kooperation zwischen den DSCs der Mitgliedstaaten, der Kommission und dem Europäischen Gremium vor. Die Ausgestaltung der Kooperation regelt Art. 57 DSA. So sind die DSCs und die Kommission dazu verpflichtet, eng zusammenzuarbeiten und sich gegenseitig Amtshilfe zu leisten, Art. 57 Abs. 1 S. 1 DSA. Diese Verpflichtung umfasst insbesondere den Informationsaustausch zwischen DSC und Kommission sowie die Pflicht des DSC über die Einleitung von Untersuchung zu informieren.[1049] Die Informationsbereitstellung wird dadurch konkretisiert, dass dem Diensteanbieter die Befugnis eingeräumt wird, am Niederlassungsort andere Koordina-

---

1045 Art. 52 Abs. 3 VO (EU) 2022/2065.
1046 Art. 52 Abs. 4 VO (EU) 2022/2065.
1047 Erwägungsgrund 55 VO (EU) 2022/2065.
1048 *Müller-Terpitz*/Köhler, DSA, Art. 54 Rn. 3; *Legner*, ZUM 2024, 99, 111.
1049 Art. 57 Abs. 1 S. 2 VO (EU) 2022/2065.

toren für digitale Dienste aufzufordern, spezifische Informationen über einen bestimmten Anbieter von Vermittlungsdiensten, über die sie verfügen, bereitzustellen oder ihre Untersuchungsbefugnisse in Bezug auf spezifische Informationen, die sich in ihrem Mitgliedstaat befinden, auszuüben.[1050]

Art. 57 Abs. 3 DSA enthält schließlich eine Ergänzung der in Art. 57 Abs. 2 DSA eingeräumten Befugnis zur Aufforderung der Informationsbereitstellung. Der Aufgeforderte hat unter anderem unverzüglich und spätestens zwei Monate nach dem Eingang den DSC zu unterrichten. Eine Ablehnung ist nur in den von Art. 57 Abs. 3 lit. a)–c) DSA geregelten Fällen gestattet.

Grenzüberschreitend sieht der Art. 58 DSA vor, dass der DSC des Bestimmungsorts mit dem des Niederlassungsorts des Diensteanbieters zusammenarbeiten soll.

Nach Art. 58 Abs. 1 DSA kann der DSC am Bestimmungsort, wenn er der Ansicht ist, dass ein Diensteanbieter gegen Vorschriften des DSA verstößt und sich dieser Verstoß auf die Nutzer des Dienstes in seinem Mitgliedstaat negativ auswirkt, den DSC am Niederlassungsort dazu auffordern, Untersuchungs- und Durchsetzungsmaßnahmen zu ergreifen. Darüber hinaus kann bei einer Aufforderung von mindestens drei DSC am Bestimmungsort der politische Druck auf den DSC des Niederlassungsorts durch eine Aufforderung seitens des Europäischen Gremiums erhöht werden, Art. 58 Abs. 2 DSA.[1051] Die inhaltlichen Anforderung an die Aufforderung legt Art. 58 Abs. 3 DSA fest.

Kommen nationale Behörden ihren Pflichten aus Art. 58 DSA und Art. 60 Abs. 3 DSA nicht oder unzureichend nach, stellt Art. 59 DSA eine „Eskalationsnorm“[1052] dar. Danach kann das Gremium (Art. 61 DSA) eine mutmaßliche Zuwiderhandlung der Kommission vorlegen, sodass sich diese damit befasst.[1053] Der DSA sieht so eine subsidiäre Aufsicht und Durchsetzung durch die Kommission vor.[1054]

Um eine grenzüberschreitende Aufsicht effizienter zu gestalten, können nach Art. 60 Abs. 1 DSA gemeinsame Untersuchungen eingeleitet werden. Das ermöglicht, dass der DSC am Niederlassungsort einen oder mehrere andere DSC zu gemeinsamen Untersuchungen einladen kann. Die Fälle, in denen gemeinsame Untersuchungen eingeleitet werden können, sind in Art. 60 Abs. 1 lit. a) und b) DSA geregelt. Weitere DSC können nach Art. 60 Abs. 2 DSA die Teilnahme an der Untersuchung beantragen.

Die Kommunikation der zuständigen Stellen und Behörden soll über ein zuverlässiges und sicheres Informationsaustauschsystem erfolgen. Daher sieht Art. 85 DSA die Verpflichtung der Kommission vor, ein solches zu errichten.

1050 Art. 57 Abs. 2 S. 1 VO (EU) 2022/2065.
1051 Steinrötter/*Acheliner*, Europäische Plattformregulierung, § 8 Rn. 40.
1052 *Müller-Terpitz*/Köhler, DSA, Art. 59 Rn. 3.
1053 Art. 59 Abs. 1 S. 1 VO (EU) 2022/2065.
1054 Steinrötter/*Acheliner*, Europäische Plattformregulierung, § 8 Rn. 43.

d) Europäisches Gremium für digitale Dienste, Art. 61–63 DSA

Das Europäische Gremium für digitale Dienste ist eine unabhängige Beratergruppe der Koordinatoren für digitale Dienste für die Beaufsichtigung der Anbieter von Vermittlungsdiensten, Art. 61 Abs. 1 DSA. Die deutschsprachige Kurzbezeichnung ist „Gremium". Erreicht wird damit eine Verflechtung der mitgliedstaatlichen und europäischen Ebene.[1055]

Mitglieder des Gremiums sind die Koordinatoren für digitale Dienste, Art. 62 Abs. 1 S. 1 DSA. Die Kommission ist kein stimmberechtigtes Mitglied, führt aber den Vorsitz des Gremiums, Art. 62 Abs. 2 S. 1, Abs. 3 DSA. Zusätzlich leistet sie administrative und analytische Unterstützung zur Tätigkeit des Gremiums, Art. 62 Abs. 4 DSA.

Zweck des Gremiums ist es, eine gemeinsame Sichtweise der Union zu entwickeln und die Zusammenarbeit zwischen den zuständigen Behörden zu fördern.[1056] Das Gremium soll daher die mitgliedstaatlichen Koordinatoren und die Kommission beraten, um die in Art. 62 Abs. 2 lit. a)–c) DSA festgelegten Ziele zu erreichen. Dazu gehört es, ein Beitrag zur einheitlichen Anwendung dieser Verordnung und zur wirksamen Zusammenarbeit zu leisten **(lit. a))** sowie die Koordinierung und Mitwirkung an Leitlinien und Analysen der Kommission, der Koordinatoren für digitale Dienste und anderer zuständiger Behörden **(lit. b))** und die Unterstützung der Koordinatoren für digitale Dienste und der Kommission bei der Beaufsichtigung sehr großer Online-Plattformen **(lit. c))**.

Um diese Ziele zu erreichen, hat das Gremium die in Art. 63 Abs. 1 lit. a)–e) DSA exemplarisch aufgezählten Aufgaben zu erfüllen. Aufgrund der Rolle als unabhängige Beratergruppe hat das Gremium keine Rechtsdurchsetzungsbefugnisse. Die Funktionen des Gremiums beschränken sich auf Konsultation und Unterstützung.[1057] Art. 63 DSA lässt sich daher als eine Art „Aufgabengeneralklausel"[1058] lesen, die dem Gremium die beratende und unterstützende Tätigkeit gestatten, ihr aber keine eigenen Untersuchungs- und Durchsetzungsbefugnisse einräumt.[1059]

Die Bedeutung des Gremiums ergibt sich aus seiner ***copy or explain*-Funktion**, die in Art. 63 Abs. 2 DSA verankert ist. Dabei handelt es sich um eine formale Berücksichtigungspflicht. Hiernach sind Koordinatoren für digitale Dienste und gegebenenfalls andere zuständige Behörden, die den vom Gremium an sie gerichteten Stellungnahmen, Aufforderungen oder Empfehlungen nicht folgen dazu angehalten, dies zu begründen. Damit soll eine einheitliche Anwendung des DSA gewährleistet werden.[1060] Maßnahmen des Gremiums sind nicht rechtlich bindend.[1061] Die Rechtsfolgen einer Maßnahme des Gremiums lassen sich vielmehr auf zwei Stufen verorten. Auf der ersten Stufe treffen

1055 Hoffman/Raue/*Marsch*, DSA, Art. 63 Rn. 10.
1056 Erwägungsgrund 131 VO (EU) 2022/2065.
1057 Steinrötter/*Keiler*, Europäische Plattformregulierung, § 9 Rn. 25.
1058 Hoffman/Raue/*Marsch*, DSA, Art. 63 Rn. 1.
1059 Hoffman/Raue/*Marsch*, DSA, Art. 63 Rn. 1.
1060 Hoffman/Raue/*Marsch*, DSA, Art. 63 Rn. 18.
1061 Erwägungsgrund 133 VO (EU) 2022/2065.

die DSC und Koordinatoren eine Kenntnis- und Prüfpflicht der Stellungnahmen, Aufforderungen oder Empfehlungen. Auf der zweiten Stufe müssen die Maßnahmen bei einer inhaltlichen Abweichung begründet werden. Es handelt sich daher um eine formale, aber qualifizierte Berücksichtigungspflicht.[1062] Ergänzt wird die allgemeine Berücksichtigungspflicht durch im DSA vorgesehenen einzelnen spezielleren materielle Berücksichtigungspflichten. Das macht der Verordnungsgesetzgeber dadurch deutlich, dass er eine Berücksichtigung (Art. 60 Abs. 4, Art. 91 Abs. 7 DSA) oder das „Rechnung tragen" (Art. 36 Abs. 10, Art. 58 Abs. 4, Art. 59 Abs. 3 UAbs. 2, Art. 66 Abs. 4, Art. 75 Abs. 1 DSA) der Ansichten des Gremiums vorsieht.

e) Durchsetzung von Pflichten der Anbieter sehr großer Online-Plattformen und sehr großer Online-Suchmaschinen

Der DSA trägt auch in den Durchsetzungsbefugnissen dem Umstand Rechnung, dass VLOPs und VLOSEs aufgrund ihrer Reichweite und Auswirkungen erhebliche Bedeutung haben.[1063] Aus diesem Grund unterliegen diese einer strengeren Aufsicht. Hauptträger der Aufsicht ist die Kommission. Sie verfügt zum einen über die ausschließliche Zuständigkeit in Bezug auf speziell an die VLOPs und VLOSEs gerichtete Verpflichtungen (Art. 56 Abs. 3, Art. 66 DSA). Darunter fallen die Pflicht zur Risikobewertung (Art. 34 DSA) und -minimierung (Art. 35 DSA), zur Einrichtung eines Krisenreaktionsmechanismus (Art. 36 DSA), zur Durchführung unabhängiger Prüfungen (Art. 37 DSA) und zur transparenten Gestaltung der Empfehlungssysteme (Art. 38 DSA) und der Online-Werbung (Art. 39 DSA). Zum anderen obliegt ihr eine geteilte Zuständigkeit hinsichtlich der auch an andere Diensteanbieter gerichtete Verpflichtungen.[1064] Gleichwohl besteht ein Ermessenspielraum der Kommission, ob eine solche geteilte Zuständigkeit als angemessen ansieht.[1065] Die starke Rolle der Kommission wird auch dadurch gestärkt, dass ihr eine Vorrechtsposition bei der Durchsetzung gegenüber den nationalen Behörden eingeräumt wird.[1066]

aa) Aufsichtszuständigkeit, Art. 66 DSA

Das Verfahren gegen die VLOPs und VLOSEs wird in der Regel durch die Einleitung nach Art. 66 DSA initiiert. Ein solches Verfahren wird von der Kommission dann eingeleitet, wenn ein tatsächlicher Verdacht gegen den Diensteanbieter besteht, Art. 66 Abs. 1 DSA. Im Anschluss daran trifft die Kommission die Verpflichtung die DCS und das Gremium zu

1062 Hoffman/Raue/*Marsch*, DSA, Art. 63 Rn. 22 ff.
1063 Erwägungsgrund 137 VO (EU) 2022/2065.
1064 Steinrötter/*Acheliner*, Europäische Plattformregulierung, § 8 Rn. 52, Hoffman/Raue/*Krönke*, Vorb. Art. 64 ff. Rn. 2 ff.
1065 Erwägungsgrund 125 und 139 VO (EU) 2022/2065.
1066 Steinrötter/*Acheliner*, Europäische Plattformregulierung, § 8 Rn. 54.

informieren.[1067] Allerdings ist die Einleitung des Verfahrens keine zwingende Voraussetzung dafür, dass die Kommission ihre Untersuchungsbefugnisse ausüben darf.[1068] Daneben haben die DCS nach Art. 65 Abs. 2, 3 DSA die Möglichkeit, die Kommission zum Tätigwerden aufzufordern. Sofern es sich um eine nicht spezifisch an die VLOPs und VLOSEs gerichtete Verpflichtung handelt haben die zuständigen Behörden des Mitgliedstaates nur solange die Befugnis tätig zu werden, wie die Kommission noch kein Verfahren eingeleitet hat (Art. 66 Abs. 2 DSA).

bb) Befugnisse der Kommission

Zu den Befugnissen der Kommission gehören:

- Art. 67 bis 69 DSA **Ermittlungsbefugnisse**: Auskunftsbefugnisse (Art. 67 DSA), Befugnis zur Befragung und Aufnahme von Aussagen (Art. 68 DSA) und die Befugnis zur Durchführung von Nachprüfungen (Art. 69 DSA)
- Art. 70 bis 72 DSA **Verfahrensrechtliche Anordnungsbefugnisse**: Einstweilige Maßnahmen (Art. 70 DSA), Befugnis, Verpflichtungszusagen für bindend zu erklären (Art. 71 DSA) und die Befugnis, Überwachungsmaßnahmen zu ergreifen (Art. 72 DSA)
- Art. 73–76, Art. 82 Abs. 1 und 2 DSA **Sanktionierende und verfahrensbeendende Befugnisse**

Die Grenzen ihrer Befugnisse bestehen dort, wo ihnen Rechte der Aufsichtsbetroffenen entgegenstehen. Diesem Umstand Rechnung tragend sieht Art. 79 DSA ein Anspruch auf rechtliches Gehör und ein Recht auf Akteneinsicht vor. Art. 84 DSA zieht eine Grenze da wo Berufsgeheinisse bedroht werden.

cc) Nichteinhaltung und Sanktionen, Art. 73 ff DSA

Art. 73ff. DSA regelt, was VLOPs und VLOSEs bei Nichteinhaltung droht. Ausweislich Art. 73 Abs. 1 DAS meint Nichteinhaltung, dass der Diensteanbieter die einschlägigen Bestimmungen dieser Verordnung (lit. a)), die gemäß Art. 70 DSA angeordnete einstweilige Maßnahmen (lit. b)) oder die gemäß Art. 71 DSA bindende Verpflichtungszusagen (lit. c)) nicht erfüllt. Hierbei ist der Begriff der einschlägigen Bestimmungen eng zu fassen, sodass hierunter nur festgestellte Verstöße gegen Bestimmungen aus Kap. III Abschn. 5 (Art. 33 bis 43 DSA), die in den ausschließlichen Zuständigkeitsbereich der Kommission fallen sowie festgestellte Verstöße gegen sonstige Bestimmungen mit systemischem Charakter, die in den Bereich der geteilten Zuständigkeit fallen.[1069]

1067 Art. 66 Abs. 2 VO (EU) 2022/2065.

1068 Art. 65 Abs. 1 VO (EU) 2022/2065.

1069 Hoffman/Raue/*Krönke/Petermair*, DSA, Art. 35 Rn. 6.

Sodann obliegt der Kommission die Befugnis, die Nichteinhaltung mit Beschluss festzustellen, Art. 73 Abs. 1 DSA. Der Beschluss markiert das Ende des nach Art. 66 DSA eingeleiteten Verfahrens.[1070]

Die Nichteinhaltung kann mit Geldbußen und Zwangsgeldern sanktioniert werden.[1071] Die Verhängung und Höhe der zulässigen Geldbußen richtet sich nach Art. 74 DSA. Weiterhin ermöglicht Art. 76 DSA die Festsetzung von Zwangsgeldern, mit denen die Beachtung von Handlungs-, Duldungs- oder Unterlassungspflichten durchgesetzt werden soll. Im Unterschied wirken Geldbußen als repressive Ahndung einer Zuwiderhandlung während Zwangsgelder auf ein zukünftiges oder gegenwärtiges Verhalten des Diensteanbieters einwirken sollen.[1072] Die Festlegung der Buß- und Zwangsgelder muss dem Grundsatz der Verhältnismäßigkeit und des Verbots der doppelten Bestrafung genügen.[1073]

dd) Übersicht der Sanktionen[1074]

Verstoß	**Adressat**	**Vorschrift**	**(Nationale) Bußgelder**
Unterbliebene Kooperation bei behördlicher Anordnung zum Vorgehen gegen rechtswidrige Inhalte	Vermittlungsdienste	Art. 9 (1), (5) DSA	Bis zu 100.000 EUR oder bis zu 1 % des weltweiten Jahresumsatzes**
Unterbliebene Kooperation bei behördlicher Auskunftsanordnung über einen Nutzer	Vermittlungsdienste	Art. 10 (1) DSA	Bis zu 100.000 EUR oder bis zu 1 % des weltweiten Jahresumsatzes**
Unterbliebene Benennung von Kontaktstellen für Behörden	Vermittlungsdienste	Art. 11 (1) DSA	Bis zu 100.000 EUR oder bis zu 1 % des weltweiten Jahresumsatzes**
Unterbliebene Benennung von Kontaktstelle für Nutzer	Vermittlungsdienste	Art. 12 (1) DSA	Bis zu 100.000 EUR oder bis zu 1 % des weltweiten Jahresumsatzes**
Unterbliebene/Unzureichende Veröffentlichung Kontaktstellen	Vermittlungsdienste	Art. 11 (2), (3) Art. 12 (2) DSA	Bis zu 100.000 EUR oder bis zu 1 % des weltweiten Jahresumsatzes**

1070 Müller-Terpitz/Köhler/*Henn*, DSA, Art. 73 Rn. 22.

1071 Näher dazu *Achleitner*/Steinrötter, Europäische Plattformregulierung, § 8 Rn. 84 ff.

1072 Müller-Terpitz/Köhler/*Henn*, DSA, Art. 74 Rn. 3.

1073 Steinrötter/*Achleitner*, Europäische Plattformregulierung, § 8 Rn. 90.

1074 Quelle der Übersicht abrufbar unter: https://www.haufe.de/recht/weitere-rechtsgebiete/wirtschaftsrecht/leitfaden-durchsetzung-des-digital-services-act-in-deutschland_210_628282.html (zuletzt abgerufen am 1.11.2024).

Verstoß	Adressat	Vorschrift	(Nationale) Bußgelder
Unterbliebene Benennung von gesetzlichem Vertreter	Vermittlungsdienste ohne Niederlassung in der EU	Art. 13 (1), (2) DSA	Bis zu 100.000 EUR oder bis zu 1 % des weltweiten Jahresumsatzes**
Unterbliebene/Unzureichende/Veraltete Meldung des gesetzlichen Vertreters	Vermittlungsdienste ohne Niederlassung in der EU	Art. 13 (4) DSA	Bis zu 100.000 EUR oder bis zu 1 % des weltweiten Jahresumsatzes**
Unterbliebene Information über wesentliche Änderungen der AGB	Vermittlungsdienste	Art. 14 (2) DSA	Bis zu 100.000 EUR oder bis zu 1 % des weltweiten Jahresumsatzes**
Nicht altersgerechte Erläuterung der AGB	Vermittlungsdienste	Art. 14(3) DSA	Bis zu 100.000 EUR oder bis zu 1 % des weltweiten Jahresumsatzes**
Unterbliebene/Unzureichende/Verspätete Transparenzberichte	Vermittlungsdienste	Art. 15 (1), Art. 24 (1) DSA	Bis zu 100.000 EUR oder bis zu 1 % des weltweiten Jahresumsatzes**
Fehlendes/Unzureichendes Meldeverfahren	Hosting-Dienst / Online-Plattform	Art. 16 (1), (2) DSA	Bis zu 300.000 EUR oder bis zu 6 % des weltweiten Jahresumsatzes**
Unterbliebene/Unzureichende/Verspätete Mitteilung zu Entscheidung über Meldung und mögliche Rechtsbehelfe	Hosting-Dienst / Online-Plattform	Art. 16 (5) DSA	Bis zu 100.000 EUR oder bis zu 1 % des weltweiten Jahresumsatzes**
Unzureichende Moderation von rechtswidrigen Inhalten	Hosting-Dienst / Online-Plattform	Art. 16 (6) DSA	Bis zu 300.000 EUR oder bis zu 6 % des weltweiten Jahresumsatzes**
Unterbliebene/Unzureichende/Verspätete Begründung der Moderation der Inhalte	Hosting-Dienst / Online-Plattform	Art. 17 (1), (2), (3), (4) DSA	Bis zu 300.000 EUR oder bis zu 6 % des weltweiten Jahresumsatzes**
Unterbliebener/Unzureichender Zugang zu einem internen Beschwerdemanagementsystem	Online-Plattformen	Art. 20 (1), (2), (3) DSA	Bis zu 300.000 EUR oder bis zu 6 % des weltweiten Jahresumsatzes**
Unterbliebene/Verspätete Rückgängigmachung von Moderation nach begründeter Beschwerde	Online-Plattform*	Art. 20 (4) DSA	Bis zu 300.000 EUR oder bis zu 6 % des weltweiten Jahresumsatzes**
Unterbliebene/Unzureichende/Verspätete Mitteilung an Beschwerdeführer	Online-Plattform*	Art. 20 (5) DSA	Bis zu 100.000 EUR oder bis zu 1 % des weltweiten Jahresumsatzes**

Verstoß	Adressat	Vorschrift	(Nationale) Bußgelder
Entscheidung erfolgte nicht unter Aufsicht angemessen qualifizierten Personals / ausschließlich automatisiert	Online-Plattform*	Art. 20 (6) DSA	Bis zu 300.000 EUR oder bis zu 6 % des weltweiten Jahresumsatzes**
Fehlende Information über außergerichtliche Streitbeilegung nach DSA	Online-Plattform*	Art. 21 (1) DSA	Bis zu 100.000 EUR oder bis zu 1 % des weltweiten Jahresumsatzes**
Fehlender Mechanismus für Trusted Flagger	Online-Plattform*	Art. 22 (1) DSA	Bis zu 300.000 EUR oder bis zu 6 % des weltweiten Jahresumsatzes**
Unterbliebene/Unzureichende/ Verspätete Übermittlung der monatlich aktiven Nutzer in der EU auf Anfrage des Koordinators für digitale Dienste / der EU-Kommission	Online-Plattform / Online-Suchmaschine	Art. 24 (3) DSA	Bis zu 100.000 EUR oder bis zu 1 % des weltweiten Jahresumsatzes**
Unterbliebene/Unzureichende/ Verspätete Übermittlung der Entscheidungen und Begründungen nach Art. 17 (1) DSA für Transparenzdatenbank	Online-Plattform*	Art. 24 (5) DSA	Bis zu 100.000 EUR oder bis zu 1 % des weltweiten Jahresumsatzes**
Unterbliebene Bereini gung der übermittelten Entscheidungen und Begründung von personenbezogenen Daten	Online-Plattform*	Art. 24 (5) DSA	Bis zu 300.000 EUR oder bis zu 6 % des weltweiten Jahresumsatzes**
Verwendung von Dark Patterns	Online-Plattform*	Art. 25 (1) DSA	Bis zu 100.000 EUR oder bis zu 1 % des weltweiten Jahresumsatzes**
Unterbliebene/Unzureichende Werbekennzeichnung	Online-Plattform*	Art. 26 (1) DSA	Bis zu 300.000 EUR oder bis zu 6 % des weltweiten Jahresumsatzes**
Fehlender Mechanismus für Nutzer, ihre Inhalte als Werbung zu kennzeichnen	Online-Plattform*	Art. 26 (2) DSA	Bis zu 300.000 EUR oder bis zu 6 % des weltweiten Jahresumsatzes**
Fehlende Erkennbarkeit der Werbekennzeichnung für andere Nutzer	Online-Plattform*	Art. 26 (2) DSA	Bis zu 300.000 EUR oder bis zu 6 % des weltweiten Jahresumsatzes**
Ausspielen von personalisierter Werbung unter Verwendung besonderer Kategorien personenbezogener Daten (Art. 9 DS-GVO)	Online-Plattform*	Art. 26 (3) DSA	Bis zu 300.000 EUR oder bis zu 6 % des weltweiten Jahresumsatzes**

Verstoß	Adressat	Vorschrift	(Nationale) Bußgelder
Fehlende/Unzureichende Transparenz der Empfehlungssysteme	Online-Plattform*	Art. 27 (1), (2) DSA	Bis zu 300.000 EUR oder bis zu 6 % des weltweiten Jahresumsatzes**
Fehlende Wahlmöglichkeit für Nutzer bei mehreren Optionen für Empfehlungssysteme	Online-Plattform*	Art. 27 (3) DSA	Bis zu 300.000 EUR oder bis zu 6 % des weltweiten Jahresumsatzes**
Unzureichende Vorsorgemaßnahmen zum Schutz Minderjähriger	Online-Plattform*	Art. 28 (1) DSA	Bis zu 5.000.000 EUR
Personalisierte Werbung bei hinreichender Gewissheit über Minderjährigkeit	Online-Plattform*	Art. 28 (2) DSA	Bis zu 300.000 EUR oder bis zu 6 % des weltweiten Jahresumsatzes**
Fehlende Kontrolle von Unternehmern vor deren Nutzung	Fernabsatz-Plattform*	Art. 30 (1) DSA	Bis zu 300.000 EUR oder bis zu 6 % des weltweiten Jahresumsatzes**
Unterbliebene/Unzureichende/Verspätete Aufforderung zur Korrektur der Pflichtangaben bei Verdacht	Fernabsatz-Plattform*	Art. 30 (3) DSA	Bis zu 300.000 EUR oder bis zu 6 % des weltweiten Jahresumsatzes**
Unterbliebene/Unzureichende Speicherung der Pflichtangaben	Fernabsatz-Plattform*	Art. 30 (5) DSA	Bis zu 300.000 EUR oder bis zu 6 % des weltweiten Jahresumsatzes**
Herausgabe sensibler Händlerinformationen ohne begründeten Anlass	Fernabsatz-Plattform*	Art. 30 (6) DSA	Bis zu 300.000 EUR oder bis zu 6 % des weltweiten Jahresumsatzes**
Unterbliebene/Unzureichende Veröffentlichung von Kontaktangaben, gegebenenfalls Registernummer sowie Selbstbescheinigung des Händlers	Fernabsatz-Plattform*	Art. 30 (7) DSA	Bis zu 100.000 EUR oder bis zu 1 % des weltweiten Jahresumsatzes**
Unterbliebene Gestaltung der Plattform, dass Unternehmer ihren Informationspflichten (Verbraucherschutz, Konformität, Produktsicherheit) nachkommen können	Fernabsatz-Plattform*	Art. 31 (1) DSA	Bis zu 300.000 EUR oder bis zu 6 % des weltweiten Jahresumsatzes**
Unterbliebene Information über rechtswidriges Produkt/rechtswidrige Dienstleistung auf Plattform	Fernabsatz-Plattform*	Art. 32 (1) DSA	Bis zu 100.000 EUR oder bis zu 1 % des weltweiten Jahresumsatzes**

Verstoß	Adressat	Vorschrift	(Nationale) Bußgelder
Unterbliebene Veröffentlichung über rechtswidriges Produkt/rechtswidrige Dienstleistung, falls Kontaktdaten der Verbraucher nicht bekannt	Fernabsatz-Plattform*	Art. 32 (2) DSA	Bis zu 100.000 EUR oder bis zu 1 % des weltweiten Jahresumsatzes**

5. Zusammenfassung und Auswirkungen auf die Praxis

Um sein übergeordnetes Ziel zu erreichen, ein sicheres, berechenbares und vertrauenswürdiges Online-Umfeld[1075] zu schaffen, umfasst der DSA ein umfangreiches Pflichten- und Durchsetzungssystem. Die vom DSA vorgesehenen „schweren Geschütze“[1076] in Gestalt von Sorgfalts- und Transparenzpflichten sowie Buß- und Zwangsgeldern treffen jegliche Erbringer von Vermittlungsdiensten. Der Anwendungsbereich des DSA erfasst sowohl die wenigen weltweit agierenden VLOPs und VLOSEs wie auch kleinere Anbieter von Vermittlungsdiensten.

Der DSA bewegt sich dabei stets auf dem schmalen Grad einen Ausgleich ganz unterschiedlicher kollidierender Interessen. So bezweckt der DSA rechtswidrige Inhalte effektiv zu bekämpfen und vorzubeugen und damit dem Grundrechtsschutz der Nutzer der Plattform Rechnung zu tragen. Dem gegenüber steht der Vorwurf, dass zu viel und zu weitreichend Inhalte gelöscht werden (sog. Overblocking) und zu stark in die unternehmerischen Freiheiten der Anbieter eingegriffen wird.

Sehr begrüßenswert ist, dass der DSA für ein derart grenzüberschreitend agierendes Betätigungsfeld wie das der digitalen Dienste eine einheitliche Rechtslandschaft schafft. Der DSA schafft es so, den europäischen Raum vor einer Zersplitterung durch nationale Vorgaben zu schützen und innovationshemmenden Hürden vorzubeugen.[1077] Diensteanbieter sehen sich, wenn sie grenzüberschreitend tätig werden wollen, insgesamt 27 unterschiedlichen Regelungssystemen gegenüber. Diesen unterschiedlichen und zum Teil sich widersprechenden Systemen gerecht zu werden, ist kostenintensiv und nur von größeren Unternehmen zu bewältigen. Durch den DSA sehen sich Unternehmen gleichen Wettbewerbsbedingungen gegenüber, sodass sie leichter binnenmarktübergreifend tätig werden und wachsen können. Die Europäische Kommission verspricht sich dadurch einen Zuwachs des grenzüberschreitenden digitalen Handels von 2 %.[1078]

1075 Erwägungsgrund 9 VO (EU) 2022/2065.

1076 *Wegmann/Kehl*, BB 2024, 387, 387.

1077 https://commission.europa.eu/strategy-and-policy/priorities-2019-2024/europe-fit-digital-age/digital-services-act_de (zuletzt abgerufen am 1.11.2024).

1078 https://commission.europa.eu/strategy-and-policy/priorities-2019-2024/europe-fit-digital-age/digital-services-act/europe-fit-digital-age-new-online-rules-businesses_de (zuletzt abgerufen am 1.11.2024).

Anbieter von KMU sind nach Art. 29 DSA von den kostenintensivsten Verpflichtungen befreit, wodurch zusätzlich ihr Wachstum gefördert wird. Bedient sich ein KMU der Online-Plattform, um über diese den Verkauf ihrer Waren abzuwickeln, sehen sie sich den Geschäftsbedingungen der großen Plattformen und deren internen Umgang mit den Inhalten gegenüber. Der DSA schafft in dieser Hinsicht durch die Transparenzpflichten für die KMU Einsicht in den Prozess der Einstufung ihrer Inhalte, die Werbemechanismen und die Moderation ihrer Inhalte. Der Verordnungsgeber erhofft sich damit, dass die KMU leichter wachsen und es „mit den Gatekeeper-Plattformen aufnehmen" können.[1079]

Dem gegenüber steht die Sorge der Unternehmen dem weitreichenden Sorgfalts- und Transparenzpflichten nicht gerecht zu werden, sodass sie mit den Bußgeld- und Schadensersatzvorschriften konfrontiert werden.[1080] Der Umfang sollte Diensteanbieter gleichwohl nicht „in Panik versetzen".[1081] In einem ersten Schritt sind die Diensteanbieter angehalten zu prüfen, ob und wenn ja unter welche Kategorie des DSA sie fallen, wozu es einer sorgfältigen Prüfung bedarf. In einem zweiten ist sodann zu ermitteln, welche Pflichten für sie gelten. Dabei sei zu beachten, dass die Anwendung des DSA unter Umständen weiter ist als es auf den ersten Blick scheint und auch kleinen Unternehmen zu empfehlen ist, eine Prüfung ihres Risikoprofil vorzunehmen.[1082] Vorteilhaft ist, das der DSA einem auf die Größe des Vermittlungsdienstes zugeschnittenem asymmetrischem Regulierungssystem folgt. Dadurch soll erreicht werden, dass die Diensteanbieter sich nur solchen Verpflichtungen gegenübersehen, die verhältnismäßig sind. Dem könnte entgegenstehen, dass insbesondere die umfassenden Compliance-Pflichten so hoch sind, dass sie nicht den Marktzugang erleichtern, sondern diesen vielmehr erschweren.[1083] Auch ist zu berücksichtigen, dass der DSA zwar dem Ziel der Schaffung von Rechtsklarheit verpflichtet ist, aufgrund zahlreicher unbestimmter Rechtsbegriffe oder nur schwammiger Verpflichtungen, aber weiterhin Abgrenzungsfragen bestehen werden.[1084] Der DSA sieht an mehreren Stellen vor, dass die Kommission zur Konkretisierung noch weitere Rechtsakte erlassen kann[1085] oder die Behörden die unbestimmten Rechtsbegriffe bei ihren Kontrollen ausfüllen[1086] was unterstreicht, dass der DSA Raum für Ausformung lässt. Es ist dem DSA daher zuzugestehen, dass er ein einheitliches Regulierungssystem innerhalb der EU schafft. Zu beachten bleibt aber, dass auch der DSA kein abschließendes und nicht näher zu konkretisierendes System geschaffen hat. Kon-

---

1079 https://commission.europa.eu/strategy-and-policy/priorities-2019-2024/europe-fit-digital-age/digital-services-act/europe-fit-digital-age-new-online-rules-businesses_de (zuletzt abgerufen am 1.11.2024).

1080 *Wegmann/Kehl*, BB 2024, 387, 393.

1081 *Schröder/Hardan*, BB 2023, 579, 585.

1082 *Wegmann/Kehl*, BB 2024, 387, 393.

1083 *Schröder/Hardan*, BB 2023, 579, 585.

1084 *Schmid/Greve*, MMR 2021, 279, 282.

1085 ZB Art. 15 Abs. 3 DSA.

1086 *Apel/Huber*, JuS 203, 514, 518.

sequenz dessen ist, dass an einigen Stellen bis zu einer letztlichen Klärung durch den EuGH Unschärfe bestehen bleibt. Das ist gleichwohl kein genuines Problem des DSA, sondern wohnt dem Charakter eines jungen Rechtsaktes inne. Weiterhin ist dem Verordnungsgeber zu Gute zu halten, dass ein derart dynamisches Feld wie die Datenwirtschaft ein flexibles und anpassungsfähiges Regulierungssystem erfordert.[1087]

Weitere Stoßrichtung des DSA ist es, der sog. *Gatekeeper*-Rolle der großen Plattformen Abhilfe zu schaffen. Erreicht werden soll dies dadurch, dass die Transparenz der Mechanismen für die Verbraucher erhöht.[1088] Auch werden den mächtigen VLOPs und VLOSEs eine Reihe von umfassenden Sorgfaltspflichten auferlegt, die durch Rechtssicherheit schnelle und vorhersehbare Entscheidungen ermöglichen. Hier bleibt jedoch abzuwarten, ob der DSA ähnlich wie die DS-GVO einen sog. *Brussel Effect* haben wird. Das wäre dann der Fall, wenn sich regulierungsrechtlich an dem DSA orientiert werden würde. Der damit erzeugte Wettbewerb, sog. *race to the top*, wäre dem Ziel des DSA zuträglich. Andererseits erscheint es auch denkbar, dass die Diensteanbieter versuchen, einem weniger intensivem Regulierungssytem zu unterliegen. Folge wäre ein sog. race to the bottom, eine „schädliche Deregulierungsspirale."[1089]

Kritisiert werden kann an dem System daneben, dass es „mit Kanonen auf Spatzen schießt." Ob diese Annahme, dass die auferlegten Pflichten außer Relation zu den Risiken stehen, zutrifft, hängt davon ab, wie man die Risiken einordnet. So ließe sich auf der einen Seite der weitreichende und strenge Haftungsrahmen angesichts eines drohenden „zivilisatorischem Verfall" begrüßen.[1090] Wiederum einschränkend ist anzurechnen, dass in einer freiheitlichen Gesellschaft eine Regulierung, insbesondere der Meinungsfreiheit, stets als ultima ratio zu handhaben ist.[1091]

III. Digital Markets Act (DMA) – Verordnung (EU) 2022/1925

Literatur: *Bechtold/Bosch/Brinker*, EU-Kartellrecht, 4. Auflage 2023; *Becker*, Privatrechtliche Durchsetzung des Digital Markets Act, ZEuP 2023, 403; *Belloso*, The EU Digital Markets Act, 2022, abrufbar unter: https://papers.ssrn.com/sol3/papers.cfm?abstract_id=4109299; *Brauneck*, Der Digital Markets Act (DMA) – das neue, bessere digitale EU-Wettbewerbsrecht?, RDi 2023, 27; *Buchheim/Kraetzig/Mendelsohn/Steinrötter*, Plattformen – Grundlagen und Neuordnung des Rechts digitaler Plattformen, 2023; *Charbit/Gachot*, Eleanor M. Fox: Antitrust Ambassador to the World – Liber Amicorum, 2021; *Drewes/Meyer/Moss*, Update: Europäische Plattformregulierung, RDi 2024, 310; *Europäischer Datenschutzausschuss*, Leitlinien 05/2020 zur Einwilligung gemäß der Verordnung 2016/679, Version 1.1, 4.5.2020; *Flechter*, DMA Switching Tools and Choice Screens, 2022, abrufbar unter https://cerre.eu/wpcontent/uploads/2022/11/DMA_Switching

1087 *Apel/Huber*, JuS 203, 514, 518.
1088 Steinrötter/*Hoch-Loy*, Europäische Plattformregulierung, § 4 Rn. 1f.
1089 *Steinrötter*, Europäische Plattformregulierung, § 1 Rn. 19.
1090 *Geese*, Why the DSA could save us from the rise of authoritarian regimes, https://verfassungsblog.de/dsa-authoritarianism/ (zuletzt abgerufen 1.11.2024).
1091 *Wegmann/Kehl*, BB 2024, 387, 393.

ToolsandChoiceScreens.pdf; *Galle/Dressel*, Private Rechtsdurchsetzung des DMA, EuZW 2024, 107; *Geradin/Bania/Karanikioti*, The interplay between the Digital Markets Act and the General Data Protection Regulation, 2022, abrufbar unter: https://papers.ssrn.com/sol3/papers.cfm?abstract_id=4203907; *Gersdorf/Paal*, BeckOK Informations-und Medienrecht, 44. Edition (Stand: 1.5.2024); *Harta*, Marktmissbrauch und Digital Markets Act, cepInput, 28.9.2021, abrufbar unter: https://www.cep.eu/fileadmin/user_upload/cep.eu/Studien/cepInput_Marktmissbrauch_und_DMA/cepInput_Marktmachtmissbrauch_und_DMA.pdf; *Hebers*, Der Digital Markets Act ist verabschiedet – jetzt beginnt die Arbeit für alle Beteiligten, BB 2022, I; *Higer/Patt*, „Kampf gegen Windmühlen“ – ist eine Abwendung der Gatekeeper-Benennung nach dem DMA tatsächlich überhaupt möglich?, NZKart 2024, 78; *Kerber*, Datenrechtlich Aspekte des Digital Markets Act, ZD 2021, 544; *Kersting/Podszun*, Die 9. GWB-Novelle, 2017; *Kleine/Mienert/Moryn/Timm*, Auf dem Prüfstand: Die Durchsetzung des DMA in der Digitalwirtschaft, Newsdienst Compliance 2024, 220008; *Koenig*, Chapter 11: Introduction to the Digital Markets Act (DMA), 2024, abrufbar unter: https://papers.ssrn.com/sol3/papers.cfm?abstract_id=4715147 (ab November 2024 verfügbar in: *Steinrötter/Heinze/Denga*, EU Platform Regulation, 2024); *Kraul*, Das neue Recht der Digitalen Dienste (DSA), 2022; *Kraul/Schmidt*, Plattformregulierung 2.0 – Digital Services Act und Digital Markets Act als Herausforderung für die Compliance-Organisation, CCZ 2023, 117; *Küsters*, Stille Wasser sind tief – Zu den schwierigen Abgrenzungsfragen des Art. 3 Abs. 2 DMA, BB 2022, 2819; *Möller-Klapperich*, Die Digitalisierung wirtschaftlich relevanter Sachverhalte und das (neue) Recht der Daten, NJ 2024, 193; *Möller-Klapperich/Rasquin*, Regulatorische Herausforderungen in KI-Wertschöpfungsketten, NJ 2023, 383; *Monopolkommission*, Hauptgutachten – Wettbewerb 2022, 2022; *Paal/Kumkar*, Wettbewerbsschutz in der Digitalwirtschaft, NJW 2021, 809; *Paal/Pauly*, Datenschutz-Grundverordnung, 3. Auflage 2021; *Pfeiffer/Helmke*, Die Digitalrechtsakte der EU (DGA, DSA, DMA, KI-VO-E und DA-E) – Teil I, ZD-Aktuell 2023, 01125; *Podszun*, Nomos-HK Digital Markets Act, 2023; *Podszun*, Should Gatekeepers Be Allowed to Combine Data? Ideas for Art. 5(a) of the Draft Digital Markets Act, GRUR Int. 2022, 197; *Podszun/Bongartz/Kirk*, Digital Markets Act – Neue Regeln für Fairness in der Plattformökonomie, NJW 2022, 3249; *Richter/ Gömann*, Private Enforcement des DMA – Ein Ausblick am Beispiel Amazons, NZKart 2023, 208; *Riesenhuber*, Europäische Methodenlehre, 4. Auflage 2021; *Säcker*, Münchener Kommentar zum Wettbewerbsrecht, 4. Auflage 2023; *Savary*, Regulierung von Gatekeeper-Plattformen, RDi 2021, 117; *Schmidt/Hübener*, Das neue Recht der digitalen Märkte – Digital Markets Act, 2023; *Steinrötter*, Europäische Plattformregulierung, 2023; *Streinz*, EUV/AEUV, 3. Auflage 2018; *Taeger/Pohle*, Computerrechtshandbuch, Stand: April 2024, 39. Ergänzungslieferung.

1. Einführung

Das Gesetz über digitale Märkte (engl. *Digital Markets Act*, im Folgenden: DMA) wurde am 12.10.2022 im Amtsblatt veröffentlicht und trat gem. Art. 54 Abs. 1 DMA am 1.11.2022 in Kraft. Ab dem 2.5.2023 gilt der DMA gem. Art. 54 Abs. 2 DMA in allen Mitgliedsstaaten; er trägt der zunehmenden Bedeutung digitaler Dienste Rechnung, welche auch für das Funktionieren des Binnenmarktes innerhalb der Union immer mehr an Bedeutung gewinnen.[1092]

1092 Erwägungsgrund 1 VO (EU) 2022/2065.

a) Ökonomische Hintergründe des DMA

Zunehmend lässt sich eine Zentrierung der Marktmacht auf einige wenige zentrale Plattformdienste (sog. **Torwächter**, Art. 1 Abs. 2 DMA) beobachten, die dabei als ökonomische Schnittstelle zwischen verschiedenen Gruppen von gewerblichen und privaten Nutzern fungieren.[1093] In den Erwägungsgründen des DMA werden zahlreiche Gründe für diese Machtstellung ausfindig gemacht, welche nicht zuletzt der besonderen Struktur des Markts digitaler Dienstleistungen geschuldet sind.[1094] So profitieren Anbieter zentraler Plattformdienste insbesondere von sog. **Netzwerkeffekten**, wobei zwischen direkten und indirekten Netzwerkeffekten unterschieden wird.[1095] Direkte Netzwerkeffekte entstehen, wenn der Nutzwert eines Nutzers steigt, je mehr Mitglieder derselben Nutzergruppe die Plattform verzeichnet.[1096] Dies gilt vor allem auch für Nutzer aus gewerblichen Zwecken aufgrund der höheren Absatzmöglichkeit.[1097] Von indirekten Netzwerkeffekten spricht man dagegen im Zusammenhang mit mehrseitigen Märkten, wenn der Wert und damit der Zuwachs einer Nachfragegruppe von der Nachfrage einer anderen Gruppe abhängt.[1098] Die Plattformanbieter profitieren von diesen Netzwerkeffekten in Form eines schnellen und exponentiellen Zuwachses[1099]. Gleichzeitig ist das Hinzukommen weiterer Nutzer für Plattformdienste kaum mit Grenzkosten verbunden.[1100] Zudem nutzen Endnutzer für einen bestimmten Zweck in der Regel nur eine Plattform; es kommt also nicht zum sog. ***multi-homing***.[1101] Dabei gewinnt gewöhnlich die größte Plattform.[1102] Dies lässt hohe Abhängigkeiten gerade gewerblicher Nutzer von dem jeweiligen Plattformdienst entstehen, da Plattformbetreibern bei entsprechender Torwächtermacht die Kontrolle über den Zugang anderer Unternehmen zu wichtigen Kundengruppen obliegen kann.[1103] Die Abhängigkeit gewerblicher Nutzer von Torwächtern wird flankiert vom sog. **Lock-in-Effekt**[1104], der dafür sorgt, dass Plattformen ihre Nutzer so stark an sich binden, dass ein Wechsel zu alternativen Plattformen nur mit höheren Wechselkosten und/oder dem Überwinden von Wechselbarrieren verbunden wäre – in der Folge kommt es regelmäßig dazu, dass Nutzer auf der entsprechenden

---

1093 Schmidt/Hübener/*Mendelsohn*/*Budzinski*, Das neue Recht der digitalen Märkte, § 2 Rn. 2.

1094 Erwägungsgrund 3 VO (EU) 2022/2065; *Koenig*, Chapter 11 Introduction to the Digital Markets Act (DMA), S. 6 ff.

1095 Steinrötter/*König*, Europäische Plattformregulierung, § 11 Rn. 8.

1096 Schmidt/Hübener/*Mendelsohn*/*Budzinski*, Das neue Recht der digitalen Märkte, § 2 Rn. 6; *Kraul*/*Schmidt*, CCZ 2023, 117, 183.

1097 Erwägungsgrund 3 VO (EU) 2022/2065.

1098 MüKoEuWettbR/*Bien*, AEUV Art. 102, Rn. 258, 259; Schmidt/Hübener/*Mendelsohn*/*Budzinski*, Das neue Recht der digitalen Märkte, § 2 Rn. 7.

1099 Erwägungsgrund 2, 3, 13 VO (EU) 2022/2065.

1100 Erwägungsgrund 2 VO (EU) 2022/2065; *Savary*, RDi 2021, 117, 118.

1101 Erwägungsgrund 2 VO (EU) 2022/2065.

1102 *Savary*, RDi 2021, 117, 118.

1103 Steinrötter/*König*, Europäische Plattformregulierung, § 11 Rn. 7.

1104 Erwägungsgrund 2 VO (EU) 2022/2065.

Plattform verbleiben und die Inanspruchnahme von konkurrierende Plattformdiensten gar nicht erst in Betracht ziehen.[1105]

Nicht zuletzt erlangt der vereinfachte Zugang der Plattformbetreiber zu großen Datenmengen in Zeiten von KI immer größere Bedeutung.[1106] Mehr Nutzer führen unwillkürlich auch zu mehr Daten, was sich wiederum positiv auf die Qualität des jeweiligen Dienstes auswirkt und damit wieder mehr Nutzer anzieht.[1107] Man spricht in diesem Zusammenhang auch von sog. **datengetriebenen Netzwerkeffekten**.[1108] Zudem können diese Datenvorteile auch in andere Tätigkeitsbereiche des Plattformbetreibers ausstrahlen und dessen Vorteilsposition so weiter verfestigen.[1109]

Die Folgen dieser Entwicklung sind vielfältig und in ihrer Bedeutung nicht zu unterschätzen: Sie wirken sich zum einen für die Nutzer nachteilig auf ihrer Auswahlmöglichkeiten aus.[1110] Zum anderen lässt sich eine Beeinträchtigung von Innovation und fairem Wettbewerb ausmachen, indem ein Markteintritt aufgrund genannter struktureller Vorteile der bestehenden Plattformen behindert wird.[1111] Dies birgt ferner die Gefahr der Oligopolbildung.[1112] Neben den enorm hohen Investitionskosten kommt dabei auch dem schlechteren Zugang zu Daten besondere Bedeutung zu.[1113] In Anbetracht der besonderen Machtposition der Anbieter zentraler Plattformdienste bestehen außerdem häufig divergente Verhandlungspositionen, die die Gefahr einseitig nachteiliger Geschäftsbedingungen mit sich bringen.[1114]

b) Ziele des DMA

Der DMA soll den benannten Gefahren und Problemen entgegenwirken, in dem er Vorgaben für digitalen Plattformanbieter schafft, wie sie ihre Dienstleistung erbringen dürfen. Gem. Art. 1 Abs. 1 DMA soll der DMA zu einer Verbesserung der Funktionsfähigkeit und Integration des Binnenmarktes beitragen, indem ungleiche Wettbewerbsbedingungen für Nutzer beseitigt und so eine Fragmentierung des Binnenmarkts verhindert werden soll.[1115] Angestrebt wird eine Harmonisierung der Rechtsvorschriften, um einen

---

1105 *Kraul/Schmidt*, CCZ 2023, 117, 184; *Savary*, RDi 2021, 117, 118.
1106 *Möller-Klapperich/Rasquin*, NJ 2023, 383, 388.
1107 MüKoWettbR/*Krämer*, Ökonomische Grundlagen der digitalen Plattformregulierung, Rn. 56; Steinrötter/*König, Europäische Plattformregulierung*, § 11 Rn. 9.
1108 MüKoWettbR/*Krämer*, Ökonomische Grundlagen der digitalen Plattformregulierung, Rn. 56.
1109 Steinrötter/*König*, Europäische Plattformregulierung, § 11 Rn. 9.
1110 Erwägungsgrund 2 VO (EU) 2022/2065.
1111 Erwägungsgrund 4 VO (EU) 2022/2065.
1112 Erwägungsgrund 2 VO (EU) 2022/2065.
1113 Erwägungsgrund 3 VO (EU) 2022/2065.
1114 Erwägungsgrund 4 VO (EU) 2022/2065.
1115 Erwägungsgrund 7 VO (EU) 2022/2065; *Koenig*, Chapter 11 Introduction to the Digital Markets Act (DMA), S. 12 ff.

bestreitbaren und fairen digitalen Markt in der gesamten Union zu gewährleisten.[1116] Plattformanbieter, die (potentiell) in Konkurrenz mit den Torwächtern stehen, sollen gestärkt werden, um so wiederum die Torwächter in ihrer zentralistischen Stellung zu schwächen oder bei diesen zumindest die Vorstellung einer Schwächung hervorzurufen.[1117] Bezweckt werden soll damit unter anderem auch, dass die Torwächter eigenständig darauf verzichten, ihre Markmacht missbräuchlich gegenüber anderen Unternehmen und Verbrauchern zu verwenden.[1118] Der DMA soll demnach nicht lediglich dem Schutz des Wettbewerbs auf Sekundärmärkten dienen, sondern gerade die natürliche Monopolbildung in der Digitalwirtschaft angreifen und unterbinden.[1119] Gleichwohl erkennt der europäische Gesetzgeber an, dass einige Torwächter bereits so in ihrer Position gefestigt sind, dass keine nennenswerte Konkurrenz mehr besteht.[1120] In diesen Fällen sollen die Maßnahmen des DMA den freien Wettbewerb auf den nachgelagerten Sekundärmärkten fördern und für Fairness zwischen den auf diesen Märkten tätigen Unternehmen sorgen.[1121] Eine Vereinheitlichung von Vorschriften auf europäischer Ebene kann dazu dienen, **Skalenerträge** (*economies of scale and scope*) auszunutzen und Transaktionskosten zu senken.[1122]

c) Verhältnis zum europäischen und nationalen Wettbewerbsrecht

Der DMA soll den besonderen Eigenschaften der digitalen Märkte Rechnung tragen und tritt dabei insbesondere mit europäischen und nationalen Wettbewerbsvorschriften in Konkurrenz. In Art. 1 Abs. 6 DMA wird klargestellt, dass die Anwendbarkeit dieser Vorschriften unberührt bleibt. Die bestehenden kartellrechtlichen Vorgaben haben sich jedoch zur Erreichung der zum Erlass der Verordnung führenden Konzentrationstendenzen digitaler Konzerne als unzureichend erwiesen.[1123] Während bisherige wettbewerbsrechtliche Regulierungsinstrumente, namentlich das Verbot des Missbrauchs einer marktbeherrschenden Stellung (Art. 102 AEUV) lediglich *ex post* eingreifen, soll der DMA für den Adressaten bereits *ex ante* wirken.[1124] Eine vorherige Feststellung eines rechtswidrigen Verhaltens bedarf es damit im Rahmen des DMA nicht mehr,[1125] vielmehr definiert der DMA seine Adressaten unabhängig von deren Marktmacht oder einer marktübergreifenden Bedeutung anhand formaler Kriterien.[1126] Das europäische Wettbewerbsrecht

---

1116 Erwägungsgrund 8ff. VO (EU) 2022/2065.
1117 Steinrötter/*König*, Europäische Plattformregulierung, § 11 Rn. 20.
1118 Steinrötter/*König*, Europäische Plattformregulierung, § 11 Rn. 20.
1119 Schmidt/Hübener/*Mendelsohn*/*Budzinski*, Das neue Recht der digitalen Märkte, § 2 Rn. 34.
1120 Erwägungsgrund 32 VO (EU) 2022/2065.
1121 Steinrötter/*König*, Europäische Plattformregulierung, § 11 Rn. 22.
1122 Riesenhuber/*Franck*, Europäische Methodenlehre, § 5 Rn. 33.
1123 Erwägungsgrund 5 VO (EU) 2022/2065.
1124 Schmidt/Hübener/*Mendelsohn*/*Budzinski*, Das neue Recht der digitalen Märkte, § 2 Rn. 41, m.w.N.
1125 Schmidt/Hübener/*Mendelsohn*/*Budzinski*, Das neue Recht der digitalen Märkte, § 2 Rn. 41, m.w.N.
1126 Art. 3 Abs. 1, 2 DMA.

greift zwar grundsätzlich auch bei Verhalten von Torwächtern, beschränkt sich dabei jedoch auf spezielle Vorkommnisse von Marktmacht, wie etwa der beherrschenden Stellung auf spezifischen Märkten oder bestimmtem wettbewerbswidrigen Verhalten.[1127] Zudem kommt dem Aspekt der Fairness im Rahmen des DMA eine wesentlichere Bedeutung zu als im Regelungszweck und in den Regelungen des europäischen Wettbewerbsrechts.[1128] Zwar wird auch dort von einem fairen Wettbewerb gesprochen, jedoch kommt dem Aspekt der Fairness, anders als im DMA, nur eine untergeordnete Rolle zu.[1129]

Ein behördliches Einschreiten auf Grundlage des europäischen Wettbewerbsrechts, insbesondere dem Art. 102 AEUV, bei Handlungen großer digitaler Konzerne soll künftig nur noch notwendig sein, wenn der DMA keine entsprechenden Regelungen enthält, die Nichteinhaltung von Vorgaben des DMA zugleich als Verstoß gegen das Missbrauchsverbot des Art. 102 AEUV geahndet werden kann sowie wenn sie mit einer erheblichen Marktstruktur des europäischen Binnenmarkts verbunden ist oder eine solche Verbindung droht.[1130] Anwendbar bleibt die Missbrauchskontrolle daher in Fällen, in denen der Torwächter die Tatbestandsmerkmale des Art. 102 AEUV erfüllt, ohne dass sein Verhalten in Bezug zu einem zentralen Plattformdienst stehe und/oder eine Umgehung der Vorgaben des Art. 13 DMA darstellt.[1131]

Auch die auf nationaler Ebene bestehenden uneinheitlichen Regulierungsvorschriften für digitale Dienste führen bis dato zu einer Fragmentierung des Binnenmarkts.[1132] Mithin bestand auch hier ein Bedürfnis nach europaweit einheitlichen Vorschriften, welchem der DMA abhelfen soll.[1133]

d) Verhältnis zum Digital Services Act

Neben dem DMA soll auch der DSA zu fairen und offenen digitalen Märkten beitragen. Als gemeinsames Paket zu digitalen Diensten bilden sie das erste detaillierte Regelwerk für Online-Plattformen auf EU-Ebene.[1134] Ziel des DSA ist es, ein sicheres, vorherseh-

---

1127 *Brauneck*, RDi 2023, 27, 28.

1128 Bechtold/Bosch/Brinker, DMA, Rn. 12.

1129 Bechtold/Bosch/Brinker, DMA, Rn. 12.

1130 Monopolkommission, Hauptgutachten. Wettbewerb 2022, S. 233, 242.

1131 Monopolkommission, Hauptgutachten. Wettbewerb 2022, S. 241 f.

1132 Erwägungsgrund 6 VO (EU) 2022/2065; auf deutscher Ebene ist hier etwa der § 19a GWB zu nennen, der eine besondere Missbrauchsaufsicht für große Digitalkonzerne auch dann implementiert, wenn diese zwar keine marktbeherrschende Stellung innehaben, ihnen jedoch eine überraschende marktübergreifende Bedeutung für den Wettbewerb zukommt. Obwohl der DMA nationale Vorschriften ebenso unbeachtet lässt, ist es zweifelhaft, § 19a GWB aufgrund vielfacher Parallelen zur Torwächter-Regelung des DMA angesichts des Art. 1 Abs. 5 Satz 1 DMA überhaupt noch Anwendung findet; siehe dazu etwa ausführlich: *Paal/Kumkar*, NJW 2021 809, 815; *Podzun/Bongartz/Kirk*, NJW 2022, 3249, 3250.

1133 *Podzun/Bongartz/Kirk*, NJW 2022, 3249, 3250.

1134 https://www.consilium.europa.eu/de/policies/digital-services-package/ (zuletzt abgerufen am 1.11. 2024).

bares und vertrauenswürdiges Online-Umfeld zu schaffen (Art. 1 Abs. 1 DSA), wobei die Regulierung von Inhalten auf Online-Plattformen im Fokus steht. Der DMA knüpft indes an die für Digitalmärkte typischen Machtstrukturen an und soll der Fragmentierung derselben entgegenwirken. Beide Rechtsakte greifen damit also Unternehmen mit wirtschaftlichen Machtpositionen an, welche sich nicht zuletzt aus der Nutzung großer Datenmengen zurückführen lassen.[1135] Zwar weisen die Verordnungen auch erhebliche Unterschiede auf, die sich schon in der divergierenden Zielsetzung manifestieren, sich aber auch in unterschiedlichen Definitionen, Kategorien und Anforderung oder etwa der Bemessung von Unternehmensgrößen zeigt.[1136] Mitunter kann es in der Praxis indes zu Schnittmengen bei den großen Technologiefirmen kommen, insbesondere dann, wenn Unternehmen sowohl als Torwächter im Sinne des Art 2 DMA einzustufen sind, als auch als Online-Diensteanbieter die Vorschriften des DSA befolgen müssen.[1137] Mit den Vorschriften über das Ranking (Art. 2 Nr. 22 und Art. 6 Abs. 5 DMA) und denen über die Empfehlungssysteme (Art. 3 lit. s und Art. 27 DSA) treffen beide Verordnungen zudem Vorschriften über denselben Regelungsgegenstand.[1138] Wie sich die beiden Rechtsakte jedoch in materiellrechtlicher Hinsicht zueinander verhalten, ist den jeweiligen Gesetzestexten nicht zu entnehmen.[1139] Unter anderem lässt sich dieser Umstand darauf zurückführen, dass beide Verordnungen zeitgleich vorgeschlagen und im Gesetzgebungsverfahren zunächst als einheitliche Verordnung vorgesehen waren.[1140] Grundsätzlich ist davon auszugehen, dass beide Rechtsakte sich ergänzen.[1141] Wie sich beide Verordnungen im Konfliktfall zueinander verhalten, lässt sich letztlich jedoch nur im Einzelfall entscheiden.[1142]

2. Sachlicher und territorialer Anwendungsbereich, Art. 1 Abs. 2 DMA

Der territoriale Anwendungsbereich des DMA erstreckt sich auf die Europäische Union. Er gilt gem. Art. 1 Abs. 2 DMA für zentrale Plattformdienste, die Torwächterfunktionen für gewerbliche Nutzer oder in der EU niedergelassene oder aufhältige Endnutzer in der EU bereitstellen oder anbieten, unabhängig davon, ob sie ihren Sitz innerhalb oder außerhalb der Union haben. Obwohl die Begriffe Bereitstellen und Anbieten im DMA nicht definiert sind, kann nach dem Vorbild der P2B-VO bereits das Vorhalten notwendiger

1135 *Möller-Klapperich*, NJ 2024, 193, 193.
1136 Buchheim/Kraetzig/Mendelsohn/Steinrötter/*Ruschemeier*, Plattformen, S. 227 f.
1137 Buchheim/Kraetzig/Mendelsohn/Steinrötter/*Ruschemeier*, Plattformen, S. 227.
1138 *Pfeiffer/Helmke*, ZD-Aktuell 2023, 01125.
1139 Kraul/*Nathanail*, Das neue Recht der digitalen Dienste, § 2 Rn. 56.
1140 Buchheim/Kraetzig/Mendelsohn/Steinrötter/*Ruschemeier*, Plattformen, S. 227.
1141 Steinrötter/*Schwamberger*, Europäische Plattformregulierung, § 10 Rn. 4; so auch: Kraul/*Nathanail*, Das neue Recht der digitalen Dienste, § 2 Rn. 56, wobei diese zur Begründung Erwägungsgrund 11 VO (EU) 2022/2065 heranzieht.
1142 https://www.nomos.de/digitalrecht-steinroetter/ (zuletzt abgerufen am 1.11.2024).

Einrichtungen und die Bereitschaft zur Leistungserbringung in der EU ausreichen.[1143] In sachlicher Hinsicht findet der DMA gem. Art. 1 Abs. 2 DMA nur Anwendung auf sog. *Torwächter*. Dabei handelt es sich ausweislich der Legaldefinition des Art. 2 Nr. 1 DMA um Unternehmen, die zentrale Plattformdienste für gewerbliche Nutzer und Endnutzer anbieten oder bereitstellen und nach Art. 3 DMA benannt wurden.

a) Zentrale Plattformdienste, Art. 2 Nr. 2 DMA

Art. 2 Nr. 2 DMA führt einen enumerativen Katalog der Dienste auf, die als **zentrale Plattformdienste** zu kategorisieren sind. Dazu zählen:
- Online-Vermittlungsdienste (lit. a));
- Online-Suchmaschinen (lit. b));
- Online-Dienste sozialer Netzwerke (lit. c));
- Video-Sharing-Plattform-Dienste (lit. d));
- nummernunabhängige interpersonelle Kommunikationsdienste (lit. e));
- Betriebssysteme (lit. f));
- Webbrowser (lit. g));
- virtuelle Assistenten (lit. h));
- Cloud-Computing-Dienste (lit. i)) sowie
- Online-Werbedienste, einschließlich Werbenetzwerken, Werbebörsen und sonstiger Werbevermittlungsdienste, die von einem Unternehmen, das einen der unter den Buchstaben a bis i genannten zentralen Plattformdienste bereitstellt, bereitgestellt werden (lit. j)).

b) Benennung als Torwächter, Art. 3 DMA

Art. 2 Nr. 1 DMA setzt des Weiteren voraus, dass ein Unternehmen als Torwächter benannt worden ist.

aa) Qualitative und quantitative Schwellenwerte, Art. 3 Abs. 1, 2 DMA

Die Benennung als **Torwächter** erfolgt gem. Art. 3 Abs. 1, Abs. 4 DMA durch die Europäische Kommission, sofern das Unternehmen
- erheblichen Einfluss auf den Binnenmarkt hat (lit. a));
- einen **zentralen Plattformdienst** bereitstellt, der gewerblichen Nutzern als wichtiges Zugangstor zu Endnutzern dient (lit. b)) und

1143 HK-DMA/*Käseberg*/*Gappa*, DMA Art. 1 Rn. 9; MüKoEuWettbR/*König*, DMA Art. 1 Rn. 15.

- hinsichtlich seiner Tätigkeiten eine gefestigte und dauerhafte Position innehat oder voraussichtlich in naher Zukunft eine solche erlangen wird (lit. c)).[1144]

Nach Art. 3 Abs. 2 DMA wird vermutet, dass ein Unternehmen die jeweiligen Anforderungen des Art. 3 Abs. 1 DMA erfüllt, sofern es die in Art. 3 Abs. 2 DMA genannten quantitativen Schwellenwerte erreicht.

Von einem erheblichen Einfluss auf den Binnenmarkt wird nach Art. 3 Abs. 2 lit. a) DMA dann ausgegangen, wenn ein Unternehmen in jedem der vergangenen drei Geschäftsjahre in der Union einen Jahresumsatz von mindestens 7,5 Mrd. EUR erzielt hat oder wenn seine durchschnittliche Marktkapitalisierung oder sein entsprechender Marktwert im vergangenen Geschäftsjahr mindestens 75 Mrd. EUR betrug und es in mindestens drei Mitgliedstaaten denselben zentralen Plattformdienst bereitstellt.

Dass der von einem Unternehmen bereitgestellte zentrale Plattformdienst gewerblichen Nutzern als wichtiges Zugangstor zu Endnutzern dient, wird gem. Art. 3 Abs. 2 lit. b) DMA vermutet, wenn dieser im vergangenen Geschäftsjahr mindestens 45 Millionen in der Union niedergelassene oder aufhältige monatlich aktive Endnutzer und mindestens 10.000 in der Union niedergelassene jährlich aktive gewerbliche Nutzer hatte. Als **Endnutzer** gilt gem. Art. 2 Nr. 20 DMA eine natürliche oder juristische Person, die zentrale Plattformdienste nutzt und nicht als gewerblicher Nutzer auftritt, also die zentralen Plattformdienste nicht für die Bereitstellung von Waren oder Dienstleistungen nutzt. Abzustellen ist auf die konkreten Umstände des Einzelfalls, auch grundsätzlich gewerbliche Akteure können Plattformdienste in einer bestimmten Situation als Endnutzer nutzen.[1145]

Das (voraussichtliche) Bestehen einer gefestigten und dauerhaften Position wird nach Art. 3 Abs. 2 lit. b) DMA vermutet, wenn diese Schwellenwerte an Endnutzern und gewerblichen Nutzern in jedem der vergangenen drei Geschäftsjahre erreicht wurden.

bb) Benennungsverfahren

Stellt ein Unternehmen einen zentralen Plattformdienst bereit, muss es der Kommission gem. Art. 3 Abs. 3 UAbs. 1 in Verbindung mit Art. 21 DMA unverzüglich mitteilen, wenn es alle in Art. 3 Abs. 2 DMA genannten Schwellenwerte erreicht hat. Zusätzlich muss die Mitteilung, die in Art. 3 Abs. 2 DMA genannten Angaben für jeden zentralen Plattformdienst enthalten. Die Kommission hat innerhalb von 45 Tagen nach Erhalt der vollständigen Angaben das Unternehmen als Torwächter zu benennen, Art. 3 Abs. 4 DMA. Für das Unternehmen besteht nach Art. 3 Abs. 5 DMA in diesem Zusammenhang zudem die Möglichkeit darzulegen, weshalb es die in Art. 3 Abs. 1 DMA genannten Anforderungen ausnahmsweise nicht erfüllen würde, obwohl es alle in Art. 3 Abs. 2 DMA genannten

1144 Erwägungsgrund 15 VO (EU) 2022/2065.
1145 Erwägungsgrund 14 VO (EU) 2022/2065.

Schwellenwerte erreicht. Kommt ein Unternehmen seiner Mitteilungspflicht hingegen nicht spätestens innerhalb von zwei Monaten nach Erreichen der Schwellenwerte nach, kann die Kommission das Unternehmen auf Grundlage der ihr vorliegenden Angaben gem. Art. 3 Abs. 3 UAbs 2 DMA dennoch als Torwächter benennen.

Wenn ein Unternehmen, welches zentrale Plattformdienste bereitstellt, die quantitativen Schwellenwerte des Art. 3 Abs. 2 DMA nicht erreicht, aber die Voraussetzungen des Art. 3 Abs. 1 DMA erfüllt, besteht für die Kommission trotzdem gem. Art. 3 Abs. 8 DMA die Möglichkeit der Benennung des Unternehmens als Torwächter. Dazu führt sie eine Marktuntersuchung nach Art. 17 DMA durch. Bei der Benennung hat die Kommission gem. Art. 3 Abs. 8 UAbs. 2 DMA verschiedene Parameter, je nach Relevanz für das jeweilige Unternehmen, zu berücksichtigen:

- Größe des Unternehmens (lit. a))
- Zahl der Nutzer (lit. b))
- Netzwerkeffekte und Datenvorteile (lit. c))
- Skalen- und Verbundeffekte (lit. d))
- Lock-in-Effekte (lit. e))
- konglomeratsartige Unternehmensstrukturen oder die vertikale Integration des Unternehmens (lit. f))
- sonstige strukturelle Geschäfts- oder Dienstmerkmale (lit. g))

Je nach Fall kann die EU-Kommission einige oder alle genannten Aspekte sowie auch absehbare Entwicklungen der Unternehmen in ihre Beurteilung miteinbeziehen (Art. 3 Abs. 8 UAbs. 2 und 3 DMA). Ebenso kann die Kommission auf diesem Weg für Unternehmen, die noch keine gefestigte Marktposition haben, aber bei denen eine solche Position in naher Zukunft erwartet wird (Art. 3 Abs. 1 lit. c Var. 2 DMA), die Einhaltung bestimmter Verhaltenspflichten anordnen.

Sind die Vermutungstatbestände des Art. 3 Abs. 2 DMA erfüllt oder erfolgt die Vermutung aufgrund der Voraussetzungen des Art. 3 Abs. 1 DMA, erlässt die Kommission einen Benennungsbeschluss gem. Art. 3 Abs. 9 DMA. Darin nennt die Kommission die relevanten zentralen Plattformdienste, die für gewerbliche Nutzer als wichtiges Zugangstor zu den Endnutzern fungieren.

Sollte ein Unternehmen darlegen, dass die Vermutungswirkung des Art. 3 Abs. 2 DMA in seinem Fall nicht greift, kann die EU-Kommission diese Argumente innerhalb von 45 Arbeitstagen zurückweisen, sofern sie nicht ausreichend substanziiert sind (Art. 3 Abs. 5 UAbs. 2 DMA). Stuft die Kommission die Argumente hingegen als hinreichend substanziiert ein, kann sie innerhalb der Frist ein Verfahren zur Marktuntersuchung einleiten (Art. 3Abs. 5 UAbs. 3 DMA). Diese Marktuntersuchung soll innerhalb von fünf Monaten abgeschlossen werden (Art. 17 Abs. 3 DMA) und zielt darauf ab, die Rolle des Unternehmens als Torwächter umfassend zu prüfen, bevor sie mit einem veröffentlichten Beschluss endet.

Die Torwächter haben gem. Art. 3 Abs. 10 DMA ab der Benennung sechs Monate Zeit, die Vorgaben des DMA umzusetzen.

Bisher von der Kommission als Torwächter benannt wurden am 6.9.2023 *Apple* (Zentrale Plattformdienste: *App Store, Safari, iOS*), *Alphabet* (Zentrale Plattformdienste: *Google Search, Chrome, Android, Youtube, Google Maps, Google Play, Google Shopping*, Werbedienste), *Meta* (Zentrale Plattformdienste: *WhatsApp, Facebook, Instagram, Meta Marketplace*, Werbedienste), *Amazon* (Zentrale Plattformdienste: *Amazon Marketplace*, Werbedienste), *Microsoft* (Zentrale Plattformdienste: *Windows, LinkedIn*) und *ByteDance* (Zentraler Plattformdienst: *Tiktok*). Zudem zählt *Apple* seit dem 29.4.2024 auch hinsichtlich seines zentraler Plattformdienstes *iPadOS* und am 13.5.2024 *Booking* mit seinem zentralen Plattformdienst *Booking.com* als Torwächter.[1146]

3. Verpflichtungen der Torwächter

a) Kooperationspflichten, Art. 3 Abs. 3 DMA

Wenn die Schwellenwerte des Art. 3 Abs. 2 DMA erreicht wurden, sind Unternehmen, die zentrale Plattformdienste bereitstellen, gem. Art. 3 Abs. 3 UAbs 1 DMA verpflichtet, dies selbstständig der Europäischen Kommission mitzuteilen und entsprechende Angaben zu übermitteln. Dies muss unverzüglich, längstens jedoch innerhalb von zwei Monaten nach Erreichen der Schwellenwerte geschehen. Sofern ein bereits als Torwächter benanntes Unternehmen einen weiteren zentralen Plattformdienst erbringt, welcher die Schwellenwerte des Art. 3 Abs. 2 DMA erreicht, trifft ihn dieselbe Pflicht.

b) Verhaltens- und Unterlassungspflichten, Art. 5–7 DMA

Insbesondere sehen die Artikel 5, 6 und 7 DMA jedoch zahlreiche **Verhaltens- und Unterlassungspflichten** für die nach Art. 4 Abs. 4 oder 8 DMA benannten Torwächter, hinsichtlich der nach Art. 3 Abs. 9 DMA im Benennungsbeschluss genannten Plattformdienste, die als wichtiges Zugangstor zu Endnutzern dienen, vor.[1147] Die Verpflichtungen der Art. 5, 6 und 7 DMA stellen sog. **self-executing-Pflichten** dar, das heißt sie gelten von Rechts wegen, ohne dass es einer vorherigen Entscheidung einer etwaigen Behörde bedarf.[1148] Gem. Art. 13 Abs. 3 DMA sind diese Verpflichtungen von den Torwächtern vollständig und wirksam umzusetzen. Ein Verhalten, welches die wirksame Einhaltung der Verpflichtungen aus den Art. 5, 6 und 7 DMA untergräbt, ist gem. Art. 13 Abs. 4 DMA verboten. Art. 5 und 6 DMA unterscheiden sich darin, dass Art. 6 DMA der Kommission insbesondere weitere Handlungsmöglichkeiten eröffnet.

1146 Pressemitteilung der Kommission vom 6.9.2023, abrufbar unter: https://ec.europa.eu/commission/presscorner/api/files/document/print/de/ip_23_4328/IP_23_4328_DE.pdf (zuletzt abgerufen am 1.11.2024).

1147 Die Verpflichtungen sollen sich aber auch auf digitale Produkte und Dienstleistungen erstrecken, bei denen Torwächter ihre Funktion als Zugangstor für sich nutzen und die häufig zusammen mit den zentralen Plattformdiensten oder zu deren Unterstützung bereitgestellt werden, vgl. Erwägungsgrund 31 VO (EU) 2022/2065.

1148 *Koenig*, Chapter 11 Introduction to the Digital Markets Act (DMA), S. 20.

Regelungsgegenstand sind Praktiken, welche die Bestreitbarkeit im digitalen Sektor untergraben und/oder als unfair angesehen werden sowie solche, die besonders negative unmittelbare Auswirkungen auf gewerbliche Nutzer und Endnutzer haben.[1149]

Das Telos ist die Sicherung von **Bestreitbarkeit** und **Fairness** der von Torwächtern bereitgestellten zentralen Plattformdienste, indem Pflichten in Bezug auf diese Dienste, unter Berücksichtigung der Art dieser Dienste, durch harmonisierte Vorschriften für den gesamten Binnenmarkt klar und eindeutig festgelegt werden.[1150] Dies ist bei der Auslegung der Regelungen als wichtige Orientierung für deren Zwecksetzung und Sinngehalt zu berücksichtigen.[1151]

c) Verpflichtungen von Torwächtern nach Art. 5 DMA

Zunächst soll auf die einzelnen Verpflichtungen des Art. 5 DMA eingegangen werden.

aa) Verbot der Datenzusammenführung, Art. 5 Abs. 2 DMA

Art. 5 Abs. 2 DMA normiert für Torwächter Verbote mit Erlaubnisvorbehalt hinsichtlich der Nutzung und Zusammenführung von Daten. Schutzzweck ist neben der Sicherung der Fairness gegenüber den Endnutzern und des Grundrechts auf den Schutz personenbezogener Daten nach Art. 8 GRCh auch die grundsätzliche Separierung des jeweiligen Datenbestandes zur Gewährleistung der Bestreitbarkeit von digitalen Märkten.[1152]

bb) Verbot der Verarbeitung personenbezogener Daten zum Zwecke des Betriebs von Online-Werbediensten, Art. 5 Abs. 2 lit. a) DMA

Art. 5 Abs. 2 lit. a) DMA verbietet es Torwächtern grundsätzlich **personenbezogene Daten** von Endnutzern, die Dienste Dritter nutzen, welche zentrale Plattformdienste des Torwächters in Anspruch nehmen, zum Zwecke der Online-Werbung zu verarbeiten. Die in Art. 5 Abs. 2 DMA verwendeten datenschutzrechtlichen Termini sind vollständig der DS-GVO entlehnt, wie sich den Begriffsbestimmungen in Art. 2 Nr. 24, 25, 26, 31 und 32 DMA entnehmen lässt. So sind mit personenbezogenen Daten – parallel zu Art. 4 Nr. 1 DS-GVO – alle Informationen, die sich auf eine identifizierte oder identifizierbare natürliche Person beziehen, gemeint. Verarbeitung ist wie in Art. 4 Nr. 2 DS-GVO zu verstehen als jeder mit oder ohne Hilfe automatisierter Verfahren ausgeführten Vorgang oder jede solche Vorgangsreihe im Zusammenhang mit personenbezogenen Daten also jedes Erheben, Erfassen, Organisieren, Ordnen, Speichern, Anpassen oder Verändern, Auslesen, Ab-

---

1149 Erwägungsgrund 31 VO (EU) 2022/2065.

1150 Erwägungsgrund 31 VO (EU) 2022/2065.

1151 Riesenhuber/*Stotz*, Europäische Methodenlehre, § 20 Rn. 17; Riesenhuber/*Köndgen*/*Mörsdorf*, Europäische Methodenlehre, § 6 Rn. 75–78.

1152 HK-DMA/*Podszun*, Art. 5 Abs. 2 Rn. 10 f., 15.

fragen, Verwenden, Offenlegen, Verbreiten, Verknüpfen, Einschränken, Löschen oder Vernichten von Daten. Art. 5 Abs. 2 lit. a) DMA engt daher die nach der DS-GVO zulässigen Verarbeitungszwecke weiter ein.[1153] Bis dato sammelten Torwächter häufig personenbezogene Daten von Endnutzern zu Online-Werbezwecken, wenn diese Internetseiten und Software-Anwendungen Dritter nutzen.[1154] Überdies stellen Dritte Torwächtern personenbezogene Daten ihrer Endnutzer selbst zur Verfügung, um bestimmte von den Torwächtern im Rahmen ihrer zentralen Plattformdienste erbrachten Dienste nutzen zu können, z.B. Werbung für benutzerdefinierte Zielgruppen.[1155] Durch das Verbot sollen Vorteile der Torwächter bei der Datenanhäufung ausgeglichen und so Markteintrittsschranken abgebaut werden.[1156]

cc) Verbot der Zusammenführung personenbezogener Daten, Art. 5 Abs. 2 lit. b) DMA

Art. 5 Art. 2 lit. b) DMA verbietet es Torwächtern grundsätzlich personenbezogene Daten aus dem jeweiligen zentralen Plattformdienst mit personenbezogenen Daten aus anderen zentralen Plattformdiensten oder aus anderen vom Torwächter bereitgestellten Diensten oder mit personenbezogenen Daten aus Diensten Dritter zusammenzuführen. Dabei gilt das **Verbot der Datenzusammenführung** jedenfalls ab dem Wirksamwerden des DMA. Die Auswirkungen auf bereits angelegte Datenbestände, die aus kombinierten Altbeständen gespeist wurden, sind indes noch unklar.[1157] Hinsichtlich der Abgrenzbarkeit lässt sich sagen, dass Art. 5 Art. 2 lit. b) DMA insofern weitergehend als Art. 5 Art. 2 lit. a) DMA ist, als dass nicht nur die personenbezogenen Daten von Endnutzern, sondern auch von gewerblichen Nutzern umfasst sind.[1158] Zudem werden von Art. 5 Art. 2 lit. b) DMA, anders als das Verbot in Art. 5 Art. 2 lit. c) DMA, nicht nur Daten aus von dem Torwächter kontrollierten Diensten, sondern darüber hinaus ohne Einschränkung Daten aus Diensten Dritter erfasst.[1159]

dd) Verbot der Weiterverwendung personenbezogener Daten, Art. 5 Abs. 2 lit. c) DMA

Art. 5 Art. 2 lit. c) DMA verbietet es Torwächtern grundsätzlich personenbezogene Daten aus dem jeweiligen zentralen Plattformdienst in anderen vom Torwächter getrennt bereitgestellten Diensten, einschließlich anderer zentraler Plattformdienste, weiterzuver-

1153 MüKoEuWettbR/*Bueren*/*Weck*, DMA Art. 5 Rn. 79.
1154 Erwägungsgrund 36 VO (EU) 2022/2065.
1155 Erwägungsgrund 36 VO (EU) 2022/2065.
1156 Erwägungsgrund 36 VO (EU) 2022/2065.
1157 HK-DMA/*Podszun*, DMA Art. 5 Abs. 2 Rn. 18.
1158 MüKoEuWettbR/*Bueren*/*Weck*, DMA Art. 5 Rn. 87.
1159 MüKoEuWettbR/*Bueren*/*Weck*, DMA Art. 5 Rn. 87.

wenden und umgekehrt. Fraglich ist, wie der unbestimmte Rechtsbegriff Weiterverwendung zu verstehen ist. Um den Endkunden effektiv zu schützen und diesem eine freie Entscheidung über seine Zustimmung zu den Datenverarbeitungs- und Anmeldungspraktiken zu ermöglichen, ist der Begriff *Weiterverwenden* parallel zum datenschutzrechtlichen Begriff *Datenverarbeitung*, in systematisch kohärenter Weise weit auszulegen.[1160] In Abgrenzung zu Art. 5 Art. 2 lit. b) DMA wird die Weiterverwendung von Daten insofern umfasst, als dass diese ohne eine Datenzusammenführung abläuft.

ee) Verbot der Umgehung durch Anmeldung, Art. 5 Abs. 2 lit. d) DMA

Art. 5 Art. 2 lit. d) DMA verbietet es Torwächtern grundsätzlich Endnutzer in anderen Diensten des Torwächters anzumelden, um personenbezogene Daten zusammenzuführen. Dies setzt sowohl eine objektive Komponente (Anmeldung von Endnutzern in anderen Diensten) als auch eine Komponente der Finalität (Zweck der Zusammenführung personenbezogener Daten) voraus.[1161] Unklar ist dabei, ob die Finalität subjektiv im Sinne einer Absicht zur Zusammenführung der Daten zu verstehen ist, oder vielmehr ein objektive Lesart angezeigt ist. Für ein objektives Normverständnis wird neben den entstehungsgeschichtlichen Bezügen zur missbrauchsrechtlichen Fallpraxis der Normzweck mit Anteilen des Datenschutzes sowie des Wettbewerbsrechts als auch in systematischer Hinsicht die Vorschrift des Art. 8 Abs. 1 S. 1 DMA vorgebracht.[1162] Danach hat der Torwächter die Einhaltung der Verpflichtungen aus den Art. 5, 6 und 7 DMA sicherzustellen und nachzuweisen; woraus geschlossen werden kann, dass es verifizierbare also objektiv nachweisbare Maßnahmen bedarf, um zu beweisen, dass eine Anmeldung nicht der Zusammenführung personenbezogener Daten dient.[1163]

ff) Ausnahmen, Art. 5 Abs. 2 DMA

Art. 5 Abs. 2 DMA sieht zwei Ausnahmen von den Verboten der Nutzung und Zusammenführung von Daten vor.

Zum einen den in Art. 5 Abs. 2 UAbs. 2 DMA statuierten Erlaubnisvorbehalt, soweit dem Endnutzer die spezifische Wahl eingeräumt wurde und er nach Art. 4 Nr. 11 DS-GVO und Art. 7 DS-GVO in Verbindung mit Art. 2 Nr. 32 DMA wirksam eingewilligt hat. Erforderlich ist daher eine freiwillige, für den bestimmten Fall, in informierter Weise und unmissverständlich abgegebene Willensbekundung in Form einer Erklärung oder einer sonstigen eindeutigen bestätigenden Handlung, mit der die betroffene Person zu verstehen gibt, mit der Verarbeitung der sie betreffenden personenbezogenen Daten einverstanden zu sein, Art. 4 Nr. 11 DS-GVO. Dabei dürfte das Einräumen einer spezi-

---

1160 Erwägungsgrund 36 VO (EU) 2022/2065; MüKoEuWettbR/*Bueren*/*Weck*, DMA Art. 5 Rn. 89.
1161 MüKoEuWettbR/*Bueren*/*Weck*, DMA Art. 5 Rn. 92.
1162 MüKoEuWettbR/*Bueren*/*Weck*, DMA Art. 5 Rn. 94.
1163 MüKoEuWettbR/*Bueren*/*Weck*, DMA Art. 5 Rn. 94.

fischen Wahl mit dem Merkmal einer Erklärung für den bestimmten Fall (Art. 4 Nr. 11 DS-GVO) identisch sein.[1164] Indes kann die Einwilligung jederzeit gem. Art. 7 Abs. 3 S. 1 DS-GVO widerrufen werden. Aufgrund des ausdrücklichen Verweises des DMA auf die DS-GVO ist deren Auslegung bei der Anwendung des DMA zu übertragen.[1165] Bei der Auslegung der DS-GVO sind neben der Rechtsprechung des Europäischen Gerichtshofs[1166] insbesondere die Leitlinien des Europäischen Datenschutzausschusses zu berücksichtigen.[1167] Ebenso muss die Einwilligung im Lichte des Art. 25 DSA ausgelegt werden, der Nutzer darf also durch etwaige Gestaltung der Online-Schnittstellen seitens deren Anbieter nicht getäuscht, manipuliert oder anderweitig in seiner Fähigkeit, freie Entscheidungen zu treffen, maßgeblich beeinträchtigt oder behindert werden (sog. Verbot von ***Dark Patterns***).[1168] Einschränkend ist zudem Art. 5 Abs. 2 UAbs. 2 DMA zu beachten, wonach der Torwächter, sobald der Endnutzer seine Einwilligung verweigert oder widerrufen hat, sein Ersuchen um Einwilligung bezüglich desselben Verarbeitungszwecks nicht mehr als einmal innerhalb eines Jahres wiederholen darf.[1169] Dadurch soll ein Behelligen mit fortlaufenden Einwilligungsanfragen verhindert werden (sog. ***Nagging-Verbot***).[1170] Art. 5 Abs. 2 UAbs. 2 DMA in Verbindung mit Art. 7 Abs. 1 DS-GVO normiert, dass der Torwächter das Vorliegen der Einwilligung nachweisen muss.

Zum anderen ist die Verarbeitung und Zusammenführung entgegen der genannten Verbote auch ohne Einwilligung zulässig, wenn sich der Torwächter auf die Rechtmäßigkeit der Verarbeitung gem. Art. 6 Abs. 1 lit. c), d), e) DS-GVO berufen kann. Danach ist eine Verarbeitung möglich, wenn dies für die Erfüllung einer rechtlichen Verpflichtung, welcher der Verantwortliche unterliegt, erforderlich ist; um lebenswichtige Interessen der betroffenen Person oder einer anderen natürlichen Person zu schützen; oder um eine Aufgabe wahrzunehmen, die im öffentlichen Interesse liegt oder in Ausübung öffentlicher Gewalt erfolgt, die dem Verantwortlichen übertragen wurde. Nicht möglich ist jedoch eine Verarbeitung nach Art. 6 Abs. 1 lit. b) und f) DS-GVO, was zu einer Beschränkung der Rechte der Torwächter aus der DS-GVO führt.[1171]

1164 HK-DMA/*Podszun*, DMA Art. 5 Abs. 2 Rn. 24.
1165 HK-DMA/*Podszun*, DMA Art. 5 Abs. 2 Rn. 21; *Geradin/Bania/Karanikioti*, The interplay between the Digital Markets Act and the General Data Protection Regulation, S. 7 ff.
1166 Siehe nur *EuGH*, Urt. v. 11.11.2020 – C-61/19, ZD 2021, 89, Rn. 35ff. – Orange Romania; *EuGH*, Urt. v. 1.10.2019 – C-673/17, MMR 2019, 732, Rn. 61 ff. – Planet49; HK-DMA/*Bongartz/Kirk*, DMA Art. 2 Rn. 148.
1167 Erwägungsgrund 42 VO (EU) Nr. 2016/679; *Europäischer Datenschutzausschuss*, Leitlinie 05/2020 zur Einwilligung gemäß der Verordnung 2016/679, Rn. 13; HK-DMA/*Bongartz/Kirk*, DMA Art. 2 Rn. 148; Paal/Pauly/*Ernst*, DS-GVO Art. 4 Rn. 69.
1168 HK-DMA/*Bongartz/Kirk*, DMA Art. 2 Rn. 147; siehe zu *Dark Patterns* unter dem DSA auch II. 3. e) cc) (6).
1169 Erwägungsgrund 37 VO (EU) 2022/2065.
1170 HK-DMA/*Podszun*, DMA Art. 5 Abs. 2 Rn. 10.
1171 Erwägungsgrund 36 VO (EU) 2022/2065.

gg) Verbot von Paritätsklauseln, Art. 5 Abs. 3 DMA

Art. 5 Abs. 3 DMA normiert für Torwächter ein Verbot von sog. **Paritätsklauseln** (oder **auch Bestpreisklauseln**).[1172] So ist es dem Torwächter untersagt, gewerbliche Nutzer durch vertragliche Bedingungen oder anderen Maßnahmen daran zu hindern, Endnutzern dieselben Produkte oder Dienstleistungen über Online-Vermittlungsdienste Dritter (weite oder plattformübergreifende Paritätsklausel) oder über ihre eigenen direkten Online-Vertriebskanäle (enge Paritätsklauseln) zu anderen Preisen oder Bedingungen anzubieten als über die Online-Vermittlungsdienste des Torwächters.[1173] Weite Paritätsklauseln schränken die Bestreitbarkeit durch andere Plattformen und damit die Auswahl anderer Online-Vermittlungsdienste für Endnutzer weiter ein.[1174] Gewerbliche Nutzer sollen zwischen den vom Torwächter betriebenen Online-Vermittlungsdiensten und anderen Online-Vermittlungsdiensten oder direkten Online-Vertriebskanälen frei wählen und den Endnutzern ihre Produkte oder Dienstleistungen zu differenzierten Konditionen anbieten können.[1175]

hh) Verbot von Anti-Steering-Maßnahmen, Art. 5 Abs. 4 DMA

Mit Art. 5 Abs. 4 DMA wird den Torwächtern das Verbot auferlegt, die Freiheit ihrer gewerblichen Nutzer zu beschränken. Den gewerblichen Nutzern soll es demnach erlaubt sein, die Kommunikation mit ihren Endnutzern auch außerhalb des zentralen Plattformdienstes zu führen. Torwächter müssen die Interaktionen auf Plattformen so ausgestalten, dass der gewerbliche Nutzer sich unbeschränkt für den Vertriebskanal entscheiden kann, der nach seiner eigenen Ansicht die besten Attribute für die Interaktion mit den Endnutzern aufweist.[1176] Nachgelagert soll dies auch dem Endnutzer zugutekommen, da dieser die Möglichkeit bekommt, zwischen Angeboten des gewerblichen Nutzers unabhängig von dem jeweiligen zentralen Plattformdienst zu wählen.[1177] Damit dient Art. 5 Abs. 4 DMA mittelbar auch dem Schutz der Vertragsfreiheit der Endnutzer.[1178] Hintergrund der Regelung sind sog. ***Anti-Steering*-Maßnahmen**, bei denen es Torwächter nicht zulassen, dass gewerblichen Nutzer ihren zentralen Plattformdienst zwar zur Kundengewinnung nutzen, die Kunden dann jedoch mittels Einsatzes von Kommunikationsinhalten auf ihre eigenen Internetseiten oder andere Plattformen umleiten.[1179] Insbesondere

---

1172 *BGH*, GRUR 2021, 1213; HK-DMA/*Heinz*, DMA Art. 5 Abs. 3 Rn. 32; MüKoEuWettbR/*Bueren*/*Weck*, DMA Art. 5 Rn. 116.

1173 Erwägungsgrund 39 VO (EU) 2022/2065; HK-DMA/*Heinz*, DMA Art. 5 Abs. 3 Rn. 32.

1174 Erwägungsgrund 39 VO (EU) 2022/2065.

1175 Erwägungsgrund 39 VO (EU) 2022/2065.

1176 Erwägungsgrund 40 VO (EU) 2022/2065.

1177 BeckOK Informations- und Medienrecht/*Louven*, DMA Art. 5 Rn. 62; HK-DMA/*Heinz*, DMA Art. 5 Abs. 4 Rn. 63.

1178 BeckOK Informations- und Medienrecht/*Louven*, DMA Art. 5 Rn. 62.

1179 Erwägungsgrund 39 VO (EU) 2022/2065.

sind solche *Anti-Steering*-Regelungen in der kartellrechtlichen Entscheidungspraxis zu *App Stores* in Erscheinung getreten.[1180] Art. 5 Abs. 4 DMA ist jedoch hinsichtlich seines Anwendungsbereichs weit formuliert, sodass künftig flexibel auf dahingehende Entwicklungen eingegangen werden kann.[1181] Zudem soll mit der Vorschrift die Abhängigkeitsbeziehung zwischen gewerblichen Nutzern und dem zentralen Plattformdienst geschwächt und die Parallelverwendung mehrerer Dienste (sog. multi-homing) angeregt werden.[1182]

ii) Zugang und Nutzung anderweitig erworbener Inhalte, Art. 5 Abs. 5 DMA

Endnutzer soll mit Art. 5 Abs. 5 DMA der Zugriff auf außerhalb der Plattform erworbenen Inhalten gestattet werden. Über die Plattform des Torwächters soll der Endnutzer digitale Inhalte, Abonnements, Funktionen oder andere Elemente auch dann nutzen können, wenn sie nicht unmittelbar von dem Torwächter bezogen wurden. Damit soll die Verhaltensvorgabe ***Lock-in-Effekte*** verhindern und der dauerhaften Bindung des Endnutzers an den Torwächter entgegenwirken.[1183] Dem Torwächter soll so auch die Kontrolle über die geschäftliche Beziehung zwischen dem Endnutzer und dem gewerblichen Nutzer entzogen werden.[1184] Insofern schützt Art. 5 Abs. 5 DMA mittelbar den gewerblichen Nutzer in Bezug auf Angebote außerhalb der jeweiligen Plattform.[1185] Die Vorschrift steht in enger Verbindung mit Art. 5 Abs. 4 DMA, wobei jedoch die Leistungserbringung bereits geschlossener Verträge im Vordergrund steht und nicht die Vertragsanbahnung.[1186]

Eine Beschränkung innerhalb der Norm auf bestimmte Inhalte oder Kategorien von Erwerbsgegenständen erfolgt nicht. Der Torwächter darf seine Zugangsverweigerung nicht ausschließlich darauf gründen, dass der betroffene Inhalt nicht eigens von ihm erworben wurde, allerdings wurde Art. 5 Abs. 5 DMA dahingehend offen formuliert, ob der Zugang aus anderen Gründen eingeschränkt werden kann.[1187] Auch hier dürften im Hinblick auf die Entstehungsgeschichte insbesondere *App Stores* als Normadressaten erfasst sein, wobei engere Vermittlungsdienste ebenso wie mögliche zukünftige Entwicklung umfasst sein können.[1188]

1180 Siehe etwa Pressemitteilung der Kommission vom 4.3.2024, abrufbar unter: https://ec.europa.eu/commission/presscorner/detail/de/ip_24_1161w (zuletzt abgerufen am 1.11.2024); Pressemitteilung der Kommission vom 16.6.2020, abrufbar unter: https://ec.europa.eu/commission/presscorner/detail/en/ip_20_1073 (zuletzt abgerufen am 1.11.2024); Beschlussempfehlung und Bericht des Ausschusses für Wirtschaft und Energie (9. Ausschuss), BT-Drs. 19/25868, 115.

1181 HK-DMA/*Heinz,* DMA Art. 5 Abs. 4 Rn. 69.

1182 Erwägungsgrund 40 VO (EU) 2022/2065.

1183 MüKoEuWettbR/*Bueren*/*Weck*, DMA Art. 5 Rn. 161.

1184 BeckOK Informations- und Medienrecht/*Louven*, DMA Art. 5 Rn. 78.

1185 HK-DMA/*Heinz,* DMA Art. 5 Abs. 4 Rn. 98; MüKoEuWettbR/*Bueren*/*Weck*, DMA Art. 5 Rn. 160f.

1186 MüKoEuWettbR/*Bueren*/*Weck*, DMA Art. 5 Rn. 160.

1187 BeckOK Informations- und Medienrecht/*Louven*, DMA Art. 5 Rn. 74.

1188 HK-DMA/*Heinz,* DMA Art. 5 Abs. 4 Rn. 98.

jj) Verbot der Behinderung von Rechtsbehelfen, Art. 5 Abs. 6 DMA

Mit Art. 5 Abs. 6 S. 1 DMA verbietet der europäische Gesetzgeber den Torwächtern, Mitteilungen der Nutzer an Behörden und nationale Gerichte wegen Verstößen gegen Unionsrecht oder nationalem Recht zu behindern. Allerdings erlaubt Satz 2 interne Vereinbarungen über Beschwerde- und Streitbeilegungsmechanismen zwischen dem Torwächter und den gewerblichen Nutzern. Mithin schützt die Vorschrift die Rechtsdurchsetzung gegenüber den Torwächtern, indem gewerbliche Nutzer sowie Endnutzer Bedenken aufgrund unfairer Praktiken und Rechtsverstöße bei den zuständigen Stellen melden können.[1189] Das Verbot bezieht sich nicht nur auf Pflichten des DMA, sondern auf jegliche Rechtsverstöße, sowie auch auf sämtliche Praktiken des Torwächters, sodass auch Praktiken in Bezug auf sonstige Dienste des Torwächters umfasst sind.[1190] Auch müssen sich die Rechtsverstöße nicht unmittelbar auf den Nutzer auswirken und/oder nachgewiesen sein.[1191] Beispielhaft für verbotene Vorgehensweisen nennt der DMA etwa diskriminierende Zugangsbedingungen, ungerechtfertigte Kontosperrungen gewerblicher Nutzer oder unklare Gründe für die Auslistung von Produkten. Neben dem Schutz der Nutzer stellt Art. 5 Abs. 6 DMA auch die Arbeitsfähigkeit der Behörden sicher, die insbesondere im Rahmen kartellrechtlicher Verfahren Informationen von Beschwerdeführern bedürfen.[1192]

kk) Kopplungsverbot zentraler Plattformdienste mit ausgewählten weiteren Diensten, Art. 5 Abs. 7, Abs. 8 DMA

Art. 5 Abs. 7 DMA normiert ein **Kopplungsverbot**, wonach die Nutzung des zentralen Plattformdienstes nicht an die Voraussetzung der Verwendung weiterer Dienste des Torwächters gebunden werden darf. Dies gilt gleichermaßen für Endnutzer wie auch für gewerbliche Nutzer, wobei insbesondere die Freiheit letzterer, andere Dienste als diejenigen des Torwächters zu wählen, geschützt werden soll.[1193] Gleichwohl begründet die Vorschrift keine Pflicht des gewerblichen Nutzers, etwaige Alternativen dem Endnutzer auch anzubieten.[1194] Auch die Vorschrift des Art. 5 Abs. 8 DMA normiert ein Kopplungsverbot, wonach es dem Torwächter untersagt ist, die Nutzung seines zentralen Plattformdienstes an die Registrierung oder das Abonnieren eines weiteren zentralen Plattformdienstes zu binden. Dies gilt sowohl bei Endnutzern als auch bei gewerblichen Nutzern. Durch derartige Kopplungsmechanismen können Torwächter Daten besser anhäufen und so Markteintrittsschranken hervorbringen.[1195] Somit soll Art. 5

1189 Erwägungsgrund 42 VO (EU) 2022/2065.
1190 BeckOK Informations- und Medienrecht/*Louven*, DMA Art. 5 Rn. 87.
1191 BeckOK Informations- und Medienrecht/*Louven*, DMA Art. 5 Rn. 88f.
1192 HK-DMA/*Podszun*, DMA Art. 5 Abs. 6 Rn. 121.
1193 Erwägungsgrund 43 VO (EU) 2022/2065.
1194 Erwägungsgrund 43 VO (EU) 2022/2065.
1195 Erwägungsgrund 44 VO (EU) 2022/2065.

Abs. 8 DMA die Bestreitbarkeit der zentralen Plattformdienste sichern und mittelbar auch die Freiheit gewerblicher Nutzer und von Endnutzern schützen.[1196] Die Vorschrift ist eng verknüpft mit Art. 5 Abs. 2 DMA, welcher die Zusammenführung von Daten und eine verpflichtende Registrierung von Endnutzern bei weiteren Diensten untersagt, greift jedoch bereits an einem früheren Punkt.[1197]

ll) Auskunftsansprüche, Art. 5 Abs. 9, Abs. 10 DMA

Ein **Auskunftsanspruch** des Werbetreibenden gegenüber einem Torwächter, der Online-Werbedienste erbringt, wird in Art. 5 Abs. 9 DMA normiert. Der Torwächter muss dem Werbetreibenden auf Anfrage hin täglich kostenlose Auskunft in Bezug auf die von dem Werbetreibenden geschalteten Anzeigen geben. Selbiges gilt auch für vom Werbetreiber bevollmächtigte Dritte. Umfasst von der Auskunftspflicht sind die vom Werbetreibenden gezahlte Preise und Gebühren (lit. a)), die vom Herausgeber erhaltene Vergütung (lit. b)) sowie die Kennzahlen, anhand deren die einzelnen Preise, Gebühren und Vergütungen berechnet werden (lit. c)). Art. 5 Abs. 10 DMA normiert einen Auskunftsanspruch des Herausgebers, für den der Torwächter Online-Werbedienste erbringt. Der Inhalt des Auskunftsanspruchs umfasst die vom Herausgeber erhaltene Vergütung und die von ihm gezahlten Gebühren einschließlich etwaiger Abzüge und Aufschläge, für jeden vom Torwächter bereitgestellten, einschlägigen Online-Werbediensten (lit. a), den vom Werbetreibenden gezahlten Preis, inklusive etwaiger Abzüge und Aufschläge, vorbehaltlich der Zustimmung des Werbetreibenden (lit. b)), und die Kennzahlen, nach denen die einzelnen Preise und Vergütungen berechnet werden (lit. c)). Der Auskunftsanspruch des Herausgebers gleicht im Wesentlichen dem des Werbetreibenden in Art. 5 Abs. 9 DMA und verkörpert spiegelbildlich die korrespondierenden Verpflichtungen des Torwächters auf zwei unterschiedlichen Plattformmärkten.[1198] Kontext dieser Auskunftspflichten ist der häufig auftretende intransparente Umgang von Torwächtern mit Bedingungen für ihre Werbedienste gegenüber gewerblichen Nutzern.[1199] Für Werbetreibende soll so der Wechsel zwischen einzelnen Anbietern von Online-Werbedienste durch eine bessere Vergleichbarkeit der Bedingungen erleichtert werden. Darüber hinaus sollen auch die Kosten für Online-Werbedienste sinken.[1200]

Herausgeber von Online-Werbedienste sind diejenigen, die die Projektionsfläche für Werbung bieten, also etwa die Betreiber von Blogs oder einer Onlinezeitschrift.[1201] Die Vermarktung dieser Werbefläche erfolgt dabei häufig durch den Einsatz von Vermitt-

1196 HK-DMA/*Heinz*, DMA Art. 5 Abs. 8 Rn. 172.
1197 BeckOK Informations- und Medienrecht/*Louven*, DMA Art. 5 Rn. 109.
1198 HK-DMA/*Wolf-Posch*, DMA Art. 5 Abs. 9 Rn. 197, 200.
1199 Erwägungsgrund 45 VO (EU) 2022/2065.
1200 Erwägungsgrund 45 VO (EU) 2022/2065.
1201 HK-DMA/*Wolf-Posch*, DMA Art. 5 Abs. 9 Rn. 201.

lern, die die Werbefläche wiederum Werbetreibenden anbieten.[1202] Die Vermittlung findet in der Regel gebündelt auf Online-Plattformen im Wege einer Auktion statt.[1203]Dieser Plattform kommt in der Beziehung zwischen Werbetreibenden und Herausgebern eine bedeutende Intermediärposition zu.[1204] Sollte die Online-Plattform dann noch zu einem Torwächter gehören, obliegt ihr in der Regel die Kontrolle über den Zugang zu den Nutzern seiner Plattform.[1205]

Für den Auskunftsanspruch ist es nicht erforderlich, dass der Online-Werbedienst selbst als zentraler Plattformdienst gilt, vielmehr reicht eine gewisse Marktstärke und eine Zugehörigkeit zu einem Torwächter aus.[1206] Die Auskünfte sind täglich und kostenlos vorzulegen, wobei eine einmalige Auskunftsaufforderung ausreicht.[1207]

d) Verpflichtungen der Torwächter nach Art. 6 DMA

Auch Art. 6 DMA normiert unmittelbar anwendbare Verhaltensvorgaben für Torwächter.

aa) Verbot der Datenverwendung, Art. 6 Abs. 2 DMA

Nicht öffentlich zugängliche Daten, die von gewerblichen Nutzern im Zuge der Nutzung eines zentralen Plattformdienstes generiert oder bereitgestellt wurden, dürfen von den Torwächtern im Wettbewerb gem. Art. 6 Abs. 2 DMA nicht verwendet werden. Hintergrund der Regelung ist, dass Torwächter häufig eine Doppelrolle einnehmen, in dem sie auf der einen Seite einen zentralen Plattformdienst für gewerbliche Nutzer anbieten und andererseits selbst als Anbieter konkurrierender Dienstleistungen oder Produkte mit diesen gewerblichen Nutzern im Wettbewerb stehen.[1208] Torwächter können die von gewerblichen Nutzer bei der Nutzung der Torwächterplattform gesammelten Daten im Zuge ihrer eigenen Leistungserbringung auf dem nachgelagerten Markt verwenden und so eigene Dienste optimieren. Dem gewerblichen Nutzer werden sie diese Daten jedoch nur begrenzt zur Verfügung stellen, was wiederum zu einem Informationsgefälle führt und Missbrauchspotential bietet.[1209]

Von der Pflicht umfasst sind alle Daten, die vom gewerblichen Nutzer oder seinem Kunden generiert oder bereitgestellt worden sind, wobei dies nicht auf der zentralen Plattform geschehen sein muss. Ebenfalls unterfallen solche Daten Art. 6 Abs. 2 DMA,

---

1202 HK-DMA/*Wolf-Posch*, DMA Art. 5 Abs. 9 Rn. 201.
1203 HK-DMA/*Wolf-Posch*, DMA Art. 5 Abs. 9 Rn. 201.
1204 HK-DMA/*Wolf-Posch*, DMA Art. 5 Abs. 9 Rn. 205.
1205 H K-DMA/*Wolf-Posch*, DMA Art. 5 Abs. 9 Rn. 205 m.w.N.
1206 BeckOK Informations- und Medienrecht/*Louven*, DMA Art. 5 Rn. 109.
1207 BeckOK Informations- und Medienrecht/*Louven*, DMA Art. 5 Rn. 122.
1208 Erwägungsgrund 46 VO (EU) 2022/2065.
1209 HK-DMA/*Wolf-Posch*, DMA Art. 6 Abs. 2 Rn. 4f.

die gewerblichen Nutzer bei der Nutzung von Cloud-Computing-Diensten des Torwächters oder dessen Geschäft für Software-Anwendungen generieren, über die Endnutzer von Cloud-Computing-Diensten auf Software-Anwendungen zugreifen.[1210] Hat der Torwächter die Daten selbst generiert und dem gewerblichen Nutzer zur Verfügung gestellt, ohne dabei Daten im Sinne des Art. 6 Abs. 2 DMA verwendet zu haben, greift die Pflicht nicht.[1211]

Der europäische Gesetzgeber verfolgt mit Art. 6 Abs. 2 DMA einen weitreichenderen Ansatz als die P2B-VO, die in Art. 7 Abs. 3 lit. a) P2B-VO lediglich einen Informationsanspruch des gewerblichen Nutzers und in Art. 9 P2B-VO eine Informationsverpflichtung in den Geschäftsbedingungen bezüglich des Zugangs zu und der Zurverfügungstellung von Daten an Dritte vorsieht.[1212]

bb) Verpflichtung zur Deinstallierbarkeit, Art. 6 Abs. 3 DMA

Mit Art. 6 Abs. 3 DMA wird eine Gestattungspflicht des Torwächters geregelt, wonach der Torwächter verpflichtet ist, Endnutzern die Deinstallation von vorinstallierten Software-Anwendungen zu ermöglichen. Zwar verbietet Art. 6 Abs. 3 DMA nicht die Vorinstallation von Anwendungen als solche, kann aber in der Gestalt eines solchen Verbots auftreten, sofern die Deinstallation des Programmes für den Nutzer nicht auf einfache Weise durchführbar ist.[1213] In Ausnahmefällen besteht für den Torwächter die Möglichkeit, die **Deinstallierbarkeit** einzuschränken, sofern dies aus einer technischen Erforderlichkeit hervorgeht. Darüber hinaus trifft die Torwächter auch die Pflicht, Nutzern die Änderung der Standardeinstellungen für verlinkte Produkte und Dienstleistungen bei Betriebssystemen, virtuellen Assistenten und Webbrowsern vorzubehalten (UAbs. 2). Dies soll mittels eines Auswahlfelds geschehen, das den Endnutzer zu einer aktiven Entscheidung bezüglich des Produktes beziehungsweise des Dienstleisters zwingt.[1214] Die Unterscheidung in den Unterabsätzen zwischen Deinstallations- und Änderungsmöglichkeiten soll den Besonderheiten der jeweils genannten Dienste Rechnung tragen.[1215] Während sich ein Betriebssystem in der Regel je nach Bedarf durch individuelle Einstellungen konfigurieren lässt, erfahren Standardeinstellungen wie etwa die Online-Suchmaschine gewöhnlich keine persönliche Anpassung durch den Endnutzer.[1216] Vielmehr verbleiben Endnutzer häufig bei den bereits vorgegebenen Standardeinstellungen.[1217] Durch diesen Mechanismus wird dem Torwächter jedoch die Möglichkeit eröffnet, sich und seine

1210 Erwägungsgrund 48 VO (EU) 2022/2065.
1211 HK-DMA/*Wolf-Posch*, DMA Art. 6 Abs. 2 Rn. 7.
1212 HK-DMA/*Wolf-Posch*, DMA Art. 6 Abs. 2 Rn. 19.
1213 MüKoEuWettbR/*Bueren*/*Weck*, DMA Art. 6 Rn. 69.
1214 *Flechter*, DMA Switching Tools and Choice Screens, S. 7.
1215 BeckOK Informations- und Medienrecht/*Louven*, DMA Art. 6 Rn. 32.
1216 HK-DMA/*Herbers*, DMA Art. 6 Abs. 3 Rn. 25.
1217 BeckOK Informations- und Medienrecht/*Louven*, DMA Art. 6 Rn. 32.

Dienste gegenüber konkurrierenden Angeboten durch die Vorinstallation zu begünstigen und zu bevorzugen.[1218] Art. 6 Abs. 3 DMA soll dem entgegenwirken.[1219]

cc) Interoperabilität von Software-Anwendungen und *App Stores*, Art. 6 Abs. 4 DMA

Art. 6 Abs. 4 DMA enthält die Pflicht des Torwächters, die Installation und Nutzung von **Software-Anwendungen** (*Apps*) sowie von Geschäften für Software-Anwendungen (***App Stores***) von Drittanbietern auf ihrem Betriebssystem zu ermöglichen. Auch müssen Torwächter diesen die Erlaubnis sowie die technische Möglichkeit einräumen, Endnutzer auffordern zu dürfen, ihre Software-Anwendungen beziehungsweise *App Stores* als Standard für entsprechende Anwendungen einzusetzen. Allerdings darf der Torwächter Maßnahmen zur Wahrung der Integrität seines Betriebssystems treffen (UAbs. 2), sowie es dem Endnutzer ermöglichen, Schutzmaßnahmen für die Sicherheit bezüglich Software-Anwendungen oder *App Stores* Dritter treffen zu können (UAbs. 3). Durch die Vorschrift soll die vorherrschende Stellung der Torwächter beim Zugang zu Software-Anwendungen und *App Stores* eingedämmt werden.[1220] Als prominentes Beispiel ist hier *Apple* zu nennen, gegen die erst kürzlich ein Verfahren von der Kommission eingeleitet wurde, um zu prüfen, ob das Unternehmen die Vorgaben des DMA einhält und Endnutzern die Möglichkeit gibt, Software-Anwendungen auf *iOS* problemlos zu deinstallieren, die Standardeinstellungen ohne Schwierigkeiten zu ändern und mittels Auswahlbildschirme alternative Standarddienste einstellen zu können.[1221] Die Vorschrift soll sowohl den Endnutzer als auch den gewerblichen Nutzer zugutekommen, indem sie frei entscheiden können, ob sie Angebote Dritter auf dem Betriebssystem des Torwächters nutzen möchten und sich dabei zudem der Kontrolle des Torwächters durch den so eröffneten Zugriffsweg entziehen können.[1222] Gleichermaßen begünstigt die Vorschrift auch die Drittanbieter von Software-Anwendungen oder *App Stores*.[1223]

dd) Selbstbevorzugungsverbot bzgl. Rankings, Art. 6 Abs. 5 DMA

Mit Art. 6 Abs. 5 DMA wird den Torwächtern ein strenges Verbot der Selbstbevorzugung bei **Rankings** sowie bereits bei **Indexierung** und ***Crawling*** auferlegt. *Crawling* meint den Prozess, bei dem Webseiten von einem sogenannten Webcrawler durchsucht, ana-

---

1218 Erwägungsgrund 49 VO (EU) 2022/2065.

1219 Erwägungsgrund 49 VO (EU) 2022/2065.

1220 Erwägungsgrund 50 VO (EU) 2022/2065.

1221 Pressemitteilung der Kommission vom 25.3.2024, abrufbar unter: https://germany.representation.ec.europa.eu/news/gesetz-uber-digitale-markte-untersuchungen-gegen-alphabet-apple-und-meta-2024-03-25_de (zuletzt abgerufen am 1.11.2024).

1222 BeckOK Informations- und Medienrecht/*Louven*, DMA Art. 6 Rn. 47.

1223 Schmidt/Hübener/*Gasser*/*Hegener*, Das neue Recht der digitalen Märkte, § 6 Rn. 57.

lysiert und anschließend auf der Ergebnisseite aufgelistet werden.[1224] Damit einher geht das Verfahren der Indexierung, bei dem Webseiten in einem geordneten Verzeichnis, den Index, zusammengetragen werden.[1225] Bereits bei diesen Vorgängen kann der Torwächter sich theoretisch in eine privilegierte Stellung bringen.[1226] Im Anschluss an die Indexierung erfolgt das Ranking, das vorgibt, in welcher Reihenfolge die Ergebnisse dem Nutzer angezeigt werden. Nach dem DMA fällt gem. Art. 2 Abs. 22 DMA jede relative Hervorhebung, auch das Anzeigen, die Beurteilung, das Verlinken oder die Sprachausgabe von Ergebnissen unter den Begriff des Rankings. Zudem sollen auch solche Fälle, bei denen der zentrale Plattformdienst dem Endnutzer nur ein einziges Ergebnis darstellt oder kommuniziert umfasst sein.[1227] Klassisches Beispiel für ein solches Vorgehen ist die Darstellung von Ergebnissen in Online-Suchmaschinen oder Online-Marktplätzen, gleichwohl tritt der Effekt auch bei anderen Szenarien wie etwa der Auflistung von Software-Anwendungen in *App Stores* oder der Sortierung von Videos bei Video-Sharing-Plattformen auf.[1228] Die Torwächter sollen ihre Produkte oder solche die von einem von ihnen kontrollierten gewerblichen Nutzer angeboten werden weder beim Ranking auf einem zentralen Plattformdienst noch bei der damit verbundenen Indexierung oder *Crawling* durch rechtliche, kommerzielle oder technische Mittel bevorzugen.[1229] Zudem sollen die für ein solches Ranking geltenden Bedingungen im Allgemeinen fair, transparent und diskriminierungsfrei ausgestaltet werden (Art. 6 Abs. 5 S. 2 DMA).

ee) Wechselmöglichkeiten von Endnutzern, Art. 6 Abs. 6 DMA

Torwächter dürfen ihren Endnutzern überdies nicht die Möglichkeit des Wechsels technisch oder anderweitig verwehren. Endnutzern muss es nach Art. 6 Abs. 6 DMA möglich sein, zwischen Software-Anwendungen und Diensten zu wechseln oder solche zu abonnieren. Ziel der Vorschrift ist es, mehr Unternehmen die Möglichkeit zu bieten, ihre Dienste bereitstellen zu können und somit die Auswahl von Diensten für Endnutzer zu erweitern.[1230] Im Hinblick auf Erwägungsgrund 53 des DMA gilt es zu beachten, dass das reine Anbieten eines bestimmten Produktes oder einer bestimmten Dienstleistung gegenüber dem Endnutzer (z.B. durch eine Vorinstallation) oder die Verbesserung des Angebots allein noch nicht als verbotenes Hindernis für einen Anbieterwechsel einzustufen ist.

1224 Schmidt/Hübener/*Gasser*/*Hegener*, Das neue Recht der digitalen Märkte, § 6 Rn. 58.
1225 Erwägungsgrund 51 VO (EU) 2022/2065.
1226 Erwägungsgrund 52 VO (EU) 2022/2065.
1227 Erwägungsgrund 52 VO (EU) 2022/2065.
1228 Erwägungsgrund 51 VO (EU) 2022/2065 mit weiteren Beispielen.
1229 Erwägungsgrund 52 VO (EU) 2022/2065.
1230 Erwägungsgrund 53 VO (EU) 2022/2065.

ff) Interoperabilität von Betriebssystemen und virtuellen Assistenten, Art. 6 Abs. 7 DMA

Art. 6 Abs. 7 DMA regelt eine allgemeine Verpflichtung des Torwächters, **Interoperabilität** zu gewährleisten. Dabei muss er gegenüber Anbietern von Diensten oder Hardware das Zusammenwirken der von ihnen angebotenen Dienste oder Produkte mit den Hard- und Softwarefeatures seines eigenen Betriebssystems oder virtuellen Assistenten ermöglichen. Zudem soll er grundsätzlich gewerblichen Nutzern sowie Drittanbietern den Zugang zu denselben Betriebssystem-, Software- oder Hardware-Funktionen gewähren, die ihm selbst auch für eigene Angebote zur Verfügung stehen. Endnutzern soll durch diese Vorschrift der Zugang zu einem offenen Internet garantiert werden, da Torwächtern durch ihre Fähigkeit zur Kontrolle über Hardware oder Betriebssysteme die Position zukommt, den effektiven Wechsel des Endnutzers zu anderen Unternehmen technisch zu beschränken.[1231] Durch die Verpflichtung soll Anbietern im Hinblick auf Nebendienstleistungen die Chance eröffnet werden, mit den zentralen Plattformanbietern in Wettbewerb zu treten.[1232] Die praktische Bedeutung dieser Regelung zeigt sich etwa in dem Verbot gegenüber *Apple*, *Spotify* den Zugriff auf den Sprachassistenten *Siri* zu verwehren (wodurch es *iPhone*-Nutzern möglich wäre, *Spotify*-Musik per Sprachbefehl abzuspielen), während *Apple Music* die Integration mit *Siri* erlaubt.[1233]

Allerdings ist es dem Torwächter nach Art. 6 Abs. 7 UAbs. 2 DMA erlaubt, unbedingt erforderliche und angemessene Maßnahmen zu ergreifen, um die Integrität seines Betriebssystems, des virtuellen Assistenten, der Hardware oder der Software-Funktion gegen eine Beeinträchtigung durch die Interoperabilität zu schützen, wobei es dabei der hinreichenden Begründung der Maßnahmen durch den Torwächter bedarf.

gg) Zugänglichmachung von Werbetools, Art. 6 Abs. 8 DMA

Zudem muss der Torwächter Werbetreibenden und Herausgebern, sowie etwaig beauftragte Dritte Instrumente zur Leistungsmessung sowie weitere Daten, die für die eigene, unabhängige Überprüfung des Werbeinventars vonnöten sind, auf Antrag kostenlos zugänglich machen. Damit sollen die Bedingungen, nach denen Torwächter Onlinewerbedienste erbringen, künftig transparenter werden.[1234]Auch sollen die von den Torwächtern erbrachten Werbeleistungen und ihre Wirksamkeit für die Konkurrenz nachvollziehbarer und vergleichbarer werden.[1235] Die Pflicht des Art. 6 Abs. 8 DMA hängt demnach inhaltlich mit den Auskunftsansprüchen aus Art. 5 Abs. 9 und 10 DMA zusammen.[1236] Die Auskünfte des Torwächters müssen derart gestaltet werden, dass die Kom-

1231 Erwägungsgrund 54 VO (EU) 2022/2065.

1232 Schmidt/Hübener/*Gasser*/*Hegener*, Das neue Recht der digitalen Märkte, § 6 Rn. 68.

1233 *Belloso*, The EU Digital Markets Act, S. 2.

1234 Erwägungsgrund 58 VO (EU) 2022/2065.

1235 Erwägungsgrund 58 VO (EU) 2022/2065.

1236 Schmidt/Hübener/*Gasser*/*Hegener*, Das neue Recht der digitalen Märkte, § 6 Rn. 69.

patibilität mit den Überprüfungsmechanismen und Messungsinstrumenten Werbetreibender und Herausgeber gewährleistet werden (Art. 6 Abs. 8 S. 2 DMA).

hh) Pflichten zur Schaffung eines Datenzugangs, Art. 6 Abs. 9, 10, 11 DMA

Mit Art. 6 Abs. 9 DMA führt der europäische Gesetzgeber für die Torwächter eine Verpflichtung, Endnutzern den Zugang zu den im Zusammenhang mit dem zentralen Plattformdienst erlangten Daten auf Antrag kostenlos zu verschaffen, ein. Unter die Herausgabepflicht fallen alle Daten, die vom Endnutzer zur Verfügung gestellt wurden oder durch die Nutzung des zentralen Plattformdiensts generiert wurden. Bereitgestellt werden sollen die Daten in einem Format, auf das der Nutzer unmittelbar und wirksam zugreifen kann und das für die weitere Verwendung geeignet ist.[1237] Auch Maßnahmen zur effektiven Nutzbarkeit wie etwa das Bereitstellen von Anwendungsprogrammschnittstellen sollen von den Torwächtern getroffen werden.[1238] Durch die Regelung soll Torwächtern die Möglichkeit genommen werden, die Bestreitbarkeit zentraler Plattformdienste oder das Innovationspotential eines dynamischen digitalen Sektors zu untergraben.[1239] Endnutzer sollen so eigene Daten auch auf andere Plattformen übertragen und dort nutzen können und ein Wechsel zu anderen Anbietern sowie die Nutzung verschiedener Dienste (sog. *multi-homing*) soll ermöglicht werden.[1240] Torwächtern und gewerblichen Nutzern sollen wiederum Anreize zur Innovation gesetzt werden.[1241]

Mit Art. 6 Abs. 10 DMA wird auch gewerblichen Nutzern und von diesen ermächtigten Dritten ein Zugangsanspruch im Sinne des Art. 6 Abs. 9 DMA zugesprochen. Der gewerbliche Nutzer darf dabei auch den Zugang zu Daten des Endnutzers, die gewerbliche Nutzer über den zentralen Plattformdienst erhalten, verlangen. Als Schranke ist jedoch der Satz 2 heranzuziehen, der einen solchen Anspruch hinsichtlich personenbezogener Daten nur dann erlaubt, wenn die Daten im unmittelbaren Zusammenhang mit der Nutzung der vom gewerblichen Nutzer über den zentralen Plattformdienst angebotenen Produkte oder Dienstleistungen durch die Endnutzer stehen. Zudem muss der Endnutzer in die Weitergabe entsprechend eingewilligt haben.

Überdies ist der Torwächter nach Art. 6 Abs. 11 DMA dazu verpflichtet, Drittanbietern von Online-Suchmaschinen bei entsprechendem Antrag Zugang zu Ranking, Anfrage-, Klick- und Ansichtsdaten in Bezug auf unbezahlte und bezahlte Suchergebnisse, die von Endnutzern über seine Online-Suchmaschinen generiert werden, zu gewähren. Der Zugang zu den Daten muss unter Einhaltung der **FRAND-Bedingungen** erfolgen, also zu fairen, angemessenen und nicht-diskriminierenden Konditionen (engl. *fair, reasonable*

1237 Erwägungsgrund 59 VO (EU) 2022/2065.
1238 Erwägungsgrund 59 VO (EU) 2022/2065.
1239 Erwägungsgrund 59 VO (EU) 2022/2065.
1240 HK-DMA/*Wolf-Posch*, DMA Art. 6 Abs. 9 Rn. 179 m.w.N.
1241 Erwägungsgrund 59 VO (EU) 2022/2065.

and non-discriminatory).[1242] Enthalten die Daten personenbezogene Daten, trifft den Torwächter eine Anonymisierungspflicht (Art. 6 Abs. 11 S. 2 DMA), wobei sich die Anonymisierung nicht zulasten der Qualität oder der Nutzbarkeit der Daten auswirken soll.[1243] Von einer ausreichenden Anonymisierung ist dann auszugehen, wenn die Daten eine solche Veränderung erfahren haben, dass durch die Informationen keine Rückschlüsse mehr auf eine identifizierte oder identifizierbare Person gezogen werden können oder die personenbezogenen Daten in einer Weise anonymisiert wurden, dass die betroffene Person nicht oder nicht mehr identifiziert werden kann.[1244] Durch den Datenzugang sollen Wettbewerbern des Torwächters die Möglichkeit gegeben werden, eigene Suchdienste durch das Training mit bereitgestellten Daten zu verbessern, ihre Rolle auf dem Markt zu stärken und so etwaige Markteintrittshürden zu überwinden.[1245]

Die Pflichten zur Ermöglichung von **Datenportabilität** aus Art. 6 Abs. 9 DMA und zur Schaffung eines Datenzugangs (Art. 6 Abs. 10, 11 DMA) stehen im engen Zusammenhang mit den anderen Regelungen des DMA. Gemeinsam mit dem Verbot der Datenzusammenführung (Art. 5 Abs. 2 DMA), den Verboten der Dienstekopplung (Art. 5 Abs. 7, 8 DMA), den Verpflichtungen der Torwächter zur Gewährleistung von Interoperabilität (Art. 6 Abs. 4, 7 DMA) sollen sie zur Förderung des Zugangs und der Weitergabe beziehungsweise Teilung von Daten mitwirken und gleichzeitig die Torwächter in ihrer Möglichkeit zur Datenerhebung und -zusammenführung einschränken.[1246]

ii) Zugang gewerblicher Nutzer unter FRAND-Bedingungen, Art. 6 Abs. 12 DMA

Art. 6 Abs. 12 DMA enthält die Verpflichtung der Torwächter, den Zugang gewerblicher Nutzer zu *App Stores*, Online-Suchmaschinen und Online-Diensten sozialer Netzwerke, die von der EU-Kommission als zentrale Plattformdienste benannt wurden, unter Anwendung der **FRAND-Bedingungen** zu gewährleisten. Die Vorschrift verpflichtet allerdings lediglich zur Einhaltung fairer, angemessener und nicht-diskriminierender Zugangskonditionen, normiert dabei jedoch kein eigenständiges Zugangsrecht.[1247] Mittels dieser Verpflichtung soll der Torwächter als wichtiges Zugangstor für gewerbliche Nutzer zu den Endnutzern in seiner vorherrschenden Verhandlungsposition eingeschränkt werden.[1248]

Ebenfalls trifft den Torwächter mit der Regelung des Abs. 12 UAbs. 2 DMA die Pflicht zur Veröffentlichung der allgemeinen Zugangsbedingungen. Dadurch soll gewerblichen

---

1242 Erwägungsgrund 61 VO (EU) 2022/2065; BeckOK Informations- und Medienrecht/*Louven*, DMA Art. 6 Rn. 175.

1243 Erwägungsgrund 61 VO (EU) 2022/2065.

1244 Erwägungsgrund 61 VO (EU) 2022/2065.

1245 Erwägungsgrund 61 VO (EU) 2022/2065.

1246 MüKoEuWettbR/*Bueren*/*Weck*, DMA Art. 6 Rn. 205 m.w.N.

1247 Erwägungsgrund 62 VO (EU) 2022/2065.

1248 BeckOK Informations- und Medienrecht/*Louven*, DMA Art. 6 Rn. 175.

Nutzer die Möglichkeit gegeben werden, Eindrücke über die Zugangsbedingung zu sammeln und anhand dieser Entscheidungen zu treffen.[1249] Indem die Zugangsbedingungen auch zur öffentlichen Einsicht bereitgestellt werden sollen, besteht zudem für alternative Anbieter die Möglichkeit sich durch abweichende Zugangsbedingungen im Wettbewerb abzuheben.[1250] In der Veröffentlichung muss daneben auch ein unionsbasierter alternativer Streitbeilegungsmechanismus enthalten sein. Dieser muss nach Erwägungsgrund 62 DMA leicht zugänglich, unparteiisch, unabhängig und für den gewerblichen Nutzer gebührenfrei sein. Weiterhin müssen Maßnahmen zur Verhinderung von Missbrauch desselben vorgesehen sein. Das Recht des gewerblichen Nutzers, im Einklang mit dem Unionsrecht und dem nationalen Recht Rechtsmittel einzulegen, darf durch den Streitmechanismus jedoch keine Einschränkung erfahren. Die Überprüfung der Einhaltung der Pflichten des Art. 12 Abs. 12 DMA bei der Veröffentlichung der allgemeinen Zugangsbedingungen obliegt nach Art. 12 Abs. 12 UAbs. 3 DMA der EU-Kommission.

jj) Kündigungsbedingungen, Art. 6 Abs. 13 DMA

Art. 6 Abs. 13 DMA statuiert das Verbot von unverhältnismäßigen Bedingungen für die Kündigung der Nutzung von zentralen Plattformdiensten beziehungsweise der Löschung eines Accounts durch den Endnutzer oder den gewerblichen Nutzer. Darüber hinaus trifft den Torwächter nach Art. 6 Abs. 13 S. 2 DMA die Pflicht der Sicherstellung, dass die Einhaltung der Kündigungsbedingungen ohne übermäßige Schwierigkeiten möglich ist. Umfasst sind dabei etwa die Form der Kündigung, die Kündigungsfrist oder die Kündigungsgründe.[1251] Für den Nutzer soll die Kündigung eines Abonnements oder die Löschung seines Profils genauso einfach möglich sein, wie das Eröffnen eines Kontos.[1252] Ferner soll die Kündigung für den Nutzer auch nicht mit zusätzlichen Kosten verbunden sein.[1253] Auch mit dieser Vorschrift soll dem Nutzer der Wechsel zu anderen Diensten erleichtert werden.[1254] Durch unfaire Kündigungsbarrieren können Torwächter höhere Preise verlangen oder die Qualität ihrer Produkte reduzieren, ohne dabei jedoch Nutzer an andere Dienste zu verlieren.[1255] Dem soll entgegengewirkt werden.

1249 Erwägungsgrund 62 VO (EU) 2022/2065.
1250 BeckOK Informations- und Medienrecht/*Louven*, DMA Art. 6 Rn. 192.
1251 Erwägungsgrund 63 VO (EU) 2022/2065.
1252 Erwägungsgrund 63 VO (EU) 2022/2065.
1253 Erwägungsgrund 63 VO (EU) 2022/2065.
1254 Erwägungsgrund 63 VO (EU) 2022/2065.
1255 Kersting/Podszun/*Grave*, Die 9. GWB-Novelle, Kap. 2, Rn. 40.

kk) Weitere Verpflichtungen

Art. 7 DMA knüpft an die in Art. 6 Abs. 7 DMA normierte Pflicht des Torwächters zur **Interoperabilität** an. Allerdings fokussiert sich die Vorschrift auf interpersonelle Kommunikationsdienste, bei denen keine Verknüpfung an eine Mobiltelefonnummer erfolgt. Gemeint sind damit besonders Messenger-Dienste. Zumindest in Hinblick auf die grundlegenden Funktionen muss der Torwächter der Interoperabilitätspflicht kostenlos nachgehen, indem er die erforderlichen technischen Schnittstellen oder ähnliche Lösungen bietet. Die Umsetzung der Interoperabilitätspflicht muss gem. Art. 7 Abs. 2 DMA sofort nach der Benennung des Torwächters ermöglicht werden und umfasst etwa Ende-zu-Ende-Textnachrichten und den Austausch von Bildern, Sprachnachrichten, Videos und anderen angehängten Dateien zwischen zwei einzelnen Endnutzern. Bei den komplexeren Vorgaben für Gruppennachrichten (lit. b)) oder Video- und Sprachanrufen sieht der DMA eine schrittweise Umsetzung vor.

Mit Art. 14 DMA trifft die Torwächter zudem eine **Informationspflicht** gegenüber der Kommission über etwaige Zusammenschlüsse. In Bezug auf Verbraucher-Profiling müssen die Torwächter der Kommission gem. Art. 15 DMA eine Beschreibung über die verwendeten Techniken zukommen lassen.

Die Pflichten des DMA haben einen abschließenden Charakter, zudem kann auf keine Generalklausel zurückgegriffen werden.[1256] Der Kommission kommt aber im Wege einer Marktuntersuchung mit Art. 19 Abs. 3 DMA die Möglichkeit zu, Ergänzungen an einzelnen Verhaltenspflichten vorzunehmen oder den DMA mittels eines Gesetzgebungsvorschlages um weitere Pflichten der Torwächter zu ergänzen.

4. Aufsicht und Durchsetzung, Art. 20–43 DMA

Die behördliche Durchsetzung des DMA obliegt der Europäischen Kommission **(Public Enforcement)**.[1257] Nationale Behörden sollen nach Art. 37, 38 DMA nur begrenzt unterstützend tätig werden. Zudem können die Verpflichtungen des DMA auch zivilrechtlich durchgesetzt werden **(Private Enforcement)**. Im Fokus des Durchsetzungskonzepts des DMA stehen zudem **Compliance-Vorgaben** sowie regelmäßige Berichtspflichten der Torwächter.[1258] Der Torwächter muss die Verpflichtungen des DMA selbstständig umsetzen, indem AGB geändert, das Plattformdesign umgestellt und Algorithmen verändert werden müssen. Dieser sog. ***Compliance by Design-Ansatz***, der bereist fester Bestandteil der DS-GVO (Art. 25) oder des DSA (Art. 31) ist, soll nun mehr durch den DMA auch Einzug in die wirtschaftliche Plattformregulierung finden.[1259] Torwächter müssen die Einhaltung der Verpflichtungen gem. Art. 8 Abs. 1 S. 1, Art. 13 Abs. 3 DMA darlegen. Ein umfangreiches Umgehungsverbot wird durch Art. 13 Abs. 4 DMA normiert. Überdies ob-

---

1256 *Podszun/Bongartz/Kirk*, NJW 2022, 3249, 3253.

1257 Erwägungsgrund 91 VO (EU) 2022/2065.

1258 *Schmidt*/Hübener, Das neue Recht der digitalen Märkte, § 7 Rn. 1.

1259 Taeger/Pohle/*Podszun/Kirk*, Teil 12 120.3 Digital Markets Act Rn. 64.

liegt den Torwächtern die Pflicht der Einrichtung einer Compliance-Einheit, die gem. Art. 28 DMA mit weitreichenden Befugnissen und Ressourcen ausgestattet werden, die Einhaltung des DMA gewährleisten und der Kommission als Ansprechpartner bereitstehen muss. Ferner muss gem. Art. 11 DMA ein sog. **Compliance-Report** sowohl in vertraulicher als auch in nicht vertraulicher, öffentlicher Form von dem Torwächter herausgegeben werden, der über die Maßnahmen zur Einhaltung der Vorschriften des DMA informiert. In welchem Umfang ein solcher Bericht erfolgen muss, ergibt sich aus dem von der Kommission veröffentlichten Muster.[1260] Danach sind eventuelle Änderungen hinsichtlich der Nutzererfahrung, technische Änderungen, A/B-Tests, sowie Angaben zu Indikatoren, anhand derer sich die Effektivität von Compliance-Maßnahmen hinsichtlich der Zielsetzung des DMA messen lassen kann, wiederzugeben.[1261] Die bisher als Torwächter ernannten Unternehmen sind in ihren veröffentlichten Compliance-Reports Anfang März 2024 den Anforderungen des DMA in divergentem Umfang und unterschiedlicher Ausprägung hinsichtlich der Details nachgegangen.[1262]

a) Public Enforcement

Im Falle der Nichteinhaltung kann die EU-Kommission zur Durchsetzung des DMA auf verschiedene Sanktionsmechanismen und auf eine Vielzahl an Untersuchungsbefugnissen zurückgreifen. Daher ist es für die Praxis besonders wichtig, die entsprechenden Voraussetzungen und Rechtsschutzmöglichkeiten zu kennen, um bestmöglich eigene Interessen zu wahren.

Verstößt ein Torwächter gegen die Vorschriften des DMA erlässt die Kommission einen Nichteinhaltungsbeschluss gem. Art. 29 DMA mit dem sie den Torwächter auffordert, die Nichteinhaltung innerhalb einer angemessenen Frist einzustellen und zu erläutern, welche Maßnahmen er hinsichtlich dieses Beschlusses nachkommen wird. Zuvor hat die Kommission den betroffenen Torwächter über die künftigen Schritte, die sie zu ergreifen beabsichtigt beziehungsweise der Torwächter ergreifen sollte, zu informieren. Ein solches Verfahren wegen Nichteinhaltung des DMA wurde von der Kommission am 25.3.2024 gegen die Torwächter *Alphabet, Apple* und *Meta* wegen möglicher Verstöße gegen Art. 5 Abs. 2, 4 DMA sowie gegen Art. 6 Abs. 3, 5 DMA eingeleitet.[1263]

1260 *Europäische Kommission*, Template Form for Reporting pursuant to Article 11 of Regulation (EU) 2022/1925 (Digital Markets Act) (Compliance Report), abrufbar unter: https://digital-markets-act.ec.europa.eu/document/download/904debdf-2eb3-469a-8bbc-e62e5e356fb1_en?filename=Article%2011%20DMA%20-%20Compliance%20Report%20Template%20Form.pdf (zuletzt abgerufen am 1.11.2024).

1261 Taeger/Pohle/*Podszun*/*Kirk*, Teil 12 120.3 Digital Markets Act Rn. 65.

1262 Taeger/Pohle/*Podszun*/*Kirk*, Teil 12 120.3 Digital Markets Act Rn. 65.

1263 Pressemitteilung der Kommission vom 25.3.2024, abrufbar unter: https://ec.europa.eu/commiasion/presscorner/detail/de/ip_24_1689 (zuletzt abgerufen am 1.11.2024).

b) Sanktionsmöglichkeiten, Art. 20 ff. DMA

In ihrem Nichteinhaltungsbeschluss kann die Kommission auch entsprechende Strafmaßnahmen festlegen. Der Kommission obliegt trotz Initiativrecht der Mitgliedsstaaten das alleinige Recht zum Erlass solcher Sanktionen (Art. 38 Abs. 7 DMA a.E.). Bei Verstößen kann sie nach Art. 30 DMA Geldbußen oder nach Art. 31 DMA Zwangsgelder verhängen. Für die Mitgliedstaaten besteht lediglich die Möglichkeit des Rückgriffs auf nationale Sanktionsmechanismen aus dem Wettbewerbsrecht.[1264] Die Geldbuße wird von der Kommission für einen vergangenen Verstoß gegen den DMA verhängt, das Anordnen der Zwangsgelder erfolgt hingegen im Hinblick auf die künftige Einhaltung des DMA. Steckt hinter der Nichteinhaltung der Vorschriften durch den Torwächter ein System, besteht für die Kommission gem. Art. 18 DMA überdies die Möglichkeit, auf weitere verhaltensbedingte oder sogar strukturelle Abhilfemaßnahmen wie etwa dem Verbot von Zusammenschlüssen zurückzugreifen. Des Weiteren kann die Kommission gem. Art. 24 DMA einstweilige Maßnahmen verhängen.

aa) Anordnung einer Geldbuße, Art. 30 DMA

Die Höhe der Geldbuße bestimmt sich anhand des Gesamtumsatzes des Torwächters im vorherigen Geschäftsjahr und kann bei materiellrechtlichen Verstößen bis zu 10 % und bei Wiederholung bis zu 20 % desselbigen betragen. Liegt ein formeller Verstoß vor, ist mit bis zu 1 % des zu bestimmenden Umsatzes als Geldstrafe zu rechnen. Wie hoch die Geldbuße im Einzelnen ausfällt, bestimmt sich gem. Art. 30 Abs. 4 DMA nach der Schwere, Dauer und Wiederholung der Missachtung, wobei hier auch mit einem Rückgriff auf die ausgeprägte kartellrechtliche Praxis zu rechnen ist.[1265] Auch gegen Unternehmen beziehungsweise Unternehmensvereinigungen, die keine Torwächterstellung eingenommen haben, kann bei formellen Verstößen gegen dem DMA (sofern sie fahrlässig oder vorsätzlich begangen wurden) ein Bußgeld verhängt werden. In Frage steht bisher, in welchem Verhältnis sich die Verhängung von Bußgeldern nach dem DMA einerseits und Kartellrecht andererseits für dasselbe Verhalten verhält und ob darin ein Verstoß gegen das in Art. 50 GRCh normierte Doppelverfolgungsverbot (*ne bis in idem*) zu sehen ist.[1266] Grundsätzlich stehe im Hinblick auf die unterschiedliche Zielrichtung einer kumulativen Verhängung von Bußgeldern nach dem DMA und dem Kartellrecht nichts entgegen.[1267] Nach Auffassung des Europäischen Gerichtshofs muss eine doppelte Verfolgung dessen ungeachtet bußgeldmindernd berücksichtigt werden.[1268]

1264 Schmidt/*Hübener*/*Reims*, Das neue Recht der digitalen Märkte, § 10 Rn. 3.

1265 Schmidt/*Hübener*/*Reims*, Das neue Recht der digitalen Märkte, § 10 Rn. 14.

1266 *Bundeskartellamt*, Hintergrundpapier DMA S. 42; Schmidt/*Hübener*/*Reims*, Das neue Recht der digitalen Märkte, § 10 Rn. 19.

1267 *Harta*, cepInput Nr. 12/2021, S. 10.

1268 Schmidt/*Hübener*/*Reims*, Das neue Recht der digitalen Märkte, § 10 Rn. 22 m.w.N.; *Harta*, cepInput Nr. 12/2021, S. 10.

bb) Zwangsgelder, Art. 31 DMA

Die Höhe der Zwangsgelder bestimmt sich nach dem im vorausgegangenen Geschäftsjahr erzielten durchschnittlichen weltweiten Tagesumsatzes. Art. 31 DMA weist einen präventiven Charakter auf und greift daher auch bei fehlendem Verschulden der Zwangsgeldadressaten.[1269] Kommt das Unternehmen der Verpflichtung nach, kann die EU-Kommission gem. Art. 31 Abs. 2 DMA die endgültige Höhe des Zwangsgeldes auf einen niedrigeren Betrag festsetzen, als die ursprünglich durch den Beschluss festgelegte Summe.

cc) Systematische Nichteinhaltung, Art. 18 DMA

Für weitere Maßnahmen bei systematischer Nichteinhaltung nach Art. 18 DMA bedarf es der Marktuntersuchung, bei der grundsätzlich nach Art. 18 Abs. 1 S. 2 DMA binnen sechs Monaten nach Einleitung der Untersuchung dem betreffenden Torwächter die Beschwerdepunkte und die beabsichtigte Abhilfemaßnahme mitgeteilt werden. Ergebnis der Marktuntersuchung muss nach Art. 18 Abs. 1 S. 3 DMA die systematische Nichteinhaltung einer oder mehrere nach Art. 5, 6 oder 7 DMA genannten Verpflichtungen sowie eine Stärkung der Torwächterposition im Hinblick auf die in Art. 3 Abs. 1 DMA genannten Kriterien sein. Eine Nichteinhaltung wird gem. Art. 18 Abs. 3 DMA automatisch dann angenommen, wenn die Kommission innerhalb von acht Jahren vor der Einleitung einer Marktuntersuchung mindestens drei Nichteinhaltungsbeschlüsse verhängt. Sofern diese Voraussetzungen erfüllt sind, kann die EU-Kommission nach Art. 18 Abs. 1 S. 3 DMA jede verhaltensbezogene oder strukturelle Abhilfemaßnahme gegen den Torwächter anordnen, die ihrerseits zur Einhaltung der Vorgaben des DMA angemessen und erforderlich ist.

dd) Einstweilige Maßnahmen, Art. 24 DMA

Schlussendlich besteht für die Kommission gem. Art. 24 DMA bei dringenden Fällen die Möglichkeit des Erlasses einstweiliger Maßnahmen gegen den Torwächter. Dafür bedarf es der Feststellung einer *prima facie* Zuwiderhandlung gegen Art. 5, 6 oder 7 DMA sowie der Gefahr eines schweren und nicht wiedergutzumachenden Schadens für gewerbliche Nutzer oder Endnutzer. Zulässig ist die Anordnung jedoch nur im Rahmen eines Verfahrens, das im Hinblick auf den möglichen Erlass eines Nichteinhaltungsbeschlusses nach Art. 29 Abs. 1 DMA eingeleitet wurde.

1269 Schmidt/*Hübener*/*Reims*, Das neue Recht der digitalen Märkte, § 10 Rn. 23, 24.

ee) Untersuchungsbefugnisse der Europäischen Kommission, Art. 21ff. DMA

Ferner kommt der EU-Kommission gem. Art. 21ff. DMA eine Reihe an Untersuchungsbefugnissen zu. Ausüben kann sie diese auch bereits vor der Einleitung eines Verfahrens über den etwaigen Erlass eines Nichteinhaltungsbeschlusses, Art. 20 Abs. 2 DMA. Gem. Art. 21 DMA kann die Kommission die entsprechenden Unternehmen durch einfaches Auskunftsverlangen oder im Wege des Beschlusses auffordern, alle erforderlichen Auskünfte zu erteilen. Davon umfasst ist auch der Zugang zu allen Daten und Algorithmen von Unternehmen und Informationen über Tests sowie diesbezügliche Erläuterungen. Zudem kann sie gem. Art. 21 Abs. 5 DMA auch ein Auskunftsverlangen gegenüber den Behörden der Mitgliedstaaten äußern. Überdies kann die Kommission gem. Art. 22 DMA jede natürliche oder juristische Person befragen und diese Befragung mit beliebigen technischen Mitteln aufzeichnen, sofern die Person der Befragung zum Zweck der Einholung von Informationen, die mit dem Gegenstand einer Untersuchung im Zusammenhang stehen, zustimmt. Zudem obliegt der Kommission gem. Art. 23 DMA die Durchführung von Nachprüfungen, die der Erfüllung ihrer Aufgaben nach dem DMA dienen. Dabei sind die mit den Nachprüfungen beauftragten Bediensteten der Kommission und die anderen von ihr ermächtigten Begleitpersonen dazu befugt, alle Räumlichkeiten zu betreten, die Bücher und sonstigen Geschäftsunterlagen zu prüfen, Kopien oder Auszüge hiervon anzufertigen oder zu verlangen, betriebliche Räumlichkeiten und Bücher oder Unterlagen für die Dauer der Nachprüfung in erforderlichem Ausmaß zu versiegeln, sowie Erläuterungen zu Fakten oder Unterlagen zu verlangen und die Antworten mit technischen Mitteln zu Protokoll zu nehmen.

c) Private Enforcement

Neben der behördlichen Durchsetzung der Vorschriften des DMA besteht auch die Möglichkeit der **privaten Rechtsdurchsetzung**. Wenngleich der DMA keine expliziten Regelungen zum sog. Private Enforcement enthält,[1270] räumt er Wettbewerbern, gewerblichen Nutzern oder Endnutzern die Möglichkeit ein, Verpflichtungen des DMA in Verhandlungen mit den Torwächtern durch Beschwerden bei der Kommission oder klageweise durchsetzen und gegebenenfalls Schadensersatz verlangen zu können.[1271] Das sog. **Private Enforcement** findet seine Stütze im Europarecht, wo es bereits gängige Praxis ist, dass aus europäischem Recht auch individuelle Rechte des Einzelnen folgen, die im Wege der individuellen Rechtsdurchsetzung als weitere wirksame Kontrolle zur Wahrung ihrer Rechte fungieren.[1272] Zudem wird aus Art. 39 und 42 DMA deutlich, dass auch die Möglichkeit einer privaten Rechtsdurchsetzung bestehen soll.[1273] Art. 39 DMA regelt die Zusammenarbeit der Kommission mit nationalen Gerichten, wobei die natio-

1270 Schmidt/Hübener/*Schläfke*/*Schuler*, Das neue Recht der digitalen Märkte, § 13 Rn. 1.

1271 *Podszun*/*Bongartz*/*Kirk*, NJW 2022, 3249, 3253 m.w.N.

1272 Schmidt/Hübener/*Schläfke*/*Schuler*, Das neue Recht der digitalen Märkte, § 13 Rn. 2 m.w.N.

1273 HK-DMA/*Lahme*/*Ruster*, DMA Art. 39 Rn. 1.

nalen Gerichte an die Entscheidungen der Kommission gebunden sind. Die Möglichkeit der privaten Rechtsdurchsetzung ergibt sich daraus, dass im Zuge nationaler Zivilverfahren über Vorschriften des DMA entschieden werden kann.[1274] Mit Art. 42 DMA wird die Verbraucher-Verbandsklagen-Richtlinie[1275] und damit der private kollektive Rechtsschutz im Rahmen des DMA für anwendbar erklärt.[1276] Mit der Ermöglichung der privaten Rechtsdurchsetzung sind viele Vorteile verbunden: zum einen kann die EU-Kommission in der Durchsetzung des DMA entlastet werden, zum anderen bietet das Private Enforcement eine differenzierte Perspektive.[1277] Fälle können dezentral behandelt werden, sodass unterschiedliche Marktverhältnisse in den verschiedenen Mitgliedsstaaten in die Bewertung Einzug finden können.[1278] Zudem steht die individuelle Perspektive von Klägern im Fokus.[1279]

aa) Voraussetzungen privatrechtlicher Durchsetzung und anwendbare Vorschriften

Der DMA richtet sich als solcher primär an die Torwächter. Damit sich auch die Nutzer oder andere Wettbewerber auf die Vorschriften des DMA berufen können, müssen diese direkt anwendbar sein.[1280] Grundsätzlich gilt der DMA aufgrund seines Charakters als Verordnung nach Art. 288 Abs. 2 AEUV bereits allgemein und unmittelbar in den Mitgliedstaaten. Um Rechte für den Einzelnen auszulösen und damit Gegenstand privater Rechtsdurchsetzung sein zu können, muss die entsprechende Norm im Einzelfall hinreichend konkret sein.[1281] Maßgeblich ist dabei darauf abzustellen, ob die Umsetzung der jeweiligen Norm zwangsläufig mit weiteren Maßnahmen der Unionsorgane oder der Mitgliedstaaten verbunden ist oder ob es sich um eine self-executing-Vorschrift handelt, die also aus sich selbst heraus anwendbar ist.[1282] Aus der inhaltlichen Bestimmtheit muss zugleich ein entsprechender Individualschutz folgen, damit die Vorschrift durch den Einzelnen vor den nationalen Gerichten geltend gemacht werden kann.[1283] Vor diesem Hintergrund eignen sich besonders die in Art. 5 DMA normierten Verpflichtungen, da es hierbei keiner Konkretisierung durch die Kommission bedarf.[1284] Zudem eignen sich auch die Verpflichtungen aus Art. 6 und 7 DMA; auch hier ist eine Konkretisierung durch die Kommission nicht vorgesehen.[1285] Die übrigen Bestimmungen des DMA sind

1274 *Galle/Dressel*, EuZW 2024, 107, 107.
1275 Richtlinie (EU) 2020/1828.
1276 MüKoEuWettbR/*Voell*, DMA Art. 42 Rn. 2.
1277 *Galle/Dressel*, EuZW 2024, 107, 107.
1278 *Galle/Dressel*, EuZW 2024, 107, 108.
1279 *Galle/Dressel*, EuZW 2024, 107, 107f.
1280 Schmidt/Hübener/*Schläfke/Schuler*, Das neue Recht der digitalen Märkte, § 13 Rn. 4.
1281 Streinz/*Schroeder*, AEUV Art. 288 Rn. 91.
1282 *Komninos*, FS Fox, 2021, 425, 428.
1283 Schmidt/Hübener/*Schläfke/Schuler*, Das neue Recht der digitalen Märkte, § 13 Rn. 5, m.w.N.
1284 *Podszun/Bongartz/Kirk*, NJW 2022, 3249, 3253.
1285 *Podszun/Bongartz/Kirk*, NJW 2022, 3249, 3253.

überwiegend verfahrensrechtlicher Natur und betreffen die Anwendung des DMA durch die Kommission, weshalb sich die Frage der unmittelbaren Wirkung hier in der Regel nicht stellt.[1286]

bb) Praktische Relevanz des private Enforcement

Die privatrechtliche Durchsetzung des DMA dürfte insbesondere im Zusammenhang mit dem Eilrechtsschutz relevant werden.[1287] Deutlich wird dies beispielhaft mit der Heranziehung der Verpflichtungszusagenentscheidung der EU-Kommission vom 20. Dezember 2022, bei der noch mit dem klassischen EU-Wettbewerbsrecht gegen Amazon vorgegangen wurde.[1288] Die zum Zeitpunkt der Verfahrenseröffnung im Juli 2019 beziehungsweise November 2020 gerügten Verhaltensweisen Amazons standen bereits seit vielen Jahren in der Kritik.[1289] Bis zur Verbindlichkeit der Verpflichtungszusage Ende Juni 2023 ist insofern eine erhebliche Schädigung der Betroffenen anzunehmen, welcher im Wege einer privaten (Eil-)Durchsetzung von Beseitigungs- und Unterlassungsansprüchen auf Basis eines bereits geltenden DMA (Art. 6 Abs. 2 UAbs. 1, Abs. 5 DMA) frühzeitig entgegengewirkt hätte werden können.[1290] Insbesondere für gewerbliche Nutzer und Wettbewerbern kann die Geltendmachung von Rechten aus dem DMA im Wege einer (zivilrechtlichen) Klage, obgleich des Risikos eines kostenintensiven und langwierigen Verfahrens, demnach Vorteile mit sich bringen.[1291] In Anbetracht des schnelllebigen digitalen Sektors können so frühzeitig Fakten geschaffen und unwiederbringliche Schäden durch Torwächter Praktiken vermieden werden.[1292]

Es ist damit zu rechnen, dass der privatrechtlichen Durchsetzung des DMA eine erhebliche praktische Bedeutung zu kommt.[1293] Allerdings muss sich die Praxis im Hinblick auf die noch fehlende einschlägige DMA-Rechtsprechung sowohl mit materiellrechtlichen als auch prozessualen Fragestellungen konfrontiert sehen.[1294] Beispielhaft ist hier nur etwa die internationale Zuständigkeit und das anzuwendende Recht bei grenzüberschreitenden Streitigkeiten sowie der zivilrechtlichen Nachweispflicht hinsichtlich eines Verstoßes zu nennen.[1295]

1286 *Komninos,* FS Fox, 2021, 425, 429.
1287 *Galle/Dressel,* EuZW 2024, 107, 108; *Podszun/Bongartz/Kirk,* NJW 2022, 3249, 3253.
1288 COM(2022) 9442 final – *Case AT.40462 – Amazon Marketplace und Case AT.40703 – Amazon Buy Box.*
1289 *Richter/Gömann,* NZKart 2023, 208, 208, m.w.N.
1290 *Richter/Gömann,* NZKart 2023, 208, 208.
1291 *Podszun/Bongartz/Kirk,* NJW 2022, 3249, 3253.
1292 *Podszun/Bongartz/Kirk,* NJW 2022, 3249, 3253.
1293 Schmidt/Hübener/*Schläfke/Schuler,* Das neue Recht der digitalen Märkte, § 13 Rn. 1.
1294 *Podszun/Bongartz/Kirk,* NJW 2022, 3249, 3253f.
1295 Siehe dazu ausführlich etwa *Becker,* ZEuP 2023, 403; *Richter/Gömann,* NZKart 2023, 208, 208.

5. Zusammenfassung und Auswirkungen auf die Praxis

Viele Regelungen des DMA sind für die Torwächter mit einem erheblichen Eingriff in ihre Geschäftsmodelle verbunden.[1296] Seit März 2024 müssen die bereits als Torwächter benannten Unternehmen die Ge- und Verbote für ihre zentralen Plattformdienste einhalten und dabei die Zielsetzung des DMA durch entsprechende Maßnahmen erfüllen (Art. 8 Abs. 1 S. 2 DMA). Relevant ist in diesem Zusammenhang, dass Unternehmen der Benennung als Torwächter durch entsprechende entkräftende Argumente entgehen können, Art. 3 Abs. 5 DMA. Bisher liegt das Hauptaugenmerk der Kommission darin, zu prüfen, ob die Unternehmen die Verpflichtungen des DMA grundsätzlich umgesetzt haben, erste Verfahren gegen Verstöße wurden bereits eingeleitet.[1297] Auch wenn der DMA vorwiegend Torwächter adressiert und damit nur sehr wenige große Konzerne wie *Amazon, Apple, Meta* oder *Microsoft* primär verpflichtet, sind auch kleiner Unternehmen vom DMA betroffen. Sie können ebenfalls von der Zielsetzung des DMA, faire und bestreitbare digitale Märkte zu schaffen, profitieren. Als gewerbliche Nutzer; Wettbewerber oder Endnutzer können sie die Kommission proaktiv gem. Art. 27 DMA über Verstöße der Torwächter informieren und so Verfahren der Kommission oder nationaler Wettbewerbsbehörden anstoßen. Zudem bietet der DMA Betroffenen etwa die Möglichkeit sich zu geplanten Compliance-Maßnahmen der Torwächter (Art. 8 Abs. 6 DMA) oder im Zusammenhang von Marktuntersuchung wegen systematischer Nichteinhaltung oder in Bezug auf neue Dienste beziehungsweise Praktiken (Art. 18 Abs. 5, 6 DMA beziehungsweise Art. 19 Abs. 2 DMA) zu äußern. Nicht zuletzt können Betroffene die Torwächter auch im Wege der privaten Rechtsdurchsetzung vor mitgliedstaatlichen Gerichten in Anspruch nehmen. Um dementsprechend handeln zu können, ist es für Wettbewerber und Nutzer trotz fehlender Torwächtereigenschaft essenziell sich mit dem Regelwerk des DMA vertraut zu machen.

a) Kritik hinsichtlich der Benennung von Torwächtern

Zur Rechtfertigung der Benennung als Torwächter müssen zum einen die qualitativen Anforderungen des Art. 3 Abs. 1 DMA erfüllt werden. Darunter fällt ein erheblicher Einfluss des Unternehmens auf den Binnenmarkt sowie die Bereitstellung eines zentralen Plattformdienstes, der gewerblichen Nutzern als wichtiges Zugangstor zu Endnutzern dient (lit. b)). Zudem muss das Unternehmen hinsichtlich seiner Tätigkeit eine gefestigte und dauerhafte Position innehaben oder in absehbarer Zukunft erreichen (lit. c)). Zum anderen kann sich die Kommission bei der Feststellung einer Torwächterposition auch den in Art. 3 Abs. 2 DMA normierten quantitativen Kriterien bedienen. Anhand von Größenmerkmalen wie Umsatz, Marktkapitalisierung und der Anzahl monatlicher Nutzer

---

1296 *Hebers*, BB 2022, I, I.

1297 Pressemitteilung der Kommission vom 24.6.2024, abrufbar unter: https://germany.representation.ec.europa.eu/news/verstoss-gegen-gesetz-uber-digitale-markte-eu-kommission-leitet-untersuchung-gegen-apple-ein-2024-06-24_de (zuletzt abgerufen am 1.11.2024).

wird hierbei die Torwächter-Eigenschaft vermutet. Gem. Art. 3 Abs. 3 DMA trifft ein Unternehmen, wessen zentraler Plattformdienst die in Art. 3 Abs. 2 DMA genannten quantitativen Schwellenwerte überschreitet, die Pflicht, die Kommission unverzüglich, spätestens aber innerhalb von zwei Monaten über diesen Umstand zu informieren. Die Kommission muss daraufhin innerhalb von 45 Werktagen das Unternehmen als Torwächter benennen. Eine solche Pflicht soll den potentiellen Torwächter bei mehr als 45 Mio. monatlich aktiven Nutzern treffen, wobei jedoch nur private Nutzer zählen und es zusätzlich mindestens 10.000 gewerbliche Nutzer bedarf. Die Nutzerzahlengrenzen gelten jeweils für den einzelnen Plattformdienst des Unternehmens. Schwierigkeiten ergeben sich dabei hinsichtlich der Abgrenzung der einzelnen Plattformdienste, insbesondere dann, wenn die Plattform unterschiedliche Dienste für unterschiedliche Nutzergruppen anbietet, wie beispielsweise den An- und Verkauf sowie das Mieten von Autos.[1298] Unklarheiten ergeben sich auch bei zusätzlichen Dienstleistungsangeboten.[1299] Hilfestellung soll bei solchen Fragen zwar grundsätzlich der Anhang des DMA bieten, dieser entfaltet jedoch keine Rechtswirkung[1300] und bietet darüber hinaus nur eingeschränkt Auskunft über oben genanntes Problem.[1301] Allerdings ist in solchen Fällen, bei denen ein Kernprodukt mit weiteren komplementären Produkten beziehungsweise Dienstleistungen bestückt und somit ein digitales Ökosystem geschaffen wird, eher von einem wichtigen Zugangstor zu Endnutzern auszugehen.[1302] Aufgrund der hohen Regelungsdichte ist der DMA grundsätzlich streng anzuwenden, zumal vor der Mitteilung nach Art. 3 Abs. 3 DMA Unklarheiten oder Unsicherheiten bezüglich des Erreichens einzelner Schwellenwerte mit der Kommission erörtert werden können und je nach Ergebnis auch von einer Mitteilung Abstand genommen werden kann.[1303]

Zudem kann das betreffende Unternehmen gem. Art. 3 Abs. 5 UAbs. 2 DMA im Rahmen seiner Mitteilung darlegen, dass die **quantitativen Schwellenwerte** des Art. 3 Abs. 2 DMA im konkreten Fall keine Torwächter-Stellung begründen. Art. 3 Abs. 2 DMA ist insofern als eine widerlegliche Vermutung konzipiert und soll dabei den Nachweis über das Vorliegen der Voraussetzungen der Torwächtereigenschaft erleichtern.[1304] Ein schwieriges Unterfangen stellt jedoch dar, in welchem Umfang das entsprechende Unternehmen der Vermutungswirkung des Art. 3 Abs. 2 DMA entgegentreten muss. Aufgrund des Erreichens der Schwellenwerte haben *Alphabet, Amazon, Apple, ByteDance, Meta, Microsoft* und *Samsung* ihre Mitteilungspflicht als potentielle Torwächter am 3.7.2023 zwar erfüllt,[1305] gleichzeitig haben aber auch alle Unternehmen gegen ihre Er-

---

1298 *Küster*, BB 2022, 2819, 2820.
1299 *Küster*, BB 2022, 2819, 2820.
1300 A Nr. 1, Anhang VO (EU) 2022/2065.
1301 *Küster*, BB 2022, 2819, 2822.
1302 *Higer/Patt*, NZKart 2024, 78, 79f.
1303 *Higer/Patt*, NZKart 2024, 78, 81.
1304 MüKoEuWettbR/*Bueren/Weck*, DMA Art. 3 Rn. 46.
1305 COM(2024) 106 final, S. 2.

nennung als Torwächter argumentiert.[1306] Ein Erfolg konnte dabei in drei Fällen verzeichnet werden, sodass keine Ernennung als Torwächter erfolgte und die Kommission zudem auch die Einleitung einer Marktuntersuchung gem. Art. 16 Abs. 1 in Verbindung mit Art. 17 Abs. 1 DMA unterlies.[1307] In vier weiteren Fällen wurde zwar die Vermutungswirkung nach Art. 3 Abs. 2 DMA erfolgreich widerlegt, allerdings wurde jeweils eine Marktuntersuchung zur weiteren Bewertung eingeleitet.[1308] Mit Ausnahme von *Samsung* hatten alle Unternehmen keinen Erfolg bei der Widerlegung der Vermutungswirkung, ihnen wurde zumindest der Betrieb eines oder mehrerer zentraler Plattformdienste nachgewiesen.[1309] Problematisch ist es dabei insofern, als dass die Kommission bei der Feststellung auf klarstellende Ausführungen verzichtet und nicht darlegt, welches der vorgetragenen Argumente hinreichend substantiiert die Vermutungswirkung widerlegt.[1310] Insbesondere lässt sich keine stringente Argumentationslinie der Kommission erkennen.[1311] Während sie im Zuge des Verfahrens gegen *ByteDance* mangelnde *Lock-in-Effekte* von Endnutzern sowie gewerblichen Nutzern aufgrund fehlender Netzwerkeffekte als nicht ausreichend ansah,[1312] wurden ähnliche Argumente bei der Beurteilung des *Samsung Web Browsers, Microsoft Outlook* und *Gmail* berücksichtigt.[1313] Weiterhin argumentierte *ByteDance* mit der relativen Größe von *TikTok* im Vergleich zu anderen sozialen Netzwerken.[1314] Auch dies sah die Kommission als nicht überzeugend an,[1315] wenngleich das Argument im Fall von *Gmail* und *Outlook* für die Nichtbenennung herangezogen wurde.[1316] Mithin resultieren aus solchen Widersprüchen in der Praxis der Kommission signifikante Rechtsunsicherheiten.[1317]

1306 *Kleine/Mienert/Moryn/Timm*, Newsdienst Compliance 2024, 220008.

1307 COM(2023) 6106 final, *Microsoft – number-independent interpersonal communications services (NI-ICS)*, Rn. 134; COM(2023) 6101 final, DMA.100006 – *Alphabet – NIICS*, Rn. 150; COM(2023) 6103 final, DMA.100038 – *Samsung – web browsers*, Rn. 50.

1308 COM(2023) 6078 final, DMA. 100015 – *Microsoft – online search engines*, Rn. 14ff.; COM(2023) 6077 final, DMA.100022 – *Apple – NIICS*, Rn. 12; COM(2023) 6078 final, DMA.100034 – *Microsoft – online advertising services*, Rn. 14ff.; COM(2023) 6078 final, DMA.100028 – *Microsoft – web browsers*, Rn. 14ff.

1309 *Kleine/Mienert/Moryn/Timm*, Newsdienst Compliance 2024, 220008.

1310 *Higer/Patt*, NZKart 2024, 78, 84.

1311 *Higer/Patt*, NZKart 2024, 78, 84.

1312 COM(2023) 6102 final, DMA.100040 – *ByteDance – Online social networking services*, Rn. 103.

1313 COM(2023) 6103 final, DMA.100038 – *Samsung – web browsers*, Rn. 45ff.; COM(2023) 6106, DMA.100006 – *Alphabet – NIICS*, Rn. 145; COM(2023) 6106 final, *Microsoft –NIICS*, Rn. 129.

1314 COM(2023) 6102 final, DMA.100040 – *ByteDance – Online social networking services*, Rn. 103; ByteDance hatte gegen die Entscheidung der Kommission Rechtsmittel eingelegt. Der EuG hat die Nichtigkeitsklage aber inzwischen abgewiesen und Bytedance als Torwächter eingestuft, *EuG*, Urt. V. 17.7.2024 – T-1077/23.

1315 COM(2023) 6102 final, DMA.100040 – *ByteDance – Online social networking services*, Rn. 163.

1316 *Higer/Patt*, NZKart 2024, 78, 84.

1317 *Higer/Patt*, NZKart 2024, 78, 84.

b) Kritik hinsichtlich des Verbots der Datenzusammenführung (Art. 5 Abs. 2 DMA)

Auch das Verbot der Datenzusammenführung aus Art. 5 Abs. 2 DMA hat Kritik erfahren.[1318] Diese bezieht sich insbesondere auf das Einwilligungserfordernis, dessen Praxiswirksamkeit insbesondere hinsichtlich der Regelungsziele des DMA hinterfragt wird.[1319] Es ist davon auszugehen, dass Endnutzer häufig nicht das Ausmaß ihrer Einwilligung überblicken können und die Verarbeitung ihrer personenbezogenen Daten daher faktisch ohne weiteres zulassen.[1320] Zudem können Torwächter durch ihre Verführungskünste in der Praxis und durch entsprechende Gestaltung leichter an die Einwilligung der Nutzer gelangen und sich so ihre Datenmacht zunutze machen.[1321] Verweigert der Nutzer stattdessen die Einwilligung, wird aber gleichzeitig die Bestreitbarkeit torpediert.[1322]

c) Ausblick

Ob der DMA weitere Schwächen aufweist und in welcher Form diese auftreten, wird sich jedoch erst in Zukunft durch mehr Erfahrung mit dem Umgang des DMA durch die Kommission wie auch durch die Torwächter selbst offenbaren. Vorstellbar wäre durchaus, dass sich die Torwächter in Anbetracht ihrer umfassenden finanziellen und personellen Ressourcen mit Erfolg gegen die Kommission und einem zu harten Einschnitt ihrer bisherigen Vorgehensweise durchsetzen.[1323] Gleichzeitig deutet das schnelle Einleiten von Verfahren gegen *Apple, Meta* und *Alphabet* daraufhin, dass die Kommission bei etwaigen Verstößen gegen den DMA entschieden einschreitet.[1324] Auch anhand dieser Verfahren und eventuelle anhängenden langwierigen Verfahren vor dem Europäischer Gerichtshof, lassen sich Rückschlüsse auf die Praktikabilität des DMA schließen.[1325] Zudem sind auch nicht die globalen Aktivitäten der Torwächter zu vernachlässigen, die in Zukunft auch zu einer stärkeren Regulierung großer Digitalkonzerne im europäischen Ausland nach dem Vorbild der hiesigen Gesetzgebung führen könnte.[1326]

1318 MüKoEuWettbR/*Bueren*/*Weck*, DMA Art. 5 Rn. 111.
1319 MüKoEuWettbR/*Bueren*/*Weck*, DMA Art. 5 Rn. 111, m.w.N.
1320 MüKoEuWettbR/*Bueren*/*Weck*, DMA Art. 5 Rn. 111.
1321 *Kerber*, ZD 2021, 544, 546.
1322 *Podzun*, GRUR Int. 2022, 197, 199.
1323 *Hegener*, RDi 2024, 267, 275 f.
1324 *Hegener*, RDi 2024, 267, 275 f.
1325 *Drewes*/*Meyer*/*Moss*, RDi 2024, 310, 314.
1326 *Kleine*/*Mienert*/*Moryn*/*Timm*, Newsdienst Compliance 2024, 220008.

Sachregister

https://doi.org/10.1515/9783110672213-004

www.ingramcontent.com/pod-product-compliance
Lightning Source LLC
LaVergne TN
LVHW081357011026
849161LV00013BA/2833